教育問題情報事典

第2版

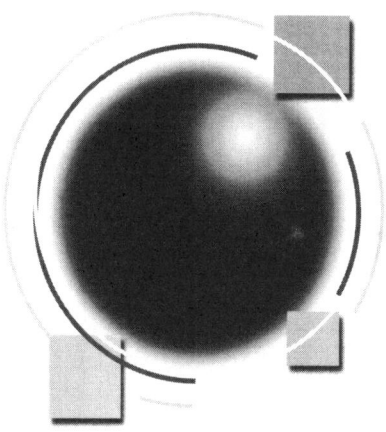

日外アソシエーツ

A Bibliographical Dictionary of Educational Issues

Second Edition

Compiled by
Nichigai Associates, Inc.

©2001 by Nichigai Associates, Inc.
Printed in Japan

本書はディジタルデータでご利用いただくことができます。詳細はお問い合わせください。

●編集担当● 寺沢 静恵
装丁：小熊 直美

はじめに

　本書は、小社が1993年2月に刊行した『教育問題情報事典』を全面的に改定したものである。前版を出版した93年は、学校五日制の月1度の導入が始まったばかり、また業者テストが事実上学校から追放された年であった。その後8年が経過、子どもがいじめを苦に自殺するという傷ましい事件はあとを絶たず、中学2年の少年が小学生を惨殺した事件や生徒が教諭を刺殺した事件などの少年犯罪の頻発が、これまでの教育のあり方に疑問を投げかけた。不登校児童・生徒は倍近い13万人になっている。2001年、「ゆとり」教育を前面に出した新学習指導要領実施を目前に学力低下を懸念する声、教育基本法の見直し、国立大学の独立行政法人化など、教育は国家の大きな課題となっている。

　旧版は教育に関する問題や関連する社会現象・事件など601項目を簡明に解説すると共に、それらをより詳しく知るための手がかりとして、参考文献6,900点を掲載している。本書は初版の方針に従って、教育をめぐる情勢の変化を踏まえて改訂したものであり、現在の状況に合わせて旧版の見出し語を再度取捨選択し、すべての解説内容を見直した上で、新たに200項目以上を追加、合わせて731項目を収録することになった。各項目のほとんどには参考文献を掲載しており、今回掲載した参考文献数は5,473点、これも旧版刊行以降のものを中心にするようにした。本書が教育問題に関心を寄せるより多くの方々に利用されることを期待したい。

2001年12月

　　　　　　　　　　　　　　　　　　　　　　　　日外アソシエーツ編集部

目　次

はじめに

凡　例

教育問題情報事典 ………………………………………… 1

索　引

　参考文献著者索引 ………………………………… 337
　事項索引 ………………………………………… 405

凡　例

1. 概　要

　本書は、教育問題に関連する用語731語についての簡略な解説と、参考文献併せて5,473点で構成する事典である。

2. 収録対象

(1) 用語の選定にあたっては、教育分野の基本用語から、社会現象・個別事件や、関連する機関・団体・法令の名称まで幅広く採用した。

(2) 参考文献については、、図書及び雑誌記事を対象とした。旧版刊行以降に発表された文献を中心とするが、一部古い文献も含んでいる。

3. 見出し語

(1) 見出し語には、新聞・雑誌・図書などマスコミにおいて一般的に使われている用語を採用した。また、正式名称や略称など、見出し語に採用しなかった用語については、必要に応じて参照見出しを立てた。

(2) 可能な範囲で用語の英文表記も示した。

(3) 排列

　1) 読みの五十音順に排列した。また、アルファベットで始まるものは末尾にまとめた。

　2) 濁音・半濁音は清音扱い、拗促音は直音扱い、長音記号は無視した。また、ヂとジ、ヅとズの区別は行わなかった。

　3) 「日本」の読みは「ニホン」に統一した。

(4) すべての見出し語には簡略な解説・語義説明を付した。

4. 参考文献

(1) 図書・雑誌に分けて、それぞれ発行年月の新しいものから順に排列した。

(2) 図書の記載事項は以下の通り

書名／副書名／巻次／各巻書名／版表示／著者名／出版者／刊行年月／頁数／大きさ／定価／叢書名／ISBN

(3) 雑誌記事の記載事項は以下の通り
標題／掲載誌名／巻号／刊行年月日／該当頁または頁数

5. 索　引

(1) 参考文献著者索引
1) 参考文献の著者、編者、訳者などを索引の見出しとした。
2) 人物の所在は本文の見出し語とその掲載(開始)頁で示した。
3) 排列はまず姓の五十音順、次に名の五十音順とした。その他の排列方法は本文に準じた。

(2) 事項索引
1) 本文の見出し語、その正式名称や略称、解説中に現れる事項などを索引の見出しとした。
2) 事項の所在は本文の見出し語とその掲載(開始)頁で示した。
3) 排列は事項名の五十音順とした。その他の排列方法は本文に準じた。

6. 参考資料

主に以下の資料に拠った。

データベース「MAGAZINEPLUS」
データベース「BOOKPLUS」
JAPAN/MARC
文部科学省ホームページ
「読売年鑑」'94 － '01 年版　読売新聞社
「現代用語の基礎知識」'99 － '02 年版　自由国民社
「イミダス」'99 － '02 年版　小学館
「知恵蔵」'01 年版　朝日新聞社
「必携学校小六法」98 年度版　共同出版株式会社
「教育学大事典」　第一法規出版株式会社
「教育小事典」　学陽書房
「教育用語辞典　三版」　学文社
「教員採用試験かならずでる教育ニュース用語」　一ツ橋書店
「障害者教育大事典」旬報社
「教育キーワード 137　新版」　時事通信社
「教育学キーワード　新版」　有斐閣

教育問題情報事典

【ア】

愛知県西尾東部中いじめ自殺事件

1994年11月に、愛知県西尾市の市立中学2年の男子生徒がいじめを苦に自殺した事件。遺書には恐喝されていたことや、いじめを受けて自殺を決めるまでの経過が克明につづられていた。学校側がいじめを知りながら、十分な対策を講じなかったことも一因と見られた。翌年いじめに関わった同級生ら4人のうち3人を初等少年院、1人を教護院送致とする処分が決定した。94年はいじめを苦に自殺した中高生が7人に上った。

【図書】
◇清輝君が見た闇 ― いじめの深層は　豊田充著　東京　大海社　1995.11　20cm　245p　1800円　⑩4-925006-02-9
◇清輝君がのこしてくれたもの ― 愛知・西尾中2いじめ自殺事件を考える　中日新聞本社・社会部編　名古屋　海越出版社　1994.12　19cm　206p　1200円　⑩4-87697-198-6

【雑誌記事】
◇＜シリーズ・「いじめ」から子ども・学校を考える＞大河内君事件を考える視点　折出健二　「教育」　47(11)　1997.11　p84〜91
◇提案―2―大河内清輝君の事件が問うているもの(第5回大会の記録―シンポジウム「いじめ問題と教育者の責任」)　「日本教師教育学会年報」　5　1996.6　p241〜244
◇(現場教師の目)大河内清輝君いじめ自殺問題に思う　久田健吉　「哲学と教育」　43　1995　p125〜127
◇遺書にみる子どもの心―大河内清輝君の場合(いじめ対応と予防読本＜特集＞)　「児童心理」　49(9)　1995.6　p23〜45
◇愛知いじめ事件―清輝君の父が語る「もう学校を信じない」　大河内祥晴　「週刊朝日」　100(10)　1995.3.10　p28〜31
◇いじめは犯罪だ―清輝君の遺書に思う。「これは明白な犯罪だ」　木村太郎　「文芸春秋」　73(2)　1995.2　p208〜212
◇清輝くん「いじめ自殺」の核心―祖父が怒りの告白、恐喝・暴行少年たちはかくして「無罪」になる!?(事件検証)　「週刊ポスト」　26(48)　1994.12.23　p40〜43
◇愛知いじめ自殺中学生の遺書の全容(THAT'S POE STREET)　「週刊朝日」　99(51)　1994.12.16　p186

アイデンティティ　identity

自我によって統合されたパーソナリティーと社会・文化との相互作用を捉える概念。精神分析学者・エリクソンによって広められ、自己同一性、自我同一性、主体性・帰属意識などと訳される。青年期はアイデンティティの危機の時代で、自己探求のための猶予(モラトリアム)が必要とされる。

【図書】
◇「空虚な自己」の時代　影山任佐著　東京　日本放送出版協会　1999.1　19cm　222p　870円　(NHKブックス)　⑩4-14-001850-X
◇アイデンティティの社会理論 ― 転形期日本の若者たち　豊泉周治著　東京　青木書店　1998.10　20cm　204p　2200円　(シリーズ現代批判の哲学)　⑩4-250-98043-X,4-250-98060-X
◇「わたし」をみる・「わたし」をつくる ― 自己理解の心理学　今川民雄編著，遠藤純代〔ほか〕共著　東京　川島書店　1997.10　21cm　217p　2400円　⑩4-7610-0602-1
◇大人になることのむずかしさ ― 青年期の問題　河合隼雄著　東京　岩波書店　1996.1　19cm　207p　1500円　(子どもと教育)　⑩4-00-003944-X
◇子どもとファンタジー ― 絵本による子どもの「自己」の発見　守屋慶子著　東京　新曜社　1994.7　19cm　225p　2266円　⑩4-7885-0497-9
◇シゾフレ日本人 ― 若者たちを蝕む"自分がない"症候群　和田秀樹著　東京　ロングセラーズ　1994.5　18cm　246p　1300円　⑩4-8454-0437-0

【雑誌記事】
◇過剰適応的な青年におけるアイデンティティ発達過程への理解と援助について　杉原

保史 「心理臨床学研究」 19(3) 2001.8 p266～277
◇青年の成熟と両親像との関係に関する一考察―アイデンティティの二側面をめぐって 宮田由紀 「追手門学院大学心理学論集」 9 2001.3 p19～27
◇アイデンティティ―青年と危機 香川豊 「甲南女子大学人間科学年報」 25 2000.3 p105～115
◇《アイデンティティ・ゲーム》としての子どもたちの逸脱・問題行動―「校内暴力」から「新しい荒れ」へ 児美川孝一郎 「法政大学文学部紀要」 45 1999 p145～172
◇青年期から成人期におけるアイデンティティ形成―性差・発達的変化の見地から 菊地麻奈美 「人間研究」 35 1999 p31～40
◇座談会「心の教育」とアイデンティティ―新しい世紀の教育課題(特集 国旗・国歌と学校教育) 林健太郎、鈴木勲、辰野千寿(他) 「日本教育」 273 1999.10 p6～16
◇青年期女子のやせ願望と精神的不健康―アイデンティティの確立を通して 田中正,加藤恵子 「保健の科学」 41(6) 1999.6 p473～476
◇特集 自分さがしの旅へ―アイデンティティ・クライシスを乗り越えて 「第三文明」 472 1999.6 p18～35
◇現代日本における子ども・青年のアイデンティティについての覚え書き―1990年代の子ども・青年のコミュニケーション変容を手がかりとして 藤井啓之 「愛知教育大学研究報告 教育科学」 47 1998.3 p49～57
◇特別講演「現代の青年のアイデンティティ」〔含 質疑応答〕 西園昌久 「全国大学メンタルヘルス研究会報告書」 18 1996 p1～16
◇青年期の男性性形成に関する一考察―アイデンティティ危機を体験した大学生の事例から 多賀太 「教育社会学研究」 58 1996.5 p47～64
◇大学生のアイデンティティ地位・充実感・時間的展望―学年差・性差の検討 渡辺恵子,赤嶺淳子 「人間研究」 32 1996.3 p25～35

アイヌ問題教育

北海道旧土人保護法に基づいた近代日本のアイヌ教育は、同化の強制による独自文化の剥奪、日本民族によるアイヌ差別の日常化を押し進めた。1960年代後半から北海道の教師やアイヌ自身によって、学校教育に於ける偏見を排したアイヌ教材の採用・教員養成大学でのアイヌ理解の科目開設などの運動が進められてきた。現在中心になっているのはアイヌ社会の一部にすぎないアイヌ文化の教育であり、異文化として認識・尊重する態度を育てようとするだけではない、より系統的な教育が望まれる。

【図書】

◇アイヌ民族の歴史と文化 ― 教育指導の手引 田端宏,桑原真人監修 東京 山川出版社 2000.8 21cm 147p 1300円 ①4-634-60800-6
◇アイヌ民族に関する指導資料 札幌 アイヌ文化振興・研究推進機構 2000.3 30cm 97p
◇教師吉田巌とアイヌ教育 ― 虻田学園における教育実践をめぐって 寺下一著 〔帯広〕〔寺下一〕 1997.2 30cm 47枚

【雑誌記事】

◇教育 アイヌ民族を招いての特設授業 船木暢夫 「飛騨」 30 2001.3 p69～71
◇学校教育におけるアイヌ民族教育の現状に関する調査 清水敏行 「僻地教育研究」 55 2000.12 p79～87
◇中学校の授業＜地理＞ アイヌ民族の現状をどのように教えたか 魚次竜雄 「歴史地理教育」 596 1999.7 p48～51
◇タウン北海における新社会科副読本の生成過程―アイヌ民族関係記述の場合 吉田正生 「教育社会学研究」 63 1998.10 p99～117
◇解放の教育理論構築をめざして―アイヌ民族のエスニック・アイデンティティ形成論の検討 松岡靖 「名古屋大学教育学部紀要 教育学科」 42(2) 1995 p161～174
◇先住少数民族「アイヌ」の教材をどうつくるか―「狩猟採集時代のアイヌ」の教育内容の検討 高嶋幸男 「釧路論集」 25 1993 p139～158

◇アイヌ民族の生活・文化の授業づくり(地域から教育を創る＜特集＞)　木村剛　「教育」　43(7)　1993.7　p25～35

アカウンタビリティー　accountability

　一般に説明責任と訳されることが多い。パブリックアカウンタビリティーとも。基礎学力低下・非行の増加・教育税の重圧などを背景に、1960年代後半から米国で広まった概念。教育機関は個々の生徒の学習成果について責任を持ち、学力保障をすべきだとし、教師やカリキュラムへの教育評価制度・教育バウチャーなど学校選択権の拡大策を生んだ。

【図書】
◇大学のアカウンタビリティーとオートノミー — 第26回(1997年度)研究員集会の記録　広島大学大学教育研究センター編　東広島　広島大学大学教育研究センター　1998.10　26cm　74p　(高等教育研究叢書　50)　①4-938664-50-X

【雑誌記事】
◇アカウンタビリティ・説明責任と学校の情報公開—何をどこまで発信することが期待されているのか(特集 新しい時代"教育情報の読み方・解き方")　「学校運営研究」　40(11)　2001.10　p14～21
◇資料 アメリカ教育学会第11回大会シンポジウム 21世紀に向けた学校の自主性とアカウンタビリティ—学校・教育行政/教育内容・方法/学校実践研究/高等教育の立場から　「アメリカ教育学会紀要」　11　2000.9　p59～63
◇教育法規あらかると アカウンタビリティーの恐怖　「内外教育」　5115　2000.6.9　p23
◇学校の説明責任とは(特集 開かれた学校づくりを考える—2—学校を開く経営技術)　早川昌秀　「悠」　17(6)　2000.6　p22～25

アクションリサーチ　action research

　1940～50年代にドイツの心理学者・レヴィンによって提唱された、集団心理学・社会心理学分野での実践的研究方法。集団行動の分析・集団内の人間関係改善・問題解決などを、集団活動の現場で積極的に働きかけて研究・実現する。近年、学校運営・授業構築の場で見直されつつある。

【図書】
◇英語教育のアクション・リサーチ　ジャック・C.リチャーズ、チャールズ・ロックハート著、新里真男訳　東京　研究社出版　2000.8　21cm　238p　2800円　①4-327-41056-X

【雑誌記事】
◇アクション・リサーチが1年を変える(特集 最初の授業でこの1年が決まる)　長崎政浩　「英語教育」　50(1)　2001.4　p25～27
◇アクションリサーチによる学級内関係性の形成過程　秋田喜代美, 市川洋子, 鈴木宏明　「東京大学大学院教育学研究科紀要」　40　2000　p151～169
◇学校教育におけるアクションリサーチの意義と問題点—コミュニケーションの観点から(学術研究会 研究助成論文 特集号)　久保田真弓　「人文論集」　35(4)　2000.3　p391～407

朝の読書運動

　「みんなでやる、毎日やる、好きな本でよい、ただ読むだけ」をモットーに毎朝始業前の10分間、教師も一緒に読書すると言うもの。1988年、千葉県の船橋学園女子高校(現・東葉高校)で二人の教諭によって提唱されたもので、2001年8月には全国6700の小・中学校、高校で実施されている。「教科書が読めるようになった」、「落ち着いた気持ちになる」、「自分はどう生きればいいかを考えるようになった」などと生徒の評判も良く、教員の側からも「子供に落ち着きや集中力が出てきた」、「表現力が豊かになった」等の効果が報告されている。

【図書】
◇朝の読書の原点を求めて—生きる力を育む授業　林公著　メディアパル　2000.12　21cm　111p　1000円　①4-89610-048-4
◇続 朝の読書が奇跡を生んだ　林公, 高文研編集部編　高文研　1996.12　19cm　221p　1500円　①4-87498-183-6
◇朝の読書が奇跡を生んだ—毎朝10分、本を読んだ女子高生たち　船橋学園読書教育研究会編著　高文研　1993.12　19cm　189p　1200円　①4-87498-144-5

アソヒ

【雑誌記事】
◇「朝の読書」で子どもたちが蘇る　大塚笑子　「青少年問題」　46(11)　1999.11　p10〜15
◇「朝の読書」運動の効果を探る　楊井一滋　「月刊教育ジャーナル」　38(7)　1999.9　p50〜57
◇学校を変え,地域を変える「朝の読書」— 全国一の132校の実践校と全国初のネットワーク(特集 読書の魅力)　庄司一幸　「教育と情報」　488　1998.11　p14〜17
◇「朝の読書」の実践　「朝の読書」は学校改革の切り札である — 生徒の内面の変革を促す心の教育の実現を目ざして　庄司一幸　「学校図書館」　565　1997.11　p67〜69
◇朝の読書はどんな奇跡を生んだか — 千葉県・船橋学園女子高等学校(読書意欲を高める校内読書活動＜特集＞ — 読書意欲を高める校内読書活動の事例)　大塚笑子　「学校図書館」　537　1995.7　p30〜32

遊び

　現代の都市型の社会においては、子どもが能動的に作り替えることのできる原っぱや空き地などの空間の喪失や塾通いなどによる自由時間の減少などから子どもが集団で屋外で遊ぶ機会は減少を続けている。家庭用テレビゲームは発売されて15年を越え、今やベーシックな遊びの選択肢の一つとなっている。90年代末には「ポケットモンスター」が大ブームになった。また、キレる子や我慢ができない子はこれまでなら子どもの頃に遊ぶことで学んできたことを学んでいない結果だとする意見もある。

【図書】
◇変貌する子ども世界 — 子どもパワーの光と影　本田和子著　東京　中央公論新社　1999.7　18cm　230p　840円　(中公新書)　①4-12-101484-7
◇遊びという謎　麻生武,綿巻徹嗣　京都　ミネルヴァ書房　1998.4　21cm　244p　2600円　(シリーズ/発達と障害を探る第2巻)　①4-623-02848-8

◇ひとり化する子どもたち　三好邦雄著　東京　主婦の友社　1997.10　19cm　223p　1200円　①4-07-222456-1
◇「電子玩具を中心とする子供の遊びの実態に関する調査」報告書 — 財団法人中山隼雄科学技術文化財団委託調査研究　インターコム〔編〕　東京　中山隼雄科学技術文化財団　1996.2　30cm　209p
◇子どもの知覚環境 — 遊び・地図・原風景をめぐる研究　寺本潔著　京都　地人書房　1994.10　21cm　207p　2600円　①4-88501-074-8

【雑誌記事】
◇児童の遊びの実態,および性,環境,体格との関連　中村晴信, 苑文英, 瀬古竹子(他)　「学校保健研究」　43(2)　2001　p116〜124
◇学校を遊びの発信基地に — 学校5日制の実施と子どもの生活 — 長崎(変わる遊びと学校5日制＜特集＞)　小池紘司　「教育評論」　564　1994.5　p39〜43
◇現代社会における子どもの「遊び世界」の変貌と子どもの未来(変わる遊びと学校5日制＜特集＞)　望月重信　「教育評論」　564　1994.5　p16〜23
◇遊びの変容と子どもたちのストレス(変わる遊びと学校5日制＜特集＞)　江川玟成　「教育評論」　564　1994.5　p24〜28
◇遊べない子は問題行動を起こしやすい(遊ばない子は危ない＜特集＞)　梅垣弘　「児童心理」　47(2)　1993.2　p249〜253

遊び型非行

　最近は、ストレス解消のために、あるいはスリルを求めて、因果関係のない暴力行為などの反社会的問題行動に及び、罪悪感を伴わずにゲーム感覚で行われる非行の事を指す事が多い。警察白書においては1981年から「初発型非行」と言われるようになった、万引き・自転車等・オートバイ・占有離脱物横領の軽微で、動機の単純な非行を指す。平成10年には11万人を超える少年が検挙されている。

　→いきなり型非行, 少年非行, 非行第4の波 をも見よ

新しい「荒れ」

1990年代後半の校内暴力の増加。特に中学校で対教師暴力・生徒間暴力が多く発生していることで、低年齢化傾向にあることなどが特徴で、小学校における学級崩壊現象まで含んで言うことが多い。

→ 校内暴力, 学級崩壊 をも見よ

【図書】

◇学校はなぜ壊れたか 諏訪哲二著 東京 筑摩書房 1999.11 18cm 205p 660円 （ちくま新書） ①4-480-05821-4

◇子どもの荒れと向き合う ― 私が成功した"常識破る新作戦" 松藤司著, 向山洋一解説 明治図書出版 1998.11 21cm 107p 1460円 （荒れたクラスを立て直す 3） ①4-18-197906-7☆

◇荒れる学校 ― 教育現場からの証言 柿沼昌芳, 永野恒雄編 批評社 1998.7 21cm 201p 2000円 （戦後教育の検証 別巻1） ①4-8265-0256-7

◇なぜ学校は荒廃したか 花輪兵庫著 東京 文芸社 1998.6 19cm 158p 1100円 ①4-88737-103-9

【雑誌記事】

◇「荒れ」ない学校から子どもがいきいきする学校へ（特集 学校づくりと教職員組合運動―私たちの学校づくり運動） 宮下聡 「エデュカス」 26 1999.10 p36～39

◇子どもたちの「新しい荒れ」と学校づくり（特集 子どもの「荒れ」と向きあう教育実践） 村山士郎 「教育」 49(7) 1999.7 P6～14

◇「新しい荒れ」を問う（特集 中学校の困難と希望―実践 中学校の困難と希望） 吉田順 「人間と教育」 19 1998.9 P70～74

◇「新しい荒れ」が学校を襲う（特集「新しい荒れ」に立ち向かう） 中西茂 「悠」 15(6) 1998.6 P18～21

◇21世紀に生きる教育―校内暴力初の1万件突破,最悪 衝動的に暴発,器物損壊も平気 全国に広がる"新しい荒れ"の実態 「ニューライフ」 44(4) 1998.4 p6～11

◇学校事件を読む(13)「新しい荒れ」とナイフ 下村哲夫 「悠」 15(4) 1998.4 p42～45

◇今日の"荒れ"をどう考えるか（特集 新年度,"荒れない学校"にするために） 吉田順 「月刊生徒指導」 28(5) 1998.4 p14～17

◇なぜ「新たな」荒れなのか―80年代校内暴力を回顧しつつ（特集 新たな"荒れ"に悪戦苦闘） 永野恒雄 「月刊生徒指導」 27(5) 1997.5 p24～27

◇小学校高学年の"荒れ"の兆候との対応（特集 新学期初めの子どもの問題と早めの対応） 荘司和子 「月刊学校教育相談」 11(4) 1997.4 p10～13

◇生徒指導up-to-date 荒れる中学校 尾木直樹 「月刊生徒指導」 27(3) 1997.3 p98～103

新しい歴史教科書をつくる会

中学の教科書から「従軍慰安婦」の記述削除を求めてきた学者らが1997年に発足させた団体。現在生じている日本社会のゆがみは不健全な戦後歴史教育の結果であるとし、2001年学習指導要領に準拠した中学校用の歴史と公民の教科書を出版、検定合格前に市販に踏み切るなど話題を呼んだ。100を超える検定意見に基づいた修正版の検定合格に対しては中国・韓国などで抗議運動が起こったほか、日本政府へ直接修正要求が出された。学校への採択に当たっては採択阻止の運動が起こった。実際に教科書として採用したのは一部の養護学校などで、生徒数に対する採択率は0.1％未満にとどまった。

【図書】

◇新しい歴史教科書を「つくる会」という運動がある 小林よしのり責任編集, 新しい歴史教科書をつくる会編 東京 扶桑社 1998.11 21cm 336p 1429円 ①4-594-02605-2

【雑誌記事】

◇「つくる会」のナショナリズムを問う（特集・改めて問う歴史認識と現代） 小森陽一 「前衛」 742 2001.9 p60～70

◇「新しい歴史教科書をつくる会」教科書の思想的特質（特集 歴史教育と教科書） 山田朗 「日本の科学者」 36(9) 2001.9 p402～407

◇つくる会の歴史教科書はNO! 各地の取り組み&声＜愛媛・大阪・奈良・兵庫＞（第1特集 歴史教科書問題）「Sai」 40 2001.9 p10～13

◇特集 「つくる会」教科書批判と不採択運動 「部落」 53(10) 2001.9 p6〜51
◇声明 「新しい歴史教科書」が教育の場に持ち込まれることに反対する緊急アピール 「日本史研究」 467 2001.7 p86〜88
◇「つくる会」教科書の検定合格に抗議(論争) 中島良夫 「週刊金曜日」 9(20) 2001.6.1 p80
◇特集 「つくる会」歴史・公民教科書批判 「戦争責任研究」 32 2001.6 p59〜95
◇教育 韓国が激憤する「つくる会」の歴史教科書 俵義文 「週刊金曜日」 8(45) 2000.12.1 p68
◇展望 「新しい歴史教科書をつくる会」を知っていますか 平和歴史教育委員会 「考古学研究」 47(3) 2000.12 p5〜9
◇教育現場と教育委員会に混乱をもたらす「つくる会」(追究!これが歴史改竄派『国民の歴史』の正体だ) 俵義文 「週刊金曜日」 7(45) 1999.11.19 p16〜17
◇まず「文部省未検定教科書」をベストセラーにきて〈新しい歴史像を求めて 私たちはどんな歴史教科書をつくるか—「新しい歴史教科書をつくる会」第2回シンポジウム全収録〉 西尾幹二〔ほか〕 「正論」 302 1997.10 p85〜91
◇「新しい歴史教科書をつくる会」創設にあたっての声明(なぜいま「自賛史観」か) 「あごら」 227 1997.3 p49〜50
◇女性団体による「新しい歴史教科書をつくる会」への抗議文(なぜいま「自賛史観」か) 「あごら」 227 1997.3 p80〜81
◇戦後の歴史教育と教科書—「新しい歴史教科書をつくる会」を巡って 高沢秀次 「サンサーラ」 8(2) 1997.2 p84〜91
◇新しい歴史教科書をつくる会、発足(私家版教育白書) 高橋史朗 「改革者」 438 1997.1 p48〜49
◇「新しい歴史教科書をつくる会」の許しがたい「日本優越・アジア蔑視史観」 梶村太一郎 「週刊金曜日」 4(47) 1996.12.13 p16〜17

アチーブメントテスト　achievement test
学力テスト、学力検査のこと。学習前に行う適性テストに対し、既習の学習内容に関して知識や技能をどれだけ修得しているかを測定。教師が自分の教授した内容から出題する教師作成テストと、学習者・集団の成績を客観的に比較するための標準学力テストがある。

【図書】
◇現代テスト理論　池田央著　東京　朝倉書店　1994.10　22cm　200p　3708円（行動計量学シリーズ　7）　④4-254-12647-6

アトピー性皮膚炎
アレルギー疾患の一つ。文部省98年の調査では、小学3年—高校3年男子の38％、女子の44％がアトピー性皮膚炎にかかった経験があり、患者総数も急増している。一方、学校医に皮膚科の医師がほとんどいないなど学校現場での対応は不十分であり、また症状が長期化すると経済的な負担になることも多いとされる。そのため学校生活に支障を来すケースが生じないよう、2001年、経済的困難を抱える家庭の児童生徒が特定の病気になった場合に国と自治体が治療費を負担する「学校病」の指定対象を見直し、新たにアトピー性皮膚炎を加える検討を始めるとした。

→アレルギー, 学校病 をも見よ

【雑誌記事】
◇学校生活がアトピー性皮膚炎の児童・生徒におよぼす影響　笹嶋由美, 芝木美沙子, 飯塚一　「小児保健研究」　58(4)　1999.7　P450〜457
◇アトピー性皮膚炎児の実態と学校現場における対応について　林慎一郎, 浅間裕美子, 北村圭一　「岡山大学教育学部研究集録」　106　1997.11　P143〜148

アドミッションオフィス入試　⇒AO入試 を見よ

アドミッション・ポリシー　⇒入学者受け入れ方針 を見よ

アパシー　⇒ステューデントアパシー を見よ

アビューズド チャイルド　⇒ 被虐待児症候群 を見よ

アメリカ大学日本分校

　1982年のテンプル大学以降、自治体による米国大学誘致が続出した。国内では専修学校扱いであり、米国でも大学として認定されないケースがある。経営サイドがいい加減などからトラブルが多く、開校資金を詐欺で調達していたとして経営者が逮捕される事件もあった。一時は40校近く開設されたがバブル経済の崩壊で撤退したものも多い。

【雑誌記事】
◇米国大学の日本校が実施した教育につき損害賠償等を請求する訴えについてわが国の国際裁判管轄を肯定した事例 米国大学日本校が入学説明会などで行った教育内容等の表示及び説明は、実際になされた教育に照らし虚偽又は誇大で違法なものであったとして、右大学の不法行為責任を肯定したが、同大学を誘致した市の責任は否定した事例（大阪地裁判決平成7.5.23）渡辺惺之 「判例時報」 1579　1996.12.1　p204〜211

◇大学と地域社会〔4〕米国大学日本校—国際交流の担い手として期待、入学者確保難で閉校も相次ぐ（プロジェクト検証）「日経地域情報」　219　1995.4.17　p26〜29

◇米国大学日本校の抱えるこれだけの問題（総特集・平成動乱、伸びる大学、沈む大学）田崎正人　「財界」　41(26)　1993.10.30（臨増）　p138〜139

◇アメリカ大学日本校、問題と展望（SPECIAL REPORT:INTERNATIONAL EDUCATION— 日米大学交流）　阿部美銀　「TRENDS」　23(3)　1993.5・6　p15〜19

◇寺田完氏（アメリカ大学連盟日本校理事長）— 授業厳しく学生数減少、「利益第1」に勝てず閉校（敗軍の将、兵を語る）　寺田完　「日経ビジネス」　685　1993.4.12　p75〜78

◇国際基督教大学—過大評価された「米国大日本校」（間違いだらけの大学選び〔23〕）　栗本慎一郎　「週刊朝日」　98(11)　1993.3.19　p50〜51

アレルギー　allergy

　ハウスダスト・食品・花粉などを抗原とし、アトピー性皮膚炎・湿疹・鼻炎・花粉症・気管支喘息などの症状を呈する。1990年幼稚園から高校までの教師への調査では、子どものからだのおかしさの筆頭に挙げられている。学校給食においては弁当の持参を認める・除去食・別メニューを作るなどの個人への配慮が必要。

→ アトピー性皮膚炎, 学校病, シックスクール症候群 をも見よ

【図書】
◇アレルギー性疾患アンケート調査報告書　大阪　大阪府医師会学校医部会　1994.12　30cm　84p

◇学校給食の指導と運営管理 — 実務大系　第8巻　子どもの栄養と様々なアレルギーへの対応　飯倉洋治編著　東京　エムティ出版　1993.12　27cm　345p
①4-89614-309-4

【雑誌記事】
◇特集 焦点 いま,子どもに見られる健康問題(3)アレルギー性疾患 「学校保健のひろば」　21　2001.4　p61〜76

◇食物アレルギーを教材に据える意義—子ども・青年の実態を踏まえた教育を　高月佳子 「家庭科教育」　74(11)　2000.11　p63〜70

◇集団給食と食物アレルギー（保育園,幼稚園,学校）（特集 食物アレルギー2000—各論(2)生活上での対応）　小倉由紀子 「小児科臨床」　53(4)　2000.4　p693〜699

◇学校におけるアレルギー疾患の対応についての提案　下村義夫, 井田江利子, 鈴木薫（他）「日本教育保健研究会年報」　7　2000.3　p3〜21

◇Therapy(47)家族・学校および病院の連携が大切であった重症アトピー性皮膚炎の1例　水内秀次　「アレルギーの領域」　5(9)　1998.9　p1248〜1251

◇争訟事例から学ぶ学校経営の危機管理(30)「そばアレルギー児童死亡事故損害賠償請求事件」札幌地裁判決　若井弥一 「学校経営」　41(12)　1996.11　p74〜81

◇アトピー,食物アレルギーの子どもへの配慮（実践読本 子どもの「心とからだ」を援助する＜特集＞—子どもの心とアレル

ギー） 岡部俊一 「児童心理」 48(3) 1994.2 p126～133
◇アレルギーをもつ生徒に対する保健指導の問題点―学校現場からの指摘(アレルギーと保健指導＜特集＞) 坂本洋子 「学校保健研究」 35(9) 1993.9 p428～432
◇アレルギーと給食(学校給食―学校医に必要な給食の知識＜特集＞) 馬場実 「日本医師会雑誌」 109(9) 1993.5.1 p1449～1452

安全教育

生活の中で予想される事故・災害を防止することを目的とした教育。体育・保健体育で行われる安全学習と、学級活動や学校行事などの特別活動の際に行われる安全指導に分けられる。

【図書】
◇「生きる力」をはぐくむ防災教育の展開 ― 防災教育のための参考資料 〔東京〕 文部省 〔1998〕 30cm 162p
◇安全教育提要 ― 保健体育科教員を目指す学生に 山崎秀夫著 東京 技術書院 1996.5 22cm 147p 2266円 Ⓘ4-7654-9527-2
◇子どもの命を育む学級における安全指導と展開 吉田瑩一郎〔ほか〕編 東京 ぎょうせい 1993.11 27cm 463p 5500円 Ⓘ4-324-03920-8
◇小学校安全指導の手引 3訂版 文部省〔編〕 東京 日本体育・学校健康センター 1993.1 21cm 147p 350円

【雑誌記事】
◇特集 平成12年度文部科学省委嘱「高等学校の交通安全教育に関する実態調査研究―含防災教育実態調査」報告書より 和田浩明 「交通安全教育」 36(7) 2001.7 p6～21
◇「生きる力」をはぐくむ学校での交通安全教育(特集:効果的な交通安全教育の推進) 戸田芳雄 「月刊交通」 32(3) 2001.3 p63～68
◇学校行事としての交通安全講演会 滝石裕二 「交通安全教育」 34(7) 1999.7 p30～33
◇文部省における子供への交通安全教育(特集 子供の交通安全) 文部省体育局学校健康教育課 「交通安全」 19(4) 1998.12 p17～21
◇学校安全教育における「消費者の安全」の視点について―EC委員会が開発した「セイフティ・パック」の理念とその内容の分析 渡辺正樹、戸部秀之、後藤ひとみ(他) 「学校保健研究」 39(1) 1997.4 p61～70
◇防災教育の新しい展開/「学校等の防災体制の充実に関する調査研究協力者会議」座長 高倉翔氏に聞く(特集 阪神大震災から2年―＜防災・安全教育＞の新ガイドライン) 高倉翔 「総合教育技術」 51(16) 1997.1 p52～57
◇安全教育―自らの命を守る(特集 「安全教育」自らの命を守る―実践事例) 梶本正典 「学校運営」 38(4) 1996.7 p24～31
◇小学校における安全指導の現状と問題点―安全教育に関する指定校と一般校の比較を通して(資料) 井筒次郎(他) 「日本体育大学紀要」 24(2) 1995.3 p97～107

アンドラゴジー　andragogy

子どもを対象にした教育学(ペダゴジー)に対し、成人の学習者としての特徴に基づいて教育モデルを体系化する学をいう。1960年代終わりに米国のノールズによって理論的に確立され、学習者の自己管理・教科中心より課題中心の学習など学習者中心の原理を前提とする。

【図書】
◇生涯学習の創造 ― アンドラゴジーの視点から 西岡正子著 京都 ナカニシヤ出版 2000.6 22cm 193p 2200円 Ⓘ4-88848-578-X

【雑誌記事】
◇成人の学習における自己評価の役割―生涯学習とアンドラゴジーの視点から 伊藤加寿子 「人間研究」 34 1998 p43～49
◇10 アンドラゴジー〈生涯学習の扉〉 池田祥子 「生涯学習の扉」 1997.12
◇生涯学習行動における対人的要因の成人教育学における位置づけ(1)M.S.ノールズのアンドラゴジー論を中心に(教育学部門) 岡田正彦 「教育学研究紀要」 42(第1部) 1996 p300～305

◇大学生の学習の在り方を考える新しい教育学の諸条件に関する研究 —"アンドラゴジー"の提唱 Joseph Katz(著), Mildred Henry(著), 加沢恒雄(訳) 「広島工業大学研究紀要」 28 1994.2 p143～151

【 イ 】

家永裁判 ⇒教科書裁判 を見よ

いきなり型非行

いきなり型問題行動・いきなり型非行は、普段はおとなしく特に非行歴もない少年が突然凶悪行為に及ぶもの。90年代後半から目立ち始めた。

【図書】
◇心の教育と学校再生 — いきなり型問題行動をどう克服するか 尾木和英編 東京 東洋館出版社 1999.3 19cm 261p 2800円 (シリーズ"新しい学校"パラダイムの転換) ①4-491-01510-4

【雑誌記事】
◇ケース研究 なぜ、あの子が — 思春期に「よい子」が起こす問題行動(特集 「よい子」が問題) 「児童心理」 53(17) 1999.12 p1681～1696
◇今どきの「いきなり型非行」について 斉藤文夫 「青少年問題」 45(12) 1998.12 p18～23
◇第48回"社会を明るくする運動"に寄せて — いきなり型非行の問題(随想) 清水和夫 「ジュリスト」 1137 1998.7.1 p3

生きる力

1996年の中央教育審議会答申「21世紀を展望した我が国の教育の在り方について」で用いられた語で、「自分で課題を見つけ、自ら学び、自ら考え、主体的に判断し、行動し、よりよく問題を解決する能力」と「自らを律しつつ、他人と協調し、他人を思いやる心や感動する心など豊かな人間性とたくましく生きるための健康や体力」とを意味する。
→自ら学び、自ら考える力 をも見よ

【図書】
◇速解新指導要録・教課審答申 —「生きる力」の評価がわかる 「悠」編集部編 東京 ぎょうせい 2001.2 21cm 195p 2000円 ①4-324-06389-3
◇生きる力を育む教育課程 — 教育課程審議会審議のまとめ 河野重男〔述〕 東京 教科書研究センター 1999.3 19cm 51,2p (教科書セミナー 5)
◇「生きる力」を育む道徳授業 — 道徳を柱にした総合的学習・道徳授業の活性化の実践 香川県小学校道徳教育研究会編著 高松 松株社 1998.9 21cm 243p 1905円 (教育実践シリーズ 3)
◇「生きる力」を育てる教育課程 児島邦宏著 東京 明治図書出版 1998.2 22cm 148p 1760円 (学校新時代叢書 2) ①4-18-127808-5
◇教育キーワード「生きる力」の読み方 「悠」編集部編 東京 ぎょうせい 1997.7 21cm 170p 1600円 ①4-324-05166-6
◇生きる力を育てる授業 小島宏〔ほか〕編 東京 教育出版 1997.6 21cm 157p 2200円 (生きる力を育てる 1) ①4-316-39960-8
◇「生きる力」の探求 —「生き方」と「心の教育」 新堀通也著 東京 小学館 1997.2 19cm 239p 1600円 ①4-09-837102-2
◇生きる力を育てる 内藤勇次編著 東京 東洋館出版社 1993.3 19cm 235p 2300円 (シリーズ『学校改善とスクールリーダー』特色ある学校を創る 8) ①4-491-00928-7

【雑誌記事】
◇一人一人に確かな生きる力を — 自ら学び、自ら考える力を育てる地域教材の開発と指導法の工夫(平成9・10年度小学校教育課程研究指定校研究集録 — 社会) 青木健夫 「初等教育資料」 722 2000.7 p116～121
◇生きる力を育てる問題解決学習として(特集 新教育課程の自校化・研修のポイント24 — 総合的学習を位置づけた教育課程編成のポイント) 小島宏 「学校運営研究」 38(9) 1999.7 p27～29

◇《解説》完全学校週5日制の下,ゆとりの中で＜生きる力＞を育成(特集 学校の教育内容の充実) 文部省小学校課 「教育委員会月報」 49(12) 1998.2 p9～11

◇「生きる力」をはぐくむ学校―学校パラダイムの転換(これからの学校像と特別活動:その役割と課題) 児島邦宏 「日本特別活動学会紀要」 6 1997.10 p16～22

◇21世紀を展望した我が国の教育の在り方について―子供に生きる力とゆとりを＜中央教育審議会第一次答申(全文)＞)(中教審答申の21世紀学校像を読む)「現代教育科学」 39(10) 1996.9 p79～143

育英奨学制度 scholarship system

　教育の機会均等・英才育成・人材確保を目的に学資や寄宿舎の援助する制度は、日本育英会による事業を中心に発展。政府予算を財源に貸与するもの。84年からは有利子制度を導入、98年には教育職に従事したときの奨学金の返還免除を部分的に廃止、1999年には「きぼう21プラン奨学金」(第二種奨学金)を発足、貸与人員の大幅増や採用基準の緩和、貸与月額の選択制の導入などの改善したほか、家計急変者を対象として無利息の奨学金制度を創設するなどしている。民間の財団が行っている奨学事業もある。

【図書】

◇今後の育英奨学事業の在り方について 育英奨学事業の在り方に関する調査研究協力者会議〔編〕 〔東京〕 文部省高等教育局 1997.6 30cm 32p

◇日本育英会関係資料目録 羽田貴史,服部憲児著 東広島 広島大学大学教育研究センター 1996.3 26cm 59p (高等教育研究叢書 39) ①4-938664-39-9

◇日本育英会五十年史 東京 日本育英会 1993.10 22cm 561p

◇今後の育英奨学制度の在り方について 〔東京〕 文部省高等教育局 1993.6 30cm 17p

【雑誌記事】

◇資料 文部省・日本育英会の有利子奨学金『きぼう21』(予算要求1000億円)についての見解＜1998年12月＞ 高等教育費の軽減を求める懇談会 「賃金と社会保障」 1241・1242 1999.1.25 p98～102

◇現代日本における学生財政援助の動向―日本育英会および日本学術振興会の事業の推移を手がかりとして 服部憲児 「宮崎大学教育学部紀要 教育科学」 85 1998.9 p53～64

◇第142回国会・育英奨学金をめぐる審議模様―教育職育英奨学金返還免除制度の廃止を決めた国際審議とその問題点―育英労東京関東両支部の緊急臨時大会における労組委員長の報告(3/18,4/2)から(特集 学費高負担からサラリーマンを解放せよ) 「賃金と社会保障」 1225 1998.5.10 p43～55

◇日本の奨学金制度はどうあるべきか(特集 学費高負担からサラリーマンを解放せよ) 柳沢淳 「賃金と社会保障」 1225 1998.5.10 p32～42

◇我が国の育英奨学事業について(特集/育英奨学制度) 久々宮久 「大学と学生」 388 1997.8 p2～4

◇奨学金政策と教育の機会均等(育英奨学＜特集＞) 矢野真和 「大学と学生」 347 1994.6 p10～14

◇大学における育英奨学事業について―日本女子大学の場合(育英奨学＜特集＞) 斎藤寛治郎 「大学と学生」 347 1994.6 p20～23

育児・介護休業法

　正式名称は「育児休業、介護休業等育児または家庭介護を行う労働者の福祉に関する法律」、1992年制定の育児休業法に介護休業制度を導入したもので、95年に成立し、1999年4月に施行された。育児休業は男女を問わず、子どもが1才に達するまでの間休業をすることができるとするもの、介護休業は要介護状態にある家族(事実婚を含む配偶者、父母および子、配偶者の父母など)一人につき一回、連続3ヶ月まで休業することができるとするもの。休業中は休業前賃金の40％相当が支給される。

【雑誌記事】

◇女性教師の育児休業と保育の実態―釧路市,北見市,網走市の場合 畠山歌子,林裕子 「釧路論集」 30 1998 p117～128

◇創る・シリーズ・教育実践2・育児休業をとおして見えてきたこと 高塚究 「教育評論」 605 1997.9 p64～67

◇女性教師と育児休業　五島淑子　「家庭科教育」　71(5)　1997.5　p42～47
◇宮崎県内教師の仕事と家庭の両立に関する意識調査 ― 育児休業を中心に　篠原久枝, 田村羊子　「宮崎大学教育学部紀要 芸術・保健体育・家政・技術」　79　1995.7　p41～51

育児休業　⇒ 育児・介護休業法 を見よ

いじめ　bulling

　いじめは「自分より弱いものに対して一方的に、身体的・心理的な攻撃を継続的に加え、相手が深刻な苦痛を感じているもの」と定義されている。1985年をピークに発生件数は減少していたが、93年の山形マット死事件、94年の愛知県東部西尾中学事件の与えた衝撃は大きく、衆議院の「いじめ問題集中審議」文部省の「いじめ問題対策緊急会議」など、学校内・教育現場だけでなく政治の場での取り組みも活発になっている。
→ 愛知県西尾東部中いじめ自殺事件, いじめ訴訟, いじめ対策緊急会議, いじめ問題国際シンポジウム, 鹿児島県兒嶋中学いじめ自殺事件, 中野富士見中事件, 新潟県上越市立春日中いじめ自殺事件, 山形県明倫中学マット死事件 をも見よ

【図書】
◇学校におけるいじめの心理　鈴木康平著　京都　ナカニシヤ出版　2000.3　22cm　217p　3500円　④-88848-529-1
◇いじめ ― <子どもの不幸>という時代　河合洋編　東京　批評社　1999.10　21cm　174p　1800円　（メンタルヘルス・ライブラリー　1）　④-8265-0285-0
◇いじめ自殺 ― 6つの事件と子ども・学校のいま　教育科学研究会, 村山士郎, 久冨善之編　東京　国土社　1999.8　21cm　206p　2200円　（『教育』別冊　10）　④-337-46022-5
◇イジメは社会問題である　佐藤順一編　東京　信山社出版　1999.5　21cm　177p　1800円　（イジメブックス イジメの総合的研究　5）　④-7972-5135-2
◇いじめ問題ハンドブック ― 分析・資料・年表　高徳忍著　東京　柘植書房新社　1999.2　21cm　342p　2800円　④-8068-0417-7
◇学校はイジメにどう対応するか　宇井治郎編　東京　信山社出版　1998.5　21cm　199p　1800円　（イジメブックス イジメの総合的研究　3）　④-7972-5133-6
◇いじめ ― 学級の人間学　増補版　菅野盾樹著　東京　新曜社　1997.10　19cm　293p　1800円　④-7885-0614-9
◇いじめにグッドバイ! ― 学校のストレスを吹きとばそう!　日本教職員組合教育文化政策局, 子どもの人権保障をすすめる各界連絡協議会企画・編集　東京　労働教育センター（発売）　1996.7　21cm　144p　980円　④-8450-0258-2
◇「いじめ世界」の子どもたち ― 教室の深淵　深谷和子著　東京　金子書房　1996.4　20cm　219p　2369円　④-7608-2125-2
◇"いじめ"の根源を問う ― 集団主義教育の「犯罪」　今村城太郎著　東京　展転社　1995.12　19cm　222p　1300円　④-88656-116-0
◇いじめ解剖ノート ― 四月から始まり、夏休み前に深まる　立花典枝著　東京　光人社　1995.6　20cm　246p　1700円　④-7698-0719-8
◇いじめ社会 ― あえぐ子どもたち　ルポ　村上義雄著　東京　朝日新聞社　1995.6　15cm　255p　500円　（朝日文庫）　④-02-261086-7
◇なぜボクはいじめられるの ― 子ども・親・教師のいじめ体験200人の告白　朝日新聞社会部編　東京　教育史料出版会　1995.6　19cm　326p　1648円　④-87652-279-0
◇いじめ列島 ― 平成いじめ実例ファイル　いじめ問題研究班編　東京　心交社　1995.4　19cm　204p　1200円　④-88302-204-8
◇いじめ・自殺・遺書 ― ぼくたちは、生きたかった!　子どものしあわせ編集部編　東京　草土文化　1995.2　19cm　156p　900円　④-7945-0656-2
◇なぜいじめるのか、なぜいじめられるのか ― いじめ自殺事件の提起するもの　宮川俊彦著　東京　学事出版　1995.2　19cm　165p　1500円　④-7619-0423-2

【雑誌記事】
◇特集 ますます見えにくくなった「いじめ」への対応　「月刊生徒指導」　31(7)　2001.6　p11～37

◇友だちがいじめられているのに何もできない(特集 友だちとうまくいかない子―友だち関係に苦労する子への援助) 川井栄治 「児童心理」 55(7) 2001.5 p50～52
◇特集1 いじめへの対応に欠けているもの 「月刊学校教育相談」 14(12) 2000.10 p6～29
◇<調査2>事なかれ主義でいじめを黙認―総務庁が青少年の暴力観と非行について調査 「内外教育」 5107 2000.5.12 p7
◇資料 学校におけるいじめ自殺の事例―平成10年間(1989年～1998年)の場合 酒井亮爾 「愛知学院大学文学部紀要」 29 1999 p135～155
◇日本的いじめの成立と育児(特集 イジメという人間関係) 正高信男 「アディクションと家族」 16(4) 1999.12 p438～444
◇いじめ問題と道徳教育の課題 橘迫和幸 「宮崎大学教育文化学部紀要 教育科学」 1 1999.9 p39～68
◇「子どもたちの居場所を地域につくる」―文部省委託事業「日本列島いじめ根絶アクションプラン」を受けて 市村聖治 「住民と自治」 425 1998.9 p64～68
◇いじめシンポジウムから見えてきたもの(教育情報) 山岸堅磐 「教育」 48(9) 1998.9 p118～120
◇"いじめ"と"新しい荒れ"―文部省「生徒指導上の諸問題の現状」調査の検討(特集 新年度,"荒れない学校"にするために) 酒井徹 「月刊生徒指導」 28(5) 1998.4 p38～45
◇いじめは,しつこく陰湿化の傾向に―教職員の意識調査結果がまとまる 日教組教育改革推進本部 「教育評論」 605 1997.9 p44～53
◇いじめとは何か(特集 いじめと癒し―いじめの深層) 中井久夫 「仏教」 37 1996.10 p16～23
◇いじめの根絶で文部省通知(教育ニュース・ズームアップ) 「現代教育科学」 39(11) 1996.10 p92～96
◇児童生徒のいじめ等に関するアンケート調査結果(児童生徒の問題行動等に関する調査研究協力者会議報告) 「月刊生徒指導」 26(14) 1996.9 p146～159

◇特集 文部省「いじめの問題に関する総合的な取組について」を読む 「月刊生徒指導」 26(13) 1996.9 p13～51
◇学校におけるいじめの心理(暴力―いじめ・攻撃の心理をさぐる) 鈴木康平 「更生保護」 47(8) 1996.8 p14～20
◇資料 児童生徒のいじめ等に関するアンケート調査結果 児童生徒の問題行動等に関する調査研究協力者会議 「解放教育」 26(8) 1996.8 p90～115
◇文部省「いじめ2万人調査」詳細報告 「総合教育技術」 51(7) 1996.7 p57～63
◇いじめにみる「心の危機」(特集「心の危機」は教育で救えるのか―さまざまな荒廃現象にみる「心の危機」) 坂本昇一 「現代教育科学」 39(6) 1996.6 p64～68
◇資料「いじめ」とは何か(特集・いじめ―いま私たちができること) 「月刊社会民主」 491 1996.4 p34～35
◇中学生の声「先生はイジメを知っている」 「週刊宝石」 16(9) 1996.3.7 p168～171
◇いじめ論考(その1)―いじめの定義をめぐって― 菊池礼司 「秋田大学教育学部教育研究所報」 33 1996.3 p1～7
◇なぜ,子どもたちはいじめへ走るか―社会構造との関係から(特集・いじめへの対応〔付・文部大臣緊急アピール「かけがえのない子供の命を守るために」(全文)〕) 浅川道雄 「季刊教育法」 105 1996.3 p34～40
◇特集・いじめへの対応〔付・文部大臣緊急アピール「かけがえのない子供の命を守るために」(全文)〕 「季刊教育法」 105 1996.3 p3～41
◇特別記事 いじめ問題への緊急対応について―いじめ問題への緊急対応について―かけがえのない子どもの命を守るために 文部省初等中等教育局中学校課 「文部時報」 1431 1996.3 p46～50
◇現代の「いじめ」は異質なのか(いじめを越えて<特集>) 坂本昇一 「教育と医学」 43(11) 1995.11 p986～992
◇文部省「いじめ対策」緊急会議報告(全文)―いじめの問題の解決のために当面とるべき方策について(文部省の「いじめ対策」を検討する<特集>) 「現代教育科学」 38(9) 1995.9 p5～15

◇いじめと人権―子どもの権利条約の視点より 山下綾子 「部落」 47(6) 1995.6 p29〜34
◇なぜ,いじめたくなるのか―いじめる子・いじめ集団の心理（いじめ対応と予防読本＜特集＞） 小林剛 「児童心理」 49(9) 1995.6 p44〜50
◇なぜ,訴えないのか―いじめられる子の心理（いじめ対応と予防読本＜特集＞） 土屋守 「児童心理」 49(9) 1995.6 p36〜43
◇なぜ「見て見ぬふり」をするのか―傍観する子どもたちの心理（いじめ対応と予防読本＜特集＞） 田中勝博 「児童心理」 49(9) 1995.6 p51〜59
◇法的側面からみた「いじめ」問題（いじめ対応と予防読本＜特集＞） 野川忍 「児童心理」 49(9) 1995.6 p183〜189
◇いじめを生む産業社会型教育（特集・死ぬな。殺すな。子どもたち！） 千石保 「Ronza」 1(1) 1995.4 p127〜130
◇いじめ問題と教育法（いじめ・少年非行・家族・福祉の法律問題＜特集＞―憲法と教育法から） 今橋盛勝 「季刊教育法」 101 1995.3 p53〜58
◇いじめ問題をめぐる法領域―子どもの人権から問われていること（いじめ・少年非行・家族・福祉の法律問題＜特集＞―憲法と教育法から） 安藤博 「季刊教育法」 101 1995.3 p59〜65
◇いじめの問題について当面緊急に対応すべき点について（通知）（資料）（いじめ問題への対応について―都道府県・指定都市教育委員会教育長会議報告） 「教育委員会月報」 46(11) 1995.1 p28〜30
◇深刻「いじめの現場」学校はなぜ見て見ぬふりをするのか 能重真作 「サンデー毎日」 73(54) 1994.12.25 p32〜34

いじめ訴訟

1994年に神奈川県で起きたいじめ自殺事件では2001年1月、同級生と、町・県教育委員会の責任を認める原告勝訴の判決が下った。98年に12月に福岡県で起きたいじめ自殺事件では、2000年12月に学校・加害者と原告の間で和解が成立した。また、学校側の謝罪という形で原告との和解が成立するケースもあった。情報開示法施行以後、いじめに関する情報開示を怠ったなどの理由で学校を提訴するケースもある。

【図書】
◇学校の壁 ― なぜわが娘が逝ったのかを知りたかっただけなのに 前田功、前田恵子著 東京 教育史料出版会 1998.4 19cm 260p 1700円 ①4-87652-336-3
◇隠蔽 ― 父と母の＜いじめ＞情報公開戦記 奥野修司著 東京 文芸春秋 1997.11 20cm 367p 1714円 ①4-16-353480-6

【雑誌記事】
◇教育法規あらかると いじめで親を提訴 「内外教育」 5152 2000.10.27 p26
◇いじめ裁判のあり方をめぐって（いじめ裁判―いじめ裁判の現段階と論点） 若穂井透 「季刊教育法」 126 2000.9 p14〜19
◇いじめ裁判の現段階と論点（いじめ裁判） 「季刊教育法」 126 2000.9 p4〜44
◇〔民事判例研究〕被害者からのいじめの申告と学校側の不法行為責任（大阪地裁判決平成7.3.24） 奥野久雄 「法律時報」 69(3) 1997.3 p111〜113
◇いじめと人権―いじめ裁判例を読む 采女博文 「法学論集 鹿児島大学法文学部紀要」 31(2) 1996.4 p87〜117
◇いじめ事件裁判と学校（特集・いじめへの対応〔付・文部大臣緊急アピール「かけがえのない子供の命を守るために」（全文）〕） 坂田仰 「季刊教育法」 105 1996.3 p21〜27

いじめ対策緊急会議

1994年7月に発足していた児童生徒の問題行動等に関する調査研究協力者会議が、11月に愛知県で発生したいじめ自殺事件を受けて12月に発足させたもので、12月には、全ての学校において直ちにいじめの実態についての総点検を行うことなどを求める緊急アピールを発表した。その結果は、いじめの実体を捉えることの難しさを浮彫にした。また、1995年3月にはいじめの問題の解決のために関係者が当面取るべき方策について取りまとめ、文部省に報告した。

【雑誌記事】
◇いじめ自殺事件といじめ対策緊急会議報告　横山潔「レファレンス」46(3)　1996.3　p75〜102
◇いじめ対策緊急会議が「報告書」—いじめ対策で養護教諭の果たす役割を重視　安達拓二「現代教育科学」38(5)　1995.5　p89〜94

いじめ問題国際シンポジウム

1996年6月文部省が国立教育研究所との共催で、諸外国のいじめの問題の専門家を招いて開いたシンポジウム。いじめの問題が極めて深刻な状況となっている中、教育関係者等のいじめ問題への認識を深め、この問題の解決への糸口を探るために行われたもので、各国でのいじめへの取り組みが紹介された。

【雑誌記事】
◇国立教育研究所のページ　いじめ問題国際シンポジウムの開催—いじめ問題をどう考えるか—各国の取り組みに学ぶ　秦明夫「教育と情報」462　1996.10　p34〜37
◇いじめ問題国際シンポジウム「月刊生徒指導」26(14)　1996.9　p5〜95
◇"いじめ"国際シンポジウムで何が語られたか「総合教育技術」51(9)　1996.8　p54〜58
◇「いじめ問題国際シンポジウム」の開催　秦明夫「学校経営」41(9)　1996.8　p102〜108

Eスクエア・プロジェクト

98年から報処理振興事業協会(IPA)、財団法人コンピュータ教育開発センターが主体となって開始した、インターネット利用教育を実践するための支援プロジェクト。

→100校プロジェクト をも見よ

一芸型入試

1983年信州大学経済学部が導入した、特定科目が得意な受験者のための自己推薦入学制度。個性的な学生を集めるために他大学にも広まり、亜細亜大学などでは一芸に秀でた人材を面接で選考する、ユニーク入試も実施されている。一八歳人口の急減期という大学の「冬の時代」に備えて、募集の早期化・定員枠の拡大傾向がみられ、安易な学生確保の手段として批判する動きもある。

【雑誌記事】
◇広がる「ユニーク入試」活用法—'94入試最新情報第10弾「サンデー毎日」72(50)　1993.11.21　p112〜122

一般教育　liberal arts

日本の大学は戦後の改革で、米国にならって一般教育・専門教育を統合したカリキュラムを採用。高校教育と一般教育の内容重複、専門教育開始の遅れ・時間不足への批判があった。一般教育の質向上策や教養課程改革案は施されて来なかったが、1991年大学審議会答申をうけた大学設置基準の自由化により、科目区分別の必修単位数枠が外され、学部教育の編成がそれぞれの大学にゆだねられるようになった。この結果、一般教養的教育と専門教育の両方に力を入れる大学と、専門教育に重点を置く大学に分化した。2001年中央教育審議会は答申案では、教養教育の充実は不可避であり、他校の模範になるような大学を「教養教育重点大学」として選んで思い切った支援を行うよう提言している。

【図書】
◇大衆モダニズムの夢の跡—彷徨する「教養」と大学　竹内洋著　東京　新曜社　2001.5　20cm　292p　2400円　①4-7885-0756-0
◇教養教育の系譜—アメリカ高等教育にみる専門主義との葛藤　S.ロスブラット著，吉田文，杉谷祐美子訳　町田　玉川大学出版部　1999.12　22cm　246p　3400円　①4-472-40061-8
◇高等教育と『教養』の行方—近・現代日本における教養主義の成立と展開　筒井清忠〔著〕　大阪　関西経済研究センター　1998.8　21cm　42p　（関西経済研究センター資料　98-13）①4-87769-001-8
◇教養教育の実践研究—本学教養教育検討有志プロジェクト研究成果報告書　北海道教育大学教養教育検討プロジェクト〔著〕

札幌　北海道教育大学　1995.3　30cm
123p
◇一般教育の検証 ― 本学教養教育検討有志
プロジェクト研究成果報告書　北海道教育
大学教養教育検討プロジェクト〔著〕〔札
幌〕　北海道教育大学　1994.3　30cm
121p

【雑誌記事】
◇今、私学の一般教育改革を考える（2000年
度課題研究集会　シンポジウム2-1「大学全
入時代における教養と教養教育」）向井俊
彦　「大学教育学会誌」　23(1)　2001.5
p27～30
◇これでいいのか「日本の大学」(4)何がこ
れほどの異常社会にしたか「一般教養と価
値教育」の充実強化を急ぐ　荒井一博「ニ
ューリーダー」　13(12)　2000.12　p36
～40
◇全国300大学の学長アンケート回答一覧
「一般教養教育」をどうするか　「論座」
61　2000.6　p204～227
◇日本の学士課程教育における一般・教養教
育再建の課題と展望(1997年度課題研究集
会〔大学教育の未来像〕関係論文―＜
シンポジウム2 これからの学士教育・準学士
教育＞）後藤邦夫「大学教育学会誌」
20(1)　1998.5　p49～53
◇知的亡国論―「一般教養」を排し、ゼネラ
リストを育てない大学教育が日本を滅ぼす
立花隆「文芸春秋」　75(11)　1997.9
p176～188
◇大学設置基準の大綱化とこれからの一般教
育　板倉大治「鹿児島経大論集」36(4)
1996.1　p191～217
◇一般教育は基礎教育か？―再び、一般教育
の理念を問う（フォーラム）北村侑子,湖
上晨一,高橋邦彦ほか　「一般教育学会誌」
15(2)（通巻第28号）1993.11　p100～
104

異文化間教育　intercultural education

　異質な文化間に生じる摩擦・接触という視
点から問題の研究・解決を試みる教育方法。
米国では多文化教育・多民族教育として研究
が進んでいたが、日本では教育の国際化に
伴う文化摩擦が増加した1981年、異文化間
教育学会が設立された。

【図書】
◇異文化間教育研究入門　江淵一公編　町田
玉川大学出版部　1997.11　22cm　292p
5000円　①4-472-11051-2
◇異文化間教育学序説 ― 移民・在留民の比
較教育民族誌的分析　第2版　江淵一公著
福岡　九州大学出版会　1997.5　22cm
576p　9500円　①4-87378-502-2
◇異文化間コミュニケーションと教育 ― 日・
米教育の現場から　鴨川美智子著　東京
アジア文化総合研究所出版会　1994.1
19cm　263p　2767円　（アジア文化選書
6）①4-336-03567-9

【雑誌記事】
◇異文化間教育学会創立二〇周年記念シンポ
ジウム　異文化間教育のめざすもの―多文
化共生社会の生き方を考える　「異文化間
教育」　15　2001　p100～146
◇大学での異文化教育:内なる異文化の克
服と共生の視座から　倉地暁美　「広島平
和科学」　20　1997　p127～147
◇異文化理解教育と文化人類学 ― 特に異文
化を語るということの「政治性」をめぐっ
て（特集＝異文化間教育学の可能性―学会
15年の回顧と展望）西原明史「異文化間
教育」　10　1996.6　p133～149
◇大学に於ける異文化教育の方向性 ― 大学
生の異文化接触の実態及び意識調査に基
づくシラバス　西堀ゆり「The Northern
review」23号　1995.6（片山厚先生退官
記念,故福浦徳孝先生追悼号）p81～93
◇異文化理解を視点に入れた外国語教育（特
集論文）小池生夫「異文化間教育」
8号　1994.5　（特集＝異文化理解と言語教
育）p20～33
◇違うってすばらしい ― 外国人児童のいる
学級・学校での異文化・国際理解教育
筒井博美「海外子女教育・国際理解教育
紀要」　16　1994.3　p41～54

異文化理解

　2001年12月、中教審は教養教育に関する
報告で、国際化時代おいては、文化や伝統・
性・世代・国籍・言語・宗教等のあらゆる「自
分とは異なるもの」との交流を通しての自
己の確立、およびそれら「異なるもの」を受
け入れ、理解し尊重しながら共に生きてい
く姿勢を身につけていくことが重要であり、

それが現代の世界を日本人として生きていくための基礎的な能力であるとした。

【図書】

◇異文化を持つ人々との共生を目指して ── 指導事例集 国際理解を進める指導法の研究　富山　富山県総合教育センター　1999.3　30cm　47p

◇異文化理解のストラテジー ── 50の文化的トピックを視点にして　佐野正之[ほか]著　東京　大修館書店　1995.3　21cm　325p　2575円　①4-469-24356-6

【雑誌記事】

◇「異文化理解」という捉え方についての検討　前田尚子　「異文化コミュニケーション研究」　13　2001　p137～155

◇異文化理解と教養(特集「教養教育」がなぜ強調されるのか ──「教養」を身につけるために異文化がどう役立つか)　池田寛　「現代教育科学」　44(6)　2001.6　p53～59

◇異文化理解と現代日本　青木保　「国際開発研究」　1(3)　1999.12　p21～28

◇異文化としての日本をどう理解するか ── 日本人であるより人間でありたい(特集 日本人としての「自覚」を育てる ── 異文化理解と国際協調の精神をどう培うか)　羽淵強一　「現代教育科学」　41(12)　1998.12　p67～70

◇異文化理解と国際協調の精神をどう培うか(特集 日本人としての「自覚」を育てる)「現代教育科学」　41(12)　1998.12　p55～74

◇異文化理解の原点に立つことが求められている(特集 日本人としての「自覚」を育てる ── 異文化理解と国際協調の精神をどう培うか)　仲村秀樹　「現代教育科学」　41(12)　1998.12　p71～74

インクルージョン　Inclusion

　障害児がいる状況でもいない状況でも常に多様な教育形態が行われるというもの。障害児教育の専門性(技術・人・機関等)は否定せず、支援する上での「通常の場面(クラス)」における一体化の強調する。国連の「特別なニーズ教育に関するサラマンカ声明と行動大綱(1994年)」に基づき、教育の分野での提起が、UNESCOを中心に強く打ち出されている。

【図書】

◇インクルーシブ教育の真実 ── アメリカ障害児教育リポート　安藤房治著　学苑社　大修館書店　2001.9　19cm　222　2000円　①4-7614-0109-5

◇障害児が学校へ入るとき　障害児を普通学校へ・全国連絡会編　千書房;メディアクロス〔発売〕　大修館書店　2001.3　21cm　214　1600円　①4-9980669-9-4

◇マニュアル障害児のインクルージョンへ ── 地域の学校でいっしょに学ぶ　石川愛子,宮永潔純編著　社会評論社　1999.5　19cm　255　2000円　①4-7845-0757-4

◇障害児と共に学ぶ ── イギリスのインクルーシヴ教育　アリソン・ヴァートハイマー著,桑の会訳　明石書店　1998.9　21cm　57　700円 (明石ブックレット 3)　①4-7503-1078-6

◇情緒障害と統合教育 ── インクルージョンへの道　津田道夫著　社会評論社　1997.6　19cm　206　2200円　①4-7845-0740-X

【雑誌記事】

◇研究時評 インクルージョンに関する研究動向　安藤房治「特殊教育学研究」　39(2)　2001.9　p65～71

◇インクルージョン ──「障害」児教育 インクルージョンと私 ── 立場を変えてみるとどうなる(特集教職員がつくる教育課程(下)理論と実践,感動と楽しさの交流)　平井妙子　「教育評論」　644　2000.12　p16～18

◇インクルージョン ── 開発教育 初めての分科会設定 ── 歴史・理念の理解からプログラムづくりまで(特集 教職員がつくる教育課程(下)理論と実践,感動と楽しさの交流)　山西優二　「教育評論」　644　2000.12　p19～21

◇特集「共に」とインクルージョンをめぐって　「福祉労働」　78　1998.3　p12～73

◇インクルージョンへの期待と危惧(特集 障害児がいる家族のホントの話)　飯島勉　「父母と教師と障害児をむすぶ人権と教育」　26　1997.5　p105～111

◇新しい教師像,インクルージョンによせて(特集 障害児がいる家族のホントの話)　落合俊郎　「父母と教師と障害児をむすぶ人権と教育」　26　1997.5　p82～91

◇新たなメインストリーミング解釈としてのインクルージョン ── 合衆国でのインク

ルージョン（特集 インクルージョンと交流教育） 清水貞夫 「発達障害研究」 19(1) 1997.5 p1～11
◇「インクルージョン」の理念と実現への動向〔2〕(論文・社会への提言) 松友了 「月刊福祉」 79(8) 1996.7 p62～67

飲酒 ⇒ 青少年の飲酒 を見よ

インターナショナルバカロレア ⇒ 国際バカロレア を見よ

インターネットと教育

インターネットを利用した授業や学校間交流・情報発信は1995年頃から試みがはじまっていた。94年、文部省と通産省が共同で「100校プロジェクト(「ネットワーク利用環境提供事業」)を開始、継続した「新100校プロジェクト」は98年度に終了、99年には、文部省と郵政省が共同で全国の学校1076校をパソコンで結ぶ「先進的教育用ネットワークモデル地域事業」（学校ネット）の運用を始めた。2001年には第2次事業としてインフラが整備され、遠隔授業なども可能になる。全国51地域、1673校が参加する世界最大規模の広域ネットワーク（WAN）になった。その他、生涯学習審議会ではインターネットを使った不登校児の在宅学習支援を提言している。

→ 100校プロジェクト をも見よ

【図書】
◇教育におけるマルチメディア・インターネットの効果に関する研究 第1巻 日本教材文化研究財団編 多摩 日本教材文化研究財団 2001.3 30cm 217p （調査研究シリーズ 34-1)
◇教育におけるマルチメディア・インターネットの効果に関する研究 第2巻 日本教材文化研究財団編 多摩 日本教材文化研究財団 2001.3 30cm 123p （調査研究シリーズ 34-2)
◇インターネットが教育を変える 日本教育工学会編著 東京 明治図書出版 1999.10 26cm 201p 2360円 （実践教育工学シリーズ no.1) ⓘ4-18-261923-4
◇学校にインターネットは必要？ 緒方佐代子著 東京 同朋舎 1999.3 19cm 240p 1400円 ⓘ4-8104-2549-5
◇インターネットが教室になった ― こねっと・プランの挑戦 こねっと・プラン実践研究会編 東京 高陵社書店 1998.7 24cm 244p 1900円 ⓘ4-7711-0015-2
◇インターネットと教育実践 大隅紀和編著 名古屋 黎明書房 1998.4 21cm 244p 2600円 （シリーズ・インターネットと教育 2) ⓘ4-654-01605-8
◇インターネット教育で授業が変わる ― 子どもの情報発信をどうすすめるか 石原一彦〔ほか〕著 東京 労働旬報社 1997.4 21cm 167p 2000円+税 ⓘ4-8451-0474-1
◇ここまでやるか!国際交流 ― インターネットが世界をつなぐ先生たちの手作りネットワーク 日本・ネパール国際交流実行委員会編 東京 教育家庭新聞社 1997.3 19cm 206p 1300円 ⓘ4-87381-209-7
◇消費者教育におけるインターネットの活用 ― 平成8年度データベース構築委員会報告書 東京 消費者教育支援センター 1997.3 30cm 71p
◇インターネットと教育 大隅紀和, 宮田仁著 名古屋 黎明書房 1997.1 21cm 239p 2575円 ⓘ4-654-01589-2
◇インターネットが開く新しい学校教育 村端五郎編著 東京 明治図書出版 1996.12 22cm 148p 2060円 （提言・21世紀の教育改革 6) ⓘ4-18-213612-8
◇メディアキッズの冒険 ― インターネットによる教育実践の記録 新谷隆, 内村竹志著 東京 NTT出版 1996.4 21cm 265p 1900円 ⓘ4-87188-438-4

【雑誌記事】
◇インターネットの教育への挑戦(特集 インターネットが変える学校文化 ― インターネットで情報活用能力は育つか） 村端五郎 「現代教育科学」 43(6) 2000.6 p15～18
◇小学校・インターネット活用授業で何が変わったか(特集 インターネットが変える学校文化）「現代教育科学」 43(6) 2000.6 p33～52
◇情報活用能力の育成とインターネットの現状(特集 インターネットが変える学校文化 ― インターネットで情報活用能力は育つか） 苅宿俊文 「現代教育科学」 43(6) 2000.6 p23～26

◇中学校・インターネット活用授業で何が変わったか(特集 インターネットが変える学校文化)「現代教育科学」 43(6) 2000.6 p53～68

◇提言・インターネットが変える学校文化とは(特集 インターネットが変える学校文化)「現代教育科学」 43(6) 2000.6 p5～14

◇文部省「我が国の文教施策・情報化の進展と教育」を読み解く(特集 インターネットが変える学校文化)「現代教育科学」 43(6) 2000.6 p27～32

◇教科,特別活動等を中心とする学習活動及び異校種間交流を中心とする学校間交流におけるネットワークの効果的な活用の在り方(平成9・10年度インターネット利用実践研究地域指定事業研究集録) 福岡県教育委員会 「中等教育資料」 48(15) 1999.8 p181～199

◇教育トゥデイ'98 インターネットで広がる不登校児教育 横湯園子, 小林正幸, 杉浦圭子 「放送教育」 53(6) 1998.9 p36～40

◇メディアと教育 ― インターネットが学校になる 田中義郎, 谷村志穂(他) 「放送教育」 52(7) 1997.10 p42～46

◇教育ジャーナル インターネットで教室が変わる<2> 岡本敏雄, 浅野裕, 高島秀之(他) 「放送教育」 51(5) 1996.8 p34～39

◇インターネットで教室が変わる<1> 岡本敏雄, 石原一彦, 高島秀之 「放送教育」 51(4) 1996.7 p50～55

インターネットと大学

2000年8月、東北大は世界約20カ国の約80大学と共同で、単位互換制度の導入やインターネットで講義を行う、地球規模の大学ネットワーク構想の実現に乗り出す方針を発表。大学審議会は答申に通信制大学ではインターネットを使った授業だけでも卒業できるようにすることなども盛り込んだ。2001年、京都大は、中国・上海市に事務所を開設を発表した。2002年早々にも上海市中心部に出張所を設け、1月中に地元の復旦大学でインターネットを利用した遠隔授業をスタートさせる予定。

【図書】

◇学問が情報と呼ばれる日 ― インターネットで大学が変わる! 巨大情報システムを考える会編 東京 社会評論社 1997.1 21cm 212p 2060円 (変貌する大学シリーズ3) ①4-7845-0763-9

◇インターネットキャンパス ― 学んで!遊んで!役に立つ! 欧米100大学ホームページ徹底活用法 笠木恵司著 〔東京〕 日経BP社 1996.6 21cm 187p 1500円 ①4-8222-9018-2

【雑誌記事】

◇座談会 インターネットと大学 ― 竜城正明/浜野保樹/池田秀人/小川貴英/(司会)長版建二(大特集 遠隔教育) 竜城正明, 浜野保樹, 池田秀人(他) 「大学時報」 46(252) 1997.1 p16～31

インターハイ ⇒ 全国高校総合体育大会を見よ

インターンシップ internship

学生・生徒が在学中から企業などで自分の学習内容や将来の進路に関連した職業体験を行うこと。専修学校や一部の大学などで実施されてきた制度だが、理科教育及び産業教育審議会は1998年7月の答申でさらに推進することを提言、文部科学省・経済産業省・厚生労働省の三省が大学・企業等と共同で本格的な取り組みを始めた。体験を通じた職業意識の向上、高校・大学と企業の連携が促進と人材供給のミスマッチの解消、生徒・学生の異世代コミュニケーション力の育成、早期離職率の低減などが期待される一方、企業による青田買いにならないか、単位の認定、報酬の有無などが問題として予想される。99年には日本インターンシップ学会が結成された。

【図書】

◇インターンシップ ― 職業教育の理論と実践 古閑博美編著 東京 学文社 2001.6 26cm 150p 2000円 ①4-7620-1064-2

◇高等学校インターンシップ事例集 文部科学省〔著〕 東京 ぎょうせい 2001.5 30cm 182p 2000円 ①4-324-06508-X

◇インターンシップが教育を変える — 教育者と雇用主はどう協力したらよいか　リン・オールソン原著,渡辺三枝子,三村隆男訳,仙崎武監修　東京　雇用問題研究会　2000.10　21cm　297p　2500円　⓾4-87563-195-2

◇インターンシップ・ガイドブック — インターンシップの円滑な導入と運用のために　文部省〔著〕　東京　ぎょうせい　2000.2　30cm　1冊　2000円　⓾4-324-06059-2

◇インターンシップ活用術 — やりがいのある仕事を見つける!　ETIC.インターンシップサポートセンター編著　東京　日経事業出版社　1998.11　21cm　196p　1300円（日経就職シリーズ）　⓾4-930746-58-2

◇インターンシップ・ガイドブック — インターンシップの円滑な導入と運用のために　〔東京〕　文部省　〔1998〕　30cm　1冊

◇インターンシップ制度の導入による産業高度化に関する調査研究　アリス・インスティテュート〔編〕　東京　機械振興協会・経済研究所　1997.5　30cm　51,23p

【雑誌記事】

◇リクルート戦略に転換の時期か? — 日本インターンシップ学会が大会開催　「内外教育」　5212　2001.6.19　p6〜7

◇インターンシップの現状 — 産学連携による新たな人材育成への期待（今月のテーマ　産学の連携と交流）　西阪昇　「IDE」　428　2001.5　p49〜53

◇インターンシップ推進の意義（特集　インターンシップ推進全国フォーラム）　木村孟　「産業教育」　51(2)　2001.2　p36〜40

◇日本的インターンシップの政策科学的検討（日本産業教育学会第41回大会報告 — 自由研究発表）　吉本圭一,福岡哲朗,宮本京子（他）「産業教育学研究」　31(1)　2001.1　p47〜48,57

◇受け入れ企業から学校に注文も — 文部省,インターンシップ推進でフォーラム　「内外教育」　5157　2000.11.17　p2〜3

◇大学の取り組み　インターンシップの機会を提供し,学生のキャリア形成と職業社会のニーズを教育に反映させる（今月のテーマ　インターンシップの現状を探る）　若原尚　「産業新潮」　49(11)　2000.11　p21〜24

◇望ましい勤労観・職業観の育成 — インターンシップの実践（特集　高等学校教育 — 魅力,期待,創造 — 実践報告　魅力ある高等学校教育の充実に向けて）　間間征憲　「教育じほう」　634　2000.11　p41〜43

◇高校生のインターンシップの教育的意義と課題　鹿嶋研之助　「青少年問題」　47(6)　2000.6　p30〜35

◇シンポジウム2　大学教育のありかたについて — インターンシップを軸に(1999年度〔大学教育学会〕課題研究集会)　「大学教育学会誌」　22(1)　2000.5　p24〜35

◇新高等学校学習指導要領に基づく進路指導の実践課題 — インターンシップの意義（職業に関する教科・科目の研究等）　鹿嶋研之助　「産業教育」　50(1)　2000.1　p32〜35

◇インターンシップと企業 — 企業・大学・学生の三者による就労体験教育の方策　諏訪康雄　「世界経営協議会会報」　94　1998.9　p22〜25

◇インターンシップの推進に当たっての基本的考え方（インターンシップ）　文部省,通商産業省,労働省　「大学と学生」　392　1997.11　p14〜21

◇＜インターンシップ研究会報告＞学校と企業との連携が基本 — プログラムの作成,事故への事前の対応,受入れ情報公開を　労働省　「賃金・労務通信」　50(27)　1997.10.15　p11〜18

インテリジェントスクール　intelligent school

臨教審構想の生涯学習都市の拠点となる,通信システム・ビルオートメーションなど高度に情報化された学校・複合施設。公民館・図書館・スポーツセンターなどの社会教育施設を併設,地域住民の学習・情報活用の場として開放する。1991年設立の台東区立上野小学校が第1号。

【雑誌記事】

◇台東区立上野小学校 — 都心に位置する社会教育センター・幼稚園との複合のインテリジェントスクール（特集　学校建築 — 個性を育む環境創出へ向けて — 学校10選）「SD」　418　1999.7　p70〜73

◇学校経営を考える「インテリジェント・スクールにおける新しい学校経営」　三浦

健治 「教育じほう」 593 1997.6 p74～77
◇インテリジェントスクール―地域の文化センターとしての学校の機能(特集 地域の中の学校―＜実践事例＞学校と地域社会の連携を求めて) 佐久間茂和 「教育じほう」 587 1996.12 p58～61
◇(情報化最先端)事例紹介 インテリジェントスクールとしての滑川中学校の紹介 荒木栞 「教育と情報」 463 1996.10 p40～43
◇インテリジェント・スクールが日本の教育を変える(石井威望の"テクノロジー・日本"の先を読む) 石井威望 「財界」 41(14) 1993.6.15 p123
◇森林浴が出来るインテリジェントスクール―武相学園50周年記念館 「社会教育」 48(4) 1993.4 p49～51

インフォーマルエデュケーション informal education

家庭・職場におけるノンフォーマルエデュケーションと同義で用いられる場合もあるが、近年はイギリスから普及した"壁のない学校"(教師・児童、学年や学級、科目、時間割、教室などの形式がなく、遊びを通して学ぶ)を指すことが多い。具体的にはチーム・ティーチングや無学年制の個別学習方法、教科間の障壁をなくした統合カリキュラムなどの形態を探る。児童中心主義的な新教育運動の流れに位置づけられるが、教師の指導性を否定しない点に特色がある。

【雑誌記事】
◇インフォーマル・エデュケーションとしての科学博物館の役割 難波幸男、西博孝、亀井修(他) 「千葉県立現代産業科学館研究報告」 7 2001.3 p1～13
◇フォーマルエデュケーションとインフォーマルエデュケーション―インドネシアにおける学校の工房化と工房の学校化 田尻敦子 「東京大学大学院教育学研究科紀要」 37 1997 p301～309

【ウ】

受け皿

1992年9月から始まった学校五日制で休みとなる土曜日に、家庭や地域で子どもを受け入れる施設・団体という意味で使われはじめた。後に、不登校児が元々通っていた学校の変わりに通うところの意味でも使われはじめ、子どもを受け入れてくれる学校以外の場所というニュアンスで広く使われるようになった。

【雑誌記事】
◇完全五日制をめざす学校・家庭・地域社会の連携―受け皿はあるのか(中教審答申の21世紀学校像を読む) 亀井浩明、飯田稔、下村哲夫(他) 「現代教育科学」 39(10) 1996.9 p35～41
◇「受け皿が必要」は大人の発想だ―第25分科会・学校5日制,教育課程に参加して(日教組第42次教育研究全国集会＜特集＞―分科会参加記) 福岡県教組糸島支部 「教育評論」 550 1993.3 p26～29

【エ】

英国科学実験講座 ⇒ クリスマス・レクチャー を見よ

エイズ教育

近年性行為を感染経路とするエイズ(後天性免疫不全症候群)患者が急増、正確な情報伝達・理解と適切な予防のため、1987年文部省は都道府県にエイズ教育の徹底を指示。88年から特別活動時間を利用したカリキュラムを作成、92年には教材パンフが発行された。保健科教師などの間では対応の遅さへの苛立ちがあるが、コンドームを用いた授業等

への教師・父母らの戸惑いもあり、積極的な指導例を紹介する学習会活動が広まりっている。

→ 性教育 をも見よ

【図書】

◇共生・人権をめざすエイズ学習　高柳美知子〔編〕　東京　あゆみ出版　1996.8　26cm　228p　2400円（シリーズ科学・人権・自立・共生の性教育 21世紀へのヒューマン・セクソロジー　6）ⓝ4-7519-2075-8

◇新しい人間観に立つエイズ教育　秋田　秋田県教育センター　1994.3　26cm　37p　（AEC 175）

◇エイズ学習のすすめ　山本直英編著　東京　大月書店　1993.10　21cm　218p　2300円　ⓝ4-272-41070-9

◇教師のためのエイズ教育読本 — こうすればエイズは教えられる　武田敏編著　東京　学事出版　1993.6　21cm　165,15p　1700円　ⓝ4-7619-0354-6

◇エイズに関する指導の手引　日本学校保健会編　東京　第一法規出版　1993.1　26cm　77p　800円　ⓝ4-474-09098-5

【雑誌記事】

◇エイズ教育における"連携" — 学校保健と地域保健、それぞれの役割を中心に（特集 学校保健と地域保健 — どう連携するか）反田邦子　「へるす出版生活教育」　44(5)　2000.5　p16〜20

◇21世紀に向けた学校における性・エイズ教育の在り方（特集2 エイズ教育の推進）野津有司　「スポーツと健康」　30(12)　1998.12　p31〜34

◇中学生へのエイズ教育における両親の関与 — 親へのエイズ意識調査の結果を報告して　吉宮仁美, 尾崎米厚, 母里啓子　「公衆衛生研究」　47(2)　1998.6　p119〜127

◇性に関する教育の実践とその課題 保健体育科を中心としたエイズ教育の展開（3章 横断的・総合的な学習をどう実施するか）佐藤政男　「教職研修総合特集」　131　1997.1　p186〜189

◇知識だけに終わらないエイズ教育（エイズは教育で防げるか＜特集＞）武田敏　「教育と医学」　41(7)　1993.7　p668〜673

◇「エイズ・性教育」の現場で見たもの — もはやコンドームでは驚かない。エイズ知識も親以上に（特集・息子が危ない）　枝川公一　「プレジデント」　31(3)　1993.3　p232〜239

エコスクール

文部省が通産省と協力して推進している、環境を考慮した学校施設。太陽や風力の活用・雨水・中水の利用などの省エネルギー・省資源化を図り、また環境教育にも利用できるように配慮する。文部省と通産省は1997年度から「環境を考慮した学校施設（エコスクール）の整備推進に関するパイロット・モデル事業」を実施した。

【図書】

◇環境を考慮した学校施設（エコスクール）の整備における技術的手法に関する調査研究報告書　〔東京〕　日本建築学会学校建築委員会エコスクール小委員会　1997.3　30cm　124p

◇環境を考慮した学校施設（エコスクール）の整備について　〔東京〕　環境を考慮した学校施設に関する調査研究協力者会議　1996.3　30cm　51p

◇エコ・スクール実践事例集　2　〔京都〕　京都市立永松記念教育センター　〔1996〕　30cm　72p

【雑誌記事】

◇環境を考慮した学校施設「エコスクール」の整備推進(21世紀を創るニューエコビジネス — Session1 太陽光発電の導入施策)　新保幸一　「太陽光発電システムシンポジウム」　18　2001　p1-27〜36

◇解説 環境を考慮した学校施設（エコスクール）の整備推進について(特集 公立文教施設整備)　文部科学省初等中等教育局施設助成課　「教育委員会月報」　53(3)　2001.6　p20〜31

◇エコスクールとリサイクル(特集 エコスクールの計画)　「教育と施設」　61　1998.6　p72

◇エコスクールパイロット・モデル事業(特集 エコスクールの計画)　文部省指導課　「教育と施設」　61　1998.6　p73

◇新エネルギーと学校(特集 エコスクールの計画)　小峯裕己　「教育と施設」　61　1998.6　p63〜69

◇環境を考慮した学校施設（エコスクール）の整備推進について　大島寛　「クリーンエネルギー」　6(11)　1997.11　p1〜5

エコロジー教育　⇒ 環境教育 を見よ

エスノグラフィー　ethnography

　フィールドワークを基本とする質的調査の1つ、また、その調査の成果としてまとめた報告書。元来民族学の方法だが、のち様々な分野で用いられた。教育学では教師生徒集団の文化・教師や生徒の価値観・教育方法の影響などを対象に、データに基づく調査では分からない事象の分析法として活用されている。

【図書】
◇のぞいてみよう!今の小学校 ― 変貌する教室のエスノグラフィー　志水宏吉編著　東京　有信堂高文社　1999.7　19cm　213p　2000円　④4-8420-8523-1
◇教育のエスノグラフィー ― 学校現場のいま　志水宏吉編著　京都　嵯峨野書院　1998.6　21cm　347p　2700円　④4-7823-0258-4
◇登校拒否のエスノグラフィー　朝倉景樹著　東京　彩流社　1995.2　20cm　256p　2500円　④4-88202-331-8

【雑誌記事】
◇生徒集団の形成と諸実践 ― 女子高のエスノグラフィー　竹石聖子　「教育科学研究」　18　2001.3　p1～11
◇地方都市における高校生の生活世界と生徒文化 ― 統計調査とエスノグラフィーによるS高校のモノグラフ　「教育」　50(2)　2000.2　p103～119
◇課題研究報告1 教育経営研究におけるエスノグラフィーの可能性と今後の課題　「日本教育経営学会紀要」　41　1999　p85～94
◇教師効果研究におけるエスノグラフィー法の可能性　平山満義　「教育方法学研究」　12　1996　p101～119

エリート教育

　社会的指導性を発揮する卓越した機能集団養成のために、家庭・学校・職場で行われる教育。専門職・管理職の需要増大、官僚制の拡大、公平なエリート選抜制度を求める価値感などから、学校が果たす役割が大きくなった。今日においても主張される能力主義的政策のひとつであり、その根拠に能力遺伝決定論が援用されることがある。

【図書】
◇エリート教育は必要か ― 戦後教育のタブーに迫る　東京　読売新聞社　2000.8　21cm　64p　381円　(読売ぶっくれっとno.23)　④4-643-00018-X
◇アメリカのスーパーエリート教育 ―「独創」力とリーダーシップを育てる全寮制学校　石角完爾著　東京　ジャパンタイムズ　2000.5　20cm　285,14p　1800円　④4-7890-1004-X
◇創造的才能教育　麻生誠, 岩永雅也編　町田　玉川大学出版部　1997.10　21cm　238p　2800円　④4-472-11061-X
◇現代日本におけるエリート形成と高等教育　麻生誠, 山内乾史編　広島　広島大学大学教育研究センター　1994.3　26cm　121p　(高等教育研究叢書　25)　④4-938664-25-9
◇愛贈教育論 ― 心をもった知能を育む 新ギフテッド教育のすすめ　吉田武輝著　東京　三修社　1993.1　20cm　277p　3500円　④4-384-02189-5

【雑誌記事】
◇(評の評)1月前期の新聞 ― ついに登場エリート教育必要論　「内外教育」　5080　2000.1.28　p15～18
◇教育異見 今こそ, 真のエリート教育を　竹内洋　「総合教育技術」　52(2)　1997.5　p84～87
◇エリート教育研究の課題と展望　山内乾史　「大学教育研究」　3　1995.3　p59～71
◇天才は育つか「理数エリート教育」(TEMPO)　「週刊新潮」　39(38)　1994.10.6　p46

エルダーホステル　elderhostel

　1975年米国ニューハンプシャー大学で始まった年長者のための宿泊学習システム。60歳でエルダーホステル協会に入会可能、低料金で一週間50カ国余りの大学や教育施設に滞在し、講義や課外活動を受けられる。日本でも86年から受講者を受け入れているほか、NPO法人が日本人を対象としたエルダーホステル方式の講座を提供する事業を行っている。

→ 高齢者教育 をも見よ

【図書】
◇エルダーホステル物語 ユージン・S.ミルズ著, 豊後レイコ〔ほか〕訳 大阪 エトレ 1995.4 21cm 235p 1800円 ①4-7952-4480-4

【雑誌記事】
◇今月のことば インタヴュー 米国の高齢者教育プログラムとそのマーケティングの重要性 米国エルダーホステル・フロリダ州ディレクター シェリル・ゴールドさんに聞く シェリルゴールド 「社会教育」 53(2) 1998.2 p4〜7
◇本を読むより街へ。エルダーホステルで、暮らしに根づいた国際交流―岩田博行(特集・ノーサイド流生涯学習)「ノーサイド」 4(3) 1994.3 p39〜40

エルネット　ELNET

教育情報衛星通信ネットワーク。1999年7月から文部省が開始した、社会教育・学校教育の双方向ネットワーク。受信局は全国の社会教育施設,学校等約1700ヶ所で、「子ども放送局」「オープンカレッジ」「文部科学省ニュース」「研修プログラム」などの番組が文部科学省、国立教育会館、国立科学博物館などの親局から放送されている。

【雑誌記事】
◇「エルネット」社会教育・学校教育の新しいネットワーク(特集 ITと教育) 文部科学省学習情報政策課 「教育委員会月報」 52(13) 2001.3 p24〜31
◇エルネットと子ども放送局 香川徹 「青少年問題」 47(9) 2000.9 p50〜56
◇論考 「子ども放送局」の課題と公民館活動の課題(特集 子ども放送局) 坂井知志 「月刊公民館」 519 2000.8 p4〜8
◇エル・ネットについて(特集 エル・ネット) 文部省生涯学習局学習情報課 「社会教育」 55(6) 2000.6 p10〜13
◇国立教育会館 衛星通信を利用した研修事業について(特集 エル・ネット) 渡部靖之 「社会教育」 55(6) 2000.6 p22〜26
◇情報通信を活用した生涯学習の新たな展開と可能性(特集 エル・ネット) 浅井経子 「社会教育」 55(6) 2000.6 p6〜8

◇新しい情報通信を活用した「エル・ネット」とは―「子ども放送局」「エル・ネットオープンカレッジ」など新しいしくみ(特集「エル・ネット」への期待) 文部省生涯学習局学習情報課 「視聴覚教育」 54(5) 2000.5 p12〜15
◇「エル・ネット」の運用開始と「情報化」(特集 遠隔教育) 岡本薫 「社会教育」 54(11) 1999.11 p16〜19
◇解説 エル・ネット(教育情報衛星通信ネットワーク)について(特集 通信衛星を活用した生涯学習の新たな展開) 文部省生涯学習局学習情報課 「文部時報」 1478 1999.10 p42〜47
◇衛星通信 教育情報衛星通信ネットワーク(エル・ネット)について―「子ども放送局」などの送信を開始 文部省生涯学習局学習情報課 「教育委員会月報」 51(2) 1999.5 p60〜64

遠隔教育　distance education

教授者から離れた所にいる学習者を指導する教育形態。通信教育、テレビ・ラジオ(放送大学)、マイクロ波、電話回線、パソコン通信、ファクシミリ(在宅学習塾)、通信衛星、CATV、光ファイバなどがある。1990年代後半からインターネットを利用した遠隔教育が台頭してきた。97年大学審議会は答申で遠隔教育の大学設置基準上の設置基準上の取扱い、リフレッシュ教育における遠隔授業の取扱い、通信制の高等教育機関における授業方法について提言をまとめた。

【図書】
◇eラーニング白書 2001-2002年版 先進学習基盤協議会(ALIC)編著 東京 オーム社 2001.5 24cm 318p 2500円 ①4-274-06419-0
◇ネットラーニング ― 事例に学ぶ21世紀の教育 佐藤修著 東京 中央経済社 2001.1 21cm 209p 2200円 ①4-502-41341-0
◇Eラーニング ― 教育のインターネット革命 坂手康志著 東京 東洋経済新報社 2000.12 20cm 269p 1600円 ①4-492-55409-2
◇実践ノウハウインターネットで遠隔教育・研修 堂山真一著 東京 NTT出版

1999.4　21cm　173p　1300円
①4-7571-0016-7
◇遠隔授業、発進！ ― 学校と社会教育施設を結んだ新しい教育の実践記録　学習資源コンテンツ化実行委員会, こねっと・プラン推進協議会事務局編　〔東京〕　〔学習資源コンテンツ化実行委員会〕　1999.3　26cm　160p
◇日本で学べるアメリカ大学遠隔学習プログラム ― 学士・修士・博士課程　ピーターソンズ編, 笠木恵司訳　東京　ダイヤモンド社　1999.3　21cm　527p　4800円　(Diamond executive data book　11)
①4-478-73178-0
◇インターネットによる遠隔学習 ― バーチャルクラスルームの創造　リンネット・ポーター著, 小西正恵訳　東京　海文堂出版　1999.1　21cm　282p　3800円　①4-303-73470-5
◇「遠隔授業」の大学設置基準における取扱い等について ― 答申　〔東京〕　大学審議会　1997.12　30cm　39p

【雑誌記事】

◇キャンパス間遠隔教育とインターネットによる講義の実験と考察　最首和雄, 篠原聡, 鈴木隆浩(他)　「明星大学研究紀要 情報学部」　9　2001　p109～119
◇通信メディアを利用した遠隔教育へ向けての実用化研究　松下文夫, 石田智之, 山崎徹(他)　「香川大学教育実践総合研究」　2　2001　p19～24
◇コンピュータネットワークを併用した遠隔講義の試み　上村喜一, 半田志郎, 田中清(他)　「教育システム情報学会研究報告」　2001(1)　2001.7.7　p29～32
◇特集 平成12年度文部科学省委嘱「メディアを活用した生涯学習活動の促進に関する調査研究」報告書より 海外における遠隔教育の現状　「視聴覚教育」　55(6)　2001.6　p32～45
◇Virtual Universityは現実の大学を超えるか? ― 遠隔教育の普及によるVirtual UniversityとReal University間の選択行動について　田北俊昭　「情報通信学会年報」　2000年度　2000　p103～123
◇テレビ会議システムを利用した遠隔授業に対する教員の評価　河村壮一郎　「日本教育工学雑誌」　24(suppl.)　2000　p207～212
◇遠隔講義システムを用いた日米間一斉授業に対する受講生の評価(2000年 教育工学関連学協会連合 第6回全国大会 講演論文集 第一分冊〔含 著者索引〕― 情報通信技術による学習支援環境(1)) 村上正行, 田口真奈, 溝上慎一　「教育工学関連学協会連合全国大会講演論文集」　6-1　2000　p323～326
◇高等教育における遠隔教育の動向と可能性(特集 変革期の大学教育はどうあるべきか:大学審議会答申『21世紀の大学像と今後の改革方策について ― 競争的環境の中で個性が輝く大学』(1998年10月26日)を読んで)　髙島秀之　「教育研究所紀要」　9　2000　p69～75
◇情報ネットワークとマルチメディアの応用研究 ― 通信衛星, ネットワークを利用した遠隔教育の研究　東村髙良　「関西大学社会学部紀要」　31(2・3)　2000.3　p339～357
◇ウェブを利用した遠隔教育の試み　清水英典　「情報処理学会研究報告」　2000(20)　2000.2.18　p1～8
◇遠隔教育による生涯学習の支援(特集 遠隔教育)　白石克己　「社会教育」　54(11)　1999.11　p12～14
◇二つの遠隔教育 ― 通信教育から遠隔教育への概念的連続性と不連続性について　鈴木克夫　「メディア教育研究」　3　1999.9　p1～12
◇遠隔教育に関する大学審の見解と今後(今月のテーマ 遠隔教育の新時代)　舘昭　「IDE」　398　1998.6　p58～64

演劇教育　education through drama

　1959年日本学校劇連盟が日本演劇教育連盟と改称。芸術教育の一環とされていた演劇活動を教育方法・教授法として捉え、科学化を目差した。児童演劇鑑賞、学校劇活動のほか、音楽・体育・国語の授業での表現教育、ロールプレイング療法などで実践されている。特に、2002年度から本格的に始まる総合的な学習の時間に、生きたコミュニケーションを磨ける演劇教育を取り入れるように呼び掛けている。指導できる教師が少ないのが問題。

【図書】

◇カナダの演劇教育 ― 30校の学校訪問・授業見学から　宮本健太郎著　〔千葉〕〔宮本健太郎〕　1994.3　26cm　80p

【雑誌記事】

◇歴史に見る演劇教育―演劇教育の20世紀を問う　藤井康生　「人文研究」　52(10分冊)　2000　P855～871

◇演劇教育の課題――一つの歴史と現状(特集 花開く芸術教育)　内山美樹子　「大学時報」　48(267)　1999.7　P36～39

◇日本の演劇教育の歴史と現状(総特集・国語教育 研究と文献)　笹鹿岳志　「文学と教育」　35　1998.6　P59～72

◇演劇,そしてその教育(特集 演劇としての教育)　村田元史　「テアトロ」　648　1996.11　p39～41

エンジェル係数

エングル係数のもじり。家計に占める子どもの養育費の割合。民間企業による1999年の調査では29.9%で、93年の32%をピークに減少を続けている。しかし子育てに関する支出を負担であると感じる親は半数を超えている。

【図書】

◇AIUの現代子育て経済考　〔1993年版〕　東京　AIU保険会社　1993.3　26cm　42p

【雑誌記事】

◇『エンジェル係数』調査による子育て費用の構造解明(特集 子育てと教育費)　吉田俊六　「教育と情報」　464　1996.11　p6～13

◇一児豪華主義に耐えきれない家計　青木淑子　「婦人公論」　78(10)　1993.10　p254～259

援助交際

1990年代後半に始まった女子高生による売春行為(実際には性交渉までは至らないことも多い)。東京都が実施した「中・高校生の生活と意識に関する調査」では女子中学生の3.8%、女子高生の4.0%が「援助交際の経験がある」と答えた。「お金がもらえる」という安易な理由によることがほとんどで、彼女たちへ性の自己決定をどう伝えるか、また「誰にも迷惑かけてない」という論理への反論は学校現場でも課題になった。なお、東京都は97年青少年健全育成条例を改正し、これまで規定してこいなかった淫行処罰規定を、買春する大人を処罰対象とする「買春等処罰規定」として盛り込んだ。

【図書】

◇「援助交際」という名の売買関係 ― 中学・高校生のための授業展開例　末益恵子著　京都　東山書房　1999.6　26cm　83p　1200円　①4-8278-1189-X

◇援助交際「社会」のゆくえ　村尾建吉著　西宮　鹿砦社　1999.2　19cm　291p　1429円　①4-8463-0311-X

◇援助交際　黒沼克史著　文芸春秋　1998.12　15cm　254p　448円　(文春文庫)　①4-16-761301-8

◇「性の自己決定」原論 ― 援助交際・売買春・子どもの性　宮台真司,速水由紀子,山本直英,宮淑子,藤井誠二ほか著　紀伊国屋書店　1998.4　19cm　286p　1700円　①4-314-00821-0

◇楽園の堕天使たち ― 北海道の小都市を震撼させた「援助交際」の実態　沢田寛徳著　東京　現代書林　1997.9　19cm　188p　1200円　①4-87620-996-0

◇"援助交際"の少女たち ― どうする大人? どうする学校?　庄子晶子,島村ありか,谷川千雪,村瀬幸浩著　東研出版　1997.4　21cm　63p　600円　(東研ブックレット・シリーズ 性を語る　No.2)　①4-88638-237-1

◇「淫行条例」13の疑問 ― 少女売春はなくせるのか!?　性の権利フォーラム編著　東京　現代人文社　1996.10　21cm　71p　700円　(Genjinブックレット　1)　①4-906531-14-8

【雑誌記事】

◇女子高校生における『援助交際』の背景要因　桜庭隆浩,松井豊,福富護(他)　「教育心理学研究」　49(2)　2001.6　p167～174

◇援助交際、「誰にも迷惑かけてない」に切り込む(特集 「誰にも迷惑かけてない」に切り込む)　十二雅子　「月刊生徒指導」　30(16)　2000.12　p20～23

◇現代の青少年の特質―『援助交際』に対する女子高校生の意識とその背景要因の分析を通して(年末特集)　福富護　「更生保護」　50(12)　1999.12　p6～11

◇強制か、自由か、売春と性の自己決定権(買売春について考えてみませんか?)　高

橘喜久江, 丸本百合子, 兼松左知子, 角田由紀子, 境分万純［聞き手］「週刊金曜日」 6(25) 1998.6.26 p17〜20
◇1 援助交際を選択する少女たち《〈性の自己決定〉原論》 速水由紀子 「〈性の自己決定〉原論(紀伊國屋書店)」 援助交際・売買春・子どもの性 1998.4
◇『援助交際』に対する女子高校生の意識 宇井美代子, 福富護 「東京学芸大学紀要第1部門 教育科学」 49 1998.3 p93〜101
◇買春処罰で援助交際は防げるか(婦人公論井戸端会議'97) 金住典子, 藤井誠二, 石井苗子, 田原総一朗 「婦人公論」 82(7) 1997.7 p240〜247
◇「援助交際」がなぜ悪い?コギャルに反論できぬ大人社会(シリーズ・現代を読む) 「月刊自由民主」 530 1997.5 p78〜79
◇学校の日常が法の裁きを受けるとき—16—援助交際,わたしの勝手でしょ 柿沼昌芳 「月刊生徒指導」 27(4) 1997.4 p78〜81
◇援助交際と子供の人権(東京情報［1844］) 「週刊新潮」 42(10) 1997.3.13 p118〜119
◇「援助交際」という名の売春(女子中高生の凄まじい生態［2］) 黒沼克史 「週刊文春」 38(18) 1996.5.16 p161〜165

【オ】

オウム真理教の児童就学問題

　殺人事件や無差別テロ事件を起こしたオウム真理教の捜査が進むにつれ浮上してきた問題が、教団施設で生活していた子どもたち。全国の教団施設から保護され、児童相談所が預かった子供は一時100人を超えた。子どもたちは徐々に保護者のもとへ引き取られて就学も進んだものの、生活習慣の違いや栄養障害による体格不良などの問題が残った。また、教団幹部、とくに教祖の子どもの就学については教育委員会による就学拒否判断や周辺住民による反対運動がおきるなどした。

【雑誌記事】
◇ルポ「オウム・教祖の子」就学に揺れる住民たち 大宮知信 「世界」 690 2001.7 p234〜242
◇感情と理性 折り合うことの難しさ—都幾川村のオウム女児就学問題を取材して(前線記者) 高橋信彦 「新聞研究」 585 2000.4 p78〜79
◇(教育法規あらかると)オウムの子らの就学容認 「内外教育」 5091 2000.3.10 p19
◇ルポルタージュ オウム転入騒動記—群馬県藤岡市の場合 宮下洋二 「農民文学」 250 2000.1 p84〜113
◇村の子もオウムの子も犠牲者です(インタビュー「思う存分」［3］) 大沢堯 「Yomiuri Weekly」 59(18) 1990.4.30 p44〜45

大阪教育大学付属池田小学校児童殺傷事件

　2001年6月8日、国立大阪教育大学付属池田小学校に包丁を持った男が進入、児童や教諭に襲いかかって8人の児童を殺害し、13人の児童に怪我をさせた。文部科学省は子どもたちの精神状態に配慮して同校を休校させ、大阪教育大の要請に応じて校舎の建替えを認めた。この事件は学校の安全管理と「地域に開かれた学校」思想とに大きな波紋を投げた。また、逮捕された容疑者は精神科入院歴があったが、「刑を逃れるために重い精神障害を装った」という内容の供述もしており、精神障害者の法的処遇が問題になった。

【図書】
◇なにが幼い命を奪ったのか 池田小児童殺傷事件 伊賀興一, 加地伸行, 加藤久雄, 木村貴志, 鹿間孝一, 清水将之, 下村哲夫, 広田和子著 角川書店 2001.7 19cm 271p 1000円 (文芸シリーズ) ①4-04-883693-5

【雑誌記事】
◇大阪教育大学附属池田小学校事件関連資料(1)学校における児童生徒等の安全を確保

するために　大阪府教育委員会　「解放教育」　31(10)　2001.10　p115～127
◇大阪教育大附属小児童殺傷事件をめぐる動き　「内外教育」　5218　2001.7.13　p16～18
◇資料　大阪教育大学教育学部附属池田小学校に係る事件について　「教育委員会月報」　53(4)　2001.7　p1～4
◇大阪教育大学附属池田小　超名門小学校の惨劇‼何が男に凶刃をふるわせたのか　「サンデー毎日」　80(33)　2001.6.24　p29～31
◇凄惨！包丁男が小学校乱入、児童、教師20人以上死傷の現場　「Yomiuri Weekly」　60(26)　2001.6.24　p77
◇大阪の名門小に包丁男、子供どう守る(事件)　「AERA」　14(27)　2001.6.18　p72～73

大阪「先生の制服」騒動

大阪府羽曳野市が市立小中学校の教職員全員に制服を着用させることにし、1996年度予算案に費用約1000万円を盛り込んだことから地元の教職員組合が反対運動を起こし、制服騒動が持ち上がった。市教育委員会側は制服は複数のデザインや色から選べるようにする、義務化や罰則規定は設けないなどの方針を示したが現場教師からの反発が強く、市側は「義務ではない」と譲歩した。

【図書】
◇日本をア然とさせた教師の制服と教育 ― 義務教育は偉大な未完成をつくる　秋葉英則、西村裕行著　大阪　フォーラム・A　1997.4　21cm　62p　680円　(教育実践ブックレット別冊)
④4-89428-087-6

【雑誌記事】
◇学校事件を読む(11)教師の制服　下村哲夫　「悠」　15(2)　1998.2　p80～83
◇「教職員の制服」で教育はよくなるのか？　北村孝子　「教育」　46(8)　1996.8　p112～114
◇「先生の制服」騒動から見える学校の今(子ども・教育を報じる)　渡口行雄　「新聞研究」　541　1996.8　p24～26

お受験

私立の中学・小学校への進学を目指すこと。特に小学校受験については一部の学校への人気が集中、塾通いも幼稚園以前からなどと過熱化している。子供の教育のためと言うよりも親の見栄というケースも見られ、親の心理を逆手にとった詐欺事件なども発生している。

【図書】
◇間違いだらけのお受験　久野泰可著　東京　講談社　2001.6　19cm　246p　1500円
④4-06-210429-6
◇お受験　片山かおる著　東京　文芸春秋　2001.3　16cm　253p　505円　(文春文庫plus)
④4-16-766011-3
◇「お受験」の内側 ― 幼児教育の現場から　三石由起子著　東京　ベストセラーズ　2000.2　18cm　204p　714円　(ワニのnew新書)
④4-584-10314-3
◇子供を傷つけない幼稚園・小学校受験 ― この教室で学んだことのすべてが人生に役立つ　吉田美南子著　東京　蔵書房　1999.11　19cm　221p　1500円
④4-7952-0972-3

【雑誌記事】
◇お受験―公立校への不信感高まり実質受験者数は増加傾向(ニッポンの活力―3年後のこの需要をズバリ予測する、全15項目)　片山かおる　「エコノミスト」　78(12)　2000.3.21　p75
◇"中流ママ"たちの中学受験戦争 ― 日本一の「偏差値激戦区」レポート(特集・わが子を生かす学校潰す学校)　米本和広　「現代」　29(4)　1995.4　p228～238
◇2歳児から受験戦争が始まっている！―狙われる"名門"慶応幼稚舎(怒りの社会学〔13〕)　鳥居坂衡　「東洋経済」　5270　1995.3.11　p94～95
◇お受験 ― 時流に乗って伸びる謎の業界、なぜ費用が高いのか(特集・幼児教育市場が今、大激戦)　伊藤雄一郎　「ダイヤモンド」　82(47)　1994.12.3　p101～104
◇早期教育が子どもをダメにする、"お受験ブーム"の危ない親子　保坂展人　「宝石」　22(12)　1994.12　p226～235
◇幼児受験塾2万人の異常なる日常 ― 偏差値世代両親の「這えば立て、立てば学べの親心」(特集・息子が危ない)　米本和広　「プレジデント」　31(3)　1993.3　p208～215

おたく族

1983年作家・中森明夫が命名。相手を"お宅…"と呼びかけるところから来たという。ネクラ・趣味に生きるマニアのことで、内向的でコミュニケーションが不得手・モラトリアム志向などが特徴。"オタッキーな人""パソコンおたく""アニメおたく"などのように使う。95年には東京大学教養学部にゼミ「オタク学」が開設された。日本のマンガやアニメなどの流行に伴って、海外でも通用する言葉になっている。

【図書】
◇おたく少女の経済学 ─ コミックマーケットに群がる少女達　荷宮和子著　東京　広済堂出版　1995.2　18cm　229p　850円　(Kosaido books)　④4-331-00680-8

【雑誌記事】
◇衰退する「おたく力」(メディア時評2000〔9〕)　大塚英志　「Voice」　275　2000.11　p236〜243
◇「オタク」のどこが悪い!? ─ 引きこもりからスペシャリストも、仏メディアも称賛!　「Yomiuri Weekly」　59(27)　2000.7.2　p93〜95
◇「オタク族」に未来はあるか(平成元年11月号)(荒れる子供たちの世界)　小田嶋隆　「婦人公論」　84(2)　1999.1.15　(臨増(あぶない親・子関係 婦人公論50年に見る43のドキュメント))　p403〜409
◇東大でオタク学ゼミ新設(大学)　「AERA」　9(13)　1996.3.25　p34〜35

落ちこぼれ　remedial student, educational retardation

学業に苦手意識を持つ子。成績が低い生徒を一般に落ちこぼれと呼ぶこともあるが、学業不振や低学力であっても、学業自体に苦痛を感じなければこの範疇ではない。小学校高学年の約2割、中学校の3割程度が該当すると言われ、限界ない輪切り教育からの脱落感・落伍感が問題行動につながることが多い。

【図書】
◇「落ちこぼれの子」ほど素晴らしい ─ 地球を科学する者の教育論　浜田隆士著　東京　海竜社　2001.2　20cm　198p　1429円　④4-7593-0654-4

大人になりたくない症候群 ⇒ ピーターパンシンドローム を見よ

オートバイ規制

1970年代後半、暴走族の台頭を受け、高校生は「免許を取らない・バイクや原付に乗らない・車両を買わない」の3つを守ろうという「3ない運動」が広まり、82年、全国高校PTA連合会はこれを全国決議とした。しかし88年、神奈川県が3ない運動の展開形4+1ない運動を独自に廃止、89年には政府の交通対策本部が「二輪車の事故防止に関する総合対策について」で交通安全教育・指導の積極的な普及推進を掲げると「3ない運動」は弱体化、97年8月には全国決議から宣言に格下げされた。しかしまだ運動を採用している地域もあり、2001年群馬県では県警の提案した3ない運動の廃止を県教育委員会が却下している。

【図書】
◇高校生の交通事故全国調査 ─ 三ない運動と二輪死者率の関係 報告書　東京　交通教育を考える会事務局　1996.8　30cm　80p
◇三ない運動は教育か ─ 高校生とバイク問題の現在　阿部俊明,遠藤満雄共著　東京　ぺりかん社　1994.11　20cm　266p　1700円　④4-8315-0656-7
◇高校生に対する交通教育の一方策 ─ 「かながわ新運動」の事後評価　〔東京〕　国際交通安全学会　1993.3　30cm　183p

【雑誌記事】
◇「三ない運動」と交通安全教育　横山雅之　「警察公論」　54(11)　1999.11　p35〜39
◇「かながわ新運動」の成果と課題(特集 高等学校の交通安全教育)　神奈川県教育庁指導部学校保健課　「スポーツと健康」　28(5)　1996.5　p25〜28
◇「三ない運動」のこれまでとこれから(特集 高等学校の交通安全教育)　木本由孝　「スポーツと健康」　28(5)　1996.5　p11〜13

◇高等学校における二輪車指導の意義と方法（特集 高等学校の交通安全教育） 長江啓泰 「スポーツと健康」 28(5) 1996.5 p8～10
◇自転車・バイク通学者を中心とした交通安全教育の推進（高等学校） 宮崎県立高千穂高等学校 「学校安全の研究」 平成6年度 1995.7 p123～127
◇高校生のバイク"三ない"運動に噛みついた埼玉県警本部長の見識（This Week・事件） 「週刊文春」 35(36) 1993.9.23 p36

オープンキャンパス

大学などが受験生を対象に、学校説明会を開いたり模擬講義・見学などを実施するイベント。学校側から見ると受験生・入学者確保のための戦略のひとつと考えられるが、受験生の側からすると、普段は見ることができない学校内施設を見学できたり、学部生・教授から直接話を聞くことができたりするよい機会である。

【雑誌記事】
◇オープンキャンパスの効用（今月のテーマ 学生募集の戦略） 発地雅夫 「IDE」 421 2000.9 p47～51
◇「大学案内」は大学の現在（いま）を映しているか（特集 魅力あるオープン・キャンパスの試み） 豊島継男 「大学時報」 46(257) 1997.11 p58～63
◇オープン・キャンパスの発展のために―高校進路から（特集 魅力あるオープン・キャンパスの試み） 大橋洋一 「大学時報」 46(257) 1997.11 p52～57
◇特集 魅力あるオープン・キャンパスの試み 「大学時報」 46(257) 1997.11 p30～63

オープンスクール　open school

個々の子どもが個別の学習プログラムを組み、それに従って学習を進めることができるよう、学級・学年・教科・時間の壁にとらわれずに自由に利用できる空間を中心として設計する学校建築の様式。現在の日本では建築様式を指すことが多いが、本来はこのような学習ができる学校そのものを指す。

【図書】
◇オープンスクールをつくる ― 合橋小学校の改革とその歩み 中井良興〔ほか〕編著 東京 川島書店 1996.7 26cm 199p 2500円 ①4-7610-0595-5
◇学校建築の変革 ― 開かれた学校の設計・計画 長倉康彦編著 東京 彰国社 1993.11 29cm 113p 3260円 ①4-395-00361-3

【雑誌記事】
◇オープン・スクールが子どもたちを変えた 自ら考え、自ら学ぶ―福島県三春町立桜中学校 「教育ジャーナル」 40(7) 2001.9 p1～4
◇オープンスクールは教育を変えたか（特集 オープンスクールは教育を変えたか） 長沢悟 「建築ジャーナル」 961 2000.3 p30～33
◇オープンスクールの研究（2）日本における導入と変遷について 三原典子, 荘司泰弘 「研究論叢 第3部 芸術・体育・教育・心理」 49 1999.12 p181～194
◇"オープンスクール"の教育課程表と編成のポイント―子どもを学習の主体者としていかにとらえるか（特集 教育課程・時間割の弾力化―発想ヒント24―教育課程編成の弾力化―モデルプランの紹介） 斎田俊行 「学校運営研究」 38(15) 1999.11 p19～21
◇校舎を考える オープンスクール―教育危機への手だてとして 川崎雅和 「学校事務」 50(6) 1999.6 p116～119
◇ハードもソフトも"究極"のオープンスクールを目指して―千葉県・打瀬小学校（特集 ＜学校をひらく＞＜学級をひらく＞―実践指針PART1/学校をどうひらくか―家庭・地域社会との連携・融合） 溜昭代 「総合教育技術」 51(10) 1996.9 p21～23
◇千葉市立打瀬小学校―意欲的な使い手が支持する脱オープンスクールの試み 「日経アーキテクチュア」 555 1996.7.1 p98～103

オープンユニバーシティ　Open University

公開大学と訳す。1971年英国で開校、入学資格を問わず、テレビ・ラジオなど放送・通信メディアを用いた受講やスクーリング制度

によって卒業資格を得られる、新タイプの大学。その後遠隔大学・公開大学・放送大学・テレビ大学などの名称で各国に設立されている。

【雑誌記事】
◇イギリスの大学と遠隔教育―オープンユニバーシティを事例に　木村純　「生涯学習研究年報」　8　2001.3　p35～42
◇キャンパスまるごといきいき体験「ひょうごオープンカレッジ」(特集 遠隔教育)　「社会教育」　54(11)　1999.11　p33～35

オペラント学習

瞬きのような反射行動に対し、挨拶などある場面で自発する随意行動をオペラント行動(operant behavier)という。被験者の新しい自発的な反応に賞や罰を与えることで、オペラント条件づけ(operant condition＝習慣形成)が成立。行動科学者・スキナーはこれを応用し、賞罰の使い分けによるプログラム学習を提唱。行動療法として、障害児教育の場で用いられている。

【雑誌記事】
◇フリーオペラント技法適用による発達障害児の言語獲得過程　石原辰男　「兵庫大学短期大学部研究集録」　35　2001.3　p88～97
◇オペラント・選択・系列学習　「動物心理学研究」　50(1)　2000.6　p33～59
◇オペラントの無報酬条件づけに関する実験的研究―ボタン押し停止反応をオペラントとして　森正義彦　「教育学部論集」　47　1999.12　p51～58
◇〔会長からのコメント〕オペラント条件づけからノーマライゼーションまで：障害児の治療教育を通して(論文＆オープンレビュー)　小林重雄　「行動分析学研究」　8(1)　1995.6　(特集:「ノーマライゼーションと行動分析」)　p103～105

親業　Parent Effectiveness Teaching

PETとも。米国の心理学者トマス・ゴードンが提唱した、親になるためには訓練が必要だという考え方。日本でも1980年親業訓練協会が結成され、しつけやコミュニケーションについての習得援助活動を行っている。

【図書】
◇「親業」ケースブック ― 子どもの心を開く聞き方と話し方　幼児・園児編　近藤千恵監修　東京　大和書房　2000.2　19cm　235p　1800円　①4-479-01123-4
◇「親業」ケースブック ― 子どもの心を開く聞き方と話し方　小学生編　近藤千恵監修　東京　大和書房　1999.11　19cm　235p　1800円　①4-479-01122-6
◇親業崩壊 ― 保育園の保母さん、幼稚園の先生108人の証言　こんなバカな母親が本当にいたのか　堀和世著　東京　日新報道　1999.7　19cm　191p　1200円　①4-8174-0446-9
◇子育ての新しい世界「親業」― 今日からできる親業実例集　親業訓練協会編　東京　企画室　1996.2　19cm　205p　1100円　①4-906301-60-6

【雑誌記事】
◇子どもと暴力・考(第3回)"親業"は学ぶもの　田上時子　「ヒューマンライツ」　126　1998.9　p64～67
◇親業訓練のすすめ(特集 親子の対話)　近藤千恵　「教育と医学」　45(5)　1997.5　p26～33
◇親業訓練で学ぶ親の役割(「よい母親の条件」―子どもを伸ばすおかあさん)　近藤千恵　「児童心理」　50(6)　1996.4　p169～176
◇「親業訓練」に通う普通の親たち―教えます。子供の話の聞き方、自分の気持ちの伝え方(特集・息子が危ない)　長沢法隆　「プレジデント」　31(3)　1993.3　p240～245

オヤジ狩り

1996年頃から、青少年集団が帰宅途中のサラリーマン風の男性を襲撃して金品を強奪する事件が相次いだ。金が欲しいという理由ばかりでなく遊び半分であることが多く、「非行として深化していない」として軽い処分で終わってしまうことが多い。

【雑誌記事】
◇「オヤジ狩り」防戦マニュアル　「週刊宝石」　20(27)　2000.7.27　p170～173
◇「オヤジ狩り」をめぐる時代の精神分析(特集 オヤジ論1998)　大平健　「広告」　39(1)　1998.1　p10～13

◇「オヤジ狩り」的現象はこれからも続く(特集 オヤジ論1998) 〔スガ〕秀実 「広告」 39(1) 1998.1 p30〜33
◇「オヤジ狩り」事件の背景を探る 東京家庭裁判所 「ケース研究」 253 1997.11 p121〜149
◇教育を疑う―「オヤジ狩り」は他人事じゃない(大特集・日本をダメにしたのは誰だ!?) 川本三郎 「現代」 30(7) 1996.7 p208〜210

親準備制　parenting

核家族で育った世代は近隣社会との結び付きも薄く、新生児を受け入れ世話する知識・技術に欠ける。子との接し方も分からず、その不安から虐待・育児ノイローゼなどに陥りやすい。新しい母子保健プラン「健やか親子21」では医療機関における出産準備教育の充実を促進するとし、妊娠から出産、育児まで育児不安を取り除く事業が提言されている。

親の教育権

親(父母またはそれに代わるもの)がその子の教育について持つ義務を伴う権利。日本国憲法では直接触れられていないが親権の一内容と言える。親が子に対して自ら行う家庭教育の自由、親が子の通う学校を決定する学校選択の自由、子の在学する学校に対する教育要求権などを指す。

【雑誌記事】
◇採択権を地域と父母の手に―教育はだれのものか(教科書をどう選ぶか) 葉養正明 「論座」 74 2001.7 p28〜39
◇教育を国民の手にとりもどすために―父母の教育権と教師論 中道保和 「労働運動」 440 2001.5 p122〜132
◇父母の教育権と学校参加(教育改革と地方分権―第1分科会 地域の教育改革と教育の自治) 窪田真二 「日本教育法学会年報」 28 1999.3 p47〜55
◇学校の日常が法の裁きを受けるとき 32 宿題は親の「教育権」侵害か 柿沼昌芳 「月刊生徒指導」 28(10) 1998.8 p44〜47
◇父母の教育権と学校参加(特集 父母と学校のコミュニケーション) 今橋盛勝 「子どものしあわせ」 545 1997.5 p19〜23

◇親の教育権と学校教育の範囲の関係(特集「教育課程改定のキーワード」を探る―中教審第一小委の審議にみる教育課程改定の方向を考える) 安彦忠彦 「学校運営研究」 35(10) 1996.8 p9〜10
◇子どもの権利条約と学校改革―2―教育と人権,両親の自然権的教育権 勝野尚行 「岐阜経済大学論集」 27(4) 1994.3 p137〜187
◇父母の教育権と父母参加に関する一考察―父母活動の事例を通して（論文） 児玉弥生 「九州教育学会研究紀要」 20巻(1992) 1993.6 p151〜158

オーラルコミュニケーション

1994年に高等学校の英語教育の過程に登場した新科目で、言語の4技能のうち「聞く」と「話す」を重視するもの。当初はオーラルコミュニケーションA、B、Cの3科目に分かれていたが、その後の改訂でオーラルコミュニケーション1と2の2科目になった。1では身近な話題について情報や考えなどを理解し、伝える基礎的な能力を養うことを、2では幅広い話題について、情報や考えなどを整理して英語で発表したり、話し合ったりする能力を育てることを狙いとする。ALTとのティームティーチング授業が組まれやすい。

【図書】
◇オーラル・コミュニケーションハンドブック ― 授業を変える98のアドバイス 岡秀夫監修,吉田健三〔ほか〕著 東京 大修館書店 1999.4 19cm 238p 1800円 ①4-469-24441-4
◇オーラル・コミュニケーションのための英語指導事例集 2 英語によるコミュニケーションへの積極性を養うための環境作り 富山 富山県総合教育センター 1997.3 30cm 98p
◇オーラル・コミュニケーション ― 考え方と進め方 マーティン・バイゲイト著,青木昭六〔ほか〕訳 東京 大修館書店 1995.4 19cm 210p 2060円 ①4-469-24360-4

【雑誌記事】
◇高校英語における実践的コミュニケーション能力の育成とオーラル・コミュニケーションの授業―その効果的な在り方をめぐっ

オルタナ

て　石崎貴士, 飯村英樹　「言語文化学会論集」　15　2000.10　p105〜116
◇オーラル・コミュニケーション 実践的コミュニケーション能力を養う指導（特集 英語教育学最前線）　髙島英幸　「英語教育」　48(12)　2000.1　p12〜15
◇高等学校オーラルコミュニケーション授業の実態について —高校生はどう受けとめたか　北村まゆみ, 竹内政雄　「椙山女学園大学研究論集 人文科学篇」　29　1998　p97〜113
◇オーラル・コミュニケーション教育に対する教員の全国実態調査研究—文部省検定教科書SELECT ORAL COMMUNICATION Aを利用した授業について　北出亮　「拓殖大学論集 人文・自然科学」　4(2)　1996.12　p1〜26
◇オーラルコミュニケーションを育てる指導原理　水野光晴　「神奈川大学心理・教育研究論集」　13　1994.7　p67〜75

オルタナティブスクール　alternative school
　公立学校の枠内で学校選択を可能にするために設置された多様なタイプの学校の総称。独自の理念に基づいて形式や規制に縛られない教育実践を目指すものが多い。1970年代にアメリカで発展した。日本では公立学校の枠外でフリースクールの形で発達した。
　→チャータースクール, フリースクールをも見よ

【カ】

海外帰国子女教育　⇒帰国子女教育 を見よ

海外子女教育　education for children overseas
　海外勤務に同行する義務教育年齢の日本人子女は2001年には約5万人おり、現地の日本人校に通う・現地学校に在籍し、補習授業校に通う・海外進出した日本の私立校に通う・海外子女教育財団の通信教育による等の方法で教育を受けている。これらの教育施設には、教員・国際交流ディレクターの派遣や教科書無償給与などの援助が行われている。

【図書】
◇はばたけ若き地球市民 — 国際学園の教育実践から　藤沢皖脾　京都　アカデミア出版会　2000.3　19cm　330p　2700円
◇新・海外子女教育マニュアル　第3版　海外子女教育振興財団編　東京　海外子女教育振興財団　1999.8　21cm　370p　2500円
◇平成8年度海外子女教育に関する総合的実態調査結果　〔東京〕　日経リサーチ　1998.3　30cm　238p
◇海外子女教育施設データ集　1996年度調査版　東京　海外子女教育振興財団　1996.10　21×30cm　2冊　7000円, 9000円
◇新・海外子女教育マニュアル — 海外駐在員家族必携　海外子女教育振興財団編　東京　海外子女教育振興財団　1995.12　21cm　454p　2500円
◇ニューヨーク日本人教育事情　岡田光世著　東京　岩波書店　1993.8　18cm　246p　580円　（岩波新書）　④4-00-430295-1
◇北米における海外子女教育の現状と企業の役割　東京　日本貿易振興会　c1993　30cm　50p　非売品　（特別経済調査レポート　平成4年度）

【雑誌記事】
◇海外子女教育の現状と課題（特集 21世紀経営課題への挑戦）　田中正朗　「グローバル経営」　235　2001.1　p22〜26
◇迫られる海外子女教育の構造改革—自己の確立と「共同性」の形成に向けて（特集 グローバル時代の子女教育を考える）　佐藤郡衛　「グローバル経営」　225　2000.2　p28〜31
◇インターネットの活用による海外子女教育の未来像（特集 21世紀を見据えた海外子女・帰国子女教育）　折田一人　「文部時報」　1469　1999.1　p30〜33
◇海外子女教育はどうサポートされているか？—教育相談から通信教育までの現場に聞く（特集 転換期を迎えた海外子女教育）　「日外協マンスリー」　201　1997.12　p27〜29
◇国際化時代の教育を考える—アメリカの現地校に通う海外子女の問題について　鴨川美智子　「アジア文化」　20　1995.12　p174〜186

◇「海外子女」という教育難民　岡田光世
　「宝島30」　2(4)　1994.4　p76～84
◇国際化時代の海外子女教育・帰国子女教
　育　久保真季　「青少年問題」　40(4)
　1993.4　p22～28

海外日本人学校

　海外在留邦人子女教育を目的に設立され
た教育施設のうち、現地の日本人会が運営、
日本国内の義務教育と同じ教育を行うもの。
2001年で96校・在籍者1万6千人。

　→ 日本人学校・補習授業校 をも見よ

海外留学　study abroad

　法務省統計では、2000年度に留学・研修・
技術等の習得を目的として海外へ渡航した
日本人は19万人を超えた。大学生を中心と
した欧米を主とする長期留学熱は相変わら
ず高く、高校生の留学も88年の制度化の影
響で増えている。留学斡旋企業の不備によ
るトラブルなど問題も多い。

【図書】
◇大学留学 ― 留学してみたい！　第2版
　ICC国際交流委員会編　東京　三修社
　2000.12　21cm　213p　2200円　⓪4-
　384-06362-8
◇留学してみたい！高校留学 ― オーストラリ
　ア・ニュージーランド　第2版　ICC国際
　交流委員会編　東京　三修社　2000.12
　21cm　219p　2200円　⓪4-384-06361-X
◇新・めざせ高校留学　中村邦子著　東京
　キャンパス・シネマ　2000.9　19cm
　273p　1238円　⓪4-7952-7745-1
◇中・高生の留学ブック　2001年度版　東京
　学習研究社　2000.5　26cm　284p
　1300円　（学研ムック）　⓪4-05-602240-2
◇AFS高校生留学　エイ・エフ・エス日本協会
　編著　浦和　英治出版　1999.12　21cm
　239p　1300円　⓪4-87078-133-6
◇小学生から考える！中学・高校チャレンジ留
　学ガイド ― 親と子で考えるはじめての留
　学　斉藤克明著, ICS国際文化教育センタ
　ー編　東京　山下出版　1999.5　19cm
　203,21p　1400円　⓪4-89712-088-8
◇高校生が考えるアメリカ進学 ― アメリカ
　の大学で自分を見つけよう　栄陽子著
　〔東京〕　国際教育出版　1998.8　21cm
　155p　2300円　（アメリカ留学を考えるシ
　リーズ　2）　⓪4-89684-825-X
◇高校留学のすべて ― 中退者の道をひらく
　イギリス編　WSOセンター編　東京　あ
　ゆみ出版　1998.5　21cm　149p　1500円
　（別冊「こみゅんと」）　⓪4-7519-7001-1
◇正しい留学の手引き　ICS国際文化教育セ
　ンター監修, 一ツ橋書店編集部編　東京
　一ツ橋書店　1997.9　21cm　257p
　1200円　⓪4-565-99309-0
◇アメリカ留学生活体験ブック ― 25の事例
　に学ぶ　Ann Helm〔ほか〕　東京　ア
　ルク　1997.7　21cm　144p　1600円
　⓪4-87234-697-1
◇スペシャリストの留学術　毎日留学年鑑
　刊行会編　東京　毎日コミュニケーション
　ズ　1996.7　19cm　222p　1300円
　⓪4-89563-351-9
◇MBA留学サクセスガイド ― 国際ビジネ
　ス・エリートの条件　第3版　中野正夫著
　東京　中央経済社　1996.4　21cm　277p
　2400円　⓪4-502-54348-9
◇会社をやめて、留学します。― ニュー
　ヨークへ行った普通のOLたちの物語
　福家成子著　東京　学陽書房　1996.4
　15cm　221p　680円　（女性文庫）
　⓪4-313-72014-6
◇高校生海外留学等研究協力校事業研究成
　果報告書　戸田　埼玉県立南稜高等学校
　1993.3　26cm　148p

【雑誌記事】
◇キャリアアップへの第一歩　海外留学への
　道（夢をつかんだ女性たち ― 転職、独立、
　結婚、そして海外生活…etc）「マリ・ク
　レール」　2(12)　2000.12　p136
◇海外留学に求められる国際行動とは一体
　験的エピソードをとおして　長谷川新一
　「言語文化学会論集」　14　2000.5　p233
　～251
◇海外留学再考 ― 日本の大学がこれからな
　すべきこと（特集　日本人学生の海外留学）
　沢木勝茂　「留学交流」　11(10)　1999.10
　p2～5
◇特集　平成9・10年度高校生海外留学等研究
　協力校研究集録　「中等教育資料」　48(19)
　1999.10　p171～238
◇とことん追跡隊が行く ― 43 ― 業者まかせ
　で"夢破れたり" ― 海外留学の現実　「たし
　かな目」　142　1998.5　p38～40
◇高校生交換留学の可能性について（《第4
　部》平成5・6年度高校生海外留学等研究協

力校研究集録) 神奈川県立弥栄西高等学校 「中等教育資料」 45(9) 1996.6 p206〜220

回帰教育 ⇒リカレント教育 を見よ

外国語指導助手 ⇒ALT を見よ

外国人教員

大学の国際化に向けて、1982年外国人教員任用特別措置法が制定され、外国人も正規の教授・助教授・講師に任用可能になった。公立中学・高校では、在日韓国朝鮮人など在日外国人の講師任用が可能になった。98年調査では外国人教員の数は、大学約4,600人、短大約600人。

【図書】

◇「在日教師」とともに ― 周人植教員採用裁判闘争の歩み 在日韓国・朝鮮人教師を実現する会編 福岡 創言社 1996.8 21cm 203,11p 2000円 ⓘ4-88146-397-7

【雑誌記事】

◇外国人教員の現状と課題(今月のテーマ 大学教員の変化) 亀田徹 「IDE」 432 2001.9 p51〜56
◇外国人教師差別問題の本質(切り捨てられる国立大学の外国人教師たち) 椎名茂 「Ronza」 2(10) 1996.10 p77〜79
◇使い捨てられる国立大外国人教師(Ronza Review) ホール,アイヴァン 「Ronza」 1(2) 1995.5 p50〜53
◇30 国公立大学外国人教員任用運動の現状と課題—「国籍のカベ」と「心のカベ」の撤廃めざして〈アジア市民と韓朝鮮人〉 徐竜達 「アジア市民と韓朝鮮人」 1993.7

外国人子女教育

2000年末の外国人登録者数は160万人を突破。その子女のうち1万8千人が日本語指導を必要としながら公立学校に通っている。97年度の調査によると、全国に150校あまりの外国人学校があり、約2万8千人が在籍。その中でも朝鮮学校が最も多く、他に中華学校、韓国学校、国際学校、アメリカンスクール、ドイツ学校、カナダ学校、フランス学校等がある。その他、国籍は特に問わずに受け入れ、英語による教育を行うインターナショナルスクールがある。外国人学校は学校教育法の"一条校"でないため、進学資格を得られないなどの問題があったが大検の受験資格緩和などにより解決され始めた。

→在日韓国・朝鮮人教育 をも見よ

【図書】

◇インターナショナルスクール活用ガイド ― 全国版 増田ユリヤ著、オクムラ書店編集部編 東京 オクムラ書店 2001.2 21cm 217p 1600円 ⓘ4-900320-75-7
◇ニューカマーの子どもと日本の学校 太田晴雄著 東京 国際書院 2000.5 21cm 273p 3200円 (国際社会学叢書 ヨーロッパ編 第2巻) ⓘ4-87791-099-9
◇インターナショナルスクールガイド ザ・イースト・パブリケイション編 東京 ザ・イースト・パブリケイション 1999.12 21cm 227p 1800円 ⓘ4-915645-18-5
◇外国人子女・帰国子女教育のための行政施策の在り方に関する研究 ― 小・中学校に視点を当てて 埼玉県立南教育センター編 浦和 埼玉県立南教育センター政策研究部 1999.3 30cm 82p (政策研究報告書 第17号)
◇アメリカンスクールに学ぶ 末吉節子著 〔那覇〕 末吉節子 1997.10 19cm 327p 1500円 ⓘ4-89095-088-5
◇教育の国際化を目指して ― 日本語教育が必要な外国人子女や帰国子女の教育の現状と課題 総務庁行政監察局編 東京 大蔵省印刷局 1997.2 30cm 237p 2200円 ⓘ4-17-164305-8
◇日本語教育が必要な外国人児童生徒の教育に関するアンケート調査結果 〔東京〕 総務庁行政監察局 1996.12 30cm 81p
◇講座外国人定住問題 第4巻 自治体政策の展開とNGO 渡戸一郎編 東京 明石書店 1996.5 20cm 337p 3090円 ⓘ4-7503-0802-1
◇講座外国人定住問題 第3巻 多文化主義と多文化教育 広田康生編 東京 明石書店 1996.1 20cm 280p 3090円 ⓘ4-7503-0774-2

◇外国人児童・生徒教育への取り組み ─ 学校共生の道　中西晃,佐藤郡衛編著　東京　教育出版　1995.11　21cm　198p　2200円　Ⓓ4-316-38280-2

◇外国人労働者問題と多文化教育 ─ 多民族共生時代の教育課題　藤原孝章編　東京　明石書店　1995.4　21cm　200p　2500円　Ⓓ4-7503-0664-9

◇国際社会の中の在日外国人教育　1　紺屋ちづる〔著〕　大阪　大阪市教育センター　1994.3　26cm　66p　（研究紀要　第73号）

◇日本で暮らす外国人の学習権 ─ 国際化時代の社会教育　『月刊社会教育』編集部編　東京　国土社　1993.8　19cm　245p　1800円　Ⓓ4-337-50609-8

【雑誌記事】

◇短期在住外国人児童生徒に関する一考察 ─ 日本の公教育のあり方を問う　奥野アオイ　「関西福祉科学大学紀要」　4　2000　p141～148

◇外国人子女教育の推進のために　文部省海外子女教育課　「自治体国際化フォーラム」　100　1998.2　p26～28

外国人就学生

1980年代以降、海外での日本語学習熱が高まり、日本語学校など大学・研究機関以外の施設で学ぶ、就学ビザでの来日者が増えた。韓国・台湾・中国を始め、オーストラリア、フィリピン・バングラデシュ・パキスタン・イランなど出身は多岐にわたる。実質は労働目的のケースや、悪質な日本語学校などが問題になっている。

【図書】

◇中国人就学生 ─ 泣き笑いの記録　阿部精二著　東京　白帝社　1996.9　19cm　156p　1500円　Ⓓ4-89174-287-9

外国人補助教員　⇒ ALT を見よ

外国人留学生　⇒ 留学生 を見よ

介護等体験特例法

小学校及び中学校の教諭の普通免許法授与に関わる教育職員免許法の特例等に関する法。98年4月に施行された。小・中学校普通免許状取得にあたって、社会福祉施設、特殊教育学校などで七日以上の介護体験を義務づけるもの。人の心の痛みのわかる人づくり、各人の価値観の相違を認められる心を持った人づくりの実現に資することを目的としている。この「介護等の体験」には、介護・介助、話相手や散歩の付添いなど、あるいは掃除や洗濯といった障害者等と直接接するわけではないが受入施設の職員に必要とされる業務の補助など、幅広い体験を想定している。また、特殊教育諸学校での教育実習や、受入施設での他の資格取得に際しての介護実習等は、介護等の体験の期間に算入し得るとしている。

【図書】

◇介護等体験・教育実習の研究　吉田辰雄,大森正編著　東京　文化書房博文社　2000.9　21cm　260p　2300円　Ⓓ4-8301-0923-8

◇教育職員免許状取得希望者のための「介護等の体験」実践ハンドブック　改訂新版　福祉心理研究会編　東京　ブレーン出版　2000.6　26cm　84p　1200円　Ⓓ4-89242-915-5

◇教師をめざす人の介護等体験ハンドブック　現代教師養成研究会編著　東京　大修館書店　1999.5　26cm　102p　1200円　Ⓓ4-469-26413-X

◇心と身体で学ぶ介護・看護 ─ 教育実習必携　土田博美編著　東京　明治図書出版　1999.5　26cm　92p　2400円　Ⓓ4-18-099609-X

◇フィリア ─ 豊かでかけがえのない体験を得るために　盲・聾・養護学校における介護等体験ガイドブック　増補版　全国特殊学校長会編著　東京　ジアース教育新社　1999.3　21cm　112p　934円　Ⓓ4-921124-01-9

◇教職課程の介護等体験実習の基礎 ─ 受入先で失敗しないために　小池妙子著　東京　明治図書出版　1999.3　21cm　133p　1860円　Ⓓ4-18-020717-6

【雑誌記事】

◇介護等体験の現状と課題 ─ 実施初年度の「試行錯誤」と「学生の声」からみえてきたもの（教師教育実践交流）　井上健　「教師教育研究」　13　2001.5　p89～99

◇介護体験の教育効果について―教職課程履修学生の人間理解に及ぼす影響　岡野雅子　「群馬女子短期大学紀要」　25　1999.12　p69～82
◇教育実習の前段階としての介護等体験の意義―知的障害養護学校における介護等体験と教育実習に参加した筑波大学学生の感想文の分析を通して　熊谷恵子, 松原徳子, 小林美千代　「筑波大学学校教育論集」　22　1999.12　p57～59
◇教員免許と介護体験　袖井孝子　「週刊社会保障」　52(1980)　1998.3.16　p50～51

開発教育　development education

身近な話題から自国と第三世界・低開発諸国との関係を、地球的規模で複眼的に見る目を養い、新国際経済社会秩序達成に向けて自身の行動を変容させる国際教育。子供から大人まで全ての世代を対象にする。日本では1970年代後半に青年海外協力隊やNGOの手で始められ、82年開発教育協議会結成。学校の各教科でも取り入れられている。

【図書】
◇難民　東京　古今書院　2000.10　26cm　119p　1800円　（新しい開発教育のすすめ方　未来を感じる総合学習　2）　①4-7722-1353-8
◇新しい開発教育のすすめ方―地球市民を育てる現場から　改訂新版　開発教育推進セミナー編著　東京　古今書院　1999.5　26cm　173p　2400円　（ユネスコ選書）　①4-7722-1048-2

【雑誌記事】
◇NGOの開発教育の現状と課題（特集/開発教育）　三宅隆史　「IDCJ forum」　20　2000.3　p40～45
◇学校現場での開発教育（特集/開発教育）　臼井香里　「IDCJ forum」　20　2000.3　p46～48
◇国際理解教育における「開発教育」の視点―社会科、地理歴史科、公民科及び「総合的な学習の時間」を中心に（特集/開発教育）　大杉昭英　「IDCJ forum」　20　2000.3　p26～29
◇日本における開発教育の歴史と現状（特集/開発教育）　湯本浩之　「IDCJ forum」　20　2000.3　p11～17
◇国際理解教育と開発教育―開発教育協議会設立15周年に寄せて（特集:開発教育協議会設立15周年にあたって）　北俊夫　「開発教育」　36　1997.8　p31～37
◇開発教育方法論の考察―社会科との接点を求めて　宮原朋子　「社会認識教育学研究」　9　1994.3　p30～33

解放教育　⇒ 同和教育 を見よ

カウンセリングマインド

1970年代末から80年代初めに急速に広まった和製英語。カウンセリングが重視してきた対人態度・人間観などを、生徒指導・生徒理解あるいは授業を行う場などカウンセリング以外の場でも生かそうとする考え方。子どもを受容し、共感を示しながら理解を深めるのが根幹。

【図書】
◇教室で生かすカウンセリング・マインド―教師の立場でできるカウンセリングとは　桑原知子著　東京　日本評論社　1999.8　19cm　198p　1600円　①4-535-56146-X
◇カウンセリングマインドで教育を―「問題を抱えている子」と向き合う教師、親のために　水野君子本　東京　学陽書房　1999.7　19cm　238p　1800円　①4-313-63043-0
◇心の教育とカウンセリング・マインド　中野目直明, 鈎治雄, 池島徳大編著　東京　東洋館出版社　1999.4　21cm　249p　2900円　（教師のための生徒指導　2）　①4-491-01499-X
◇カウンセリングを生かした授業づくり　松原達哉編著　東京　学事出版　1998.6　21cm　139p　1500円　（シリーズ＜育てる＞学校カウンセリング　5）　①4-7619-0549-2
◇心にひびくカウンセリングマインド―よさを引き出す教育の実践　浅野浩市著　東京　東洋館出版社　1997.5　21cm　185p　2600円　①4-491-01358-6
◇授業に生きるカウンセリング・マインド　尾崎勝, 西君子共著　東京　教育出版　1996.4　19cm　174p　1800円　①4-316-31800-4

【雑誌記事】

◇学校教師が日常「カウンセリングマインド」を簡単に発揮するための「行動の改善」と「気持ちの持ち方、心の機能の改善」についての研究　中田つかお　「鈴鹿国際大学短期大学部紀要」　21　2001　p47～70

◇道徳教育の充実のための児童生徒との人間関係づくり―カウンセリングマインドを中心に(特集 道徳とは―道徳教育の再構築)　大月隆昌　「道徳と教育」　45(1・2)　2000　p36～41

◇共感とカウンセリング・マインド　五十嵐透子　「金沢大学大学教育開放センター紀要」　19　1999.10　p1～7

◇児童・生徒理解と信頼関係の確立(全訂・生徒指導読本―「生きる力」を育む積極的な生徒指導から法律知識までを徹底考察―3章 カウンセリング・マインドを生かした児童・生徒理解)　諸富祥彦　「教職研修総合特集」　138　1999.10　p82～87

◇教師のカウンセリング・マインドの醸成(第1特集"学級崩壊"の実態と対応課題)　上地安昭　「教職研修」　27(11)　1999.7　p66～69

◇教員よ、カウンセリング・マインドを持て(ホットチャート〔2〕)　永井多恵子　「改革者」　451　1998.2　p46～47

科学技術基本法

1995年に制定された法律。日本の科学技術の水準の向上を図り、国内の社会の発展と国民の福祉の向上及び世界の科学技術の進歩と人類社会の発展に貢献することを目的とし、科学技術振興の具体的な方針を盛り込んだ「科学技術基本計画」の策定を国に義務づけている。政府はこれを受け、96年度から2000年度までの科学技術関係経費の予算規模を17兆円にするという数値目標を盛り込んだ基本計画を決定した。

【雑誌記事】

◇第11回シンポジウム報告 科学技術基本法のめざすものと科学技術基本計画のあり方―科学技術の推進体制に何が問われているか　「研究技術計画」　11(1・2)　1997.9　p59～74

◇科学技術基本法と基本計画の問題点＜大学の現場から＞　池内了　「国公労調査時報」　411　1997.3　p22～28

◇＜ミニ特集＞科学技術基本法を考える　「日本の科学者」　31(11)　1996.11　p596～606

◇科学技術基本法の制定と「科学技術基本計画」の策定(特集 技術開発)　水間英城　「港湾」　73(11)　1996.11　p6～10

◇科学技術基本法が問いかけるもの(特集 今後の科学技術振興の課題)　生駒俊明　「21世紀フォーラム」　58　1996.9　p44～47

◇科学技術基本法への期待と課題(特集)　田村和子　「物理教育」　44(2)　1996.6　p120～122

◇科学技術創造立国を目指して―科学技術基本法が成立―制定の経緯とポイント解説　科学技術庁　「OHM」　83(2)　1996.2　p21～29

科学研究費補助金　grant‐in‐aid

略して科研費とも。学術研究の振興を目的に、大学・研究機関に属する研究者によるプランに交付。競争で得ることができる唯一の公的資金である。1999年度は申請10万6000件に対し、学術審議会による採択率は24.3％だった。2000年度予算総額は前年比8.0％増の1419億円。

【図書】

◇特別推進研究(新規交付課題)平成12年度§特定領域研究(新規設定領域)平成12年度　〔東京〕　文部省学術国際局　2000.7　30cm　179p

◇科研費の解説 ― 確かな理解のために　新訂　遠藤啓編著　東京　ぎょうせい　2000.6　26cm　190p　2095円　①4-324-06196-3

◇科学研究費の基礎知識 ― 文部省の制度・運営・審査を複眼でみる　増補改訂版　飯田益雄著　東京　科学新聞社　1998.10　21cm　284p　3800円　①4-905577-05-5

【雑誌記事】

◇文部科学省の2001年度予算要求(6)学術研究 科学研究費補助金は7.8％の増―独創的、先駆的なものに重点配分　「内外教育」　5149　2000.10.17　p7

◇平成11年度 文部省 科学研究費補助金 採択課題一覧 「美学」 51(1) 2000.6 p71〜73

◇大学と学術研究と科学研究費補助金(小特集 科学研究費補助金を考える) 若林茂樹 「大学時報」 47(262) 1998.9 p72〜78

◇基礎研究の推進と科学研究費補助金の役割 — 未来開拓推進事業がスタートして(特集 科学研究費補助金) 伊賀健一 「大学と学生」 379 1996.12 p10〜18

◇科研費における人文・社会系の位置づけと問題点(特集:科学研究費補助金) 中根千枝 「学術月報」 49(10) 1996.10 p1152〜1156

学位授与機構 ⇒ 大学評価・学位授与機構を見よ

学位制度改革

修士・博士(課程博士及び論文博士)は何れも論文審査で決まるが、理系に比べて文系の博士号取得が困難、外国人留学生への授与が少ない、理系では論文博士が課程博士を上回るなどの問題が、大学審議会答申でも指摘された。1991年6月専門分野を博士に冠する表記をやめ、学士を学位として位置づけ、短大・高専卒業者に準学士を与えるよう改正。

【図書】

◇短大・専門学校からの学士 — 学位授与機構徹底活用法 2000 松本肇著 横浜 横浜経営出版会 2000.4 21cm 98p 3500円

◇新しい学士への途 — 短期大学・高等専門学校卒業者等に開かれた 平成10年度版 横浜 学位授与機構 1998.1 30cm 66p

【雑誌記事】

◇学位制度の沿革と学位授与状況の現状〔含資料〕(学位について<特集>) 文部省高等教育局大学課 「大学と学生」 355 1995.2 p35〜46

◇わが国における文科系大学院と学位制度 — 近年の博士号取得状況と大学院生の意識 橋本鉱市 「東京大学教育学部紀要」 34 1994 p117〜147

学院構想

東京大学が検討していた独自の大学院改革構想。専門教育、特に理工系の人材育成充実のため、学部の後期2年と大学院を統合して「学院」を設置し、学部の附属機関機能しか果たしていない大学院に教育の比重を移そうとするもの。学生の流動化を阻害する可能性があるとされる。

学業不振児　under achiever

知能水準から予想されるよりも、遙かに低い学業成績を示す者。反対はオーバーアチーバー。学力偏差値から知能偏差値を引いた値がマイナス5以下の時、学業不振児と見なす。基礎学力をつけないまま授業が進む・学習意欲に乏しい・対人関係に難があるなどの要因による。

【図書】

◇勉強ぎらいの理解と教育 三浦香苗編著 東京 新曜社 1999.4 19cm 235p 2200円 ①4-7885-0674-2

◇勉強ができない子 — 学習不振児の調査と実践 三浦香苗著 東京 岩波書店 1996.4 19cm 224p 1500円 (子どもと教育) ①4-00-003941-5

◇学業不振児研究 佐野良五郎著 東京 犀書房 1995.1 26cm 142p 1800円 ①4-914908-95-6

【雑誌記事】

◇学業不振児と知力(特集 知力を育む) 三浦香苗 「教育と医学」 47(3) 1999.3 p247〜253

◇学業不振児の読み能力に関する研究 藤田正,笹川宏樹 「教育研究所紀要」 30 1994.3 p119〜124

学芸員　curator

1951年の博物館法で定められた、博物館の専門職員。資料収集・保管・展示・講習会や講演会開催など、教育的・研究的・司書的機能が求められる。文部省1999年度の調査によると、全国1,045館の全専任職員1万934人のうち、学芸員は2617人・学芸員補312人。配置数や処遇の充実、現職教育など質の向上が課題。

カクシヤ

【図書】
◇学芸員のひとりごと―昨今美術館事情 増補新装版 増田洋著 芸艸堂 1997.10 21cm 311p 2800円 ①4-7538-0176-4
◇学芸員の理論と実践 段木一行著 雄山閣出版 1997.9 21cm 276p 3300円 ①4-639-01463-5
◇美の裏方―学芸員からのメッセージ 増補版 朝日新聞マリオン編集部編 ぺりかん社 1994.8 19cm 247p 2136円 ①4-8315-0635-4

【雑誌記事】
◇学芸員のありかた「日本型学芸員」と「本来の学芸員」を考える(緊急シンポジウム記録集「これでいいのか?『学芸員問題』」―パネリストによる報告と討論(3) 第3回緊急シンポジウム記録〔含 配布レジュメ〕) 竹内順一 「博物館問題研究」 25 1999 p130~137
◇博物館活動の振興と学芸員制度(緊急シンポジウム記録集「これでいいのか?『学芸員問題』」―パネリストによる報告と討論(3)緊急シンポジウム記録〔含 配布レジュメ〕) 徳増有治 「博物館問題研究」 25 1999 p121~129
◇文部省改訂案を手がかりに「学芸員問題」を考える(緊急シンポジウム記録集「これでいいのか?『学芸員問題』」―パネリストによる報告と討論(1)第1回緊急シンポジウム記録〔含 配布レジュメ〕) 中村ひろ子 「博物館問題研究」 25 1999 p14~17
◇学芸員の地位向上と処遇改善 那須登予悌 「博物館研究」 34(10) 1999.10 p4~9
◇地域博物館の課題―学芸員・行政・地域をめぐって 塩谷修 「博古研究」 17 1999.4 p10~18

隠されたカリキュラム ⇒ 潜在的カリキュラム を見よ

学社融合
　生涯学習審議会1996年答申に「学校教育と社会教育がそれぞれの役割分担を前提とした上で、そこから一歩進んで、学習の場や活動など両者の要素を部分的に重ね合わせながら、一体となって子供たちの教育に取り組んでいこうという考え方であり、学社連携の最も進んだ形態と見ることもできる。」とある。各々の特色を生かしつつ、しかし片方だけでは成立しない教育活動を目指すもので、社会教育施設と学校との交流など基盤整備が必要とされる。

【図書】
◇地域の教育機能の融合を目指して―学社融合の具体的な推進のために 平成11年度調査研究事業「学社融合」報告書 東京都立多摩社会教育会館編 立川 東京都立多摩社会教育会館 2000.7 30cm 1冊
◇学社融合―子どもたちを地域ぐるみで育てる 伊藤俊夫編 東京 全日本社会教育連合会 2000.3 21cm 142p 1500円 ①4-7937-0115-9
◇少年自然の家における学社融合推進のためのプログラム研究―高遠北小学校との共同研究を通して 高遠町(長野県) 国立信州高遠少年自然の家 1999.3 30cm 81p
◇生涯学習社会における学社連携・融合の在り方と社会教育活動の振興について―提言〔福島〕 福島県社会教育委員の会議 1999.3 30cm 21p
◇ともに生きる―総合と学社連携の課題にこたえる 柏崎市立柏崎小学校編著 柏崎 柏崎市立柏崎小学校 1999.2 26cm 129p
◇事例でよむ学校と家庭・地域―融合の可能性を探る ハンドブック 日本学校・家庭・地域教育研究会編 東京 教育出版 1998.6 26cm 158p 2400円 ①4-316-36420-0

【雑誌記事】
◇学社融合は学校を変え、地域を変える―柔軟な発想を大事にしよう(特集 「開かれた学校」と私たちの役割) 越田幸洋 「学校事務」 52(2) 2001.2 p69~75
◇地域と響き合う「学社融合」による教育創造(特集 地域と子ども) 岸裕司 「教育と情報」 502 2000.1 p6~9
◇学校教育改革の視点に立つ学社融合のとらえ方 加藤登喜男 「苫小牧駒沢大学紀要」 2 1999.10 p1~19
◇学社融合―社会教育の側から(特集 学社融合の可能性を探る) 結城光夫 「学校経営」 44(7) 1999.6 p14~22

◇高齢者人材活用と学社融合(特集 高齢社会と子ども) 森本精造 「教育と情報」 478 1998.1 p12〜17
◇学社融合と社会教育施設―その具体化と可能性(特集 学社融合の生涯学習) 坂井知志 「日本生涯教育学会年報」 17 1996 p31〜41

学習権　right to learn

学習主体の能動性・自発性を尊重する立場から教育に対する権利を捉える概念。憲法26条「教育を受ける権利」の積極的解釈といえる。1985年ユネスコ国際成人教育会議は学習権宣言で、民主主義社会の主体である市民には知る権利と共に保障さるべき権利だと位置づけた。

【図書】
◇現代社会教育の軌跡と展望 ― 生涯にわたる学習権保障の視点から　新海英行著　岡山　大学教育出版　1999.9　21cm　326p　3000円　①4-88730-350-5

【雑誌記事】
◇学習権確立に向けた取り組み(特集 現代的課題をともに語ろう) 小林繁 「月刊社会教育」 44(9) 2000.9 p6〜10
◇学習権:THE RIGHT TO LEARN―教育法制基本用語・日英対訳:Key Concepts of Japanese Education Law〔含 英語原文〕 宮崎秀一 「青森明の星短期大学紀要」 25 1999 p63〜66
◇「学ぶ力」を育てる授業の構造―障害児の学習権保障 田中良三 「愛知県立大学文学部論集 児童教育学科編」 45 1996 p55〜68
◇子どもの学習権を保障する教育を(特集「学校のスリム」どこまで可能か―義務教育の課題は何か―揺らぐ国民の「共通教養」をめぐって) 柴田義松 「現代教育科学」 39(12) 1996.11 p33〜36
◇住民の学習権保障と社会教育・生涯学習の法(生涯学習をきずく社会教育の可能性<特集>) 長沢成次 「月刊社会教育」 39(4) 1995.4 p15〜22
◇外国人労働者およびその子どもたちの学習権保障(国際化時代の教育―グローバル・エデュケーション<特集>) 野元弘幸 「教育学研究」 61(3) 1994.9 p242〜249

◇「生涯学習権」保障の国際的な動向をめぐって(これからの生涯学習<特集>) 末本誠 「教育と医学」 41(4) 1993.4 p396〜401

学習指導要領　Course of Study

学校教育法施行規則に基づいて作成される教育課程の基準(幼稚園は幼稚園教育要領)で、学習目標の設定・指導法決定・評価の手引となる。文部省の告示であり、法的拘束力を持つとされ、各学校はこれに基づいて教育課程を編成する。89年に「教育の個性化と多様化」を掲げた改正の後、1998年12月に小・中学校、1999年3月に高校の新学習指導要領を告示した。

→ 新学習指導要領 をも見よ

【図書】
◇徹底解明学習指導要領とは何か ― その読み方・生かし方 小学校国語科 生信勇荘編著　東京　東洋館出版社　1993.3　21cm　219p　2500円　①4-491-00855-8

【雑誌記事】
◇学習指導要領の法的拘束力―その根拠は何か(特集 教育改革への提言(1)学習指導要領の法的拘束力) 「現代教育科学」 39(8) 1996.8 p5〜20
◇学習指導要領の法的拘束力をめぐる論争(特集 教育改革への提言(1)学習指導要領の法的拘束力) 若井弥一 「現代教育科学」 39(8) 1996.8 p21〜28

学習社会　learning society

ユネスコが1972年に出した報告書(フォール報告)の中で21世紀の社会に向けて提示した概念で、国民各人が自己実現や生活の向上等のために生涯に亙って主体的に学習を継続する社会をいう。現在は生涯学習社会という言葉の方が一般的。

【図書】
◇生涯学習社会　讃岐幸治,住岡英毅編著　京都　ミネルヴァ書房　2001.4　21cm　217p　2200円　(Minerva教職講座 17)　①4-623-03448-8
◇生涯学習の社会学　赤尾勝己著　町田　玉川大学出版部　1998.11　22cm　246p　3800円　①4-472-11321-X

◇生涯学習概論 — 学習社会の構想　赤尾勝己著　吹田　関西大学出版部　1998.3　21cm　173p　1400円　Ⓣ4-87354-249-9
◇解放された教育 — 21世紀の学習社会の構築　津山千恵著　東京　三一書房　1998.1　20cm　201p　2000円　Ⓣ4-380-98201-7
◇生涯学習の新しい支援方策　瀬沼克彰著　東京　教育開発研究所　1997.4　21cm　229p　2500円　Ⓣ4-87380-282-2
◇豊かな生涯学習社会の構築に向けて — 一人ひとりの学びを育てる社会教育の充実　2　滋賀県教育委員会派遣社会教育主事会編　〔大津〕　滋賀県教育委員会　1997.3　30cm　54p
◇生涯のいつでも自由に学べる社会を目指して — 生涯学習の振興に関する調査結果から　総務庁行政監察局編　東京　大蔵省印刷局　1996.12　30cm　189p　1800円　Ⓣ4-17-218617-3
◇生涯学習論 — 日本の学習社会　末本誠著　東京　エイデル研究所　1996.1　22cm　201p　3500円　Ⓣ4-87168-222-6
◇学習社会の大学　木田宏著　町田　玉川大学出版部　1995.10　19cm　198p　2472円　Ⓣ4-472-09751-6

学習塾・予備校　cram school・preparatory school

　1993年の調査で小学生の通塾率は23.6％、中学生では59.5％となっている。従来あった学校教育を補填する塾、進学準備用の塾の他、フリースペース的な「居場所」となっている塾もある。1999年生涯学習審議会は答申で「塾は学校教育を補完」する民間教育事業と位置づける一方、過度の塾通いをなくすこと、PTAなどとの連携を築くこと、夜7時以降にわたるコースを設けないことなどを求めた。予備校は大学受験準備のための教育を専らにしてきたが、2000年大学入試問題の作成を請け負うと大手予備校が発表、文部省がそれに対し各大学に自制を求めた。また、大学の講義についていけない学生に対し、大学入学前に準備あるいは入学後に補完する講座を設ける予備校も出現した。少子化の影響で塾・予備校とも陶太の時代に入りつつある。

　→ 予備校 をも見よ

【図書】

◇家庭教師革命 — インタラクティブエデュケーションで次世代を拓く「家庭教師のトライ」の挑戦　鶴蒔靖夫著　東京　IN通信社　2000.9　20cm　253p　1800円　Ⓣ4-87218-189-1
◇塾 — 学校スリム化時代を前に　小宮山博仁著　東京　岩波書店　2000.8　19cm　200p　1700円　(シリーズ教育の挑戦)　Ⓣ4-00-026448-6
◇塾を学校に — 「教育改革」への一石　高嶋哲夫, 小篠弘志著　東京　宝島社　2000.5　18cm　219p　700円　(宝島社新書)　Ⓣ4-7966-1817-1
◇全塾連要覧　平成12年度　調布　全国私塾連盟事務局　2000.5　26cm　138p
◇塾の力 — 21世紀の子育て　小宮山博仁著　東京　文芸春秋　1999.12　18cm　228p　690円　(文春新書)　Ⓣ4-16-660080-X
◇学習塾からみた日本の教育　東京　総合研究開発機構　1996.3　26cm　227p　2000円　(NIRA研究報告書　no.950073)　Ⓣ4-7955-4421-2
◇さよなら進学塾 — お母さん子どもの芽をつまないで!　谷中央著　東京　秀明出版会　1995.9　19cm　221p　1200円　Ⓣ4-915855-05-8
◇塾に捨てられる子どもたち — 外注教育からの解放　小山田勢津子著　立川　けやき出版　1995.2　19cm　221p　1500円　Ⓣ4-905942-63-2
◇学習塾に関する調査結果報告書　〔東京〕　日本PTA全国協議会　1994.8　26cm　57p
◇学習塾等に関する実態調査報告書　平成5年度　〔東京〕　文部省　〔1994〕　30cm　187p
◇学習塾「共生の時代」の読み方 — 開塾にみる情報システムの極意　鶴蒔靖夫著　東京　IN通信社　1993.1　18cm　230p　1500円　Ⓣ4-87218-061-5

【雑誌記事】

◇学習塾と学校教育(特集 教育改革と地域社会)　下村哲夫　「地方議会人」　31(7)　2000.12　p32〜35
◇学校・塾の共存というが…　池本薫　「学校経営」　44(10)　1999.8　p42〜44
◇教育ニュース・ズームアップ 生涯学習審が学習塾"認知"の答申　安達拓二　「現代教育科学」　42(8)　1999.8　p93〜95

◇検証 塾は学校を超えられるか 玉木研二 「月刊教育ジャーナル」 38(2) 1999.5 p46～47

◇"塾"だからこそできること — シンポジウム『学校は学校外部の優位性を受け入れられるか』(誌上講座)「はらっぱ」 184 1999.4 p22～25

◇競争激化、淘汰始まる予備校・学習塾 — 少子化・不況で生徒激減、サービス向上に生き残りかける(ビジネス・リポート)「日経ビジネス」 964 1998.11.2 p164～167

◇高まるこどもの通塾率(教育費支出の現況と家計への影響)「経済月報」 344 1997.6 p1～3

◇多様化してきた学習塾(特集 学校にとって塾とは何だろう) 佐々木賢 「月刊教育ジャーナル」 35(7) 1996.11 p6～11

◇塾通い —「塾・習い事」の三つの傾向と子どものつぶやき(特集少子化時代の子ども像を解くカギ — 少子化時代の「子どもの世界」を解くキーワード) 渡辺喜男 「現代教育科学」 39(2) 1996.2 p65～67

学習障害児　Learning Disabilities

LD児とも。「基本的には全般的な知的発達に遅れはないが、聴く・話す、読む、書く、計算するまたは推論する能力のうち特定のものの拾得と使用に著しい困難を示すさまざまな状態を指すもの」と定義される(文部省調査研究協力者会議)。1960年代米国で存在が指摘され、日本でも1学級に1人程度いるといわれる。90年「全国学習障害児・者親の会連絡会」結成(96年より「全国LD(学習障害)親の会」)。調査研究協力者会議では個に応じた指導の充実を提言した。

【図書】

◇LDと学校教育 林邦雄、牟田悦子責任編集 東京 日本文化科学社 1998.7 21cm 151p 2100円 (わかるLDシリーズ 3) ①4-8210-7241-6

◇学習障害 — 課題と取組み 神谷育司著 東京 文教資料協会 1997.11 22cm 240p 3791円 ①4-938649-07-1,4-924339-62-8

◇LDの教育と医学 — 学習課題と教育方法 上野一彦[ほか]編 東京 学習研究社 1996.12 26cm 234p 2500円 (LD教育選書 2) ①4-05-400703-1

◇LDとは — 症状・原因・診断理解のために 上野一彦[ほか]編 東京 学習研究社 1996.11 26cm 245p 2500円 (LD教育選書 1) ①4-05-400702-3

◇LDとは何か — 基本的な理解のために 日本LD学会編 東京 日本文化科学社 1996.2 21cm 122p 1800円 (わかるLDシリーズ 1) ①4-8210-7239-4

◇ぼくたちだって輝いて生きたい — 理解されにくいLD-親の手記 全国学習障害(LD)児・者親の会連絡会編 東京 青木書店 1994.5 19cm 270,11p 1545円 ①4-250-94011-X

◇LD(学習障害) — 理解と指導のためのQ&A 愛知県教育センター編 東郷町(愛知県) 愛知県教育センター 1994.3 30cm 71p (研究報告書 第144号)

【雑誌記事】

◇学習障害(LD)児への個別支援の取り組み — 指導者の態度が及ぼすLD児の問題行動の生起要因と肯定的自己像の考察 片桐正敏、二宮信一 「情緒障害教育研究紀要」 20 2001 p245～252

◇学習障害児のコミュニケーション — そのつまずきと援助(特集 子どものことばをどう育てるか — いま、様々な障害を超えて) 西岡有香 「言語」 29(7) 2000.7 p42～48

◇学習障害及びこれに類似する学習上の困難を有する児童生徒の指導方法に関する調査研究協力者会議「学習障害児に対する指導について(報告)」「ろう教育科学」 41(3) 1999.10 p141～153

◇学習障害児への理解ときめ細かい対策を 黒田洋一郎 「ぱんぷう」 219 1999.9 p80～83

◇「学習障害児」の存在を知っていますか — 落ち着きがない、友達と遊べない…。周囲に理解されにくいハンディを持つ子ら(ルポ) 代居真知子 「婦人公論」 83(1) 1998.1 p180～185

◇LD(学習障害)児の地域サポートシステムにおける個別指導プログラムの開発 上野一彦、小貫悟、堀口広司(他) 「研究助成論文集」 32 1996 p1～9

◇文部省 学習障害児等の教育について 文部省初等中等教育局特殊教育課 「ノーマ

ライゼーション」 16(8) 1996.8 p30
〜32
◇学習障害児の親と教師の連携 田中美穂,
納富恵子 「福岡教育大学紀要 第4部 教職
科編」 42 1993 p361〜373

各種学校

1975年の学校教育法改正で認可された、
職業や実生活上の教養を教える教育施設の
うち、専修学校の基準に満たないもの。

→ 専修学校 をも見よ

学術・学内情報ネットワーク

コンピュータネットワークの発達で、文献・
実験結果・スライドなど学術情報のオンラ
インデータベース・キャンパスLAN・学内パソ
コン通信などが普及。研究成果の共有資源
化、研究者・研究機関間での情報交換や共同
研究、遠隔講義などを容易にしている。

【雑誌記事】
◇マルチメディアとネットワーク―分散キャ
ンパス・信州大学における取組と成果(特集
自然科学教育へのコンピュータの利用)
矢部正之 「コンピュータ & エデュケー
ション」 4 1998 p30〜33
◇衛星通信大学間ネットワークSCSの構築
(大特集 遠隔教育―特集 衛星利用の大
学教育) 近藤喜美夫 「大学時報」
46(252) 1997.1 p63〜67
◇信州大学画像情報ネットワークシステ
ム(SUNS)による遠隔講義(大特集 遠隔
教育―特集 衛星利用の大学教育)
山沢清人 「大学時報」 46(252)
1997.1 p44〜49

学術国際交流　international exchange on science

2(多)国間の学術の相互交換。外務省文化
交流部による文化協定、国際交流基金によ
る日本研究や国際シンポ開催、ユネスコ等
との国際共同研究、日本学術振興会による
科学者交流・共同研究などの国際プログラ
ム、日本国際交流センターによる民間人政
策会議などの他、中核となる大学を決めて
行う拠点大学方式による交流などがある

【図書】
◇科学技術振興調整費による国際共同研究
総合推進制度における国際ワークショップ
の開催結果 平成12年度 〔東京〕 文部
科学省科学技術・学術政策局国際交流官
2001.3 30cm 730p
◇中国との学術情報交流プロジェクト
2000年度報告 東京 国立情報学研究所
2001.3 26cm 86p ①4-924600-90-3
◇国際交流パンフレット ― 教育・学術・文化・
スポーツ 文部省学術国際局国際企画課
編 東京 文部省学術国際局国際企画課
2000.5 30cm 109p
◇アジア学術会議 ― 科学者フォーラム 第3
回 東京 日本学術会議事務局 1996.6
30cm 44p
◇国際教育交流実務講座 鋤柄光明〔ほか〕
編 東京 アルク 1993.4 30cm 12冊
全110000円 ①4-87324-224-0
【雑誌記事】
◇海外交流 拠点大学方式による日韓国際学
術交流 新原晧一 「生産と技術」 52(2)
2000.4 p68〜70
◇文部省による国際学術交流の推進について
岩本渉 「化学と工業」 51(6) 1998.6
p889〜892
◇学術国際交流の推進について(特集 学術
国際交流の推進) 文部省学術国際局国際
学術課 「文部時報」 1446 1997.5
p41〜45
◇拠点大学方式等によるアジア諸国との学
術国際交流について(特集 学術国際交流の
推進) 日本学術振興会 「文部時報」
1446 1997.5 p24〜27
◇日本が参加している国際的な共同研
究―IGBP計画(特集 学術国際交流の推
進) 半田暢彦 「文部時報」 1446
1997.5 p32〜34

学術審議会

元々は1967年に文部省が発足させた諮問
機関。省庁改変に伴い、2001年、科学技術・
学術関係の6審議会を整理・統合して科学技
術・学術審議会として文部科学省下に設置さ
れた。文部科学大臣の諮問により主に科学
技術・学術の振興に関する重要事項を調査・
審議する。

【雑誌記事】

◇「知的存在感のある国」を目指して 学術審議会答申の概要(特集「知的存在感のある国」を目指して 21世紀へ向けた学術研究の総合的推進) 文部省学術国際局学術課学術政策室 「文部時報」 1480 1999.12 p39～47

◇答申の起草にあたって(特集 学術の振興―学術審議会答申を受けて) 河合隼雄 「学術月報」 52(10・11) 1999.11 p1076～1079

◇学術審議会答申 科学技術創造立国を目指す我が国の学術研究の総合的推進について―「知的存在感のある国」を目指して 「文部時報」 1476 1999.8 p59～61

◇学術審議会答申について 文部省学術国際局学術課 「大学資料」 119・120 1993.12 p17～48

各省大学

行政機関に附属する教育機関。防衛大学校、気象大学校、水産大学校(2001年4月独立行政法人化)、職業能力開発総合大学校(旧職業訓練大学校)、海上保安大学校がある。学校教育法で定める学校ではないので大卒資格が与えられなかったが、大学審議会答申を承けた1991年学位制度改革で、学位が授与されるようになった。防衛大・気象大・海上保安大学生は特別職国家公務員の身分となり、入学金や授業料・寄付金などの負担は一切なく、学生手当が支給される。

【図書】

◇気象大学校史 ― 創立75周年記念 2 気象大学校校友会創立75周年記念誌編集委員会編 柏 気象大学校校友会 1997.10 30cm 515p

◇公的機関専門大学校等ガイドブック ― 官公庁・特殊法人の大学校&専門研修施設紹介 大蔵省印刷局編 東京 大蔵省印刷局 1996.8 21cm 145p 500円 ①4-17-238880-9

【雑誌記事】

◇21世紀に果たす防衛大学校の役割(防大) 西原正 「世界週報」 82(19) 2001.5.22 p6～8

◇職業能力開発総合大学校(電気設備工学の将来への展望―大学での教育の実例) 中野弘伸 「電気設備学会誌」 20(5) 2000.5 p307～309

◇防衛大学校Q&A(特集 防衛大学校)「Securitarian」 495 2000.3 p20～23

◇職業能力開発総合大学校と職業能力開発大学校 新井吾朗 「産業教育学研究」 30(1) 2000.1 p78～80

◇海上保安大学校40周年記念号 「海上保安大学校研究報告 理工学系」 38(1・2) 1993.3 p1～113

学生運動　student movement

1960年安保闘争、66～67年ベトナム反戦運動、68～69年全共闘運動を支えたステューデントパワーも、警察導入・大学特別措置法制定・セクトの分裂や抗争・ベトナム停戦で鳴りをひそめた。80年代に入り学生は保守化、確たる自治会組織がある大学も減少した。

【図書】

◇全共闘三〇年 ― 時代に反逆した者たちの証言 荒岱介〔ほか〕著 蕨 実践社 1998.9 19cm 293p 1900円 ①4-916043-24-3

◇全共闘を読む 情況出版編集部編 東京 情況出版 1997.9 21cm 359p 2200円 ①4-915252-26-4

◇全共闘白書 全共闘白書編集委員会編 東京 新潮社 1994.8 21cm 454p 2000円 ①4-10-399301-4

学童微症状シンドローム

とくに何かの病気というわけでもないのに、疲れやすい、めまいやたちくらみがするなどの子どもの症状。低体温も含む。

→ 低体温児 をも見よ

学童保育

保護者が働いているなどの理由で放課後の保育が十分でない児童に対し適切な保育を行う施設・事業。1998年4月の児童福祉法改正により「放課後児童健全育成事業」として制度化された。2000年5月現在1740市区町村に1万976ヶ所あり、約半数が公立。施設も指導員の労働条件がまちまちであることや、法改正を受けて指導員を市の非常勤職員と

して採用しなおす際に従来のベテラン職員が不採用になるなどの問題が発生した。

【図書】

◇学童保育の創設と経営 ― 保育園、行政そして地域でつくる子どもたちの居場所　全国私立保育園連盟経営強化委員会編, 白河健一著　東京　筒井書房　1999.6　30cm　59p　1200円　（保育園経営ブックレット　2）　Ⓘ4-88720-239-3

◇子どもたちの居場所　東京　大月書店　1998.10　21cm　157p　1500円（シリーズ学童保育 1（総論））　Ⓘ4-272-40351-6

◇私の学童保育論　村山士郎著　東京　桐書房　1998.6　19cm　174p　1600円　Ⓘ4-87647-409-5

◇児童館・学童保育と子ども最優先 ― 子どもの権利条約と学校五日制　児童館・学童保育21世紀委員会編著　東京　萌文社　1996.2　21cm　286p　2800円（21世紀の児童館・学童保育 3）　Ⓘ4-938631-50-4

◇学童保育のハンドブック　全国学童保育連絡協議会編　東京　一声社　1995.10　21cm　127p　1236円　Ⓘ4-87077-142-X

◇児童館・学童保育と居場所づくり ― 子どもの生活に躍動と癒しの拠点を　児童館・学童保育21世紀委員会編著　東京　萌文社　1995.10　21cm　254p　2500円（21世紀の児童館・学童保育 2）　Ⓘ4-938631-46-6

◇児童館・学童保育と子育ち支援 ― 地域の福祉・文化・環境・教育の創造へ　小木美代子, 児童館・学童保育21世紀委員会編著　東京　萌文社　1994.11　21cm　254p　2500円（21世紀の児童館・学童保育 1）　Ⓘ4-938631-37-7

◇21世紀へむけて児童館・学童保育プレリュード ― 緊急改革提言　児童館・学童保育21世紀委員会編　東京　萌文社　1994.2　21cm　62p　500円　Ⓘ4-938631-30-X

◇学童保育の福祉問題　佐藤進〔ほか〕著, 日本女子大学附属家庭福祉センター編　東京　勁草書房　1993.10　22cm　258p　3708円　Ⓘ4-326-60089-6

【雑誌記事】

◇「消える学童保育」新方式で激論（教育）「AERA」　14(15)　2001.3.26　p95

◇児童福祉法改正後の学童保育の動向と課題における一考察 ― 名古屋市における学童保育を中心に　志濃原亜美　「埼玉純真女子短期大学研究紀要」　17　2001.3　p9〜13

◇児童福祉法改正後における「学童保育」（放課後児童健全育成事業）の現状と課題　大崎広行　「宮城学院女子大学・同短期大学附属幼児教育研究所研究年報」　9　2000　p71〜81

◇共働き夫婦を悩ます「学童保育」の危機 ― わが子をかぎっ子にするか、それとも退職するしかないのか（行政に殺される子供たち〔3〕）　斎藤貴男　「プレジデント」　38(19)　2000.10.30　p154〜159

◇教育ネットワーク 拙速な学童保育「公立化」がもたらした混乱　小山芳キ　「前衛」　726　2000.7　p182〜184

◇放課後はだれと過ごす？―「障害」児の母親に立ちはだかる学童保育への壁　西浜優子　「週刊金曜日」　8(12)　2000.3.31　p55〜57

◇"法制化時代"の学童保育のいま ― 社会的理解を広げプランづくりへ　森川鉄雄　「住民と自治」　436　1999.8　p70〜73

◇学童保育施設初めて1万カ所超す ― 未設置の市町村も過半数（全国学童保育連絡協議会調査）「厚生福祉」　4756　1999.7.17　p10〜11

◇学童保育は今… ― 法制化その後　真田祐「子どものしあわせ」　574　1999.6　p36〜39

◇学童保育指導員の仕事内容について〔含 資料〕（建設一般第6回全国学童保育研究会報告集（1999.2.7〜8@知・名古屋観光会館）― 基本レポート）　田沢利弘　「建設一般全国学童保育研究会報告集」　6　1999.4　p31〜35,109〜114

◇豊かな放課後を保障する学童保育（教育ネットワーク）　佐藤修一朗　「前衛」　686　1997.5　p164〜166

◇学童保育の法定はどうあるべきか ― いくつかの問題点（特集 児童福祉法改定とその検討）　上平泰博　「子どもの文化」　29(4)　1997.4　p17〜21

◇学童保育に関わる父母組織と地域活動　田中美奈子　「社会福祉」　37　1996　p91〜103

◇学童保育所「6日制」・児童館「7日制」（社会教育施設から見た学校週5日制＜特集＞）　上平泰博　「月刊社会教育」　38(9)　1994.9　p70〜77

◇もっと多くのよりよい学童保育を―法制化をめぐって(世界と日本) 菊池尚美 「前衛」 642 1994.1 p27～29
◇いそがれる学童保育の充実(教育の話題) 上田格 「前衛」 628 1993.1 p214～215

「学働遊合」のすすめ

経済同友会が1997年にまとめた教育に関する提言。年齢にかかわらず「学ぶ」「働く」「遊ぶ」が融合された生き方がでこそ人は成長できるとし、「いつでも学び・いつでも働ける」、「個人にも企業も価値観と目標が多元化し、それぞれが認め合う」、「「遊び」を見直し、「ゆとり」と「活力」を取り戻す」ことを3つの要素としてあげた。そのためには企業が高等教育や地域社会との通りをよくすることが必要とされた。

【雑誌記事】
◇経済同友会が教育改革案「学働遊合」 安達拓二 「現代教育科学」 40(6) 1997.6 p89～92
◇96年度教育委員会提言(要旨)(特集 新世紀ニッポンのゆくえ(10)わが国の教育改革に企業は何ができるか～提言「『学働遊合(がくどうゆうごう)』のすすめ」をめぐって)「経済同友」 580 1997.5 p11～15

学費　school expenses

私教育費のうち学校納付金(入学金・授業料・施設設備費)と学用品教材費が学費。2000年に行われた調査では、1年間の在学費用は国立大学で80万、私立大学で140万、国公立高校で45万、私立高校で89万円と見込まれている。年収の低い家庭ほど在学費用の年収に占める割合は高い。

【図書】
◇授業料の解像力 ― 教育における＜近代＞の分析 田原宏人著 東京 東京大学出版会 1993.11 22cm 190,15p 4944円 ①4-13-056094-8

【雑誌記事】
◇教育1560万円―低学年は公私で格差。出費のピークは大学(特集・人生のマネー学)「東洋経済」 5656 2000.9.23 p44～45
◇当世大学マネー事情―試算 地方から大学へ受験から卒業までどれだけかかるか(特集・本当に強い大学―お父さん、お母さん、大学生、高校生必読!)「東洋経済」 5654 2000.9.16 p62
◇私立・国立・公立大学の初年度納付金(平成10年度)(特集 教育支援施策と教育費用―教育費の実態) 文部省 「企業福祉」 22(492) 1999.5.1 p16～17
◇都内私立幼稚園,小・中・高等学校初年度納付金調査(平成10年度)(特集 教育融資と遺児育英年金―特集関連資料 教育費用の実態) 東京都 「企業福祉」 21(471) 1998.5.15 p42～45
◇学費は誰が負担すべきか―国際的な論争点(今月のテーマ 学費) 喜多村和之 「IDE」 388 1997.7 p65～70

学問の自由　academic freedom

憲法第23条・教育基本法第2条で保障されている、真理探求・知的研究活動の自由。政治・行政・宗教の干渉を受けずに自由に学問的見解を持ち、発表・表現し、教育できることを含む。1974年教科書裁判の高津判決は教育の自由は含まないと規定、76年最高裁力学テスト裁判は初等や中等教育での完全な教授の自由は否定。80年日本学術会議は「科学者憲章」で、再度学問の自由・研究の創意尊重を確認した。

【図書】
◇教授会と学問の自由 ― 大学で学ぶ生ける裸の行為論 水野益継著 東京 八千代出版 1994.6 22cm 373,13p 4300円

学力検査　⇒新学力調査 を見よ

学力調査　⇒新学力調査 を見よ

学力低下　⇒低学力 を見よ

学力テスト　⇒アチーブメントテスト を見よ

学齢期シンドローム

肩が凝る、いつも眠いなどの症状の他、まっすぐ立っていられない、かみ合わせが悪い、アレルギー、生活習慣病、精神神経症状まで含め、子どもの心身のおかしさを総称する。

→ アトピー性皮膚炎, アレルギー, 子どものストレス, 子どもの成人病, 小児心身症, 摂食障害 をも見よ

【図書】

◇児童生徒の健康状態サーベイランス事業報告書 平成10年度 東京 日本学校保健会 2000.3 30cm 221p 2000円
◇保健室だから見えるからだとこころ 小学生編 渡辺朋子, 松木優子, 及川和江著 東京 農山漁村文化協会 1997.8 19cm 197p 1238円 (健康双書) ①4-540-97055-0
◇保健室だから見えるからだとこころ 中・高生編 松村春子, 千葉たんぽぽの会, 舟見久子著 東京 農山漁村文化協会 1997.8 19cm 217p 1238円 (健康双書) ①4-540-97054-2

学歴社会 schooling inflation society

過去にどの程度の水準の教育を受けたかによって将来を左右されるのが学歴社会。教育期を修了するまでは自由競争(受験戦争)で、学歴取得が済んだ時点で社会的な身分制度と化す。大学進学率が向上し高学歴化が進むと、同水準の学歴のうちどれだけ威信の高い学校を出たか(学校歴)が重視されるようになった。90年代に入ると出身大学不問の採用などが始まり、学歴そのものがあまり意味を持たない社会になりつつある。

【図書】

◇人はなぜ学歴にこだわるのか。 小田嶋隆著 東京 メディアワークス 2000.9 20cm 237p 1500円 ①4-8402-1647-9
◇地方拠点都市における学歴と学歴意識に関する調査研究 村沢昌崇, 西本裕輝, 作田良三編 東広島 広島大学大学教育研究センター 2000.3 26cm 126p (高等教育研究叢書 63) ①4-938664-63-1
◇非学歴の時代 — 学校教育からハミ出した子供達とその将来 飛岡健著 東京 広美出版事業部 1997.4 19cm 232p 1300円 ①4-87747-005-0

◇学歴社会をぶっつぶせ! — 大学の空洞化と教育の荒廃を生む学歴主義を撲滅せよ 尾形憲著 東京 BOC出版部 1995.7 21cm 116p 800円 (道しるべブックス 8) ①4-89306-044-9
◇大衆教育社会のゆくえ — 学歴主義と平等神話の戦後史 苅谷剛彦著 東京 中央公論社 1995.6 18cm 226p 720円 (中公新書) ①4-12-101249-6
◇学歴社会と塾 — 脱受験競争のすすめ 小宮山博仁著 東京 新評論 1993.10 19cm 200p 1800円 ①4-7948-0194-7

【雑誌記事】

◇漂流する日本・学歴神話 — 教育バブル終焉し神話も崩壊(特集・21世紀ショック) 河端真一 「東洋経済」 5279 1995.4.22 p52〜53
◇学歴の社会的機能 — アイデンティティの準拠・社会的資本の蓄積 黄順姫 「社会学ジャーナル」 19 1994.3 p26〜47

鹿児島県知覧中学いじめ自殺事件

1996年9月、鹿児島県知覧町の中学校で、3年生の男子生徒がいじめを苦に自殺した。ポケットには「おれが死ねばいじめは解決する」という遺書が入っていた。学校側のいじめに関する調査が遅々として進まなかったことから少年の両親は「真実を知りたい」と記者会見の上、独自に調査を開始。生徒らから集めた証言をもとに98年、損害賠償を求める訴えを起こした。2001年6月、両親側が提案した和解案に対し町側が応じず裁判の決着は持ち越されている。この事件では学校側はいじめはなかったとしている。

【雑誌記事】

◇鹿児島・知覧中いじめ自殺事件(いじめ裁判 — 係属中のいじめ自殺裁判) 亀田徳一郎 「季刊教育法」 126 2000.9 p62〜64
◇<シリーズ・「いじめ」から子ども・学校を考える>知覧中学校の自殺事件からみえてくるもの 岩元昭雄 「教育」 48(3) 1998.3 p91〜99
◇審判は下ったが…… 勝己君の「番号なき卒業証書」 鹿児島・知覧中いじめ自殺事件の全貌〔4〕 小林篤 「現代」 31(5) 1997.5 p164〜176

◇2年2組で死亡遊戯が始まった(鹿児島・知覧中いじめ自殺事件の全貌〔2〕) 小林篤 「現代」 31(3) 1997.3 p138〜153
◇鹿児島・知覧中の加害者生徒たちが驚愕の新事実を語った、最期の一行は「グッド・ラック」―勝己君いじめ自殺にみる閉塞社会の病巣 小林篤 「現代」 31(2) 1997.2 p74〜93

仮説実験授業

学習者が問題場面の中で自ら仮説を立て、それを検証していく授業形態。授業テキストとして実験場面に対する選択肢が示された「授業書」が用いられ、各自が自分で選んだ選択肢の理由づけを行った後、実際に追検証。1963年板倉聖宣が創始、学習者自ら原理の発見に参加でき、理科教育で成果を挙げている。

【図書】
◇仮説実験授業研究 第3期 第8集 授業書＜図形と証明＞―日本人の空気認識の歴史 仮説実験授業研究会編 東京 仮説社 1999.4 21cm 203p 2000円 ④4-7735-0139-1
◇仮説実験授業のABC―楽しい授業への招待 第4版 板倉聖宣著 東京 仮説社 1997.4 21cm 175p 1800円 ④4-7735-0127-8
◇仮説実験授業の考え方―アマチュア精神の復権 板倉聖宣著 東京 仮説社 1996.12 19cm 314p 2000円 ④4-7735-0126-X
◇仮説実験授業研究 第3期 第7集 授業書＜偏光板の世界＞―英語の先生方への二三の提案 仮説実験授業研究会編 東京 仮説社 1996.1 21cm 221p 2060円 ④4-7735-0119-7
◇仮説実験授業研究 第3期 第6集 授業書＜生物と種＞―低学年における原子論の教育の可能性 仮説実験授業研究会編 東京 仮説社 1995.6 21cm 224p 1880円 ④4-7735-0116-2
◇仮説実験授業研究 第3期 第5集 授業書＜電流＞―日本における実験概念の歴史 仮説実験授業研究会編 東京 仮説社 1994.8 21cm 224p 1880円 ④4-7735-0112-X

【雑誌記事】
◇仮説実験授業ってどんなもの? 浜野純一 「ひょうご部落解放」 89 1999.9 p48〜53
◇単振り子の「仮説実験授業」研究 梅津清二 「大分工業高等専門学校研究報告」 35 1999.1 p12〜16
◇理科嫌いをなくす「仮説実験授業」―たのしく学び科学が自分のものになる喜びを(物理教育をめぐって―中学校理科から産業界まで) 中一夫 「応用物理」 66(3) 1997.3 p262〜265
◇授業における「教師の人間的な力」について―仮説実験授業と斎藤喜博の授業論との共通性 若原直樹 「北海道教育大学紀要 第1部C 教育科学編」 44(2) 1994.3 p1〜13

風の子学園

広島県三原市の民間療育施設。91年7月、煙草を吸った罰として園生2理をコンテナに閉じこめ熱射病死させたとして監禁致死罪などに問われた元園長に対し、広島地裁は95年5月、懲役6年の実刑判決を言い渡した。

→体罰 をも見よ

【図書】
◇追いつめられた子どもたち―追跡・風の子学園事件 毎日新聞姫路支局著 神戸 エピック 1993.9 19cm 214p 1200円 ④4-915197-32-8

【雑誌記事】
◇学校事件を読む(19)不登校児をコンテナに監禁して死亡 下村哲夫 「悠」 15(12) 1998.12 p42〜45

家族崩壊 ⇒家庭崩壊 を見よ

課題学習 thematic learning

特定の主題や課題のもとに教材・学習活動を組織する学習様式。主題学習ともいう。一斉教授と異なり問題・教材・指導法は予め与えられず、子どもの主体的活動を促すように教師が学習過程を組織する必要がある。コアカリキュラムによる単元学習、英国のトピック学習(日本では総合学習)などが代表例。

【図書】
◇課題選択学習の方法 羽豆成二編 東京 明治図書出版 1999.8 21cm 131p 1860円 (21C小学校新教育課程のコンセプト解説 5) ①4-18-031212-3

過大規模学校 ⇒ 適正規模 を見よ

学級規模 ⇒ 40人学級 を見よ

学級崩壊

　学級がうまく機能しない状況。1990年代半ばからマスコミや現場の教員から取り上げられるようになった現象で、複数の児童が騒ぐ・暴れる・教室内外を立ち歩くなどのために、授業が中断されあるいは成立しなくなり、学級経営そのものが困難になるなどの状況を指す。小学校低学年を中心として広がりを見せている。2000年3月文部省委嘱により「学級経営研究会」が調査研究を行い、事例紹介と回復事例をあげて、回復へのヒントとして6つの視点(子どもの実態に即した学級経営、子どもたちが自己肯定感を持てる指導、担任以外の支援体制、幼・小・中の連携、保護者による支援、福祉・、医療などの専門家との協力)を提言する最終報告をまとめた。

【図書】
◇学級崩壊は防げるか ― どうしてできない?子どもの教育 中嶋美知子著 東京 文芸社 2001.7 19cm 130p 952円 ①4-8355-1947-7
◇学級崩壊 朝日新聞社会部著 東京 朝日新聞社 2001.2 15cm 253p 500円 (朝日文庫) ①4-02-261322-X
◇ストップ・ザ・学級崩壊 とびた貞子著 東京 丸善 2000.2 18cm 179p 740円 (丸善ライブラリー) ①4-621-05312-4
◇プロ教師たちの「学校崩壊」を斬る 青砥恭編著 東京 蔦蔦書房 1999.11 21cm 123p 1300円 ①4-7952-5419-2
◇荒れたクラスと教師の統率力 向山洋一著 東京 明治図書出版 1999.11 21cm 189p 1800円 (教え方のプロ・向山洋一全集 3) ①4-18-400311-7
◇学級崩壊からの生還 向山洋一編著 東京 扶桑社 1999.10 20cm 252p 1429円 ①4-594-02788-1
◇脱「学級崩壊」宣言 芹沢俊介〔ほか〕著 東京 春秋社 1999.7 20cm 227p 1700円 ①4-393-33182-6
◇「学級崩壊」をどうみるか 尾木直樹著 東京 日本放送出版協会 1999.6 19cm 254p 970円 (NHKブックス) ①4-14-001862-3
◇なぜ学級は崩壊するのか ― 子ども・教師・親200人の体験と提言 朝日新聞社会部編 東京 教育史料出版会 1999.5 19cm 343p 1700円 ①4-87652-362-2
◇学級崩壊 朝日新聞社会部著 東京 朝日新聞社 1999.5 19cm 243p 1200円 ①4-02-257390-2
◇学校崩壊 河上亮一著 東京 草思社 1999.2 20cm 221p 1500円 ①4-7942-0867-7
◇学級崩壊をどう防ぐか、どう建て直すか 三上周治,上条晴夫共著 東京 学事出版 1998.12 21cm 143p 1600円 ①4-7619-0594-8
◇学級崩壊 ― 現役小学校教師の実践報告 木村淑武美編著,平山英生,森山雅彦,藤田佳久著 京都 紫翠会出版 1998.11 20cm 221p 1900円 ①4-916007-39-5

【雑誌記事】
◇「学級崩壊」の現状と取り組み(特集 教師の力量を高める ― 新教育課程の実践のために) 渡辺規矩郎 「教育フォーラム」 26 2000.6 p47～57
◇回復に向かった5事例示し考察 ― 文部省の「学級崩壊」調査研究最終報告書 「内外教育」 5110 2000.5.23 p4～5
◇学級崩壊論争が問いかけるもの 樋田大二郎 「青少年問題」 46(12) 1999.12 p12～17
◇教師の指導力を問題にせよ(特集 「小1の学級崩壊」その背景を読み解く ― 「小一の学級崩壊」と高学年の「学級崩壊」との違い) 青坂信司 「現代教育科学」 42(12) 1999.12 p59～62
◇小学校の「一人担任制」に問題があるのか(特集「小1の学級崩壊」その背景を読み解く)「現代教育科学」 42(12) 1999.12 p15～26

◇文部省「学級崩壊」調査詳報 徳武靖 「総合教育技術」 54(12) 1999.11 p78〜82
◇特集 3割は指導力ある教師でも発生—学級崩壊102事例を収集、分析—文部省「学級経営の充実に関する調査研究」中間報告 「内外教育」 5044 1999.9.14 p2〜5
◇「学級崩壊」に対する学校の対応—協力指導組織プロジェクトの必要性(特集 続・「学級崩壊」への対応) 須長孝夫 「学校経営」 44(6) 1999.5 p22〜28
◇「学級崩壊」の爆発で教育現場は終末的大混乱(新年大特集・どうなるニッポン!今年はこうなるッ 世紀末ニッポンの「大問題100」を読み切る!)「週刊現代」 41(2) 1999.1.16・23 p39〜40
◇教師の力量不足が「要因」、子どもと社会の変化が「遠因」(特集「授業崩壊」の真実を検証する—診断・「授業崩壊」の要因と遠因) 片上宗二 「現代教育科学」 42(1) 1999.1 p41〜44
◇末期的症状を見せる小学校の教育現場(トピックス)「実業界」 839 1999.1 p19
◇学級崩壊の元凶は教師でなく親だ(私の同時代ノート〔31〕) 本田靖春 「現代」 32(6) 1998.6 p196〜199

学区制　school district system

　学区には学校設置単位(都道府県域や市町村域)を示す場合と、通学区域を示す場合がある。新制高校は当初小学区制(1学区1校)が原則だったが徹底されず、学校間格差や特定高への志願者集中をもたらした。小中学校では市町村教委が学校規模・通学上の便宜・教育人口の分散を考慮して設定してきた。東京都の品川区では、2000年4月から区内小学校の通学区域のブロック別自由化が始まり、都立高等学校学区制度検討委員会は2003年度入試から、島部を除き都立高の学区を廃止するとの答申をまとめた。

　→通学区域の自由化 をも見よ

【図書】

◇学校選択の自由化をどう考えるか 池上洋通、久冨善之、黒沢惟昭著 大月書店 2000.8 21cm 127p 1400円 ①4-272-41125-X

◇21世紀に向けた入試改革の動向—どうする入試改革 吉田辰雄編著 文化書房博文社 1998.3 21cm 264p 2500円 ①4-8301-0816-9

【雑誌記事】

◇きょういくズームアップ 学区制廃止は各校が進める改革の地ならし—高倉翔・東京都教育庁検討委員会委員長　高倉翔 「内外教育」 5228 2001.8.28 p6〜7
◇教育法規あらかると 都立高校の学区制廃止 「内外教育」 5221 2001.7.27 p27
◇教育法規あらかると 高校の学区制がなくなる 「内外教育」 5174 2001.1.26 p26
◇学区制度研究の課題と対象 三上和夫 「教育科学論集」 1 1997.3 p25〜38

学校五日制　five‐day school week

　労働界での週休二日制の流れに合わせて導入された、土曜日を休校とする制度。1992年から月に1回試験導入された後、1995年からは第2・第4土曜日が休日となった。休日の過ごし方、平日の学習負担増の他、授業時間確保のための学校行事縮小などが問題になっている。文部科学省では2003年から実施する予定だった完全週5日制を、新学習指導要領の下1年繰り上げた2002年からの導入を図っている。

【図書】

◇学校の再生と完全学校五日制—準備のための指針 日本教職員組合教育改革推進本部編 東京 アドバンテージサーバー 1998.8 26cm 110p 700円 ①4-930826-40-3
◇学校5日制で教育はどう変わるか 高階玲治〔ほか〕著 東京 教育出版 1996.7 21cm 203p 2200円 ①4-316-31840-3
◇学校五日制 下村哲夫編 東京 ぎょうせい 1996.6 21cm 247p 2700円 (シリーズ・現代の教育課題に挑む 第3巻) ①4-324-04732-4
◇学校週5日制と社会教育施策のあり方について—答申 調布 調布市教育委員会社会教育部社会教育課 1996.4 26cm 21p
◇学校五日制と教育課程改革 山内亮史、長尾彰夫編 東京 明治図書出版 1994.2

21cm 171p 1860円 （オピニオン叢書
緊急版） ⓘ4-18-115206-5
◇学校五日制が問いかけるもの 伊藤隆二著
東京 明治図書出版 1993.6 19cm
110p 1030円 （オピニオン叢書 10）
ⓘ4-18-164005-1
◇「学校5日制」が実施されて 亀井浩明〔ほ
か〕編著 東京 学陽書房 1993.4 20cm
319p 2600円 ⓘ4-313-61017-0

【雑誌記事】
◇学校五日制と教育改革―教職員の課題（特
集 転換期を迎えた日本の教育―第48次全
国教研in岡山） 伊藤正則 「教育評論」
625 1999.5 p26～29
◇「ゆとり」ある教育と学校五日制（特集 学
校教育の可能性） 山内亮史 「都市問題」
88(3) 1997.3 p45～56
◇完全学校週五日制への道（連続特集 中教
審「第一次答申」の徹底分析と具体化への
ポイント(4)） 岡田忠男 「教職研修」
25(3) 1996.11 p24～27
◇「学校五日制完全実施」のねらいとゆくえ
（特集/中教審答申をどう読むか―中教審
答申の分析・各論） 増山均 「教育」
46(10) 1996.10 p58～61
◇学校五日制と「保護者会」の改革―どん
な方向があるか（特集 学校五日制と「保護
者会」―改革への提言31） 明石要一, 飯
塚峻 「学校運営研究」 35(8) 1996.7
p8～11
◇学校5日制と教育課程の編成 「日本教育経
営学会紀要」 38 1996.6 p146～153
◇学校5日制の学力を求めて―5日制改革隘
路を超えるために（再び学力とは何か＜特
集＞） 山内亮史 「教育評論」 572
1995.1 p14～18
◇学校週5日制の定着に向けて＜特集＞ 「教
育委員会月報」 46(11) 1995.1 p1,10
～20
◇提言・学校5日制を生かした学校の再生（楽
しい学校づくりへの挑戦＜特集＞） 「現代
教育科学」 37(8) 1994.8 p41～46
◇学校5日制と教育改革（学校週5日制と教育
改革―研究総会） 野上修市 「日本教育
法学会年報」 23 1994.3 p8～31
◇学校5日制のなかから問われているもの
釈鋼二 「教育」 43(8) 1993.8 p93～
100
◇学校5日制と生涯学習〔含 討論〕（日本教
育学会第51回大会＜特集＞―特別シンポ
ジウム） 小島喜孝, 高倉嗣昌 「教育学研
究」 60(1) 1993.3 p93～99
◇動きだした学校5日制―学校現場からの報
告＜特集＞ 「教育評論」 550 1993.3
p30～59
◇全連小が学校5日のあり方で調査―5日
制で8割の学校が学校行事を見直し 安達
拓二 「現代教育科学」 36(1) 1993.1
p85～88

学校外教育 out of school education

　学校の外の地域社会で行われる、児童生
徒を対象とした学習文化活動の総体。社会
教育分野に属する活動の他、地域住民自身
の手による学習機会の創設、子ども会活動、
ボウイスカウトなどの青少年育成活動などが
ある。学校教育との相互補完で地域の教
育力を充実させる。

【図書】
◇青年の家の主催事業 ― 心の教育に対応し
た主催事業 全国青年の家協議会編 御殿
場 全国青年の家協議会 1999.3 30cm
89p （青年の家の現状と課題 第27集（平
成10年度版））
◇幼児・児童・生徒の学校外活動実態調査報
告書 ― 平成8年9・10月調査 国立オリン
ピック記念青少年総合センター編 東京
国立オリンピック記念青少年総合センター
1997.4 30cm 119p
◇生涯学習時代の青年期教育 ― 地域の事例
研究 日本青年館青年問題研究所「生涯学
習委員会」編 東京 日本青年館 1994.1
21cm 216p
◇学校週5日制に対応した学校外活動の充実
のための取組みに関する事例集 文部省
〔著〕 東京 ぎょうせい 1993.8 26cm
223p 680円 ⓘ4-324-03863-5
◇生かそう、学校週5日制 ― 家庭・地域への
期待と提案 青少年育成国民会議編 〔東
京〕 青少年育成国民会議 1993.3 21cm
79p

【雑誌記事】
◇子どもの地域生活と学校外教育 高田滋
「武蔵野女子大学紀要」 33(2) 1998
p221～232
◇「学校外教育機能」との連携―家庭,地
域社会,第四の領域など（特集1＜'97校
内研修＞教育改革への疑問を解く）

カツコウ

野原明 「総合教育技術」 52(3) 1997.6 p38〜41
◇21世紀における学校外教育の展望—価値観の変容にともなう教育形態の変化 村田育也,蛯名邦禎「日本教育工学会研究報告集」 JET97-2 1997.3.22 p79〜84
◇「学校と学校外教育セクターの連携・協力に関する調査」から(国立教育研究所のページ) 結城忠 「教育と情報」 457 1996.4 p34〜37
◇学校週5日制時代の少年少女団体・サークル <特集> 「社会教育」 50(11) 1995.11 p6〜39

学校改善　⇒CERI を見よ

学校開放　school extention

　学校教育以外の目的のために、学校の施設・教育システムを広く社会の利用に供すること。施設では体育館・運動場などスポーツ関連の社会教育利用が多い。1981年中教審答申で生涯学習の中で学校開放が占める重要性が強調され、90年の答申でも施設の開放が生涯学習における学校の役割としての学習機会の提供の中にあげられている。

【図書】
◇少子化時代における高等学校の施設の在り方に関する研究 浦和 埼玉県立青森教育センター政策研究部 2000.3 30cm 56p (政策研究報告書 第22号)
◇校庭利用の手引き 改訂14版 東京 東京都荒川区教育委員会社会教育課 1997.5 19cm 40p
◇学校開放のための施設・環境づくり 文部省〔著〕 東京 文教施設協会 1995.10 30cm 75p 1457円 ⓘ4-938787-03-2

【雑誌記事】
◇最新事例で考える実践教育法規セミナー(29)校門開放と学校開放とは違う(2001学校管理職研修) 下村哲夫 「総合教育技術」 56(7) 2001.8 p140〜142
◇学校開放と社会教育施設 上杉孝実 「京都大学教育学部紀要」 43 1997.3 p44〜60
◇学校開放のあるべき方向(特集 施設設備の管理と運用—開かれた学校づくり) 上野章子 「学校運営」 38(10) 1997.1 p6〜11

◇学校開放に関する一考察—生涯学習社会における学校開放 山崎清男,中村一美 「教育実践研究指導センター紀要」 No.11 1993.12 p1〜18
◇生涯学習における学校の役割—学校開放講座で求められる教師の理解 安達拓二 「現代教育科学」 36(5) 1993.5 p88〜90

学校カウンセリング　⇒スクールカウンセリング を見よ

学校間連携

　一般には高校における、生徒の多様なニーズに対応し選択学習の機会を拡充するため、20単位を限度に連携高校ないし専修学校での履修を認め、それを自校の単位として認定する制度。多くの都道府県で幅広く実施されている。また、小・中学校、高校において部活動が人数不足を補うために合同で活動することや、共同学習や交流などの活動も指すこともある。

【図書】
◇学校間連携の促進に関する調査研究 — 平成10・11年度文部省「高等学校教育多様化実践研究」報告書 〔東京〕 高等学校学校間連携研究会 2000.3 30cm 163p

【雑誌記事】
◇NIERニュース 公立小・中学校における学校間連携の実態に関する全国調査 川島啓二 「教育と情報」 512 2000.11 p44〜49
◇学校間連携による教育活動をどう実施するか(特集 教師の"ゆとり"を生み出す—学校裁量権限の拡大と事務・業務の効率化) 青木朋江 「教職研修」 29(2) 2000.10 p48〜51
◇事例紹介 大阪府における学校間連携による運動部活動の取組について(特集 スポーツの振興について) 大阪府教育委員会 「教育委員会月報」 51(12) 2000.3 p9〜12
◇論説 新学習指導要領の実施に向けた各学校と教育委員会の対応—学校間連携実施上の成果と課題(特集 各学校の創意工夫とこれからの教育過程の在り方) 宮下和己 「中等教育資料」 48(7) 1999.4 p20〜25

◇教育改革としての学校間連携の拡大を（特集 地域教育ネットワークの新展開―校区・学校間連携を中心に） 新居晴幸 「解放教育」 29(3) 1999.3 p15～19
◇学校間連携の取り組みについて（特集 高校教育改革の進展―実践研究） 和歌山県立南紀高等学校 「中等教育資料」 47(21) 1998.12 p34～37

学校規模 ⇒ 適正規模 を見よ

学校給食 school meal

　文部科学省の学校給食調査では、1999年で小学校98.5%・中学校66.7%が完全給食を実施。単独校調理方式45.7%、共同調理場調理方式（学校給食センター）54.3%。添加物・農薬問題やアレルギー食を考慮した弁当との選択方式、ランチルームでのバイキング・複数メニューや他学年との交流を取り入れたカフェテリア方式等も増えつつあるほか、地域の人と一緒に食べるなどの給食行事も増えてきた。食育として給食をとらえた研究も盛んである。96年に起こった病原性大腸菌O-157による集団食中毒の発生は給食の衛生に注意を呼びかけた。
→ 先割れスプーン, センター給食, 学校給食とO-157, 学校給食用食器, 米飯給食 をも見よ

【図書】
◇学校給食が子どもと地域を育てる 竹下登志成著 東京 自治体研究社 2000.10 21cm 161p 1300円 ⓘ4-88037-320-6
◇学校給食を医療の現場から考える ― 7354人を対象とした意識調査結果から 浜松市医師会学校保健委員会編 浜松 浜松市医師会 1997.2 30cm 104p
◇学校給食に関する調査結果報告書 〔東京〕 日本PTA全国協議会 1995.8 30cm 14p
◇教育と学校給食 郡洋著 東京 明石書店 1993.11 20cm 235p 2060円 ⓘ4-7503-0553-7
◇学校給食と子どもの健康 ― 飽食のなかの一兆円の無駄遣い 梶山公勇著 東京 秀英書房 1993.7 19cm 372p 1800円 ⓘ4-87957-105-9

◇学校給食を考える ― 食と農の接点 荷見武敬, 根岸久子著 東京 日本経済評論社 1993.2 19cm 234p 1854円 ⓘ4-8188-0665-X

【雑誌記事】
◇調査1 「完全給食」の対象児童・生徒が増加―進む合理化、調理員は1200人削減 2000年度「学校給食実施状況等調査」の結果（上）「内外教育」 5233 2001.9.14 p2～7
◇栄養改善から「食育」へ（学校給食これだけの疑問〔1〕） 佐々木宏 「週刊文春」 43(8) 2001.3.1 p45～48
◇学校給食施設の一斉点検の結果について 「食品衛生研究」 51(3) 2001.3 p119～121
◇学校給食と連携した農業振興（マチを耕す―都市農業の未来―第4部 都市農業への多様な期待） 根岸久子 「農業と経済」 66(13) 2000.9 p89～94
◇学校給食その役割と課題―「総合的な学習の時間」導入に際し食の今日的状況から 菊入三樹夫 「東京家政大学博物館紀要」 5 2000.2 p1～18
◇子供たちの食生活と地域に根ざした学校給食について―学校給食に携わる「栄養士」「調理員」へのアンケート結果から 出射幸子 「食糧月報」 4(6) 1999.6 p45～55
◇教育―財政難の犠牲にされるか学校給食（時代を読む） 「月刊社会民主」 527 1999.4 p74～75
◇食教育としての学校給食―心身共に健康に生き抜くために(特集 学校給食の現在) 坂内幸子 「未来をひらく教育」 116 1999.3 p83～86
◇学校給食における現代的課題としての食文化教育の内容と視点 秋永優子, 中村修 「日本家政学会誌」 49(2) 1998.2 p199～206
◇望ましい食習慣を育てる学校給食(特集 小児期からの生活習慣病の予防) 岩手県岩泉町小川地区学校給食共同調理場 「スポーツと健康」 30(2) 1998.2 p42～45
◇食育再発見―5―学校給食も1つの教科 小金沢孝昭 「食生活」 90(8) 1996.8 p40～43
◇学校給食―"廃止"か"存続"かだけが問題なのか(どのように「食べる」＜特集＞) 根岸久子 「協同組合経営研究月報」 483 1993.12 p16～24

カツコウ

◇アレルギーと給食(学校給食―学校医に必要な給食の知識＜特集＞) 馬場実 「日本医師会雑誌」 109(9) 1993.5.1 p1449～1452

学校給食とO-157

1996年病原性大腸菌O-157が猛威を振るい、大阪府堺市では学校給食が原因と見られる集団食中毒で死亡者もでた。文部省は調理施設や作業の再点検を指示し、当面全ての食品を完全に熱処理するなどの対策を取った。全国調査では学校内の給食室での作業手順上の問題も明らかになった。

【図書】

◇HACCPの概念に基づいた学校給食施設の自主衛生管理体制の推進事業実施報告書 ― 平成9年度地域保健推進特別事業 新興感染症等予防対策に係る調査研究 春日部 埼玉県春日部保健所 1998.11 30cm 95p

◇学校給食を考える ― O157事件はなぜおきるのか 雨宮正子〔ほか〕編 東京 青木書店 1997.11 19cm 298p 1800円 ④-250-97032-9

◇給食が危ない! ― O-157の恐怖 佐藤稔著 東京 プレジデント社 1997.7 20cm 252p 1600円 ④-8334-1637-9

◇O-157堺の教訓を生かす学校給食 ― 食中毒対策への提案 藤原邦達監修 東京 食べもの通信社 1997.6 19cm 260p 1800円 ④-88023-091-X

【雑誌記事】

◇資料 大阪府下での腸管出血性大腸菌O157食中毒に伴う学校給食の献立内容変化とその評価 伊藤良子、原登久子 「栄養学雑誌」 57(2) 1999.4 p91～96

◇Q&A O157と学校給食 文部省体育局学校健康教育課 「教育と施設」 58 1997.9 p82～84

◇特別企画 学校給食職場からO-157対策を考える―安全を置きざりにした「学校給食合理化」のなかで 藤原秀 「いのちと健康」 1996(10) 1996.10 p2～9

◇学校給食とO(オー)157(特集 食べもの・からだ・健康) 安藤節子 「子どものしあわせ」 539 1996.11 p21～26

◇O-157と学校給食(世界の潮) 里見宏 「世界」 627 1996.10 p238～241

◇安全な学校給食とO157(子どもの権利条約 PART3検証編―条約の具体化のために―検証4 「生存の権利」から見て) 安藤節子 「子どものしあわせ」 538 1996.10 p48～51

◇病原性大腸菌O-157対策についての文部省の対応(緊急特集 学校給食の衛生管理の在り方) 「スポーツと健康」 28(9) 1996.9 p29～31

◇民間委託の危険 O157騒動で判明―合理化・効率化追求の陰で子供が犠牲に(給食) 「AERA」 9(33) 1996.8.12 p6～8

学校給食用食器

先割れスプーンとアルマイトに始まった学校給食の食器は、やがてプラスチック製へと移り変わった。メラミン製食器(劇物に指定されているホルムアルデヒドが溶出する)にかわって導入されたポリカーボネート製食器から溶出するビスフェノールAが、環境ホルモンとして作用するとわかり、社会問題化。陶磁器などが用いられるようになっている。

→ 先割れスプーン をも見よ

【図書】

◇学校給食用食器の取扱いについて ― 報告 〔浦和〕 埼玉県学校給食用食器検討委員会 1999.3 30cm 30p

【雑誌記事】

◇学校給食の食器(特集 学校給食からの食教育) 中川靖枝 「食の科学」 284 2001.10 p32～38

◇「学校給食に猛毒ビスフェノールA」でわが子が危ない!(緊急警告!環境ホルモン汚染〔5〕) 「週刊現代」 40(9) 1998.3.14 p178～180

◇〔日本セラミックス協会〕部会別研究技術動向 陶磁器部会―食器用強化磁器―学校給食用食器を中心として 小林雄一 「Ceramics Japan」 32(12) 1997.12 p993～996

◇学校給食と陶磁器食器導入の史的考察―石川県下小中学校の状況実態調査報告 益井邦夫 「国学院大学考古学資料館紀要」 第9輯 1993.3 p158～184

カツコウ

学校教育法　School Education Law

1947年教育基本法とともに制定。学校制度をそれまでの複線型から6・3・3・4制の単線型学校制度に改め、男女の差別を撤廃、義務教育年限を9年に延長。小学校・中学校・高等学校・大学・盲学校・聾学校・養護学校・幼稚園・各種学校・専修学校の基本的事項が定められている。98年3月法文の一部改正により中等教育学校（中高一貫教育校）が追加された。

【図書】

◇逐条学校教育法　第4次改訂版　鈴木勲編著　東京　学陽書房　1999.9　22cm　1010p　12000円　①4-313-07604-2

◇学校教育法解説　内藤誉三郎著　東京　日本図書センター　1998.9　22cm　150p（日本現代教育基本文献叢書）①4-8205-3973-6, 4-8205-3971-X

【雑誌記事】

◇立法の話題　動き出した抜本的教育改革—学校教育法等の改正　「法学セミナー」　46(10)　2001.10　p127

◇ニュース　学校教育法の一部改正について　「初等教育資料」　741　2001.9　p85〜87

◇法規シリーズ　私家版・教育法理学PART2(4)学校教育法　森部英生　「学校運営」　43(4)　2001.7　p36〜38

◇行政改革で教育はどうなる(16)学校教育法の改正　市川昭午　「教職研修」　29(9)　2001.5　p99〜102

◇学校教育法の一部を改正する法律等の公布について〔通知〕〔含〕学校教育法の一部改正Q&A　「大学資料」　139　1998.10　p62〜74

◇学校教育法をめぐる教育行政と教育裁判（特集・学校教育法）　市川須美子　「季刊教育法」　112　1997.9　p13〜20

◇就学義務制度から教育義務制度への転換（特集　学校教育法50年—これからの学校教育の課題は何か）　結城忠　「教職研修」　25(9)　1997.5　p47〜49

学校行事　school function, school event

特別活動のひとつ。教科では得られない教育価値をもつ体験的な集団活動。儀式的行事（入学式・卒業式など）、学芸的行事（文化祭・鑑賞会など）、健康安全・体育的行事（避難訓練・運動会など）、旅行・集団宿泊的行事（遠足・修学旅行・野外活動など）、勤労生産・奉仕的行事（飼育栽培・校内美化など）がある。「ゆとり」の学習観と学校5日制で総登校日数が減ることから、学校行事にしわ寄せが来て縮小・廃止されるものがあるのではないかという見方がある。

【図書】

◇生きぬく力を育てる体育的行事・健康安全行事　伊藤駿二郎編著　東京　学事出版　1999.9　21cm　143p　1600円（中・高校学校行事実践事例集　2）①4-7619-0633-2

◇学校行事の成立と展開に関する研究　山本信良著　横浜　紫峰図書　1999.3　21cm　399p　6000円　①4-915911-27-6

◇子どもたちとつくる学芸会・音楽会・作品展　あゆみ出版編集部編　東京　あゆみ出版　1995.10　26cm　205p　2000円（別冊「子どもと教育」）①4-7519-0368-3

【雑誌記事】

◇新教育課程と学校行事の新展開（新学校行事読本）「教職研修総合特集」　143　2000.12　p43〜83

◇学校週5日制時代のもとでの学校行事「準備」と「実施」のための時間の工夫　小学校の場合,中学校の場合（特集2 学校生活の"楽しさ"が失われていないか—学校行事の新しい考え方）　野田照彦, 岩田重信　「総合教育技術」　55(12)　2000.11　p64〜67

◇特集2 学校生活の"楽しさ"が失われていないか—学校行事の新しい考え方　「総合教育技術」　55(12)　2000.11　p51〜67

◇現代の教育課題—学校行事の精選と充実　関口純一　「教育じほう」　587　1996.12　p78〜80

◇全連小が学校5日制のあり方で調査—5日制で8割の学校が学校行事を見直し　安達拓二　「現代教育科学」　36(1)　1993.1　p85〜88

学校恐怖症　school phobia

学校へ行かない・行けない子どもについて、北米の精神科医によってよく用いられた語。背景には親との分離不安があると考えられていた。

→ 不登校 をも見よ

【図書】

◇学校恐怖症　秋山真人著　東京　キルタイムコミュニケーション　1999.10　19cm　205p　1200円　①4-906650-42-2

学校ぎらい

文部省が毎年実施する学校基本調査で、1968年に欠席理由として追加された項目。98年度調査からは「不登校」と変更され、「何らかの心理的、情緒的、身体的、あるいは社会的要因・背景により、登校しない、あるいはしたくともできない状況にある者」と再定義された。

→ 不登校 をも見よ

【雑誌記事】

◇「学校ぎらい」の心理とその背景(特集 学校ぎらい―不登校の子をどう援助するか)　真仁田昭　「児童心理」　51(8)　1997.6　p1～10

◇そのとき子どもはどう感じたか―学校ぎらいな子にとっての学校体験(特集 学校ぎらい―不登校の子をどう援助するか)　海野千細　「児童心理」　51(8)　1997.6　p24～29

◇母と子の精神分析(6)学校ぎらいにならないために　小此木啓吾　「児童心理」　51(8)　1997.6　p127～134

◇「学校嫌い」による不登校への督促(特集 学校教育法50年―これからの学校教育の課題は何か)　牛尾直行　「教職研修」　25(9)　1997.5　p44～46

◇"学校嫌い"からみた思春期の精神保健　永井洋子(他)　「児童青年精神医学とその近接領域)」　35(3)　1994.6　p272～285

学校群制度　school grouping system

学区内に2～4校で複数の群を作り、志望者は特定の学校ではなく群を選択、群内各校の学力を平準化して合格者を配分する高校入試制度。学校間格差を緩和するが群間格差を生み、不本意入学や入学辞退の激増を招いただけでなく、公立校全体の地盤沈下をもたらして、公立校離れの一因となった。東京が1967年度に開始し、一時は愛知・三重・岐阜・千葉などでも導入されていた。

→ グループ合同選抜制 をも見よ

学校建築　school building

小学校から大学までほとんどの校舎が片側廊下型の平面形式で建てられてきたが、1984年公立小中学校の多目的スペース設置補助金制度ができ、オープンスペース・畳部屋などを備えた色彩・デザインの個性的な建築が増えた。92年「小学校・中学校施設整備指針」が改訂され、学校施設をまちづくりの核とすることが規定された。

→ まちづくりの核としての学校 をも見よ

【図書】

◇未来の学校建築 ― 教育改革をささえる空間づくり　上野淳著　東京　岩波書店　1999.11　19cm　204p　1700円　(シリーズ教育の挑戦)　①4-00-026443-5

◇木の学校づくり ― その構想からメンテナンスまで　文部省〔著〕　東京　丸善　1999.2　30cm　232p　①4-621-04550-4

◇21世紀の「学校」　日本建築学会編　東京　建築資料研究社　1998.6　30cm　170p　2300円　(日本建築学会設計競技優秀作品集　1997年度)　①4-87460-551-6

◇新しい課題に対応する学校建設・改築のポイント　現代学校事務研究会著　東京　学事出版　1997.9　21cm　127p　1400円　(選集ポイント研修　11)　①4-7619-0533-6

◇日本の学校建築 ― 戦後の学校建築の変遷　学校建築研究会編　東京　文教ニュース社　1996.1　22cm　960p　10000円

◇「開かれた学校」の計画　長倉康彦著　東京　彰国社　1993.12　19cm　278p　2240円　①4-395-00412-1

【雑誌記事】

◇小学生が学校内で愛着を感じる空間に関する考察　野崎薫　「山梨県立女子短期大学紀要」　34　2001　p55～61

◇学校建築の見直しをめぐる諸課題―教育への効果と安全の確保(大教大附池田小事件に言及して)(特集 これからの学校建築をめぐる課題)　天笠茂　「学校経営」　46(8)　2001.7　p6～13

◇統計・資料にみる 変わりつつある学校建築と学校施設観(特集 これからの学校建築をめぐる課題)　堀井啓幸　「学校経営」　46(8)　2001.7　p31～41

◇公立小学校におけるクラスルームとユニットプランに関する研究―米国の学校建築に関する研究　鈴木賢一，柳沢要，上野淳　「日本建築学会計画系論文集」　527　2000.1　p129～136

◇校舎を考える 校舎の変遷―天使の飛ぶ校舎からオープンスクールまで　川崎雅和　「学校事務」　50(5)　1999.5　p112～115

◇学校建築空間の歴史的変遷の研究―教育制度の変遷に伴う学校建築の空間形成について　長成一郎，中村恵三　「足利工業大学研究集録」　27　1998.9　p173～179

◇居心地よく，心豊かにする空間の学校をめざして―学校建築計画と学校経営の連携のあり方（特集 隣接学問分野からみた学校経営研究の課題）　吉村彰　「学校経営研究」　第19巻　1994.4　p36～40

学校公園

　運動場・体育館・学校図書館などの施設を市民に開放し，学校をコミュニティの中心として位置づけた，学校教育・社会教育施設。1974年神戸の高倉台公園が第1号で，80年代初頭には150余りが開園。インテリジェントスクールと施設構成は似ているが，学校公園では地域住民が運営を担い，民活導入をしない点が異なる。英米では野外教育施設を備えた教育公園がある。

【雑誌記事】

◇名古屋市における学校公園の地域住民による利用に関する研究（日本造園学会研究発表論文集―16―）　岡村穣，佐藤仁志　「ランドスケープ研究」　61(5)　1998.3　p777～780

「合校」構想

　社団法人経済同友会が1995年4月に発表した提言「学校から『合校』へ」であげられた新しい学校構想。基礎・基本を学習する場としての「学校」を中心に，「自由教室」（芸術を楽しんだり，自然・人文・社会科学を発展的に学ぶ場で子どもたちが選択的に参加するもの）「体験教室」（自然や他人とぶつかる場で，地域社会の参加によって機能する）がネットワークの形で緩やかに統合されたもの。民間団体，専門家，地域住民なども指導者となって多様な活動を推進すること，子どもたちが多様な集団の中で成長していけることなどを狙いとした。

【図書】

◇学校から「合校」へ―学校も家庭も地域も自らの役割と責任を自覚し，知恵と力を出し合い，新しい学び育つ場をつくろう　東京　経済同友会　1995.4　30cm　7p

【雑誌記事】

◇"合校論"から2年，＜教育機能の分担・連携＞再考―桜井修氏に聞く（特集 ＜教師と親＞の新しい関係をめざす―「PTA解体論」の声の中で）　桜井修，安達拓二　「総合教育技術」　52(2)　1997.5　p24～27

◇学校から「合校」へ―経済同友会提言（1995年4月）（最近の教育政策を読み解く＜特集＞）　佐藤広美　「教育」　45(13)　1995.12　p30～34

◇「合校」の実現へ向けて教育現場からの提案（経済同友会『学校から「合校」へ』提唱＜特集＞）　平本幸一　「季刊教育法」　103　1995.9　p29～31

◇学校から「合校(がっこう)」へ―学校も家庭も地域も自らの役割と責任を自覚し，知恵と力を出し合い，新しい学び育つ場をつくろう（1995年4月）（資料）（経済同友会『学校から「合校」へ』提唱＜特集＞）　経済同友会　「季刊教育法」　103　1995.9　p33～39

◇「学校から『合校』へ」経済同友会「教育改革案」の説得力　「THEMIS」　4(7)　1995.7　p78～79

学校事故・事件

　学校で起こる児童・生徒・教職員の負傷，施設・設備などの盗難や火災と言った災害や事故を総称して学校事故という。授業中はもより，部活動や登下校の際も含む。いじめ・体罰・校内暴力のように，学校の特殊性・閉鎖性を体現するような事件では法廷で争われるケースも多い。情報公開の意識が広まる現在では，事故発生後の学校側の対応が迅速・適切，かつ誠実に行われたか，事故以前の安全管理・指導が十分だったかが厳しく問われるようになることが予測されている。

【図書】

◇学校事件 — そのアカウンタビリティ 下村哲夫著 東京 ぎょうせい 2001.5 21cm 269p 2667円 ①4-324-06390-7

◇学校事故 塩崎勤編 東京 新日本法規出版 1999.3 22cm 340,8p 3800円 (現代裁判法大系 9) ①4-7882-0024-4

◇学校事故と訴訟Q&A 文部省教育助成局地方課法令研究会, 秋山昭八共編 東京 三協法規出版 1997.7 22cm 417p 3700円 ①4-88260-113-3

◇学校の管理下の災害 — 基本統計 負傷・疾病の概況 15 東京 日本体育・学校健康センター学校安全部 1995.8 26cm 172p

◇11歳生きてこそ — 今、学校事故を問う 若林勝, ひろみ著 東京 東銀座出版社 1995.7 18cm 139p 1200円 ①4-938652-70-6

◇学校の管理下の災害 — 基本統計 負傷・疾病の概況 14 東京 日本体育・学校健康センター学校安全部 1993.7 26cm 174p

【雑誌記事】

◇学校事故と安全配慮義務 入沢充 「東京女子体育大学紀要」 34 1999 p1〜11

◇学校における危機管理の二つの側面 — 学校事故への対応(特集 学校の危機管理 — 新学期に向けた対策) 早川昌秀 「学校経営」 44(10) 1999.8 p29〜32

◇学校災害をめぐる裁判動向と「安全基準」(教育基本法50年 — その総括と展望 — 第3分科会=学校災害と子どもの安全権) 織田博子 「日本教育法学会年報」 27 1998.3 p146〜154

◇「いじめによる生徒の自殺」事件の性格規定に関する検討 — 学校事故概念からの分離研究 武者一弘 「名古屋大学教育学部紀要 教育学科」 41(2) 1994 p233〜244

学校司書

学校司書は学校図書館での仕事を本務とする教諭以外の職員で、法的な根拠があるわけではなく、採用形態も自治体によって様々。学校図書館法の改正で司書教諭の設置が義務づけられることに伴い、現在勤務している専任の学校司書の処遇が問題となることが予想される。

→ 学校図書館, 司書教諭・学校司書 をも見よ

学校施設整備指針

学校建築の本見直しを検討してきた調査協力者会議は、1992年3月小中学校の整備指針改定方針を文部省に報告。教育方法の多様化・情報化に対応したゆとりとうるおいある環境づくりを提唱、多目的オープンスペース、ロビーやラウンジの設計指針を明示した。これを受けて文部省では施設整備指針を策定、2001年に3月に改正した。

【図書】

◇小学校施設整備指針 東京 文部科学省大臣官房文教施設部 2001.3 30cm 58p

◇中学校施設整備指針 〔東京〕 文部省大臣官房文教施設部 2001.3 30cm 60p

◇学校施設整備指針策定について 盲学校, 聾学校及び養護学校編 〔東京〕 学校施設整備指針策定に関する調査研究協力者会議 1995.12 30cm 102p

◇学校施設整備指針策定について 高等学校編 〔東京〕 学校施設整備指針策定に関する調査研究協力者会議 1994.3 30cm 65p

高等学校施設整備指針 〔東京〕 文部省大臣官房文教施設部 1994.3 30cm 53p

【雑誌記事】

◇巻頭論文 今後の公立学校施設に求められるもの — 学校施設整備指針の改訂(小学校・中学校編)(特集 公立文教施設整備) 篠塚脩 「教育委員会月報」 53(3) 2001.6 p2〜12

◇学校施設整備指針の改訂について — 小学校・中学校編(焦点 文部科学施策) 「文部科学時報」 1500 2001.5 p46〜57

◇学校施設整備指針の改訂について(小学校編)の概要(変更点)(焦点 文教科学施策 — 学校施設整備指針の改訂について — 小学校・中学校編)「文部科学時報」 1500 2001.5 p47〜50

◇学校施設整備指針の改訂について(中学校編)の概要(変更点)(焦点 文教科学施策 — 学校施設整備指針の改訂につい

て―小学校・中学校編)」「文部科学時報」 1500 2001.5 p51～57
◇多様な学習に対応できる校舎を―学校施設整備指針の改訂で協力者会議が報告 「内外教育」 5190 2001.3.27 p12
◇盲学校,聾学校及び養護学校施設整備指針の策定について(施策だより)」「特殊教育」 84 1996.3 p48～49

学校施設のインテリジェント化 ⇒ インテリジェントスクール を見よ

学校施設の複合化 school-community facilities

学校が学校以外の地域施設と施設・建物を共有・供用すること。一体的な建物を区分所有するタイプ、学校財産の一部を地域施設が運営するタイプ、余裕教室などの学校施設を社会教育施設へ転用するタイプ、学校施設を学校施設のまま地域施設に転用する(一時的なものが多い)タイプの4つに大別される。複合化自体は必ずしも最近の現象ではなく、80年代以降増え始めた。1993年に余裕教室の転用の規制が緩和されてから余裕教室などを転用するタイプが急増した。地域との連携・協力を薦める手がかりとなり得るが、その分、他の地域施設・他の学校との調整が必要である。

→ 余裕教室 をも見よ

【雑誌記事】
◇「学校施設と高齢者福祉施設との複合化」の現状と課題 池田幹男 「教育経営研究」 6 1999 p5～13
◇公立小・中学校の地域施設としての機能複合化に関する研究 斎尾直子,藍沢宏,土本俊一(他)「日本建築学会計画系論文集」 523 1999.9 p131～138
◇学校複合化の計画課題(特集 学校施設複合化の動向) 上野淳 「教育と施設」 60 1998.3 p50～53
◇特集 学校施設複合化の動向 「教育と施設」 60 1998.3 p48～84
◇公立小・中学校と地域公共施設の複合化事例における建築計画と管理・運営の実態―東京都区部についてのケーススタディー 上野淳,本野純 「日本建築学会計画系論文集」 493 1997.3 p117～124
◇建物区分所有による複合形態と複合の経緯―学校と地域施設の複合化に関する研究―1― 屋敷和佳,谷口汎邦,山口勝巳「日本建築学会計画系論文報告集」 452 1993.10 p65～74

学校セクハラ ⇒ スクール・セクシャル・ハラスメント を見よ

学校選択制

米国ではアカウンタビリティーや親の教育権の概念から、義務教育の学校選択が行われている。日本では教育における規制緩和の動きと、通学区域の自由化などの方向で従来よりは学校選択制に近い形になってきている。学校選択制は学校に個性化への努力を促すとされるが、地域の子どもたちの連携が崩れる、競争に拍車をかけるなどの批判もある。

→ 通学区域の自由化 をも見よ

【図書】
◇学校選択の自由化をどう考えるか 池上洋通,久冨善之,黒沢惟昭著 東京 大月書店 2000.8 21cm 127p 1400円 ①4-272-41125-X

【雑誌記事】
◇学校選択の自由とはなにか―東京都における学校選択制の分析を通して(教育法制の再編と教育法学の将来―第一分科会 公教育の原理と学習権論の展望) 広田健 「日本教育法学会年報」 30 2001 p76～85
◇学校評価制度の導入と学校選択制(教育改革と「21世紀・日本の教育」読本―教育改革国民会議「教育を変える17の提案」を検討する―新しい時代の新しい学校づくり―地域の信頼に応える学校づくりを進める) 葉養正明 「教職研修総合特集」 144 2001.2 p193～196
◇学校選択制などめぐり論議深める―日本教育政策学会が第7回大会 「内外教育」 5124 2000.7.11 p4～5
◇お受験問題を蹴散らす公立小学校「選択自由化」が秘める可能性 「THEMIS」 9(3) 2000.3 p78～79

◇「小学校選択制」でほんとうにいいのか(遠くく学校から離れて〔26〕)　清水義範　「現代」・34(2)　2000.2　p353〜359
◇小学校選択制の波紋(NEWS HUNTER)「サンデー毎日」　79(2)　2000.1.16　p34
◇学区自由化で始まった「入学バトル」—「特色」に走る学校、「風評」に揺れる母親(教育)「AERA」　12(44)　1999.10.25　p25〜27

学校選択の自由化　⇒ 通学区域の自由化を見よ

学校統廃合　consolidation of schools
　学校教育法の規定で、小学校は12学級以上18学級以下が学校適正規模とされているが、これに満たない学校を統合・廃校すること。1950年代後半には人口激減地が対象だったが、近年は人口のドーナツ化現象により、首都圏や地方都市校が対象となっている。統廃合にあたっては卒業生、PTA、地域住民からの反対も多く起こっている。
　→ 適正規模 をも見よ

【図書】
◇学校統廃合の社会学的研究　若林敬子著　東京　御茶の水書房　1999.2　22cm　490p　8400円　①4-275-01746-3
◇地域社会と学校統廃合　境野健児, 清水修二著　八朔社　1994.5　22cm　233p　5150円　(福島大学叢書学術研究書シリーズ　6)　①4-938571-45-5

【雑誌記事】
◇小学校の統廃合とクラスサイズについて　仲律子　「学校カウンセリング研究」　3　2000.3　p1〜8
◇人口問題と教育政策—学区・学校統廃合をめぐって　若林敬子　「人口と開発」　67　1999.4　p40〜50
◇学校統廃合問題を考える(特集 子どもが減って学校が変わるとき)　三輪定宜　「子どものしあわせ」　554　1997.12　p28〜33
◇学校の統廃合と適正規模(特集 学校教育法50年—これからの学校教育の課題は何か)　牛渡淳　「教職研修」　25(9)　1997.5　p80〜82

◇教育人口の変動と学校統廃合(〈特集〉教育人口の変動と教育経営の課題)　葉養正明　「日本教育経営学会紀要」　35　1993.6　p7〜16
◇都心部での小学校統廃合による児童の屋外行動への影響に関する研究(日本造園学会研究発表論文集—11—)　村田昌弥, 中村攻, 木下勇　「造園雑誌」　56(5)　1993.3　p271〜276

学校図書館　school library
　1960年代以降学校図書館は視聴覚メディアによる教育機器を設置した個別化学習の場ともなり、英国ではリソースセンター、米国ではメディアセンターと呼ばれている。学習社会の到来、情報リテラシー育成の要請で役割の拡大が期待されている。日本では「司書教諭を置かないことができる」とする学校図書館法の猶予規定が40年以上放置されたままになっていたことが問題になっていたが、97年6月の改正により「政令で定める規模(11学級)以下の学校を除き、2003年4月1日以降は司書教諭が必置になる。」とされた。11学級以下の学校については「当分の間」置かないことができるという猶予規定がついており、今後も改正への運動が必要とされる。
　→ 司書教諭・学校司書 をも見よ

【図書】
◇新学校図書館入門—子どもと教師の学びをささえる　黒沢浩編・著　東京　草土文化　2001.3　21cm　207p　1700円　①4-7945-0818-2
◇学習指導と学校図書館　全国学校図書館協議会「新学校図書館学」編集委員会編　東京　全国学校図書館協議会　2000.7　21cm　134p　1400円　(新学校図書館学　3)　①4-7933-2235-2
◇学校図書館職員論—司書教諭と学校司書の協同による新たな学びの創造　塩見昇著　東京　教育史料出版会　2000.4　21cm　207p　1800円　①4-87652-379-7
◇21世紀の学校図書館—情報化・専任司書教諭・学校図法改正　西沢清, 荘司英夫監修, 日本学校図書館教育協議会編　東京　労働教育センター　1999.12　22cm　299p　2500円　①4-8450-0343-0

◇全国(市・区)立小・中学校図書館職員実態調査　1998年度　岩国　『ぱっちわーく』事務局　1999.11　30cm　1冊
◇学校図書館白書　3　全国学校図書館協議会編　東京　全国学校図書館協議会　1998.11　26cm　111p　2200円　①4-7933-4042-3
◇学校図書館入門 ― 子どもと本と教育をつなぐ　黒沢浩編著　東京　草土文化　1998.6　21cm　207p　1400円　①4-7945-0758-5
◇これからの学校図書館と司書教諭の役割 ― 改正学校図書館法マニュアル　全国学校図書館協議会編　〔東京〕　全国学校図書館協議会　1997.8　21cm　32p　500円　①4-7933-0047-2

【雑誌記事】

◇資料 学校図書館法の一部改正(新旧対照)　「学校図書館」　610　2001.8　p81～83
◇メディアセンターとしての学校図書館の活用(特集 情報通信ネットワークを活用した学習の展開)　井上磯夫　「中等教育資料」　48(22)　1999.12　p20～25
◇公共図書館と小・中学校図書館との連携 ― 学校司書のいる自治体の市区立図書館への調査から(特集 〔日本図書館研究会〕第39回研究大会)　二宮博行, 羽深希代子　「図書館界」　50(2)　1998.7　p108～113
◇専任司書教諭制度に道をひらく(特集 学校図書館法「改正」後の学校図書館 ― 学図法「改正」をどう見るか)　荘司英夫　「現代の図書館」　35(4)　1997.12　p215～218
◇学校図書館 ― 学校ぐるみの創造性発揮の場 司書補助員配置の3年を経て(特集 学校図書館法改正と今後の職員問題)　高辻みさ子　「図書館雑誌」　91(11)　1997.11　p919～920
◇学校図書館法改正と学校図書館職員配置運動への展望(特集 学校図書館法改正と今後の職員問題)　後藤暢　「図書館雑誌」　91(11)　1997.11　p905～909
◇学校図書館法の一部を改正する法律等の施行について(通知)　「初等教育資料」　671　1997.8　p79～81
◇学校図書館法改正と今後の学校図書館(特集 学校図書館法改正成る)　笠原良郎　「学校図書館」　561　1997.7　p16～19

学校における防災対策

1995年1月に起きた阪神大震災では、学校が避難所として大きな役割を果たした。文部省では調査研究協力者会議を設けて防災について検討させ、報告書をまとめさせた。報告は児童生徒の安全確保、防災教育の充実、学校施設の整備、情報連絡体制の充実、人的支援体制の整備、学校教育再開への対応の6項目について、ハード・ソフト両面にわたる対策を詳細にあげている。特に教職員については、児童生徒の安全確保と教育の早期再開という本来の役割の他、避難所運営にも積極的に関わるよう位置づけた。

【図書】

◇子供の安全と学校の再開 ― 地震等非常災害対策のための指導資料　東京都中央区立教育センター編　東京　東京都中央区立教育センター　1997.3　30cm　56p
◇学校防災 ― 神戸からの提言　全教神戸市教職員組合編　神戸　神戸新聞総合出版センター　1997.2　19cm　262p　1500円　①4-87521-236-4
◇子どもを守る防災教育30の提案 ― 教師の行動マニュアル　震源地発　震源地発防災教育研究会編著　東京　明治図書出版　1995.11　21cm　198p　2060円　(学校の危機管理　1)　①4-18-119906-1

【雑誌記事】

◇学校における防災の取り組み(特集 阪神大震災後の神戸の安全・安心まちづくり)　正木進　「都市政策」　90　1998.1　p72～90
◇学校の〈防災・安全〉チェックポイント(特集 阪神大震災から2年 ―〈防災・安全教育〉の新ガイドライン)　「総合教育技術」　51(16)　1997.1　p58～69

学校の安全管理

2001年6月に大阪で起きた小学校児童殺傷事件を受け、文部科学省は全国の教育委員会等に安全の点検を要請し、対策例を通知した。対策例として、来訪者の身元確認、出入り口の限定、監視カメラ等防犯設備の設置・強化、集団登下校の実施、安全教育の充実、地域との連携などがあげられており、費用のかかる対策には財政措置を講ずるとした。

カツコウ

【雑誌記事】

◇安全管理と「開かれた学校」をどう両立するか(特集 学校の安全管理は大丈夫か?) 下村哲夫 「学校経営」 46(10) 2001.9 p6〜15

◇教育の広場 「開かれた学校」の死角と安全—全小中学校の知恵しぼった防犯対策 地域住民がなによりの味方 大阪の児童刺殺事件 広がる波紋 「ニューライフ」 47(9ママ) 2001.9 p10〜14

◇評の評 教育誌〔2001年〕9月号 安全管理と学校開放は両立 「内外教育」 5229 2001.8.31 p27〜30

◇開かれた学校の安全管理と安心対策(論壇) 森隆夫 「月刊自由民主」 581 2001.8 p18〜19

◇安全管理の緊急対策に財政支援—文科省が池田小事件受け教委などに通知 「内外教育」 5219 2001.7.17 p5

◇時事評論「開かれた学校」と安全確保はジレンマか 勝方信一 「学校経営」 46(8) 2001.7 p51〜53

学校のスリム化

中教審1996年7月の第一次答申であげられた概念。答申では、まず日常的しつけや学校外における補導指導などについて「本来家庭や地域社会で担うべきであり、むしろ家庭や地域社会で担った方がよりよい効果が得られるもの」であるとし、条件を整備した上で地域や家庭に任せるようにすべきとした。次に部活動について、「学校が全ての子供に対して部活動への参加を義務づけ画一的に活動を強制したり、」それぞれの部活動が「休日もほとんどなく長時間にわたる活動を子供たちに強制するような一部の在り方」は改善すべきであり、「地域社会にゆだねることが適切かつ可能なものはゆだねていくことも必要であると考える。」としている。また、授業内容の厳選をここでも再び取り上げた。

【図書】

◇塾—学校スリム化時代を前に 小宮山博仁著 岩波書店 2000.8 19cm 200p 1700円 (シリーズ教育の挑戦) ⓝ4-00-026448-6

◇「学校スリム化」時代の中学生—学習塾を考える 小宮山博仁著 日本放送出版協会 1998.6 19cm 230p 1400円 ⓝ4-14-080379-7

【雑誌記事】

◇学校のスリム化と地域—社会教育と学校教育をつなぐ地域教育政策の動き(特集 スリム化・分権化で学校はどうなる) 姉崎洋一 「教育」 48(6) 1998.6 p34〜41

◇スリム化した学校の創造,学校-地域関係の再編と市町村教育計画の視点(《特集》教育課程再編の方向を探る) 葉養正明 「学校教育研究」 12 1997 p78〜97

◇学校のスリム化と教師のゆとり(特集・これからの教育と「ゆとり」) 新井真人 「教育展望」 43(11) 1997.12 p38〜45

◇スリム化へ向けてのゆとりと充実(特集 学校のスリム化は可能か—＜実践事例＞学校のスリム化の試み) 平賀一紘 「教育じほう」 594 1997.7 p44〜47

◇学校は学校らしく—過重負担解消の工夫(＜特集＞学校のスリム化—これは厳選できる22例—学校が過重負担を感ずる点とスリム化の方向) 吉仲ミチ子 「学校運営研究」 35(13) 1996.11 p15〜17

◇学校のスリム化こそ教育の活性化への道—学校に何もかも押しつける時代は終わった(経済同友会『学校から「合校」へ』提唱＜特集＞) 桜井修,永井憲一(対談) 「季刊教育法」 103 1995.9 p4〜14

学校の人間化 ⇒ ゆとりある学校教育 を見よ

学校ビオトープ

ビオトープ(biotope)とは、元来そこに存在した自然を復元・再生、もしくは創造すること。ドイツで発祥し、1970年代から取り組まれてきている。学校ビオトープは環境教育の一環として、校庭に川や池、丘や林を作ること。

【図書】

◇学校ビオトープQ&A 鳩貝太郎監修, 大熊光治,加藤尚裕,村川栄編著 東京 東洋館出版社 2000.3 21cm 141p 2200円 ⓝ4-491-01701-8

◇学校ビオトープ ─ 考え方・つくり方・使い方 地球を救う、「生きる力」を育てる、環境教育入門　日本生態系協会編著　東京　講談社　2000.2　21cm　290p　3200円　①4-06-210081-9

◇学校ビオトープの展開 ─ その理念と方法論的考察　杉山恵一，赤尾整志監修　東京　信山社サイテック　1999.5　26cm　214p　2800円　(自然復元特集 6)　①4-7972-2533-5

◇ビオトープ教育入門 ─ 子どもが変わる学校が変わる地域が変わる　山田辰美編著　東京　農山漁村文化協会　1999.3　26cm　250p　2000円　①4-540-98086-6

◇学校ビオトープマニュアル　東京　日本生態系協会　1995.3　21cm　16p

【雑誌記事】

◇トンボとチョウの出現からみた学校ビオトープのランドスケープデザインに関する研究(平成13年度 日本造園学会研究発表論文集(19))　上甫木昭春，梶原優美　「ランドスケープ研究」　64(5)　2001.3　p621〜626

◇No.622 人と自然、未来をつなぐ学校ビオトープ　池谷奉文　「社会教育」　55(7)　2000.7　p4〜9

◇学校ビオトープの魅力と可能性　池谷奉文　「教育評論」　638　2000.6　p44〜47

◇農業用水路を生かした学校ビオトープ(水環境整備事業向島用水地区)(特集 農村生態系と保全技術 ─ 特集3 農村生態系と保全整備事業)　小笠俊樹　「農村と環境」　16　2000.4　p106〜111

◇土木の風景 上菅田小学校のビオトープ(横浜市)身近な自然環境を増やす学校ビオトープの整備　「日経コンストラクション」　235　1999.7.9　p84〜88

◇学校ビオトープをつくろう ─ その意義と課題(特集「総合的な学習」を支え、「生きる力」をつける基礎・基本の育て方・教え方)　谷村載美　「教育フォーラム」　24　1999.6　p108〜117

◇〔全国愛鳥教育研究会〕平成12年度後援協力行事報告 学校における自然環境教育の新たな可能性の開拓 ─ 学校ビオトープ・シンポジウムin中部　箕輪多津男　「愛鳥教育」　63　2001.4　p3〜9

学校病

　学校病は学校保健法に定められている制度で、生活保護家庭や、それに準じて経済的に困窮している家庭(「準要保護」世帯 ─ 各自治体が独自に認定するもので、生活保護家庭と違って医療費の自己負担がある)の小中学生が政令で指定する「学習に支障を生ずるおそれのある病気」などにかかった場合、国と自治体が治療費の自己負担分を補助するというもの。現在結膜炎、中耳炎、虫歯など10の疾患が指定されているが、文部科学省は2001年、アトピー性皮膚炎の追加を検討しはじめた。学校病で医療費補助を受ける家庭は年々増えており、2000年度には、約9万9000世帯が計6億8500万円の補助を受けた。このうち、約94%が「準要保護世帯」だったという。

　→アトピー性皮膚炎 をも見よ

学校評議員制度

　1998年9月の中教審答申「今後の地方教育行政の在り方について」で「地域住民の学校運営への参画」「地域に開かれた学校づくり」の促進を目的として提言され、2000年度から導入された制度。学校評議員は地域の教育に関する有識者、青少年団体の関係者などから、校長の推薦により設置者から委嘱され、校長の求めに応じて学校運営に関して意見を述べ・助言を行うことができる。

【図書】

◇学校評議員ガイド　葉養正明編著　東京　ぎょうせい　2000.10　21cm　239p　2476円　①4-324-06254-4

【雑誌記事】

◇学校改革と学校評議員制度(シンポジウム 学校参加と学校経営の課題 ─ 学校評議員制度の可能性を探る)　浦野東洋一　「日本教育経営学会紀要」　43　2001.5　p56〜58

◇学校評議員制度が目指すもの(特集 学校経営に生かす評議員制度)　葉養正明　「日本教育」　290　2001.4　p6〜9

◇わが国における学校評議員制度と学校自己評価(教育制度研究情報 ─ 教育制度国内最

前線情報） 八尾坂修 「教育制度学研究」 7 2000 p196～203
◇発足期における学校評議員制度のあり方と課題 大崎勲成 「教育経営研究」 7 2000 p18～33
◇学校評議員制導入への経緯と今後の展望 カギにぎる開かれた学校づくりへの意欲（特集 学校評議員制度の実施・何を準備するか） 尾木和英 「学校運営研究」 39(13) 2000.11 p57～59
◇学校評議員制度の現状と課題(特集 学校評議員制度の現在) 勝方信一 「悠」 17(10) 2000.10 p18～21
◇学校評議員をどう設置するか 学校評議員制度のねらいは何か（学校評議員読本―学校を開き,説明責任を果たして地域とともに歩む学校へ―学校評議員の設置と運営） 葉養正明 「教職研修総合特集」 140 2000.7 p12～16
◇教育シリーズ 地域ぐるみで教育を―学校評議員制度がスタート 徳武靖 「広領域教育」 44 2000.3 p42～45

学校不適応 scool maladaptation

学校という環境に適応できない現象。不登校、中退、いじめ、暴力などを広く含む。

【図書】
◇なぜ子どもは登校しなくなるのか―学校適応過剰と登校拒否 北林正އ 東京 明治図書出版 1999.4 19cm 161p 1300円 (オピニオン叢書 53) ①4-18-168309-5
◇教室へ行かれない子どもたちとともに―保健室登校・不登校・ツッパリ・いじめ 長野県教職員組合養護教員部保健室づくり・養護教諭の教育実践のすすめ方検討委員会,藤田和也共編 京都 東山書房 1996.5 21cm 239p 2200円 ①4-8278-1017-6
◇学校不適応の社会学的研究 宮崎和夫著 大阪 創森出版 1996.3 22cm 242p 3090円 ①4-915886-12-3
◇学校生活不適応の発見・予防と援助・指導 牧昌見,高階玲治編 東京 学習研究社 1996.2 26cm 236p （普及版学校カウンセリング実践講座 2） ①4-05-300347-4

【雑誌記事】
◇子どもの学校不適応感をとらえる視点について―学校生活場面をとおして 秋山三左子 「千葉大学教育実践研究」 7 2000.3 p117～127
◇学校不適応児をかかえる家族のエンパワメントに関する実証的研究―地域に根ざした子育て支援プログラムの実行と今後の課題 大石幸二,青木志乃,阿部玲奈(他) 「研究助成論文集」 35 1999 p70～79
◇学校不適応とひきこもり―変わりゆく子どもたちの悩みとその対応(特別企画 学校不適応とひきこもり) 鍋田恭孝 「こころの科学」 87 1999.9 p20～26
◇中学生の学校不適応における状態像の検討 菅原正和,粕谷貴志,河村茂雄 「岩手大学教育学部研究年報」 59(1) 1999.7 p121～129
◇学校不適応行動の本態解明とその対応について―不登校前行動をとおして 友久久雄,足立明久,松下武志(他) 「京都教育大学紀要 A 人文・社会」 90 1997.3 p53～69

学校不適応対策調査研究協力者会議

登校拒否・不登校問題の深刻化から設置されたもので、1992年3月最終報告をまとめた。教師と子どもの親密的関係を築き、学校が「心の居場所」となるよう提言。ここで示された「不登校はどの子にも起こりうるもの」と言う視点は、それまでの不登校観が根本から変わることにつながった。復学より子どもの自立力育成を目標とし、学校外教育にも期待。これを受けて文部省は不登校児民間委託の方針を示した。

【雑誌記事】
◇高等学校中途退学問題について―学校不適応対策調査研究協力者会議報告 前田克彦 「教育委員会月報」 44(13) 1993.3 p40～44

学校文化 school culture

学校集団規範の複合体で、社会一般の文化を次世代に伝達する制度的文化・教師文化・生徒文化の3種がある。伝統行事・校風・校則・部活動・制服・教育目標・カリキュラムなどの価値観・習慣・風俗があり、総中流意識が強い日本では、学校経験(学歴)が新しい階層文化を形成している。

→ 教員文化, 生徒文化 をも見よ
【図書】
◇地域と共に"学校文化"を立ち上げる 佐藤学, 長岡市立南中学校著 東京 明治図書出版 2000.2 26cm 152p 2381円 ①4-18-061901-6
◇学校文化とジェンダー 木村涼子著 東京 勁草書房 1999.10 20cm 255,19p 2700円 ①4-326-65227-6
◇"学校文化"批判のカリキュラム改革 長尾彰夫著 東京 明治図書出版 1996.4 21cm 145p 1960円 (提言・21世紀の教育改革) ①4-18-211012-9
◇新しい学校文化の展望 柴田義松〔ほか〕編 東京 日本書籍 1994.5 19cm 184p 2000円 (シリーズ・授業づくりの理論 3) ①4-8199-0387-X
◇学校文化の社会学 木原孝博〔ほか〕編著 東京 福村出版 1993.10 21cm 254p 2500円 ①4-571-10102-3
【雑誌記事】
◇カリキュラムから新しい学校文化を創り出そう(特集「学校の特色」をどこに求めるか—提言・「学校の個性」をつくる教育課程の弾力化) 田中統治 「現代教育科学」 43(1) 2000.1 p5～7
◇学校文化の変革—生徒文化との葛藤を通して(特集 学校文化の変革と創造) 武内清 「教育展望」 44(8) 1998.9 p4～13
◇地域との新たなかかわりで学校文化を変える(「楽しい学校」—21世紀の学校像を求めて—第2章「楽しい学校」はどうすれば可能か) 山中正和, 西阪昇 「学校経営」 43(2) 1998.1 p88～95
◇「学校文化」と生徒をとりまく状況に関する一考察—「ダブル・バインド」の存在を中心に 河野浩 「教育研究」 41 1997 p45～54
◇教育の樹林—学校文化をつくりかえる 志水宏吉 「初等教育資料」 679 1997.12 p68～71
◇子どもたちは変わったのか—「学校文化」と「子ども文化」—荒れる教室の解読のために(まとまらない学級をどうするか—教師と子どもの関係を見直す) 斎藤次郎 「児童心理」 51(19) 1997.12 p62～70

◇日本的学校文化の解体に警鐘を!(メディアを教育する〔13〕) 諏訪哲二 「宝島30」 4(2) 1996.2 p111

活字離れ

1979年「青少年白書」は子どもの生活と意識の項目で、テレビやマンガに傾斜した"活字離れ"を指摘。その後メディアの多様化、特にビデオ、コンピュータゲームなどの映像メディアの隆盛、携帯電話の普及などでますますその傾向を強め、学校新聞(学生新聞)活動のあり方にも影響を与えている。97年には高校生が一か月間に読んだ本の冊数は平均で一・〇冊という統計もある。

【図書】
◇がんばれ学校新聞 — 情報化時代の活字文化と教育 鈴木伸男編 東京 白順社 1999.5 21cm 284p 2800円 ①4-8344-0062-X
【雑誌記事】
◇学校・母親から注がれるかつてない熱い視線—子供の活字離れとジュニア紙(特集 こども・情報・メディア) 谷口泰三 「新聞研究」 589 2000.8 p15～18
◇若者の活字離れは進んでいるか—消費者調査からの考察 佐々木玲子 「青少年問題」 46(11) 1999.11 p28～33
◇すべての子どもに読書の喜びを(教育ネットワーク) 広瀬恒子 「前衛」 717 1999.10 p176～178
◇活字離れヤング事情—「地球の歩き方」から「日蝕」まで(特集 当世没読書的学生気質) 山村基毅 「本の話」 5(6) 1999.6 p22～25

家庭科男女共修

京都府立高が男女必修にした翌1974年、「家庭科の男女共修をすすめる会」(発起人・樋口恵子ら)結成。国連婦人の10年の間に教育を通した性役割分担の固定化変革が唱えられ、女子差別撤廃条約批准後の84年家庭科教育の見直し開始。89年学習指導要領で共修化された。

【図書】
◇ジェンダー・エクィティを拓く家庭科 斉藤弘子〔ほか〕著 京都 かもがわ出版

2000.9 21cm 242p 2286円 ①4-87699-531-1
◇家庭科の共修と共学を考えて10年 — 1986年から1996年 金森順子, 菅原充子, 円尾豊子編　〔長岡京〕 家庭科の共修と共学を考える会 1998.2 26cm 1冊 1000円
◇家庭科、男も女も！— こうして拓いた共修への道 家庭科の男女共修をすすめる会編 東京 ドメス出版 1997.3 26cm 241p 2500円 ①4-8107-0458-0
◇男女が学ぶ家庭科の授業 中学校篇 家庭科教育研究者連盟編 東京 大月書店 1995.4 26cm 206p 3800円 ①4-272-41086-5
◇男女必修・高校家庭科の授業 村田泰彦, 渡辺信子編著 東京 ぎょうせい 1994.3 21cm 327p 2900円 ①4-324-03953-4

【雑誌記事】
◇家庭科教育からみた男女平等(特集「子どもと教育」はいま) 和田典子「女性&運動」 199 1999.4 p24〜26
◇学校教育におけるジェンダー視点の導入と男女平等教育の展開—家庭科教育男女問題を中心に 田結庄順子「日本ジェンダー研究」 1 1998 p29〜39
◇家庭科教育とジェンダー・フリー 宮坂靖子「家庭科教育」 72(10) 1998.10 p12〜17
◇戦後の教育改革と家庭科教育の誕生—家庭科男女共修実現までの歩み 影山昇, 井上真理「東京水産大学論集」 32 1997.3 p121〜148

家庭教育 home education, family education

家庭で親などが独立前の子に行う、個別的・継続的・非営利的・非専門的な教育。生活を共有する中で子供は親の言動を取り込んでいくものであり、親のモデルとしての役割が重要である。いじめ問題や少年犯罪の多発などを受けて家庭教育の重要性が叫ばれるようになり、文部省は1997年「子どもと話そう」キャンペーン等の事業を実施。2000年、教育改革国民会議は報告で「教育の原点は家庭である」とした。家庭教育支援施策として文部省は99年から「家庭教育手帳」「家庭教育ノート」を出版しているほか、家庭教育カウンセラー活用調査研究委嘱事業などを行っている。

→ 家庭教育カウンセラー, 家庭教育手帳・家庭教育ノート をも見よ

【図書】
◇家庭教育電話相談事業事業報告書 — すだちダイヤル 〔徳島〕 徳島県教育委員会 2001.3 30cm 21p
◇家庭教育夜間電話相談調査研究事業報告書 〔山口〕 山口県教育委員会 2001.3 30cm 16p
◇新しい家庭教育の実際 — 子どもの自立をめざして 玉井美知子編著 京都 ミネルヴァ書房 2000.5 21cm 264p 2600円 ①4-623-03109-8
◇「家庭を大切にする社会づくり」のために — 家庭と地域の教育向上のための提言 ともに創る家庭教育推進事業報告書 平成11年度 〔山口〕 山口県教育委員会 2000.3 30cm 44p
◇家庭教育の充実を支援するための行政施策の在り方に関する研究 — 幼稚園・小学校に視点を当てて 浦和 埼玉県立南教育センター政策研究部 2000.3 30cm 44p (政策研究報告書 第20号)
◇家庭教育に関する24時間電話相談研究調査事業報告書 平成11年度 〔盛岡〕 岩手県教育委員会 〔2000〕 30cm 25p
◇家庭教育に関する24時間電話相談研究調査事業報告書 平成12年度 〔盛岡〕 岩手県教育委員会 〔2000〕 30cm 27p
◇家庭教育相談員の養成研修会 — 「平成11年度子育て支援推進事業」報告書 新潟県立生涯学習推進センター編 新潟 新潟県立生涯学習推進センター 〔2000〕 30cm 22p
◇学校では遅すぎるこころの家庭教育 — 思春期に困らないために 冨田和巳著 大津 三学出版 1999.10 19cm 153p 1200円 (ei book 3) ①4-921134-09-X
◇少子時代の子どもたち — のぞましい家庭教育を探る 依田明編著 東京 ブレーン出版 1997.3 19cm 154p 1165円 ①4-89242-566-4
◇望ましい家庭教育のあり方 — 子どもにとっての親のあり方 〔東京都〕板橋区青少年問題協議会〔編〕 東京 〔東京都〕板橋区教育委員会事務局社会教育課 1995.3

26cm　12p　〔板橋区青少年問題協議会協議結果報告書　平成5、6年度〕

【雑誌記事】

◇今なぜ家庭教育か(特集 総批判・教育改革国民会議―第2部 報告の論点)　中嶋みさき　「人間と教育」　29　2001　p44～48

◇家庭教育の充実(特集 幼児期からの心の教育の在り方)　「時の動き」　42(8)　1998.8　p56～58

◇大切なのは家庭教育(特集1 教育改革への提言)　宮本茂雄　「日本教材文化研究財団研究紀要」　27　1997　p48～52

◇思春期問題と家庭教育―幼児期,児童期の発達課題との関連　福永博文　「家庭教育研究」　2　1997.3　p36～52

◇家庭教育国際比較調査で報告書―しつけに甘い日本の親,父と子の接触も少ない　安達拓二　「現代教育科学」　38(3)　1995.3　p94～97

◇家庭教育の新しい課題―「いじめ」は「しつけ」の失敗か?(実践読本 生活習慣のしつけ方〈特集〉―親にとっての「しつけ」)　伊藤隆二　「児童心理」　47(18)　1993.12　p101～108

家庭教育カウンセラー

公民館等の社会教育施設等で相談者の深刻な悩みや不安を和らげ、問題解決を支援する役割を担う臨床心理士や精神科医。文部省は1998年から「家庭教育カウンセラー活用調査研究委嘱事業」を実施している。従来あった家庭教育電話相談等と連携し、より高度な知識・技能を有するカウンセラーを活用することにより相談体制の充実強化を図るとともに、カウンセラーの資質向上などについて研究する。98年の中教審答申でも配置と活用が提言されている。

【図書】

◇「家庭教育カウンセラー活用調査研究事業」「家庭教育24時間電話相談に関する調査研究事業」報告書　大津　滋賀県教育委員会　2001.3　30cm　25p

◇家庭教育カウンセラー活用事業報告書―家庭教育相談体制の充実を目指して　〔山口〕　山口県教育委員会　2001.3　30cm　38p

◇家庭教育カウンセラー活用調査研究委託事業報告書　平成12年度　〔岩手県教育委員会〕社会教育課編　盛岡　岩手県教育委員会　2001.3　30cm　21p

◇家庭教育カウンセラー活用事業報告書〔山口〕　山口県教育委員会　2000.3　30cm　36p

◇家庭教育カウンセラー活用調査研究委託事業調査研究報告書―平成11年度　篠栗町(福岡県)　福岡県立社会教育総合センター　2000.3　30cm　33p

◇家庭教育カウンセラー活用調査研究事業報告書　平成11年度　〔松山〕　愛媛県教育委員会　2000.3　30cm　35p

◇家庭教育カウンセラー活用調査研究事業報告書　大津　滋賀県教育委員会　2000.3　30cm　17p

◇家庭教育カウンセラー活用調査研究委託事業報告書　平成11年度　〔盛岡〕　岩手県教育委員会　〔2000〕　30cm　24p

家庭教育学級　parent education classes

1964年度から文部省が親に対する成人教育として実施。子どもの発達や親の役割などをテーマに、91年度で2万9千学級余りが開設。ニーズに合わせて「乳幼児学級」「働く親のための学級」等が設けられて、家庭教育の重要性が再認識され、自信の無い親が増加するなかで増加傾向にある。

【図書】

◇どの子もみんな素晴らしい―「母親教室」の実践から　西村倭子著　東京　佼成出版社　1994.6　19cm　238p　1300円　①4-333-01701-7

◇乳幼児を持つ親のための家庭教育学級記録　1992年度　子どもっておもしろい―楽しんじゃおう、子育て　〔町田〕　町田市公民館　1993.5　26cm　76p

【雑誌記事】

◇公民館新機軸(青少年事業・ボランティア事業)教育力の向上をめざす家庭教育学級の取り組み　福岡県行橋市中央公民館　「月刊公民館」　514　2000.3　p24～28

◇ここに職員あり! 家庭教育学級を基盤として　坪野良子　「月刊公民館」　495　1998.8　p27

◇育児の社会的支援についての一考察―横浜市における「家庭教育学級」の活動と冊子「ハマップ」を通して　伊藤輝子　「鶴

見大学紀要 第3部 保育・歯科衛生編」 34 1997.3 p61～75
◇生涯学習プログラムの研究—40—父親の企業内家庭教育学級の研究—成田市教育委員会の企業との協力について 岡本包治 「社会教育」 50(12) 1995.12 p44～47
◇父親を家庭教育学級へ(現代の家庭・家族—国際家族年後の新たな展開<特集>) 三沢昌子 「社会教育」 50(4) 1995.4 p14～16

家庭教育手帳・家庭教育ノート

家庭教育手帳は、母子健康手帳の交付を受けるとき・1歳6か月児健康診査のとき・3歳児健康診査のとき・小学校入学前の健康診断のときに、乳幼児をもつ家庭に配布される文部科学省作成の小冊子。「乳幼児期の子どもを持つお父さん・お母さんのための「子育てのヒント集」」とされており、子育てのヒントの他、成長記録欄や相談窓口の紹介などが掲載されている。家庭教育ノートは、小・中学生を持つ親に学校を通じて文部科学省から配布される小冊子。「家庭での教育やしつけに関して、それぞれの家庭で考えていただきたいことをまとめた」ものとされている。両者とも市販もしている。

【図書】
◇家庭教育ノート—小・中学生を持つ親のために 平成12年 文部省編 大蔵省印刷局 2000.4 19cm 58p 200円 ⓘ4-17-153201-9
◇家庭教育手帳 平成12年 文部省編 大蔵省印刷局 2000.4 19cm 56p 200円 ⓘ4-17-153200-0

【雑誌記事】
◇冊子を受け取って、感じたこと—『家庭教育手帳・家庭教育ノート』『それでいいよだいじょうぶだよ』について(特集 子育て子育ちをサポートする) 「子どもの文化」 32(3) 2000.3 p18～21
◇戦後教育悲史(46)「家庭教育ノート」を読む 山口康助 「月刊カレント」 36(10) 1999.10 p60～
◇母子保健等の機会を活用して配布される『家庭教育手帳』 文部省生涯学習局男女共同参画学習課家庭教育支援室 「母子保健情報」 39 1999.6 p88～91
◇行政だより 家庭教育手帳・ノート・ビデオについて 文部省生涯学習局男女共同参画学習課 「月刊公民館」 503 1999.4 p43～46

家庭内暴力 family violence

子どもから親(特に母親)に向けた暴力行為・破壊的言動。1960年代後半から報告され、15歳前後の大人しい優等生タイプに多く、家庭外では問題行動を起こさないのが特徴。親の過剰期待・心理的父親欠損・溺愛などに起因する「行動化(アクティングアウト)」現象。不登校や引きこもりと併存していることも多い。

【図書】
◇家庭内暴力—嵐をのりこえるために 田中信市著 東京 サイエンス社 1996.9 19cm 214p 1391円 (ライブラリ思春期の"こころのSOS" 6) ⓘ4-7819-0819-5

【雑誌記事】
◇家庭内暴力の傾向の変化と私のかかわり(特集1 家庭内暴力に対するかかわり) 高橋良臣 「月刊学校教育相談」 14(11) 2000.9 p6～11
◇最近の家庭内暴力の傾向から考えること(特集1 家庭内暴力に対するかかわり) 小沢美代子 「月刊学校教育相談」 14(11) 2000.9 p12～17
◇家庭内暴力 悲劇の予兆見極める—母親に「ババア」、物投げる、自室に籠もりコンビニおにぎり 「週刊朝日」 105(33) 2000.7.28 p27～29
◇不登校と家庭内暴力(思春期挫折とその克服—青少年の危機とは何か) 倉本英彦 「現代のエスプリ」 388 1999.11 p80～86
◇子どもが家庭で暴力をふるうとき—「家庭内暴力」を考える(特集 心理臨床と暴力) 大島剛 「心理臨床」 11(1) 1998.3 p21～26
◇「家庭内暴力」に見る歪んだ甘え(甘える子<特集>) 岩佐寿夫 「児童心理」 47(17) 1993.12 p1672～1676

家庭崩壊 collapse of the family, family disorganization

職住分離・性の解放・家庭の諸機能が外部に代行されたことや、家族一人一人のスケジュールがバラバラになったことなどにより家族関係が希薄になり、機能不全に陥っている状態のこと。

【図書】
◇引きこもる父親出すぎる母親 ― 歪んだ夫婦関係がもたらした9つの物語　岡本きよみ著　東京　中央公論新社　2001.3　20cm　201p　1500円　④4-12-003126-8
◇もう「いい子」にはなれない ― 崩壊する学級　沢谷隆文編　東京　なあぷる　1999.4　19cm　222p　1500円　④4-931440-13-4
◇豊かな社会の透明な家族　鳥山敏子, 上田紀行著　京都　法藏館　1998.6　20cm　244p　1800円　④4-8318-7237-7
◇仮面をかぶった子供たち ― カウンセリングで暴かれた「普通の家庭」の病巣　影山任佐著　〔東京〕　ひらく　1997.12　20cm　259p　1600円　④4-341-19031-8
◇家庭の崩壊と子どもたち　平湯真人編　東京　明石書店　1997.2　19cm　185p　1648円　(子どもの人権双書 1)　④4-7503-0897-8
◇家庭崩壊 ― 地獄をさまよう子供たち　伴茂樹著　東京　リヨン社　1994.7　19cm　218p　1300円　④4-576-94097-X
◇家庭崩壊と子どもたち　青木信人著　東京　青弓社　1993.12　20cm　192p　2060円　④4-7872-3074-3

【雑誌記事】
◇家族崩壊の現状 ― 非行臨床の視点から(学校心理臨床と家族支援 ― 家族崩壊と学校心理臨床)　生島浩　「現代のエスプリ」　407　2001.6　p113～121
◇親子関係の病理 ― 教師・スクールカウンセラーに持って欲しい基本的視点(学校心理臨床と家族支援 ― 家族崩壊と学校心理臨床)　園田雅代　「現代のエスプリ」　407　2001.6　p131～141
◇家族崩壊の指標に関する研究　鎌田とし子　「関東学院大学文学部紀要」　87　1999.12　p113～198
◇家庭崩壊の徴候 ― どこにどう現れるか(特集 新学期の危機管理 ― 徴候発見と対策

27)　「学校運営研究」　38(7)　1999.6　p54～60
◇援助交際少女の語る"理解ある"親(面接取材)(特集・家族のなかの嘘と絆)　藤井良樹　「婦人公論」　82(10)　1997.10　p116～121
◇援助交際、外泊、酒、タバコ…何でも許す異様な"ものわかりの良さ"の意味 ― コギャルの親の顔が見てみたい!　「SPA!」　46(5)　1997.2.5　p36～

壁のない学校　⇒ インフォーマルエデュケーション を見よ

壁のない大学　⇒ オープンユニバーシティ を見よ

髪型の規制　⇒ 丸刈り訴訟 を見よ

からだ教育

自分や友達の体の仕組みや働き、成長の仕方などを学ぶことを通して、ひとの体の大切さを学び、命と人とを尊重していく態度を育てるための教育。

【図書】
◇児童保健委員会からはじめる健康教育 ― 子どもが主役!! 保健集会から授業案・教師用資料まで　市川陽子著　京都　東山書房　2000.6　26cm　175p　2000円　④4-8278-1209-8
◇からだってすごいね ― 生きるちからを育てるからだの学習　伊藤由美子〔ほか〕著　東京　農山漁村文化協会　1996.8　19cm　29p　1400円　(健康双書)　④4-540-96033-4
◇歯のふしぎ骨のだいじ ― からだ学習の原点を求めて　千葉ейев夫, 黒沢恵美著　東京　農山漁村文化協会　1996.8　19cm　209p　1400円　(健康双書)　④4-540-96034-2

カリキュラム　⇒ 教育課程 を見よ

カリキュラム開発

学校カリキュラムを改訂するために、各学校での授業を教師の参加によって改善しようと試みるもの。教師が今あるカリキュラムの

問題点をチェックし、少しずつ手直ししていくことによって達成される。日本では文部省に指定された研究開発校が学習指導要領などの基準によらないカリキュラムの開発を試みており、ここでの成果の一部は学習指導要領改訂の際の基礎資料となる。

【図書】

◇中・高「総合的学習」のカリキュラム開発 — 新教科「総合人間科」の実践 安彦忠彦, 名古屋大学教育学部附属中学・高校著 東京 明治図書出版 1997.12 22cm 172p 2060円 ①4-18-206015-6

◇新教科を構想する — 錦華小の研究開発 環境科・表現科・人間科・全学年生活科の実践記録 丸山信男〔ほか〕編著 東京 ぎょうせい 1996.7 26cm 133p 2300円 ①4-324-04896-7

【雑誌記事】

◇カリキュラム開発の方法と原理に関する一考察 吉武哲宏 「教育学研究紀要」 46(1) 2000 p324～329

◇カリキュラム開発の力量が問われる(特集「教育改革の時代」何が欠落しているか—「公立中・高一貫教育」何が問題か) 天野正輝 「現代教育科学」 43(9) 2000.9 p68～70

◇カリキュラム開発研究校におけるカリキュラム開発の規定要因に関する研究—『研究紀要』の統計的分析(因子分析)を通して 栗原幸正 「カリキュラム研究」 9 2000.3 p77～87

◇カリキュラム開発の技術と知識 中野真志 「哲学と教育」 47 1999 p1～10

◇カリキュラムという思想の実践を(特集 教師のカリキュラム開発力の再生—提言 教師のカリキュラム開発に期待する) 田中統治 「現代教育科学」 42(7) 1999.7 p11～13

◇我々が新しいカリキュラムを開発する—現場からの提言(特集 教師のカリキュラム開発力の再生) 「現代教育科学」 42(7) 1999.7 p68～82

◇実践者は同時に開発者(研究者)である(特集 教師のカリキュラム開発力の再生—提言 教師のカリキュラム開発に期待する) 天野正輝 「現代教育科学」 42(7) 1999.7 p17～19

◇授業実践との乖離を防ぐカリキュラム開発研究(特集 教師のカリキュラム開発力の再生—我々が新しいカリキュラムを開発する—現場からの提言) 佐藤真 「現代教育科学」 42(7) 1999.7 p68～70

カルチャーセンター

民間が設置している文化的生涯学習施設の一般的な呼称。1974年東京朝日カルチャーセンター開設以降、文化教室産業は成人層の学習意欲の高まりに応じて急成長。百貨店やマスコミを経営母体に、趣味・スポーツ・語学・一般教養などの講座が様々な時間帯に設けられ、99年には734事業所(文部省調べ)に及んでいる。

【図書】

◇「民間カルチャー事業所と公的生涯学習機関の連携について」報告書 埼玉県県民活動総合センター編 伊奈町(埼玉県) 埼玉県県民活動総合センター 1999.3 30cm 71p (調査研究報告書 平成10年度)

◇民間カルチャー事業所及び専修学校・各種学校における生涯学習 松山 愛媛県生涯学習センター 1993.3 26cm 298p

【雑誌記事】

◇シンポジウム 大学オープンカレッジとカルチャーセンター(特集 全国民間カルチャー事業協議会 平成13年度総会開く) 嶋根繁, 阿部賢典, 瀬沼克彰(他) 「カルチャーエイジ」 43 2001.8 p16～33

◇これからのカルチャーセンター(特集 生涯学習オルガナイザー講座) 山本思外里 「カルチャーエイジ」 36 1999.2 p3～11

◇カルチャーセンター—幅広い分野の講座を用意して生涯学習の一翼を担う(特集 新しい企業福祉—生涯学習) 宇野玲子 「企業福祉」 19(437) 1996.11.1 p24～28

◇生涯学習における官民連携の可能性—カルチャーセンターの講座経営に対する理解をとおして(特集 地域民間教育事業の活用〔含 参考データ〕) 田中雅文 「月刊公民館」 472 1996.9 p5～9

環境教育 environmental education

1972年国連人間環境会議以降各国で、環境問題に関心・知識を持たせ生活や経済に働きかける能力を育成する環境教育の実践が始まった。92年の地球サミットでは、地球環

境日本委員会の提言中に初等教育から大学まで一貫した体系的環境教育の実施や社会教育領域での環境教育の充実がうたわれた。日本の学校教育では70年代の公害学習を経て、89年新学習指導要領で生活科などでの充実が図られ、91年に「環境教育指導資料（中学校・高等学校編）」、95年には「環境教育指導資料（事例編）」が作成された。

→学校ビオトープ，子どもエコ・クラブ をも見よ

【図書】

◇学校における環境教育 — 環境教育の視点 日本自然保護協会編 東京 日本自然保護協会 1995.3 26cm 124p 2000円 （NACS-J資料集 no.36）
◇環境教育と学校カリキュラム — 交感的環境認識をめざして 野上智行編著 東京 東洋館出版社 1994.3 21cm 242p 2700円 ①4-491-01097-8
◇環境教育の成立と発展 福島達夫著 東京 国土社 1993.11 19cm 222p 1800円 （国土社の教育選書 27）①4-337-66127-1
◇学校と環境教育 大田堯責任編集 東京 東海大学出版会 1993.7 21cm 242p 2884円（環境教育シリーズ 2）①4-486-01242-9
◇子どもの発達と環境教育 高橋哲郎〔ほか〕著 八幡 法政出版 1993.7 19cm 217p 1900円 ①4-938554-63-1
◇学校における環境教育推進に関する調査研究 第2報（平成4年度）身近な環境を生かした環境学習指導の在り方 〔富山〕 富山県総合教育センター 1993.3 26cm 81p
◇環境教育指導手引書 — 実践指導資料集 第1集 町田市教育委員会, 町田市教育研究所編 町田 町田市教育委員会 1993 26cm 80p
◇問題意識を高めるための環境教育のあり方 — ゴミ問題の学習を通して 〔京都〕 京都市立永松記念教育センター 〔1993〕 26cm 52p （報告 369 小学校環境教育）

【雑誌記事】

◇日本の地学教育における環境教育に関する研究の変遷（特集 環境教育と地学教育）青野宏美, 宮下治, 林慶一（他）「地学教育」 54(3) 2001.5 p117～127

◇小学校家庭科教育における環境教育 — 家庭科主任教員の環境教育に関する意識と実態 多々納道子, 野津麻美, 右田雅子 「島根大学教育実践研究」 12 2000 p65～82
◇総合的な学習の時間における環境学習の進め方（環境教育シンポジウム報告(2)）鳩貝太郎 「宮城教育大学環境教育研究紀要」 3 2000 p127～130
◇幼児教育における「環境」領域の視座 前迫（波戸岡）ゆり, 菅沼美子 「研究紀要」 8 2000 p21～26
◇高等学校公民科「政治・経済」の教科書における環境問題の取り扱いに関する一考察 岩井省一, 今村光章 「環境教育」 10(1) 2000.8 p35～44
◇豊かな感性と認識を育てる環境教育(1)生活科を中核とした合科的な指導 中島美恵子 「環境教育」 9(2) 2000.3 p33～44
◇社会教育における環境教育研究の課題 大谷直史 「北海道大学教育学部紀要」 71 1996.9 p239～251
◇高校の地理教科書における環境問題の取り上げ方の特徴と問題 磯部作 「瀬戸内地理」 5 1996.6 p43～50
◇日本の中等化学教科書における環境問題の取り扱い 田中春彦, 張芝美, 金海京ほか 「広島大学学校教育学部紀要 第1部」 第17巻 1995.1 p55～63
◇特別活動における環境教育 武村重和, 中山玄三, 室長大応ほか 「研究紀要」 21号 1993.3 p167～175

環境問題と学校

学校にあるゴミ焼却炉から発ガン性物質ダイオキシンが発生しているとして問題になった。文部省は1997年9月、全ての小中・高等学校のゴミ焼却炉について、原則廃止を求める決定をした。

【図書】

◇環境って、なあに? — みんなと一緒、楽しい学校環境づくり 平木陽一, 桜井映子著 京都 東山書房 1999.6 26cm 196p 1905円 ①4-8278-1193-8
◇環境にやさしい幼稚園・学校づくりハンドブック ドイツ環境自然保護連盟編, エーリッヒ・ルッツ, ミヒャエル・ネッチャー著, 今

泉みね子訳　東京　中央法規出版　1999.4
20cm　334p　4000円　①4-8058-1807-7
◇捨てる前に考えよう!身近な問題 ― 循環型
社会の構築を目指して　学校におけるごみ
処理等参考資料　〔東京〕　文部省　1999.3
30cm　62p

観点別学習状況

　指導要録における、各教科の学習記録の評定項目。1980年の指導要録改訂でこの欄が設けられ、89年の学習指導要領改訂に伴う91年の指導要録改訂でこの観点別学習状況の評価へ転換が図られた。教科への「関心・意欲・態度」、「思考・判断」、「技能・表現」、「知識・理解」に分類され、それぞれABCの3段階で評価される。
【図書】
◇観点別評価と新しい学習観・学力観
静岡授業研究会編　東京　明治図書出版
1994.2　21cm　212p　2370円
①4-18-293509-8
【雑誌記事】
◇わたしの教育実践(151)観点別学習状況の
評価に関する実践的研究　札幌市立常盤
中学校　「教育展望」　44(6)　1998.8
p51～59
◇中学校生徒指導要録の「観点別学習状況」
と「評定」の関係　西松秀樹、千原孝司
「滋賀大学教育学部紀要 教育科学」　47
1997　p91～99
◇指導要録改訂にともなう通知表改善の実態
と課題―観点別学習状況評価を中心に
藤原幸男「琉球大学教育学部紀要 第一部・
第二部」　43　1993.11　p133～151
◇「関心・意欲・態度」を考える ― アイデン
ティティの拡大を求めて(関心・意欲・態度
＜特集＞)　河内徳子　「教育」　43(10)
1993.10　p22～29

カントリースクール　⇒自然教室 を見よ

冠講座　⇒寄付講座・寄付研究部門 を見よ

緘黙児　mutism

　言語能力はあるのに他人と会話ができない。とくに教育の場で問題になるのは、家庭では話せるのに学校では一言も喋らない場面緘黙症(選択性緘黙症)。家では普通なため、教師の側が治療への理解や協力を積極的に求めることが必要。無理にしゃべらせようとしない、子どもが安心できる関係を結ぶ、成就体験を通じて自信を持たせるなどが重要。
【図書】
◇場面緘黙児の心理と指導 ― 担任と父母の
協力のために　河井芳文、河井英子共著
東京　田研出版　1994.5　21cm　222p
2800円　①4-924339-29-6
◇ほら、こんなにも美しい世界が ― ある
緘黙児教育の記録　藤林春夫著　長野
信毎書籍出版センター　1993.12　19cm
210p　1400円
【雑誌記事】
◇緘黙児とのかかわりに関する研究―生活
での変化:N児の場合　小川圭子　「幼年児
童教育研究」　11　1999　p81～88
◇緘黙児にみるコミュニケーションスキル
の発達　服部範子、森本馨、白井由香(他)
「兵庫教育大学研究紀要 第3分冊 自然系
教育,生活・健康系教育」　18　1998
p53～60
◇クラスのなかの場面緘黙―緘黙児とクラ
スの子どもたちとのふれあい　松村茂治
「東京学芸大学教育学部附属教育実践総合
センター研究紀要」　22　1998.3　p75
～91
◇場面緘黙児花子さんが訴え教えてくれたこ
と　佐合妙子　「岐阜大学教育学部障害児
教育実践センター年報」　2　1995.3
p45～57

管理主義教育

　校内暴力が顕在化した1970年代後半、教師や生徒への管理強化が進展。規律第一の指導は体罰・いじめ・不登校などの問題を生んだ。この"悪しき"ヘルバルト主義に対して"管理なき教育"の主張もあるが、"管理は近代学校教育の枠ではなく中身だ"とするフーコー、ブルデューらの論を踏まえないでは説得力に欠けると指摘される。

【図書】
◇「管理教育」のすすめ 諏訪哲二著 東京 洋泉社 1997.7 20cm 262p 1900円 ①4-89691-270-5
【雑誌記事】
◇学校崩壊論と管理主義(小特集 荒れる学校と新しい管理主義) 柿沼昌芳 「人間と教育」 23 1999.9 p102〜108
◇「楽しい学校」に逆行する"上意下達"の管理主義強化(教育ネットワーク) 糀谷陽子 「前衛」 703 1998.9 p180〜182
◇管理主義から自分を解放して─生徒の要求から見つめ直すと、とても楽しくなった(特集/教師を楽しむ 教師を生きる) 前田恒久 「教育」 47(7) 1997.7 p51〜60
◇「管理主義」克服のために─校則に即して 土屋文明 「小樽商科大学人文研究」 85 1993.3 p205〜223

【 キ 】

機会の平等
憲法条項に言う「能力に応じて等しく教育を受ける権利」を実現した、すべての大衆に対して同じ教育機会を提供するもの。
→ 教育における平等主義 をも見よ

企業内教育　corporate in‐house training
技能・サービス・事務などの職能教育、新人研修・管理職研修などの階層別教育のほか、教育有給休暇による研修・資格取得準備教育・精神衛生講座・能力開発CDP・退職準備教育PREPなどがある。OJT・Off‐JTの分類もある。
→ 退職準備教育, OJT・Off‐JT をも見よ
【図書】
◇新時代の人財開発戦略 竹村之宏著 東京 社会経済生産性本部生産性労働情報センター 2001.3 22cm 199p 2000円 ①4-88372-108-6
◇プロフェッショナル人材育成 ─ プロを育てるプロになる! 沢田淳著 東京 総合法令出版 1999.10 19cm 325p 1400円 ①4-89346-652-6
◇日本企業の人材形成 ─ 不確実性に対処するためのノウハウ 小池和男著 東京 中央公論社 1997.8 18cm 174p 660円 (中公新書) ①4-12-101373-5
◇社内研修の実際 鈴木伸一著 東京 日本経済新聞社 1996.8 18cm 186p 750円 (日経文庫) ①4-532-10738-5
◇人材育成のキーワード 川崎依邦著 東京 ファラオ企画 1996.2 19cm 262p 2000円 (物流キーワードシリーズ vol.8) ①4-89409-055-4
◇企業の人材育成 伊藤格夫著 東京 高文堂出版社 1995.2 22cm 185p 2480円 ①4-7707-0472-0
◇高度情報化社会の人材育成戦略 社会経済生産性本部情報化対策国民会議編 東京 社会経済生産性本部情報化対策国民会議 1994.12 30cm 92p (情報化対策国民会議年次報告書 平成5年度)
◇能力開発と自己啓発 今野浩一郎著 東京 日本労働研究機構日本労使関係研究協会 1994.1 21cm 122p (労働通信教育講座 平成5年度)
◇人材開発と研修戦略 水井正明著 東京 産能大学出版部 1993.1 20cm 320p 2800円 ①4-382-05167-3
【雑誌記事】
◇特集 進化する入社前教育 ─ Webラーニング、インターンシップ、新卒派遣 「Softnomics」 198 2001.5 p4〜11
◇21世紀型人材開発と教育研修改革 ─ 混迷を深める企業内教育への提言 21世紀へ向けわれわれがとるべき道を探る 西村禎盛 「企業と人材」 31(714) 1998.11.20 p6〜15
◇企業における創造性開発・教育の調査 庄倉克彦(他) 「米子工業高等専門学校研究報告」 29 1993.12 p1〜6
◇企業経営と人材育成投資 ─ 景気低迷下の人材育成投資の停滞を憂う(特集・不況期に教育は何をすべきか) 梶原豊 「人材教育」 5(1) 1993.1 p5〜8

記号科
1992年6月発表された、生活科に続く新教科構想。小学校低学年児の思考が未分化であるという特性を踏まえ、現行の国語科と

算数科に代えて新たに記号科を設置。記号・クイズ・パズルを用いた授業で、数や文字の基礎概念を理解させようとする。その後の学習指導要領改訂では見送られたが教科の枠組み再編の検討は続いている。

【図書】
◇提言・21世紀の教育改革3 "記号科"で国語教育を見直す 中洌正堯、兵庫教育大学附属小学校国語部著 明治図書出版 1996.6 21cm 177p 2301円 ⓘ4-18-315119-8

【雑誌記事】
◇記号科(仮称)の実験は生かされるか(平成8年教育課程改定の動きを追う＜特集＞―学校週5日制導入で浮上する教育課程改定の課題) 中洌正堯 「現代教育科学」 36(10) 1993.10 p28～31

帰国子女教育　returnee child education

海外帰国児童生徒は毎年1万2千人にのぼり、教育歴も多様化している。帰国子女教育の重要な課題は自文化への復帰を円滑に進めることである。70年代の日本の教育への適応教育から80年代の多文化主義教育、異文化体験を重視した受け入れ対策へと変化してきた。また、編入学、入学試験などについても特別定員枠などの配慮がされている。

【図書】
◇「帰国子女」の位置取りの政治 ― 帰国子女教育学級の差異のエスノグラフィ 渋谷真樹著 東京 勁草書房 2001.2 22cm 368p 8400円 ⓘ4-326-25043-7
◇海外帰国子女のアイデンティティ ― 生活経験と通文化的人間形成 南保輔著 東京 東信堂 2000.3 22cm 323p 3800円 (現代社会学叢書) ⓘ4-88713-353-7
◇帰国生はこうして学ぶ ― 在外学習歴を生かした学習指導のあり方 第4回帰国子女教育研究協議会 お茶の水女子大学附属中学校教育研究会編 東京 お茶の水女子大学附属中学校 1998.11 30cm 120p
◇海外・帰国子女教育の再構築 ― 異文化間教育学の視点から 佐藤郡衛著 町田 玉川大学出版部 1997.2 22cm 300p 4841円 ⓘ4-472-10891-7
◇今求められる帰国子女・外国人子女教育 古岡俊之著 東京 近代文芸社 1996.9 22cm 202p 1300円 ⓘ4-7733-5757-6
◇転換期にたつ帰国子女教育 佐藤郡衛編著 東京 多賀出版 1995.2 22cm 353p 6180円 ⓘ4-8115-3801-3
◇帰国子女と一般生の相互交流を柱とした新しい帰国子女教育の方法 ― 教育方法等改善研究 3年次最終報告 帰国子女と一般生との相互交流をめざす教育方法の研究 ― 帰国生の発言力を生かすディベートの実践 〔東京〕 東京学芸大学附属大泉中学校 1993.11 26cm 236p
◇帰国子女教育の充実方策について ― 海外子女教育に関する調査研究会報告 〔東京〕 〔海外子女教育に関する調査研究会〕 1993.6 30cm 32p

【雑誌記事】
◇「帰国子女」という呼称をめぐる位置取りの政治 ― 帰国子女教育の可能性を考える(特集＝小学校の英語教育 ― 異文化間教育からの提言) 渋谷真樹 「異文化間教育」 14 2000 p117～132
◇日本の学校、ここが嫌い ― 帰国子女が訴えていること 藤沢皖 「月刊教育ジャーナル」 36(3) 1997.6 p48～51
◇帰国子女教育・国際理解教育 兵庫県神戸市立こうべ小学校(特集＜生きる力＞と学校パラダイムの転換 ― 実践報告/わが校における＜生きる力＞の育成)「総合教育技術」 52(1) 1997.4 p31～33
◇帰国子女は日本にソフトランディングしたか?(特集 海外子女問題を考える) 亀山剛生 「日外協マンスリー」 188 1996.10 p10～13
◇帰国子女の適応過程 ― 帰国子女の現在の学校・友人に関する意識調査から 森本加奈子 「海外の教育」 22(8) 1996.9 p43～48
◇国際的視野を備えた子どもの育成 ― 帰国子女の特性を生かした相互啓発を通して 石原英一 「海外子女教育・国際理解教育紀要」 16 1994.3 p87～96
◇行政としての取り組み ― 海外体験尊重・個性尊重に向けて(特集・海外派遣者にまつわる諸問題を見直す〔8〕"海外子女教育"問題にいま、何が?) 久保真季 「日外協マンスリー」 157 1993.9 p32～34
◇国際化時代の海外子女教育・帰国子女教育 久保真季 「青少年問題」 40(4) 1993.4 p22～28

技術移転機関　technology licensing organization

　産学の連携を促進するための機関で、1998年成立の「大学等技術移転促進法」により誕生。新技術の特許化を支援し、民間事業者への移転を行う。技術移転に伴う特許料はTLO、大学、研究者などに配分される。これにより大学が特許による利益を上げられることが注目されているが、発明開示に消極的だったり、商業利用に抵抗を感じる研究者がいるなど活動が軌道に乗るには困難が予想される。

　→産学協同 をも見よ

【図書】

◇大学における工業所有権保護の進展と技術移転に関わる新たな課題　〔京都〕　立命館大学　2001.3　30cm　120p　(＜大学における知的財産権研究プロジェクト＞報告書　平成12年度 1)

◇大学における工業所有権保護の進展と技術移転に関わる新たな課題 ― 知的財産権管理の専門家(IPマネージャー)の養成　シンポジウム　〔京都〕　立命館大学　2001.3　30cm　103p　(＜大学における知的財産権研究プロジェクト＞報告書　平成12年度 2)

◇大学における知的財産政策と技術移転契約のあり方をめぐる総合的検討成果報告書　〔名古屋〕　名城大学コピーマート名城研究所　2001.3　30cm　82p

◇大学等から産業界への特許流通促進手法に関する調査研究報告書　〔東京〕　日本テクノマート　1999.3　30cm　109p

◇欧州における技術移転システム　東京　日本貿易振興会　c1999　30cm　53p　非売品　(経済貿易動向等調査レポート　平成10年度)

◇大学技術の移転ビジネス ― GRC講演会　岡村公司〔述〕　岐阜　岐阜県産業経済研究センター　〔1999〕　30cm　23p

【雑誌記事】

◇科学の目　技術移転機関(TLO)設立が加速　山本佳世子「悠」 18(6)　2001.6　p111～113

◇TLOと大学における産学連携をめぐる若干の問題(特集 わが国の科学技術政策 ― 科学技術基本法・基本計画と教育・研究)　木本忠昭「日本の科学者」 36(5)　2001.5　p207～212

◇大学特許の現状と技術移転 ― 特許件数・発明開示と特許権取得・TLOと技術移転(2000　21世紀への飛翔)　松山裕二「INFOSTAシンポジウム予稿集」 2000年　2000　p20～24

◇産学連携の現場から　株式会社の形態をもつ東大TLOが本格活動「Trigger」18(9)　1999.9　p90～92

◇技術革新を加速する産学再構築 ―「学」が自らベンチャー、技術移転機関に期待(新世紀マネジメント)「日経ビジネス」993　1999.5.31　p50～55

◇技術移転機関(TLO)の活動を支援 ― 大学等の研究成果を活用した新事業の開拓と産業技術の高度化に向けて　大学等における技術に関する研究成果の民間事業者への移転の促進に関する法律　三又裕生「時の法令」 1587　1999.2.15　p6～18

技術科学大学

　新構想大学のひとつ。「実践的・創造的な能力を備えた指導技術者の養成」を目的に、1976年長岡技術科学大学・豊橋技術科学大学の2校が開校。工業高から1年次へ、高等専門学校から3年次に進学できる。実践的技術感覚を身につけた指導的技術者の養成のため、学部第4学年に5ヶ月間、企業、官庁、公団等における実務訓練を履修させている。また学部と大学院修士課程の定員を同一幅にし、修士まで一貫した教育体制を持つ。急速なハイテク化で企業から技術者の再教育の要請もある。

【図書】

◇先端技術(ハイテク)がひらく地方都市 ― 産学官共同の新しい試み　サイエンス・クリエイト21構想研究会,本多波雄編　日本放送出版協会　1993.2　21cm　182p　1748円　①4-14-009223-8

【雑誌記事】

◇高専から評価される重点的な大学院大学を目指す ― 豊橋技術科学大学 後藤圭司学長(シリーズ新総長・理事長インタビュー)　後藤圭司「文部科学教育通信」 31　2001.7.9　p10～15

◇事例紹介3 豊橋技術科学大学〔含 参考資料:実務訓練関係書類〕(＜特集1＞インターン

シップ制度を探る(下)—企業・大学編—)小林俊郎 「スタッフアドバイザー」 94 1998.1 p46~58
◇技術者教育における工業高等専門学校・技術科学大学の役割と学術・技術の国際交流(新しい工学教育への試み＜特集＞—新しい視点から) 星鉄太郎 「日本機械学会誌」 98(923) 1995.10 p853~856
◇大学側から見た現状と課題—長岡技術科学大学における産学連携の教育と研究(特集・産学協同推進の課題を問う) 梅村晃由 「月刊研究開発マネジメント」 3(3) 1993.3 p29~34

基礎・基本

学習指導要領の中で多用され、国民として共通に必要とされる学習内容・基礎学力・教科の精選的事項などを指す。基礎学力の定義には諸説が在るが、概ね義務教育の内容、特に3R'Sの技能を含む。新学力観の下では自ら学び自ら考える能力・資質を育むのに必要な内容を言う。米国ではbasicsの語が用いられている。

【図書】
◇総合的な学習を支える教科の基礎・基本 群馬大学教育学部附属中学校教育研究会著 東京 明治図書出版 2000.9 22cm 190p 2000円 (総合的学習の開拓 24) ①4-18-004715-2
◇学び方の基礎・基本と総合的学習 柴田義松著 東京 明治図書出版 1998.11 21cm 188p 1900円 (オピニオン叢書 緊急版) ①4-18-019014-1

【雑誌記事】
◇特集 新教育課程における基礎・基本の吟味 「教育展望」 47(8ママ) 2001.9 p4~49
◇ミニシンポ "基礎基本"のラベルと中身は明確なのか(特集 基礎基本重視へ=学校の何を変えるか) 「学校運営研究」 40(9) 2001.8 p40~49
◇基礎と基本をあえて考えてみる(特集 基礎・基本に返る学習指導—提言 基本を重視した教育のために) 陣川桂三 「教育フォーラム」 28 2001.7 p56~59
◇新しい学習指導要領と基礎・基本の重視(特集 基礎・基本に返る学習指導) 北俊夫 「教育フォーラム」 28 2001.7 p13~22
◇何を繰り返し学ぶかが問題だ(特集 文部科学省の「学力低下しない」説を糺す—繰り返し学習で「基礎・基本」は確実に定着するか?) 花田修一 「現代教育科学」 44(5) 2001.5 p52~54
◇繰り返し学習で「基礎・基本」は確実に定着するか?(特集 文部科学省の「学力低下しない」説を糺す) 「現代教育科学」 44(5) 2001.5 p40~54
◇思考力の育成と基礎・基本(特集 基礎・基本の確実な定着と指導上の留意点) 清水静海 「教職研修」 29(8) 2001.4 p46~49
◇自ら学ぶ意欲の育成と基礎・基本(特集 基礎・基本の確実な定着と指導上の留意点) 生越詔二 「教職研修」 29(8) 2001.4 p42~45
◇特集 基礎・基本の確実な定着と指導上の留意点 「教職研修」 29(8) 2001.4 p29~81
◇文部省の「基礎・基本」習得論の検討—基礎的知識・技能とは?(特集 基礎学力の保障—公教育の任務を問う) 「現代教育科学」 44(2) 2001.2 p32~40
◇新学習指導要領が目指す基礎・基本(特集1 学力における基礎・基本) 山極隆 「日本教材文化研究財団研究紀要」 30 2000 p14~18
◇学力の基礎・基本の包括的な共通理解が必要—「ゆとり」「精選」「厳選」の原理の不在(特集「学力低下で国が滅ぶ」説を検証する—「学力低下で国が滅ぶ」説は正しいか) 高橋史朗 「現代教育科学」 43(2) 2000.2 p11~13
◇結局は「基礎・基本」に帰っていく(特集 21世紀に「学力崩壊」が起きる?—教師は「基礎学力」をどうとらえているか) 長野藤夫 「現代教育科学」 42(11) 1999.11 p67~71
◇新学習指導要領で求める基礎・基本(特集 新学習指導要領の哲学は?) 長谷川栄 「悠」 16(11) 1999.11 p22~25
◇21世紀の基礎・基本とは何か(特集「総合的な学習」を支え、「生きる力」をつける基礎・基本の育て方・教え方) 「教育フォーラム」 24 1999.6 p61~81
◇学力の基礎と人間としての基本を(特集「総合的な学習」を支え、「生きる力」をつける基礎・基本の育て方・教え方)

梶田叡一 「教育フォーラム」 24 1999.6 p6〜11
◇「人間としての基礎・基本」という子どもの成長の側からのとらえを!(特集 変化の時代の「基礎・基本」を考え直す―提言 これまでの「基礎・基本」のとらえ方でよいか) 安彦忠彦 「現代教育科学」 41(11) 1998.11 p5〜7
◇生きる力こそ基礎基本(特集 変化の時代の「基礎・基本」を考え直す―提言 これまでの「基礎・基本」のとらえ方でよいか) 中野重人 「現代教育科学」 41(11) 1998.11 p14〜16
◇子供が自分のよさを生かしながら基礎・基本を身に付ける教育課程の工夫(特集 基礎・基本を確実に身に付ける) 片山円 「初等教育資料」 685 1998.5 p6〜9
◇基礎・基本と個性を生かす教育(特集「個性重視」の教育言説を疑う―「個性重視」は教育改革の課題になるか) 山極隆 「現代教育科学」 40(11) 1997.11 p37〜40
◇活用し,多様に考え,問う力を育てる(特集「揺れ動く学力」の基礎・基本とは何か) 中村享史 「現代教育科学」 39(5) 1996.5 p77〜79
◇基礎学力と「学力の基礎・基本」―その異同をめぐって(特集「揺れ動く学力」の基礎・基本とは何か) 「現代教育科学」 39(5) 1996.5 p30〜39

喫煙防止教育 ⇒ 禁煙教育 を見よ

きのくに子どもの村学園

1992年和歌山県に開校した「日本で1番自由」な学校。自己決定・個性化・体験学習を原則とする。カリキュラムは体験学習であるプロジェクトを中心に、基礎学習、クラスのわくをこえて行う自由選択科目からなっている。94年に中学校を開校。

【図書】
◇自由学校の子どもたち ― きのくに子どもの村のおもしろい人々 堀真一郎編著 名古屋 黎明書房 1998.4 22cm 271p 2800円 ①4-654-01607-4
◇自由学校の設計 ― きのくに子どもの村の生活と学習 堀真一郎著 名古屋 黎明書房 1997.7 22cm 254p 2800円 ①4-654-01599-X

◇きのくに子どもの村 ― 私たちの小学校づくり 堀真一郎著 東京 ブロンズ新社 1994.6 22cm 245p 2000円 ①4-89309-087-9

【雑誌記事】
◇ルポ&インタビュー「日本一自由な学校」から学ぶこと―きのくに子どもの村学園/堀真一郎さん(特集 学校の「自立」を考える) 堀真一郎 「悠」 18(10) 2001.10 p12〜15
◇もうひとつの教育の今―きのくに子どもの村の一日(特集 もうひとつの教育) 堀真一郎 「教育と医学」 48(4) 2000.4 p292〜299
◇教育改革の理念とその具体化―きのくに子どもの村の学校づくり(特集 日本教育学会第58回大会報告―公開シンポジウム「学校教育のあり方を問う―子どもにとって学校とは何か」) 堀真一郎 「教育学研究」 67(1) 2000.3 p23〜25
◇ナイナイづくしの自由学校 きのくに子どもの村学園 「月刊教育ジャーナル」 37(6) 1998.9 p1〜3
◇21世紀の教育改革と「総合学習」―「きのくに子どもの村学園」の実践を事例に 森透 「福井大学教育学部紀要 第4部 教育科学」 54 1998.12 p51〜61
◇生きる力を育てる教育実践例―きのくに子どもの村学園(特集 子どものくらし最新事情) 堀真一郎 「消費者情報」 292 1998.6 p28〜31
◇新しい教育への挑戦―きのくに子どもの村学園をたずねて(特集 カウンセリングと教育 人間中心の教育の実践・研究の紹介) 水野行範 「人間中心の教育」 No.11 1994.8 p38〜46
◇出席自由、テストなしの小学校―開校から200日の成果 髙橋幸春 「潮」 406 1993.1 282〜289

寄付講座・寄付研究部門

民間からの奨学寄付金を財源に、客員教員を招いて3〜5年の期限付きで国立大に特設される講座・研究部門。臨教審第2次答申の産官学共同を受けて1987年制度化された。寄付者の姓名・企業名を冠することが認められている(冠講座)。97年には25大学1機関で58講座または部門で開設された。

【雑誌記事】
◇メディアフォーラム 大学とメディア(望むらくはジャーナリズム)――最近の寄付講座開設の動きから 「法学セミナー」 45(8) 2000.8 p134～135
◇ジャーナリズム教育の現場から/新聞社の寄付講座開設に思うこと――目的はジャーナリズムの質的向上と改革 藤田博司 「新聞研究」 585 2000.4 p36～41
◇生涯学習と寄付講座――武蔵野市と成蹊大学の試み 柳井道夫 「大学時報」 48(268) 1999.9 p92～97
◇東京大学におけるJR東日本冠講座の試み(特集 大学と産・官・地域のコラボレーション 開かれたデザイン教育・研究に向けて) 山中俊治 「デザイン学研究特集号」 4(1) 1996.5 p36～41
◇民間等共同研究と寄付研究部門による研究活動の新展開〔工学の変容――3――変容する工学と新しい産学協力のあり方〈特集〉〕 浦環(講演) 「生産研究」 1994年別冊 1994.6 p14～21
◇学長インタビュー〈関西学院大学〉――「冠講座」で実社会と交流を図る(大学はどこへ行く〔4〕関西、関西学院、同志社、立命館) 柚木学 「プレジデント」 32(4) 1994.4 p167

基本的生活習慣 basic(fundamental)habits

生命尊重、健康安全(清潔・交通安全など)、規則・きまりを守る(自他の物品区別・時間の尊重・整理整頓など)、礼儀作法(挨拶・食事など)を指す。85年文部省は「小学校(中学校)における基本的生活習慣の指導」を刊行。近年は家庭教育が重視されるようになり、96年中教審答申は、基本的生活習慣などは家庭教育においてこそ培われるものとした。

【図書】
◇子どもの基本的生活習慣の形成に関する研究――生活習慣の定着タイプと大人のしつけ意識の比較から 千葉 千葉市教育センター 1998.3 30cm 62p (報告書 第44集)

【雑誌記事】
◇基本的生活習慣をどうつくるか(特集 自立した子に育てる――自立した子に育てる4つのポイント) 榊原洋一 「児童心理」 53(2) 1999.2 p187～191
◇21世紀も変わらぬ基本的生活習慣の力(特集 変化の時代の「基礎・基本」を考え直す――社会性の「基礎・基本」を考え直す――基本的生活習慣の検討) 秋田健一 「現代教育科学」 41(11) 1998.11 p42～44
◇社会性の「基礎・基本」を考え直す――基本的生活習慣の検討(特集 変化の時代の「基礎・基本」を考え直す) 「現代教育科学」 41(11) 1998.11 p39～50
◇生活習慣づくりの基礎・基本(3歳から12歳までのしつけ 生活習慣が身につく本)「児童心理」 52(6) 1998.4 p66～108
◇両親の養育態度と子どもの基本的生活習慣 篠原弘章,吉本逸子 「熊本大学教育学部紀要 人文科学」 44 1995 p239～257
◇幼児の生活行動に関する研究――第一報 基本的生活習慣(躾)の形成について (論文) 花原節子 「神学と人文 大阪基督教学院・大阪基督教短期大学研究論集」 第35集 1995.11 p157～173
◇5 基本的生活習慣の五十年間の変化と現代幼児の発達基準〈いのちの教育を再び〉 谷田貝公昭 「いのちの教育を再び(明治図書出版)」 基層教育学試論集 1993.3

君が代問題 ⇒ 日の丸・君が代問題 を見よ

義務教育費国庫負担制度

義務教育無償の原則に則り、義務教育費国庫負担法に基づいて、市町村立の義務教育諸学校の教職員給与費及び教材費の半分を国が負担する。教職員定数増加とともに人件費が嵩み、文教予算の5割を占める。85年教材費の国庫負担が廃止され、90年教職員給与費等の国庫負担最高限度額の算出方法が改定された。2001年度予算案においては学校事務職員、学校栄養職員の給与を国庫負担の対象から外す考えが懸念されるとし、全国から堅持に関する意見書が提出された。

【図書】
◇学校事務職員の給与費等の国庫負担問題の10年――ドキュメント 現代学校事務研究

所法令研究会編　東京　学事出版　1993.9
21cm　255p　2000円　①4-7619-0372-4

【雑誌記事】

◇義務教育財政制度改革に関する教育審議会
答申と1940年義務教育費国庫負担法案　井
深雄二「日本の教育史学」　43　2000
p77～94

◇平成10年度検査報告事例解説 少子化と義
務教育費国庫負担金の現状等について
星野昌季,藤岡正勝,坂本周大「会計検査
資料」　421　2000.10　p13～19

◇検査報告事項解説 少子化と義務教育費国
庫負担金の現状等について　星野昌季,藤
岡正勝,坂本周大「会計と監査」　51(5)
2000.5　p6～13

◇市町村義務教育費国庫負担政策と全額国庫
負担論　井深雄二「名古屋工業大学紀要」
51　1999　p51～61

◇義務教育費国庫負担法(総特集・教育基本法
50年)　三輪定宣「季刊教育法」　110
1997.6　p55～58

◇義務教育費国庫負担制度の見直し(特集 学
校裁量と規制緩和読本 — 教育行財政の規
制緩和)　髙見茂「教職研修総合特集」
132　1997.3　p138～143

キャリアアップ

和製英語。それまでの職業経験や経歴を生
かし、さらに内容も報酬もハイグレードな職
に転職していくこと。OLの語学留学、米国
ビジネススクールでのMBA取得、各種国家
試験の資格取得、ヘッドハンティングなどが
手段となる。低い地位・給与への転職はキャ
リアダウン。

【図書】

◇キャリアアップのための大学院進学のスス
メ　河合塾ライセンススクール監修,森宏
之著　東京　中央経済社　2001.4　21cm
194p　1800円　①4-502-57198-9

◇学歴改造のすすめ — 自己投資はキャリ
ア・アップが一番!　西山昭彦著　東京　中経
出版　1999.9　19cm　239p　1400円
①4-8061-1275-5

【雑誌記事】

◇21世紀,知の追求とキャリアアップのため
の学問のススメ…大学へ行こう!! — 潜在
的ニーズを掘り起こすためには社会的な

サポートが必要だ　渡辺裕「連合」　13
(12)　2001.3　p20～22

◇女性たちの「キャリアアップ」が、社会を
変える。介護の現場に係わる主婦たちの
意識の変化とは —。(老いてときめく)
加藤仁「潮」　502　2000.12　p306～
307

◇キャリアアップ意識大調査 — 独自調査 若
手社員460人のホンネ(特集・キャリアアッ
プ白書2000 — 大学・大学院・MBA全ガイ
ド)「東洋経済」　5629　2000.5.13
p48～49

◇ホワイトカラーのキャリア・アップを支援
するビジネス・キャリア制度「エンプロ
イ首都圏版」　16(6)　1999.6　p6～9

◇キャリアアップを目指す:現代のストレン
グス&コンディショニングコーチとして
Clifford S.Dooman, Peter J.Titlebaum,
George M.De Marco,Jr.「NSCA Japan
journal」　6(1)　1999.2　p10～13

◇ビジネス・キャリア制度について(特集 ホ
ワイトカラーのキャリア・アップ)　中央職
業能力開発協会ビジネスキャリア部「労
働時報」　52(2)　1999.2　p14～25

◇職業能力習得制度(ビジネス・キャリア制
度)について(特集キャリアアップへの道)
職業能力開発局能力開発課「労働時報」
50(7)　1997.7　p18～20

◇資格取得のメリットとは何か? — キャリア
アップから自己実現の手段まで「THE21」
13(10)　1996.10　p117～119

◇女性社員のキャリア・アップを考える(特
集・女性社員を育てる・活かす)　大木節
子「企業と人材」　605　1993.12.5
p5～10

キャリア・エデュケーション　⇒ キャリア教育 を見よ

キャリア開発　career development

企業の年功序列のシステムに乗ったキャリ
アの蓄積より、個人個人が、自分のキャリア
を自己の責任において開発・デザインし、人
材価値を自分で築いていこうとする考え。

【図書】

◇ジョブウェブの就職自分戦略　佐藤孝治著
東京　ダイヤモンド社　2001.1　19cm
238p　1400円　①4-478-78282-2

◇21世紀のキャリア開発　仙崎武,池場望,宮崎冴子著　東京　文化書房博文社　1999.9　21cm　244p　2300円　①4-8301-0903-3

◇人事・教育白書—自立型キャリア開発時代の到来　富士ゼロックス総合教育研究所,日本能率協会マネジメントセンター編　東京　日本能率協会マネジメントセンター　1997.3　21cm　229p　3605円　①4-8207-1256-X

◇ミドルエイジにおける女性のキャリア開発　宮崎冴子著　東京　宮崎冴子　1996.3　30cm　94,18p

キャリア教育　career education

1971米国教育省が発表、10年余に亙って展開した教育改革の重点施策のひとつ。初等・中等・高等教育・成人教育の各ステージで、各々の発達段階に応じてキャリア（進路）を選択、その後の生活の中でも進歩が続けられるように準備する、組織的・総合的教育。幼少期からの職業観育成・コース選択能力の体得が趣旨。

【図書】

◇「キャリア発達と産業教育」理論と方法　城仁士,那須光章編著　東京　明治図書出版　1996.10　21cm　167p　1860円（総合的学習への提言 教科をクロスする授業 第3巻）①4-18-122303-5

◇キャリア教育の理論と実践　福地守作著　町田　玉川大学出版部　1995.10　22cm　263p　4326円　①4-472-10591-8

【雑誌記事】

◇無業・フリーターの増加とキャリア教育（特集 キャリア教育）　小杉礼子　「大学と学生」　437　2001.5　p7～13

◇米キャリア教育の系譜から何が学べるか—「社会へ出て行く若者たちに学校がすべきこと」はどう考えられてきたか (21世紀のキャリア教育特集号 いま「学校から仕事へ」School-to-Workを図る—アメリカ「キャリア教育」事情)　仙崎武　「キャリアガイダンス」　33(1)　2001.2　p60～63

◇キャリア教育のススメ—生徒・学生の学校から社会への円滑な移行のために　鹿嶋研之助　「教育展望」　46(11)　2000.12　p41～47

◇企業への就職教育から本当のキャリア教育への転換を日本でも実現するために　宮城まり子,古野庸一　「Works」　37　2000.1　p50～53

◇わが国〔日本〕におけるキャリア教育—中学校におけるキャリア教育の現状と課題　井口紀子　「立教大学教育学科研究年報」　42　1998　p47～57

ギャングエイジ　gang-age

子どもたちが自発的に形成する地域徒党集団。小学校高学年になると、数名～10数名の同年齢層の同性者が、家や地域の縦社会に対し横社会のグループを作る。共通の話題・趣味を持ち、共に行動、連帯感が強い。仲間うちだけで通用する規則があり、しばしば家庭や学校の規律より優先される。この集団はしばしば反社会的な行為をする面がありその観点からギャング集団と呼ばれ、その年頃の子どもたちをギャングエイジと呼ぶ。昨今の青少年問題の根底にはギャング集団の喪失によるものもあると言われた。

【図書】

◇子どもの仲間集団の研究　第2版　住田正樹著　福岡　九州大学出版会　2000.6　22cm　545p　8400円　①4-87378-637-1

◇子どもの仲間集団の研究　住田正樹著　福岡　九州大学出版会　1995.2　22cm　523p　9270円　①4-87378-396-8

◇ギャングエイジと学級集団づくり　鈴木和夫著　東京　明治図書出版　1994.3　21cm　138p　2060円　（教師入門 5）①4-18-854911-4

【雑誌記事】

◇ギャング集団の崩壊—たたわり,地域社会において（遊ばない子は危ない＜特集＞—なぜ子どもは遊ばなくなったか）　坂西友秀　「児童心理」　47(2)　1993.2　p188～192

キャンパス・セクシュアル・ハラスメント

大学・大学院内で発生する、学生や教職員にたいするセクシュアル・ハラスメント。大学では学問の自由の名の下密室性が高い、女性教員が少ない、立場の弱い非常勤職員に女性が多いなどの構造的体質によって性的嫌が

らせが起きやすいとされている。1997年キャンパス・セクシュアル・ハラスメント・全国ネットワークが発足して情報交換や支援活動を行っている。

【図書】
◇キャンパスセクシュアル・ハラスメント対応ガイド―あなたにできること、あなたがすべきこと　沼崎一郎著　京都　嵯峨野書院　2001.4　21cm　241p　1800円　①4-7823-0316-5
◇セクシュアル・ハラスメント―キャンパスから職場まで　萩原玉味監修・著、宮田加久子、渋谷秀樹、上野千鶴子、加藤秀一、角田由紀子、京藤哲久著、明治学院大学立法研究会編　信山社出版　2000.10　19×14cm　420p　5000円　①4-7972-5094-1
◇京大・矢野事件―キャンパスセクハラ裁判の問うたもの　小野和子編・著　インパクト出版会;イザラ書房〔発売〕　1998.9　19cm　301p　2000円　①4-7554-0081-3
◇キャンパス性差別事情―ストップ・ザ・アカハラ　上野千鶴子編　三省堂　1997.7　21cm　265p　1500円　①4-385-35731-5

【雑誌記事】
◇セクシュアル・ハラスメントのないキャンパスをめざして―問われる大学の責任と防止対策の確立へ(特集 学校におけるセクシュアル・ハラスメント)　奥山明良「季刊教育法」128　2001.3　p4～8
◇キャンパス・セクシュアル・ハラスメント―実態・対応・課題(特集 男女共同参画社会における日本の学術)　上野千鶴子「学術の動向」5(6)　2000.6　p16～23
◇キャンパス・セクシュアル・ハラスメント、ガイドラインを検証する　田中かず子「女性労働研究」37　2000.1　p69～71
◇大学におけるセクシュアル・ハラスメントの法理　松田聡子「帝塚山学院大学研究論集」34　1999　p78～97
◇広がる大きな輪―「全国ネット」の活動から(特集 キャンパス・セクシュアル・ハラスメント)　渡辺和子「大学時報」48(268)　1999.9　p58～63
◇防止と根絶をめざして(特集 キャンパス・セクシュアル・ハラスメント)　下間康行「大学時報」48(268)　1999.9　p36～41
◇問われる大学の責任―大学の配慮義務を考える(特集 キャンパス・セクシュアル・ハラスメント)　戒能民江「大学時報」48(268)　1999.9　p30～35
◇大学、短期大学、高等専門学校におけるセクシュアル・ハラスメント防止のための取り組みについて「大学資料」139　1998.10　p80～87
◇現代キャンパス・セクシュアル・ハラスメント考―法的概念を中心に,その意義と対策をめぐって　萩原玉味「明治学院論叢」608　1998.3　p257～298

給食 ⇒ 学校給食 を見よ

教育委員会　Board of Education
1948年都道府県・市町村単位で置かれた教育行政機関。委員は県レベルで5人または6人、市町村(地方教育委員会)で5または3人。地方公共団体の長が議会の同意を得て任命、任期4年。教育長の下に指導主事・社会教育主事などの事務職が置かれ、文部省の指導に従い、大学と私立学校を除く学校教育・社会教育の諸実務に当たる。98年中教審答申「今後の地方教育行政の在り方について」で役割分担・制度の見直しなどが提言され、2000年4月からの地方分権一括法施行とともに、制度の見直しが各地で行われた。

【図書】
◇開かれた教育委員会と学校の自律性　東京　ぎょうせい　2001.3　21cm　321p　3000円　(地方分権と教育委員会　3)　①4-324-06302-8
◇地方分権と教育委員会制度　東京　ぎょうせい　2000.11　21cm　333p　3000円　(地方分権と教育委員会　1)　①4-324-06300-1
◇迷走する教育委員会―その虚像と実像　柿沼昌芳,永野恒雄編著　東京　批評社　2000.11　21cm　177p　1600円　(戦後教育の検証　別巻3)　①4-8265-0317-2
◇地方教育行政の研究―教育委員会の動態分析　松井一麿編著　東京　多賀出版　1997.2　22cm　456p　9991円　①4-8115-4501-X

教育委員準公選制

1948年制定の教育委員会は公選制だったが、56年現行の任命制に改められた。これに対し、78年東京都中野区議会が条例として準公選制を可決、81年から実施(投票率の伸び悩みなどから94年廃止)。住民選挙の結果を考慮して区長が任命する仕組みで、文部省は違法だとの主張を続けているが、他の自治体にも運動が波及、85年には高槻市で導入された。

【図書】

◇今を生きる ― 熱く燃えつづけて 第四回中野区教育委員選び区民投票に参加した区民の記録 野方・新井地域中野の教育をつくる会編 東京 白石書店 1994.6 21cm 152,6p 1236円 ①4-7866-0279-5

◇教育委員準公選の記録 4 教育自治と住民参加 中野区編著 東京 エイデル研究所 1994.4 21cm 287p 2800円 ①4-87168-188-2

【雑誌記事】

◇自治体における参加の計画化をめぐる研究課題と方法 ― 中野区における教育委員準公選制度と住区協議会制度を事例として(教育参加と子どもの権利条約 ― 第3分科会 PTA・父母参加・教育住民自治) 荒井文昭 「日本教育法学会年報」 25 1996.3 p155〜164

◇さまよう教育自治 ― 教育委員準公選制廃止をめぐって(前線記者) 鈴木久美子 「新聞研究」 511 1994.2 p84〜85

◇教育委員準公選制と教育行政改革(特集・教育委員会制度を考える) 三上昭彦 「都市問題」 84(4) 1993.4 p17〜27

教育を受ける権利 ⇒ 教育権 を見よ

教育改革国民会議

2000年3月に設置された、「21世紀の日本を担う創造性の高い人材の育成を目指し、教育の基本に遡って幅広く今後の教育のあり方について検討するため」の内閣総理大臣の諮問機関。江崎玲於奈氏を座長に、民間の識者、公立大学教授・公立学校教諭などの26人の委員から成る。同年12月にまとめた「教育改革国民会議報告 ― 教育を変える17の提案 ―」で教育基本法の改定の必要を明記して注目を集めた。

【図書】

◇新時代の教育をどう構想するか ― 教育改革国民会議の残した課題 藤田英典〔著〕 東京 岩波書店 2001.3 21cm 71p 440円 (岩波ブックレット no.533) ①4-00-009233-2

◇教育改革国民会議の記録〔本編〕 東京 内閣官房教育改革国民会議担当室 2001.1 30cm 556p

◇教育改革国民会議で何が論じられたか 河上亮一著 東京 草思社 2000.11 19cm 237p 1400円 ①4-7942-1013-2

【雑誌記事】

◇教育改革で問われているもの ― 教育改革国民会議の意味(特集 総批判・教育改革国民会議 ― 第1部 報告の総合的検討) 中田康彦 「人間と教育」 29 2001 p26〜32

◇「教育改革国民会議報告」を批判する ― あまりにもお粗末な独善と愚策の数々。この報告書こそが、日本の危機の象徴だ(特集・学ぶってなんだろう 教えるってなんだろう) 佐藤学 「世界」 686 2001.4 p106〜114

◇たかが「教育改革国民会議」、されど… 最終報告の問題点を考える 梶原洋一 「進歩と改革」 592 2001.4 p57〜61,56

◇教育改革国民会議報告を読んで ― 教育改革から国家改革への意図(特集 真の教育改革をめざして) 間宮陽介 「生活経済政策」 51 2001.4 p2〜5

◇教育改革と「21世紀・日本の教育」読本 ― 教育改革国民会議「教育を変える17の提案」を検討する 下村哲夫 「教職研修総合特集」 144 2001.2 p1〜303

◇教育改革国民会議、最終答申を切る(教育・政治特集 強まるナショナリズムに抗して) 堀尾輝久,河合美喜夫,井口靖(他) 「未来をひらく教育」 123 2001.2 p4〜19

◇教育改革国民会議最終報告の概要 ― 分かりやすく具体的な提案 教育改革国民会議事務局 「時の動き」 45(2) 2001.2 p80〜83

◇資料 教育改革国民会議報告 ― 教育を変える17の提案 教育改革国民会議 「教育委員会月報」 52(11) 2001.2 p55〜69

◇戦後教育半世紀の大いなる反省 — 遂に教育基本法改正を打ち出した教育改革国民会議　勝岡寛次　「祖国と青年」　269　2001.2　p38〜48

◇教育改革国民会議の正統性を問う（特集・本当の教育改革とは何か）　浪本勝年　「世界」　681　2001.11　p69〜77

◇主張　教育改革国民会議の教育基本法改正提言と森首相の教育「改革」をゆるしてはならない　「進歩と改革」　586　2000.10　p1〜4

◇資料　教育改革国民会議について　「教育委員会月報」　52(3)　2000.6　p63〜66

教育改革提言

　教育に関する提言は中教審など教育関係の審議会による答申の他、行政改革委員会の規制緩和小委員会が教育関連分野の規制緩和策として提言をまとめている。民間では経済同友会が1995年「学校から『合校』へ」97年「「学働遊合（がくどうゆうごう）」のすすめ」2001年「学校と企業の一層の相互交流を目指して」など総論から各論まで幅広く提言を行っている。また、99年には社会経済生産性本部が、学区制の廃止、義務教育見直し、高校・大学入試の廃止など大胆な意見を展開する「選択・責任・連帯の教育改革 — 学校の機能回復をめざして — 」を発表した。

　→「合校」構想,「学働遊合」のすすめ をも見よ

【図書】

◇次代を担う子どもたちの健やかな成長を支援するための地域企業の協力について — 教育現場の荒廃や多発する少年事件を憂えて　提言　東京　東京商工会議所企画調査部　1999.11　30cm　17,33p

◇創造的科学技術開発を担う人材育成への提言 — 「教える教育」から「学ぶ教育」への転換　東京　経済同友会　1999.4　30cm　23,3p

◇21世紀に生きる力と豊かな郷土づくりを担う人材の育成をめざす本県教育の在り方について — 答申　〔長崎〕　長崎県教育振興懇話会　1999.3　30cm　53p

◇エコノミストによる教育改革への提言 — 「教育経済研究会」報告書　経済企画庁経済研究所編　東京　大蔵省印刷局　1998.4　21cm　177p　1200円　①4-17-130300-1

【雑誌記事】

◇市場による大学改革 — 『エコノミストによる教育改革への提言』の検討を中心として（特集 大学はどこに行くのか）　梅田守彦　「大学と教育」　26　1999.1　p22〜38

◇現場からの提案 — 教育にビッグバンを — 社会経済生産性本部の「教育改革に関する提言」を読んで　森薫　「賃金と社会保障」　1239　1998.12.10　p4〜12

◇エデュ・ケア21ジャーナル　社会経済生産性本部報告書 — 一石を投じた教育改革案　徳武靖　「エデュ・ケア21」　4(11)　1998.11　p36〜39

◇資料　選択・責任・連帯の教育改革 — 学校の機能回復をめざして　平成10年7月　社会経済生産性本部社会政策特別委員会　「賃金と社会保障」　1235　1998.10.10　p55〜73

◇経済学的視点からの教育改革への提言 — 教育経済研究会報告書より　足立直己　「ESP:economy,society,policy」　393　1998.6　p74〜77

◇エコノミストの『教育改革への提言』　足立直己　「財政経済研究月報」　45(4)　1998.4　p14〜20

教育改革プログラム

　1997年1月に当時の橋本首相が唱えた六大改革を受けて同月末に文部省が報告したプログラム。豊かな人間性の育成と新しい時代に対応しうる人材養成を基本的な目標とし、教育制度における多様で柔軟な対応を進めること、学校の枠に閉じこもらず、より広い視野からオープンな姿勢で改革に取り組むことと掲げる。具体的には完全学校週5日制の実施時期を明言、通学区域弾力化、飛び入学制度の導入など。

【図書】

◇教育改革プログラム — 「教育立国」を目指して　〔東京〕　文部省　1999.9　30cm　45p

◇教育改革プログラム　〔東京〕　文部省　1998.4　30cm　55p

【雑誌記事】

◇資料 教育改革プログラム—『教育立国』を目指して(文部省) 文部省 「季刊教育法」 123 2000.3 p40〜52

◇資料 教育改革プログラム(主要事項) 文部省政策課 「教育委員会月報」 51(8) 1999.11 p8〜11

◇「教育改革プログラム」を再度改定—文部省各種答申などを踏まえ内容を整理 「内外教育」 5047 1999.9.24 p8

◇意図は分かるが難しい(特集 文部省「新教育改革プログラム」を読む—「幼児期からの心の教育」をめぐって) 岡坂慎二 「現代教育科学」 41(2) 1998.2 p22〜23

◇教育制度の「多様で柔軟な対応」とはなにか(特集 文部省「新教育改革プログラム」を読む—「新教育改革プログラム」を読んで) 黒崎勲 「現代教育科学」 41(2) 1998.2 p17〜19

◇教育改革プログラムのあらまし(特集 教育改革の推進) 「時の動き」 41(10) 1997.10 p28〜31

◇《解説》「教育改革プログラム」の改訂について 文部省政策課 「教育委員会月報」 49(5) 1997.8 p130〜135

◇文部省「教育改革プログラム」<全文> 「教職研修」 25(7) 1997.3 p170〜177

教育科学研究会

教科研のこと。新教育運動、プロレタリア教育運動、生活綴方運動などと並ぶ、日本の代表的な民間教育運動の団体。1930年代城戸幡太郎編集の岩波講座「教育科学」に端を発し、実証的な方法による教育の研究を追及。現在では雑誌「教育」の発行や、様々な研究部会・地域教科研・「教育」読者会を中心に活動を続けている。

【図書】

◇教育科学の誕生—教育科学研究会史 民間教育史料研究会、中内敏夫、田嶋一、橋本紀子編 大月書店 1997.1 21cm 564,7p 10000円 ①4-272-41092-X

【雑誌記事】

◇(発題)教育改革への民衆的接近—今,教科研がとりくんでいること(特集/子どもと生きる 地域に生きる(教育科学研究会 3月集会)) 田中孝彦 「教育」 47(8) 1997.8 p8〜11

◇教育科学研究会(1937〜41)成立史 田嶋一 「国学院雑誌」 97(9) 1996.9 p1〜11

◇寒川道夫の教育実践と教育科学研究会 小林千枝子 「作新学院大学紀要」 5 1995.3 (松岡武,須藤清次先生記念号) p113〜155

◇教育学における戦争反省—教育科学研究会の場合(平和のために熱い論争を<特集>) 佐藤広美 「教育」 45(3) 1995.3 p23〜30

教育課程 curriculum

学習者の発達・学力の程度に応じて、教育目的に沿って選ばれた教育教材を時系的・空間的契機から系列化した教育内容の総体。カリキュラム。学問の体系を基礎に据える教科カリキュラム、児童生徒の自発的活動から組織する経験カリキュラムなどの分類がある。

【図書】

◇学びのためのカリキュラム論 グループ・ディダクティカ編 東京 勁草書房 2000.9 20cm 255,9p 2600円 ①4-326-29867-7

◇教育課程—カリキュラム入門 柴田義松著 東京 有斐閣 2000.1 19cm 247p 1800円 (有斐閣コンパクト) ①4-641-07630-8

◇カリキュラム研究入門 新版 安彦忠彦編 東京 勁草書房 1999.5 20cm 238,22p 2600円 ①4-326-29815-4

◇新しい教育課程と21世紀の学校 東京 ぎょうせい 1998.11 21cm 278p 2200円 (新しい教育課程と学校づくり 1) ①4-324-05602-1

◇教育課程改革と教師の専門職性—ナショナルカリキュラムを超えて デニス・ロートン著、勝野正章訳 東京 学文社 1998.4 22cm 194p 2200円 ①4-7620-0786-2

◇「21世紀の教育内容」にふさわしいカリキュラムの提案 日本学術協力財団編 東京 大蔵省印刷局 1997.10 21cm 510p 3300円 (日学選書 9) ①4-17-314603-5

◇21世紀を展望する新教育課程編成への提案—理科教育、数学教育、技術教育、情報教育 日本学術協力財団編 東京 大蔵

省印刷局　1996.6　21cm　537p　3000
円　（日学選書　3）　Ⓓ4-17-314601-9
◇小学校教育課程の分化と統合に関する教授
学的研究 ― 生活科および新教科（記号科、
環境科、人間科、表現科など）を中心にして
奈良教育大学編　奈良　奈良教育大学
1996.3　26cm　180p　（教育研究学内
特別経費報告書　平成7年度）
◇カリキュラムの社会学的研究 ― 教科によ
る学校成員の統制過程　田中統治著　東京
東洋館出版社　1996.2　22cm　200p
3800円　Ⓓ4-491-01259-8
◇学校で宝物見つけた ― 子どもとつくる教
育課程　梅原利夫著　東京　新日本出版社
1995.6　19cm　251p　1700円　Ⓓ4-406-
02364-X
◇教育課程改善の視点の研究 ― 第4課題検
討委員会報告書　日本教育研究連合会第4
課題検討委員会［編］　東京　日本教育研
究連合会　1995.5　26cm　101p
◇教育課程　柴田義松編著　東京　放送大学
教育振興会　1994.3　21cm　168p
1750円（放送大学教材　1994）Ⓓ4-595-
82156-5
◇教育課程の理論と実践　天野正輝著　東京
樹村房　1993.11　22cm　223p　2060
円　（教育学テキストシリーズ　6）Ⓓ4-
915507-65-3

【雑誌記事】
◇中高一貫教育における教育課程編成の視
点（特集 中高一貫教育の推進）工藤文三
「中等教育資料」49(10)　2000.7　p16
～21
◇提言・「学校の個性」をつくる教育課程の弾
力化（特集「学校の特色」をどこに求めるか）「現代教育科学」43(1)　2000.1
p5～19
◇教育改革への提言1―1―教育課程システ
ムの柔軟化　菱村幸彦　「学校経営」43
(6)　1998.5　p6～9
◇21世紀の教育課程を考える（特集・学校五
日制と教育の規制緩和）平原春好　「季刊
教育法」108　1997.1　p4～7
◇教育課程の弾力化はどこがポイントか（＜
特集＞学校のスリム化―これは厳選できる22例―ゆとりを生む学校経営の厳選点
はここだ!）平沢郁夫　「学校運営研究」
35(13)　1996.11　p24～26

教育課程審議会

　文部科学大臣の諮問機関で教育課程に関する事項について諮問に応じて調査し、建議する。1996年7月の中教審答申を受け、98年7月と2000年12月に答申を提出している。

　→ 教育課程審議会答申 をも見よ

【雑誌記事】
◇ラウンジ 教課審（下）「内外教育」5136
2000.8.29　p28
◇ラウンジ 教課審（上）「内外教育」5134
2000.8.22　p28
◇特集 教課審〔教育課程審議会〕に学校の未来を託せるが「教育」48(11)　1998.11
p5～84
◇教育情報 数学教育協議会の教育課程審議
会・文部省への申し入れについて　小寺隆
幸「教育」48(8)　1998.8　p111～113
◇ニュース 教育課程審議会について「初等
教育資料」657　1996.10　p85～88
◇解説 今秋にも教育課程審議会が発足 ― 中
教審第一次答申をめぐる問題と今後（中教
審答申の21世紀学校像を読む）安達拓二
「現代教育科学」39(10)　1996.9　p5～
14

教育課程審議会答申

　98年7月の答申「幼稚園、小学校、中学校、高等学校、盲学校、聾学校及び養護学校の教育課程の基準の改善について」では「総合的な学習の時間」を提言した、文部省はこれに基づいて学習指導要領の改訂を行った。2000年12月の答申「児童生徒の学習と教育課程の実施状況の評価の在り方について」をは指導要録の取り扱いや評価についてまとめたもの。

【図書】
◇児童生徒の学習と教育課程の実施状況の評
価の在り方について ― 答申　〔東京〕
教育課程審議会　2000.12　30cm　102p
◇キーワードで読む教課審答申　亀井浩明、
有園格、佐野金吾編著　東京　ぎょうせい
1998.11　21cm　313p　3000円　Ⓓ4-
324-05593-9

【雑誌記事】

◇教育ニュース・ズームアップ 教育課程審議会が「評価」で答申 安達拓二 「現代教育科学」 44(2) 2001.2 P87～90

◇教育課程審議会 児童生徒の学習と教育課程の実施状況の評価の在り方について(答申)〈全文〉 「初等教育資料」 730 2001.1 P94～128

◇教育課程審議会「児童生徒の学習と教育課程の実施状況の評価の在り方について(答申)」の概要 「初等教育資料」 730 2001.1 P91～93

◇教育課程審議会答申(学校経営ハンドブック 20 審議会答申のキーワード解説(1996～1999年)) 「学校経営」 45(4) 2000.3 p95～116

◇解説 幼稚園,小学校,中学校,高等学校,盲学校,聾学校及び養護学校の教育課程の基準の改善について(教育課程審議会答申) 小学校課教育課程企画室 「教育委員会月報」 50(7) 1998.10 p30～40

◇資料 幼稚園、小学校、中学校、高等学校、盲学校、聾学校及び養護学校の教育課程の改善について(答申)抜粋 文部省教育課程審議会 「エデュ・ケア21」 4(10) 1998.10 P33～37

◇教育課程審議会答申全文と重点事項の解説 「学校運営研究」 37(12) 1998.9 p1～221

教育環境 educational environment

子どもの心身発達に影響を与える外的条件となる環境。家庭環境・社会状況・人文地理的状況・社会環境など子どもを取り巻くすべての生活環境が、子どもの一定の人間形成に影響をもたらすことから、大変広意味なものとなる。特に近年、高度な情報化・家庭の核家族化・学校と社会の関係など子どもを取り巻く環境は大きく変化し、その調査や望ましい環境作りのための方策をたてることが急務といえる。

【図書】

◇子どもの育成と社会 鈎治雄〔ほか〕著 東京 八千代出版 2000.9 22cm 280p 2500円 ①4-8429-1173-5

◇教育環境の再生をめざして 谷川彰英〔ほか〕著 東京 東京書籍 2000.3 22cm 307p 3000円 (21世紀の教育と子どもたち 第4巻) ①4-487-75753-3

◇子どもがとらえた教育環境 — 人・空間・時間・情報から何を学んでいるか 指定都市教育研究所連盟編著 東京 東洋館出版社 2000.3 27cm 129p 2000円 ①4-491-01582-1

【雑誌記事】

◇インターネットが変える教育環境 — 共同利用サーバの設置を通して 白井靖敏, 平山欣孝, 天野昌和(他) 「名古屋女子大学紀要 人文・社会編」 47 2001.3 p69～82

◇子どもの教育環境を守る(教育改革と「21世紀・日本の教育」読本 — 教育改革国民会議「教育を変える17の提案」を検討する — 人間性豊かな日本人の育成 — 問題を起こす子どもへの教育をあいまいにしない) 坂本昇一 「教職研修総合特集」 144 2001.2 p58～61

◇環境と人間行動 — 教育環境考 宮原英種 「第一経大論集」 30(3) 2000.12 p123～142

◇子どもの教育環境とその変化への対応(特集 多様化する教育環境と社会) 「調査季報」 140 1999.12 p10～22

◇多様化する教育環境(特集 多様化する教育環境と社会) 「調査季報」 140 1999.12 p34～42

◇信頼関係を基盤にした教育環境を(特集 2002年の学校像) 小島弘道 「悠」 15(11) 1998.11 p26～27

◇スクールトピアをめざして(特集 改定にシフト!校内研修テーマ50選 — 学校・子供にゆとりの出る教育環境と校内研修の課題 — 教育課程の弾力化と特色ある学校づくりを求めて) 田村好美 「学校運営研究」 36(6) 1997.5 p52～53

◇「生きる力」を育む教育環境の整備(特集「ゆとり」の創造) 長谷川浩 「教職研修」 25(6) 1997.2 p62～65

◇完全学校週五日制下の「ゆとりある教育環境」(連続特集 中教審「第一次答申」の徹底分析と具体化へのポイント(3)) 青柳健一 「教職研修」 25(2) 1996.10 p34～37

◇大学生の価値志向と教育環境の時代的変遷〔含 英文抄録〕 岡林秀樹 「教育研究 国際基督教大学学報 1-A」 38 1996.3 p109～155

◇教育環境としての教師―調査結果にみる教師と子どもの認知のずれ　鈎治雄　「児童心理」　49(1)　1995.1　p112〜117

教育機器　educational aids, teaching equipment

　学習指導の効率を高め、指導目標の達成を用意にするために使用される機械・器具。「教育メディア」を同義で用いることも多い。情報提示機能の効率化を図る視聴覚機器(映写機・テレビ・OHPなど)や学習情報の収集処理のための機器(反応分析装置)、授業学習支援機器(LL・MLなど)があげられる。また汎用的に利用できるコンピュータを導入する学校も増えており、学習活動の上で教育機器の果たす役割は、ますます大きくなっている。

【図書】

◇教育機器利用のアイデア　岡本実編著、森一夫、角屋重樹総監修　明治図書出版　1996.10　26cm　127p　2505円　(理科授業を面白くするアイデア大百科 11)　①4-18-672100-9

◇AV機器の利用　直井一博著、金谷憲、谷口幸夫編　研究社出版　1993.7　21cm　103,6p　1408円　(英語教師の四十八手―英語授業のアイデア集 3)　①4-327-41203-1

【雑誌記事】

◇英語学習を促すツールとしてのLL教室の機器活用事例　吉田国子　「武蔵工業大学環境情報学部情報メディアセンタージャーナル」　2　2001.4　p34〜39

◇教育機器を活用する指導法(現代学習指導論(6))　後藤忠彦　「学校教育研究所年報」　44　2000　p58〜68

◇授業における教育機器の活用　芦葉浪久　「学校教育研究所年報」　40　1996　p34〜43

◇提言 教育機器の活用による授業改善と課題―インターネットを利用した授業実践を通して(特集 教育改革の中の情報教育)　清水雅之　「教育展望」　42(9)　1996.10　p46〜49

◇6 研究テーマ シミュレーション教育機器について〈モリタ創業80周年記念技術論文集〉　岡野道明　「モリタ創業80周年記念技術論文集」　1996.9

◇英語教育と視聴覚教育機器(テープレコーダー及びビデオテープレコーダーを中心として)　前田竜一　「日本英語教育史研究」　9　1994.5　p69〜76

教育技術の法則化運動

　"出口論争"を経て、1985年東京の小学校教師・向山洋一が「20世紀教育技術・方法の集大成」を提唱して始めた民間教育運動。全国の法則サークルから多様な実践記録を公募、技術を共有財産化するシステム。教育のマニュアル化であり、技術にのみ頼る教師を生むなど批判も多い。

【図書】

◇教育技術の必要性　向山洋一著　東京　明治図書出版　1999.11　21cm　177p　1800円　(教え方のプロ・向山洋一全集 10)　①4-18-401012-1

◇向山実践の思想と極意　向山洋一教育実践原理原則研究会著　東京　明治図書出版　1997.3　21cm　210p　1957円　(向山洋一教育実践原理原則シリーズ 10)　①4-18-234713-7

◇教育技術の法則化 第12期116　1年―楽しく学び個性を伸ばす教育技術　向山洋一〔ほか〕編　東京　明治図書出版　1994.4　22cm　152p　1450円　①4-18-296706-2

◇教育技術の法則化 第12期117　2年―子どもの力を引き出す教育技術　向山洋一〔ほか〕編　東京　明治図書出版　1994.4　22cm　124p　1340円　①4-18-296800-X

◇教育技術の法則化 第12期118　3年―細分化の指導で子どもを伸ばす　向山洋一〔ほか〕編　東京　明治図書出版　1994.4　22cm　119p　1340円　①4-18-296904-9

◇教育技術の法則化 第12期119　4年―子どものやる気を引き出す教育技術　向山洋一〔ほか〕編　東京　明治図書出版　1994.4　22cm　248p　2060円　①4-18-297001-2

◇教育技術の法則化 第12期120　5年(1)―知的授業で子どもが燃える　向山洋一〔ほか〕編　東京　明治図書出版　1994.4　22cm　133p　1340円　①4-18-297105-1

◇教育技術の法則化 第12期121　5年(2)-子どもの意欲を育てる指導法　向山洋一〔ほか〕編　東京　明治図書出版　1994.4　22cm　157p　1450円　①4-18-297209-0

◇教育技術の法則化　第12期 122　6年(1)-子どもが生き生きと取り組む教育技術　向山洋一〔ほか〕編　東京　明治図書出版　1994.4　22cm　161p　1450円　ⓣ4-18-297303-8
◇教育技術の法則化　第12期 123　6年(2)-明るく楽しく学ばせる教育技術　向山洋一〔ほか〕編　東京　明治図書出版　1994.4　22cm　205p　1760円　ⓣ4-18-297407-7
◇教育技術の法則化　第12期 124　すぐに使える微細技術—全学年　向山洋一〔ほか〕編　東京　明治図書出版　1994.4　22cm　103p　1140円　ⓣ4-18-297501-4
◇教育技術の法則化　第12期 126　中学校社会 1 生徒が熱中する社会科授業　向山洋一〔ほか〕編　東京　明治図書出版　1994.4　22cm　239p　2270円　ⓣ4-18-297709-2
◇教育技術の法則化　第12期 127　中学校社会 2 生徒が活躍する社会科授業　向山洋一〔ほか〕編　東京　明治図書出版　1994.4　22cm　262p　2480円　ⓣ4-18-297803-X

【雑誌記事】
◇ゲスト向山洋一—「教育技術法則化運動」代表—教育が変われば日本は変わる(小石原昭の悠々対談　この人いまの気分〔13〕)　向山洋一,小石原昭　「財界」　48(7)　2000.3.28　p100〜104
◇法則化運動のこれからの課題—12完—法則化運動の理念　向山洋一　「現代教育科学」　39(3)　1996.3　p101〜105
◇「教育技術法則化運動」に見られる体育の授業づくりについての検討—過去の体育授業論との関係性に関する検討を中心に　鈴木秀人　「体育学研究」　40(4)　1995.11　p221〜233
◇法則化運動のこれからの課題—1—そして今,法則化運動は　向山洋一　「現代教育科学」　38(4)　1995.4　p101〜105
◇「できない子」を「できる子」にさせる法則化運動への期待—論壇時評—57—　明石要一　「現代教育科学」　37(12)　1994.12　p91〜94

教育基本法　Fundamental Law of Education
　1947年日本国憲法の精神に基づき制定。教育憲章・教育憲法の性格が強い。教育勅語に代わる民主主義教育のあり方の基本方針を前文及び11条で述べ,教育の目的・教育の機会均等・義務教育・男女共学,社会教育,政治教育,宗教教育,教育行政などについて定める。教育改革国民会議が見直しを提案,2001年11月,遠山文部科学相は中央教育審議会に諮問した。

【図書】
◇新教育基本法6つの提言　西沢潤一編著　東京　小学館　2001.9　15cm　252p　533円　(小学館文庫)　ⓣ4-09-402436-0
◇教育基本法の理念を考える　中谷彪著　東京　北樹出版　2001.2　21cm　100p　1300円　ⓣ4-89384-798-8
◇教育基本法を考える — その本質と現代的意義　改訂版　浪本勝年,中谷彪編著　東京　北樹出版　2001.1　22cm　116p　1300円　ⓣ4-89384-795-3
◇みんなのための教育改革 — 教育基本法からの再出発　関曠野著　東京　太郎次郎社　2000.6　20cm　196p　2000円　ⓣ4-8118-0656-5
◇教育基本法を考える — その本質と現代的意義　浪本勝年,中谷彪編著　東京　北樹出版　2000.5　21cm　110p　1300円　ⓣ4-89384-761-9
◇「教育基本法」改正試(私)案　田中啓二郎〔著〕　〔東京〕　世界平和研究所　1998.9　30cm　15p　(平和研レポート)
◇教育基本法の解説　教育法令研究会著　東京　日本図書センター　1998.9　22cm　140p　(日本現代教育基本文献叢書)　ⓣ4-8205-3972-8,4-8205-3971-X
◇教育基本法歴史と研究　川合章,室井力編　東京　新日本出版社　1998.8　22cm　283p　3000円　ⓣ4-406-02605-3
◇資料教育基本法50年史　鈴木英一,平原春好編　東京　勁草書房　1998.6　22cm　1531p　42000円　ⓣ4-326-25038-0

【雑誌記事】
◇憲法・教育基本法の現実的危機(特集　総批判・教育改革国民会議 — 第1部 報告の総合的検討)　土屋基規　「人間と教育」　29　2001　p12〜17
◇教育基本法改正論批判(特集/教育基本法を二一世紀のなかで読み解く)　三上昭彦　「教育」　51(9)　2001.9　p24〜30
◇政治力学で進む「教育基本法」論議(特集・学ぶってなんだろう　教えるってなんだろ

う）桜井慈和 「世界」 686 2001.4
p115〜119
◇教育ニュース・ズームアップ 教育改革国民
会議が最終報告 — 教育基本法の改正に3視
点を示す 安達拓二 「現代教育科学」
44(3) 2001.3 p87〜89
◇教育基本法「改正」を許さない 長谷川英
俊 「エデュカス」 31 2001.1 p95〜
99
◇巻頭言 教育基本法は何故改正されなけれ
ばならないのか — 相次ぐ少年犯罪を顧み
て思う 桃島有三 「祖国と青年」 267
2000.12 p17〜21
◇教育基本法と教育改革 池本薫 「学校経
営」 45(5) 2000.4 p50〜52
◇「教育勅語」と「教育基本法」の政治性と
教育性(特集 日本教育学会第58回大会報
告 — シンポジウム「政治と教育 — 教育は
何であり、何でないか」) 俵木浩太郎 「教
育学研究」 67(1) 2000.3 p46〜48
◇資料・教育基本法Q&A 全国教育問題協
議会 「月刊自由民主」 562 2000.1
p100〜111

教育訓練給付制度

1998年12月に始まった制度。5年以上雇用
保険に加入した人が、資格の取得や技能の
向上を目的として(趣味・入門的なものは除
外される)各種の教育機関で厚生労働大臣の
指定する通学・通信制の講座を修了すると、
30万円を上限として本人が教育訓練施設に
支払った教育訓練経費の80％に相当する額が
ハローワーク(公共職業安定所)から支給さ
れるもの。民間教育機関での学習の他、夜
間大学院や通信制大学院での学習について
も適用される。

【雑誌記事】

◇すでに42万人が利用 サラリーマンに最大
30万円の「学資」補助(特集・「知は力」ビ
ジネスマンの勉強術) 和田芳隆 「エコノ
ミスト」 79(24) 2001.6.5 p67
◇今月の話題チェック・アイ 受講料の80％が
リターン!「教育訓練給付制度」 「たしか
な目」 159 1999.10 p12〜15
◇社員教育費の8割を国が負担する新制度開
始(経営チェック) 「日経ベンチャー」
171 1998.12 p11

教育権 educational rights

一般には「教育を受ける権利」を意味す
ることが多いが、国が教育をする権利、学
校教育への教育要求権などを含む親の教育
権、教育の自主性や学問の自由を重んじる
学校教師の教育権など、様々な分脈で用い
られる。

→ 親の教育権 をも見よ

【図書】

◇学校と教師の教育権 上 牧柾名著 東京
エムティ出版 1998.9 22cm 225p
(牧柾名教育学著作集 子どもの権利と教師
の権利 第4巻) ⓘ4-89614-804-5
◇学校と教師の教育権 下 牧柾名著 東京
エムティ出版 1998.9 22cm 245p
(牧柾名教育学著作集 子どもの権利と教師
の権利 第5巻) ⓘ4-89614-804-5
◇教育権の歴史と理論 上 牧柾名著 東京
エムティ出版 1998.9 22cm 264p
(牧柾名教育学著作集 子どもの権利と教師
の権利 第1巻) ⓘ4-89614-804-5
◇教育権の歴史と理論 下 牧柾名著 東京
エムティ出版 1998.9 22cm 230p
(牧柾名教育学著作集 子どもの権利と教師
の権利 第2巻) ⓘ4-89614-804-5
◇公教育の原理と教育を受ける権利 牧柾名
著 東京 エムティ出版 1998.9 22cm
242p (牧柾名教育学著作集 子どもの権利
と教師の権利 第6巻) ⓘ4-89614-804-5
◇教育権の理論 田辺勝二著 東京 信山社
出版 1998.8 22cm 384,2,2p 8700
円 ⓘ4-7972-1792-8
◇法学教育におけるコンピュータの利用
法学教育研究班〔著〕 吹田 関西大学法
学研究所 1995.6 21cm 325p (関西
大学法学研究所研究叢書 第11冊) ⓘ4-
906555-02-0
◇学校教育における親の権利 結城忠〔著〕
東京 海鳴社 1994.6 20cm 330p
3090円 ⓘ4-87525-161-0
◇憲法と教育人権 山崎真秀著 東京 勁草
書房 1994.5 22cm 237p 3296円
ⓘ4-326-40163-X
◇学校の条件 — 学校を参加と学習と自治
の場に 竹内常一著 東京 青木書店
1994.4 20cm 284p 2266円
ⓘ4-250-94000-4

【雑誌記事】
◇『教育権』認識の方法視角 — 現代法理論の地平から　広瀬義徳　「教育制度研究紀要」　2　2001.3　p1～11
◇教育要求の発展と人権 — 教育権にかんする一般注釈13号(特集 新しい世紀を考える)　八木英二　「部落」　53(1)　2001.1　p20～25
◇学校教育は誰が最終的に責任を負うのか — 教育権不在の戦後教育を問う　桃島有三　「祖国と青年」　261　2000.6　p17～23
◇教育を受ける権利と義務の再考 — 大学生の教育権意識調査より　十枝修　「社会科学研究」　13　2000.2　p81～98
◇医療的ケアは教育権保障の課題(特集 医療的ケアが必要な子どもの教育)　中村尚子　「みんなのねがい」　378　1999.6　p16～19
◇公的価値と「教育を受ける権利」—「教育権」論の諸相と公教育の形態と展開　斉藤寿　「公法理論」　20　1997.2　p2～19
◇教育権の視点による学校教育の考察 — 面接調査の結果を中心に　酒井玲子　「北星学園大学文学部北星論集」　32　1995.3　p131～156

教育工学　educational technology, educational engineering

　教育者が、より適切な教育行為を選ぶことができるようにする工学。教授行為～学習行為間と過程(＝授業)にまつわる諸々の要素の関連を解明、効果的な要素の組み合わせを実践し、その評価を元に更に新しいプログラムを開発していく。視聴覚教育・カリキュラム開発・システム研究・教育経営など多くの研究が、この教育工学に統合されてきている。

【図書】
◇教育工学事典　日本教育工学会編　東京　実教出版　2000.6　27cm　31,589p　12000円　Ⓘ4-407-05110-8
◇構成主義パラダイムと学習環境デザイン　久保田賢一著　吹田　関西大学出版部　2000.3　21cm　192p　1900円　Ⓘ4-87354-308-8
◇教育方法の科学　土井捷三著　松戸　梓出版社　1999.4　21cm　190p　2000円　Ⓘ4-87262-606-0
◇教育実践と教育工学 — 教育改善への視座　赤堀侃司編　東京　ぎょうせい　1993.4　22cm　240p　2800円　Ⓘ4-324-03720-5
◇教育工学 — 認知心理学からのアプローチ　井上智義〔ほか〕共著　京都　サイテック　1993.3　26cm　146p　2800円　Ⓘ4-915928-01-2

【雑誌記事】
◇学校教育とマルチメディア — 人工知能,認知科学,教育工学における現状と課題(日本教育心理学会第40回総会概要 — 準備委員会企画シンポジウム)　岡本敏雄、山崎正吉、佐伯胖(他)　「教育心理学年報」　38　1999.3　p8～13
◇教育工学における主観的アプローチの研究方法論 — 教育技術の研究方法としての教育工学(教育実践研究の新しい展開 — 鳴門教育大学 1996年7月13日(土))　西之薗晴夫　「日本教育工学会研究報告集」　JET96-4　1996.7.13　p49～54
◇映像メディア研究の教育工学的アプローチ — 映像リテラシー教育の研究・実践動向(映像コミュニケーション研究の新展開＜特集＞)　水越敏行、木原俊行　「マス・コミュニケーション研究」　46　1995.1　p32～43
◇17 魅力ある授業実践の方法 — 教育工学の発展的構築に向けて〈川並弘昭先生還暦記念論集〉　加藤好男　「川並弘昭先生還暦記念論集」　1994.4
◇システムとディスコース — 教育工学研究覚え書き　中野和光　「教育実践研究」　創刊号　1993.3　p83～86

教育産業　⇒教育文化産業 を見よ

教育実習　teaching practice

　教職への適性診断、実践的力量の実験的形成などを目的に課せられた、教職課程の専門科目。学習指導・生徒指導を指導教師に就いて学ぶ。1988年の教職免許法改正で必修となり、97年の教育職員養成審議会答申を受け、2000年度から中学校免許については期間が延長された。

【図書】

◇教育実習の新たな展開 有吉英樹,長沢憲保編著 京都 ミネルヴァ書房 2001.6 21cm 210p 2200円 (Minerva教職講座 15) ⓘ4-623-03447-X

◇それいけ!教育実習生 ― 教育実習をより充実させるために 高木宗一著 東京 近代文芸社 1997.7 20cm 136p 1300円 ⓘ4-7733-5857-2

◇教育実習の理論と実践 ― 教師教育の望ましい在り方をめざして 岡田忠男〔ほか〕編 東京 文化書房博文社 1995.10 21cm 228p 2575円 ⓘ4-8301-0744-8

◇教育実習ハンドブック 教育技術研究会編 東京 ぎょうせい 1993.10 21cm 352p 2900円 ⓘ4-324-03882-1

◇教育実習 岸光城,羽原貞夫編著 京都 ミネルヴァ書房 1993.4 22cm 200p 2000円 (教職専門シリーズ 9) ⓘ4-623-02285-4

【雑誌記事】

◇教育実習で学ぶべきこと ― 現場のどこを見るか,何を身につけるか(特集 教員養成のこれから) 浅羽亮一 「英語教育」 50(3) 2001.6 p16～18

◇教育実習に対する大学の役割 ― 実習指導手引きの作成を通して 石岡富貴子 「家庭科教育」 74(8) 2000.8 p13～17

◇調査 中学の8割が「教職希望者だけに」― 教育実習の位置付けで大学側とギャップ ― 黒沢英典武蔵大教授らが教員養成の現状調査(上) 「内外教育」 5118 2000.6.20 p2～3

◇「教育実習」だけで先生になっていいのか(遠く学校から離れて〔24〕) 清水義範 「現代」 33(12) 1999.12 p311～317

◇教育実習に関する類型学的考察 藤枝静正 「埼玉大学紀要〔教育学部〕教育科学」 47(2) 1998.9 p1～15

◇教育実習で学生はなにを体得したか ― 最も関心を集めたことは 田矢一夫,金子博美 「文教大学教育学部紀要」 30 1996.12 p56～60

◇改正「教育職員免許法」のもとでの新しい「教育実習」方法論 ― 開放制教師教育の危機 加沢恒雄 「広島工業大学研究紀要」 28 1994.2 p1～10

教育自由化論 liberalization of education

臨教審の一部委員が主張した教育改革理念。画一化・硬直化した公教育制度から行政の介入を極力排除、学校設置の自由化・学校選択権の拡大で民間活力を導入し教育の活性化を図る構想。日教組からは差別への道と非難され、権限を失いたくない文部省も歓迎せず、1985年「自由化」に代わり「個性主義」が打ち出された。

【図書】

◇教育の市場化・民営化を問う 日本教育行政学会編 〔東京〕 日本教育行政学会 2000.10 21cm 361p 3700円 (日本教育行政学会年報 26 0919-8393) ⓘ4-87380-321-7

教育情報衛星通信ネットワーク ⇒エルネット を見よ

教育情報科学・工学

論文・記事・実践報告などの教育研究情報、指導案や教材教具、生活指導・進路指導・学習反応情報、施設・予算などの学校運営情報を収集し、有機的に活用する方法を開発研究する学問分野。コンピュータの支援で、京都教育大学の文献検索システム、鳴門教育大学の教師教育システム、尼崎市の学校間ネットワークなどの成果が挙がっている。

【図書】

◇インターネット時代の教育情報工学 2 岡本敏雄編著 東京 森北出版 2001.5 22cm 325p 3800円 ⓘ4-627-82671-0

◇インターネット時代の教育情報工学 1 岡本敏雄編著 東京 森北出版 2000.4 22cm 247p 3200円 ⓘ4-627-82611-7

教育情報の公開 educational information disclosure

学校における情報の公開には内申書と指導要録がまずあげられる。自治体の行政情報公開制度や個人情報保護条例に基づく開示請求が増え、90年代に入って指導要録・内申書の部分開示を認める自治体が出始めた。また、いじめに関係して、学校が行った調査

や作文の開示を要求するケースも見られる。また、2002年度よりセンター試験の個人成績が開示されるようになり、今後各大学で、入試の個人成績の部分開示が広まるものと見られる。

【図書】
◇学校の情報公開　兼子仁、早川昌秀共著　東京　ぎょうせい　1998.7　21cm　300p　3000円　⑪4-324-05463-0
◇教育情報公開の研究　坂本秀夫著　東京　学陽書房　1997.5　22cm　310p　3500円　⑪4-313-61027-8
◇子ども・児童の権利条約と学校教育情報の公開・開示問題　日本教育行政学会編〔東京〕　日本教育行政学会　1995.10　21cm　422p　4500円（日本教育行政学会年報　21）⑪4-87380-265-2

【雑誌記事】
◇学校と情報公開（いじめ裁判―いじめ裁判の現段階と論点）　清水勉　「季刊教育法」　126　2000.9　p11～14
◇学校の親に対するいじめ調査報告義務（いじめ裁判―いじめ裁判の現段階と論点）　市川須美子　「季刊教育法」　126　2000.9　p4～10
◇9　内申書・指導要録の全面開示の是非（憲法）　森田明　「ジュリスト」　1179　2000.6.10　（臨増（平成11年度　重要判例解説））　p23～24
◇判例にみる教育情報の開示・非開示（特集　情報公開に揺れる学校）「悠」　16(6)　1999.6　p22～29
◇学校事件を読む（14）教育個人情報の開示　下村哲夫　「悠」　15(5)　1998.5　p42～45
◇情報公開法（条例）と学校（特集　学校裁量と規制緩和読本―情報公開と規制緩和）糟谷正彦　「教職研修総合特集」　132　1997.3　p112～115
◇いじめ事件　父母たちの情報公開戦記　奥野修司　「文芸春秋」　74(9)　1996.7　p358～368
◇学校情報の公開と子どもの人権（教育情報はだれのものか＜特集＞）　佐藤司　「教育評論」　552　1993.5　p14～19
◇教育情報の開示請求にどう対応するか―指導要録の全面開示の決定をめぐって（特集・教育委員会制度を考える）

梶田叡一　「都市問題」　84(4)　1993.4　p29～38

教育職員免許法　⇒　教職免許法改正　を見よ

教育職員養成審議会

1996年の中央教育審議会答申を受け、当時の奥田文相のもと大学等における教員養成の改善方策をはじめとする今後の教員養成の在り方について審議するために集められた。1997年第1次答申、98年第2次答申、99年第3次答申を提出。

→教養審答申　をも見よ

【雑誌記事】
◇教育職員養成審議会の描く教師像（特集　危機に立つ大学と教員養成）　山口和孝　「日本の科学者」　36(3)　2001.3　p106～110
◇特集　新たな時代に向けた教員養成の改善方策について―教育職員養成審議会3年間の軌跡　「文部時報」　1490　2000.7　p7～46
◇時評　教育職員養成審議会に注目　徳武靖「学校経営」　42(10)　1997.9　p47～49

教育女性学

学校生活の場・教員文化・生徒文化・家庭でのしつけ・教育番組・教科書・児童書などにおける性別役割意識、女性研究者の地位など、教育の様々な側面に現れる性差別を分析研究する、教育社会学の一分野。男女別名簿への批判で男女混合名簿が登場するなど、児童生徒の性別による指導法の差を改める例も出てきた。

【雑誌記事】
◇〈緊急アンケート〉「つくる会」歴史教科書を読んで―『新しい公民教科書』女性の視点は存在しないのか（連続特集・歴史教科書論争を解体する）　北原みのり　「中央公論」　116(8)　2001.8　p109～112
◇教科書にみる女性史と歴史教育―高校日本史の場合（特集　近現代史の授業と女性教師）　横山百合子　「歴史地理教育」　588　1998.12　P19～27

教育人口 school population

学校などの教育機関に在籍する幼児・児童・生徒・学生の規模。学級数、学校数、教育数策定の基礎となり、教育財政に大きな影響をもつ。1999年度は2190万人で、総人口の17.3%を占める。初等・中等教育人口は出生率低下の影響で減少・停滞傾向、高等教育人口は進学希望率増・収容力増でなお増加傾向にある。

【雑誌記事】

◇教育人口の減少と学校経営—小規模校の学校経営上の問題の考察（教育経営ノート） 岩崎裂欸男 「日本教育経営学会紀要」 第35号 1993.6 p137～141

◇教育人口の変動と学校施設（〈特集〉教育人口の変動と教育経営の課題） 屋敷和佳 「日本教育経営学会紀要」 35 1993.6 p26～34

◇教育人口の変動と学校統廃合（〈特集〉教育人口の変動と教育経営の課題） 葉養正明 「日本教育経営学会紀要」 35 1993.6 p7～16

教育長 Superintendent of Education

教育委員会内の事務局長として、文部大臣（都道府県の教育長の場合）・都道府県教委（市町村の場合）の承認を得て、当該委員の中から任命される。教育行政上の大きな権限を握り、地方自治体に於ける教育分野での首長の意味あいが強く、教育専門職としての機能は有名無実化。教職員人事などを巡る汚職事件も起きている。2000年の地方分権一括法の成立と共に、任命承認制度を廃止、委員長を除く委員のうちから任命するとされた。

【図書】

◇矢は放たれた—ある教育長の手記 小竹信太郎著 近代文芸社 1996.2 19cm 249p 1456円 ⓘ4-7733-5261-2

◇まちづくりと生涯学習の交差点—掛川市教育長の2年9か月 大西珠枝、榛村純一著 ぎょうせい 1996.1 19cm 308p 2136円 ⓘ4-324-04744-8

【雑誌記事】

◇教育法規あらかると 市長が教育長を兼任? 「内外教育」 5193 2001.4.6 p27

◇教育長,校長制度の誕生と変遷（学校指導者（スクール・リーダー）—教育長・校長・教頭・指導主事の養成—戦後における学校指導者の資格制度の誕生と挫折） 千々布敏弥 「季刊教育法」 115 1998.3 p16～24

◇教育長の承認制の廃止（特集 学校裁量と規制緩和読本—教育行政の規制緩和） 浅野素雄 「教職研修総合特集」 132 1997.3 p164～167

◇教育長への新たな期待と役割（校長・教頭,教育長の職務の再検討〈特集〉） 浅野素雄 「季刊教育法」 94 1993.9 p17～22

教育勅語 Imperial Rescript on Education

1890年日本の教育の基本理念を示すものとして、明治天皇が下付した。全文315字、皇国史観に基づく徳育を重視、挙国一致・君臣一体の国体維持を説く。御真影と共に学校教育に対する天皇制支配の象徴として、神聖性を与えられ、暗写が義務づけられた。敗戦後48年失効。

【図書】

◇教育勅語の研究 岩本努編著 東京 民衆社 2001.5 22cm 255p 2800円 ⓘ4-8383-0824-8

◇君は教育勅語を知っているか—「神の国」の記憶 津田道夫著 東京 社会評論社 2000.11 21cm 127p 1200円 ⓘ4-7845-0768-X

◇教育勅語—昭和天皇の教科書 杉浦重剛著 東京 勉誠出版 2000.10 15cm 142,4p 500円 （勉誠文庫） ⓘ4-585-01053-X

◇『教育勅語』のすすめ—教育荒廃を救う道 清水馨八郎著 東京 日新報道 2001.1 19cm 143p 1200円 ⓘ4-8174-0457-4

◇今こそ日本人が見直すべき教育勅語 濤川栄太著 東京 ごま書房 1998.6 20cm 234p 1600円 ⓘ4-341-17159-0

◇教育勅語の社会史—ナショナリズムの創出と挫折 副田義也著 東京 有信堂高文社 1997.10 22cm 369p 5700円 ⓘ4-8420-6550-8

◇教育勅語—教育に関する勅語 大原康男監修・解説 東京 ライフ社 1996.10 22cm 45p 880円 ⓘ4-89730-034-7

【雑誌記事】

◇戦後道徳教育の再検討―「修身科」と「教育勅語」は本当に否定されたのか　貝塚茂樹　「祖国と青年」　276　2001.9　p50～57

◇「教育勅語」の使い途（再び教育立国に向けて）　中曽根康弘、西部邁、松井孝典、松本健一　「諸君!」　33(1)　2001.1　p162～175

◇学校教育に「教育勅語」を!　梅沢重雄　「月刊日本」　3(11)　1999.11　p30～35

教育内容の厳選

　中央教育審議会は1996年7月に発表した第1次答申で「子供たちが、自ら学び、自ら考える教育への転換」を目指すため「教育内容を基礎・基本に厳選し、授業時数を縮減する。」とし、具体的には小・中学校における重複の問題などの見直しの必要を指摘した。1998年7月、教育課程審議会はその答申で各教科の教育内容の具体的な削減案を提示した。学校週5日制に伴う授業時間の減少などから授業内容の見直しは必須のものであり、学力面でついていけない児童・生徒の減少を見込むものだが、学会・識者からの学力低下を生むとして反発も大きい。

【図書】

◇基礎・基本の徹底 ― 教育内容の厳選と新学力の育成　高田喜久司編　東京　教育開発研究所　2000.7　21cm　231p　2200円（教職研修総合特集）　④4-87380-769-7

【雑誌記事】

◇「薄くなった教科書」の波紋（時評2001）　苅谷剛彦　「中央公論」　116(6)　2001.6　p84～87

◇「教育内容の厳選」の可能性を探る―＜教育を変える＞ことと＜教育が変る＞こと（第44回大会公開シンポジウム報告）　岩川直樹　「関東教育学会紀要」　24　1997.11　p61～63

◇「教育内容の厳選」をめぐる改革の批判的検討（第44回大会公開シンポジウム報告）　佐藤学　「関東教育学会紀要」　24　1997.11　p71～73

◇「基礎・基本」に徹する＜厳選＞とは何か―「小学校・中学校・高校12年間」を見直しながら（特集 教課審の行方を読む＜教育課程の厳選＞―何を、どう、スリム化するのか）　安彦忠彦　「総合教育技術」　51(13)　1996.11　p20～23

◇教科内容の厳選と自己学習力の育成（＜特集＞学校のスリム化―これは厳選できる22例―学校のスリム化に立つ'97年度の経営計画＝厳選点はここだ!）　白石裕一　「学校運営研究」　35(13)　1996.11　p39～41

◇教育内容の厳選と基礎・基本の徹底（中教審・審議における11のキーワード）　島津忍　「学校経営」　41(8)　1996.7　p18～23

◇教育内容精選のもつ意味（戦後50年の教育＜特集＞）　佐藤三郎　「教育と医学」　43(8)　1995.8　p744～750

教育における平等主義

　日本国憲法には「能力に応じて等しく教育を受ける権利」（教育の機会均等）がうたわれており、これを実現すべく、全ての児童・生徒が共通の文化的内容と規範を習得できるようにと公教育は平等主義という理念に貫かれてきた。しかしこの平等主義は画一的な教育システムによって成立してきたものであり、「個性を生かす教育」が平等主義とどのように折り合うのかが問題となっている。またこの「平等主義」が「機会均等」を越えて「結果の平等」を含んできたことに現在の教育の問題点があるとする意見もある。

【図書】

◇階層化日本と教育危機 ― 不平等再生産から意欲格差社会へ　苅谷剛彦著　東京　有信堂高文社　2001.7　22cm　237,8p　3800円　④4-8420-8525-8

◇＜平等主義＞が学校を殺した　諏訪哲二著　東京　洋泉社　1997.1　20cm　237p　1900円　④4-89691-244-6

◇パソコン教育不平等論―子供のために大人は何をすべきか　渋谷宏編　中央公論社　1996.8　18cm　185p　757円（中公PC新書）　④4-12-510006-3

◇教育における公正と不公正　高倉翔編著　東京　教育開発研究所　1996.5　22cm　402p　5000円　④4-87380-271-7

◇大衆教育社会のゆくえ―学歴主義と平等神話の戦後史　苅谷剛彦著　中央公論社

1995.6　18cm　226p　699円　（中公新書）　①4-12-101249-6

【雑誌記事】

◇教育改革は、国民の意識改革から — まずは過度の平等意識を改めること（特集 政党 人を育てる）　有馬朗人　「月刊自由民主」　580　2001.4　p48〜53

◇大人にこそ教育改革を — 悩める親よ悪しき平等主義を捨てよ（教育荒廃どこが問題か「国民会議」の報告書を読む）　瀬戸内寂聴　「論座」　66　2000.11　p14〜21

◇「結果の平等」を追うのはやめよう（特集「教育改革の時代」何が欠落しているか — 「平等教育の見直し」何が問題か）　槇田健　「現代教育科学」　43(9)　2000.9　p56〜58

◇能力と平等は両立する（特集「教育改革の時代」何が欠落しているか — 「平等教育の見直し」何が問題か）　安藤豊　「現代教育科学」　43(9)　2000.9　p50〜52

◇結果ではなく機会の平等を（シンポジウム「いま、明治時代に何を学ぶべきか2」）　石川六郎　「正論」　329　2000.1　p276〜277

◇逆効果だった平等主義教育（先端研の窓から〔56〕）　野口悠紀雄　「週刊読売」　56(26)　1997.6.22　p50

◇「結果の平等」と「機会の平等」（小特集 院生レポート・私の考える国語教育）　宮地裕子　「文学と教育」　32　1996.12　p54〜58

◇「平等」主義から能力主義の効率的な教育へ（戦後50年・教育 戦後教育はこのようにして現在に至った〔1〕）　渡辺治　「週刊金曜日」　2(42)　1994.11.11　p10〜15

教育に関する勅語　⇒ 教育勅語 を見よ

教育に新聞を　⇒ NIE を見よ

教育の国際化

臨教審答申で国際社会への貢献が教育改革の視点に挙げられ、帰国子女教育・海外子女教育への対応、国際的に開かれた学校、留学生受け入れ体制の整備、日本語教育の充実、大学での学術交流促進などの改革案が提言された。90年には高校の外国語に英語以外を取り入れる構想が発表された。

【図書】

◇国際化時代の教育　東京　岩波書店　1998.6　22cm　240p　2800円　（岩波講座現代の教育 危機と改革 第11巻）　①4-00-010891-3

◇国際化と教育 — 日本の教育の国際化を考える　小林哲也著　東京　放送大学教育振興会　1995.3　21cm　211p　1750円　（放送大学教材　1995）　①4-595-82452-1

◇「教育の国際化」の今日的課題　日本教育行政学会編　〔東京〕　日本教育行政学会　1993.10　21cm　337p　3500円　（日本教育行政学会年報　19）　①4-87380-242-3

教育バウチャー　educational voucher

経済学者フリードマンの提唱した制度。教育当局が親に対して、教育経費に見合う価値を保証する証票「バウチャー」を発行。親は選択した学校に証票を提出、学校が当局から証票分の運営費を交付される仕組み。市場競争原理が学校改善を促進する利点の反面、人種や民族による階層化が進む危険性もある。米国では州によって導入状況に差がある。2000年の米国大統領選挙では制度を支持する陣営と、支持しない陣営との間に論議が起こった。

【雑誌記事】

◇米国の教育バウチャー制度を検証する 低所得層に私立進学の道、学力向上に効果 — 新たな格差拡大、公立校荒廃の懸念も　渡辺聡　「地方行政」　9375　2001.7.5　p2〜8

◇教育バウチャー制度の見直し（特集 学校裁量と規制緩和読本 — 学校制度の規制緩和）　葉養正明　「教職研修総合特集」　132　1997.3　p204〜207

◇教育バウチャーについて:経済分析と財政分析（〔日本経済政策学会第52回全国大会〕本年度〔1995年〕共通論題『国際化時代の経済ルール』 — 自由論題）　尾張豊　「日本経済政策学会年報」　44　1996　p156〜159

教育白書　White Paper on Education

文部省が文部行政について分析・解説した報告書。1953年初めて「わが国の教育水準」を発行、80年まではほぼ5年おきに、88年か

キヨウイ

らは「我が国の文教施策」と題して毎年発行している。毎年特集テーマがある。

【図書】

◇我が国の文教施策のあらまし 平成12年版 財務省印刷局編 東京 財務省印刷局 2001.2 18cm 40p 320円 (白書のあらまし 32) ④4-17-352532-X

◇我が国の文教施策 ― 文化立国に向けて 平成12年度 文部省編 大蔵省印刷局 2000.11 30cm 376p 2280円 ④4-17-551112-1

◇我が国の文教施策のあらまし 平成11年版 大蔵省印刷局編 東京 大蔵省印刷局 2000.3 18cm 36p 320円 (白書のあらまし 32) ④4-17-352432-3

◇我が国の文教施策 ― 進む「教育改革」 平成11年度 文部省編 大蔵省印刷局 1999.12 30cm 546p 2840円 ④4-17-551111-3

◇我が国の文教施策のあらまし 平成10年版 大蔵省印刷局編 東京 大蔵省印刷局 1998.12 18cm 65p 320円 (白書のあらまし 32) ④4-17-352332-7

◇我が国の文教施策 ― 心と体の健康とスポーツ 平成10年度 文部省編 大蔵省印刷局 1998.10 21cm 623p 2240円 ④4-17-551110-5

【雑誌記事】

◇『教育白書』を現場から反論する(特集 文部科学省の「学力低下しない」説を糺す) 「現代教育科学」 44(5) 2001.5 p15～24

◇特集テーマは7年ぶりに「文化」― 2000年度教育白書 「内外教育」 5157 2000.11.17 p8

◇白書を読む 進む「教育改革」― 平成11年度「我が国の文教施策」(教育白書) 文部省大臣官房調査統計企画課 「教育と情報」 502 2000.1 p38～43

◇白書を読む 心と体の健康とスポーツ ― 平成10年度「我が国の文教施策」(教育白書) 「体育」特集 「教育と情報」 490 1999.1 p42～47

◇白書を読む 未来を拓く学術研究 ― 平成9年度「我が国の文教施策」(教育白書)「学術」を特集 文部省大臣官房調査統計企画課 「教育と情報」 478 1998.1 p26～31

◇「教育白書」を読み直す 稲積宏誠 「技術と人間」 26(1) 1997.1・2 p30～37

教育費 costs of education

国や地方公共団体が支出する公教育費と、学校教育費・学校給食費・家庭教育費などの私教育費(保護者負担教育費)がある。私教育費には仕送りなども含まれる。91年から義務付けられた20歳以上の学生の国民年金加入も新たな就学負担となっている。

→学費 をも見よ

【図書】

◇保護者が負担する教育費調査報告書 ― アンケート調査 平成12年度 東京都教育庁総務部教育情報課編 東京 東京都教育委員会 2001.3 30cm 35p (調査統計資料 529号)

◇費用からみた子育てあれこれ 東京都生活文化局価格流通部価格調査課編 東京 東京都生活文化局 1994.3 30cm 109p (生活プラン・ハンドブックシリーズ 1)

◇子どもの御見積書 ― 0歳から22歳までこれだけかかる 「子育て経済」特捜班編 東京 サンマーク出版 1994.2 19cm 190p 1300円 ④4-7631-9102-0

【雑誌記事】

◇教育費負担の現状と機会不平等(特集 21世紀の教育と家族の変化) 田中敬文 「家族社会学研究」 12(2) 2001 p175～184

◇特集 国の教育費・地方の教育費 「教育と情報」 512 2000.11 p2～19

◇教育費の実態(特集 教育支援施策と教育費用) 「企業福祉」 22(492) 1999.5.1 p16～39

◇データから見た教育費の実態(特集 話してますか?わが家のお金) 丸山基 「子どものしあわせ」 569 1999.1 p30～35

◇特集 学費高負担からサラリーマンを解放せよ 「賃金と社会保障」 1225 1998.5.10 p4～56

◇教育費負担の現状 ― 文部省・私大教連の調査から 「賃金と社会保障」 1224 1998.4.25 p41～60

◇教育費支出の現況と家計への影響 「経済月報」 344 1997.6 p1～9

◇「国・公・私立を問わず、社会全体で教育費を負担するという新しい考えが必要です」(緊急提言)(学校経営に見る経営者像・番外編) 鳥居泰彦,村田博文 「財界」 42(18) 1994.7.26 p80～83

◇家計の教育費負担とその問題点　田中敬文「東京学芸大学紀要 第6部門 産業技術・家政」　45　1993.11　p147〜154

教育評価　educational evaluation

　教師・学習者・行政当局者・親などが、学習者・教師・教育環境・カリキュラムなどに対し、数量で測る教育測定その他の資料から、一定の教育目標に沿った教育活動の効果を判定すること。多くは指導改善や学習効果向上を目的に、教師が学習者を対象に行う他者評価の意味で使われる。

　→ 形成的評価, 診断的評価, 絶対評価・相対評価, 総括的評価, 到達度評価 をも見よ

【図書】
◇教育評価を考える — 抜本的改革への提言　長尾彰夫, 浜田寿美男著　京都　ミネルヴァ書房　2000.2　19cm　230p　2200円　ⓘ4-623-03164-0
◇学力評価論の新たな地平 — 現代の「学力問題」の本質とは何か　田中耕治著　大津　三学出版　1999.7　19cm　136p　1300円　ⓘ4-921134-03-0
◇教育評価 — 学びと育ちの確かめ　改訂版　梶田叡一著　東京　放送大学教育振興会　1999.3　21cm　259p　2600円　（放送大学教材　1999）　ⓘ4-595-52592-3
◇子どもの理解度は測れるか　平山満義編著　東京　協同出版　1997.6　18cm　301p　930円　（教職課程新書）　ⓘ4-319-11016-1
◇学力評価論入門　田中耕治著　八幡　法政出版　1996.6　22cm　230p　2500円　ⓘ4-89441-116-4
◇教育活動を支える学習評価に関する研究　大阪　大阪市教育センター　1996.3　30cm　86p　（研究紀要 第88号）
◇新しい学力観に立つ評価のあり方 — 個性を育てる通知表　梶田叡一, 古川治編著　東京　東京書籍　1995.10　21cm　245p　2000円　ⓘ4-487-75722-3
◇教育評価 — 学びと育ちの確かめ　梶田叡一著　東京　放送大学教育振興会　1995.3　21cm　243p　2370円　（放送大学教材　1995）　ⓘ4-595-52297-5
◇教育における評価の理論 1　学力観・評価観の転換　梶田叡一著　東京　金子書房　1994.6　22cm　304p　2800円　ⓘ4-7608-2271-2

【雑誌記事】
◇提案 目標に準拠した評価をどう充実させるか（特集 基礎基本重視へ＝学校の何を変えるか — ミニシンポ 基礎基本重視と新指導要録の波紋）　渋谷憲一　「学校運営研究」　40(9)　2001.8　p28〜31
◇学習状況の多面的評価を（特集 到達度重視「絶対評価」のどこが問題か —「絶対評価」の到達基準をどこに置くか）　二杉孝司　「現代教育科学」　44(3)　2001.3　p20〜22
◇特別企画 これからの小学校教育と評価の充実 — 教育課程審議会「答申」を踏まえて（新しい教育課程の具体化）「初等教育資料」　733　2001.3　p1〜15
◇教育の評価 — 望まれる教員の自己変革（特集 地方分権で教育はどうなる？ コミュニティと教育, 分権）　平賀元晃　「地方自治職員研修」　34(2)　2001.2　p34〜36
◇自ら学び自ら考える力をどう評価するか — 自己評価カード・相互評価カード・通知表の工夫（特集 学力向上をめざす教育 — 基礎・基本の徹底とブルーム理論）　古川治　「教育フォーラム」　27　2001.2　p49〜64
◇基礎学力をどう評価したらよいか（特集 勉強の基礎・基本）　陣川桂三　「児童心理」　50(17)　1996.12　p45〜50
◇教育評価と指導記録の意義（特集/指導記録と評価）　安藤隆男　「肢体不自由教育」　126　1996.8　p4〜12

教育文化産業　education industry

　学校以外の教育に関わる産業の総称。塾・予備校・家庭教師派遣業・通信教育・語学スクールや資格取得のためのスクールなどが含まれる。企業内セミナー・講演会の外注受注ほか新市場にも進出。健全な発展に向け、各業界で業界団体が設立され、独自の倫理綱領が作成されていることもある。

【図書】
◇IT革命が進む教育市場の現状と将来展望 — 異業種からの参入増加により多様化するWBT, e-learning市場を探る　東京　富士経済　2000.9　30cm　190p　97000円　（エデュテイメントマーケット 2000）　ⓘ4-8349-0357-5

キヨウイ

◇エデュテイメントマーケット　1999　東京　富士経済　1999.6　30cm　194p　97000円　ⓘ4-8349-0254-4

◇エデュテイメントマーケット ― 新分野の創出に迫られる教育市場を探る　1997　東京　富士経済　1996.12　30cm　130枚　97000円　ⓘ4-8349-0024-X

◇教育産業に関する調査報告書　東京都生活文化局価格流通部取引指導課編　東京　東京都生活文化局価格流通部　1994.3　26cm　181p

【雑誌記事】

◇少子化時代の教育産業　池田晋介　「九州経済調査月報」　54(5)　2000.5　p15～26

◇教育産業界に早くも始まったサバイバル ― 中教審の中高一貫路線に危機感　安永弘　「月刊TIMES」　21(8)　1997.10　p70～73

◇21世紀には1/3の学校がいらないか ― 教育産業の現状と展望　日比野勝　「景気観測」　826　1995.6　p22～27

◇ニュービジネスとしての生涯学習事業　田辺正彦　「調査月報」　79　1993.9　p8～13

教育法　legal institution of education

教育に関わりの深い法の総体(もしくは法体制)。教育基本法、学校教育法、社会教育法、地方教育行政法、教育公務員特例法などの教育法規に関して、形成される法制度。国の教育機関が強まるにつれ、学習権・教育権など教育と法の関係への関心が高まり、1970年には日本教育法学会が創立された。

→ 学校教育法, 教育基本法, 社会教育法, 生涯学習振興法, 学習権, 教育権 をも見よ

【図書】

◇教育法学の展開と21世紀の展望　東京　三省堂　2001.6　22cm　305p　4000円　(講座現代教育法　1)　ⓘ4-385-32136-1

◇自治・分権と教育法　東京　三省堂　2001.6　22cm　306p　4000円　(講座現代教育法　3)　ⓘ4-385-32138-8

◇教育法学と子どもの人権　市川須美子, 安達和志, 青木宏治編著　東京　三省堂　1998.3　22cm　299p　3000円　ⓘ4-385-31444-6

◇校長室の法律学　下村哲夫著　東京　ぎょうせい　1997.11　21cm　358p　3600円　ⓘ4-324-05267-0

◇教育法と教育行政の展開　室井修著　京都　法律文化社　1996.4　22cm　270p　2987円　ⓘ4-589-01946-9

◇教育行政の課題と展開　田原迫竜磨〔ほか〕編著　武蔵野　コレール社　1995.4　21cm　261p　2600円　ⓘ4-87637-224-1

◇教育法学　永井憲一著　東京　エイデル研究所　1993.11　22cm　309p　2500円　ⓘ4-87168-180-7

◇やさしい教育法規の読み方　続　菱村幸彦著　東京　教育開発研究所　1993.7　19cm　314p　2600円　ⓘ4-87380-238-5

◇教育法と教育行政　浦野東洋一著　東京　エイデル研究所　1993.7　21cm　323p　3200円　ⓘ4-87168-175-0

◇教育関係法規概論(解説)　五十嵐良雄著　東京　現代書館　1993.4　22cm　223p　3090円　ⓘ4-7684-3383-9

【雑誌記事】

◇人権教育・啓発推進法の批判的検討 ― 教育法学の視点から(特集「人権教育・啓発推進法」批判)　室井修　「部落」　53(2)　2001.2　p18～23

◇教育基本法制定後50年 ― 21世紀に生きる教育法規　影山昇　「東京水産大学論集」　33　1998.3　p1～22

◇岐路に立つ教育と憲法・教育基本法 ― 中教審答申・学校教育法改悪反対の国民的大闘争を　増田孝雄　「労働運動」　390　1997.9　p128～143

◇教育法制と憲法・教育基本法(特集 憲法施行50年「憲法を語ろう」)　森部英生　「法律のひろば」　50(5)　1997.5　p22～27

◇いじめ問題と教育法(いじめ・少年非行・家族・福祉の法律問題＜特集＞ ― 憲法と教育法から)　今橋盛勝　「季刊教育法」　101　1995.3　p53～58

◇教育基本法,学校教育法と民主主義思想の発展　工藤市兵衛　「愛知工業大学研究報告 A」　28　1993.3　p519～511

教育民営化　⇒教育自由化論 を見よ

教員組合活動　teachers' union activity

戦後、世界最大の教職員組合である日教組を中心として、勤評闘争・学テ闘争などの運

キヨウイ

動を展開してきたが、1989年の日教組分裂以降非加入者の割合が急増、方針の見直し・転換等が求められている。全国的組織として、日教組（35万7千）、全教（10万1千）、全日教（2万7千）があげられる。加入者数は全体で54.2%に留まり、1976年以降連続して減少を続けている。（いずれも98年調べ。）

→ 全教, 全日教連, 日高教, 日本教職員組合 をも見よ

【図書】

◇教職員組合と教育文化運動　川野理夫著　東京　えみーる書房　2000.6　21cm　288p　3700円　（川野理夫授業・教育論集）　④4-900046-32-9

◇私学運動20年の軌跡 ― 私学部から全国私教連運動へ　全国私立学校教職員組合連合編　東京　全国私立学校教職員組合連合　1999.7　21cm　126p

◇教育運動の論理 ― 兵庫における教職員組合運動を通して　出口俊一著　神戸　兵庫県労働運動総合研究所　1993.8　22cm　262p　2500円

【雑誌記事】

◇教職員組合は無法集団?(国立通信〔6〕)　大山薫　「正論」　344　2001.4　p242～249

◇教育改革国民会議と教職員組合運動 ― 教育基本法の見直しは許さない　松村忠臣　「労働運動」　434　2000.12　p124～131

◇財界の教育要求と教職員組合運動 ―「日の丸・君が代」と教育の多様性をつなぐもの　渡辺治　「エデュカス」　28　2000.4　p72～77

◇特集 学校づくりと教職員組合運動　「エデュカス」　26　1999.10　p19～51

◇組合が反省すれば教育も変わる（特集1 教育改革への提言）　勝部真長　「日本教材文化研究財団研究紀要」　27　1997　p19～23

◇教育実践・教育運動の軌跡 ― 個人体験と組合教研活動を通して見た戦後50年の課題　小島昌夫　「教育」　45(11)　1995.11　p83～93

◇教職員組合と部落問題・同和教育〈特集〉　「部落」　46(10)　1994.9　p6～28

教員採用制度

小・中・高校の教員は、都道府県の教育委員会が実施する教員採用試験に合格後、教育長の「選考」を経て採用される。採用後は各学校に配属になり、教員としての職務につく。（87年より、一年間の初任者研修制度が導入）98年度の公立学校の採用者は小学校4542人、中学校4275人、高校3419人。いずれも倍率は十倍を越え、教員志望者には狭き門となっている。

【図書】

◇教員採用等の改善に係る取組事例　〔東京〕　文部省教育助成局地方課　1999.4　30cm　52p

◇教員採用の過去と未来　山崎博敏著　町田　玉川大学出版部　1998.4　22cm　214p　3900円　④4-472-11131-4

◇教員採用等の改善について ― 審議のまとめ　〔東京〕　教員採用等に関する調査研究協力者会議　1996.4　30cm　34p

【雑誌記事】

◇全国における教員採用選考方法の改善の動向について（公開シンポジウム〈第17回研究大会・於 宮城学院女子大学〉教師の『実践的指導力』の基礎とは何か）　宇田光　「教師教育研究」　11　1998.5　p27～36

◇府民・国民に開かれた教員採用制度を求めて　射場隆　「教育」　47(11)　1997.11　p117～119

◇課題研究　「教員採用と研修 ― その軌跡と展望」（第5回大会の記録）　「日本教師教育学会年報」　5　1996.6　p259～260

教員文化　teachers' culture

教員構成の特徴・教員社会における伝統・職業役割などに起因する、教師集団が共有する行動様式・思考パターン。学校教育活動全般を規制する重要な要因となっている。日本の教員タイプには着実・慎重・まじめ・内向的・卑屈・偽善的・派閥的などの傾向がある。

【図書】

◇教師特有のビリーフが児童に与える影響　河村茂雄著　東京　風間書房　2000.2　22cm　183p　8000円　①4-7599-1191-X

◇教師の常識・非常識　斎藤満喜著　東京　日本教育新聞社出版局　1996.12　19cm　173p　1900円　Ⓓ4-89055-194-8
◇日本の教員文化 ― その社会学的研究　久富善之編著　東京　多賀出版　1994.2　22cm　404p　6386円　Ⓓ4-8115-3551-0
◇日本の教師文化　稲垣忠彦, 久富善之編　東京　東京大学出版会　1994.1　21cm　258p　3708円　Ⓓ4-13-051300-1

【雑誌記事】

◇日本の教師の意識構造―諸外国との比較（特別企画 教師のこころ―学校現場のストレスを考える―学校の外から教師を見る）　佐々木賢　「こころの科学」　98　2001.7　p83〜88
◇高等学校における「生徒による授業評価」に関する一考察―授業評価は「教師文化」をどう変えたか　吉川杉生　「研究紀要」　2　2001.3　p77〜86
◇新しい教師文化の創造―第58回日教組大会への提言　大塚和弘　「進歩と改革」　558　1998.6　p70〜77
◇「創造的破壊」と労働組合―新しい「教師文化」を求めて　大塚和弘　「進歩と改革」　551　1997.11　p36〜45
◇教師の仕事と教師文化に関するエスノグラフィ的研究―その研究枠組と若干の実証的考察　藤田英典, 油布佐和子, 酒井朗（他）「東京大学大学院教育学研究科紀要」　35　1995　p29〜66

教員免許制度　⇒ 教職免許法改正 を見よ

教員養成大学　teacher training college, teacher's college

1965〜66年学芸大学・学部は教育大学・学部と改称、教員養成目的の教育課程を備えた教員養成大学が誕生。また教員の再教育のための新構想教員養成大学として、78年上越教育大学・兵庫教育大学、のち鳴門教育大学が発足。現職教員対象の大学院をもつ。国立教員養成大学卒業生の教員就職率は、91年58%から99年32.0%まで減少、2000年は33.7%。

【図書】

◇「大学における教員養成」の歴史的研究 ― 戦後「教育学部」史研究　TEES研究会編　東京　学文社　2001.2　22cm　483p　5800円　Ⓓ4-7620-1005-7
◇変動期の教員養成 ― 日本教育学会課題研究「子ども人口減少期における教員養成及び教育学部問題」報告書　浦野東洋一, 羽田貴史編　東京　同時代社　1998.4　21cm　243,72p　3000円　Ⓓ4-88683-392-6
◇大学で育てる教師の実践力　田中実〔ほか〕編　札幌　北海道教育大学教育学部札幌校「教師の実践力」プロジェクト　1996.3　21cm　257p
◇大学における教員養成 ― 教員需給の変化に対応する教員養成のあり方　〔東京〕国立大学協会教員養成制度特別委員会　1995.5　26cm　152p
◇教員養成カリキュラムの編成・実行・評価の総合的研究 ― 最終報告　小金井　東京学芸大学・教育学研究室　1994.3　26cm　105p
◇教員養成大学における授業研究と教授スキル能力の育成の研究　奈良教育大学編　奈良　奈良教育大学　1994.3　26cm　113p

【雑誌記事】

◇教員養成大学・学部のゆくえ　仲井豊　「大学と学生」　420　2000.2　p2〜5
◇課題研究＜教員養成大学・学部論の再構成＞（日本教育学会第55回大会報告）「教育学研究」　64(1)　1997.3　p70〜79
◇児童急増期の教員養成とその後への影響―課程認定大学の増加と教員養成大学の位置づけ　石井久夫　「教育行財政研究」　24　1997.3　p24〜35
◇教科教育学の研究と実践ならびに教員養成大学・学部の今後の課題―平成6年度の日本教育大学協会研究集会に出席して　筒井健雄　「信州大学教育学部紀要」　84　1995.3　p19〜28

共学・別学

教育基本法は憲法の両性の本質的平等を具体化して男女共学を奨励。高校三原則のひとつにもなった。高等学校再編や少子化による学生数の減少の中、共学化が進行している。

【図書】

◇女子大は憲法違反か!?　加藤大地著　東京　三一書房　1996.10　19cm　202p　1400円　Ⓓ4-380-96286-5

キヨウカ

【雑誌記事】
◇女性を知り、時代が見える 男女共学廃止論が出てきた 桜井秀勲 「リーダーシップ」 28(3) 2001.3 p34〜37
◇教育法規あらかると 男女共学と男女別定員 「内外教育」 5090 2000.3.7 p21
◇「男女共学」から別学へ 川畑賢一 「動向」 1595 1999.12 p20〜24
◇教育法規あらかると 共学か別学かめぐり論争 「内外教育」 5045 1999.9.17 p11
◇地方公立高にはナゼ男女別学が残る(なんでかなの研究〔114〕) 綱島理友 「週刊朝日」 104(19) 1999.4.23 p129

教科書検定制度 textbook screening system

国定教科書への反省から、戦後文部大臣の検定を経て採択する制度を1947年から開始、55年頃から検定が強化され始めた。82年、社会科教科書をめぐっての中国・韓国からの抗議とそれに伴う世論の批判から、83年検定結果の一部公開制を導入。89年教科用図書検定規則を大幅に改正、3段階審査を1段階に簡素化したが、合格教科書への文部大臣訂正勧告を認めるなど、本質は変わらなかった。92年中学教科書検定では「国家の自衛権」が明記され、PKOも登場、96年の検定で「従軍慰安婦」が登場した。また、2000年の検定を「新しい歴史教科書をつくる会」作成の教科書がパスすると、中国・韓国などから強い抗議を受けることになった。

【図書】
◇「密室」検定の記録 — 80年代家永日本史の検定 家永三郎作成 東京 名著刊行会 1993.9 20cm 245p 2400円 (歴史学叢書) ①4-8390-0278-9

【雑誌記事】
◇歴史教科書検定をめぐる動き 「内外教育」 5194 2001.4.10 p19〜22
◇教科書検定は憲法違反なのですか(特集 憲法学習入門Q&A — 憲法を生かすたたかいの半世紀) 大八木賢治 「歴史地理教育」 622 2001.3 p56〜59
◇点描「教育」 — 戦後の混迷から新たな改革まで(12)CIEの検閲に泣かされる — 国定教科書から検定教科書へ 「内外教育」 5098 2000.4.4 p19
◇特集「戦後補償」「沖縄戦」などに意見 — 新版小学校社会科教科書の検定事例 「内外教育」 5024 1999.6.25 p6〜8
◇教科書検定の妥当性に関する一考察 — 1996年度高校家庭科教科書検定を手がかりとして 深谷和子、三枝恵子、中沢智恵(他) 「子ども社会研究」 4 1998 p51〜66
◇教科書検定(特集・教科書裁判32年 — 教科書裁判と私) 森村誠一 「季刊教育法」 113 1997.12 p49〜50
◇今後の教科書検定制度のあり方を考える(特集/教科書裁判32年とこれから) 俵義文 「歴史地理教育」 572 1997.12 p74〜79
◇もう文部省が削除をためらう理由はない(「新しい歴史教科書をつくる会」設立記念シンポジウム —「自虐史観」を超えて2時間30分、完全収録) 藤岡信勝〔他〕 「正論」 298 1997.6 p72〜86
◇役割を終えた教科書検定制度 慶野義雄 「改革者」 441 1997.4 p44〜48
◇教科書検定制度の透明化(特集 学校裁量と規制緩和読本 — 教育行財政の規制緩和) 堀井啓幸 「教職研修総合特集」 132 1997.3 p148〜152
◇あまりに誤解されている教科書検定。関係者が正確な執筆を心掛けてくれれば、検定は不要となるのだが(ビジネスインサイド 正鵠) 時野谷滋 「ダイヤモンド」 82(5) 1994.2.5 p21
◇許されない教科書検定合憲判決(教科書は国が決められるのか<特集>) 家永三郎 「法学セミナー」 464 1993.8 p50〜53
◇教科書検定とはどういうものか(教科書は国が決められるのか<特集>) 俵義文 「法学セミナー」 464 1993.8 p46〜49

教科書採択制度 adoption system of textbooks

学制公布以来教科書は、自由発行自由選択・発行認可制・府県単位の統一採択制・国定制を経て、1947年から検定採択制に移行。公立義務教育校では設置自治体の教育委員会が、国立・私立では校長が採択権を持つ。

高校は学校毎の採択。83年都道府県単位の採択に広域化（広域選択制）。90年調査研究協力者会議は、採択権者（市町村教委）の責任明確化・採択手続きの規制強化などの採択改善方策を報告、文部省はそれに基づいて採択制度を改善するよう各都道府県の教育委員会に通知した。自治体の教育委員会が採択権を持っていることについては、実際に教科書を使う現場教師の意見が反映されないとする批判もある。

【雑誌記事】

◇教師の教科書採択権について（小特集 教科書をめぐる動き）　浪本勝年　「人間と教育」　30　2001　p132〜136

◇教科書採択が示した民意（教科書採択）　吉沢龍彦　「世界」　693　2001.10　p209〜215

◇教科書採択をめぐる素朴な大疑問―「新しい歴史教科書」採択、不採択が、なぜ全国各地で波紋を呼んだのか?新聞、TVで報道されない問題の核心とは?　「SPA!」　50(33)　2001.9.5　p22〜27

◇教科書の採択は教師の意見を尊重して（特集 どうする?新教科書）　山田謙一　「子どものしあわせ」　605　2001.8　p11〜15

◇教科書はだれが選んでいるのか　大宮知信　「潮」　509　2001.7　p102〜111

◇教科書採択の現場で進む「教師外し」（現場からの「教育改革」）　吉沢龍彦　「世界」　690　2001.7　p122〜128

◇教科書問題(16)教科書採択権は誰のものか―現場教師を採択から排除することはできない　俵義文　「マスコミ市民」　380　2000.8　p73〜79

◇教科書採択で「学校票」制度を全廃せよ　藤岡信勝　「正論」　326　1999.10　p116〜124

◇学校単位の教科書採択（特集 学校裁量と規制緩和読本―学校裁量の拡大と規制緩和）　加茂川幸夫　「教職研修総合特集」　132　1997.3　p32〜38

◇教科書採択制度のおかしさを現場から告発する（ジャーナリズムの現場から）（教科書が危ない〔3〕）　「週刊現代」　36(26)　1994.7.16　p152〜153

教科書裁判

家永三郎元東京教育大学教授（現名誉教授）が自著「新日本史」の検定を不服として1965・67・84年の三次に渡って提訴。教科書検定の違憲性を争点とし、裁判は32年にも及んだ。一次訴訟は最終的に敗訴、二次訴訟は70年全面勝訴（杉本判決）となるものの、82年最高裁で差し戻され、89年「訴えの利益」が退けられ棄却が確定。「七三一部隊」に関する記述などを巡る三次訴訟は、89年地裁で検定合憲判決、92年11月26日控訴審が結審。97年8月、「七三一部隊」に関する記述の全部削除に関する検定意見を違法とする判決を出した。家永裁判に引き続く形で、琉球大学教授高嶋伸欣氏が検定意見を違憲とする訴訟（横浜教科書裁判）を起こし地裁判決で検定違法となった。

【図書】

◇家永教科書裁判 ― 三二年にわたる弁護団活動の総括　家永教科書訴訟弁護団編　東京　日本評論社　1998.11　22cm　356p　3200円　①4-535-51157-8

◇家永教科書裁判のすべて ― 32年の運動とこれから　教科書検定訴訟を支援する全国連絡会編　東京　民衆社　1998.8　21cm　308p　2800円　①4-8383-0776-4

◇語り継ぐ家永教科書裁判 ― 教育に自由を子どもの未来に平和を　教科書検定訴訟を支援する東京都連絡会編　東京　平和文化　1998.6　21cm　143p　1500円　①4-938585-76-6

◇教科書裁判はつづく　家永三郎, 高嶋伸欣〔著〕　東京　岩波書店　1998.2　21cm　63p　400円　（岩波ブックレット no.447）　①4-00-003387-5

◇検定に違法あり! ― 家永教科書裁判最高裁判決 判決全文収録　教科書検定訴訟を支援する全国連絡会編　東京　教科書検定訴訟を支援する全国連絡会　1997.11　21cm　144p　1000円　（教科書裁判ブックレット）　①4-250-97050-7

◇家永・教科書裁判 ― 第3次訴訟高裁編　第3巻　沖縄戦・草莽隊・教育現場　教科書検定訴訟を支援する全国連絡会編　東京　民衆社　1996.9　21cm　403p　4200円　①4-8383-0413-7

◇家永・教科書裁判 ― 第3次訴訟高裁編　第6巻　国家と教育・国側主張・判決　教

科書検定訴訟を支援する全国連絡会編　東京　民衆社　1996.8　21cm　351p　3900円　ⓃI4-8383-0416-1
◇家永・教科書裁判 — 裁かれる日本の教育　第3次訴訟　地裁編 第2巻　検定の経過　教科書検定訴訟を支援する全国連絡会編　〔東京〕　ロング出版　1995.7　22cm　350p　3200円　ⓃI4-916061-01-2
◇家永・教科書裁判 — 裁かれる日本の教育　第3次訴訟　地裁編 第5巻　沖縄戦の実相　2版　教科書検定訴訟を支援する全国連絡会編　〔東京〕　ロング出版　1995.7　22cm　351p　3200円　ⓃI4-916061-04-7
◇家永・教科書裁判 — 裁かれる日本の教育　第三次訴訟　地裁編 第1巻　主張の応酬　教科書検定訴訟を支援する全国連絡会編　〔東京〕　ロング出版　1995.7　21cm　445p　3200円　ⓃI4-916061-00-4
◇家永・教科書裁判 — 裁かれる日本の教育　第三次訴訟　地裁編 第3巻　朝鮮人民の抵抗・草莽隊　教科書検定訴訟を支援する全国連絡会編　〔東京〕　ロング出版　1995.7　21cm　440p　3200円　ⓃI4-916061-02-0
◇家永・教科書裁判 — 裁かれる日本の教育　第三次訴訟　地裁編 第4巻　南京大虐殺・七三一部隊　教科書検定訴訟を支援する全国連絡会編　〔東京〕　ロング出版　1995.7　21cm　408,6p　3200円　ⓃI4-916061-03-9
◇家永・教科書裁判 — 裁かれる日本の教育　第三次訴訟　地裁編 第6巻　家永三郎本人陳述　教科書検定訴訟を支援する全国連絡会編　〔東京〕　ロング出版　1995.7　21cm　546p　3200円　ⓃI4-916061-05-5
◇家永・教科書裁判 — 裁かれる日本の教育　第三次訴訟　地裁編 第7巻　教科書検定の違憲性　教科書検定訴訟を支援する全国連絡会編　〔東京〕　ロング出版　1995.7　21cm　510p　3200円　ⓃI4-916061-06-3
◇家永・教科書裁判 — 裁かれる日本の教育　第三次訴訟　地裁編 第8巻　判決全文・国側最終書面　教科書検定訴訟を支援する全国連絡会編　〔東京〕　ロング出版　1995.7　21cm　403p　3200円　ⓃI4-916061-07-1
◇家永三郎対談集 — 教科書裁判の30年　家永三郎著　東京　民衆社　1995.7　20cm　206p　1800円　ⓃI4-8383-0745-4
◇なぜ教科書裁判をたたかったのか — ドキュメント戦後史　家永三郎, 暉峻淑子〔述〕　東京　岩波書店　1994.3　21cm　62p　400円　（岩波ブックレット　no.335）　ⓃI4-00-003275-5
◇許せますか最高裁 — 3/16教科書判決　東京　教科書検定訴訟を支援する全国連絡会　1993.7　26cm　48p　350円
◇教科書裁判から教育を考える — 「最高裁判決」を通して　教育科学研究会, 梅原利夫編　東京　国土社　1993.7　21cm　181p　1800円（「教育」別冊　7）ⓃI4-337-46016-0
◇118人のメッセージ — 家永さんの勝利をめざして　東京　教科書検定訴訟を支援する全国連絡会　1993.1　21cm　53p　400円　（教科書裁判ブックレット）

【雑誌記事】

◇教科書裁判と杉本判決 — 教育権（能）の所在（創刊50周年記念特集（2）『労働法律旬報』の50年 — 『労働法律旬報』とあの時代・あの出来事 — 半世紀を振り返って）　永井憲一　「労働法律旬報」　1471・72　2000.1.25　p58〜60
◇教育情報 教科書裁判 — 32年余の運動の軌跡　浪本勝年　「教育」　48(13)　1998.12　p117〜119
◇教科書検定について合憲であるが裁量権逸脱の違法があるとした家永第3次訴訟最高裁判決（最高裁判決平成9.8.29）　内野正幸　「判例時報」　1640　1998.8.1　p191〜195
◇横浜教科書訴訟 — 第1審勝訴から控訴審でめざすもの　髙嶋伸欣　「歴史地理教育」　582　1998.8　p58〜62
◇教科書検定と学問の自由 — 第三次家永訴訟上告審判決（憲法）　伊藤公一　「ジュリスト」　1135　1998.6.10（臨増〈平成9年度重要判例解説〉）　p13〜15
◇憲法と教育基本法50年と私(2)護憲運動としての教科書裁判　永井憲一　「季刊教育法」　116　1998.6　p64〜70
◇家永教科書裁判32年 — その判決をどう評価するか　君島和彦　「戦争責任研究」　19　1998.3　p58〜65,9
◇家永教科書裁判と民主主義(特集 家永教科書裁判32年)　大田堯　「未来をひらく教育」　112　1998.3　p19〜23
◇家永訴訟 — 「家永訴訟」判決の論点と評価（ロー・ジャーナル）　成嶋隆　「法学セミナー」　43(2)　1998.2　p14〜17
◇教科書裁判・勝利の意味を考える(特集・教科書裁判32年 — 教科書裁判と私)　君島

和彦 「季刊教育法」 113 1997.12 p37〜38
◇教科書裁判の終結にあたって―8・29最高裁判決にみる司法消極主義 成嶋隆 「法律時報」 69(12) 1997.11 p2〜5
◇家永訴訟を引き継ぐ横浜教科書裁判(家永教科書裁判―文部省を追いつめた検定違憲の闘い) 高嶋伸欣 「週刊金曜日」 5(35) 1997.9.19 p30〜31
◇戦争責任を考えることの意味―教科書問題と私の闘い(8.15特集 日本の「加害責任」の光景) 家永三郎 「週刊金曜日」 2(29) 1994.8.5 p40〜41
◇731部隊と第3次教科書訴訟(第3次家永教科書訴訟高裁判決＜特集＞) 松村高夫 「歴史評論」 528 1994.4 p92〜97,29
◇家永裁判とは何だったのか(「悪魔払いの戦後史」〔22〕) 稲垣武 「諸君!」 26(4) 1994.4 p249〜259

教科書無償制度

義務教育無償の原則(憲法26条)に則り、国公私立を問わず教科書を無償給与する制度。1963年教科書無償措置法で実現、69年から完全実施。83年第2次臨調で貸与制が検討されたが、臨教審は継続の方針を示した。広域採択制への批判から見直しを求める声もある。

【図書】
◇教科書無償―高知・長浜のたたかい 『教科書無償』編集委員会編 大阪 解放出版社 1996.11 19cm 250p 1854円 ①4-7592-4212-0

【雑誌記事】
◇教科書無償制度と地方自治 大隈義和 「法政研究」 66(2) 1999.7 p413〜437
◇教科書無償制度のメリット・デメリット(特集 学校裁量と規制緩和読本―教育行財政の規制緩和) 喜多明人 「教職研修総合特集」 132 1997.3 p153〜157
◇教育無償化の課題(子どもの権利条約＜特集＞) 三輪定宣 「日本の科学者」 28(11) 1993.11 P650〜652

教科書問題 ⇒ 国語教科書差別表現問題, 歴史教科書問題 を見よ

教課審 ⇒ 教育課程審議会 を見よ

教師教育 teacher education

学校教師に対する教育を言う。従来のように就職前教育(教員養成)と現職教育(教員研修)を分離せず、両者を統合し一貫性を持って考えていくことで、社会の変化に伴う教育の高度化・多様化にも対応できる教師の育成を目指す。教員研修は、経験年数別・教科領域別・事業別など多岐にわたって実施されている。

【図書】
◇21世紀の教師教育を考える―福島大学からの発信 福島大学教育学部50周年記念著書刊行会編 東京 八朔社 2001.2 22cm 264p 3000円 ①4-938571-90-0
◇教師教育の課題と展望―再び、大学における教師教育について 鈴木慎一編 東京 学文社 1998.3 19cm 233p 2000円 (早稲田教育叢書 4) ①4-7620-0775-7
◇21世紀をめざす教師教育 日本学術協力財団編 東京 大蔵省印刷局 1996.6 21cm 124p 1000円 (日学選書) ①4-17-314602-7
◇教師教育の課題―国民教育の再創造のために 長尾十三二著 町田 玉川大学出版部 1994.2 19cm 254p 2472円 ①4-472-09491-6

【雑誌記事】
◇教師の生涯学習―新しい教師教育の構想(特集 21世紀の教師像―自己改革の視点) 永井聖二 「学校経営」 46(7) 2001.6 p25〜30
◇教師教育をどう充実するか(連続特集 柔軟な学級経営、弾力的な学級編制(2)) 伊藤功一 「教職研修」 29(1) 2000.9 p34〜37
◇実践的な教師教育研究の動向と教師の信念体系 藤木和巳 「教育実践学研究」 2(1) 2000.7 p59〜68
◇教師教育における授業スキルの形成と方法 志賀政男 「東洋大学文学部紀要 教育学科・教職課程編」 25 1999 p179〜198
◇教育改革・教師教育改革と学校―大学の共同研究の展開 寺岡英男, 森透, 松木健一(他) 「福井大学教育地域科学部紀要 第

キヨウシ

4部 教育科学」 55 1999.12.10 p39〜130
◇現代の教師のコンピュータ・リテラシー（情報教育にかかわる教師教育） 赤堀侃司 「日本教材文化研究財団研究紀要」 26 1997.3 p46〜51
◇岐路に立つ教師教育 ― 教師教育パラダイムの転換を中心に（特集:今,教育学に問われていること） 今津孝次郎 「教育学研究」 63(3) 1996.9 p294〜302
◇遠隔教育による教師教育 赤堀正治 「教育メディア研究」 2(2) 1996.3 p62〜74

教師ストレス

教師に特有のストレスの要因には手を焼く子の指導、子どもが自分についてこない、校内暴力の被害に遭うといった指導上の問題の他、保護者との人間関係、児童・生徒の事故や病気等があげられる。教職は看護職と共にバーンアウトに陥りやすい職業と言われており、**教師のメンタルケアもまた重要と言える。**

　→ 教師の燃えつき症候群 をも見よ

【図書】
◇教師のストレス総チェック ― メンタルヘルス・ハンドブック 中島一憲編著 東京 ぎょうせい 2000.7 21cm 228p 2095円 ⓘ4-324-06191-2
◇教師の悩み相談室 ― スクールカウンセラーが答える 竹内健児著 京都 ミネルヴァ書房 2000.6 19cm 223p 1800円 ⓘ4-623-03258-2
◇教師が心を病むとき ― 私の「うつ病」体験から 矢萩正芳著 東京 高文研 1998.8 19cm 209p 1400円 ⓘ4-87498-207-7
◇「職員室」の心の病 大原健士郎著 東京 講談社 1997.7 20cm 219p 1500円 ⓘ4-06-208716-2
◇教師の勤務構造とメンタル・ヘルス 岡東寿隆、鈴木邦治共著 東京 多賀出版 1997.2 22cm 313p 6695円 ⓘ4-8115-4511-7
◇ポジティブ教師の自己管理術 ― 教師のメンタルヘルス向上宣言 国分康孝著 東京 図書文化社 1996.12 19cm 219p 1400円 ⓘ4-8100-6270-8

◇教職員のメンタルヘルス ― カウンセリング情報総覧/総索引 牧昌見,高田公子編 東京 学習研究社 1996.2 26cm 243p （普及版学校カウンセリング実践講座 10） ⓘ4-05-300355-5
◇教師の健康110番 ― 青天井の労働時間これでいいのか 埓田和史著 大阪 フォーラム・A 1996.1 21cm 62p 700円 （教育実践ブックレット別冊） ⓘ4-89428-039-6

【雑誌記事】
◇職業上のストレスとメンタルヘルス ― 義務教育に携わる教師と児童・生徒の問題行動との関連から 畠山義子,小野輿子,仲沢富枝 「紀要(山梨県立看護大学短期大学部)」 6(1) 2000 p85〜97
◇「教師のストレス」を読み解く（特集 先生のストレス） 油布佐和子 「教育と情報」 503 2000.2 p8〜13
◇教師のメンタルヘルス(1)カウンセリングマインドと生徒指導の間で 吉村尚 「心と社会」 30(3) 1999.9 p96〜101
◇(教師が抱えるストレス)教師の「登校拒否」はなぜ増えているのか（子どものストレス親・教師のストレス ― 上手な解消法とつきあい方 ― 学校のストレスの実際と援助） 中島一憲 「児童心理」 52(18) 1998.12 p118〜123
◇疲れきった教師たち ― 教師のストレス（特集 働きざかりの心の健康） 秦政春 「教育と医学」 46(9) 1998.9 p729〜737
◇電話相談に見る教師の悲鳴の内訳（特集 教師のメンタルヘルス ― 何よりもまず"自分"を取り戻そう） 楊井一滋 「月刊教育ジャーナル」 37(4) 1998.7 p7〜12
◇登校拒否する先生たち ― 自殺、うつ病、増加する休職 「週刊朝日」 103(9) 1998.3.6 p161〜163
◇教師たちはなぜ、「追い込まれていく」のか（特集 ＜学級崩壊＞ ― 反抗する子らと揺らぐ教師たち ― 「反抗する子」と「揺らぐ教師」たちの心に迫る） 近藤邦夫 「総合教育技術」 52(9) 1997.9 p26〜29
◇公立「休職教師」3700人中の1/3が「精神疾患」という驚きの秘密 「週刊新潮」 41(44) 1996.11.21 p150〜153

教室環境

教室内部の物的環境。学習における最適な環境を整えることで、教育目標の達成の

促進を目指すもの。安全保障・快適さ・状況に適した教育機器の利用を可能にすることなどが求められる。また、近年は教育の多様化に伴い、従来の4間×5間という教室空間の固定性を見直す動きも出ている。オープンスペースなどがその一例。

【図書】

◇みんなでとりくむ教室デザイン&掲示 ― 教室づくりの教育学　家本芳郎著　東京　学事出版　1999.8　21cm　126p　1800円　①4-7619-0627-8

◇学習意欲を引き出す教室環境・教室壁面　低学年　中嶋公喜,加藤八郎編著　東京　明治図書出版　1998.9　26cm　119p　2060円　①4-18-170129-8

◇学習意欲を引き出す教室環境・教室壁面　中学年　中嶋公喜,加藤八郎編著　東京　明治図書出版　1998.9　26cm　119p　2060円　①4-18-170223-5

◇学習意欲を引き出す教室環境・教室壁面　高学年　中嶋公喜,加藤八郎編著　東京　明治図書出版　1998.9　26cm　117p　2060円　①4-18-170327-4

【雑誌記事】

◇木製家具の導入による教室環境の変化　小川正光　「愛知教育大学教育実践総合センター紀要」　3　2000.3　p43～47

◇やる気が起きる教室環境(特集 勉強の基礎・基本)　谷川彰ание　「児童心理」　50(17)　1996.12　p33～38

◇学級のなかの競争 ― 教室環境がもたらす競争心(特集 競争心)　坂西友秀　「児童心理」　50(14)　1996.10　p1335～1341

◇日本の教師は、なぜか教室環境に関心をもつ(論壇時評 ― 52 ―)　明石要一　「現代教育科学」　37(7)　1994.7　p91～94

教師の体罰　⇒ 体罰 を見よ

教師の燃えつき症候群　burnout syndrome

1980年米国の精神分析医フロイデンバーガーは、充実感に満ちて仕事に没頭していた人が突然スランプに陥り、抑うつ・無気力・心身症を呈する状態を、バーンアウト症候群と命名。教職は看護職等と並んでバーンアウトに陥りやすいとされており、1999年度精神疾患による休職者は1924人で、病気休職者のうち43％を占める。

【図書】

◇「教師」崩壊 ― バーンアウト症候群克服のために　新井肇著　東京　すずさわ書店　1999.11　19cm　244p　1600円　①4-7954-0143-8

◇教師の多忙化とバーンアウト ― 子ども・親との新しい関係づくりをめざして　大阪教育文化センター教師の多忙化調査研究会編　八幡　法政出版　1996.10　21cm　334p　2200円　①4-89441-121-0

【雑誌記事】

◇教員のバーンアウトについて(フォーラム・ディスカッション 若者達と対人関係ストレス)　横湯園子　「日本看護学教育学会誌」　9(4)　2000.3　p58～63

◇教師のバーンアウト傾向を規定する諸要因に関する探索的研究 ― 経験年数・教育観タイプに注目して　伊藤美奈子　「教育心理学研究」　48(1)　2000.3　p12～20

◇中学・高校教員のストレス要因と燃えつき状態との関係　太田裕造　「福岡教育大学紀要 第4部 教職科編」　46　1997　p361～379

◇今,教師の"燃え尽き症候群"が(特集2 教師のメンタルヘルスを考える)「月刊教育ジャーナル」　36(2)　1997.5　p16～19

◇日本の教員文化 ― その実証的研究 ― 5 ― 教師のバーンアウト(燃え尽き)と「自己犠牲」的教師像の今日的転換　久富善之　「社会学研究」　34　1995　p3～42

教師の力量

個性に応じた教育、総合的な学習の時間などの教育改革の流れの中では、教師の資質や力量に論議が向いてくることが多い。しかしその力量が具体的に何を指しているのかは明確でないことが多い。21世紀教育新生プランにおいては「教えるプロとしての教師の育成」が重要施策としてあげられ、研修の充実、大学の教員養成課程との連携の促進などがあげられている。

【図書】

◇教師の実力とは何か　有田和正著　東京　明治図書出版　1996.7　21cm　162p

1960円 (「追究の鬼」を育てるシリーズ 9) ①4-18-121602-0
◇教員に求められる力量と評価＜日本と諸外国＞ ― 公立学校の教育はどこまで評価できるか 佐藤全、坂本孝徳編著 東京 東洋館出版社 1996.6 22cm 249p 3800円 ①4-491-01281-4
◇教師の教育力を高める ― 教育の「誤診」とこれからの教師像 木内知通著 東京 明治図書出版 1995.5 22cm 114p 1550円 ①4-18-118903-1
◇今、期待される教師の力 ― 教育の課題と教師の創意工夫 亀井浩明著 東京 教育出版 1994.12 19cm 141p 1600円 ①4-316-39710-9
◇講座教師の力量形成 第3巻 学校づくりと子どもをつかむ力量 松浦宏編 東京 ぎょうせい 1993.7 22cm 277p 2600円 ①4-324-01550-3
◇教師の認知的力量と情意的力量の評価に関する教育心理学的研究 ― 自己評価と他者評価による分析を通して 井上正明著 東京 風間書房 1993.2 22cm 264p 12875円 ①4-7599-0834-X

【雑誌記事】
◇いま教師に求められている力量とは(特集 教師の力量を高める ― 新教育課程の実践のために) 藤岡完治 「教育フォーラム」 26 2000.6 p11～24
◇特集「指導力不足」で問われる教師の力量 「現代教育科学」 43(3) 2000.3 p5～82
◇ルポ 修士課程で力量高める教師たち 「悠」 16(1) 1999.1 p92～93
◇変化する社会と教師の自己教育力(個性を生かすための教育と教師の専門性) 菊地栄治 「初等教育資料」 681 1998.2 p14～19
◇自らの学びを教師が培うために ― 専門職としての教師にもとめられる力量(特集 自ら学ぶ) 秋田喜代美 「児童心理」 50(11) 1996.8 p124～128

教師文化 ⇒ 教員文化 を見よ

業者テスト
　1976年の文部省通達により、その扱いがたびたび問題となってきた民間の統一テスト。中学校での進路指導の指針として利用されたり、受験時高校へ提出されて入学判定の基準になったりした。加熱する受験競争に歯止めをかけるべく、93年2月、文部省は授業時間内の業者テストの実施や教師の関与を禁じ、私立高校へ業者テストの偏差値提供をやめることを求める通知を出し、事実上業者テストの廃止の方針を打ち出した。だが廃止にあたっては、進学の指針がなくなると生徒保護者からの不安の声も多く、塾への異存を生む結果となった。

【図書】
◇「業者テスト」はやめられるか ― いつまでつづく受験地獄 松本幸夫著 東京 民衆社 1993.1 21cm 111p 950円 (Min minブックス 3) ①4-8383-0503-6

【雑誌記事】
◇教室の評価行為のエスノグラフィー ― 小学校における「業者テスト」の存続メカニズム 佐藤真理子 「東京大学大学院教育学研究科紀要」 36 1996 p217～228
◇どうするポスト業者テスト 徳武靖 「公明」 383 1993.11 p161～166
◇業者テスト禁止と進路指導(業者テスト禁止と高校選択＜特集＞) 大谷猛夫(他) 「教育」 43(11) 1993.11 p6～16
◇高校入学者選抜で文部省通知 ― 学校は業者テストへの関与を「直ちに改善」〔含 資料〕 安達拓二 「現代教育科学」 36(5) 1993.5 p83～88
◇「業者テスト問題」の社会的背景 ― 90年代教育政策におけるジレンマの行方(業者テスト＜特集＞) 児美川孝一郎 「教育」 43(4) 1993.4 p82～89
◇業者テストに子どもの進路を委ねられない(業者テスト＜特集＞) 犬股紘一 「教育」 43(4) 1993.4 p75～81
◇「廃業」テスト業者が文部省に恨み節 「週刊朝日」 98(13) 1993.3.26 p178～179
◇偏差値情報を棄てて迷走する?中学校の進路指導 「週刊朝日」 98(6) 1993.2.12 p138～141
◇業者テストと進路指導 竹内克好 「教育委員会月報」 44(10) 1993.1 p16～21

キヨウシ　　　　　　　　　　110

教授会　faculty meeting

　大学自治を担う中枢組織で、教員人事・カリキュラム編成・学長選出・学則制定・学位授与・施設管理・入学者選抜などの自主管理運営に当たる。1960年代末の大学闘争以降、助手・講師・助教授が構成員に加えられるなどの改革が進められた。2000年4月施行された改正国立学校設置法で、国立大学の学部、独立研究科等、附置研究所その他大学の定める組織に教授会を設置すること、学部長等が議長となって主宰することなどが定められた。

【図書】
◇教授会と学問の自由 ― 大学で学ぶ生ける裸の行為論　水野益継著　東京　八千代出版　1994.6　22cm　373,13p　4300円

【雑誌記事】
◇最新判例演習室 憲法 私立大学の学長選任手続における理事会と教授会の関係（大阪地決2000.10.5）　横田守弘　「法学セミナー」　46(9)　2001.9　p111
◇国立大学制度の法的研究―教授会の位置づけに関する日中比較　張国〔ロ〕　「立教大学大学院法学研究」　24　2000.6　p1～36
◇大学人に聞く 教育の理想追求を阻む教授会、知事と違って学長は無力だ（特集・人事部が選ぶ'99年版役に立つ大学）　恒松制治　「ダイヤモンド」　87(16)　1999.4.10　p37
◇私立大学の自治―理事会と教授会の権限調整に関する考察　石井久夫　「教育行財政研究」　23　1996.3　p24～34

教職員組合　⇒ 教員組合活動 を見よ

教職員人事　personnel administration of public school teachers

　教育の目的遂行に必要な、人的条件の整備に関わる行政。具体的には、任用・分限・免職・懲戒・服務・研修・福利・退職などがあげられる。任免権は採用した教育委員会にある。職員の身分の取り扱いに関わる行政ということで、その行使に当たっては配慮と公正さが求められる。

【図書】
◇教職員人事と学校運営　教職員人事問題研究会編著　東京　ぎょうせい　1996.4　21cm　318p　3000円　①4-324-04852-5
◇強制異動反対 2 大阪地裁闘争記録 ― 1991年～1994年　川西 納教諭の強制異動を撤回させる会　1995.1　26cm　190p

【雑誌記事】
◇教職員人事に関する校長の裁量の拡大（連続特集 自主的・自律的な学校経営の推進 (2)中教審「答申」をどう具体化していくか）　沢井昭男　「教職研修」　27(6)　1999.2　p42～45
◇校長・教頭および教職員の人事のあり方（連続特集 自主的・自律的な学校経営の推進(1)中教審「答申」をどう具体化していくか）　牛渡淳　「教職研修」　27(5)　1999.1　p84～87
◇教職員人事行政とその法理についての考察 ― 労働法・教育法と条理論的教育の正当性論の見地から　新村洋史　「中京女子大学研究紀要」　32　1998　p41～49

教職員定数改善計画

　全ての公立小、中学校での国語・算数（数学）理科・映画などの授業が20人程度の少人数で可能になるように、職員定数を約2万3000人増やすという文部科学省の五か年計画。本来少子化による全国の児童・生徒数の減少に伴って教員定数を削減せることになっていたが、これを現状維持することにより結果的に定数を増やし少人数授業を可能にしようとするもの。ただし学級については標準40人を維持する。

【雑誌記事】
◇第7次教職員定数改善計画を実施へ ― 事前大臣折衝、要求通りの内容で合意　「内外教育」　5167　2000.12.22　p9
◇資料5 学級編制及び教職員定数改善計画の変遷（特集 新しい教職員定数を展望する―21世紀の教育運動と行政の課題）　「教育評論」　641　2000.9　p35～37

教職員の懲戒

公務員に対する制裁は、戒告・減給・停職・免職の4種類。他に訓告・告諭などの矯正的措置もある。1999年度の公立学校の教員の懲戒処分総数は全国で2038人。理由別にみると、交通事故が454人、わいせつ行為97人、体罰114人など。わいせつ行為の懲戒処分件数は過去最多で、生徒への体罰で懲戒処分を受けた教員も10年前に比べて倍増している。入学式や卒業式で国旗掲揚・国歌斉唱をしなかったために懲戒処分された教員は13人。私立校では理事会や教授会が懲戒権を持つ。

【雑誌記事】

◇「国旗・国歌法体制」下で相次ぐ教員処分 中野五海 「インパクション」 122 2000 p199〜201

◇調査・統計 平成11年度教育職員に係る懲戒処分等の状況について(特集 教職員関係調査統計資料) 文部省教育助成局地方課 「教育委員会月報」 52(9) 2000.12 p28〜45

◇遂に大量処分!国立市「日の丸」騒動のその後 ― 国旗国歌法は教育現場に何をもたらしたか 住吉俊彦 「創」 30(9) 2000.10 p64〜70

◇教員転任処分の教育法上の考察(2)ある事例の場合 室井修 「和歌山大学教育学部紀要 教育科学」 47 1997.3 p1〜2

教職免許法改正

1998年の改訂で、生徒指導やカウンセリング関係の科目が選択必修となったほか、2000年度からは中学校免許の取得要件として教育実習期間が延長、さらに小中学校の教員免許取得要件として1週間の介護体験が課されることになった。

→ 介護等体験特例法 をも見よ

【図書】

◇教育職員免許法関係解釈事例集 文部省教育職員養成課内教員免許制度研究会編 東京 日本図書センター 1998.11 22cm 487,35p (日本現代教育基本文献叢書)
①4-8205-3987-6,4-8205-3983-3

◇例解・教育職員免許法 時事通信社編 東京 日本図書センター 1998.9 22cm 219p (日本現代教育基本文献叢書)
①4-8205-3977-9,4-8205-3971-X

【雑誌記事】

◇法律・条約解説 文部 ― 教育職員免許法等の一部を改正する法律(平成12年3月31日法律第29号)「法令解説資料総覧」 223 2000.8 p32〜35

◇二一世紀に向かっての教師養成の基本的課題 ― 1988年及び1998年の教育職員免許法改正の問題点 黒沢英典 「武蔵大学人文学会雑誌」 31(3) 2000.5 p303〜331

◇教育職員免許法「改正」の問題点と教育政策のねらい 三輪定宣 「日本の科学者」 33(10) 1998.10 p529〜533

◇改正「教育職員免許法」のもとでの新しい「教育実習」方法論 ― 開放制教師教育の危機 加沢恒雄 「広島工業大学研究紀要」 28 1994.2 p1〜10

共通一次試験 ⇒ 大学入試センター試験 を見よ

共通テスト ⇒ 大学入試センター試験 を見よ

教養課程 ⇒ 一般教育 を見よ

教養審答申

1997年7月の第1次答申「新たな時代に向けた教員養成の改善方策について」で教員養成カリキュラムの改善・弾力化、実習の重視、社会人の活用促進などを、98年10月の第2次答申「修士課程を積極的に活用した教員養成の在り方について ― 現職教員の再教育の推進 ―」では修士課程を積極的に活用することの意義について述べ、現職教員の大学院への長期派遣制度の拡充、働きながら学ぶための大学院側の体制整備、学校側の支援体制づくりなどを求めた。1999年12月の第3次答申「養成と採用・研修との連携の円滑化について」では採用選考の多面化、採用選考の内容・基準の公表、勤務成績の適正な評価、大学との連携、社会体験研修の充実等について提言した。

→ 社会体験研修 をも見よ

【図書】
◇養成と採用・研修との連携の円滑化について ― 第3次答申 〔東京〕 教育職員養成審議会 1999.12 30cm 82p
◇修士課程を積極的に活用した教員養成の在り方について ― 現職教員の再教育の推進 第2次答申 〔東京〕 教育職員養成審議会 1998.10 30cm 90p
◇新たな時代に向けた教員養成の改善方策について ― 第1次答申 〔東京〕 教育職員養成審議会 1997.7 30cm 75p

【雑誌記事】
◇養成と採用・研修との連携の円滑化について ― 第三次答申全文(特集 変わるんです研修制度 ― 教養審第3次答申の分析) 教育職員養成審議会 「教育評論」 634 2000.2 p24～43
◇特集 全教員に短期の社会体験研修 ― 長期派遣は小学校から段階的に充実 ― 教育職員養成審議会第3次答申 「内外教育」 5069 1999.12.14 p6～18
◇修士課程を積極的に活用した教員養成の在り方について ― 現職教員の再教育の推進 ― 教育職員養成審議会(答申全文)(特集 現職教員の研修が変わる ― 教養審第2次答申) 教育職員養成審議会 「教育評論」 622 1999.2 p22～41
◇審議会答申をめぐって 「教育職員養成審議会第二次答申 ― 修士課程を積極的に活用した教員養成の在り方」をめぐる課題 市村尚久 「大学時報」 48(264) 1999.1 p108～111
◇資料 教育職員養成審議会「養護教諭の養成カリキュラムの在り方について」(報告)<全文> 「教職研修」 26(7) 1998.3 p32～33
◇開放制教員養成制度の崩壊を憂う ― 教育職員養成審議会第一次答申を読む(小特集 教員養成はどう変わるか) 奥田泰弘 「大学時報」 46(257) 1997.11 p76～81
◇新たな時代に向けた教員養成の改善方策について 教養審第一次答申・全文(1997年7月28日)(特集 教養審第一次答申を読む) 教育職員養成審議会 「教育評論」 605 1997.9 p22～43

教養部改革
一般教育を一括して行う教養部は98国立大中30校に置かれてきたが、大学審議会答申の一般・専門の区分廃止に伴い、カリキュラムとともに見直しが進められ、新学部設立・他学部充実・独立研究科開設などの改革が行われてきた。しかし教養部改革は教養教育の衰退を招いたとして中央教育審議会は答申案で、教養教育の充実は不可避であり、他校の模範になるような大学を「教養教育重点大学」として選んで思い切った支援を行うよう提言した。

【図書】
◇東京大学は変わる ― 教養教育のチャレンジ 浅野摂郎〔ほか〕編 東京 東京大学出版会 2000.1 19cm 206,20p 2000円 ①4-13-003315-8
◇大学教育の革新と実践 ― 変革の主体形成 安川寿之輔著 東京 新評論 1998.3 21cm 400p 4500円 ①4-7948-0394-X
◇大学・教養部の解体的終焉 ― 新制九州大学のなかの教養部の足跡 加藤博和著 福岡 葦書房 1997.3 19cm 194p 1500円 ①4-7512-0670-2

キレる
ちょっとした不快感や怒りを感じただけで感情を自制できなくなり、衝動的な暴力行動に走る状態。突発型暴力。耐性のない子どもや若者が増えていることで増加している現象である。遅刻を注意された男子中学生が教諭をバタフライナイフでメッタ刺しにして殺害した事件など少年犯罪が頻発すると、「キレる子ども」は流行語にさえなり、人間同士の意志疎通が不得手であること、また父性の不在や栄養学的な問題などいろいろな原因が憶測された。

【図書】
◇子どもたちはなぜキレるのか 斎藤孝著 筑摩書房 1999.8 18cm 206p 660円 (ちくま新書) ①4-480-05811-7
◇キレる ― 親、教師、研究者、そして子どもたちの報告 東京都編 ブレーン出版 1999.4 21cm 216p 1400円 ①4-89242-599-0
◇子どもがキレるとき… ― 学級崩壊・子どもの荒れをどう解決するか 学校教育・子どもの荒れ研究会編著 三友社出版

1998.9　21cm　64p　600円　（21世紀ブックレット　2）　①4-88322-687-5
◇思春期のこころが壊れるとき　山崖俊子著　主婦の友社　1998.9　19cm　191p　1300円　①4-07-224136-9
◇なぜキレる — 深く考える習慣が大きな人生を育ててゆく　岡田永治著　産能大学出版部　1998.5　19cm　200p　1400円　①4-382-05449-4

【雑誌記事】

◇「ムカツク」と「キレる」のメカニズム（特集 キレない子に育てる）　斎藤孝　「児童心理」　54(2)　2000.2　p155〜161
◇いま,学校では — ムカつきキレる子どもの現状と背景（特集 学校教育と更生保護）　高橋史朗　「更生保護」　50(2)　1999.2　p6〜11
◇「キレる」子どもの心理的メカニズムに関する一考察　大石英史　「(山口大学)研究論叢 第3部 芸術・体育・教育・心理」　48　1998　p109〜121
◇ムカつくとキレる子,ムカついてもキレない子 — 高校生から（特集 ムカつく・キレるのはざまで）　田崎未知　「月刊生徒指導」　28(7)　1998.5　p38〜39
◇脳と暴力の関係を明かした『あなたがキレる瞬間』(TEMPO)　「週刊新潮」　43(6)　1998.2.12　p134

禁煙教育　smoking prevention education

1997年の調査で中学男子の2割強・女子の1割弱が、高校男子の半数・女子の2割が喫煙経験ありと回答、未成年者の喫煙については高校生の6割近くが本人の意思にまかせるべきと回答した。文部省は未成年者向けの喫煙防止教育力を入れるべく、プログラム開発や、教材ビデオの配布などを行っている。

【図書】

◇ライフスキル(生きるちから)を育む喫煙防止教育 — 学習材と授業のすすめ方　JKYB研究会編著　京都　東山書房　2000.9(2刷)　26cm　143p　2200円　①4-8278-1205-5
◇どうしてタバコはいけないの？ — 小学校高学年指導用喫煙防止の手引き　浅野牧茂監修, 東京都健康推進財団編　東京　東京都健康推進財団　1998.3　30cm　22p　129円

◇未成年者の喫煙行動に関する全国調査報告書 — 1996年度 「防煙の実態に関する研究」班〔編〕　〔東京〕　〔簑輪眞澄〕　1998.3　30cm　111p
◇NICE2 — 地域と連携した小学校高学年からの喫煙防止プログラム　JKYB研究会編　東京　大修館書店　1995.3　30cm　1冊　3605円　①4-469-26302-8
◇喫煙防止教育ハンドブック — 理論と20の実験指導法　小林賢二著　東京　学事出版　1994.8　21cm　149p　1600円　(＜生徒指導の基本と実際＞シリーズ　19)　①4-7619-0398-8
◇新・禁煙教育の手引 禁煙教育をすすめる会編　東京　学事出版　1993.8　21cm　166p　1600円　(＜生徒指導の基本と実際＞シリーズ　14)　①4-7619-0373-2
◇喫煙防止教育のすすめ　皆川興栄, 川畑徹朗編著　東京　ぎょうせい　1993.5　22cm　374p　2900円　①4-324-03576-8

【雑誌記事】

◇小・中学校教員の喫煙防止教育の取り組みに関する研究　村松常司, 金子修己, 村松園江(他)　「愛知教育大学教育実践総合センター紀要」　4　2001.3　p169〜176
◇小学生のための禁煙教育 — トラブルに巻き込まれても、適切に判断し行動して欲しいとの願いを込めて　井上真理子　「青少年問題」　46(10)　1999.10　p28〜33
◇中学生への喫煙防止教育と喫煙に対する態度および信念の変化　大見広規, 望月吉勝, 広岡憲造　「公衆衛生」　63(8)　1999.8　p580〜584
◇生徒の禁煙教育等について指導を効果的にする学校と家庭との協力体制 — 埼玉県立川本高等学校(第3部 平成7・8年度 高等学校生徒指導研究推進研究集録 — 生徒の問題行動等に対する指導の在り方)　「中等教育資料」　47(4)　1998.2　p181〜184
◇児童・生徒を対象とする喫煙防止教育(特集 喫煙対策の実際)　西岡伸紀　「日本医師会雑誌」　116(4)　1996.8.1　p349〜352

金属バット殺人事件

1996年、家庭内暴力を繰り返す中学3年の長男を父親が金属バットで殴り殺した事件。東京地方裁判所は1998年4月、「悲惨な結末を回避するために努力する予知はあった」

と延べ、懲役3年の実刑判決を言い渡した。2000年6月には岡山県の県立高校3年生の少年が後輩4人を殴って重軽傷を負わせた後、母親を殴って殺害した事件、7月には山口県で16才の少年が母親と口論の末金属バットで殴って殺害する事件もあった。

【図書】

◇うちのお父さんは優しい — 検証・金属バット殺人事件　鳥越俊太郎, 後藤和夫［著］東京　明窓出版　2000.4　20cm　382p　1500円　①4-89634-041-8

◇闇に向かった家族 — 父親はなぜ息子を殺したのか　中西茂著　教育史料出版会〔1998.10〕19cm　209p　1500円　①4-87652-350-9

◇父の殺意 — 金属バット事件を追って　前田剛夫著　毎日新聞社　1998.8　19cm　189p　1400円　①4-620-31238-X

【雑誌記事】

◇岡山「金属バット」事件の釈然としない決着(TEMPO)「週刊新潮」　45(35)　2000.9.14　p30

◇山口・金属バット母親殺害事件の深層　「週刊宝石」　20(31)　2000.8.24・31　p36～37

◇金属バットで母親を殺した16歳新聞少年の「真実」(スクープ・ワイド「真夏の秘め事」10連発☆)「週刊現代」　42(32)　2000.8.19・26　p227～228

◇岡山金属バット惨劇—17歳「野球少年」はなぜ母親をバットで殴り殺したのか　「週刊新潮」　45(28)　2000.7.20　p149～153

◇後輩を殴ったあげく17歳少年「金属バットで母親撲殺」の前兆(THE NEWS)「週刊現代」　42(26)　2000.7.8　p54～55

◇17歳バット殴打—「おとなしい」が危ない(事件)「AERA」　13(28)　2000.7.3　p89

◇家庭内暴力に関する一考察—金属バット殺人事件を事例として　横山卓　「九州教育学会研究紀要」　26　1998　p101～107

◇東大卒父親が息子を殺した「家族の肖像」(TEMPO)「週刊新潮」　43(45)　1998.11.26　p134

◇金属バット殺人事件はなぜ防げなかったのか　芹沢俊介　「論座」　35　1998.3　p75～89

◇心の闇と子ども—父が息子をバットで殺害、荒れる子供の対策「AERA」　10(45)　1997.11.1（臨増（子どもがあぶない））p68～73

◇追いつめたのは何か—金属バット殺人事件(司法記者の眼)「ジュリスト」　1110　1997.4.15　p153

◇東京・湯島中3長男殴殺事件　東大卒の父親に金属バットを振り下ろさせたある決意「サンデー毎日」　75(53)　1996.11.24　p141～143

勤務評定　merit rating, evaluation of teachers, efficiency rating

人事管理の適正を図るために行う個人評価の一種。教職員の勤務成績と、それに直接反映する職員の適正・性格を公平に評定し、人事管理の適正を図ることが目的である。校長以下全職員が対象。地方教育委員会が実施し、校長が評定する方式が多い。人間による人間評価への困難性、また客観性や公平さへの疑問から反対の声も強く、1956年から60年にかけては勤評闘争と呼ばれる反対運動が全国的に広まった。

【雑誌記事】

◇教職員の勤務評定の研究—「神奈川方式」の意義をめぐって　丸山義王　「学校経営研究」　26　2001.4　p60～82

◇わが国の教員評価（勤務評定）の歴史を回顧する(教員の人事考課読本)　高橋寛人「教職研修総合特集」　141　2000.9　p212～217

◇"教員の勤務評定"をめぐる争点史を整理する—勤評は教育活動を高めることができるか(特集 人事考課を意識した経営方針の示し方)　大石勝男　「学校運営研究」　39(5)　2000.4　p50～52

◇ラウンジ 勤務評定「内外教育」　5057　1999.10.29　p24

◇勤務評定の今日的意味—教員・校長・教育委員会に対するアンケート調査の結果から　前原健二　「季刊教育法」　94　1993.9　p113～120

勤労生産・奉仕的行事

「学校行事」での活動のひとつで、勤労生産に関わる活動およびボランティア活動を行うこと。1987年の教育課程審議会の答申を受け、89年の学習指導要領で従来の「勤

労・生産的行事」を改めたもの。職場体験・職場見学・美化活動、地域社会への協力や奉仕などが具体的な活動。98年改定の新学習指導要領でも「学校行事」のひとつとして取り上げられている。

【雑誌記事】
◇勤労生産・奉仕的行事の新展開―豊かな人間関係を育てる全校縦割りふれ合い活動（新学校行事読本―小学校学校行事の新展開）樫尾由美子 「教職研修総合特集」143 2000.12 p106〜110
◇勤労生産・奉仕的行事充実のポイント（小学校）（全訂・特別活動読本―完全5日制・新教育課程下の特色ある特別活動のあり方を徹底考察―5章 学校行事の理解と展開）髙松和彦 「教職研修総合特集」139 2000.3 p188〜191
◇勤労生産・奉仕的行事充実のポイント（中学校）（全訂・特別活動読本―完全5日制・新教育課程下の特色ある特別活動のあり方を徹底考察―5章 学校行事の理解と展開）長川正江 「教職研修総合特集」139 2000.3 p192〜195

勤労体験学習 work experience activities at schools

「生きる力」育成のための方策の一つとして提言されている。具体的には企業見学・訪問・調査・実習、奉仕・環境美化活動、福祉介護活動、伝統工芸制作など。生活環境やライフスタイルの変化によって、家庭や地域で勤労・生産や奉仕的活動を体験する機会が減っていることが指摘されており、「なすことによって学ぶ」ことにより豊かな人間性と生きる力を身につけることが期待されている。

→ 勤労生産・奉仕的行事, 勤労体験学習総合推進事業 をも見よ

勤労体験学習総合推進事業 LETS, Labor, Experience, Trial, Study

文部省が1993年度から、高等学校の普通科の生徒を対象として実施している事業。働くことや社会に奉仕することの喜びを体験させることを通じて、将来の生き方や職業選択を視野に入れた進路の自覚を高めることを目的としたもので、実施主体である高等学校を中心として、地域のPTA、地元企業等が連携・協力を図り、職場見学、奉仕活動等を実施するもの。

【雑誌記事】
◇巻頭特集 LETSと勤労体験学習 「産業教育」 49(1) 1999.1 P8〜15
◇高校生の勤労体験の意義と課題（特集 現場実習の現状と課題）藤田晃之 「産業教育」 48(11) 1998.10 P4〜7
◇LETS事業を終えて―普通科高校における勤労体験学習の試み 桐山吾朗 「青少年問題」 43(6) 1996.6 P22〜28

【 ク 】

区域外就学

市町村教育委員会に指定された就学すべき学校以外の、他市町村の学校への就学のこと。

→ 通学区域の自由化 をも見よ

九月新学年制 ⇒ 秋季入学制 を見よ

クラブ活動

学習指導要領に言う特別活動の一つで、学年や学級の所属を離れて、共通の興味・関心を追究する活動とされている。1998年改定の新学習指導要領では中学と高校の特別活動からクラブ活動の項目が消え、学校裁量による活動となる。

→ 部活動 をも見よ

クリスマス・レクチャー Chirstmas Lecture

英国科学実験講座。イギリスの科学者ファラデーが科学を「広く一般の人にも理解してもらいたい」と始めたもの。日本でのクリスマス・レクチャーは、英国の最新の科学的成果と、科学を楽しむことの大切さを伝えたいということから1990年から毎年夏休みに

前年の講義内容をそのまま再現する形で開催されている。

【雑誌記事】
◇人の心を科学の世界に誘うクリスマスレクチャー 宗田孝之 「電気学会誌」 114(12) 1994.11 p831～833

グループ合同選抜制

1982年東京都が学校群制度に代えて始めた高校入試制度。6～10校からなる学区全体のグループ合格者を確定。第一志望合格者はそのまま入れるが、第二志望の定員にも漏れるとグループ内の他校に振り分けられるというもの。学校群制度による都立高校全体の進学率低下・人気の低迷から採用された制度だが、高校中退者や浪人増加の一因となるとの批判を浴び、94年に学区による単独選抜制が導入された。

→ 学校群制度 をも見よ

【雑誌記事】
◇宮崎県における合同選抜制度の展開と課題 吉田香奈 「広島大学教育学部研究紀要 第1部 教育学」 48 1999 p103～111

グループダイナミックス　group dynamics

集団力学と訳される。集団現象にかかわる一般法則を、実験室実験や現場研究（アクションリサーチ）などの方法により実証的に分析する手法。1939年レヴィンが提唱、49年日本にも学会設立。集団規範・リーダーシップ・集団意志決定などを対象分野とするので、学級集団の分析に有効。

【雑誌記事】
◇いじめのグループ・ダイナミックス（いじめを越えて＜特集＞） 矢守克也 「教育と医学」 43(11) 1995.11 p1029～1035
◇上級学習者のプロジェクト・ワーク－グループ・ダイナミックスに関する実験的考察 架谷真知子, 二村直美, 津田彰子(他) 「日本語教育」 87 1995.11 p126～138
◇学級風土の事例記述的クラスター分析（教育集団力学＜特集＞） 内藤哲雄 「実験社会心理学研究」 33(2) 1993.11 p111～121

黒磯市中学校教師殺害事件

1998年1月18日、栃木県黒磯市の黒磯北中学校の廊下で、英語教諭が授業に遅刻した1年生の男子生徒を授業後に廊下へ呼び出して注意していたところ、生徒からバタフライナイフで胸や腹など七カ所を刺され約一時間後に死亡した。少年は普段からこの教諭に特別な反感を抱いていたわけではなく、驚かそうとして出したナイフに教諭がひるまなかったことから「ばかにされている」と衝動的に突き刺していた。この事件以後ナイフを持った少年による傷害事件が多発し、文相が学校における所持品検査実施を是認する、各都道府県で刃物類を有害がん具に指定するなどの動きがあった。

【図書】
◇信頼の崩壊 ― 黒磯ナイフ事件をめぐる事実と反省 横島章編著 宇都宮 下野新聞社 1998.7 19cm 277p 1500円 ①4-88286-093-7

【雑誌記事】
◇ルポ 少年はなぜ教師を刺したのか（特集・荒れる少年たち） 大和田守 「潮」 481 1999.3 p246～253
◇女教師は「殺され損」、許すな「フツーの会話でキレる少年」（ニッポンが危ない） 「週刊読売」 57(8) 1998.2.15 p28～30
◇少年はなぜ爆発したのか（教師を刺殺、キレた13歳）「週刊朝日」 103(6) 1998.2.13 p162～165

クロス・カリキュラム

特定のテーマについて、現存する複数の教科・科目の内容を相互に関係づけて学習させるカリキュラム。あるテーマについて、各教科間の区分と特徴は従来のままで、その関係を密にして教育効果を上げようとするもの。クロスカリキュラムの開発にあたっては、テーマを先に設定してこれに従って各教科の単元を構成し直さなければならず、教師の力量が問われる。

【図書】
◇横断的・総合的な教育活動 ― 『生き方』を考える授業の創造 尾木和英, 寺崎千秋編

東京　教育開発研究所　2000.9　21cm　227p　2200円　（教職研修総合特集）　①4-87380-770-0
◇実践クロスカリキュラム — 横断的・総合的学習の実現に向けて　高階玲治編　東京　図書文化社　1996.12　26cm　156p　2000円　①4-8100-6269-4
◇「クロスカリキュラム」理論と方法　野上智行編著　東京　明治図書出版　1996.9　21cm　134p　1650円　（総合的学習への提言　教科をクロスする授業　第1巻）　①4-18-122105-9

【雑誌記事】
◇資料　学習者の視点からみたクロス・カリキュラム — 神戸大学発達科学部附属明石中学校における環境・国際理解学習と教科学習との連携　山口悦司, 上辻由貴子, 野上智行(他)　「科学教育研究」　24(4)　2000　p253～263
◇クロス・カリキュラムの構想と運営に求められる諸要件 — 神戸大学発達科学部附属明石中学校を事例として　上辻由貴子, 野上智行, 稲垣成哲(他)　「科学教育研究」　23(1)　1999.3　p25～32
◇第45回大会公開シンポジウム報告　クロスカリキュラムの視点から　田中明　「関東教育学会紀要」　25　1998.11　p69～72
◇指定校に学ぶ『心の国際化』を図るクロス・カリキュラムの実践(埼玉県立三郷北高等学校)　「中等教育資料」　47(17)　1998.10　p177～181
◇クロスカリキュラムで授業改善をどう進めるか(新教務主任読本 — 授業改善をどう進めるか — 豊かな学力の育成)　高階玲治　「教職研修総合特集」　129　1996.9　p120～123
◇連続特集　横断的・総合的な学習の構想と展開(1)クロス・カリキュラムの実践　「教職研修」　24(11)　1996.7　p30～78

グローバル教育　global education

地球市民教育。地球社会教育とも。アメリカを中心に発展してきた理念で、文化的・宗教的・政治的な差異や摩擦のレベルを越えて、普遍的な価値観に基づく地球レベルでの思考を習慣化しようとする教育。異文化間教育、国際理解教育などとともに"国際教育"と称される。

【図書】
◇地球市民への入門講座 — グローバル教育の可能性　宇土川晴義監修, 小関一也〔ほか〕著　東京　三修社　2001.5　21cm　166p　2000円　①4-384-01361-X
◇21世紀地球市民の育成 — グローバル教育の探究と展開　魚住忠久, 深草正博編著　名古屋　黎明書房　2001.4　21cm　222p　2500円　①4-654-01686-4
◇「地球時代」の教育とは？　多田孝志著　東京　岩波書店　2000.4　19cm　209p　1700円　（シリーズ教育の挑戦）　①4-00-026446-X
◇地球市民を育てる — 学校がつくる子どもがつくるわたしのカリキュラム　21世紀カリキュラム委員会編　東京　アドバンテージサーバー　1999.2　30cm　64p　500円　①4-930826-49-7
◇グローバル時代の教育戦略 — 「超国家」時代に求められる資質と能力　＜TNC＞政策研究グループ著　東京　アルク　1998.3　21cm　211p　2400円　①4-87234-816-8
◇地球市民を育む学習　グラハム・パイク, ディヴィッド・セルビー共著, 中川喜代子監修, 阿久沢麻理子訳　東京　明石書店　1997.11　26cm　337p　3300円　①4-7503-0954-0
◇地球市民教育のすすめかた — ワールド・スタディーズ・ワークブック　デイヴィッド・ヒックス, ミリアム・スタイナー編, 岩崎裕保監訳　東京　明石書店　1997.6　22cm　341p　2500円　①4-7503-0922-2
◇地球市民を育てる教育　箕浦康子著　東京　岩波書店　1997.3　19cm　229,10p　1648円　（子どもと教育）　①4-00-003960-1

【雑誌記事】
◇グローバル教育とは何か(特集　それぞれの大学活性化戦略)　水田宗子　「大学時報」　50(277)　2001.3　p30～37
◇グローバル教育の転換 — Global Issues for the '90sの意義　新谷政徳　「教育学研究紀要」　45(2)　1999　p187～192
◇シンポジウム　地球市民としての生きる力 — 国際化時代の教育の在り方を考える(特集　第15回開発教育全国研究集会 — "生きる力"と"地球市民"への学び)　高橋敏道, 藤原孝章, 松下倶子(他)　「開発教育」　37　1998.2　p8～12

◇地球市民教育の当面する課題(特集 グローバルエデュケーション) 河内徳子 「月刊社会教育」 40(8) 1996.8 p6〜12
◇グローバル教育の今日的課題(「アジアと日本」を学ぶ＜特集＞) 大津和子 「教育」 44(11) 1994.11 p34〜42
◇国際化時代の教育—グローバル・エデュケーション＜特集＞「教育学研究」 61(3) 1994.9 p205〜303

【 ケ 】

形成的評価 formative evaluation

スクリバンが提唱したカリキュラム評価概念の1つ。子どもが学習すべき事項を完全に習得できるようになることを目指して、習得する家庭を教師と子ども双方が把握する。テストは、子どもの新たな知識や技能の習得段階ごとに行われる。到達度評価の普及で関心が高くなっている。

→ 教育評価 をも見よ

【図書】
◇教育評価法ハンドブック — 教科学習の形成的評価と総括的評価 B.S.ブルーム他著、梶田叡一〔ほか〕訳 東京 第一法規出版 1993.6 22cm 468p 3500円 ①4-474-04148-8

【雑誌記事】
◇スモールステップで学習を援助する — 形成的評価の工夫(特集 励まし上手な親 — 励まし上手な先生) 小島宏 「児童心理」 54(11) 2000.8 p1094〜1098
◇形成的評価を日常化した実践とは(特集 勉強がわからない子・にがてな子) 加藤明 「児童心理」 53(7) 1999.5 p619〜623
◇努力に対する進歩を認める — 形成的評価(特集 自信がもてない子 — 自信をもって過ごせる学校) 星野昌治 「児童心理」 52(2) 1998.2 p225〜230

継続教育 further education, continuing education

教育は個人の生涯を通じて継続されるべきとするイギリスの教育理念であり、生涯学習の概念に近い。特に近年は、成人継続教育(adult continuing education)に力が入れられている。特徴としては、正規の学校教育に比べ入学用件やカリキュラムがさほど厳密的固定的でないこと、多種多様な施設で開講され、コースの内容も趣味教養から、資格や学位の取得を目的とした幅広いものまであるということである。

【雑誌記事】
◇継続教育の現状をみる「認定看護管理者」教育課程改正の意図と内容(特集 看護管理教育の体系化) 北角栄子 「看護展望」 26(6) 2001.5 p42〜46
◇社会人教育とは何か — 東北大学教育学部、成人継続教育論講座の意味するもの 安西和博 「東北大学教育学部研究年報」 48 2000.3 p221〜243
◇「継続教育」概念による大学の開放(特集 二十一世紀の高等教育に向けて) 南学 「短期大学教育」 55 1999.4 p28〜39
◇専門教育と継続教育の展望(専門高校における継続教育の展望) 茂里一紘 「産業教育」 48(12) 1998.11 p8〜11
◇特集 図書館員の研修と継続教育 「図書館雑誌」 91(5) 1997.5 p311〜338
◇生涯学習体系化と継続教育・リカレント教育(現代社会教育の理念と法制) 「日本の社会教育」 40 1996.10 p57〜100

携帯電話と学校

ポケベル(ポケットベル)は1990年代に入ってから半ば頃まで女子高生の間に爆発的に普及した。その後コミュニケーション機器はPHS、携帯電話に移行。総務庁が1999年11月に全国6都県の高校2年生を行った調査では、高校生の六割近くが携帯電話(PHSを含む)を持ち、うち三人に二人は一日五回以上も電子メールをやりとりしていることがわかった。iモードの普及などに伴い高校生の所持率が上昇すると、始めは原則禁止としていた学校側も「届け出制」や「持ってきて

もいいが校内では電源を切る」などの対応に変わらざるを得なくなっている。

【図書】

◇青少年と携帯電話等に関する調査研究報告書 〔東京〕 総務庁青少年対策本部 2000.12 30cm 142p

◇青少年の情報通信を活用したコミュニケーションに関する調査結果報告書 〔東京〕総務庁青少年対策本部 1997.12 30cm 212p

【雑誌記事】

◇高校生の"ケータイ"電話等の使用状況(総務省)―6割が所持、料金は月4～6千円が4～5割 「労働と経済」 1267 2001.7.5 p42～45

◇高校生は携帯電話"依存症"? 学校生活と携帯電話は共存できるのか?(特集「少年問題」を親はどうする!?) 前田博夫 「望星」 32(4) 2001.4 p44～49

◇特集 ケータイ・PHS・メールと中・高校生の生活 「月刊生徒指導」 30(12) 2000.9 p11～31

◇私語と携帯電話に関するアンケート調査の結果 髙橋治道 「長岡短期大学研究紀要」 39 2000.5 p75～82

◇一晩にメールやりとり100回の生徒も―高校生の携帯電話利用実態など調査―日本教育社会学会第51回大会から(1)青少年 「内外教育」 5052 1999.10.12 p6～7

◇MONTHLY REPORT 現代の小中学生の携帯電話利用―親子の意識・実態調査、学校調査から 宮木由貴子 「LDI report」 125 1991.4 p21～41

系統学習

1950年代に論争された、「問題解決学習」に対立する用語。各教科の指導内容は各学問の論理的系統性を柱にして構成・指導されなければならないととらえる。子どもは教師の指導によって教科内容を順次習得して行くべきであるとする、教師主導型の学習理論である。

→ 問題解決学習 をも見よ

【雑誌記事】

◇系統学習(現代学習指導論(5)) 長谷川栄 「学校教育研究所年報」 43 1999 p72～82

◇問題解決学習と系統学習の対立の解決に向けて 宮本雅之 「長崎大学教育学部教育科学研究報告」 53 1997.6 p1～13

◇教育―「系統学習」から「体験学習」に切り換え、創造型人間の育成を(特集・戦後50年、21世紀に尊敬される日本をめざして―日本人よ驕るなかれ!) 山岸駿介 「財界」 43(17) 1995.7.1 (臨増) p194～197

ゲザムトシューレ Gesamtshule(独)

旧西独で1970年から徐々に実施されてきた、総合制中等学校。4年制の国民学校(6歳からの義務教育)の修了者が進む。大学進学者用の「ギムナジウム」・実科学校の「レアルシューレ」・大多数が進む基幹学校の「ハウプトシューレ」の3種に分かれていた後期5年の義務教育を統合、教育の機会均等を目指したもの。

【図書】

◇戦後ドイツの中等教育制度研究 坂野慎二著 東京 風間書房 2000.3 22cm 345p 12000円 ⓘ4-7599-1197-9

結果の平等

本来教育における平等主義「教育の機会均等」は、能力の競争の基盤となるべきものであり、結果に差が出ることを認めないものではなかった。しかし結果の平等をもそのうちに含んできてしまったところに現在の教育問題の原因があるとする意見がある。

→ 教育における平等主義 をも見よ

研究開発学校

次期学習指導要領改訂の実証的資料を得るために、文部省から委嘱されて現行の学習指導要領によらない研究・開発を行う学校。研究開発の内容は教科再編、小学校での英語教育、読書指導などさまざま。

→ 実験学校 をも見よ

【雑誌記事】

◇研究開発学校の拡充(教育改革と「21世紀・日本の教育」読本―教育改革国民会議「教育を変える17の提案」を検討する―新しい時代の新しい学校づくり―新しいタイプの学校の設置を促進する)　小島弘道　「教職研修総合特集」　144　2001.2　p239～242

◇特集 新しい研究開発学校の取り組みから　「内外教育」　5169　2001.1.9　p2～7

◇特集 研究開発学校研究集録　「中等教育資料」　49(21)　2000.12　p1～166

◇文教ニュース 文部省が〔平成〕12年度研究開発学校/教育課程審議会の「意見整理」　安達拓二　「学校運営研究」　39(9)　2000.7　p74～77

◇ラウンジ 新型研究開発学校　「内外教育」　5106　2000.5.9　p24

◇教育法規あらかると―公募型研究開発学校　「内外教育」　5038　1999.8.20　p23

◇研究開発学校(文部省指定研究を行っている小学校及び幼稚園)　「初等教育資料」　676　1997.10　p173～188

研究拠点　⇒COEを見よ

研究指定校

　文部省や自治体に委嘱されて、ある一定の期間、特定の課題を追う学校。

→ 実験学校 をも見よ

【図書】

◇平成9・10年度文部省高等学校教育課程研究指定校(職業教育関係及び進路指導関係)研究報告書　兵庫県立飾磨工業高等学校編　姫路　兵庫県立飾磨工業高等学校　1998.12　30cm　136p

【雑誌記事】

◇平成10・11年度 読書指導研究指定校研究集録　「初等教育資料」　臨増　2001.10　p7～45

◇平成11・12年度 学校図書館ボランティア活用実践研究指定校研究集録　「初等教育資料」　2001.10　p47～153

◇人権教育研究指定校における人権教育―1997～1998年度の場合　梅田修　「部落問題研究」　157　2001.8　p2～29

◇全国アンケートを通じて 研究指定校に学ぶ英語活動の成果と課題(特集2 新世紀シリーズ企画/学校に何ができるか(3)小学校の「英語活動」―そのヒント)　矢ノ浦勝之　「総合教育技術」　56(7)　2001.8　p70～73

◇平成11・12年度 中学校教育課程研究指定校研究集録　「中等教育資料」　50(9臨増)　2001.7　p5～298

◇平成11・12年度小学校教育課程研究指定校研究集録　文部科学省教育課程課　「初等教育資料」　臨増　2001.7　p1～271

◇研究指定校における教師の意識と指導行動の分析　河村茂雄　「岩手大学教育学部研究年報」　58(2)　1999.2　p1～7

研究大学

　大学のうち、教育より研究に機能の重点を置いているもの。日本で研究大学といえる大学は旧帝国大学系の総合大学と一部の私大のあわせて20校足らずと言える。日本の学術研究の環境は貧弱であり、学術振興のためにはその充実と、質的なレベルアップが望まれる。

【図書】

◇大学院の研究―研究大学の構造と機能　有本章編　広島　広島大学大学教育研究センター　1994.3　26cm　173p　(高等教育研究叢書　28)　④4-938664-28-3

【雑誌記事】

◇理念を模索する研究大学―東北大学(今月のテーマ 地域の中の国立大学)　秋永雄一　「IDE」　431　2001.8　p12～18

◇アメリカ大学における教育と研究―研究大学の視点から　フランク・A.シュミットライン, 舘昭(訳)　「IDE」　387　1997.5　p66～78

◇理想と現実のはざまで揺れる研究大学　トック,トーマス　「TRENDS USA」　24(2)　1994.3・4　p31～33

◇専門分野と学問的生産性―米国研究大学の事例　有本章　「広島大学大学教育研究センター大学論集」　23　1993　p27～47

原級留置　repeating a grade

　各学年の教育課程の修了の認定にあたって、当該学年の修了が認められず、元の学年・課程にとどまること。一般には落第、留

年と呼ばれる。小中学校では出席日数が著しく欠ける場合のみに適用。高校は学年制・単位制併用のため、3科目以上の未修得が基準となる。1999年度の公・私立高等学校(定時制を含む)における原級留置者数は2万6千人で、0.6％。

【雑誌記事】

◇進級拒否処分と生徒の権利侵害—神戸工業高専進級拒否事件(子どもの権利条約の動向と最近の教育判例＜特集＞)　下村哲夫　「季刊教育法」　92　1993.3　p40～50

現職教育　INSET, in-service education of teachers

教員就業以前の学習・訓練(pre-service education)に対し、教職に就いた後行われる教育をいう。民間が行う場合には企業内教育、国・自治体が行う場合には研修と呼ぶ。研修は職務命令に基づくもの、職務専念義務の免除によるもの、勤務時間外の自主的なものの3つに分けられる。近年、現職教育の充実を求めて大学との連携が模索されており、2001年から専修免許状を取得するため、現職の教員が身分を保有したまま国内外の大学院に在学できる大学院修学休業制度が開始された。

→ 大学院修学休業制度 をも見よ

【図書】

◇教師の現職教育と職能開発—OECD諸国の事例比較　OECD著,奥田かんな訳　京都　ミネルヴァ書房　2001.5　21cm　227p　2800円　ⓘ4-623-03373-2

◇効果的な教員研修の進め方—研修内容に応じた研修技法の開発　中本克美編著　東京　ぎょうせい　1997.8　21cm　145p　2000円　ⓘ4-324-05245-X

◇学校改善を促す校内研修　中留武昭編　東京　東洋館出版社　1994.3　19cm　226p　2400円　(シリーズ『学校改善とスクールリーダー』学校改善を促すスクールリーダー　8)　ⓘ4-491-01078-1

【雑誌記事】

◇現職教育におけるリフレッシュ教育の現状と課題—奈良教育大学の事例を中心に(教員養成教育の探究)　上野ひろ美, 松川利広, 宇田秀士(他)　「教科教育学研究」　18　2000　p161～175

◇現職教育における夜間大学院の必要性と可能性(緊急特集—もう一つの大学像への展望)　添田晴雄　「教育学論集」　19　1993.7　p17～22

憲法教育

憲法の理念や精神を理解するため、小学校の社会科、中学・高校の公民科で主に取り上げられる。広義にはその理念や精神を身につけた上で自主的・主体的・民主的に実現できる能力の育成を目的とする国民教育を言う。

【図書】

◇戦後教育の総合評価—戦後教育改革の実像　『戦後教育の総合評価』刊行委員会編　国書刊行会　1999.3　21cm　385,8p　2800円　ⓘ4-336-04123-7

【雑誌記事】

◇遵法精神の欠落と憲法教育　神谷真起子　「名古屋短期大学研究紀要」　39　2001　p39～44

◇憲法教育を通じて平和を(大特集 二一世紀の平和を築く力を育てる教育とは)　吉田豊　「未来をひらく教育」　122　2000.12　p39～44

◇現場の調査から—小学生の憲法感覚を考える(特集「憲法学習」このままで問題はないか)　「現代教育科学」　40(5)　1997.5　p5～16

◇中学生の「憲法学習」の重点をどこに置くか(特集「憲法学習」このままで問題はないか)「現代教育科学」　40(5)　1997.5　p35～40

◇憲法教育論—市民形成および社会科教育としての憲法教育(「法学教育」の総合的研究＜特集＞—現状と課題)　近藤真　「法の科学」　22　1994　p59～66

【コ】

コアカリキュラム core curriculum

教育課程の編成において、特定の教科群を超えた統合的な中心課程(コアコース)を設け、その周辺に関連した教科内容や教材群を配置したもの。社会生活の諸領域を統合的にとらえ、カリキュラム全体を有機的に組織しようとする。

【図書】

◇コア・カリキュラム(文学分野)の研究・開発報告書—21世紀の文学部教育に向けて　九州大学文学部編　福岡　九州大学文学部　2000.3　30cm　138p

【雑誌記事】

◇コアカリキュラムと一年次教育(今月のテーマ　一年次教育)　ジョンA.ジェンキンス,小笠原正明　「IDE」　429　2001.6　p52〜59

◇全学共通コアカリキュラムの具体的構築　阿部和厚,小笠原正明,西森敏之(他)　「高等教育ジャーナル」　6　1999.3　p77〜90

◇Integrated Courseとしての「一般教育」カリキュラム—コア・カリキュラムの思想性を問う(第17回大会関係論文 フォーラム)　北村侑子,高橋邦彦,高原光子ほか　「一般教育学会誌」　17(2)(通巻第32号)　1995.11　p204〜211

◇「コア・カリキュラム論争」から何を受け継ぐか(論争から学ぶ「戦後教育50年」＜特集＞)　星村平和,磯田一雄,山口幸男　「現代教育科学」　38(3)　1995.3　p30〜35

公開大学　⇒　オープンユニバーシティ を見よ

合科学習

合科教授。大正期に奈良女子高師で木下竹次によって始められ、昭和初期には全国の高師附小に広まった。教科・領域の枠はそのまま、ある教材の内容・その下に展開する活動を総合的に指導し、それぞれの教科の狙いをより効果的に達成しようとする。このためには学校が自立的に学習のできる組織であることが必要とされる。

【図書】

◇「合科」からはじまるマニュアル「総合的な学習」成功へのステップ　吉崎静夫,香川大学教育学部附属坂出中学校著　東京　ぎょうせい　1999.11　26cm　171p　1905円　④4-324-05994-2

【雑誌記事】

◇木下竹次の学習課程論—環境との交渉のためのカリキュラム構想　吉村敏之　「宮城教育大学紀要」　35　2000　p347〜357

◇総合学習と合科学習—40年の思い出に頼って(特集1 学校教育—総合的な学習と教科学習との関連)　東洋　「日本教材文化研究財団研究紀要」　29　1999　p8〜11

◇鶴居滋一の合科学習の実践—低学年の地理的学習を中心に　前田賢次　「社会科教育の創造」　No.2　1995.3　p85〜103

◇大正・昭和初期における「合科学習法」の分析—小学校低学年の社会認識教育の視点から　前田賢次　「社会科教育の創造」　No.1　1994.3　p1〜19

高校勤労体験学習総合推進事業　⇒　勤労体験学習総合推進事業 を見よ

高校三原則

戦後新制高校発足時に当たり、そのあり方の眼目とされた男女共学制・1学区1校の小学区制(通学区制)・普通科と職業科を分離しない総合制を高校三原則という。進路の選択や地域の状況あるいは男女別によって進学を希望する生徒らが差別的な扱いを受けないよう、その権利を保障するためのものだったが、これをほぼ完全実施したのは京都府くらいで、小学区は約半数で実施されず、関東以北には別学が残り、総合制も単なる複数科の併置で終わった。

【図書】

◇高校教育の形成—富山県における高校三原則と七・三教育　天野隆雄著　成文堂

1997.4　21cm　190p　2000円
①4-7923-6062-5

【雑誌記事】
◇地方公立高にはナゼ男女別学が残る(なんでかなの研究〔114〕)　綱島理友　「週刊朝日」　104(19)　1999.4.23　p129
◇高校教育改革について(下)―高校三原則との関連を中心に　向井哲夫　「教育」　46(13)　1996.12　p106～112
◇高校教育改革について(上)高校三原則との関連を中心に　向井哲夫　「教育」　46(11)　1996.11　p105～113
◇京都の総合選抜制度―高校三原則から通学圏制度へ(特集・公立高校総合選抜制度のゆくえ―平等化と個性化)　椿原泰夫　「都市問題」　85(3)　1994.3　p55～64

高校進学率　⇒ 高校全入時代 を見よ

高校全入時代

　1960年代前半第1次ベビーブーム世代の高校進学期には、日教組を中心に高校全員入学問題協議会結成、高校増設などを要求する全入運動を展開した。高校進学率は、69年90％を突破し、96年度は96.8％。中教審は97年の答申で高校の入学者選抜について、大部分の児童が高校へ進学している以上、必要以上に中学生の心理的負担になったり、中学校授業のゆとりを奪ったりしないための取り組みを求めた。

【雑誌記事】
◇点描(教育)戦後の混迷から新たな改革まで(37)高校進学率90％を突破―大衆化した国民教育機関へ　「内外教育」　5151　2000.10.24　p23
◇ほころび始めた「競争の教育」―中学と高校との接続のなかで(特集「競争の教育」再考―もうすぐ大学全入時代)　絹貫公平　「教育」　50(3)　2000.3　p23～29
◇教育―いま高校全入運動を(時代を読む)　「月刊社会民主」　509　1997.10　p98～99
◇高校希望者全入を現実のものに―教育無償化と学級規模改善を中心に(特集 青年期教育の再生にむけて)　三輪定宣　「高校のひろば」　25　1997.9　p25～31

◇今後の高校制度のあり方について―希望者全入への道　小島昌夫　「教育」　44(13)　1994.12　p106～115

高校中退

　文部省の2000年度学校基本調査によると高校進学率は97％で過去最高を記録している一方、1999年度中途退学者数は10万6千人、中途退学率は2.5％。その理由には「学校生活・学業不適応」が最も多く、次いで「進路変更」、「学業不振」となっている。「学校生活・学業不適応」の内訳を見ると「もともと高校生活に熱意がない」と「授業に興味がわかない」で半数を超える。積極的な目的がないまま就学するケースの増大が背景にある。また、90年頃からは経済的理由による私立校中退者がわずかずつではあるが増加している。

【図書】
◇The中退―"学校離れ"百万人の生き方ガイド　東京　朝日新聞社　1994.4　21cm　254p　1300円　(朝日ワンテーママガジン　26)　①4-02-274026-4
◇はぐくんでみらいへ―「高校中退」者問題を考える　ユースサービスフォーラム報告書　大阪　大阪府青少年活動財団ユースサービス大阪　〔1994〕　21cm　98p

【雑誌記事】
◇「不適応」理由が「進路変更」上回る―全日制専門学科の中退率は0.2ポイント減 文部省の99年度「問題行動白書」(下)中退等　「内外教育」　5170　2001.1.12　p7～10
◇公・私立高等学校における中途退学者数等の状況(平成10年度)　文部省初等中等教育局高等学校課　「中等教育資料」　49(3)　2000.2　p180～185
◇高校中退って何だ 中学校教師として教え子たちの中退問題に向き合ってみると(特集 進路を切り拓き、生き抜く力を育てるか 新しい進路保障教育の展開)　白井弘一　「解放教育」　30(2)　2000.2　p14～26
◇高校中途退学に影響を及ぼす入学時の要因の検討―保健室から見た学校教育相談活動とカウンセリング　久保千恵子、坂西友秀　「埼玉大学紀要　〔教育学部〕　教育科学」　48(2)　1999.9　p139～163

◇中途退学問題への取組み ― 高校中退者及び転編入学者の円滑な受け入れとそれに関わる単位認定、進級卒業認定の弾力化について　宮城県立佐沼高等学校　「中等教育資料」　47(15)　1998.10　p89〜93

◇高校中退問題の対応で文部省通知 ― 高校中退→積極的な進路変更にも手厚い援助を　安達拓二　「現代教育科学」　36(7)　1993.7　p84〜88

◇高等学校中途退学問題について ― 学校不適応対策調査研究協力者会議報告　前田克彦　「教育委員会月報」　44(13)　1993.3　p40〜44

高校中退者12万人時代

1989年高校中退者数は12万人を突破し、マスコミなどではドロップアウト現象は益々深刻化とうたわれたが、この時期はベビーブーム世代が高校に入学した頃にあたり、退学率という観点で見ると2%前後で推移している。

高校入試改革

中央教育審議会答申で高校入試の「多様化」が提言されたのを受け1993年以降高校入試改革が進展した。各学校等の特色に応じた個性的で多様な資質,能力の判定を行うため、画一的なペーパー試験から学科・コース・類型ごとに多様な試験を行う、推薦制の拡大、面接による選抜などが導入されている。また、不登校生徒への特別な配慮を行っている学校も増えている。

【図書】

◇高等学校入学者選抜の改善等に関する状況　〔東京〕　文部省　1998.2　30cm　165p

◇教育再生へのステップ ― 高校入試の廃止・新しい大学入試制度に向けて　日本教職員組合大学・高校改革プロジェクトチーム編　東京　アドバンテージサーバー　1997.9　21cm　64p　500円　①4-930826-35-7

◇高等学校入学者選抜の改善等に関する状況　〔1997〕　〔東京〕　文部省　1997.1　30cm　164p

◇高等学校入学者選抜の改善等に関する状況　〔1996〕　〔東京〕　文部省　1996.1　30cm　169p

◇どこへ行く?高校入試改革 ― 「偏差値追放」と「内申書重視」の果てに　日能研『中学受験・合格レーダー』編集部企画・編集　〔横浜〕　日能研　1994.11　26cm　41p

◇偏差値廃止で高校入試が危ない　新田良英著　東京　エール出版社　1993.10　19cm　188p　1300円（Yell books）①4-7539-1240-X

◇脱偏差値時代の高校受験 ― イライラしない知恵　関根正明著　東京　学陽書房　1993.5　19cm　235p　1400円　①4-313-67002-5

【雑誌記事】

◇高校入試改革のための試論 ― 子ども・青年の危機を克服するための今日的な課題として（特集「学力低下」問題と教育改革の課題）菊地良輔　「前衛」　727　2000.8　p73〜82

◇「新学力観」をもとにした高校入試制度の改変（特集 新学習指導要領と教育改革 ― 教育改革の全体像）小牧薫　「歴史地理教育」　592　1999.3　p32〜37

◇高校改革と入試問題（いじめ・入試問題と教育改革）中野渡強志　「社会主義」　402　1996.12　p66〜70

◇中学校の立場から見た高校入試改革問題（いじめ・入試問題と教育改革）住谷圭造　「社会主義」　402　1996.12　p71〜77

◇今春の高校入試をふりかえって ― 東京での「新学力観」入試の矛盾の現われ　児玉洋介　「教育」　45(7)　1995.7　p118〜120

校則　school regulations

学校生活を営む上での指針。生徒心得、生徒規則、校規など名称は学校により様々。指導方針、生徒の諸届け・手続き、集団生活上の規則、施設利用規則などを含む。問題になるのが集団生活上の規則に含まれる、服装や頭髪などに関する規則。1988年文部省は校則の見直しを指示し、68%の学校が改訂、23%が改定を検討するとした。

→ 丸刈り訴訟 をも見よ

【図書】

◇校則と子どもの権利　栃木県弁護士会人権公害委員会編　宇都宮　栃木県弁護士会　1996.3　21cm　287p　2000円

◇ある闘いの記録 ― 頭髪校則の撤廃をもとめて 芹沢美保,芹沢俊介著 東京 北斗出版 1993.10 20cm 239p 2200円 ①4-938427-71-0

【雑誌記事】
◇長崎「校則見直し」と学校改革の試み(もう一度!子どもの権利条約―教育総研・教育文化フォーラムから＜特集＞―学校現場報告) 吉野博信 「教育評論」 570 1994.11 P37～39
◇「校則」見直しと生徒の参加権―子どもの権利条約の批准に関連して 矢吹芳洋 「専修大学社会科学研究所月報」 376 1994.10 P1～38
◇学校現場における「意見表明権」―校則に対するおとなの意見・子どもの意見―北海道(どうする学校・子どもの権利条約＜特集＞) 三笠市幌内中分会 「教育評論」 566 1994.7 P43～47
◇生徒を蝕む教育権力の象徴だ―校則('94 我に異論あり) 芹沢俊介 「サンサーラ」 5(3) 1994.3 p241～244

高等教育のユニバーサル化

高等教育研究者トロウが60年代に唱えた高等教育普及の段階論で、大学入学適応年齢の人口に対し0%から15%までをエリート段階、15%以上から50%までをマス=大衆化とし、50%以上をユニバーサル化、普遍的に大学に進学する段階とする。大学への進学率が50%を超えた段階で、財政上・教育内容上固有の問題にぶつかると言われている。

→ 大学全入時代 をも見よ

【図書】
◇高度情報社会の大学 ― マスからユニバーサルへ M.トロウ著,喜多村和之編訳 町田 玉川大学出版部 2000.5 22cm 278p 3800円 ①4-472-40121-5
◇大学大衆化の構造 市川昭午編 町田 玉川大学出版部 1995.10 22cm 202p 3296円 ①4-472-10661-2
◇大衆化時代の新しい大学像を求めて ― 学ぶ意欲と能力に応える改革を 東京 経済同友会 1994.4 30cm 14p

【雑誌記事】
◇大学大衆化時代と高校多様化―低学力問題の背景と高校・大学の二極分化 中野和巳 「公評」 37(3) 2000.4 p110～117

◇高等教育システムの変動(1)エリートからマスへ(高等教育ユニバーサル化の衝撃(1)―ユニバーサル化の過程) 天野郁夫 「高等教育研究紀要」 18 2000.3 p14～36
◇高等教育システムの変動(2)マスからユニバーサルへ(高等教育ユニバーサル化の衝撃(2)―ユニバーサル化の過程) 天野郁夫 「高等教育研究紀要」 18 2000.3 p37～58
◇序論 高等教育のユニバーサル化―トロウ「理論」と日本の高等教育(高等教育ユニバーサル化の衝撃(2)) 天野郁夫 「高等教育研究紀要」 18 2000.3 p1～3
◇ユニバーサル化への道(特集 ユニバーサル化への道) 矢野真和 「高等教育研究」 2 1999 p7～24
◇序章「ユニバーサル化」とは何か(高等教育ユニバーサル化の衝撃(1)) 喜多村和之 「高等教育研究紀要」 17 1999.3 p1～9
◇高校と大学の接続―ユニバーサル化の課題 荒井克弘 「高等教育研究」 1 1998 p179～198
◇第20回大会関係論文シンポジウム―2―『ユニバーサル化する大学における専門教育の意味』「大学教育学会誌」 20(2) 1998.11 p31～47

高等専修学校

専修学校のうち、入学資格として中学卒業あるいは同等以上の学力が必要な高等課程。卒業すると大学進学資格が得られる。

→ 専修学校 をも見よ

合同選抜制 ⇒ グループ合同選抜制 を見よ

高等専門学校 technical college

中卒を入学資格とし、専門教育・職業教育に力を入れた、修業年限5年の高等教育機関。工業高専・商船高専・電波高専がある。現代社会の変化に対応し、情報デザイン学科、経営情報学科などの新しい学科が設置された学校もある。2000年度で国立54校、公立5校、私立3校で、学生総数5万6千人(女子18%)。卒業後は準学士の称号が得られ、卒

業生の大学への進学率が高まっている。92年には2年間の専攻科が設けられ、条件を満たせば学士の学位が得られる。

【図書】
◇国立高等専門学校の運営に関する調査結果報告書 〔東京〕 総務庁行政監察局 2000.6 30cm 31p
◇これからの産業構造の展開と高等技術教育への要言 — 技術教育の進路をさぐる 〔東京〕 〔国立高等専門学校協会〕 〔1995〕 30cm 1冊(頁付なし)
◇船員教育を考える — 甲機両用教育の効果をめぐって 第14回シンポジウム 講演並びに討論の記録 2 日本海技協会編 東京 日本海技協会 1994.2 26cm 45p

【雑誌記事】
◇高専教育を考える(6) 久保健二 「大阪府立工業高等専門学校研究紀要」 34 2000.6 p25〜34
◇高専新時代と産学連携(平成11年度科学技術研究センター主催シンポジウム事業報告 — 第16回シンポジウム — 高専新時代の産学連携と技術者教育) 松本浩之 「科学技術研究センター年報」 8 2000.3 p7〜9
◇高等専門学校における技術者教育の現状と役割(テーマ 高等専門学校における技術者教育) 斉藤正三郎 「日本機械学会誌」 101(960) 1998.11 p794〜796

校内暴力 school violence

1999年度の校内暴力発生件数は小学校で1,668件、中学校で28,077件、高等学校で6,833件で、前年との比較では中学校・高等学校で増加している。1980年代の校内暴力に比べて、対教師暴力、ささいなことをきっかけとする突発的な暴力が増加する傾向にあるという。

→ 新しい「荒れ」, 対教師暴力 をも見よ

【図書】
◇校内暴力 柿沼昌芳, 永野恒雄編著 東京 批評社 1997.5 21cm 301p 2500円+税 (戦後教育の検証 2) Ⓝ4-8265-0227-3

【雑誌記事】
◇校内暴力、過去最多の3万5千件 — 文部科学省の2000年度問題行動調査 「厚生福祉」 4956 2001.9.8 p5
◇生徒指導 up-to-date 校内暴力三万件超す 尾木直樹 「月刊生徒指導」 30(13) 2000.10 p44〜46
◇21世紀に生きる教育 — 校内暴力初の1万件突破,最悪 衝動的に暴発,器物損壊も平気 全国に広がる"新しい荒れ"の実態 「ニューライフ」 44(4) 1998.4 p6〜11
◇なぜ「新たな」荒れなのか — 80年代校内暴力を回顧しつつ(特集 新たな"荒れ"に悪戦苦闘) 永野恒雄 「月刊生徒指導」 27(5) 1997.5 p24〜27
◇校内暴力にみる「心の危機」(特集「心の危機」は教育で救えるのか — さまざまな荒廃現象にみる「心の危機」) 糸井清 「現代教育科学」 39(6) 1996.6 p49〜53
◇教育問題の社会学的考察 — モラルパニック論による校内暴力の分析〔含 資料〕 太田佳光 「愛媛大学教育学部紀要 第1部 教育科学」 41(2) 1995.2 p65〜84

神戸連続児童殺傷事件

1997年5月、神戸市の市立中学の正門前に、行方がわからなくなっていた小学生男子の切断された頭部が置いてあるのが発見された。6月、兵庫県警は中学3年の男子生徒を殺人などの容疑で逮捕した。犯人が中学生であったことも教育現場には衝撃だったが「酒鬼薔薇聖斗」の名で書かれた「殺しが愉快でたまらない」「透明な存在」などの文書の内容もまた衝撃であった。少年は2月と3月に起こった通り魔事件も自供した。10月に医療少年院への長期収容が決定。

【図書】
◇「少年A」この子を生んで… — 父と母悔恨の手記 「少年A」の父母著 東京 文芸春秋 2001.7 16cm 273p 486円 (文春文庫) Ⓝ4-16-765609-4
◇暗い森 — 神戸連続児童殺傷事件 朝日新聞大阪社会部著 東京 朝日新聞社 2000.3 15cm 306p 560円 (朝日文庫) Ⓝ4-02-261291-6
◇淳 土師守著 新潮社 1998.9 19cm 220p 1400円 Ⓝ4-10-426501-2

◇透明な存在の不透明な悪意　宮台真司著　東京　春秋社　1997.11　19cm　277p　1700円　Ⓓ4-393-33175-3
◇壊れた14歳 — 神戸小学生殺害犯の病理　町沢静夫著　WAVE出版　1997.10　19cm　199p　1500円　Ⓓ4-87290-009-X
◇少年 — 小学生連続殺傷事件・神戸からの報告　毎日新聞大阪本社編集局著　東京　毎日新聞社　1997.9　19cm　215p　1400円　Ⓓ4-620-31189-8

【雑誌記事】
◇神戸小学生殺害事件 — 事件の背景とこれからの教育を考える「児童心理」　51(17)　1997.11　p1〜155
◇ベーシック教育法規セミナー — 30 — 神戸小学生連続殺傷事件　下村哲夫「教職研修」　26(1)　1997.9　p130〜133
◇埋められぬ「透明な存在」(社会 14歳「酒鬼薔薇聖斗」の闇 — 「一番の親友」が語る素顔)「AERA」　10(29)　1997.7.14　p6〜9
◇神戸小6男児惨殺事件 弱者抹殺に走った冷酷「中学生」の衝撃 — 深く静かに潜行した「犯人」絞り込み、ごく普通の家庭だった「中学生」の周辺、いじめから「計画的」弱者抹殺へ、文部省と「須磨区」住民の後遺症、少年法では裁けない「週刊新潮」　42(26)　1997.7.10　p26〜33

公民館　citizens' public hall

1946年以降地域の中心的な社会教育施設として各地で設置され、49年社会教育法で制度化。会議室・ホール・音楽室などを備え、サークル活動や文化教室活動が行われる。近年は生涯学習体系の整備対象として、施設や運営方法の拡充・検討が進んでいる。95年9月、文部省は事実上、民間営利教育事業者の公民館使用を認める通知を出した。99年10月現在全国に1万9062館ある。

【図書】
◇未来型公民館への7つの条件 — 公民館職員及び公運審必携　生涯学習 — 次のパラダイムと公民館経営戦略　生涯学習ゆめ・みらい研究所企画・編集、朝比奈博、工藤日出夫編著　東京　日常出版　2000.2　19cm　191p　1000円

◇これからの公民館 — 新しい時代への挑戦　小林文人編　東京　国土社　1999.12　19cm　206p　1800円　Ⓓ4-337-50616-0
◇現代公民館の創造 — 公民館50年の歩みと展望　日本社会教育学会特別年報編集委員会編　東京　東洋館出版社　1999.9　22cm　510p　7500円　Ⓓ4-491-01562-7
◇現代の公民館 — 地域課題学習と社会教育施設　遠藤知恵子著　東京　高文堂出版社　1995.3　22cm　201p　2380円　Ⓓ4-7707-0475-5
◇県民活動の広がりと高まりを求めて — 都道府県レベルの中核施設の進むべき方向　県民活動調査研究チーム編　伊奈町(埼玉県)　埼玉県県民活動総合センター　1993.3　26cm　29p
◇生涯学習と公民館 — 新時代に向かう公民館の必然的進路　田代元弥著　東京　学文社　1993.3　22cm　207p　2500円　Ⓓ4-7620-0467-7

【雑誌記事】
◇公民館の20世紀(特集 20世紀の社会教育から学ぶ)　横山宏「月刊社会教育」　44(12)　2000.12　p12〜17
◇公民館新機軸 住民が主人公の公民館をめざして　滋賀県山東町中央公民館「月刊公民館」　523　2000.12　p26〜30
◇公民館新機軸 生涯学習社会で公民館とは　広島県沼隈町中央公民館「月刊公民館」　523　2000.12　p31〜35
◇公民館デビュー — 公民館を家庭教育の支援拠点のとして(特集 21世紀の公民館・図書館・博物館)　滝井なみき「社会教育」　55(11)　2000.11　p24〜27
◇公民館における学習情報提供・学習相談に関する一考察　宮地孝宜「教育研究所紀要」　8　1999　p83〜92
◇公民館新機軸 公民館と学校の合体　岐阜県多治見市養正公民館「月刊公民館」　510　1999.11　p37〜40
◇「総合的な学習の時間」と公民館(特集 総合的学習と公民館)　浅井経子「月刊公民館」　508　1999.9　p4〜8
◇住民主体の生涯学習と公民館の未来像(特集 21世紀の公民館モデル)　岡本包治「社会教育」　54(3)　1999.3　p8〜10
◇子どもと公民館事業(特集 子どもと公民館事業)　野垣義行「月刊公民館」　492　1998.5　p4〜8

◇自治公民館と生涯学習 斎藤文昭 「月刊社会教育」 42(3) 1998.3 p76~82
◇公民館―青少年が「地域に生きる力」を育むために 安原昇「青少年問題」 45(2) 1998.2 p28~33
◇公民館と教育基本法50年 小川利夫 「月刊社会教育」 41(5) 1997.5 p72~79
◇生涯学習政策のなかの空疎な公民館政策(特集 公民館50年そしてこれから) 上田幸夫「月刊社会教育」 40(12) 1996.12 p22~27
◇生涯学習における官民連携の可能性―カルチャーセンターの講座経営に対する理解をとおして(特集 地域民間教育事業の活用〔含 参考データ〕) 田中雅文 「月刊公民館」 472 1996.9 p5~9
◇営利事業への公民館使用を認め・住民の自主的社会教育活動を圧迫する9・22「文部省通知」に強く抗議し,住民の学習権を守り,発展させることを訴える―1995年10月25日(社全教アピール) 社会教育推進全国協議会常任委員会 「月刊社会教育」 39(13) 1995.12 p86~91
◇日本的社会教育施設としての公民館とその今日的意義 遠藤知恵子 「弘前学院大学・弘前学院短期大学紀要」 29 1993.3 p19~30

項目反応理論 item response theory

項目応答理論、IRTとも。テスト項目に対する被験者の反応と、潜在的な特性との関係を記述する数学モデルを導入することにより、テスト項目の特徴分析や被験者の潜在特性の推定を目指す。S-P表・UP表・星座グラフなどを用いてテスト解析を行う。

【図書】
◇項目応答理論入門 ― 言語テスト・データの新しい分析法 大友賢二著 東京 大修館書店 1996.7 21cm 313p 3708円
①4-469-24388-4

【雑誌記事】
◇項目反応理論を用いた設問解答率分析図の評価 菊地賢一 「大学入試センター研究紀要」 29 1999.10 p1~8
◇「項目反応理論」の研究:ロジット得点とRasch Mdoel 大友賢二 「外国語教育論集」 16 1994.3 p85~100
◇「項目反応理論」の研究:テストの等化(2) 大友賢二 「外国語教育論集」 15 1993.3 p15~34

公立校離れ

学力面の不安・高学歴取得・受験戦争忌避などによる私立志向から、公立中・高校離れが進んでいる。公立高入試に置いて採用された総合選抜制は公立高校全体の大学進学率低下を招き、公立校離れに拍車をかけることになった。また臨教審答申は学校選択機会の拡大・個性重視の観点から学校の多様化・個性化を提言、変革を迫った。

【図書】
◇なぜ公立高校はダメになったのか ― 教育崩壊の真実 小川洋著 東京 亜紀書房 2000.4 20cm 231p 2200円
①4-7505-9903-4
◇新しく生まれ変わる都立高校 ― 都立高校白書 東京都教育庁学務部高等学校教育課編 〔東京〕 東京都教育委員会 1995.12 30cm 107p
◇どこへゆく高等学校 ― これでいいのか公立高校 現地レポート 松沢しげふみ,松沢政経学生会著 徳島 教育出版センター 1993.2 19cm 275p 1500円
①4-905702-02-X

【雑誌記事】
◇中高一貫全国243私立中学入試一覧 私立中高人気の秘密(最新入試情報) 「サンデー毎日」 79(61) 2000.12.24 p103~118
◇石原都知事の公約を機に 都立進学(エリート)高校「復活」で公教育が変わる―子ども人口が減少するなか進学率、人気で私立の後塵拝す公立の巻き返しが始まる 「Themis」 8(6) 1999.6 p88~89
◇中高校「私立優位」で激化する関西塾戦争―灘・甲陽・洛星に加え、洛南・東大寺学園などが勃興。一方、名門北野さえ陰りが(特集・受験の問題―教育をどうする、子供をどうする) 林巧「プレジデント」 32(1) 1994.1 p208~211
◇躍進する中高一貫私立校はどこが違う―塾が創設した受験一辺倒派から、個性重視ののびのび派まで多様だが(特集・受験の問題―教育をどうする、子供をどうする) 佐瀬稔「プレジデント」 32(1) 1994.1 p192~199

公立中高一貫校　⇒中高一貫教育校 を見よ

交流学習　⇒ふるさと交流学習 を見よ

交流教育　exchange education

　心身障害学校・学級の子どもと、普通の学級の子どもが一定の教育活動を共にすること。校内での交流・学校間交流・地域交流などがある。文部省は1997年から交流教育地域推進事業の実施を全都道府県に委嘱、それぞれの地域・学校の実情に応じた継続的な交流教育を推進している。

【図書】
◇交流活動 ― 文部省実験・研究指定校をたずねて　吉田昌義, 大南英明, 能村藤一編著　我孫子　大揚社　1999.6　26cm　91p　2200円　（精神薄弱教育実践事例集第4集）　ⓘ4-7952-4375-1
◇交流学習 ― 楽しい40のアイデア　宮崎直男編　東京　明治図書出版　1995.7　22cm　141p　1960円　（障害児教育の新展開20）　ⓘ4-18-118601-6
◇交流教育の意義と実際　文部省〔著〕　東京　大蔵省印刷局　1995.5　21cm　65p　270円　ⓘ4-17-190060-3

【雑誌記事】
◇豊かな相互理解のために ― 交流教育(いま求められる心の教育 ― 実践事例 子どもの心にひびく活動・体験)　八尋紀代子　「教育じほう」　別冊　2001.3　p46〜49
◇特殊教育のページ これからの交流教育　文部省初等中等教育局特殊教育課　「教育と医学」　49(1)　2001.1　p82〜85
◇子どもたちが生き生きと輝く交流教育を求めて ― 相互理解に立った交流教育の展開　車谷真弓, 西谷厚子, 竹森富士子　「香川大学教育実践総合研究」　1　2000　p143〜150
◇共生社会を拓く交流教育 ― 「総合的な学習の時間」における心身障害児理解教育の実践を通して(特集 共生社会へ向けての教育)　太田裕子　「教育展望」　46(5)　2000.6　p39〜47
◇交流教育の歴史と今後の展望 ― 文部省の施策に視点を当てて(特集/これからの交流教育)　細村迪夫　「肢体不自由教育」　142　1999.11　p4〜11

高齢者教育　elderly education

　1970年代米国で、エイジング（加齢）と教育の連関を研究する教育ジェロントロジー（教育老年学）が普及、社会参加や学習への高い意欲を持つ新しい高齢者観と、それに相応しい高齢者向けの教育政策が提唱された。日本でも自治体による高齢者教室・老人大学（寿大学）・シルバー大学院や大学公開講座などでその方法が模索されている。

　→エルダーホステル, 長寿学園 をも見よ

【図書】
◇教育老年学の構想 ― エイジングと生涯学習　堀薫夫著　東京　学文社　1999.12　22cm　257p　2900円　ⓘ4-7620-0907-5
◇高齢社会に対応した教育施策に関する研究　埼玉県立南教育センター編　浦和　埼玉県立南教育センター政策研究部　1999.3　30cm　87p　（政策研究報告書 第16号）
◇四年制高齢者大学校佐倉市民カレッジの概要　佐倉　佐倉市立中央公民館　1997.3　30cm　33p

【雑誌記事】
◇地域住民の相互扶助を目的とした高齢者教育 ― 高知県における「シルバー介護士養成講座」を例として　宮上多加子　「仏教大学大学院紀要」　29　2001.3　p207〜221
◇実践事例 地域に根ざした高齢者学級を願って ― 山梨県須玉町中央公民館(特集 高齢者 ― その社会活動)　「月刊公民館」　502　1999.3　p14〜18
◇今月のことば インタヴュー 米国の高齢者教育プログラムとそのマーケティングの重要性 米国エルダーホステル・フロリダ州ディレクター シェリル・ゴールドさんに聞く　シェリルゴールド　「社会教育」　53(2)　1998.2　p4〜7
◇生涯学習プログラムの研究 ― 33 ― 高齢者教育事業の「専門講座」の研究 ― 佐倉市立中央公民館「佐倉市民カレッジ」の場合　岡本包治　「社会教育」　50(5)　1995.5　p80〜83

五月病　May desease, freshman's hypocondria

　1970年代後半から、大学入試突破の目的を果たした新入生が目的を見失って無気力

化し、ドロップアウトや心身症に陥る五月病が現れた。その後高校1年生や新入社員にも、登校(社)拒否などの形で蔓延。2000年現在、高校から大学への進学率は40％を超えており、高等教育の大衆化によって、「五月病」などの目的喪失の問題とは質的に異なるステューデント・アパシー、大学のレジャー・ランド化などの問題が生じている。

【雑誌記事】

◇精神科医が語るミステリー—3—五月病とスチューデント・アパシー　中村希明「治療」76(5)　1994.5　p1519～1522

コギャル

90年代半ば頃から東京渋谷近辺に出現した、ミニスカートの制服にルーズソックスの女子高生。女子高生ブームが起きてつけられたネーミング。独自の言い回しの言葉や、大人にはどこがいいのかわからないヤマンバメークの流行などさまざまな文化を生んだ。性の商品化を加速させたのもこの世代。

【図書】

◇女子高生のし・く・み—TOKYOの彼女たち、そのココロとカラダ　柳川圭子、たまやJAPAN著　ベストセラーズ　1998.3　19cm　207p　1100円　①4-584-18326-0
◇「女子高生」解体新書　東京　新人物往来社　1995.6　21cm　289p　1600円（別冊歴史読本特別増刊　4）
◇花の女子高生ウフフ…の秘密—いまどきのコギャルは超すごい！　ヤング・ライフ調査班編　東京　河出書房新社　1995.4　15cm　236p　480円（Kawade夢文庫）①4-309-49093-X

【雑誌記事】

◇コギャルがあざ笑う戦後教育—すべてはミニスカから始まった。プリクラ、援助交際。コギャル指導なくして教育はない　長尾誠夫　「諸君!」30(1)　1998.1　p168～175

国語教科書差別表現問題

1993年7月、日本てんかん協会は角川書店発行の高校国語教科書に収録された筒井康隆の小説「無人警察」に、てんかんに対する差別を助長し、誤解を広める記述があり、生徒を傷つけたりあるいはいじめを助長するおそれがあるなどとして、同教科書の発売の中止・該当小説の削除・学校現場での不採択、及び同作品を収録する書籍の回収を要請した。角川書店はこれに対し同小説は差別的意図で書かれたものではない等として削除する必要はないと回答、筒井氏も差別的な意図がないことを主張し、これに抗議する形で「断筆宣言」した。その後協会側は書籍の回収要請は行き過ぎであったとして撤回、94年筒井氏の「想像可能な事故を防ぐための社会良識による決断」による形で協会側との合意が成立、教科書から同作品の削除と言う形で解決した。

【図書】

◇何だかおかしい筒井康隆「無人警察」角川教科書てんかん差別問題　佐藤めいこ著　近代文芸社　1995.4　19cm　202p　1456円　①4-7733-4103-3
◇筒井康隆「断筆」めぐる大論争　創出版　1995.3　21cm　347p　1456円　①4-924718-14-9
◇筒井康隆「断筆」の深層—闘筆宣言「言葉狩り」を許すな、擬制の自由社会を撃て　横尾和博著　諏訪　鳥影社；星雲社〔発売〕1994.4　20cm　92p　777円　①4-7952-7566-1

【雑誌記事】

◇「筒井問題」の本質は個別教科書問題（論争）　池永真義　「週刊金曜日」3(15)　1995.4.21　p69
◇日本てんかん協会全国大会で議論された筒井問題のその後（情報の焦点）　「創」24(1)　1994.1　p12

国語審議会

1993年11月、赤松文相は国語審議会に対し27年ぶりに新たな諮問を行った。「ら」抜き言葉や敬語、方言など言葉遣いに関する問題、情報化への対応、国際社会への対応、国語教育・研究、姓名のローマ字表記などテーマは5つ。

【図書】

◇国語審議会報告書21—平成8年7月4日-平成10年7月3日　文化庁編　大蔵省印刷局

1998.11　21cm　397p　3400円　ⓘ4-17-191421-3
◇国語審議会報告書 20　文化庁編　大蔵省印刷局　1996.4　21cm　321p　2913円　ⓘ4-17-191420-5

【雑誌記事】

◇「国語審議会」なくなる(笑わぬでもなし〔339〕)　山本夏彦　「諸君!」　33(6)　2001.6　276〜278
◇国語審議会答申全文「現代社会における敬意表現」(特集 新世紀社会と敬意表現)「人文学と情報処理」　32　2001.5　p90〜108
◇付録 国語審議会答申「表外漢字字体表」(特集 どのように「表外漢字字体表」は答申されたか)「人文学と情報処理」　31　2001.4　p96〜119
◇何のため?誰のため?「国語審議会」という不思議なお仕事 ―「『ら抜き言葉』は認めない」「『〜してくれない?』は敬意表現に含まれる」なんて勝手に決められても…「SPA!」　50(2)　2001.1.17　119〜123
◇日本語教育界を追う(42)国語審議会がおもしろい　小林哲夫　「月刊日本語」　13(10)　2000.10　p56〜59
◇国語審議会における国語の管理(特集 日本の言語問題)　渋谷勝己　「社会言語科学」　2(1)　1999.9　p5〜14
◇国語審議会(おぺらぐらす〔67〕)　山川静夫　「諸君!」　25(8)　1993.8　90〜91
◇日本語の乱れ、何とかならんのか ― 国語審議会も「ウッソー」「週刊文春」　35(24)　1993.6.24　42〜44

国際教育調査　⇒IEA国際教育調査 を見よ

国際高校　⇒東京都立国際高校 を見よ

国際交流ディレクター

在外教育施設を拠点とした国際交流活動等を積極的に推進するため,その中核的な役割を果たす専任の職員

国際子ども図書館

東京・上野に2000年5月に部分開館した各国の児童書を集めた図書館。子供用閲覧室や展示室など子どもに対する直接のサービスも行うが、子どもの読書環境・情報提供環境の整備に資するため、子どもへのサービスの第一線にある図書館の活動を支援し、かつ子どもの出版文化に関する広範な調査・研究を支援する事をめざす。全面開館は2002年の予定。

【雑誌記事】

◇特別企画 国際子ども図書館を考える ― 全面開館へ向けて　「図書館雑誌」　95(9)　2001.9　p725〜732
◇この人に聞く 国際子ども図書館がめざすもの ― 国立国会図書館 国際子ども図書館長 亀田邦子　亀田邦子　「教育じほう」　636　2001.1　p11〜15
◇国立の子どもの本の専門図書館 ― 国際子ども図書館について(特集 人々の要求に応える専門図書館)　亀田邦子「生涯学習空間」　5(4)　2000.7　p30〜33
◇特集 国際子ども図書館の開館　「学校図書館」　595　2000.5　p12〜44
◇子どもの本のナショナル・センターをめざして ― 国際子ども図書館設立計画の概要 (特集 国際子ども図書館)　国際子ども図書館準備室　「国立国会図書館月報」　451　1998.10　p3〜14
◇総会記念講演 「国際子ども図書館」と学校図書館(1)　笠原良郎　「国立・国際・子ども図書館」　7　1998.9　p13〜20

国際識字年　The International Library of Children's Literature

1960〜70年代にユネスコは世界の不識字一掃を呼びかけ、援助活動を展開。80年以降の第3期国連開発の十年戦略では不識字克服を主な目的の1つとし、90年代に制定、西暦2000年までに非識字状態を克服する10年間の行動計画への取り組みを要請した。同年日本政府支出の日本識字教育信託基金がユネスコに設置されることが決定した。

【図書】

◇国際識字年推進大阪連絡会 ― 国際化と識字の課題を考える シンポジウム 資料集　大阪　国際識字年推進大阪連絡会　1994.5　26cm　92p

【雑誌記事】

◇「国際識字年」は終わらない ― 「差別の現実から深く学ぶ」こと、人権教育を確立すること　寺沢亮一　「部落解放なら」14　2000.12　p2～7

国際数学オリンピック　International Mathematical Olympiad

IMOとも。高校生程度を対象に、1959年から毎年開催されている。数学的才能を見出し、社会の数学への関心を高めることなどを目的とし、2日間（計9時間）で6題に挑戦する。日本も90年から参加、同年国別20位、翌年12位。2001年は12位。92年以降はメダル受賞者も出ている。2003年大会は日本で開催される。

【図書】

◇パズル気分で算数オリンピック ― オフィシャルブック1997～1998　東大算数研究会編　東京　講談社　1997.4　19cm　223p　1100円＋税　④4-06-208609-3

◇算数オリンピックに挑戦 ― ほんとうの「算数力」が試される！　雅孝司編　東京　講談社　1995.3　18cm　158p　680円（ブルーバックス）　④4-06-257062-9

【雑誌記事】

◇数学 ― 数学五輪「三年連続金メダル」高校生の進路　長尾健太郎（特集・「21世紀の日本」を支える「21人の天才」）「新潮45」20(1)　2001.1　p46～49

国際大学スポーツ大会　⇒ユニバーシアード を見よ

国際バカロレア　Baccalaureat International(仏)

大学入学国際資格制度。インターナショナルバカロレア。1962年ジュネーブの国際学校と国際学校協会が中心となり、ユネスコが協賛、70年IB試験制度発足（本部スイス）。本部公認学校（日本では高校程度）で2年学び、共通入学試験に合格すれば、加盟国のどの大学にも入学できる。79年日本も加盟。

【図書】

◇国際バカロレアの研究 ― 研究プロジェクト報告書　高野文彦, 浅沼茂編　小金井　東京学芸大学海外子女教育センター　1998.3　30cm　160p

◇国際バカロレアの概要　〔東京〕　文部省学術国際局国際企画課国際教育室　1996.3　30cm　39p

◇国際バカロレア理科試験と我が国の理科教育 ― 平成7年度文部省「国際バカロレア(IB)に関する調査研究」報告書　〔東京〕「国際バカロレアに関する調査研究」グループ　1996.3　30cm　120,66,55p

【雑誌記事】

◇国際バカロレア資格とその生物学試験の問題例　越田豊, 平直樹, 池田輝政(他)　「生物教育」37(1・2)　1997.3　p26～34

◇18　国際的カリキュラムの開発と普及拡大 ― 国際バカロレア(IB)のジレンマ（ニホンキョウイクセイガクカイネンポウ）〈規制緩和と大学の将来〉　宮腰英一, 稲川英嗣, 粟野正紀　「規制緩和と大学の将来」　1994.10

◇国際バカロレアと言語部門B日本語試験についての考察 ― 学力判定の国際的基準設定への模索　坂起世　「アジア文化研究」19　1993.3　p61～78

国際理解教育　education for international understanding

1974年ユネスコは国際理解・国際協力・国際平和の概念に依拠した国際教育を提唱。83年国際理解教育政府間会議ではカリキュラム開発を旨とする協同実験学校計画（日本では20校余りが参加）の更なる推進を確認。91年日本国際理解教育学会設立。92年度から「国際理解の推進」が学習指導要領に盛り込まれ、姉妹校の研究や英語以外の語学授業導入が試みられている。

【図書】

◇国際理解教育 ― 多文化共生社会の学校づくり　佐藤郡衛著　東京　明石書店　2001.3　20cm　210p　2300円　④4-7503-1386-6

◇共生の時代を拓く国際理解教育 ― 地球的視野からの展開　魚住忠久著　名古屋　黎明書房　2000.5　19cm　182p　1800円　④4-654-01644-9

◇国際理解教育の課題　樋口信也著　東京　教育開発研究所　1995.6　21cm　191p　2000円　⓪4-87380-259-8
◇国際理解教育に関する基礎的研究　小島一郎著　〔鎌ケ谷〕〔小島一郎〕　1995.3　26cm　142p
◇国際理解教育に関する基礎的研究　小島一郎〔著〕　〔鎌ケ谷〕　〔小島一郎〕〔1995〕　30cm　202枚
◇小学校国際理解教育の進め方 — 新しい学力観をふまえて　三浦健治編　東京　教育出版　1994.3　21cm　168p　2200円　⓪4-316-38640-9
◇中学校国際理解教育の進め方 — 新しい学力観をふまえて　井上裕吉,堀内一男編　東京　教育出版　1994.3　21cm　178p　2200円　⓪4-316-38650-6
◇国際理解教育への提言　東京　全国海外子女教育・国際理解教育研究協議会　1993.12　26cm　79p
◇国際理解教育Q&A　全国海外子女教育・国際理解教育研究協議会研究局編著　東京　教育出版センター　1993.7　21cm　107p　1500円（こころの国際化　ファイル1）⓪4-7632-4043-9
◇国際感覚を育む　奥田真丈〔ほか〕編著　東京　東洋館出版社　1993.3　19cm　252p　2500円（シリーズ『学校改善とスクールリーダー』　特色ある学校を創る10）⓪4-491-00930-9
◇国際教育論 — 共生時代における教育　中西晃編　東京　創友社　1993.3　22cm　359p　2800円（国際化時代の教育シリーズ）⓪4-915658-11-2
◇国際理解教育の構想とその展開　1　大阪　大阪市教育センター　1993.3　26cm　89p　（研究紀要　第61号）
◇新教育課程の趣旨を生かした国際理解教育の在り方　第2集　国語・社会（地理歴史）における指導　富山　富山県総合教育センター　1993.3　26cm　88p

【雑誌記事】
◇国際理解教育における開発教育的アプローチ導入の試み — 総合学習における国際理解教育の在り方を考える　星野洋美　「常葉学園大学研究紀要　教育学部」　20　1999　p121〜138
◇英語教育を通して国際理解教育を実践 — 真のコミュニケーション力を育てる　杉山尚子　「開発教育」　33　1996.7　p100〜109

◇ユネスコの提唱する「今日の新しい国際理解教育」—「平和・人権・民主主義のための教育」の採択をめぐって（問題提起）米田伸次　「異文化間教育」　9　1995.6　（特集＝異文化接触とアイデンティティ）p81〜97
◇国際理解教育の推進を目指した教育過程の編成について — 合弁事業校という特殊性を生かした教育課程の編成と実施を通して　井上典明　「海外子女教育・国際理解教育紀要」　16　1994.3　p1〜22
◇小学校における国際理解教育の推進 — 友好校,体験入学者,AET等との交流を通して（会員研究報告（その1）— 学校における国際教育の実践例（委託研究））倉田孝明　「栃木県国際教育研究所研究紀要」　10　1994.3　p101〜104
◇児童の国際理解を深める教育活動の推進 — 帰国子女教育の研究を生かして（会員研究報告（その1）— 学校における国際教育の実践例（委託研究））　佐藤光雄　「栃木県国際教育研究所研究紀要」　9　1993.3　p3〜6

国際連合大学　⇒ 国連大学 を見よ

国立大学入試判定ミス事件

　山形大学工学部で2001年6月、入学試験の採点にミスがあり合格すべき学生が不合格とされていたことがわかった。判定ミスは得点集計プログラムの担当者への連絡漏れが原因で97年度入試から発生していたこと、さらに大学側がミスを隠蔽していたことが明らかにされ、誤って不合格とされた受験生は2001年度入試受験者の90人を始め計428人に及んでいた。山形大学では改めて入学を許可するとともに「おわび金」を支払い、文部科学省が国家賠償を決定した。また、富山大学・金沢大学でも同様の事件が発覚したことから文部科学省は指針を作成して防止に務めることになった。

【雑誌記事】
◇受験生の人生を狂わせた国立富山大の極悪隠蔽工作（トピックス）「実業界」　870　2001.8　p18

◇「入試ミス山形大」梅雨空の下の「入学式」（CEREMONY）「FOCUS」 21(26) 2001.7.11 p62〜63
◇国立大学の入試ミスをめぐる動き 「内外教育」 5214 2001.6.26 p22〜23
◇山形大 入試ミス不合格者&在学生の恨み節──「いまさら再入学もう無理」「私たち、ナンチャッテ入学!?」「週刊朝日」 106(25) 2001.6.8 p170〜171
◇山形大採点ミスで428人「オレの青春を返せ」（ワイド特集・男の傷跡女の傷跡）「週刊新潮」 46(21) 2001.6.7 p54

国立大学のエージェンシー化 ⇒ 国立大学の独立行政法人化 を見よ

国立大学の統合

　国立大学の独立行政法人化の流れの中で見られる動きの1つ。山梨医科大学と山梨大学、図書館情報大学と筑波大学などが統合を目指している。2001年6月、遠山文部科学相は「国立大学の再編・統合を大胆に進める」という方針を表明、最終的には文部科学省の責任において具体的な計画を策定したいとし、文部科学省主導による統合再編成を示唆した。

【雑誌記事】
◇再編や統合推進は不可欠──国立大学長会議で遠山文科相 「内外教育」 5212 2001.6.19 p3
◇統廃合必至 教員養成48大学の戦々恐々──国立大独法人化のスケープゴート!?「週刊朝日」 105(40) 2000.9.15 p138〜140
◇「独立行政法人化」は改革の一歩に過ぎない──旧帝大以外の大学に迫る「統廃合」の危機 「THEMIS」 8(11) 1999.11 p90〜91

国立大学の独立行政法人化

　民営化にはなじまないが国が主体となる必要のない業務を直営から切り離して法人化すること。1980年代にイギリスで導入されたエージェンシー制度をモデルにしている。文部科学省は2004年以降に国立大学を独立行政法人化する方向で検討を進めている。

【図書】
◇激震!国立大学 ── 独立行政法人化のゆくえ 岩崎稔、小沢弘明編 東京 未来社 1999.11 19cm 262p 1600円 ①4-624-40049-6
◇東大が倒産する日 森毅著,豊田充聞き手 東京 旺文社 1999.11 20cm 255p 1500円 ①4-01-055017-1
◇国立大学がなくなるって、本当?! ── 独立行政法人化Q&A 日本科学者会議編 東京 水曜社 1999.10 21cm 80p 700円 （JSAブックレット） ①4-88065-014-5

【雑誌記事】
◇国立大学独立行政法人化と大学の自治（教育法制の再編と教育法学の将来──第三分科会 高等教育制度の現状と課題） 榊達雄 「日本教育法学会年報」 30 2001 p166〜175
◇国立大学独法化阻止全国ネットワーク（こんなこと、やってます）「週刊金曜日」 9(21) 2001.6.8 p65
◇大学の設置形態に関する歴史的・比較的考察──国立大学の「独立行政法人化」問題に関連して（特集 科学技術政策の新体制と独立行政法人化） 喜多村和之 「研究技術計画」 15(1) 2000 p7〜12
◇独立行政法人化で大学の自立性は高まるか──国立大学財政の実態と財政自治権の視点から 岡田知弘,二宮厚美 「経済」 62 2000.11 p109〜123
◇独立行政法人化と国立大学予算（総特集 日本の財政──実態と改革） 小淵港 「経済」 60 2000.9 p127〜137
◇独立行政法人化はプラスか、マイナスか（国立大学99学長アンケート）「論座」 64 2000.9 p254〜255,262〜281
◇論点 国立大学の独立行政法人化問題の新局面 岩佐茂 「前衛」 727 2000.8 p161〜163
◇独法化問題 国立大学と独立行政法人化問題──「国民のための」大学とは何か 鈴木真澄 「法学セミナー」 45(6) 2000.6 p67〜71
◇国立大学の独立行政法人化は何をもたらすか（特集 行革・規制緩和のもたらすもの） 斉藤進 「社会主義」 444 2000.2 p19〜25

◇独立行政法人、その何が問題か―国立大学の独法化問題を中心に　市橋克哉　「国公労調査時報」　445　2000.1　p4～14

◇国立大学の独立行政法人化を真の改革に繋げるために　旭岡勝義　「科学」　69(12)　1999.12　p961～963

◇国立大学の独立行政法人化で大学は厳しい競争時代に(国内)　丸山実子　「世界週報」　80(44)　1999.11.30　p28～29

◇国立大の独法化は大学の企業化―教員グループが反対声明―(付)国立大学の独立行政法人化の検討の方向(全文)　「内外教育」　5048　1999.9.28　p17～22

国立大学の連合

国立大学の独立行政法人化の流れの中で見られる動きの1つ。東京医科歯科、東京外国語、東京工業、一橋の在京国立大四校は2000年「四大学連合」を正式に発足、外語大を除く3大学が科目を提供する8つの複合領域コースを発表した。複合領域コースでは学生は3大学のいずれで科目を選択しても卒業単位として認定される。また、複数学士号の取得や、連合内の他の大学への編入学も可能。

【雑誌記事】

◇懇談から生まれた5大学の連合構想―学長が描くそれぞれの夢(100号記念特集号「高等教育のイノベーション100人の提言」―国立大学のイノベーション)　「カレッジマネジメント」　18(1)　2000.1　p34～37

◇国立大「合従連衡」時代が到来、首都圏国立5大学連合結成へ(特集・受験シーズン目前、国立大学が潰れる)　黒木比呂史　「エコノミスト」　77(52)　1999.11.30　p73

国連大学　the United Nations University

1969年ウ・タント国連事務総長の提案を機に、75年日本で開設。世界規模の課題に関わる国際協力・国際理解のために、学生を持たずに、各国の研究所や大学と連携して大学院レベルの研究を行う。85年フィンランドに世界開発経済研究所(WIDER)を設置。92年東京・青山に新本部ビルが完成、日本に本部を持つ唯一の国連機関。

【図書】

◇科学と文化の対話―知の収斂　ユネスコ・国連大学シンポジウム　服部英二監修　麗沢大学出版会;広池学園事業部〔発売〕　1999.6　21cm　318p　4500円
①4-89205-422-4

【雑誌記事】

◇国連大学(特集　ガンバレ日本外交　国連・国際機関のすべて―徹底分析　国連・国際機関)　佐藤英夫　「外交フォーラム」　11(11)　1998.11　p58～60

◇国連大学の有効性を高めるために　久山純弘　「国連」　14　1998.11　p20～24

◇国連大学の現在と今後の方向　猪口孝　「学鐙」　94(1)　1997.1　p22～25

◇国際的教育・研究機関のネットワーク―国連大学の意義と現状を通して(相互依存世界の中で＜特集＞)　相良憲昭　「家庭科学」　62(1)　1995.6　p17～22

◇エイトール・グルグリーノ・デソウザ(国連大学学長)―世界の頭脳を結集し、地球的課題解決に取り組む。(今月の顔)(グラビア)　「潮」　420　1994.3

◇愚行聲ゆる殿堂「国連大学」　桐山秀樹　「新潮45」　12(1)　1993.1　p62～70

心の居場所

文部省学校不適応対策調査研究協力者会議が1992年に発表した最終報告書、「登校拒否(不登校)問題について―児童生徒の『心の居場所』づくりを目指して―」にうたわれたもので、学校が子どもにとって自己の存在感を実感でき、精神的に安心できる場所＝心の居場所となることが重要であるとした。文部省は1998年から「心の居場所」として、教育相談室やカウンセリングルームなど「心の教室」を全国の公立中学校約5,000校を対象に整備する3ヶ年計画を発表した。

【図書】

◇「心の居場所」としてのよりよい学級づくり―人間関係に着目して　千葉　千葉市教育センター　1999.3　30cm　70p　(報告書　第49集)

◇心のよりどころとしての学級づくり 曲浩史著 名古屋 黎明書房 1995.12 19cm 213p 1800円 ⓓ4-654-01579-5
◇思春期の心理臨床 ― 学校現場に学ぶ「居場所」づくり 岡村達也〔ほか〕編著 東京 日本評論社 1995.10 20cm 238p 2266円 ⓓ4-535-56019-6

【雑誌記事】

◇学校空間と心の居場所 鈴木智子, 中野明 「福島大学教育実践研究紀要」 39 2000.12 p55~62
◇心の発達における居場所の役割 竹森元彦 「鳴門教育大学研究紀要」 14 1999 p127~136
◇「居場所」論をはじめよう!―「不登校」と「学校からの自由」の問題を中心に(特集・差別の単純化を問う…個々に響かない人権論―特集に関連した論文とエッセイ) 住友剛 「ノーマライゼーション研究」 1998 1998 p191~203
◇心の居場所としての楽しい学校(いじめない子・いじめられない子―いじめを生まない学校・学級をつくる実践活動) 前川朝文 「児童心理」 50(15) 1996.10 p140~146
◇学校が「心の居場所」であるために(登校拒否の理解と支援＜特集＞―登校拒否の予防のために) 高橋哲夫 「児童心理」 48(8) 1994.6 p735~741
◇「心の居場所」論が登校拒否を減らせるか(登校拒否対応の決め手―新しい視点からの予防と対応＜特集＞) 梶原康史 「児童心理」 47(8) 1993.6 p830~834

心の教育

1997年発表の文部省の教育改革プログラムの中心テーマの1つ。生命を尊重する心、他者への思いやりや社会性、倫理観や正義感、美しいものや自然に感動する心等の豊かな人間性を育てることが重要であるとし、それを育成するための指針についての審議を要求した。中教審ではこれに対し1998年6月の答申「新しい時代を拓く心を育てるために―次世代を育てる心を失う危機―」で家庭については夫婦の円満といった家庭のあり方からしつけのあり方まで、地域社会による子育て支援体制の確立・学校外活動の充実などについて提言したほか、学校生活については「心を育てる場」として見直すことを提案、体験活動の重視や道徳教育の充実、教師にカウンセリングマインドを要求するなど、細かく言及した。

【図書】

◇心の教育と知育 ― 知力が豊かな心を生む 福田昭昌著 東京 教育開発研究所 2000.3 19cm 217p 2000円 ⓓ4-87380-317-9
◇学校教育における「心の教育」の在り方に関する研究 〔東京〕 東京学芸大学「心の教育」総合プロジェクト研究班 1999.3 30cm 82p
◇心理学者が語る心の教育 ― 未来を託す子どもたちへ、58のメッセージ 行吉哉女, 田中敏隆編著 東京 実務教育出版 1999.3 21cm 253p 2500円 ⓓ4-7889-6077-X
◇人間性を育てる教育 古畑和孝著 東京 慶応義塾大学出版会 1998.6 19cm 282p 2400円 ⓓ4-7664-0702-4
◇心の教育への提言 ― 青少年の未来を考える図書 東京 文教図書出版 1998.5 22cm 404p 7000円
◇生きる力を育てる ― 心の教育とは何か 杉原一昭著 東京 田研出版 1998.5 19cm 159p 1600円 ⓓ4-924339-68-7
◇人花心 ― 今、「心の教育」を考える エム・オー・エー沖縄事業団編 那覇 エム・オー・エー沖縄事業団 1998.1 21cm 207p 1800円 ⓓ4-924979-53-8
◇心の教育とは何か ― 真の人間形成をめざす教育説話 木川達爾著 東京 ぎょうせい 1997.12 19cm 228p 2000円 ⓓ4-324-05302-2
◇失われた「心の教育」を求めて ― 21世紀に贈る教育改革 小杉隆著 東京 ダイヤモンド社 1997.9 20cm 286p 1600円 ⓓ4-478-97029-7
◇こころを育てる ― 私の「人間科」授業 八ッ塚実著 東京 光雲社 1994.8 19cm 329p 1600円 ⓓ4-7952-7317-0
◇再考・「心の教育」 ― 情意の教育 竹田清夫著 東京 東信堂 1993.6 22cm 252p 3600円 ⓓ4-88713-168-2

【雑誌記事】

◇「心の教育」を問い直す 「ママとままま」 9 2001 p1~120

◇〈基礎・基本〉としての「心の教育」を充実させる―道徳の指導の改善を図る中で(特集1〈基礎・基本〉の定着―新教育課程における考え方と実践)　伊藤隆二　「総合教育技術」　55(12)　2000.11　p38～40
◇特集「規範なき」時代の子どもと＜心の教育＞　「総合教育技術」　55(4)　2000.6　p11～44
◇「心の教育」これからの学校の役割と責任(特集1 学校教育の責任 2000年から何をすればよいのか―＜学校教育の存在理由＞を考える)　諸富祥彦　「総合教育技術」　54(15)　2000.1　p28～31
◇「心の教育」の課題領域とは何か　梶田叡一　「教育フォーラム」　25　2000.1　p117～133
◇心を育てるということ(特集 総合的な学習の展開と心の教育)　服部祥子　「教育フォーラム」　25　2000.1　p6～10
◇教育行政としての心の教育の推進(第13回研究大会の概要―シンポジウム 心の教育を問い直す)　若山定雄　「学校教育研究」　14　1999　p214～217
◇学校・家庭・地域一体の心の教育・道徳教育の推進―平成11年度文部省道徳教育関係事業について　押谷由夫　「教職研修」　28(1)　1999.9　p89～91
◇心の教育と家庭の役割　茂木喬　「道徳と教育」　44(2)　1999.4　p172～176
◇「心の教育」の答申の考察(特集 子どもの問題と心の教育)　長谷川栄　「創大教育研究」　8　1999.3　p1～13
◇昨今の教育改革を考える―「心の教育を」中心に(特集 1997年度の部落問題)　成沢栄寿　「部落」　51(2)　1999.1　p2～20
◇「教育改革」の思想史「心の教育」と知識　宮寺晃夫　「学校事務」　49(9)　1998.8　p92～95
◇持論・駁論「心の教育」の原点は素朴で平凡なこと―知識偏重から論理重視の教育への転換を　渡辺重範　「国会月報」　45(594)　1998.6　p10～13
◇国は「心の教育」に深入りするな(主張)　「東洋経済」　5483　1998.4.4　p78～79
◇クローズアップ 文部省―緊急事態に入った「心の教育」大改革への動き　「時評」　40(4)　1998.4　p48～52
◇「心の教育」とは「言葉と行動の教育」である(特集 文部省「新教育改革プログラム」を読む―「幼児期からの心の教育」をめぐって)　桑原昭徳　「現代教育科学」　41(2)　1998.2　p20～21
◇「心の教育」推進への学校・家庭・地域社会の連携(特集 これからの「心の教育」推進の視点)　大島真　「教職研修」　26(3)　1997.11　p46～49
◇社会の変化に対応した「心の教育」の推進(特集 これからの「心の教育」推進の視点)　尾田幸雄　「教職研修」　26(3)　1997.11　p38～41

個食・孤食

家族と同居しているのに一人でとる食事を「孤食」、家族成員が別々のメニューでとる食事を「個食」とするという区別もあるようだが、前者の意で「個食」を用いることもある。家族が別々のスケジュール・生活スタイルで過ごすようになり、一緒に食卓を囲み、同じメニューを食べることが少なくなっている現象のこと。

【雑誌記事】

◇家族と食事―「食卓」を通して見える「家族」の姿(特集 家族)　室田洋子　「更生保護」　52(9)　2001.9　p17～20
◇家族全員が揃ったのは週に何日? 全国友の会生活時間しらべ/何時に誰と食事をしましたか3家庭の記録/妻・夫・子どもたちの声(特集・もう一つの「豊かさ」の設計図―それでも食卓に揃いたい)　「婦人之友」　94(2)　2000.2　p15～21
◇夕食に帰れないのはなぜ?(父親アンケート)(特集・もう一つの「豊かさ」の設計図―それでも食卓に揃いたい)　「婦人之友」　94(2)　2000.2　p34～37
◇ホテル家族―親子それぞれに自室にTV・食事(生活)　「AERA」　13(23)　2000.6.5　p36～39
◇「食卓の崩壊」が招く「家族の崩壊」(対談・岸本加世子の「いつか逢える」〔4〕)　岸朝子, 岸本加世子　「潮」　485　1999.7　p258～269

コース・オブ・スタディ　⇒学習指導要領 を見よ

個性化教育 personalized education

1987年の臨教審最終答申は画一化教育の弊害を認め、「個性重視の原則」を改革の視点の筆頭に掲げた。教課審答申も「個性を生かす教育」を提言、89年改訂の学習指導要領では到達度の個人差に応じた基礎学力の習得が目指されることになり、98年改定の新指導要領でも基礎基本の定着をはかると共に個性を生かす教育の充実に努めることとされている。

【図書】

◇個性重視の教育システム 下村哲夫編 東京 教育開発研究所 1998.9 21cm 215p 2200円 (教職研修総合特集) ⓘ4-87380-740-9

◇個性化教育―生きる力を育てる横断的・総合的学習 愛知県東浦町立緒川小学校著 名古屋 黎明書房 1998.1 26cm 156p 2400円 ⓘ4-654-01604-X

◇個性を開く教育 片岡德雄著 名古屋 黎明書房 1996.1 19cm 222p 1700円 ⓘ4-654-01581-7

◇個別化・個性化教育はどこに向かうべきか 加藤幸次著 東京 明治図書出版 1995.2 19cm 98p 1030円 (オピニオン叢書16) ⓘ4-18-164609-2

【雑誌記事】

◇一人ひとりの才能の伸長と創造性に富む日本人の育成――律主義を改め、個性を伸ばす教育システムを導入する(教育改革と「21世紀・日本の教育」読本―教育改革国民会議「教育を変える17の提案」を検討する) 「教職研修総合特集」 144 2001.2 p80～95

◇指定校に学ぶ 生徒一人一人の個性を生かし、伸ばすための教育課程の編成・実施 兵庫県大屋町立大屋中学校 「中等教育資料」 49(5) 2000.3 p76～80

◇個と歩む、個が育つ教育(特集「総合的な学習」を支え、「生きる力」をつける基礎・基本の育て方・教え方―わが校の実践研究) 高木要志男 「教育フォーラム」 24 1999.6 p95～107

◇個性を生かす教育重視の方向とは(特集 教育課程の弾力的運営・98年度の指針―ゆとりある教育課程編成のための検討課題) 大石勝男 「学校運営研究」 37(5) 1998.4 p17～19

◇真の<個性>教育を(特集「個性重視」の教育言説を疑う―今なぜ「個性重視」の教育か―オピニオンリーダーに聞く) 梶田叡一 「現代教育科学」 40(11) 1997.11 p5～8

◇総合科,単位制高校にみる個性化教育の現状(特集=教育改革をめぐって) 大木薫 「市政」 46(8) 1997.8 p21～27

◇個性化教育の成果―卒業生の追跡調査より 田中節雄 「椙山女学園大学研究論集 社会科学篇」 26 1995 p143～156

◇一斉授業方式の中での個性教育の可能性(特集III―個性を生かす教育の方法) 西穣司 「日本教材文化研究財団研究紀要」 23 1994.3 (特集 個性と教育) p74～81

国旗・国歌 ⇒ 日の丸・君が代問題 を見よ

国公私トップ30

2001年6月に発表された、優れた研究が見込める30大学に国公私問わず資金を重点投入し、世界最高水準に育てようという文部科学省の基本計画。大学院の専攻課程レベルを対象とし既存の科学研究費補助金などとは別で、約10の研究分野別に直接資金を配分するもの。選ばれた大学は国立学校特別会計や私学助成などでも優遇措置を受けるが配分先は毎年見直されるため、大学評価への影響もあって国公私問わぬ大学間競争が予想される。申請にあたっては資金の使途や将来戦略が求められ、選考過程は公開される。

【雑誌記事】

◇高等教育局概算要求―国公私トップ30に一専攻最大五億円を分配(文部科学省・平成14年度概算要求情報(2)一般会計総額六兆八、七七三億円(対前年予算額比四.五ポイント増)を要求) 「文部科学教育通信」 36 2001.9.24 p18～20

◇「国公私トップ30大学」「切られる大学」どこだ―文科省「大学改革プラン」の衝撃 「週刊朝日」 106(29) 2001.6.29 p152～154

◇大学の構造改革などでプラン策定―文部科学省 「血を見る」努力なければ「見捨

てる」―重点投資で「トップ30校」育成 「地方行政」 9373 2001.6.28 p2～5

こどもエコ・クラブ　Junior Eco Club

地域において環境に関する活動を行う小・中学生のグループの総称。継続的な環境活動を支援するため、1995年から環境庁が全国の小・中学生に参加を呼びかけている。環境庁より配布される会員手帳などに沿って、自然や地域の中で環境保全に関する活動を行う。

【図書】
◇鹿児島県こどもエコクラブ活動報告書 ― 平成10年度　鹿児島　鹿児島県環境生活部環境政策課　1999.2　30cm　50p
◇ぼくらのエコロジカルあくしょん ― みんなあつまれ!!こどもエコクラブ　環境庁環境保全活動推進室監修　毎日新聞社　1997.1　21cm　103p　971円　④4-620-31101-4

【雑誌記事】
◇地域における環境教育の実践とその意義 ― 都市部の子ども会でのエコクラブ活動　原田智代　「青少年問題研究」　49　2000　p49～60
◇'99こどもエコクラブアジア太平洋会議 ― 子どもたちのあつき想いを　まほろば薫　「国会ニュース」　59(9)　1999.9　p80～82
◇「こどもエコクラブ全国フェスティバル」について　山本明広　「生活と環境」　43(5)　1998.5　p40～42
◇「こどもエコクラブ」の活動　加藤明　「青少年問題」　45(1)　1998.1　p14～19
◇こどもエコクラブアジア会議　赤岩朋子　「生活と環境」　42(1)　1997.1　p38～41
◇こどもエコクラブの一年(特集 子どもと環境教育)　杉山多恵　「教育評論」　590　1996.7　p16～19

子ども会

遊び・スポーツ・文化娯楽活動・学習・仕事・キャンプなどの野外活動などの自主的集団活動を通じて社会の一員として成長することを目的に設立された、異年齢集団で構成する地域の子ども組織。町内会・自治会・PTA・宗教団体などが主催する。

【図書】
◇未来を拓こう子ども会 ― 新潟県子ども会連絡協議会の場合　塩原俊平編著　東京　東洋出版　2001.3　19cm　218p　1400円　④4-8096-7370-7
◇子供会のすすめ ― 青少年健全育成の正道　関明夫著　長野　信毎書籍出版センター　1997.10　19cm　207p　1800円
◇子ども会を考える ― 子ども会活動の活性化を図るために　墨田区子ども会活性化検討委員会編　東京　墨田区子ども会活性化検討委員会　1994.3　30cm　165p

【雑誌記事】
◇ラウンジ 子供会の消滅　「内外教育」　5117　2000.6.16　p20
◇子供の遊びを活性化する子供会活動の実践（特集 都市と青少年）　横山正幸　「URC都市科学」　31　1997.3　p18～23
◇子供会活動が子供の行動に及ぼす影響　谷田貝公昭,村越晃,西方毅　「家庭教育研究」　1　1996.3　p11～22

子ども共和国　⇒ベンポスタ共和国 を見よ

子どもサミット　⇒子どものための世界サミット を見よ

子ども時代の喪失

子どもは常に群れるもの・活気溢れるもの・空腹なものなど、近代的子ども観で言う"子どもらしさ"を持たないのが、現代の子どもたちの"子どもらしさ"となった。1975年アリエス著「〈子ども〉の誕生」以来、こうした新しい子どもたちを対象とした児童理解研究が盛んになっている。

【図書】
◇「子どもらしさ」と「学校」の終焉 ― 生きるための教育をもとめて　深谷昌志著　名古屋　黎明書房　2000.3　19cm　239p　2100円　④4-654-09008-8
◇少年期不在 ― 子どものからだの声をきく　竹内常一著　東京　青木書店　1998.7　20cm　230p　2000円　④4-250-98021-9

コトモノ

◇思春期を奪われる子どもたち ― 「学校」ははたして変わっていけるのか? 伊藤悟, やなせりゅうた編著 東京 あゆみ出版 1998.2 26cm 111p 1500円 ①4-7519-6146-2

◇"豊かな国"日本社会における子ども期の喪失 ― 国連子どもの権利委員会への市民・NGO報告書 子どもの権利条件市民・NGO報告書をつくる会編 〔東京〕花伝社 1997.10 21cm 421p 2500円 ①4-7634-0315-X

◇戦後の子ども観を見直す 明石要一著 東京 明治図書出版 1995.9 19cm 98p 1030円 （オピニオン叢書 22） ①4-18-165206-8

【雑誌記事】

◇豊かな国,日本社会における「子ども期の喪失」―「子どもの権利条約」報告審査制度と市民・NGO活動の意義（特集 子どもの権利をめぐる現状） 福田雅章 「法律時報」 69(8) 1997.7 p6～11

◇「豊かな子ども時代」のために（子どもの権利条約批准から3年―子どもだって人間だ!） 世取山洋介 「週刊金曜日」 5(17) 1997.5.9 p13

子どもの虐待 ⇒児童虐待 を見よ

子どもの権利条約 Convention on the Rights of the Child

日本での正式名称は児童の権利条約で、1989年11月国連総会で採択された、子どもの生存と発達を権利として保障する条約。子どもを保護する対象としてだけでなく権利を行使する主体としてとらえ、差別の禁止・搾取や虐待からの保護などを謳うとともに、子どもに保障されるべき権利について包括的に規定し、批准国に対して法的拘束力を持つ。日本は92年の批准見送りを経て94年4月、世界で158番目に批准。

【図書】

◇検証子どもの権利条約 ― 市民がつくる"子どもの権利条約白書" 子どもの権利条約フォーラム実行委員会編 東京 日本評論社 1997.6 19cm 306p 1700円 ①4-535-56039-0

◇子どもの権利条約を読み解く ― かかわりあいの知恵を 大田堯著 東京 岩波書店 1997.4 20cm 215,16p 1900円 ①4-00-002910-X

◇おとなのための子どもの権利条約 ― 新しい発想これからの実践 鈴木祥蔵〔ほか〕編著 大阪 部落解放研究所 1996.6 19cm 223p 1751円 ①4-7592-2114-X

◇子どもの権利条約と学校参加 ― 教育基本法制の立法思想に照らして 勝野尚行著 京都 法律文化社 1996.1 22cm 514,18p 4944円 ①4-589-01914-0

◇憲法と子どもの権利条約 広沢明著 東京 エイデル研究所 1993.5 21cm 273p 2800円 ①4-87168-173-4

【雑誌記事】

◇子どもの権利条約をめぐる課題―「ディスエンパワーメント」の時代に 平野裕二 「月刊社会民主」 555 2001.8 p38～42

◇子どもの権利条約の国内実施と在日朝鮮人教育 伊藤靖幸 「青鶴」 12 2000 p27～41

◇子どもの権利条約と日本の状況（特集 子どもの人権）「科学的社会主義」 13 1999.5 p8～13

◇子どもの権利条約の批准と日本報告書審査（特別企画・子どもの権利と国内法の焦点） 荒牧重人 「法学セミナー」 44(4) 1999.4 p49～52

◇子どもの権利論による最終所見と審査の受けとめ（特別企画・子どもの権利と国内法の焦点） 世取山洋介 「法学セミナー」 44(4) 1999.4 p56～58

◇生徒が主役!「子どもの権利条約」を実践する学校づくり（シリーズ・子どもを考える） 藤田翠 「週刊金曜日」 5(42) 1997.11.7 p70～73

◇権利条約の学習から学校づくり（みんな同じでなくちゃダメなの?―「個」をたいせつにしたいから） 下平真介 「子どものしあわせ」 547 1997.7 p56～60

◇子どもの権利条約と教育基本法 ― 子どもの人格発達と権利・人権保障の内容と構造（特集 教育基本法50年―その軌跡と展望） 林量俶 「教育」 47(3) 1997.3 p24～32

◇14 子どもの権利条約批准後の課題〈社会国家の憲法理論〉 広沢明 「社会国家の憲法理論」 1995.1

◇子どもの権利条約と学校教育 ― 直接責任性の実現の重要性（子どもの権利条約＜特

集＞）　世取山洋介　「教育」　44(9)　1994.9　p16〜23
◇子どもの権利条約と学校改革―2―教育と人権,両親の自然権的教育権　勝野尚行　「岐阜経済大学論集」　27(4)　1994.3　p137〜187
◇「児童の権利条約」を教室レベルで考える―8―思想・良心・宗教の自由　下村哲夫　「現代教育科学」　36(11)　1993.11　p101〜105
◇子どもたちの未来のために―「子ども(児童)の権利条約」廃案にあたって思うこと　肥田美代子　「部落解放」　363　1993.9　p90〜93
◇子どもの権利条約が廃案になった日(KEY POINT・国際)　花井浩司　「月刊社会党」　457　1993.8　p126〜127
◇子どもの権利条約と日本の課題(第23回部落解放夏期講座―全体講演)　肥田美代子　「部落解放」　352　1993.1　p18〜31

子どものこころ相談医

　日本小児科医会が1999年度に創設した子どものこころの問題にも対応するための制度。子どもや両親・学校からの相談に乗り、助言や指導のできる医師を目指す。同会の会員で日本小児科学会の認定医であることが条件で、研修と審査を経て認定され5年ごとに資格を更新する。

【雑誌記事】
◇小児科医会の取り組み―子どもの心の相談医研修事業(講演会 平成12年度乳幼児保健講習会―21世紀の課題「心の健康」―シンポジウム 心の健康と医師会の役割)　保科清　「日本医師会雑誌」　126(4)　2001.8.15　p545〜548

子どもの自殺

　青少年の自殺は1990年代に入って小学生5人、中学生50人、高校生100人前後で推移していた。1998年度、中高生の自殺が前年比4割増を記録、直接的な原因は不明。男女比はほぼ2:1で大人と同じだが、衝動的・確実な手段を選択・連鎖自殺が多い点などが特徴。行動直前のほのめかしなど、自殺のサインを見逃さないのが肝要とされる。

【図書】
◇自殺―生きる力を高めるために　榎本博明著　東京　サイエンス社　1996.4　19cm　227p　1391円（ライブラリ思春期の"こころのSOS"　9)　④4-7819-0803-9
◇自殺―死に追いこまれる心　君和田和一、西原由記子著　八幡　法政出版　1995.7　19cm　111p　900円（Space A books 4)　④4-938554-98-4

【雑誌記事】
◇中・高生に「死の願望」急増!?小学生の自殺も　「週刊朝日」　105(4)　2000.1.28　p133〜135
◇子供の「自殺」が増えている(危ない国の子供たち[2])　宮川俊彦　「プレジデント」　37(5)　1999.5　p319
◇生徒会長はなぜ死んだか(思春期がわからない)　「AERA」　11(48)　1998.11.25　(臨増(子どもがわからない))　p82〜86
◇高校生徒会長、校舎飛び降りの「なぜ」(子どもが危ない)　「AERA」　11(44)　1998.11.2　p77
◇14歳生徒会長が焼身自殺するまで(社会)　「AERA」　11(14)　1998.4.6　p14〜15
◇中学生たちの考える「死ぬということ」―「死んだらどうなる?」「自殺は罪か?」簡単に人を刺したり自殺する"バタフライナイフ世代"の死生観とは?　「SPA!」　47(13)　1998.4.1　p20〜23

子どもの人権

　子どもの虐待やストリートチルドレン問題、性的搾取の問題が顕在化するにつれ、子どもの社会的人権と権利の保障は国際的な関心の的となった。日本の学校は密室化した一種の治外法権の場となっており、体罰、いじめ、教師による強制わいせつなどの問題が起きている。1994年から法務省は人権擁護委員の中から「子どもの人権専門委員」を設けた。兵庫県川西市の「子どもの人権オンブズパーソン」など、独自の条例を設けたところもある。

【図書】
◇ハンドブック子どもの人権オンブズパーソン　川西市子どもの人権オンブズパーソン事務局編　東京　明石書店　2001.3　19cm　349p　2800円　①4-7503-1391-2

コトモノ

◇人権の時代 — 教育法・児童法と子どもの権利を中心に　新村洋史著　相模原　青山社　1999.5　21cm　266p　2190円　①4-88359-028-3

◇子どもの人権と学校　上　牧柾名著　東京　エムティ出版　1998.9　22cm　237p　(牧柾名教育学著作集 子どもの権利と教師の権利　第7巻)　①4-89614-804-5

◇子どもの人権と学校　下　牧柾名著　東京　エムティ出版　1998.9　22cm　250p　(牧柾名教育学著作集 子どもの権利と教師の権利　第8巻)　①4-89614-804-5

◇子どもの人権ルネッサンス　児玉勇二著　東京　明石書店　1995.8　19cm　255p　1854円　①4-7503-0703-3

◇子どもの人権新時代　津田玄児編著　東京　日本評論社　1993.11　21cm　350,42p　2781円　①4-535-58124-X

◇子どもの人権と福祉問題　一番ケ瀬康子著　東京　ドメス出版　1993.1　19cm　204p　1854円　①4-8107-0351-7

【雑誌記事】

◇学校での子どもの人権問題を取り上げて — 子どもの権利条約と体罰・いじめ問題(特集 憲法学習入門Q&A — 憲法を生かすたたかいの半世紀)　狐塚健一　「歴史地理教育」　622　2001.3　p116〜119

◇2.人権 子どもの人権(特集・世紀の転換点に憲法を考える)　米沢広一　「ジュリスト」　1192　2001.1.1・15　p75〜79

◇児童相談所のひとつのあり方 — 子どもの人権を守る機関として　東大阪子ども家庭センター(児童家庭福祉の未来)　「月刊福祉」　83(3)　2000.2　p90〜95

◇学校における生徒の法的地位(26)生徒の人格的自律権と親の教育権　結城忠　「教職研修」　27(10)　1999.6　p128〜131

◇子どもの権利条約と教育基本法 — 子どもの人格発達と権利・人権保障の内容と構造(特集 教育基本法50年 — その軌跡と展望)　林量俶　「教育」　47(3)　1997.3　p24〜32

子どもの心身　⇒ 学齢期シンドローム, 小児心身症 を見よ

子どものストレス

1980年代に入って頭痛や腹痛などの体調不良を訴えて保健室に来る子供が増加、ピーク時には"駆け込み寺"と呼ばれるほどだった。これらの子どもたちの中には本当は成績やいじめなどの悩みを抱えていたケースもあり、ストレス状態にあったと推測される。子どもたちのストレスの原因には対人関係、いじめ・成績・部活動などが挙げられるが、これらのストレス刺激が長時間続くと情緒不安定・自律神経失調・はては心身症などを引き起こしてしまう。

→ 小児心身症 をも見よ

【図書】

◇子どもの精神保健　萩原英敏編著　東京　建帛社　1999.3　21cm　168p　1900円　①4-7679-3137-1

◇小中学生の心理的ストレスと学校不適応に関する研究　嶋田洋徳著　東京　風間書房　1998.12　22cm　350p　12500円　①4-7599-1112-X

◇子どものストレス — たくましい子に育てるストレス対処法　桜井茂男著　東京　大日本図書　1998.11　17cm　182p　950円　(New心理学ブックス)　①4-477-00955-0

◇「いじめ」を育てる学級特性 — 学校がつくる子どものストレス　滝充著　東京　明治図書出版　1996.8　22cm　171p　1860円　(オピニオン叢書 緊急版)　①4-18-121904-6

◇青少年とストレス　横浜　神奈川県青少年総合研修センター　1994.10　26cm　116p　(青少年関係調査研究報告書 no.15)

◇聞こえますか?子どもたちのSOS — 保健室からの訴え　富山芙美子〔ほか〕著　東京　高文研　1993.3　21cm　202p　1442円　①4-87498-134-8

【雑誌記事】

◇ストレス 子供が燃え尽きてしまう前に(教育)「ニューズウィーク日本版」　16(6)　2001.2.14　p56〜57

◇急かされる子どもたち — ストレスとなる家庭、学校、社会(特集「新時代(ミレニアム)への心の教育」公開講座)　水田聖一　「湊川女子短期大学紀要」　34　2000　p36〜41

◇特別講演 子どもの疲労とストレス(第46回日本小児保健学会(札幌)) 斎藤和雄 「小児保健研究」 59(2) 2000.3 p131〜138
◇中学生のストレスに関する研究—ストレスの構造を中心にして 林幸範 「児童研究」 78 1999 p11〜23
◇「よい子」のストレスと疲れ(特集「よい子」が問題) 三池輝久 「児童心理」 53(17) 1999.12 p1622〜1627
◇てい談「子供燃えつき症候群」の悲劇—学校にしか価値を見いだせないことが問題(特別企画・「不登校」と子供たち) 久田恵, 三好邦雄, 吉岡忍 「潮」 470 1998.4 p86〜97
◇社会学の視点から—注目すべきは中学生のストレス(神戸小学生殺害事件—事件の背景とこれからの教育を考える—この事件から学ぶこと) 宮台真司 「児童心理」 51(17) 1997.11 p24〜31
◇子どもがストレスを感じるとき(特集 ストレスにつよい子) 嘉数朝子 「児童心理」 50(13) 1996.9 p11〜17
◇友だち関係のストレス(特集 ストレスにつよい子) 滝充 「児童心理」 50(13) 1996.9 p53〜58

子どもの生活習慣病

　食生活の洋風化・運動不足・不規則な生活などの理由から、肥満・動脈硬化・高血圧・高脂血症・糖尿病・心臓病などの生活習慣病を患う子どもが増加、特に小児肥満は学童期で約2割近いとも言われている。もともとこれらの症状は「成人病」と称されていたが、発病者の低年齢化が激しかったことから1997年より「生活習慣病」と改められたもの。保健の授業でのセルフケア意識の育成が求められている。

【図書】
◇子どもの肥満と発達臨床心理学 長谷川智子著 川島書店 2000.3 21cm 421p 5000円 ⓘ4-7610-0706-0
◇子どもの生活習慣病—今日からできる予防法 大国真彦著 芽ばえ社 1999.3 21cm 140p 1238円 ⓘ4-89579-233-1
◇離乳期からの健康料理の本—小児成人病を予防するために 子どもの食事研究所著 川島書店 1996.4 20×18cm 64p 1500円 ⓘ4-7610-0583-1

◇子どもの肥満 佐藤祐造著 ぎょうせい 1995.9 21cm 169p 1748円 (新ヘルス・ライブラリー 8) ⓘ4-324-04435-X
◇肥満の子どもを救う本—肥満のこと、正しく知って、健康で明るい子どもに育てよう! 世界文化社 1995.4 21cm 190p 1359円 (子どもの医学シリーズ 6) ⓘ4-418-95401-5
◇子どもの食生活のあり方—すこやかな生涯のために 第2版 山口賢次, 青木伸雄, 戸谷誠之共著 第一出版 1994.11 21cm 71p 1100円 (食品・栄養・健康ニューガイドシリーズ) ⓘ4-8041-0732-0

【雑誌記事】
◇子どもと生活習慣病(特集 21世紀の子どもの健康を考える—体と心のこれまでとこれから) 村田光範 「学校保健のひろば」 20 2001.1 p48〜51
◇学校保健との連携による生活習慣病対策—児童期からの脳卒中予防対策(特集 老人保健事業の展開) 山口由美子 「月刊地域保健」 30(10) 1999.11 p79〜86
◇小児成人病—小児と生活習慣病 岡田知雄, 岩田富士彦, 原光彦 「肥満研究」 3(2) 1997.12 p156〜157
◇夜更かしする子どもと生活習慣病 藤沢良知 「食生活」 91(10) 1997.10 p92〜95
◇小児成人病(特集 ライフスタイルと子どもの健康) 本間哲, 浅井利夫 「保健の科学」 38(9) 1996.9 p584〜589

子どもの成人病 ⇒ 子どもの生活習慣病を見よ

子どものための世界サミット

　1990年9月に73カ国の首脳が出席して国連本部で開かれたサミット。子どもの権利を尊重する世界宣言と、2000年までに5歳未満の子の死亡率を2/3に減らし、学童期の就学率を8割に引き上げる行動計画を採択。海部首相(当時)は、恵まれぬ子らの識字信託基金創設を提言した。2001年フォローアップ特別総会が開催される予定だったが、9月に発生したアメリカの同時多発テロの影響で無期延期となった。

子どものプライバシー

学校においては、内申書・指導要録などの学習に関する情報、性格検査・適性検査など性向や交友関係に及ぶ情報、健康に関する情報などが収集される。その多くは当人にも未公開なこと、警察の捜査協力に用いられるケースがあることなどが問題化。内申書と指導要録については公開が進んでいる。また、子どもの権利条約の下、「国連・子どもの権利委員会」から子どものプライバシー保護について法的対策を含め、充分な対策を取るよう勧告されている。

【図書】

◇子どもの権利と情報公開 ─ 福祉の現場で子どもの権利は守られているか！ 古川孝順編 京都 ミネルヴァ書房 2000.2 19cm 310,6p 2500円 （ニューウェーブ子ども家庭福祉） ⓘ4-623-03149-7

◇生徒個人情報への権利に関する研究 ─ 米国のFERPAを中心に 中嶋哲彦著 東京 風間書房 2000.2 22cm 524p 16000円 ⓘ4-7599-1193-6

【雑誌記事】

◇子どものプライバシーの発達と障害 田丸敏高,井戸垣直美 「鳥取大学教育学部教育実践研究指導センター研究年報」 10 2000 p1～9

◇学校における生徒の法的地位(23)生徒のプライバシー権と学校教育 結城忠 「教職研修」 27(3) 1998.11 p114～117

◇学校の日常が法の裁きを受けるとき(27)「作文」の公表はプライバシー侵害 柿沼昌芳 「月刊生徒指導」 28(4) 1998.3 p60～63

◇生徒指導の危機管理(13)プライバシーと危機管理 嶋崎政男 「月刊生徒指導」 27(1) 1997.1 p106～111

◇2 子どもにとっての情報公開・開示問題(ニホンキョウイクギョウセイガクカイネンポウ)〈子ども・児童の権利条約と学校教育情報の公開・開示問題〉 菱村幸彦 「子ども・児童の権利条約と学校教育情報の公開・開示問題」 1995.10

子ども110番の家

子どもが誘拐や性犯罪などの犯罪に巻き込まれるのを防ぐために、児童等の通学路及びその周辺の商店・コンビニエンスストア・郵便局等が児童の緊急避難場所となる地域安全活動。

【雑誌記事】

◇さらなる浸透を目指して ─ 岐阜県可児市今渡北小学校区「子ども110番の家」発足5周年 「生活安全」 27(3) 2001.7 p53～55

◇「子ども110番の家」の現状と活動等について 警察庁生活安全局生活安全企画課 「生活安全」 26(3) 2000.7 p47～64

個別化教育 individualized education

各学習者の到達度・興味関心・学習ペース・学習スタイルに合わせた指導を行う教育。CAIなどにみられるプログラム学習・一斉指導と個別指導を組み合わせたマスタリーラーニング・習熟度別学習・1単元に複数の課題を設定する課題選択学習・オープン教育などの諸方法があり、きめ細かな対応のための教員加配が望まれる。

【図書】

◇「個別化教育」の理論と展開 ─ 教育方法改善に関する基礎研究 2 大阪 大阪市教育センター 1997.3 30cm 43p （研究紀要 第104号）

【雑誌記事】

◇個別化教授法の考え方を活かしたパソコン通信による遠隔教育の実践と評価 島宗理,中村知靖,水野圭郎 「放送教育開発センター研究紀要」 15 1997.3 p29～40

コミュニカティブアプローチ communicative approach

コミュニケーション能力育成に重点をおいた外国語教育法。教材提示→ドリル→特定の文脈を想定した実践演習と進む伝統的方法に対し、まず学習者が会話のロールプレイングやゲームなどで言語的・非言語的コミュニケーションの施行努力をすることから始まる。その上で教師が指導、最後の必要に応じてドリル等を行う。学習者の興味関心・必要性を重視することで、外国語学習への動機づけを図る方法。

【図書】

◇コミュニカティブな英語授業のデザイン — 教室作りからテストまで 井上和子監修, フランシス C. ジョンソン著, 平田為代子訳 東京 大修館書店 2000.3 21cm 186p 1800円 Ⓓ4-469-24450-3

【雑誌記事】

◇コミュニカティブ・アプローチに関する一考察 — 質問の形態をめぐって 長野督 「千葉商大紀要」 35(2) 1997.9 p45〜56
◇グラマティカル・アプローチとコミュニカティブ・アプローチが学習成果と学習意欲に及ぼす質的差異(資料) 倉八順子 「教育心理学研究」 43(1) 1995.3 p92〜99
◇コミュニカティブ・アプローチにおける規則教授が学習成果及び学習意欲に及ぼす効果 倉八順子 「教育心理学研究」 42(1) 1994.3 p48〜58
◇コミュニカティブ・アプローチについての考察 倉八順子 「慶応義塾大学大学院社会学研究科紀要 社会学・心理学・教育学」 37 1993 p35〜45

コミュニティ・カレッジ community college

地域と自治体に開かれた、2年制の公立短期大学。米国では1世紀に及ぶ歴史を持つ。1960年代大学レベルの職業・技術教育への要請から急速に発展。地域住民により自主管理運営され、地域の諸問題解決の機能も果す。日本でも生涯教育への大学の開放・公開が求められている今日、アメリカのコミュニティ・カレッジの潮流は重要な方向を示唆するもの。

【図書】

◇アメリカ・コミュニティ・カレッジの補習教育 谷川裕稔著 岡山 大学教育出版 2001.4 21cm 168p 1800円 Ⓓ4-88730-425-0

【雑誌記事】

◇コミュニティ・カレッジの機能変化に関する研究 原清治 「教育学部論集」 12 2001.3 p69〜83
◇コミュニティ・カレッジの帰属問題誕生時から1960年代までの考察を中心に 谷川裕稔 「研究論叢」 6 1999 p21〜29
◇エンプロイアビリティの向上を主眼とした「日本版コミュニティ・カレッジ」創設へのアプローチ 村田弘美, 杉浦舞 「Works」 35 1999.9 p42〜47
◇コミュニティ・カレッジとアメリカ社会 牧野暢男 「広島大学大学教育研究センター大学論集」 26 1996 p189〜204

コミュニティスクール community school

地域社会学校。1930年代米国の学校改革論の影響を受けて、戦後各地で独自な教育計画が組まれた。石山脩平の農村地域社会学校、川口プラン、本郷プランなどが代表例。60年代に地域に根ざす教育が唱えられてから再評価され、新しい形態で再組織されつつある。近年、情報技術の発展と共にIT社会に適用できるデジタルコミュニティスクールなどの新しい教育システムの構想が進められている。教育改革国民会議は2000年の報告で、コミュニティスクールを「地域独自のニーズに基づき、地域が運営に参画する新しいタイプの公立学校」とし、その設置を検討すべきとした。

【図書】

◇コミュニティ・スクール構想 — 学校を変革するために 金子郁容, 鈴木寛, 渋谷恭子著 東京 岩波書店 2000.12 19cm 237p 1600円 Ⓓ4-00-022811-0
◇地域社会・家庭と結ぶ学校経営 — 新しいコミュニティ・スクールの構図をどう描くか 佐藤晴雄編 東京 東洋館出版社 1999.3 19cm 248p 2800円 (シリーズ"新しい学校"パラダイムの転換) Ⓓ4-491-01508-2
◇「生きる力」の創造 — ウィークエンド・コミュニティースクール活動推進事業 実施結果報告書 〔甲府〕 山梨県教育委員会 〔1998〕 30cm 82p

【雑誌記事】

◇日本版「コミュニティ・スクール」の陥穽 — 教育改革国民会議の提案を問う 坂口緑 「創文」 433 2001.7 p10〜13
◇ITが教育になげかけるもの — 地方分権・権限委譲を実現するコミュニティスクールを (特集 ITの喧騒を超えて — 経済学で解く

IT革命）金子郁容 「エコノミックス」 4 2001.4 p88～97
◇新しいタイプの公立学校(コミュニティ・スクール)の設置(教育改革と「21世紀・日本の教育」読本—教育改革国民会議「教育を変える17の提案」を検討する—新しい時代の新しい学校づくり—新しいタイプの学校の設置を促進する) 小島弘道 「教職研修総合特集」 144 2001.2 p243～246
◇教育の「公共性」をめぐる一考察—公共圏とコミュニティ・スクール 坂口緑 「ボランティア学研究」 1 2000 p17～36
◇生涯学習を支援するコミュニティハウス(コミュニティ・スクール)の整備・運営について(生涯学習特集—《地域における生涯学習施設の実践事例》) 横浜市教育委員会 「教育委員会月報」 47(10) 1995.12 p55～60

コミュニティセンター

設置基準や使用目的に制限が多い公民館に代わって、コミュニティセンター・社会教育センターなど名称は様々ながら、市町村の教育委員会が所管する類似施設が増加。生涯学習関連施設として積極的な活用が望まれ、複合化などの整備が図られている。行政効率向上の名目で、公社、法人、自治会・住民協議会に委託または財団化の傾向を生んでいる。

【図書】

◇コミュニティセンター 2—地域づくり活動の拠点 建築思潮研究所編 建築資料研究社 1999.4 30cm 208p 3800円 (建築設計資料 70) ①4-87460-610-5
◇公民館・コミュニティセンター 有田桂吉編著 市ケ谷出版社 1996.3 30cm 133p 3200円 (建築計画・設計シリーズ 11) ①4-87071-241-5
◇名古屋市コミュニティセンター整備計画 — 心の豊かさとふれあいのあるまちづくり 〔1995〕 〔名古屋市〕市民局地域振興部地域振興課編 〔名古屋〕 名古屋市市民局 1995.4 30cm 65p

【雑誌記事】

◇学校をコミュニティ・センターに(特集 学校の新しい姿を探る) 岸裕司 「月刊教育ジャーナル」 38(12) 2000.2 p7～13
◇地域ポリシー コミュニティ・センターにおける住民の活動 大江平治 「Schole」 23(4) 1998.2 p15～18
◇余暇生活グループ化の展開過程からみた大都市コミュニティセンターの意義(名古屋市におけるケーススタディ)—集会関連施設の施設需要論に関する基礎的研究・その2 桜井康宏, 尾崎正治 「日本建築学会計画系論文集」 479 1996.1 p97～106
◇子ども達のためのコミュニティセンターをめざして(特集 子どもを育む・地域の課題) 服部栄 「地域開発」 369 1995.6 p23～26

「今後の地方教育行政のあり方について」

1998年の中教審答申。「学校と地域の在り方、それを支える教育委員会の在り方に焦点を当て、」取りまとめたもの。「教育行政における国、都道府県及び市町村の役割分担の在り方について」、「教育委員会制度の在り方について」、「学校の自主性・自律性の確立について」、「地域の教育機能の向上と地域コミュニティの育成及び地域振興に教育委員会の果たすべき役割について」からなり、教育委員会の見直しと学校評議員制度の導入、学校の裁量権限の拡大、地域住民の学校運営への参画などについて提言している。

【図書】

◇今後の地方教育行政の在り方について—答申 〔東京〕 中央教育審議会 1998.9 30cm 77p

【雑誌記事】

◇学校評議員制度の法制化と学校参加(1)主に中教審答申「今後の地方教育行政の在り方について」を検討する 勝野尚行 「岐阜経済大学論集」 34(1) 2000.6 p203～247
◇「今後の地方教育行政の在り方について(中央教育審議会答申)」に対する見解と提言 「みんなの図書館」 261 1999.1 p79～84

◇答申から見た今後の学校の姿 — 中央教育審議会答申を読んで(特集 中教審答申をどう読むか) 浅田正 「学校事務」 50(1) 1999.1 p48〜53
◇座談会 今後の地方教育行政の在り方(特集 中央教育審議会「今後の地方教育行政の在り方について」答申) 河野重男, 安斎省一, 松井石根(他) 「文部時報」 1468 1998.12 p16〜27
◇地方分権時代の学校と教育委員会(特集 中央教育審議会「今後の地方教育行政の在り方について」答申) 石原多賀子 「文部時報」 1468 1998.12 p28〜31
◇解説 今後の地方教育行政の在り方について — 中央教育審議会答申(特集 教育委員会制度50周年記念 今後の地方教育行政の在り方) 政策課 「教育委員会月報」 50(8) 1998.11 p28〜31
◇資料 中央教育審議会「今後の地方教育行政の在り方について」答申<全文> 「教職研修」 27(3) 1998.11 p153〜177

コンピュータ教育　educational conputing
　1985年度から普通科においてもマイコン利用の教育が開始。プログラム言語を学ぶパソコン教室やソフトによる学習・パソコン通信など利用方法も多様化している。90年代後半からはインターネットの利用も盛んだが、子どものプライバシー保護、有害情報からの保護など課題も多い。パソコンは全国学校における設置率は小学校で98・9％、中高で100％。

【図書】
◇パソコン教育不平等論 — 子供のために大人は何をすべきか 渋谷宏編 東京 中央公論社 1996.8 18cm 185p 780円 (中公PC新書 5) ⓘ4-12-510006-3
◇コンピュータ教育の国際比較 — IEA「コンピュータと教育に関する国際調査」最終報告 続 国立教育研究所編 東京 日本教育新聞社 1995.6 21cm 208p 3800円 ⓘ4-89055-164-6

【雑誌記事】
◇児童が主体となるコンピュータ教育環境 佐藤俊巳 「日本教育工学会研究報告集」 JET96-6 1996.12.7 p77〜80

コンピュータ支援教育システム　⇒ CAI を見よ

コンピュータの学校利用　⇒ CBI を見よ

コンピュータリテラシー　computer literacy
　文字の読み書き能力(リテラシー)同様、コンピュータの取り扱い能力(構造や機能の理解・ハードやソフトの操作技術)は学校教育の現場でも児童生徒・教師双方に不可欠な素養となった。2000年公立学校でコンピュータを操作できる教員は79％。

【図書】
◇読み書きコンピュータ 安村通晃著 東京 共立出版 1997.3 19cm 140p 1494円 (情報フロンティアシリーズ 17) ⓘ4-320-02836-8
◇情報活用能力育成の内容・方法に関する研究 — 入門期における「コンピュータ学習」の実際 大阪 大阪市教育センター 1995.3 26cm 124p (研究紀要 第79号)

【雑誌記事】
◇情報教育におけるキーボードリテラシーの一考察 吉長裕司, 川畑洋昭 「情報処理学会論文誌」 42(9) 2001.9 p2359〜2367
◇現代の教師のコンピュータ・リテラシー(情報教育にかかわる教師教育) 赤堀侃司 「日本教材文化研究財団研究紀要」 26 1997.3 p46〜51
◇アンテナ コンピューターリテラシー 髙宮洋一 「Estrela」 27 1996.6 p43〜45
◇コンピュータ・リテラシーということ(情報化社会の中の教育を考える<特集>) 小柳和喜雄 「教育と医学」 43(2) 1995.2 p156〜161

【サ】

在外子女教育　⇒ 海外子女教育 を見よ

埼玉県入間市リンチ殺人事件

2000年5月、埼玉県入間市の高校2年生が遺体で見つかった事件。埼玉県警は同市に住む16才の少年2人と高校2年生の女子生徒の3人を逮捕。集団暴行を自供した。

【雑誌記事】

◇埼玉リンチ殺人 被害者の両親が告白(NEWS CLICK)「週刊宝石」 20(20) 2000.6.1 p41

◇今度はリンチ殺人「少年少女4人組」の家庭(TEMPO)「週刊新潮」 45(20) 2000.5.25 p30

◇埼玉リンチ殺人・これでも少年法を改正しないのか(深層特集・少年犯罪という煉獄) 「週刊文春」 42(19) 2000.5.25 p35～37

埼玉県東松山市いじめ報復殺人事件

1998年3月、埼玉県東松山市の市立東中学校で、1年生の男子生徒が同学年の男子生徒をナイフで刺して死亡させた事件。浦和家裁は事件を「いじめの仕返し」と認めたうえで、少年を児童自立支援施設に送致する保護処分とした。

【雑誌記事】

◇埼玉・東松山市立東中1年生ナイフ刺殺事件 イジメっ子がイジメられっ子になった時 「週刊朝日」 103(13) 1998.3.27 p38～40

埼玉県立所沢高校

自主・自立を校風とした高校で、生徒会決議は職員会議に諮られ、ここで否決された場合は職員と生徒会の間に協議会を設けて討議するなど、独自のルールを築き上げてきた。しかし1997年4月に新任の校長が、生徒会決議(当時)に反して入学式で「日の丸と君が代」を強行するなど生徒会と対立。その年の卒業式・翌年度の入学式は校長が強行した「式」と職員会議でも承認された生徒会主催の「卒業記念祭」「入学を祝う会」の分裂開催となり話題を呼んだ。

【図書】

◇所沢高校の730日 淡路智典責任編集,所沢高校卒業生有志著 東京 創出版 1999.8 19cm 230p 1500円 ①4-924718-31-9

【雑誌記事】

◇教育行政の論理と教育の自由―所沢高校問題のたたかい(小特集 日の丸・君が代問題) 谷村勝彦 「教育」 51(3) 2001.3 p76～80

◇所沢高校 未来の魂と魂を殺すものと―「日の丸君が代」強制卒・入学式から一年。生徒たちはいかに校長に対してきたか 下嶋哲朗 「世界」 660 1999.4 p278～293

◇「卒業式・入学式」に揺れた所沢高校問題とは何か 宮良敦子 「月刊社会教育」 43(3) 1999.3 p76～80

◇所沢高校「入学式問題」の大問題(遠く学校から離れて〔7〕) 清水義範 「現代」 32(7) 1998.7 p325～331

◇入学・卒業行事をめぐるこの1年間の闘い(民主システム貫いた埼玉県立所沢高生) 木村高志 「週刊金曜日」 6(22) 1998.6.5 p67～69

◇所沢高校生徒会長として関わったこの1年―自主運営による入学を祝う会を遂行、議論の的となった所沢高校生徒会長が真意を語った 淡路智典 「創」 28(6) 1998.6 p40～45

◇自主入学式所沢高校の「校風」(学校) 「AERA」 11(16) 1998.4.20 p20

埼玉方式

1992年秋、埼玉県教育長は公立中学に業者テストの偏差値を私立高に提示しないよう指導。埼玉方式と呼ばれたが、私立高側は一斉に反発。同県では20年来北辰図書のテストを採用、私立高の推薦入試(特に単願)の資料とされていた。

【雑誌記事】

◇いっそう学校間格差を拡大した「脱偏差値元年」の埼玉高校入試(新学力観と脱偏差値<特集>) 青砥恭 「季刊教育法」 98 1994.6 P21～26

◇今,私たちの側からの高校入試改革の提起を―埼玉(こうしたい高校入試<特集>) 田島俊雄 「教育評論」 557 1993.10 P63～67

在日韓国・朝鮮人教育

在日韓国・朝鮮人むけの学校としては民団系の韓国学園・総聯系の朝鮮人学校が民族教育を行っている。日本人校在学者も多く、その過半数は日本名を名乗っている。91年日韓外相覚書により、課外の韓国語学習・在日韓国人子女への就学案内発給が認められた。93年日本高校野球連盟は高校野球への参加を、94年に全国高校体育連盟がインターハイへの参加を認めたほか、JRが通学定期割引額の差別を是正、全国中学校体育連盟も96年特例で全国大会への参加を認めた。また、99年には大検の受験資格、大学院の受験資格が緩和され、在日外国人学校の卒業が受験資格として認められることになるなど処遇の改善が図られつつある。

【図書】

◇朝鮮人学校の資格助成問題に関する人権救済申立事件調査報告書 — 1992年度第22号人権侵犯救済申立事件 〔東京〕 日本弁護士連合会人権擁護委員会 1997.12 30cm 53,7枚
◇多文化教育と在日朝鮮人教育 2 京都 全国在日朝鮮人教育研究協議会 1997.8 21cm 101p 700円 (全朝教ブックレット 8)
◇在日韓国・朝鮮人児童生徒に関する指導指針 〔大津〕 滋賀県教育委員会 1997.5 30cm 5p
◇日本のなかの朝鮮学校 — 21世紀にはばたく 朴三石著 東京 朝鮮青年社 1997.3 19cm 278p 1200円 ④-88522-046-7
◇国際化時代の民族教育 — 子どもたちは虹の橋をかける 高賛侑著 大阪 東方出版 1996.6 19cm 286p 1600円 ④-88591-483-3
◇ノンナムは見ていた — 四国朝鮮初中級学校50年 名田隆司著 松山 さらむ・さらん社 1995.11 19cm 316p 2000円
◇在日朝鮮人教育入門 2 金井英樹著 〔京都〕 全国在日朝鮮人教育研究協議会 1995.11 21cm 100p 700円 (全朝教ブックレット)
◇在日朝鮮人教育入門 1 藤原史朗著 〔京都〕 全国在日朝鮮人教育研究協議会 1995.11 21cm 115p 700円 (全朝教ブックレット)

【雑誌記事】

◇在日朝鮮人教育のアイデンティティ(特集 解放教育研究の最前線 今、何が問われているか) 金泰泳 「解放教育」 30(3) 2000.3 p30〜38
◇なぜ国立大学を受験できないの — 外国人学校に通う生徒を阻む壁 豊田直巳 「週刊金曜日」 6(38) 1998.10.2 p24〜26
◇「一条学校」と専修学校等の区別(特集 学校教育法50年 — これからの学校教育の課題は何か) 下村哲夫 「教職研修」 25(9) 1997.5 p26〜28
◇朝鮮高級学校からの普通高校への編入、大学への進学(特集 学校教育法50年 — これからの学校教育の課題は何か) 嶺井明子 「教職研修」 25(9) 1997.5 p29〜31
◇報告 在日韓国・朝鮮人と教育法 — 憲法規範的考察の視点(学校週5日制と教育改革 — 第3分科会 少数者・先住民と教育権) 浦田賢治 「日本教育法学会年報」 23 1994.3 p132〜141

先割れスプーン

かつてほとんどの学校が利用していた先割れスプーンは、食事のマナーが悪くなるなど教育としての給食の意義に反するとして使用する学校が減少。2000年の調査では60%が使用を止め、先割れスプーンだけを使っている学校は1.5%となっている。米飯給食の普及もあって、箸の使用が全体の97%に達しているが、正確な箸使いができない子どもも多い。

→ 学校給食用食器 をも見よ

【雑誌記事】

◇先割れスプーン、半数割れ!(味な事件〔75〕) 泉麻人 「週刊文春」 40(43) 1998.11.12 p134

サッチャー・ベイカー教育改革

1988年の教育改革法を中心に進められた英国教育改革。教育内容の全国共通化・全国一斉学力テストや教員勤務評定の実施・大学補助金削減・学校選択権の拡大(opting out)など、競争原理と効率性を重視した中央集権的な施策を次々と実施。44年の労働党によるバトラー法は完全に覆された。

【雑誌記事】

◇サッチャリズムと教育改革における市場原理の問題 — イギリス1988年教育改革法と国民の教育権を対象に　新村洋史　「中京女子大学研究紀要」　34　2000　p39～51

◇新保守主義の教育改革:その歴史的評価をめぐって（日英教育研究フォーラム第6回大会報告―シンポジウム　サッチャー時代の教育改革の歴史的評価をめぐって）　鈴木慎一　「日英教育研究フォーラム」　2　1998.9　p3～6

サマーヒル学園　Summer Hill School

ニールスクール。英国の教育者・ニールが1925年に開いた寄宿制のフリースクール。世界の自由学校の祖と言われる。フロイトの精神分析学に依拠し、知識より感情を、意識より無意識を重視。子供たちが自ら規律を決め、民主的な共同生活を行う中で社会性や公共性などを身に着けるという独特の教育理念を掲げ、世界から子供を受け入れている。近年では不登校の児童生徒の教育的援助策の基本になったりしている。99年、英国教育・雇用省から受けた改善命令の撤回を求めて裁判になり、翌年3月、「サマーヒルは、ニイルの教育哲学に従う権利を有する」として和解を勝ち取った。

【図書】

◇ニイルと自由な子どもたち — サマーヒルの理論と実際　堀真一郎著　名古屋　黎明書房　1999.3　22cm　298,4p　2800円　①4-654-01623-6

◇ニイル「新教育」思想の研究 — 社会批判にもとづく「自由学校」の地平　山崎洋子著　東京　大空社　1998.12　22cm　398p　7048円　①4-7568-0822-0

◇自由教育をとらえ直す — ニイルの学園＝サマーヒルの実際から　永田佳之著　横浜　世織書房　1996.12　20cm　276p　2500円　①4-906388-48-5

◇自由な子ども　A.S.Neill〔著〕，堀真一郎訳　名古屋　黎明書房　1995.11　22cm　278p　4500円　（新訳ニイル選集 5）　①4-654-00495-5

【雑誌記事】

◇アメリカのフリースクール運動におけるA.S.ニイル受容に関る研究 — サマーヒル協会を中心に　塩井里香　「教育学研究紀要」　44（第1部）　1998　p328～331

サラマンカ声明　The Salamanca Statement

1994年6月にスペインのサラマンカで開かれたユネスコとスペイン教育・科学省共催の「特別なニーズ教育に関する世界会議」で採択された声明。正式には「特別なニーズ教育に関する原則、政策、実践に関するサラマンカ声明」。学校教育にアクセスできないでいる子どもの多くを「特別な教育的ニーズ」のある子どもと捉え、これらの子どもを大多数の子どものために設けられた教育機関に包摂すべきとして、「インクルージョン」の概念を提起した。

→インクルージョン，特別なニーズ教育をも見よ

【図書】

◇共育への道 — 「サラマンカ宣言」を読む　嶺井正也監修，「共育への道」編集委員会編　東京　アドバンテージサーバー　1998.1　21cm　207p　1400円　①4-930826-38-1

【雑誌記事】

◇障害児教育の原則、施策、実施に関するサラマンカ声明（特集 21世紀の障害児教育）　篠原吉徳　「リハビリテーション研究」　107　2001.6　p6～11

◇＜障害児教育＞「サラマンカ宣言」を読んでほしい（教育課程審議会最終答申の分析（下））　嶺井正也　「教育評論」　618　1998.10　p66～69

◇サラマンカ宣言と行動計画 — スペシャルニーズ教育に関する世界会議にて採択　嶺井正也（訳），長畠綾子（訳）「福祉労働」　74　1997.3　p79～97

産学協同　educational-industrial complex

産学連携とも。産業界と大学・研究期間との共同の技術開発や情報交換活動を指す。98年大学等技術移転促進法が施行され、技術移転機関（TLO;Technology Licensing Office）

の設立が可能になった。また、国家公務員法による企業役員の兼務禁止が2000年に緩和されたのを受け、民間企業役員を兼務する国立大教官が登場してもいる。

→ 技術移転機関 をも見よ

【図書】

◇産学連携とその将来 大学の研究教育を考える会編 東京 丸善 1999.4 19cm 213p 1500円 ⓘ4-621-04599-7

◇産業科学技術の基盤整備のあり方に関する調査研究報告書 — 大学と国研・産業界との連携協力の推進 平成10年度 研究産業協会〔編〕 東京 機械振興協会・経済研究所 1999.3 30cm 73,15,19p (機械工業経済研究報告書 H10委—10)

◇21世紀に向けての産官学連携戦略 — ネットワーク社会における科学と産業 奈良先端科学技術大学院大学AGIP21研究会編 東京 化学工業日報社 1998.3 26cm 280p 6000円 ⓘ4-87326-270-4

◇産官学研究交流の強化に向けて — 大学と国研・産業界との研究協力の推進 平成9年度 研究産業協会〔編〕 東京 機械振興協会・経済研究所 1998.3 30cm 111p

◇産学連携・協力のあり方 — 大学・国研と産業界との連携協力化に向けて 平成8年度 研究産業協会〔編〕 東京 機械振興協会・経済研究所 1997.3 30cm 86p

◇我が国における研究開発活動の現状及び将来展望に関する基礎研究 — 産学官連携の実態と今後のあり方について 三菱総合研究所〔編〕 東京 機械振興協会経済研究所 1995.5 30cm 64p

◇産学協力の問題点 — 大学と産業界との協力に向けて 平成6年度 研究産業協会〔編〕 東京 機械振興協会経済研究所 1995.4 30cm 97p 非売品

◇今後の研究開発における産学官連携のあり方に関する調査 〔東京〕 三菱総合研究所 1995.3 30cm 56p

◇産学協同教育への挑戦 — 開かれた学校をめざす 三原詰章夫著 東京 実教出版 1994.12 21cm 188p 2200円 ⓘ4-407-03044-5

◇頭脳列島「日本」の創成 — 産学官協力の新展開 九州産学官協力会議編 東京 工業調査会 1993.7 20cm 202p 1980円 ⓘ4-7693-6102-5

◇新・産学官協力に関する研究 — ニューパラダイムの確立を目指して 報告書 東京 日本学際会議 1993.3 26cm 72p

【雑誌記事】

◇国立大学から見た産学連携ビジネス 渡部俊也 「東洋経済」 5695 2001.5.12 p120〜121

◇「大学等からの技術移転」による産学協同と研究開発イノベーション—TLOを軸とした研究成果の移転とその戦略的活用ならびに有効性 田口敏行 「静岡産業大学国際情報学部研究紀要」 2 2000 p117〜146

◇科学・技術立国に向けて"知"の風土を豊かに(知を活かす「新・日本型経営」入門〔10〕) 常盤文克 「ダイヤモンド」 88(16) 2000.4.15 p154〜155

◇大学生き残りの切り札「産学連携」の理想と現実(「日本の教育」が甦る時…—「世界の英才教育」「大学ランキング」ほか) 三平三郎 「SAPIO」 10(5) 1998.3.25 p18〜20

◇どこが違う日米の産学協同(特集 新時代の産学交流) 海保理子 「経営者」 50(11) 1996.11 p50〜52

◇産学協同—関西で進められる民間との協同研究が大学にもたらす果実の「甘み」(特集・「超成長」大学の秘密) 「ダイヤモンド」 83(44) 1995.10.28 p52〜55

◇変わる大学、目覚めた官—ようやく動き出した産・学協同(特集・R&Dがあぶない) 大崎明子 「東洋経済」 5227 1994.7.23 p61〜63

35人学級 ⇒ 40人学級 を見よ

算数離れ・理科離れ

2000年のIEAの調査において、数学が大好き、または好きと答えた中学生は95年調査時の53%から減少して48%、調査対象38ヶ国の平均72%を大きく下回っている他、調査国の中では下から2番目に低い割合を示している。また、理科についても55%でやはり調査対象国中では下から2番目。

→ 理工系離れ をも見よ

【図書】

◇岐路に立つ日本の科学教育 — 21世紀の数学・理科教育はいかにあるべきか 理数系

学会教育問題連絡会編　豊中　学会センター関西　2001.6　19cm　160p　1600円　⑭4-7622-2965-2
◇理科が危ない — 明日のために　江沢洋著　東京　新曜社　2001.6　19cm　205p　1800円　⑭4-7885-0765-X
◇算数があぶない　関沢正躬〔著〕　東京　岩波書店　2000.7　21cm　63p　440円　（岩波ブックレット　no.513）⑭4-00-009213-8
◇「物理離れの」診断と療法　唐木宏著　東京　講談社出版サービスセンター（製作）　1999.12　26cm　89p　2000円　（実践記録　第2巻）⑭4-87601-499-X
◇算数軽視が学力を崩壊させる　和田秀樹，西村和雄，戸瀬信之著　東京　講談社　1999.9　20cm　250p　1600円　⑭4-06-209888-1
◇分数ができない大学生 — 21世紀の日本が危ない　岡部恒治，戸瀬信之，西村和雄編　東京　東洋経済新報社　1999.6　20cm　302p　1600円　⑭4-492-22173-5
◇「理数教育」が危ない！— 脱・ゆとり教育論　筒井勝美著　京都　PHP研究所　1999.4　19cm　167p　952円　⑭4-569-60596-6
◇理科好きの子どもをはぐくむ20の条件 — 先生！ぼくが理科を嫌いになったわけ知っていますか？　松森靖夫著　東京　東洋館出版社　1999.2　19cm　249p　2600円　⑭4-491-01490-6
◇数学ぎらいはなぜ多い — さんすう教育と量　上村浩郎著，数学教育研究会編　東京　フーコー　1998.9　19cm　195p　1300円　⑭4-7952-4837-0

【雑誌記事】
◇教育シリーズ　理科離れ、くっきりと — 国際教育到達度評価学会が調査報告　三宅征夫　「広領域教育」　46　2001.3　p50～53

山村留学

　小中学生が1年～数年間親元を離れ、山村の留学センターや里親農家で生活、現地学校に通いながら、自然体験を積み、自立心を育てる制度。東京の「育てる会」では1969年から開始、76年から長期滞在を扱っている。受け入れ側にとっては、過疎地に於ける教育活動の活性化対策となっている。全国で145校が実施。

【図書】
◇こころの中のふるさと — 大江町山里留学里親の10年　庄司和代著　藤沢　武田出版　2000.4　19cm　111p　1000円　⑭4-7952-9766-5
◇山村留学と国内ホームステイ等の実態についての調査研究報告書　育てる会山村留学研究会編　武蔵野　育てる会山村留学研究会　2000.3　30cm　50p
◇全国の山村留学実施状況調査報告書 — 指導者養成資料『山村留学運営推進者のためのテキスト』　平成11年度　武蔵野　育てる会　2000.3　26cm　99p
◇山村留学と学校・地域づくり — 都市と農村の交流にまなぶ　川前あゆみ，玉井康之著　東京　高文堂出版社　1998.11　21cm　217p　2350円　⑭4-7707-0605-7

【雑誌記事】
◇地域は今　広がる山村留学 — 体験学習重視の学園も　「日経地域情報」　356　2000.12.4　p27～30
◇育てる会の30年 — 自然に学ぶ山村留学実践活動から　青木厚志　「青少年問題」　47(2)　2000.2　p16～21
◇自然体験は子供たちに「生きる力」を蘇らせる — 山村留学の実践から（特集　農業・農村 — その安らぎ・いやしの機能）　青木孝安　「農林漁業金融公庫月報」　47(11)　2000.2　p8～11
◇山村留学取り組みの経験から — 長期滞在型体験学習のもつ意味〔含　質疑〕（特集　子供の教育と農林業）　青木厚志　「日本農業の動き」　131　1999.12　p49～64
◇ふるさと留学で心開く子どもたち　「AERA」　8(15)　1995.3.27　p47

三ない運動　⇒オートバイ規制　を見よ

【　シ　】

ジェンダー・フリー教育

　ジェンダーからの解放を目指そうとする教育。学校においては学校組織の特性そのもの、教科書に登場する人物像、隠れたカリ

キュラムの中などにジェンダー形成を促進する要因があると考えられる。ジェンダーからの解放を目指すにはまずジェンダー形成要因とそのメカニズムを明らかにした上で、性的自立、公正な役割観を育てる必要がある。具体策としては男女混合名簿、家庭科の男女共修などがあげられる。

【図書】

◇教科と教師のジェンダー文化 ─ 家庭科を学ぶ・教える女と男の現在　堀内かおる著　東京　ドメス出版　2001.7　22cm　198p　2500円　⑭4-8107-0543-9

◇ジェンダー・フリー教材の試み ─ 国語にできること　金井景子編著　東京　学文社　2001.3　21cm　190p　2100円（早稲田大学教育総合研究所叢書）⑭4-7620-1028-6

◇ジェンダーフリーを共同で学ぶ ─ 「実践」につなぐ講座の記録　学びを行動にうつす女たちの会著　東京　新水社　2001.3　19cm　206p　1400円（シリーズ＜女性問題をまなぶ＞　2）⑭4-88385-019-6

◇学校をジェンダー・フリーに　亀田温子，舘かおる編著　東京　明石書店　2000.6　21cm　366p　2800円　⑭4-7503-1287-8

◇実践ジェンダー・フリー教育 ─ フェミニズムを学校に　小川真知子，森陽子編著　東京　明石書店　1998.4　21cm　243p　2500円　⑭4-7503-1034-4

◇男の子は泣かない ─ 学校でつくられる男らしさとジェンダー差別解消プログラム　スー・アスキュー，キャロル・ロス著，堀内かおる訳　東京　金子書房　1997.12　20cm　192,4p　2200円　⑭4-7608-2127-9

◇どうしていつも男が先なの？ ─ 男女混合名簿の試み　男女平等教育をすすめる会編著　東京　新評論　1997.5　19cm　292p　1600円＋税　⑭4-7948-0357-5

◇「女の子」は学校でつくられる　マイラ・サドカー，デイヴィッド・サドカー著，川合あさ子訳　東京　時事通信社　1996.10　20cm　341,36p　2800円　⑭4-7887-9635-X

◇ジェンダー・フリーな教育のために ─ 女性問題研修プログラム開発報告書　2　東京　東京女性財団　1996.3　30cm　112p

◇ジェンダー・フリーな教育のために ─ 女性問題研修プログラム開発報告書　東京　東京女性財団　1995.3　30cm　130p

【雑誌記事】

◇ジェンダーフリー教育の実践とその一考察　藤枝博　「鳴門教育大学研究紀要」　16　2001　p85～94

◇男女共同参画社会にむけて学校をジェンダーフリーに（特集 教育改革と道徳教育）　樋熊憲子　「道徳と教育」　46(1・2)　2001　p128～133

◇ジェンダー・フリーの学校環境創造への実践　杉野陽子，金崎芙美子　「宇都宮大学教育学部教育実践総合センター紀要」　24　2001.4.2　p215～224

◇「男女平等教育」のゆくえ（特集 21世紀：最前線からのレポート ─ 解放教育をきたえる）　木村涼子　「解放教育」　31(3)　2001.3　p86～91

◇「女の子らしさ？」「男の子らしさ？」（小学校・低学年）（21世紀をひらく確かな知性と豊かな感性を ─ さまざまな「性と生」を学べる家庭・学校・地域に 性教育第19回全国夏期セミナーより ─ 模擬授業）　千北充範　「月刊生徒指導」　30(15)　2000.11　p82～85

◇学校教育におけるジェンダー ─ ジェンダー・フリーの視点から見た学校環境の現状と課題　杉野陽子，金崎芙美子　「宇都宮大学教育学部教育実践総合センター紀要」　23　2000.4.3　p221～230

◇学校教育における「男女平等」の現在（いま）（特集 教育とジェンダー ─ 教育の現状を総点検する ─ ジェンダーの視点から）　賀谷恵美子　「女たちの21世紀」　22　2000.4　p4～9

◇「ジェンダー・フリー教育」のコンセプト（ジェンダーと教育）　舘かおる　「教育学年報」　7　1999.9　p109～141

◇「学校をジェンダーフリーに・全国ネットワーク」からの報告（特集 ジェンダーとセクシュアリティの教育）　入江直子　「人権教育」　8　1999.7　p59～64

◇「男女共学」から「男女平等教育（ジェンダー・イクイティの教育）」へ　鶴田敦子　「教育学研究」　65(4)　1998.12　p315～323

◇学校教育にみるジェンダー ─ ジェンダーフリーの教育をめざして（新たなる世紀へのセクシュアリティを探る ─「個」と「人権」の確立をめざして ─ 性教協 第16回全

国夏期セミナーより) 城英介 「月刊生徒指導」 27(15) 1997.11 p110〜112
◇どうして分けるの"女の子・男の子"(特集「ジェンダー・フリー」で学校は変わるか) 吉田英子 「月刊教育ジャーナル」 36(5) 1997.8 p20〜23
◇ジェンダー・フリーの教育―性役割、男女の協力を求めて(教師と親のための〔小学生の性〕指導読本) 望月重信 「児童心理」 50(3) 1996.2 p82〜90

資格社会　qualification society

徒弟制のような訓練が学校教育システムに代わり、学歴が教育資格として長らく機能してきたが、高学歴化で他の職業能力評価尺度が求められるようになると、資格や検定が重視されるようになった。キャリアアップを目指して諸資格の取得に取り組む社会人も多い。2001年8月、文部科学省は同省管轄の公益法人が実施する検定試験に対しての「認定」を全廃することを決定、今後の受験者の動向が注目される。また、教育改革プログラムの中で関係省庁に対し、公的職業資格試験の受験において、専門学校を短大卒業相当として取り扱うよう要請している。

【雑誌記事】

◇国際化と資格社会―ボーダーレス時代に向けて　平嶋雅雄　「設備と管理」　35(3) 2001.3 p46〜54
◇日本が「資格社会」になれない理由(サラリーマン生き残りの条件)　永井隆　「エコノミスト」　76(47) 1998.11.2 (臨増(失業・転職・生活リストラ)) p111〜112
◇用語解説　PE資格―企業社会から資格社会へ　芳屋富　「高圧ガス」 35(8) 1998.8 p47

私学助成金　subsidy for private schools

国・地方自治体の公的財源から私学に出す資金援助。文教予算では7%弱を占める。大学では1970年から私大への国庫補助開始(私立大学経常費補助金)。99年度日本私学振興・共済事業団を通して2964億円を交付(高校は799億円)。私学全体の経常費に占める比率は当初5割が目標だったが、89年は15%、10年後の99年度は12%にとどまっている。

【雑誌記事】

◇私学助成は1.7%増の5107億円―教育関係の2001年度交付税措置　「内外教育」　5181 2001.2.20 p5
◇私学助成と大学評価―評価に基づく経常費補助金の配分(今月のテーマ　本格化する大学評価)　村田直樹　「IDE」　420 2000.8 p46〜51
◇「私学助成は憲法違反」石原都知事「発言」の波紋(ワイド特集・人生何が起こるかわからない)　「週刊新潮」　44(36) 1999.9.23 p54〜55
◇私学助成金は重大な憲法違反だ(憲法とは何か〔7〕)　桜井よしこ　「SAPIO」　11(13) 1999.7.28 p28〜31
◇助成金は私立大学をダメにする―「私大授業料の所得控除化」の提案　黒川和美　「東洋経済」　5222 1994.7.2 p144〜147
◇教育行政上の現代的課題―私学助成違憲論への対応　細川幹夫　「麗沢大学紀要」　56 1993.7 p181〜193
◇特集・自民党が今頃言い出した「私学助成」は「憲法違反」　「週刊新潮」　38(9) 1993.3.4 p142〜145

識字教育　literacy education

文字の読み書きができない人々に読み書き能力をつける教育で、国連は1990年を「国際識字年」に制定。世界の不識字率は1970年33%、85年28%と減少しているが、とくに女性の不識字率が多い発展途上国を中心に90年現在9億6000万人以上がいると推計されている。一方先進諸国でも中退や移民による機能不識字が問題化している。

【図書】

◇人生最高の時がきたのに　国際識字年推進大阪連絡会編　大阪　国際識字年推進大阪連絡会　1996.12　21cm　157p　700円 (よみかき文集おおさか　7)
◇＜識字＞の構造―思考を抑圧する文字文化　菊池久一著　東京　勁草書房　1995.10　20cm　291,10p　2884円 ①4-326-15309-1
◇あけよう心の窓を―字が書けたらなあ読めたらなあ　胸はって生きるんや　黒田ジャーナル原作、松本充代画　京都　京都人権啓発推進会議　1995.2　21cm　63p

【雑誌記事】

◇ネパールにおけるノンフォーマル教育の展開―エンパワーメントのための成人識字教育プログラム研究　磯野昌子　「国際教育研究紀要」　4　1999.12　p15〜43

◇識字教育の新しい歩みを(特集 今,解放教育に求められているもの―私の提言)　小沢有作　「解放教育」　27(1)　1997.1　p8〜11

◇社会変革課程としての識字教育(否定されてきたアイデンティティの再発見―ニカラグアにおける多様性の模索)　牛田千鶴　「神戸市外国語大学外国学研究」　34　1995　p51〜86

自虐史観・自由主義史観

藤岡信勝が提唱。日本の(とくに第二次世界大戦中の)行動を、糾弾するような歴史の見方、態度。

→ 自由主義史観 をも見よ

【図書】

◇「自虐史観」の病理　藤岡信勝著　東京　文芸春秋　2000.10　16cm　394p　514円　(文春文庫)　ⓘ4-16-719604-2

◇「自由主義史観」批判―自国史認識について考える　永原慶二〔著〕　東京　岩波書店　2000.4　21cm　63p　440円　(岩波ブックレット no.505)　ⓘ4-00-009205-7

◇「自由主義史観」批判と平和教育の方法　佐貫浩著　東京　新日本出版社　1999.12　20cm　214p　2400円　ⓘ4-406-02698-3

◇「自由主義史観」50人の反論　「教科書に真実と自由を」連絡会編　京都　かもがわ出版　1997.12　21cm　78p　800円　ⓘ4-87699-359-9

◇「自由主義史観」の病理―続・近現代史の真実は何か　松島栄一、城丸章夫編　東京　大月書店　1997.12　19cm　267p　1900円　ⓘ4-272-52052-0

◇「自由主義史観」の本質―虚像の日本歴史　部落問題研究所編　京都　部落問題研究所　1997.11　19cm　222p　1900円　ⓘ4-8298-1053-X

◇自由主義史観とは何か―教科書が教えない歴史の見方　藤岡信勝著　東京　PHP研究所　1997.11　15cm　315p　629円　(PHP文庫)　ⓘ4-569-57081-X

◇「自虐史観」の病理　藤岡信勝著　東京　文芸春秋　1997.9　20cm　307p　1429円　ⓘ4-16-353220-X

◇「自由主義史観」を解読する　天野恵一編著　東京　社会評論社　1997.9　20cm　223p　2200円　ⓘ4-7845-0494-X

◇いま歴史教育を考える―自由主義史観を批判する　京都　全国在日朝鮮人教育研究協議会　1997.8　21cm　107p　700円　(全朝教ブックレット　9)

◇教室から「自由主義史観」を批判する―差別と侵略の近代史　藤野豊編　京都　かもがわ出版　1997.8　21cm　187p　2000円　ⓘ4-87699-315-7

◇「近現代史の授業改革」批判　宇佐美寛、池田久美子著　名古屋　黎明書房　1997.7　19cm　203p　1800円　ⓘ4-654-01598-1

◇いまなぜ"新しい史観"か―世界史の窓から考える　星村平和著　東京　明治図書出版　1997.6　19cm　128p　1250円　(オピニオン叢書　35)　ⓘ4-18-166501-1

◇戦後歴史学と「自由主義史観」　奈良歴史研究会編　東京　青木書店　1997.5　20cm　182p　1800円　ⓘ4-250-97023-X

【雑誌記事】

◇「自由主義史観」批判と歴史教育の課題(特集 教科書攻撃を批判する)　江里晃　「歴史評論」　579　1998.7　p39〜51

◇戦争学習をめぐる学校現場のたたかい(徹底追及「自由主義史観」〔23〕)　石出法太　「週刊金曜日」　5(26)　1997.7.11　p22〜25

◇中学教科書「国際貢献」の杜撰な記述―自虐的なのは歴史観だけではない。ODA、PKO、日米安保も否定一色で貫かれている　草野厚　「諸君!」　29(5)　1997.5　p124〜133

◇藤岡信勝「自由主義史観」の批判　「父母と教師と障害児をむすぶ人権と教育」　26　1997.5　p4〜22

◇歴史を汚すものは誰か―「自虐史観」批判のおぞましさ(藤岡信勝「自由主義史観」の批判)　山田要一　「父母と教師と障害児をむすぶ人権と教育」　26　1997.5　p13〜22

◇史観の徹底的相対化を(特集「教科書が教えない歴史」の教訓―「近現代史教育」のここを見直す)　森脇健夫　「現代教育科学」　40(2)　1997.2　p28〜32

◇歴史教科書が危ない―暗黒史観に貫かれた歴史記述はもはや尋常ではない(特集・文部省亡国論)　西尾幹二　「Voice」　226　1996.10　p60〜71

自己教育力 self-education competences

1983年中教審で言及され、臨教審第2次答申・最終答申でその育成が強調された、学習社会に対応するための自己育成能力。学習意欲と意志の形成・学習の仕方の修得・生き方の探求が要点で、89年改訂の学習指導要領でも重要視された。

【図書】
◇自己教育力の創造 — やる気を起こし「生きぬく力」を! 宇野定吉著 〔東京〕日本図書刊行会 1998.6 20cm 220p 1800円 ①4-8231-0127-8
◇自己教育論 — 学校を問いなおす 山田隆夫著 東京 相良整版印刷 1998.3 19cm 278p 1800円 ①4-7877-9717-4
◇発達と学習の心理学 — 自己教育力をはぐくむ 倉戸ツギオ編 京都 ナカニシヤ出版 1994.11 21cm 222p 2200円 ①4-88848-230-6
◇自己教育力を育てる授業 — 自己の考えを確かにもって学ぶ子どもをめざして 福岡県遠賀郡遠賀町立浅木小学校著 北九州 あらき書店 1993.1 21cm 238p 2678円

【雑誌記事】
◇自己教育力・自己形成の力を育てる学習評価(特集 子どもの学習課題づくりと評価活動) 森敏昭 「教育展望」 46(8) 2000.9 p38〜45
◇「調べ学習」の誕生 — キーワード「自己教育力」に至る系譜 榎本邦雄 「初等教育論集」 1 2000.3 p15〜31
◇「自己教育力」と「新学力観」再考(特集 教育改革のキーワード再考) 長谷川栄 「学校教育研究」 14 1999 p32〜43
◇自己教育力をどのように育てたらよいか — 自主・自律の心の育成と信頼に満ちた人間関係づくりを通して 吉沢之栄 「教育フォーラム」 20 1997.6 p100〜110
◇自己教育力を培う(特集 自ら学ぶ) 「児童心理」 50(11) 1996.8 p31〜50
◇自己教育力ということ — 生涯学習とのかかわりにおいて(提言) 朝倉哲夫 「探究」 13 1994.3 (特集「人間となるということ」 — PART II) p2〜4
◇これからの学校教育と自己教育力の育成(生涯学習特集 — 学校における多様な学習機会の提供 — 初等中等教育諸学校) 吉富芳正 「教育委員会月報」 45(10) 1993.12 p14〜17

自己推薦入試

推薦入試のうち、出身学校長の推薦書を必要としない入試。

→ 推薦入試, AO入試 をも見よ

指示的カウンセリング directive counseling

科学的方法による診断を重視したカウンセリング方法。クライエントが問題解決のために必要な知識や技能が不足していると判断し、それを指導・教授する。対してクライエントの主観の世界を理解することが重要であるとして、診断や指示を行わないカウンセリングを、非指示的カウンセリングという。指示的カウンセリングは日本では敬遠されがちだったが、昨今その効果が見直されてきている。

思春期危機症候群

青少年期には性腺発達の影響で幼児期から内在している攻撃性が顕在化、様々な病理として発現する場合が少なくない。受験戦争や親の過剰期待で自己のエネルギーが屈折、家庭内暴力・通り魔などの突発的非行・リストカット・自殺などの自傷行為を起こす。

【図書】
◇暴力と思春期 中村伸一, 生島浩責任編集 東京 岩崎学術出版社 2001.6 22cm 157p 2800円 (思春期青年期ケース研究 9) ①4-7533-0102-8
◇思春期の危機を生きる子どもたち 中西新太郎著 東京 はるか書房 2001.1 20cm 230p 1700円 ①4-7952-4074-4
◇思春期危機をのりこえる力 斉藤きみ子著 東京 一光社 2000.8 19cm 234p 1500円 ①4-7528-5054-0
◇思春期のこころが壊れるとき 山崖俊子著 東京 主婦の友社 1998.9 19cm 191p 1300円 ①4-07-224136-9
◇中学生の心とからだ — 思春期の危機をさぐる 新版 村瀬孝雄著 東京 岩波書店

1996.7　19cm　229p　1500円　（子どもと教育）　①4-00-003954-7
◇学校精神保健の手引き ― 特に思春期問題を中心にして　第16版　熊本　熊本県精神保健福祉センター　1995.7　30cm　151p
◇学校精神保健ガイドブック　猪股丈二〔ほか〕編　東京　誠信書房　1994.2　20cm　257p　2575円　①4-414-80309-8

【雑誌記事】
◇リストカット（ココロ系王国の少年少女〔3〕）　川田文子　「週刊金曜日」　9(15)　2001.4.20　p54～57
◇思春期の病理に関する臨床教育学的研究 ― リストカットを繰り返す少女への支援を通して　小林剛, 岡本茂樹　「臨床教育学研究」　6　2000　p23～38

思春期痩せ症 ⇒ 摂食障害 を見よ

司書　librarian

1950年図書館法で定められた、図書館の専門職員。資料（印刷物・マイクロフィルム・視聴覚資料）の選択・分類・保管、レファレンスサービス、読書指導・相談などに従事。コンピュータ導入によるサービスの多様化に対応できる司書養成制度が求められている。

【図書】
◇図書館運動は何を残したか ― 図書館員の専門性　薬袋秀樹著　勁草書房　2001.5　21cm　248p　3200円　①4-326-00027-9
◇図書館員への招待　改訂版　塩見昇編著　教育史料出版社　1998.1　21cm　221p　1700円　①4-87652-324-X
◇図書館司書という仕事　改訂版　久保輝巳著　ぺりかん社　1994.11　19cm　250p　1748円　（仕事シリーズ　2）　①4-8315-0650-8
◇司書 ― 宝番か餌番か　ゴットフリート・ロスト著, 石丸昭二訳　白水社　1994.4　19cm　230,15p　2330円　①4-560-00789-6

【雑誌記事】
◇21世紀の大学図書館と大学図書館司書の養成　大城善盛　「同志社大学図書館学年報」　27　2001　p72～81
◇公立図書館司書の現状 ― 大規模図書館の場合（特集:「司書」という職業）　黒岩道子　「現代の図書館」　39(1)　2001.3　p15～19
◇ネットワーク環境下での図書館司書とその教育（記録管理学会1997年大会予稿集 ― パネルディスカッション「記録管理学教育と専門職養成」）　芝勝徳　「レコード・マネジメント」　33　1997.4　p65～68

司書教諭・学校司書

司書資格を持つ教諭。学校図書館法で定められている。学校司書は学校図書館での仕事を本務とする教諭以外の職員で、法的な根拠があるわけではなく、採用形態も自治体によって様々。学校図書館法の改正で司書教諭の設置が義務づけられることに伴い、現在勤務している専任の学校司書の処遇が問題となることが予想される。

→ 学校図書館 をも見よ

【図書】
◇これからの学校図書館と司書教諭の役割 ― 改正学校図書館法マニュアル　改訂版　全国学校図書館協議会編　〔東京〕　全国学校図書館協議会　2000.6　21cm　32p　500円　①4-7933-0053-7
◇学び方を養う学校図書館 ― 司書教諭の職務とサービス　増田信一編著　東京　学芸図書　2000.4　21cm　230p　2000円　①4-7616-0340-2
◇学校図書館職員論 ― 司書教諭と学校司書の協同による新たな学びの創造　塩見昇著　東京　教育史料出版社　2000.4　21cm　207p　1800円　①4-87652-379-7
◇司書教諭という仕事　渡辺重夫著　東京　青弓社　1999.4　20cm　169p　1800円　①4-7872-0023-2
◇司書教諭の任務と職務　全国学校図書館協議会編　東京　全国学校図書館協議会　1997.11　20cm　326p　2800円　①4-7933-0048-0
◇これからの学校図書館と司書教諭の役割 ― 改正学校図書館法マニュアル　全国学校図書館協議会編　〔東京〕　全国学校図書館協議会　1997.8　21cm　32p　500円　①4-7933-0047-2

【雑誌記事】
◇子どもたちの豊かな育ちとまなびのために ― 学校図書館と学校司書のはたらき（特集 学校図書館の現在（いま））　宇原郁世

「こどもの図書館」 48(11) 2001.11 p2〜4
◇高校で,ただ一人の司書として — 学校図書の仕事を見てみると(特集:「司書」という職業) 宮崎健太郎 「現代の図書館」 39(1) 2001.3 p26〜30
◇小学校図書館司書の仕事(特集:「司書」という職業) 田中瑞惠 「現代の図書館」 39(1) 2001.3 p20〜25
◇特集 新しい教育を支える司書教諭の役割と活動 第2回司書教諭論全国研究集会 「学校図書館」 603 2001.1 p17〜43
◇学校図書館司書教諭の役割に対する一般教師の認知度の研究 漢那憲治 「梅花女子大学文学部紀要 人間科学編」 34 2000 p81〜92
◇学校図書館専門職員の整備・充実に向けて — 司書教諭と学校司書の関係・協同を考える JLA学校図書館問題プロジェクトチーム 「図書館雑誌」 93(6) 1999.6 p477〜482
◇学校図書館の職員問題について — とくに司書教諭を中心に 菅原春雄 「短期大学図書館研究」 19 1999 p67〜74
◇学校図書館の充実と司書教諭配置 石井宗雄 「青少年問題」 45(11) 1998.11 p10〜15

自然教室 country school

国土庁が1981年始めたセカンドスクール(地域交流教育または田園生活学校)に続き,84年文部省が始めた,集団宿泊訓練の教育事業。都市部の10〜14歳の子どもを,学年単位で青年の家や少年自然の家などに1週間程合宿させ,自然環境に対応したカリキュラムで知識・情操と体力を養おうとするもの。

【図書】

◇主催事業報告書 — 少年の「生きる力」体得支援のために 平成11年度 国立信州高遠少年自然の家編 高遠町(長野県) 国立信州高遠少年自然の家 2000.3 30cm 56p
◇「チャレンジキャンプ(環境教育コース)」報告書 平成7年度 玄海町(福岡県) 福岡県立少年自然の家「玄海の家」 1996.3 30cm 50p
◇自然学級1990 — 活動10周年記念文集 〔横浜〕 港南区自然学級の会 1993.12 26cm 185p

【雑誌記事】

◇豊かな心を育む学校行事の新展開 — 自然教室の実施(5年生)(新学校行事読本 — 小学校学校行事の新展開) 加川英一 「教職研修総合特集」 143 2000.12 p142〜146
◇子どもたちがハジける瞬間(とき) — 大阪自然教室の活動(<特集>子どもと楽しむアウトドアライフ) 西村元秀 「子どもの文化」 30(9) 1998.10 p14〜17
◇自然とふれあうことで,人間として育ってほしい — 大阪自然教室25年の活動(特集 文化としての自然) 西村元秀 「子どもの文化」 29(6) 1997.6 p16〜18
◇自然教室に関する研究 — 2 — 指導補助員の意識 福田芳則,吉識伸 「大阪体育大学紀要」 26 1995.8 p75〜86

自然保護教育

地球規模での環境問題の深刻化とともに,自然を守ろうとする気運が高まり,自然体験を重視し,身近な環境を保護する態度・関心を育てる教育が言われだした。広く国民に参加を求め自然保護の普及を目的とした「レンジャー」「パークボランティア」などの制度がある。

【図書】

◇姉崎一馬の自然教室 姉崎一馬著 東京 山と溪谷社 1997.5 19cm 239p 1400円+税 ①4-635-42011-6

【雑誌記事】

◇各地のパークボランティア活動の報告を振り返って 築島明 「国立公園」 584 2000.6 p18〜21
◇サンクチュアリの活動・運営を支えるレンジャーの役割と養成(特集 サンクチュアリ — 大自然への入口をつくる) 富岡辰先,箱田敦只 「造景」 24 1999.12 p90〜95
◇子どもパークレンジャーの活動について 西山理行 「国立公園」 579 1999.12 p24〜28
◇川と自然保護教育(特集「川に学ぶ」社会をめざして — 環境教育に取り組むNPO) 中井達郎 「河川」 624 1998.7 p41〜45
◇横浜自然観察の森 — 自然保護教育の拠点づくり(付グラビア)(環境問題シリーズ

〔3〕）「月刊自由民主」 487 1993.10 p156〜167

次代を担う青少年について考える有識者会議

1998年3月にできた内閣の諮問機関。具体案を伴った答申の提出を目標とせず、青少年を取り巻く様々な課題について幅広く検討した上、各関係省庁の青少年の健全育成の施策がより効果的になるための方向を提案する。98年10月報告書「次代を担う青少年のために—いま、求められているもの—」を提出。

【雑誌記事】

◇資料 次代を担う青少年について考える有識者会議「次代を担う青少年のために」(全文)「教職研修」 26(11) 1998.7 p169〜177
◇次代を担う青少年のために 次代を担う青少年について考える有識者会議 「中等教育資料」 47(11) 1998.7 P111〜121
◇「次代を担う青少年について考える有識者会議」の中間報告と少年警察(特集・少年問題の深刻化の取組み) 勝浦敏行 「警察学論集」 51(6) 1998.6 P1〜25

視聴覚教育 audio‑visual education

教育工学の下位概念。映像や具体的経験を提供する教育機器によって学習活動を活発にし、学習効果を高めるように学習指導過程を計画・実践すること。実物資料・標本・図や絵も含む。メディアの多様化でメディアリテラシーの育成が必要とされ、方法としての視聴覚教育の発展が望まれる。

【図書】

◇視聴覚教育の理論と方法 塩見邦雄編著 京都 ナカニシヤ出版 1996.10 22cm 114p 2266円 ①4-88848-331-0
◇時代の変化に対応した地域における教育メディア利用の推進体制の在り方について—報告 〔東京〕 生涯学習審議会社会教育分科審議会教育メディア部会 1995.8 30cm 12p
◇視聴覚教育の新しい展開 第2版 野津良夫編著 東京 東信堂 1995.4 21cm 252p 2575円 ①4-88713-209-3

◇新しい教育メディアを活用した視聴覚教育の展開について 日本視聴覚教育協会編 東京 日本視聴覚教育協会 〔1994〕 21cm 32,25p 1030円 (AVE in Japan no.33)
◇学校及び社会教育施設における視聴覚教育設備等の現状 日本視聴覚教育協会編 東京 日本視聴覚教育協会 〔1993〕 21cm 33,30p 1030円 (AVE in Japan no.32)

【雑誌記事】

◇マルチメディア教育機器としてのDVDビデオ—語学教育と映画教育をめぐって 杉野健太郎,清水明 「信州大学教育システム研究開発センター紀要」 6 2000.3 p41〜55
◇大学における視聴覚・放送メディアの利用の現状と課題 堀江固功,久保田賢一,黒田卓(他) 「教育メディア研究」 4(2) 1998.3 p1〜32
◇英語教育と視聴覚教育機器(テープレコーダー及びビデオテープレコーダーを中心として) 前田竜一 「日本英語教育史研究」 9 1994.5 p69〜76

シックスクール症候群

新築家屋において、建築材や部屋の内装に使われた化学物質によって起こる過敏症をシックハウス症候群と呼ぶが、それの学校版。学校生活に支障を来し、不登校に追い込まれることもある。

【雑誌記事】

◇シックスクール第3弾・大学医学部が化学物質過敏症患者を生んでいる?! 加藤やすこ 「週刊金曜日」 9(21) 2001.6.8 p46〜49
◇シックスクールが生徒襲う—成績低下の原因に気付かぬ親、教師 「Yomiuri Weekly」 60(11) 2001.3.18 p21〜23
◇学校内に潜む化学物質の危険(シックスクール第2弾・安全な学校ってあるの?—初の実態調査でわかった) 渡辺雄二 「週刊金曜日」 9(3) 2001.1.26 p12〜13
◇シックスクールの子どもが鳴らす警鐘—学校って安全なの?(シックスクール 学校に行かせて—化学物質が子どもたちを襲う) 津端亮子 「週刊金曜日」 8(27) 2000.7.21 p10〜12

◇原因や症状はさまざま―発症する子どもは特別ではない(シックスクール 学校に行かせて―化学物質が子どもたちを襲う) 網代太郎 「週刊金曜日」 8(27) 2000.7.21 p14～15

しつけ discipline

日本のしつけには、笑われないための外見的形式主義・規則提示より情緒で統制を図る・所属集団を越えた普遍性に乏しい・幼少時に甘く青少年期に厳しいなどの特徴がある。核家族化あるいは父親の不在、地域社会の変質でしつけの担い手が失われ、家庭での基本的なしつけが不十分なまま、学校にそれを押しつける傾向にある。

【図書】

◇しつけのみなおしおとなのたてなおし―日本人の自我発達の援助 山添正著 東京 ブレーン出版 2000.9 19cm 239,9p 2800円 ④4-89242-613-X

◇日本人のしつけ―家庭教育と学校教育の変遷と交錯 有地亨著 京都 法律文化社 2000.6 19cm 219p 1800円 ④4-589-02447-0

◇子供の躾を考える―懸賞論文論文集 東京 公共政策調査会 2000.5 21cm 410p

◇家庭のしつけ～親と子の意識のずれ―児童・生徒と親へのアンケート 町田市教育研究所編 町田 町田市教育研究所 2000.2 30cm 45p (町田市教育研究所調査・研究レポート 平成11年度)

◇日本人のしつけは衰退したか―「教育する家族」のゆくえ 広田照幸著 東京 講談社 1999.4 18cm 214p 640円 (講談社現代新書) ④4-06-149448-1

◇入学前のしつけ、マナーをどう教えるか―学校生活への親と子の準備 中嶋公喜著 東京 明治図書出版 1995.6 21cm 94p 1450円 (シリーズ・子育てガイド 4) ④4-18-939408-4

【雑誌記事】

◇家庭のしつけの基礎・基本(家庭のしつけ 学校のしつけ<特集>―家庭で行うしつけ) 植松紀子, 室田洋子 「児童心理」 49(6) 1995.4 p167～184

◇学校生活の「しつけ」の基礎・基本(家庭のしつけ 学校のしつけ<特集>―学校で行う「しつけ」) 田中久美子, 宮崎和敏 「児童心理」 49(6) 1995.4 p133～151

◇子どもには自信をつけることが大切だ―しつけと自己有能感の深い関係(実践読本 生活習慣のしつけ方<特集>―しつけの基礎・基本) 繁多進 「児童心理」 47(18) 1993.12 p54～61

◇子どもの個性と社会的規範の調和をはかろう(実践読本 生活習慣のしつけ方<特集>―しつけの基礎・基本) 浜崎隆司 「児童心理」 47(18) 1993.12 p62～68

◇自分から生活習慣にしたがって行動する子どもを育てる(実践読本 生活習慣のしつけ方<特集>―しつけの基礎・基本) 二宮克美 「児童心理」 47(18) 1993.12 p69～74

実験学校 laboratory school

特定の理念に基づき長期に亙って研究・実践する成城学園・玉川学園・明星学園などや、期間を定めて文部省や自治体が指定、特定の課題を追う研究指定校、教育課程の開発に当たる研究開発学校をいう。1992年には和歌山にテストのない小学校・きのくに子どもの村学園が開校。

→ きのくに子どもの村学園, 研究開発学校, 研究指定校 をも見よ

【図書】

◇21世紀の学校―和光教育の試み 丸木政臣編 東京 星林社 1998.11 22cm 286p 2000円 ④4-915552-29-2

◇学校が大好き!―成城教育からの問いかけ 大森哲夫著 東京 第一法規出版 1993.1 19cm 267p 1800円 ④4-474-09047-0

実務的専門大学院 ⇒ 専門大学院 を見よ

児童館

集会室・遊戯室・図書室などを備えた、地域児童の児童厚生施設。児童福祉法に基づく。児童厚生員が配置され、遊びの指導を行う。遊び場の不足・家庭や地域の教育力の衰退で、学校外教育の一端を担い、子ども文化や仲間集団を育てる教育施設としての役割が期待されている。

【図書】
◇児童館・学童保育と自立ネット ― 地域力・パートナーシップ・NPO　東京　萌文社　1999.2　21cm　310p　2800円　(21世紀の児童館学童保育　5)　ⓘ4-938631-87-3
◇児童館と学童保育の関係を問う ―「一元化」「一体化」をめぐって　東京　萌文社　1998.11　21cm　182p　1714円　(21世紀の児童館・学童保育シリーズ　別冊)　ⓘ4-938631-79-2
◇児童館物語　内藤紀男著　岐阜　教育出版文化協会　1997.10　21cm　61p　600円
◇学校週5日制と今後の児童館のあり方について ― 報告　調布　調布市福祉部児童青少年課　1997.4　30cm　37p
◇児童館の今　埼玉県生活福祉部児童福祉課編　浦和　埼玉県　1996.3　30cm　60p

【雑誌記事】
◇児童館から発信しよう!本物の「遊び」と「体験」(特集 子どもと遊び)　豊倉厚　「更生保護」　51(9)　2000.9　p26～29
◇中・高校生の新しい居場所をめざす杉並区立児童青少年センター「ゆう杉並」(子ども・家庭・地域)　鈴木なおみ　「月刊福祉」　83(10)　2000.8　p86～89
◇小学生の放課後生活における児童館の位置づけ　萩原美智子, 北浦かほる　「大阪市立大学生活科学部紀要」　47　1999　p41～48
◇新しい地方自治の時代へ ― 大阪の挑戦(10)大阪府立大型児童館 ビッグバン ― 夢の大切さを伝えたい　大阪府立大型児童館ビッグバン　「自治大阪」　50(10)　1999.10　p4～7
◇家庭教育脆弱化への援助 ― 地域で果たすべき児童館の役割(第18回(平成五年度)数納賞入賞実践報告)　大石暢子　「児童育成研究」　第12巻(平成5年度)　1994.8　p49～55
◇児童館の「子育て支援」と「子育ち支援」(家族ってなあに? ― 国際家族年に向けて〔6〕)　西郷泰之　「月刊福祉」　76(8)　1993.6　p70～71

児童虐待　child abuse

幼児虐待とも。身体的な暴行・強制わいせつ他の性的虐待の他、ネグレクト(保護の怠慢)、心理的・感情的な虐待などがある。児童相談所での相談処理件数は1990年には1101件だったものが98年には6倍を超える6932件に増加、子どもを虐待から守る体制づくりが急務となった。91年子どもの虐待110番が発足、2000年11月児童虐待防止法が施行された。

→児童虐待の防止等に関する法律 をも見よ

【図書】
◇子ども虐待 ― 子どもへの最大の人権侵害　高橋重宏編　東京　有斐閣　2001.6　22cm　307p　2400円　ⓘ4-641-07642-1
◇防げなかった死 ― 虐待データブック2001　子どもの虐待防止ネットワーク・あいち編　名古屋　キャプナ出版　2000.12　21cm　251p　2000円　ⓘ4-938874-19-9
◇子ども虐待 ― 悲劇の連鎖を断つためにいのうえせつこ著　東京　新評論　2000.10　19cm　188p　1800円　ⓘ4-7948-0496-2
◇児童虐待 ― わが国における現状と課題　明治学院大学法学部立法研究会編　東京　信山社出版　1999.6　19cm　361p　4500円　ⓘ4-7972-5093-3
◇虐待 ― 沈黙を破った母親たち　保坂渉著　東京　岩波書店　1999.5　20cm　250p　1700円　ⓘ4-00-022503-0
◇児童虐待への介入 ― その制度と法　吉田恒雄編　東京　尚学社　1998.5　21cm　194p　2800円　ⓘ4-915750-66-3
◇児童虐待とその対策 ― 実態調査を踏まえて　萩原玉味, 岩井宜子編著　東京　多賀出版　1998.2　22cm　368p　5300円　ⓘ4-8115-4951-1
◇子どもの虐待 ― その権利が侵されるとき　森田ゆり〔著〕　東京　岩波書店　1995.10　21cm　62p　400円　(岩波ブックレット no.385)　ⓘ4-00-003325-5
◇セクシュアルアビューズ ― 家族という他人 ― 広がる性的虐待の実録レポート　山口遼子著　東京　サンドケー出版局　1994.8　20cm　219p　1500円　ⓘ4-914938-33-2
◇子どもの性的虐待 ― その理解と対応をもとめて　北山秋雄編　東京　大修館書店　1994.7　22cm　135p　1648円　ⓘ4-469-26288-9
◇子どもの虐待防止 ― 最前線からの報告　児童虐待防止制度研究会編　大阪　朱鷺書

房　1993.11　19cm　254p　1648円
①4-88602-600-1

【雑誌記事】

◇子ども虐待を生んだ家族の要因と医療の役割　花野典子「淑徳大学大学院研究紀要」8　2001　p135～147

◇子どもの虐待はなぜ起こるか　玉井邦夫「本」26(10)　2001.10　p37～39

◇行政報告　児童虐待の現状及び虐待防止への課題と対策　厚生労働省「国会ニュース」61(9)　2001.9　p68～73

◇家族の呻き―児童虐待の急増とその背景(21世紀の子育てのあり方―日本の子育ての現状と課題)　秋山正弘「現代のエスプリ」408　2001.7　p49～57

◇子どもを虐待してしまう親―急増する虐待と対応策　秋山正弘「青少年問題」48(5)　2001.5　p22～27

◇わが国の子どもへの虐待の実態(特集・子どもへの虐待を防ぐ)　谷村雅子「教育と医学」49(4)　2001.4　p276～282

◇増え続ける児童虐待の実態―児童相談所からの報告　山崎剛「社会保障」33(375)　2001.3　p44～53

◇児童虐待に悩む母親たち―虐待防止のホットラインの相談から(ゆらぎと危機の中の親たち)　平田佳子「児童心理」55(2)　2001.2　p39～43

◇「児童虐待防止協会」の活動―1990年3月に大阪で設立(特集　虐待をめぐって―民間活動の現状と課題)　平田佳子「母子保健情報」42　2000.12　p99～103

◇幼児虐待はなぜ増える?―臨床現場からの報告(特集　障害者・子どもへの虐待を止められるか)　山本勝美「福祉労働」89　2000.12　p12～20

◇児童虐待のソーシャルワーク　川崎二三彦「青少年問題」47(7)　2000.7　p38～43

◇傷ついた親たち―虐待予防と子育て支援(特集　子どもの虐待)　村本邦子「家庭フォーラム」5　2000.4　p24～29

◇児童虐待への対応を強化―警察庁が全国に体制整備を指示「厚生福祉」4797　1999.12.25　p7～8

◇「殴る母」がどんどん増えている―90年代、児童虐待は5倍に増えた。「子育て文化」を喪失した近代核家族がさまよう無明の闇　杉山春「諸君!」31(10)　1999.10　p199～209

◇マルトリートメントに関する児童相談所専門職員の意識　高橋重宏、坂田周一、東条光雅(他)「駒沢社会学研究」29　1997.3　p45～65

◇「子どもへの不適切な関わり(マルトリートメント)」のアセスメント基準とその社会的対応に関する研究(3)子ども虐待に関する多職種間のビネット調査の比較を中心に(子ども家庭サービスのあり方に関する研究)　高橋重宏、庄司順一、中谷茂一(他)「日本総合愛育研究所紀要」33　1996　p127～141

児童虐待の防止等に関する法律

2000年に成立・施行された、虐待されている子供の早期救済を目指す法。同法は児童虐待を「身体的な暴行」「わいせつな行為」「食事を与えなかったり長時間の放置」「心理的に傷つける言動」と規定。「何人も児童に対し、虐待をしてはならない」と定める。具体的には、学校や児童福祉施設、医療機関の職員や弁護士らが児童相談所に通告しても守秘義務違反を問わない、児童相談所の職員らは虐待の恐れがある児童の自宅などを立ち入り調査し、その際警察官の援助を求められる、児童相談所長らは保護した児童に対する親の面会や通信を制限できる、虐待した親に必要に応じてカウンセリングを義務付けるなどが盛り込まれている。

【図書】

◇きこえますか子どもからのSOS―児童虐待防止法の解説　太田誠一、田中甲、池坊保子、石井郁子、保坂展人著　ぎょうせい　2001.3　21cm　341p　1900円　①4-324-06410-5

【雑誌記事】

◇行政のうごき　児童虐待防止に関する法律が施行(全文)「月刊地域保健」32(2)　2001.2　p76～81

◇児童虐待に対する取組み―児童虐待の防止等に関する法律の施行を踏まえて　池田泰昭「警察学論集」54(1)　2001.1　p72～85

◇「児童虐待の防止等に関する法律」の概要と残された問題点(特集　虐待をめぐって)　平湯真人「母子保健情報」42　2000.12　p51～54

◇「児童虐待の防止等に関する法律」制定と今後の課題　岩井宜子　「警察学論集」　53(10)　2000.10　p97〜111
◇児童虐待の防止等に関する法律と保育所の役割　中山正雄　「保育情報」　284　2000.10　p2〜8
◇法令解説　児童虐待に対して迅速かつ適切に対応するために―官民一体となって児童虐待問題に取り組む体制の整備（児童虐待の防止等に関する法律）　中司光紀　「時の法令」　1625　2000.9.15　p43〜54
◇解説・「児童虐待の防止等に関する法律」の意義と概要　相沢仁　「月刊福祉」　83(11)　2000.9　p60〜62

指導困難校・困難児

　学業不振・中退・非行など、学習指導や生活指導上の様々な困難を抱えた学校・生徒。将来の展望を開き個々の学習意欲を増進するためにはきめ細かな指導体制が必要で、学区の細分化・教員の加配、指導主事による重点的な訪問などが検討されている。

【図書】
◇学校再生 ― 荒れ放題の「稚内南中学」を甦らせた教師たちの奮戦物語　軍司貞則著　東京　小学館　1999.1　20cm　335p　1800円　④4-09-389482-5
◇普通でない5年3組への挑戦　大堀真著　東京　明治図書出版　1998.3　22cm　101p　1160円　（荒れたクラスを立て直す　1）　④4-18-195900-7
◇指導困難校物語　川谷勝幸著　〔東京〕　日本図書刊行会　1997.4　20cm　172p　1500円＋税　④4-89039-210-6
◇ザ・教育困難校　中本新一著　東京　三一書房　1995.1　19cm　253p　1900円　④4-380-95202-9

【雑誌記事】
◇教師からみた児童の教育指導困難性と神経学的・神経心理学的背景に関する研究　伊藤斉子,土田玲子,川崎千里(他)　「小児の精神と神経」　41(2・3)　2001.6　p157〜168
◇変貌する高校―「指導困難校」からの報告　高橋重治　「公評」　31(5)　1994.6　p114〜121
◇生徒指導のエスノグラフィー―教育困難校における「つながる指導」とその背景　西田芳正　「社会問題研究」　43(2)　1994.3　p323〜352

指導主事　teacher consultant, supervisor

　教育委員会の事務局に籍を置き、教育課程・学習指導・生徒指導・教科書・教職員研修など学校教育に関する専門事項について、教員に助言・指導を与える。1998年都道府県教委の行政職指導主事は約1200人・教員身分（充て指導主事）は3300人、市町村教委は両者合わせて3700人。管理職への転出者が多い。

【図書】
◇新しい指導主事の職務　早川昌秀, 薩日内信一, 西村佐二編著　東京　ぎょうせい　2000.2　21cm　346p　3143円　④4-324-06045-2

【雑誌記事】
◇指導主事への期待―学校現場から（特集　いま指導主事に何が問われているか）　松田洋子　「学校経営」　46(2)　2001.2　p17〜24
◇「地方分権」「権限委譲」を受けてこれからの指導主事に期待される「力」と「役割」（特集2 教育改革の時代の＜新・指導主事＞論）　蛭田政弘　「総合教育技術」　53(2)　1998.5　p54〜57
◇指導主事制度の誕生と展開（学校指導者（スクール・リーダー）―教育長・校長・教頭・指導主事の養成―戦後における学校指導主事の資格制度の誕生と挫折）　高橋寛人　「季刊教育法」　115　1998.3　p25〜32
◇地方分権化時代における指導主事の役割は何か（特集指導主事への期待）　小島弘道　「学校経営」　42(11)　1997.10　p6〜15
◇学校改善における指導主事の役割　蛭田政弘　「日本教育経営学会紀要」　36　1994.6　p139〜142
◇地教行法による指導主事制度の変容（＜特集＞指導主事と学校改善）　高橋寛人　「日本教育経営学会紀要」　36　1994.6　p12〜19

児童・生徒理解　diagnostic understanding for pupils and students

　学習指導・生徒指導・問題行動の予測や原因究明を行う際に必要な資料を得るため、児

童生徒の資質・行動・知力・体力・意識・価値観などを組織的にはかること。観察法・面接(カウンセリング)・調査法・心理検査・行成表出法などが用いられる。

【図書】

◇教師のパワー ― 児童・生徒理解の科学　淵上克義著　京都　ナカニシヤ出版　2000.6　20cm　136p　2000円　ⓘ4-88848-534-8

◇生徒理解の心理学 ― 生徒指導・教育相談の基礎　菊池武剋編著　東京　福村出版　2000.3　21cm　202p　2100円　ⓘ4-571-22046-4

◇生徒を理解する ― 生徒指導・教育相談　椙山喜代子, 渡辺千歳著　東京　学文社　1999.11　21cm　234p　2300円　ⓘ4-7620-0913-X

◇笑顔を信じて ― 中・高教育を変える生徒理解　安部芳樹著　東京　生活ジャーナル　1999.5　22cm　193p　1600円　ⓘ4-88259-065-4

◇児童生徒理解の教育心理学　杉江修治著　八王子　揺籃社　1999.4　21cm　122p　1333円　ⓘ4-89708-142-4

◇児童生徒理解と教師の自己理解 ― 育てるカウンセリングを支えるもの　国分康孝〔ほか〕編　東京　図書文化社　1998.11　21cm　197p　1900円（学級担任のための育てるカウンセリング全書　3）　ⓘ4-8100-8290-3

◇児童の理解と指導　文部省〔著〕　東京　大蔵省印刷局　1996.12　21cm　116p　230円（小学校生徒指導資料　1）　ⓘ4-17-212101-2

【雑誌記事】

◇教育現場における生徒理解の難しさ(教育実践の記録―教育実習事後レポートより)　花岡恵理　「教職研究」　11　2000　p61～64

◇生徒理解のための交流分析の活用―高校生の学校ストレス認知とエゴグラム(特集 日本交流分析学会第25回大会 シンポジウム:学校ストレスと交流分析)　小沢真　「交流分析研究」　25(2)　2000　p117～123

◇他者理解の構造と生徒理解　塚口博　「関西教育学会紀要」　23　1999　p216～220

◇教育相談の基礎の基礎(7)児童生徒理解の基礎　嶋崎政男　「月刊生徒指導」　29(13)　1999.10　p38～41

児童相談所　child guidance center

1947年児童福祉法で設置が義務化。0～18歳までの子どもを対象に、親・教師・保健所・福祉事務所からの相談を受ける。心理判定員・児童福祉士・保健婦・医師などによる診断会議で、家庭からの隔離保護・施設入所ほか適切な解決方法が検討される。児童虐待防止法により、児童への虐待のおそれが強い場合には家庭内への立ち入り調査をする。1996年現在全国に175ヶ所。

【図書】

◇児童虐待と児童相談所―介入的ケースワークと心のケア　岡田隆介編　金剛出版　2001.5　21cm　200p　2800円　ⓘ4-7724-0694-8

◇児童相談所 汗と涙の奮闘記　児童相談業務研究会編著　都政新報社　2001.5　19cm　294p　1600円　ⓘ4-88614-069-6

◇児童相談所で出会った子どもたち　山県文治監修, 児童相談所を考える会著　京都　ミネルヴァ書房　1998.10　19cm　240,3p　2200円（ニューウェーブ子ども家庭福祉）　ⓘ4-623-02965-4

【雑誌記事】

◇家庭内暴力に対する児童相談所の取り組みと今後の課題(特集 家庭における暴力)　安部計彦　「教育と医学」　48(11)　2000.11　p1012～1018

◇児童家庭福祉の未来 児童相談所のひとつのあり方―子どもの人権を守る機関として(東大阪子ども家庭センター)　「月刊福祉」　83(3)　2000.2　p90～95

◇児童相談所への通告義務と立入調査権に関する一般市民の周知と意識　中谷茂一　「社会福祉学」　40(2)　2000.2　p117～135

◇資料 児童相談所運営指針の改定について　才村純　「家庭裁判月報」　50(8)　1998.8　p239～250

◇児童相談所に期待される新しい役割・機能―市民主体社会の構築をめざして(特集 子ども・家庭福祉の新たな展開―「児童福祉法」制定50年に向けて)　矢満田篤二　「社会福祉研究」　67　1996.10　p23～29

児童手当制度改革

家庭生活の安定と時代を担う児童の健全育成を図るため、一定の所得以下の世帯の養育者に対して国から支給される手当。1971年制定、度々所得制限の強化などの改正が行われてきた。出生率低下に伴う91年の改正により、第1子から支給されるようになった。支給額は第1子、第2子には月5千円、第3子以降は月一万円。2000年、適応される年齢を91年改定の3歳未満から小学校就学前と改正した。

【図書】

◇児童手当関係法令通知集 平成12年版 児童手当制度研究会監修 東京 中央法規出版 2000.8 22cm 359p 2500円 ①4-8058-4279-2
◇児童手当関係法令通達集 平成11年度版 東京 法研 1999.6 19cm 521p 1905円

【雑誌記事】

◇児童手当の拡充(ニュースの言葉) 佐藤千矢子 「婦人之友」 95(4) 2001.4 p64～65
◇ニュースの目 児童手当制度拡充を合意 ― 与党が13年度税制改正大綱等決定 「週刊社会保障」 54(2117) 2000.12.25 p18
◇児童手当法改正の概要 ― 少子化の進行に対応 厚生省 「時の動き」 44(9) 2000.9 p85～88
◇8児童手当制度改正の政治・行政過程 ― 政官関係の一位相(官僚制と日本の政治) 根本俊雄 「官僚制と日本の政治(北樹出版)」 国が変わる、行政が変わる 1997.12
◇日本における児童手当制度の論理性 ― 社会保障における拠出と給付の関係から 金川めぐみ 「社会科学研究科紀要 別冊」 7 1991 p185～202

児童の権利に関する条約　⇒子どもの権利条約 を見よ

児童売春・少女売春　⇒援助交際 を見よ

児童福祉施設　child welfare facilities

児童福祉法に基づいて設置。助産施設・乳児院・母子生活支援施設・児童養護施設・保育所・児童厚生施設・知的障害児施設・知的障害児通園施設・盲ろうあ児施設・肢体不自由児施設・重症心身障害児施設・情緒障害児短期治療施設・児童自立支援施設・児童家庭支援センター(児童福祉施設に付置)の14種がある。97年の児童福祉法の改正に伴い、養護施設と虚弱児施設が児童養護施設に、教護院が児童自立支援施設に、母子寮が母子生活支援施設に改組された。

→ 児童養護施設 をも見よ

【図書】

◇子どもの福祉と施設養護 改訂版 浅倉恵一, 峰島厚編著 京都 ミネルヴァ書房 2000.11 21cm 272p 2600円 (「子どもの権利条約」時代の児童福祉 改訂版 2) ①4-623-03371-6
◇母子生活支援施設 ― ファミリーサポートの拠点 松原康雄編著 東京 エイデル研究所 1999.11 21cm 182p 2095円 ①4-87168-292-7
◇子どもたちの福祉施設 ― 人間的成長と自立をめざして 内山元夫著 東京 学苑社 1999.10 19cm 174p 1500円 ①4-7614-9906-0
◇児童福祉施設と実践方法 ― 養護原理の研究課題 花村春樹, 北川清一編 東京 中央法規出版 1994.2 21cm 250p 2400円 ①4-8058-1185-4

【雑誌記事】

◇児童の「自立」を考える ― 児童福祉施設の役割を中心にして 小木曽宏 「淑徳大学社会学部研究紀要」 34 2000 p71～79
◇子どもの最善の利益の保障をめざして(児童家庭福祉の未来) 髙橋重宏, 柏女霊峰 「月刊福祉」 83(6) 2000.4 p108～113
◇厚生省2部局長通知「児童福祉法施行令等の一部を改正する政令並びに児童福祉施設最低基準等の一部を改正する省令及び児童福祉法施行規則等の一部を改正する省令の施行について(1998.2.18)」(最低基準「改正」等に関する資料)「保育情報」 254 1998.4 p24～27
◇これからの児童福祉施設のあり方を考える ― 児童福祉ニーズ把握・充足の視点(特

集 子ども・家庭福祉の新たな展開―「児童福祉法」制定50年に向けて) 大嶋恭二 「社会福祉研究」 67 1996.10 p30～37

児童養護施設　children's home

保護者がいないか、いても虐待や放任で適切な監護が受けられない児童（=養護に欠ける児童）が入所する児童福祉施設。児童福祉法に基づいて設置。97年の改正で養護施設と虚弱児施設が改組されたもの。1～18歳が対象（1歳未満は乳児院へ）で、必要な期間親権を代行する。保護者の行方不明、離婚、放任、虐待による入所が増えている。旧虚弱児施設の中には医療施設を併設していて、実際に医療を伴う養護を必要とする児童がいる場合もあり、東京の成東児童保健院の廃止問題など改組に伴う統廃合の問題が生じた。

【図書】

◇児童養護施設の子どもたちはいま ― 過去・現在・未来を語る 長谷川真人著 大津 三学出版 2000.4 21cm 225p 2100 ⓘ4-921134-20-0
◇養護施設と子どもたち 児童養護研究会編 大阪 朱鷺書房 1994.11 19cm 243p 1545円 ⓘ4-88602-602-8
◇養護施設入園児童の教育と進路 ― 施設・学校生活及び進路形成過程の研究 高口明久他著 東京 多賀出版 1993.2 22cm 318p 7210円 ⓘ4-8115-3281-3

【雑誌記事】

◇特集 第2回児童養護セミナー 児童養護施設における地域支援の方策 「児童養護」 30(2) 1999.10 p4～32
◇児童養護施設等における児童福祉法の一部を改正する法律の施行に係る留意点について（通知）〔含 参考 児童福祉施設最低基準（抄）〕 「家庭裁判月報」 50(7) 1998.7 p135～163
◇特集 虚弱児施設と児童養護施設の統合 「児童養護」 29(1) 1998.7 p4～20
◇児童養護施設における新しいシステムづくり―「学童保育」による地域への発信（特集 子どもの人権を保障するシステムづくり） 桜井智恵子 「子ども情報研究センター研究紀要」 15 1998.5 p17～22

指導要録　cumulative guidance record

学校に在籍する児童生徒の氏名・生年月日・入学・卒業など学籍に関する記録（20年保存）と、学習・行動などの指導に関する記録（5年保存）がある。1991年3月の改訂で、絶対評価で"関心・意欲・態度"について記録する「観点別学習状況」が評価の基本となった。相対評価の「評定」は、観点項目に沿って各教科学年ごとに評価を設定、三段階で表記。「所見」では長所の記述を基本とした。

【図書】

◇小学校新指導要録の解説と記入の実際 児島邦宏, 小島宏編 東京 教育出版 2001.6 21cm 188p 2000円 ⓘ4-316-37870-8
◇中学校新指導要録の解説と記入の実際 児島邦宏, 安斎省一編 東京 教育出版 2001.6 21cm 201p 2000円 ⓘ4-316-37880-5
◇高等学校新指導要録の解説と実務 高野清純, 田中公一編著 東京 図書文化社 1994.7 21cm 292p 2000円 ⓘ4-8100-4252-9
◇新編小学校指導要録記入の実際 ― 日常の評価から指導要録へ 熱海則夫編・著 東京 小学館 1994.2 26cm 198p 2300円 ⓘ4-09-837252-5

【雑誌記事】

◇ミニシンポ 基礎基本重視と新指導要録の波紋（特集 基礎基本重視へ=学校の何を変えるか） 「学校運営研究」 40(9) 2001.8 p28～37
◇新しい指導要録における「所見」の考え方とその対応（特集 新指導要録と評価への対応） 小野瀬雅人 「教育展望」 47(5) 2001.6 p38～45
◇教育法規あらかると 新指導要録の通知 「内外教育」 5203 2001.5.18 p22
◇資料 小学校児童指導要録、中学校生徒指導要録、高等学校生徒指導要録、中等教育学校生徒指導要録並びに盲学校、聾（ろう）学校及び養護学校の小学部児童指導要録、中学部生徒指導要録及び高等部生徒指導要録の改善等について（通知）（特集 新しい小

学校教育と指導要録)「初等教育資料」735　2001.4　p65～86
◇指導要録の使われ方を知っていますか?(内申書よりこわい指導要録)　大塚茂　「週刊金曜日」　6(49)　1998.12.18　p35～36
◇私のことは何て書かれているの?(内申書よりこわい指導要録)　和久田修「週刊金曜日」　6(49)　1998.12.18　p37
◇指導要録改訂と教育評価の問題—学力評価分野を中心にして　田中耕治　「人間発達研究所紀要」　7　1993.3　p2～16

指導要録の開示

　出欠・学習・行動および性格などの記載がある指導要録は非公開とされてきたが、情報公開の流れで開示される例も現れた。1990年川崎市で一部開示、92年には箕面市の私大生に対し幼稚園から中学校までの全面開示が認められた。97年には指導要録の全面開示を求めた訴訟で、東京地裁が一部開示を命じる判決を言い渡した。判決は「所見」欄や評定欄については「開示によって児童の自尊心が傷つけられたり、教師や学校との信頼関係を損なう恐れもある」として非開示とした。また、98年には小田原市の男性が小学6年当時の指導要録「所見」欄の訂正を求め、同市個人情報保護審査会は申し立て通り訂正を認める答申を出した。

【図書】
◇指導要録の開示など教育情報の公開に思う—第18回全国教育研究大会講演　高倉翔〔述〕　東京　日本教育研究連合会　1994.2　21cm　16p

【雑誌記事】
◇指導要録・調査書の開示と教育委員会・学校の対応(特集 新指導要録と評価への対応)　堀和郎　「教育展望」　47(5)　2001.6　p15～21
◇保護者が子どもの指導要録の全面開示を請求(学校経営ハンドブック(21)新しい時代の「学校の危機管理」—事例—予防・点検から事後処理まで)家庭・地域との連携にかかわるトラブルと危機管理)「学校経営」　46(4)　2001.3　p238～244
◇『指導要録』原則開示の方向に学校として、教師として、どう対処していくのか—「本当のことが書けない」という声の中で(特集2 新しい『指導要録』—現場はどう対応すればよいのか)　野口克海「総合教育技術」　55(14)　2001.1　p82～84
◇教育法規あらかると 指導要録開示に国の指針「内外教育」　5148　2000.10.13　p25
◇指導要録の本人開示—箕面市の場合　森省三「関西大学法学論集」　48(2)　1998.6　p123～154
◇在校生への指導要録全面開示は,教師への効果も(特集 自治体の情報公開とアカウンタビリティー—取材リポート—情報公開へのアプローチ)　大阪府高槻市「晨」17(3)　1998.3　p41
◇学校の日常が法の裁きを受けるとき(24)学校で指導要録を開示しませんか?　山口明子「月刊生徒指導」　27(16)　1997.12　p62～67
◇プライヴァシー権と指導要録の開示請求権　伊藤公一　「阪大法学」　168・169(上)　1993.11　p463～481
◇指導要録の本人開示に関する川崎市個人情報保護審査会答申—資料と解説　世取山洋介「教育」　43(2)　1993.2　p122～127

姉妹校　sister school

　国内あるいは国外との友好都市提携や、何らかの縁故により、主に同段階に属する2つの学校が結ぶ友好・交流制度。通信や物品のやりとりのほか、相互訪問、イベント共催などを行う。国外の場合は交換留学制度が整えられる場合が多く、教育の国際化に大きな役割を果している。

【図書】
◇姉妹校親善訪問の記録　第9回　〔和歌山〕和歌山市立城東中学校　〔1998〕　26cm　64p

【雑誌記事】
◇国際共同学習の構想と実践—海外姉妹校と作る新しい学習状況をめざして(多様な教育実践の探究)　井出葆,山本恵信「教科教育学研究」　18　2000　p219～237
◇教育活動をより活発にするための姉妹校交流の促進(特集 平成9・10年度姉妹校交流研究推進校研究集録)　茨城県立水戸桜ノ牧高等学校　「中等教育資料」　48(19)　1999.10　p88～93

◇特集 平成9・10年度姉妹校交流研究推進校研究集録 「中等教育資料」 48(19) 1999.10 p87～190
◇姉妹校との交流活動を通して(会員研究報告―学校における国際教育の実践例(委託研究)) 大越武 「栃木県国際教育研究所研究紀要」 11 1995.3 p20～23

シミュレーション教材

ロールプレイングのテレビゲームには、国盗り合戦・近未来戦争・アドベンチャーものなどのシミュレーションソフトが少なくない。ゲーム感覚に慣れた子どもたちに有効な教育ソフトとしてシミュレーション教材の開発が進み、体験参加型学習の効果が期待されている。

【図書】
◇新・シミュレーション教材の開発と実践―地理学習の新しい試み 山口幸男編著 古今書院 1999.6 21cm 140p 2500円 ①4-7722-4010-1

【雑誌記事】
◇歴史教育におけるシミュレーション教材の活用とその効果に関する実証的考察(特集 教育実践の現場からのシミュレーション&ゲーミング) 中切正人 「シミュレーション&ゲーミング」 10(2) 2000.12 p41～53
◇グローバル教育における多文化学習の授業方略―シミュレーション教材「ひょうたん島問題」を事例として 藤原孝章 「社会科研究」 47 1997.11 p41～50
◇地理教育におけるシミュレーション教材のパソコン・ソフト化とその効果―「偶然性に支配されるインドの農業」「遊牧民ゲーム」を例に 日原髙志 「群馬大学社会科教育論集」 4 1995.3 p21～32
◇ファシズム理解を深めるシミュレーション教材の開発―高等学校世界史における「アイヒマン実験」の導入 中切正人 「筑波社会科研究」 14 1995.2 p23～33

社会教育 adult education and youth activities

学校教育・家庭教育を除いた一切の教育活動。戦後社会教育法・スポーツ振興法等で整備され、青少年から老人までを対象に教養講座・青年団・サークル活動が展開されてきた。民間教育文化事業の興隆で、行政による社会教育事業は公費削減の対象となってもいるが、生涯学習社会の到来で新たな局面を迎えている。なお、社会教育と生涯教育・生涯学習とは同義ではなく、生涯教育は自己教育を本質とする社会教育と学校教育を含めて教育の全体の再編成原理として理解されるべきである。

【図書】
◇生涯学習の構造化 ― 地域創造教育総論 鈴木敏正著 東京 北樹出版 2001.2 20cm 199p 2200円 (叢書地域をつくる学び 2) ①4-89384-791-0
◇地域と社会教育 ― 伝統と創造 北田耕也〔ほか〕編著 東京 学文社 1998.5 20cm 224p 2100円 ①4-7620-0795-1
◇生涯スポーツの社会学 厨義弘監修, 大谷善博, 三本松正敏編 東京 学術図書出版社 1997.6 27cm 202p 2500円 ①4-87361-735-9
◇社会教育の近代 上杉孝実, 大庭宣尊編著 京都 松籟社 1996.10 21cm 234p 2575円 ①4-87984-182-X
◇生涯かがやき続けるために ― 21世紀の「しごと」と学習のビジョン 市川昭午, 連合総合生活開発研究所編 東京 第一書林 1996.10 22cm 315p 3000円 ①4-88646-124-7
◇現代社会教育の地平と生涯学習 長浜功著 東京 明石書店 1996.4 20cm 268p 2884円 ①4-7503-0797-1
◇現代の公民館 ― 地域課題学習と社会教育施設 追補 遠藤知恵子著 東京 高文堂出版社 1996.2 22cm 232p 2600円 ①4-7707-0475-5
◇社会教育基礎論 ― 学びの時代の教育学 新版 小林文人, 末本誠編著 東京 国土社 1995.4 22cm 261p 3000円 ①4-337-50613-6
◇これからの社会教育 村田昇著 東京 東信堂 1994.4 21cm 228p 2400円 ①4-88713-193-3
◇社会教育・生涯学習 山崎雪子著 東京 市井社 1993.3 21cm 294p 1800円 ①4-88208-020-6

【雑誌記事】
◇地域の教育力の向上と自主的社会教育への支援(教育改革と「21世紀・日本の教育」読

本―教育改革国民会議「教育を変える17の提案」を検討する―人間性豊かな日本人の育成―教育の原点は家庭であることを自覚する）　深谷昌志　「教職研修総合特集」　144　2001.2　p22～25
◇社会教育施設の現代的課題に関する一考察―『二一世紀社会教育ルネッサンス』を目指して（特集 21世紀の公民館・図書館・博物館）　沖吉和祐　「社会教育」　55(11)　2000.11　p6～9
◇学社融合―社会教育の側から（特集 学社融合の可能性を探る）　結城光夫　「学校経営」　44(7)　1999.6　p14～22
◇社会の変化に対応した今後の社会教育行政の在り方について（答申）（平成10年9月17日）　生涯学習審議会　「月刊公民館」　497　1998.10　p24～43
◇社会教育の再構築に向けて（特集 リストラへの挑戦―2―運営の効率化）　井上豊久　「月刊公民館」　488　1998.1　p5～11
◇日本の社会教育の現状と課題―公民館の問題を中心に　小林文人　「Life-Long Education Society」　12　1997.11　p3～24
◇社会教育の基本用語に関する検討―比較成人教育研究の視点から　佐藤一子（他）　「東京大学教育学部紀要」　34　1994　p333～361

社会教育主事　social education officer

教育委員会の事務局内の社会教育行政専門職員。人口1万人以上の市町村に設置する義務があり、1999年調査では社会教育主事6,693人、主事補347人。生涯学習審議会社会教育分科会は96年の報告で、これからの社会教育主事は行政サービスの提供者としての役割に加え、地域の生涯学習を推進するコーディネーターとしての役割を担うことが一層期待されるとした。社会教育主事等の有資格者の専門的知識・経験等を活用するため、有資格者のうち希望者を登録する「有資格者データベース（人材バンク）」制度等の早急な整備を指摘している。なお、派遣社会教育主事の制度は国庫補助事業として続いてきたが、97年度に交付金は廃止されており、今後の動向が注目されている。

【図書】
◇社会教育主事の歴史研究　蛭田道春著　東京　学文社　1999.4　22cm　262.3p　3000円　①4-7620-0882-6
◇生涯学習社会における社会教育主事のあり方について―助言　第22期東京都社会教育委員の会議〔編〕　東京　東京都教育庁生涯学習部振興計画課　1997.5　30cm　23p

【雑誌記事】
◇専門職の新たな課題―社会教育主事を中心に考える（特集 社会教育法を活かす「月刊」版社会教育法解説―第2部 社会教育法解釈の争点）　荒井隆　「月刊社会教育」　45(4)　2001.4　p46～48
◇社会教育主事制度（派遣社会教育主事）の現状とその課題　小久保義直　「社会教育」　53(5)　1998.5　p98～100
◇社会教育主事,学芸員及び司書の養成,研修等の改善方策について（答申全文）（特集 生涯学習社会の社会教育関連職員―学習社会構築のために学習活動を援助する）「社会教育」　51(10)　1996.10　p46～64
◇社会教育主事に求められるもの（特集 生涯学習社会の社会教育関連職員―学習社会構築のために学習活動を援助する）　山本和代　「社会教育」　51(10)　1996.10　p16～20
◇生涯学習体系と公的職業資格の見直し―社会教育主事の役割をケースとして（特集 生涯学習と資格）　田中雅文　「日本生涯教育学会年報」　15　1994.11　p33～44
◇社会教育の基本問題としての社会教育主事（職員）論―生涯学習政策と職員の専門性（社会教育の仕事に生きる＜特集＞）　上田幸夫　「月刊社会教育」　38(10)　1994.10　p51～61
◇社会教育主事制度の現状と専門職制確立の課題―社会教育主事の役割と専門性に関する研究序説　佐藤晴雄　「帝京大学文学部紀要 教育学」　19号　1994.1　p265～289

社会教育法　Social Education Law

憲法・教育基本法の理念を具現化し、社会教育に関する国・公共団体の任務を明白にするのを目的に、1949年制定。国民の自発的学習に基づく社会教育・学習環境の醸成に務

める社会教育行政を唱い、社会教育委員・主事、公民館、学校施設利用、通信教育などについて定めている。行政の担当部局は文部省社会教育局であったが、88年に生涯学習局へと編成替えし、90年この法とは別に「生涯学習振興法」を定めた。

【図書】

◇新・社会教育法解説　井内慶次郎、山本恒夫、浅井経子著　東京　全日本社会教育連合会　1999.8　19cm　127p　800円　①4-7937-0112-4

【雑誌記事】

◇社会教育関係法令の改正と今後の社会教育の推進(特集 社会教育関連法はこう変わる)　今野雅裕　「月刊公民館」　509　1999.10　p4～11

◇特集 社会教育関連法はこう変わる　「月刊公民館」　509　1999.10　p4～23

◇地方分権・規制緩和と社会教育法制(教育基本法50年―その総括と展望―第2分科会＝地方分権と教育法制)　姉崎洋一　「日本教育法学会年報」　27　1998.3　p114～123

◇社会教育法(総特集・教育基本法50年)　鈴木真理　「季刊教育法」　110　1997.6　p38～42

◇社会教育の法概念と労働者教育―教育基本法第七条の可能性(現代社会教育の理念と法制―総論)　大串隆吉　「日本の社会教育」　40　1996.10　p43～56

社会人大学院

1976年大学設置基準改正で、社会人を対象とした大学院修士課程での夜間授業(夜間大学院)が認められた。当初は東京電機大学工学研究科・法政大学人文科学研究科の各1専攻のみだったが、生涯学習社会への対応で、89年筑波大学に経営システム・カウンセリング・リハビリテーションの3専攻が設けられ、22倍の応募率で注目を浴びた。

【図書】

◇夜間大学院―社会人の自己再構築　新堀通也編　東京　東信堂　1999.10　22cm　262p　3200円　①4-88713-340-5

◇私の社会人大学院体験記　第2版　加茂英司編著　東京　中央経済社　1998.7　19cm　277p　2000円　①4-502-55861-3

◇社会人のための大学院の歩き方　第2版　東京図書編集部編　東京　東京図書　1997.10　21cm　260p　2000円　①4-489-00530-X

◇社会人大学院生の実像発見 ― 大学院等における社会人の自己啓発の現状及びその支援のあり方　労働問題リサーチセンター編　東京　大蔵省印刷局　1996.9　30cm　103p　1400円　①4-17-214100-5

◇自分で選ぶ・学ぶ社会人大学院入学・活用ガイド　加茂英司著　東京　日本実業出版社　1996.5　19cm　237p　1300円　①4-534-02466-5

◇大学院等における社会人の自己啓発の現状及びその支援のあり方 ― 調査研究報告書　〔東京〕　労働問題リサーチセンター　1996.5　30cm　103p

◇学歴の進化論 ― 社会人のための大学院大衆化宣言　加茂英司著　東京　中央経済社　1995.4　20cm　263p　2400円　①4-502-62293-1

◇夜間に教育を行う博士課程等について―答申　〔東京〕　大学審議会　1993.9　30cm　20p

【雑誌記事】

◇人材育成の視点 プロ人材を目指して―充実する社会人大学院　川畑由美　「経営センサー」　29　2001.4　p42～45

◇社会人大学院はうまく機能しているか　林宜嗣　「大学時報」　49(270)　2000.1　p98～101

◇社会人のための夜間大学院(特集 社会人と学習)　椎名慎太郎　「都市問題研究」　50(2)　1998.2　p57～67

◇現職教育における夜間大学院の必要性と可能性（緊急特集―もう一つの大学像への展望）　添田晴雄　「教育学論集」　19　1993.7　p17～22

◇社会人大学院(ビジネスマン諸君、修士号は国内で)　「AERA」　6(18)　1993.4.27　p58～59

社会人入学制

1979年立教大法学部が、定員の特別枠確保や入試科目に配慮した全国初の社会人特別選抜を導入。93年には国公立大39校・私大110校余で実施されるが、通学のための離職・在学中の経済問題・卒業後の職探しなどの苦労があり、社会の側に改善すべき課題

が多い。平成13年の調査によると、修士課程の入学者のうち、「社会人」は8千人（11.5％）に昇っており、各専攻分野修士課程では「社会科学」が34.3％で最も多く、次いで「教育」（32.1％）となっている。

【図書】
◇大学へのもう一つの道 ― 学びたい人のためにあらゆる情報を網羅　社会人入学編　安井美鈴著　大阪　創元社　1997.3　19cm　431p　2060円　⓪4-422-12025-5

【雑誌記事】
◇ビジネスマンの「学校回帰」が始まった　「SAPIO」　10(16)　1998.9.23　p77～80
◇高等教育機関における「社会人入学」の現状と課題(特集;高等教育と生涯学習)　田中美子　「社会教育」　51(3)　1996.3　p6～9
◇社会人入学の現状と課題(勤労と学習活動＜特集＞)　安井美鈴　「社会教育」　50(1)　1995.1　p11～13
◇主婦はなぜ短大を目指すのか？―社会人枠使い入学、支援のパートタイム学生構想も　「Yomiuri Weekly」　60(16)　1991.4.22　p21～23

社会体験研修

教育職員養成審議会の第3次答申で盛り込まれた案で、できる限り多くの教員に対して長期の社会体験研修の機会の拡充を、すべての教員に短期の機会を提供することが必要とするもの。長期は1ヶ月から1年、短期は1週間から1ヶ月、民間企業を含む学校以外の環境で研修をする。対人関係能力の向上、指導力の向上、視野の拡大等の成果を見込む。

【図書】
◇教員民間等派遣研修報告書 ― 学ぶことが多すぎる　平成11年度(パート4)　〔大津〕　滋賀県教育委員会　〔2000〕　30cm　83p
◇教員の長期社会体験研修について ― 学校と地域社会の連携による新しい研修をめざして　中間まとめ　〔東京〕　教員の長期派遣研修に関する調査研究協力者会議　1996.5　30cm　27p

◇教員の民間企業研修レポート　〔1995〕東京　経済広報センター　〔1995〕　30cm　99p

【雑誌記事】
◇特集 全教員に短期の社会体験研修―長期派遣は小学校から段階的に充実―教育職員養成審議会第3次答申　「内外教育」　5069　1999.12.14　p6～18
◇短期の社会体験研修について(特集 教員の社会体験研修の充実)　「教育委員会月報」　50(5)　1998.8　p34～36
◇長期社会体験研修について　「教育委員会月報」　50(5)　1998.8　p44～46

自由ヴァルドルフ学校　⇒　シュタイナー学校 を見よ

就学校の変更

同一市町村内で、教育委員会に指定された学校以外の学校に就学すること。

→ 通学区域の自由化 をも見よ

就学免除・猶予　(temporary) exemption from school

保護者の願い出に基づき、教育委員会が就学義務の履行を一定期間猶予・免除すること。病弱・発育不全のほか、教護院・少年院への入院、語学に難がある帰国子女などに適用される。15歳で就学義務はなくなるので、免除と猶予は実質的には同じ。

【雑誌記事】
◇日本とイギリスの教育法における就学免除について　遠藤明子　「日本女子大学紀要 文学部」　35　1985　p65～74

修学旅行　school excursion

1987年臨教審答申の教育の国際化提言を承けて、文部省は海外修学旅行を積極的に奨励、97年に海外への修学旅行を実施した高校は公立279校、私立470校。韓国や中国を主とする海外旅行はその後倍増。日本の占領政策を学ぶ東南アジアへの旅など企画も多様化。また国内でも飛行機利用を解禁する自治体が相次いでいる。一時は「学習」

よりもレジャー色が強まっていることも指摘されたが最近は体験学習プログラムを含む旅行も増えている。

【図書】

◇全国公立高等学校海外修学旅行実施状況調査報告　平成10年度　全国修学旅行研究協会編　東京　全国修学旅行研究協会　1999.7　26cm　30p

◇全国、国・公・私立高等学校修学旅行実態調査報告書 — 平成8年1月～12月実施分　全国修学旅行研究協会調査・編　東京　全国修学旅行研究協会　1998.3　26cm　229p

◇修学旅行総覧 — 新しい修学旅行　東京　全国修学旅行研究協会　1997.11　270p　3500円

◇全国公立高等学校平成7年度海外修学旅行の実態及び動向に関する調査報告　全国修学旅行研究協会編　東京　全国修学旅行研究協会　1997.3　26cm　79p

◇日韓修学旅行の現状と今後の展望について　東京　自治体国際化協会　1997.2　30cm　43p　（CLAIR report　no.136）

【雑誌記事】

◇修学旅行から海外体験学習へ：総合的な学習の時間と教科を通して（特集「国際交流」してますか？）　大場伸一　「英語教育」　50（6）　2001.9　p11～13

◇〈調査〉高校の旅行先、トップは北海道 — 体験学習導入は4割に急増 — 日修協「修学旅行のすべて」から　「内外教育」　5179　2001.2.13　p8～9

◇修学旅行における体験学習の成果と課題について — 研究・体験旅行の成立過程を省みて　田中譲　「大阪教育大学紀要 5教科教育」　49（1）　2000.8　p285～293

◇実践記録・高校 総合学習としての沖縄修学旅行（特集 中学・高校の総合学習）　河合美喜夫　「歴史地理教育」　607　2000.4　p28～35,図6

◇新しい体験型・学習型修学旅行（事例）（特集 21世紀、修学旅行はどうなる）　「月刊観光」　395　1999.8　p48～52

◇曲がり角にきた広島平和修学旅行　「平和教育研究年報」　26　1998　p32～51

◇沖縄修学旅行と生徒の変容 — 平和教育をめぐって（特集/新しい時代の市民を育てる）　白井聡　「教育」　47（11）　1997.11　p41～50

秋季入学制

九月新学年制。新学年を7～9月（南半球諸国は1～2月）に開始する国々が多い中、日本は4月が年度初めの3学期制で、帰国子女教育・留学生などの面での障害が指摘されてきた。臨教審は教育の国際化の一環として、9月を新学年・新学期にするよう提唱。実態としてはほとんど広まっていないが一部の大学で定着している。

【図書】

◇秋季入学に関する研究 委嘱研究調査 — 秋季入学研究会報告書　臨時教育審議会編　第一法規出版　1987.8　21cm　190p　2000円　①4-474-04700-1

【雑誌記事】

◇九月入学への移行についての試論（小特集 秋期入学を考える）　小川貴士　「大学時報」　50（280）　2001.9　p86～89

◇大学・高校の国際化の促進等と9月入学制の推進（教育改革と「21世紀・日本の教育」読本 — 教育改革国民会議「教育を変える17の提案」を検討する — 一人ひとりの才能の伸長と創造性に富む日本人の育成 — 記憶力偏重を改め、大学入試を多様化する）　有園格　「教職研修総合特集」　144　2001.2　p100～103

◇秋入学生も一般と同様に卒業が可能に — 外国人子女・帰国子女教育改善措置状況　「行政監察情報」　2239　2000.1.13　p7～8

◇秋季入学制度 — 東洋大学における経験　菅野卓雄　「大学の物理教育」　1999年（2）　1999.7　p39～42

◇五年目を迎える秋季入学制度 — 東洋大学工学部からの報告　伯野元彦　「大学時報」　47（261）　1998.7　p100～107

自由教育　⇒ オルタナティブスクール を見よ

宗教と教育

国公立の学校に宗教教育・活動を禁止している教育基本法第9条や、憲法が保障する信教の自由との関連で生じる問題は依然として多い。1996年最高裁は、剣道の授業を拒否して退学処分を受けた「エホバの証人」

信者の訴えに対し、退学処分を違法と認める判決を出した。

【図書】

◇宗教をどう教えるか　菅原伸郎著　東京　朝日新聞社　1999.7　19cm　251p　1300円　（朝日選書　630）　①4-02-259730-5

◇子どもの教育と宗教　山口和孝著　東京　青木書店　1998.6　20cm　193p　2000円　①4-250-98024-3

◇宗教と教育 ― 日本の宗教教育の歴史と現状　国学院大学日本文化研究所編、井上順孝責任編集　東京　弘文堂　1997.3　22cm　349p　5150円　①4-335-16031-3

◇学校の中の宗教 ― 教育大国のタブーを解読する　下村哲夫編　東京　時事通信社　1996.6　19cm　265p　2000円　①4-7887-9622-8

◇公教育における宗教の取扱いに関する理論的研究　広瀬裕一著　〔富山〕　〔広瀬裕一〕　1994.3　26cm　151p

【雑誌記事】

◇学校の日常が法の裁きを受けるとき（65）「宗教上の理由」を判断する難しさ　柿沼昌芳　「月刊生徒指導」　31(6)　2001.5　p48〜51

◇学校の日常が法の裁きを受けるとき（64）宗教上の理由で「欠席」する自由　柿沼昌芳　「月刊生徒指導」　31(5)　2001.4　p54〜57

◇信教の自由と教育権　川中達治　「法学ジャーナル」　69　2000.8　p62〜110

◇剣道実技拒否にもとづく原級留置と退学処分 ― 神戸高専剣道実技拒否事件最高裁判例の分析と課題 ― 最判平成8.3.8　木幡洋子　「季刊教育法」　108　1997.1　p33〜37

◇信教の自由と公立高専の裁量権（上）― 神戸高専の留年・退学処分をめぐる判決・決定をめぐって　鬼柳勝一　「東京都立工業高等専門学校研究報告」　32　1996　p63〜68

◇報告 宗教的少数者と教育権（学校週5日制と教育改革 ― 第3分科会 少数者・先住民と教育権）　山口和孝　「日本教育法学会年報」　23　1994.3　p153〜163

◇「エホバの証人」高校生進級拒否処分取消請求事件について（第二十五回宗教法学会（平成四年十一月二十八日 愛知学院大学）研究報告）　山口和孝　「宗教法」　12　1993.6　p97〜124

◇子どもの信教の自由と学校の裁量 ― 神戸市立工業高専格技拒否事件大阪高裁決定（子どもの権利条約の動向と最近の教育判例＜特集＞）　中村睦男　「季刊教育法」　92　1993.3　p51〜56

従軍慰安婦問題

先行した高校歴史教科書に続き、1997年春からは全社の中学校教科書に登場した「従軍慰安婦」に関する記述は、義務教育で教えるべき内容なのかどうかなど国内で物議を醸した。しかし2000年申請の教科書では記述が削減・あるいは削除され、歴史教科書問題の大きな原因の一つ。

【図書】

◇授業・「従軍慰安婦」― 歴史教育と性教育からのアプローチ　川田文子編著　東京　教育史料出版会　1998.5　19cm　261p　1700円　①4-87652-338-X

◇いま、歴史の真実を ― 教科書で教える「従軍慰安婦」　「中学校社会科教科書問題」特別委員会編　東京　アドバンテージサーバー　1997.12　21cm　95p　600円　①4-930826-37-3

【雑誌記事】

◇いま学校で 教科書から消える「従軍慰安婦」― 憲法・教育基本法改正につながる序章　藤川伸治「女も男も」　86　2000.1　p18〜21

◇消すことのできない真実 ―「慰安婦」問題の教科書記述をめぐって　吉見義明　「あごら」　230　1997.6　p2〜40

◇教科書の「従軍慰安婦」記述をめぐって（特集 教育基本法施行50年にあたって）　茂呂文彦　「女性＆運動」　174　1997.4　p26〜29

◇「従軍慰安婦」問題を中学の教科書に載せるべき　大谷猛夫　「歴史地理教育」　560　1997.3　p62〜66

◇資料・7教科書にみる「従軍慰安婦」記述（ここがおかしい!現国教科書論争）「THIS IS 読売」　7(12)　1997.3　p73

◇教室から ― 高等学校 新課程,高校教科書にみる「従軍慰安婦」問題の記述と問題点　都高教女性部有志強制「従軍慰安婦」問題を考えるネットワーク　「季刊女子教育もんだい」　62　1995.1　p55〜63

自由主義史観

藤岡信勝が提唱。健康なナショナリズム、リアリズム、そしてあらゆるイデオロギー的なるものから自由になろうとすること、官僚主義批判をあげる。

→自虐史観・自由主義史観 をも見よ

習熟度別指導　teach according to the degree of advancement

98年の学習指導要領改訂で、基礎的・基本的内容を確実に定着させるよう、ティームティーチングなどを利用した習熟度別指導など、指導法の弾力的運営が図られるようになった。「習熟」の語が初めて登場したのは78年の高等学校学習指導要領で、その後89年の改訂で中学校学習指導要領にも登場した。

【雑誌記事】

◇自由と平等の交差する地点で第三条を読む―習熟度別編成をめぐる議論の基礎にかかわって(特集/教育基本法を二一世紀のなかで読み解く―教育基本法を二一世紀の課題から読む) 汐見稔幸 「教育」 51(9) 2001.9 p38〜44

◇個別・習熟度別学習の効果は?(「教育2002年問題」kyoiku@co.jp〔8〕) 黒沼克史 「現代」 35(8) 2001.8 p144〜153

◇いい習熟度別学習、わるい習熟度別学習(特集 習熟度別学習システム導入の是非―提言・習熟度別学習システム導入の是非) 長瀬荘一 「現代教育科学」 44(4) 2001.4 p14〜16

◇学習は異質な子どもたちの関わりの中に生じる(特集 習熟度別学習システム導入の是非―提言・習熟度別学習システム導入の是非) 遠西昭寿 「現代教育科学」 44(4) 2001.4 p8〜10

◇習熟度別編成の可能性と導入の実際―学力を保障するために、学校は何ができ、何をしなければならないのか(特集 教育改革時代の校内研修・緊急テーマ23―取り上げたい校内研修のテーマと"研究の現状"―何が何処まで明らかになっているのか) 大森修 「学校運営研究」 40(5) 2001.4 p22〜24

◇習熟度別編成を考える―到達度評価の理論と実践の立場から(習熟と学力<特集>) 稲葉宏雄 「教育」 44(2) 1994.2 p25〜34

就職協定

企業の青田買いを防ぎ、学業に支障が出ないようにするために文部省(大学)と企業間が結んでいた協定。1972年に初めて結ばれて以来、有名無実化しているなどと言われながらも存続してきたが、97年事実上廃止された。このため学生の就職活動は大幅に前倒しされ、春頃からゼミや授業を欠席するケースが目立ち、大学審議会教育部会は9月の審議報告書に「就職活動の早期化により学業に支障を及ぼすことのないよう、大学の教育活動を尊重した採用についての産業界の適切な配慮を強く要請したい」とする要望を盛り込んだ。

【図書】

◇就職内定教科書　2000年版　原田智明著　東京　日本能率協会マネジメントセンター　1998.11　19cm　198p　1300円　①4-8207-1374-4

【雑誌記事】

◇協定廃止の「衝撃」(就職協定廃止―その後) 中野收 「IDE」 397 1998.5 p45〜50

◇就職協定廃止―企業も変わる 大学も変わる 大久保幸夫 「THIS IS 読売」 8(8) 1997.10 p188〜195

◇座談会 就職協定廃止と大学教育 桑原靖夫、荒川典央、矢野秀利(他) 「大学時報」 255 1997.7 p14〜29

◇就職協定廃止の波紋と課題(特集/就職) 新津金弥 「大学と学生」 385 1997.5 p29〜35

修身教育

1872年初等・中等学校で行われた道徳教育のための教科の名称。当初は西洋市民道徳の紹介の色が濃かったが、80年小学校の筆頭教科とされ、90年教育勅語の発布で忠君愛国精神育成の場へと化した。1904年から国定教科書使用。以降45年敗戦まで行われた。

【図書】

◇自治及修身教育批判　東京市政調査会編　東京　大空社　1997.10　22cm　147,7p　4500円　(日本教育史基本文献・史料叢書42)　①4-87236-642-5

【雑誌記事】

◇文部大臣井上毅における修身教育観(2)　野口伐名　「弘前大学教育学部紀要」　76　1996.10　p101〜112

◇文部大臣井上毅における修身教育観(1)　野口伐名　「弘前大学教育学部紀要」　75　1996.3　p113〜123

◇近代における性教育史Ⅰ―修身教育にみる性役割観と性教育の萌芽 (生活・健康編)　馬場ゆかり　「鳴門教育大学研究紀要 芸術編 生活・健康編」　第8巻　1993.3　p99〜111

18歳人口の減少

ベビーブーム世代の大学受験期を迎えて92年に200万人台のピークを迎えた18才人口はその後減少、私立大学、新設大学などでは志願者数の減少と優秀な学生の確保に苦慮するようになっている。

→ 高等教育のユニバーサル化, 大学全入時代, 大学倒産の時代 をも見よ

【図書】

◇いま、大学の臨時的定員を考える　大南正瑛編著　東京　大学基準協会　1999.3　22cm　291,61p　3800円　(JUAA選書第9巻)　①4-87168-279-X

【雑誌記事】

◇18歳人口激減期における専門学校の展開についての一考察　山添仰　「東京YMCA総合研究機構紀要」　6　2000.7　p17〜37

◇18歳人口減少に伴う大学改組の課題に関する一試論―教員養成系大学・学部改組の状況アンケートを手がかりに　腰越滋　「東京学芸大学紀要 第1部門 教育科学」　51　2000.3　p21〜33

◇18才人口の減少期を迎えた専修学校の今後の課題　「東洋信託銀行調査月報」　1996(7)　1996.9　p2〜11

◇18歳人口の減少と大学入試 (〈特集〉教育人口の変動と教育経営の課題)　村田俊明　「日本教育経営学会紀要」　35　1993.6　p35〜42

塾　⇒ 学習塾・予備校 を見よ

受験資格の弾力化

文部省は1999年7月、2000年度の大検受験資格から「中学校を卒業したもの」という条件を外し、また大学院については1999年秋の入試から、22才に達していれば短大・高専の卒業生も含めて各校の判断で入学資格を認めるとした。これにより各種学校か無認可扱いであるインターナショナルスクールや朝鮮学校などの外国人学校の卒業者、あるいは不登校などで義務教育を終えていない子どもにも大検受験及び国立大学・大学院受験の門戸が開かれることになった。

→ 大学入学資格検定 をも見よ

受験戦争

入試選抜における競争激化の形容詞として、1960年代にマスコミに登場。高校・大学進学志望率の上昇と受験者数の増加、学校歴重視の風潮などにより推進され、業者テスト・偏差値や予備校が定着。91年中教審答申は受験地獄の緩和を提言。文部省は、「指導要領を逸脱した問題は過度の受験競争を生む」として88年度から入試問題の分析調査を実施。同省は毎年、指導要領の範囲内で出題することの徹底を求めてきた。しかし、学習内容を大幅に削減した新学習指導要領について学力低下の懸念が強まったことを受けて、幹部からは「私立入試では要領を超えた出題も場合によっては許される」との発言が出た。

【図書】

◇受験ストレス ― 挫折・ひきこもりと家族の課題　田中千穂子著　東京　大月書店　2000.9　19cm　198p　1500円　①4-272-41126-8

◇新説受験戦争は解決可能である!　藤森修一著　東京　文芸社　1998.11　20cm　136p　1200円　①4-88737-191-8

◇競争の教育 ― なぜ受験競争はかくも激化するのか　久冨善之著　東京　労働旬報社　1993.2　19cm　209p　2000円　①4-8451-0284-6

◇有名中学校への母親塾　山田圭佑著　東京　フォー・ユー　1993.1　19cm　246p　1400円　①4-89376-071-8

【雑誌記事】

◇少子化時代の受験競争 — "受験戦争"の行方と学校の社会化機能の危機(少子化時代と教育)　耳塚寛明「教育と医学」　46(1)　1998.1　p40〜46

◇受験戦争批判はどこへ?(新聞エンマ帖)「文芸春秋」　72(4)　1994.3　p306〜307

受験浪人

1960年代、ランクが上の大学に合格するためには浪人も当り前という風潮が広まり、浪人用の予備校が拡大。在校生は一時は約20万人に及んだ。大学に在籍しながら再受験に臨む仮面浪人も出現。しかし少子化に伴い「贅沢をしなければどこかに入れる」大学全入時代を目前に、今後は減少することが予想される。

【図書】

◇浪人生のソシオロジー — 一年間の予備校生活　塚田守著　岡山　大学教育出版　1999.3　22cm　178p　2000円　(椙山女学園大学研究叢書　2) ①4-88730-309-2

【雑誌記事】

◇仮面浪人たちの悲惨な1年 — 親にも内証で東大を受ける「週刊朝日」　99(26)　1994.7.8　p152〜154

◇質問紙による精神衛生調査から見た大学受験浪人と大学新入生の比較(第15回大学精神衛生研究会報告書)　早川東作,古田道子,元永拓郎(他)「大学精神衛生研究会報告書」　15　1993　p63〜66

シュタイナー学校

オーストリア生まれの人智学者ルドルフ・シュタイナー(1861〜1925)が1919年創立、自由ヴァルドルフ学校などの名で、500校以上に広まっている。発達段階を7歳毎に句切り、「教育芸術」思想の下、周期集中授業方式「エポック授業」、芸術的身体運動「オイリュトミー」などが行われる。テスト・通知表はなく、知育偏重を克服した全人教育として評価が高い。

【図書】

◇シュタイナー教育入門 — 子どものいのちを育む　子安美知子ほか〔著〕　東京　学習研究社　2000.5　21cm　182p　1600円　(学研eco-books 地球市民として暮らす　2) ①4-05-401169-1

◇「人はなぜ生きるのか」シュタイナー教育が目指すもの　大村祐子編著　東京　ほんの木　2000.4　21cm　105p　1200円　(シュタイナー教育に学ぶ通信講座シリーズ　no.6) ①4-938568-77-2

◇家庭でできるシュタイナー教育　大村祐子編著　東京　ほんの木　1999.10　21cm　92p　1200円　(シュタイナー教育に学ぶ通信講座シリーズ　no.3) ①4-938568-71-3

◇生きる力を育てる — 父親と教師のためのシュタイナー教育講座　広瀬俊雄著　東京　共同通信社　1999.4　20cm　326p　1600円　①4-7641-0423-7

◇自己教育の処方箋 — おとなと子どものシュタイナー教育　高橋巌著　東京　角川書店　1998.5　19cm　211p　1400円　①4-04-883513-0

◇シュタイナー教育を学びたい人のために — シュタイナー教育研究入門　基礎編　吉田武男著　東京　協同出版　1997.11　19cm　157p　1800円　①4-319-00093-5

◇ルドルフ・シュタイナー教育講座　別巻　十四歳からのシュタイナー教育　ルドルフ・シュタイナー著,高橋巌訳　東京　筑摩書房　1997.8　22cm　202p　3000円　①4-480-35424-7

◇シュタイナー教育 — その理論と実践　ギルバート・チャイルズ著,渡辺穣司訳　東京　イザラ書房　1997.7　20cm　469p　3500円　①4-7565-0068-4

◇シュタイナー教育を考える — 「自由への教育」を求めて　子安美知子著　東京　学陽書房　1996.11　15cm　267p　680円　(女性文庫) ①4-313-72030-8

◇シュタイナー教育の実践　ルドルフ・シュタイナー著,西川隆範訳　東京　イザラ書房　1994.5　20cm　236p　2400円　①4-7565-0059-5

◇私とシュタイナー教育 — いま「学校」が失ったもの　子安美知子著　東京　朝日新聞社　1993.3　15cm　224p　480円　(朝日文庫) ①4-02-260751-3

【雑誌記事】
◇学校訪問記 生きる力を育てるシュタイナー校(ドイツの教育) 宮田圭三 「海外の教育」 27(4) 2001.5 p12～17
◇シュタイナーの社会三層化運動と自由ヴァルドルフ学校の創設―人間認識に基づく教育と学校の自律性 遠藤孝夫 「弘前大学教育学部紀要」 85 2001.3 p185～199
◇R.シュタイナー学校(自由ヴァルドルフ学校)―ヴァルドルフ学校運動 渡辺一夫,田中泰二 「弘前大学教育学部紀要」 82 1999.10 p61～71
◇スペシャルトーク親と子が語るシュタイナー学校で何が育つか 子安美知子,子安ふみ 「児童心理」 53(5) 1999.4 p506～513

出席停止 suspension from attendance

学校秩序の維持・問題児以外の生徒の学習権保障の観点から、校長の裁量で行える措置。問題を起こした児童生徒に対する懲戒や処罰ではない。学校教育法で定められている。校内暴力が多発した1980年代には「学校秩序を維持し、ほかの児童・生徒の義務教育を受ける権利を保障する観点で設けられている」とし、必要に応じた適応を即していた。しかし義務教育である中学校では「教育の機会を奪うことになる」と導入に消極的。2000年、教育改革国民会議の中間報告を受け、文部省は学級崩壊や悪質ないじめに出席停止などの対応を強めるため、学校教育法の改正を検討すると発表。

【雑誌記事】
◇学校の日常が法の裁きを受けるとき(67)出席停止という「指導」 柿沼昌芳 「月刊生徒指導」 31(8) 2001.7 p54～57
◇適用から2ヵ月、実施例はゼロ―出席停止運用指針を明文化した群馬県太田市教委 「内外教育」 5211 2001.6.15 p8
◇出席停止をめぐり、今こそ語られるべき教育現場とは?(これは事件だ![223]) 神足裕司 「SPA!」 50(2) 2001.1.17 p32～33
◇教育法規あらかると 生徒約20人を出席停止 「内外教育」 5139 2000.9.8 p27
◇資料紹介 公立の小学校及び中学校における出席停止等の措置について(文部省通知)(特集2 暴力的な生徒への対応) 文部省 「月刊学校教育相談」 13(4) 1999.3 p62～72

出席認定の弾力化

不登校児童の学校復帰を図るための施策の1つで、登校の場を教室に限らず、校内の保健室・図書室・校長室など、または校外に設けられた適応指導教室にあてがい、それも出席として認定しようとする試み。

【雑誌記事】
◇相談室登校が出席扱いとして承認された!(特集 登校拒否にチームで取り組んだ事例) 西村志信 「月刊学校教育相談」 13(13) 1999.11 p32～41
◇出席回数と試験の結果との関係について―授業のあとで(2) 小林竜一 「大阪経大論集」 49(2) 1998.7 p235～244

主任制 chief of chairman of department system

1975年主任制が制度化され、77年主任手当給与法成立。校務を分担する職として、教務主任・学年主任・生徒指導主事・進路指導主事などが設けられた。実質上は学校管理体制強化のための中間管理的意味合いが強く、日教組を中心に主任制反対闘争が81年まで展開された。また主任手当拠出運動も行われ、図書教材費や研究活動に充てられた。教育改革プログラム中で制度の見直しが提案され、各地で検討が始まっている。

【雑誌記事】
◇最新事例で考える実践教育法規セミナー(30)曲がり角を迎えた学校主任制(2001学校管理職研修) 下村哲夫 「総合教育技術」 56(8) 2001.9 p130～132
◇法律の目で見る21世紀の学校(18)主任制は中間管理職化するか 下村哲夫 「悠」 18(9) 2001.9 p72～75
◇主任制のあり方の見直し(連続特集 自主的・自律的な学校経営の推進(2)中教審「答申」をどう具体化していくか) 天笠茂 「教職研修」 27(6) 1999.2 p58～61

◇新・教頭職務講座(27)組織と運営(2)主任制の定着化と「ゆとり」の導入に焦点をあてて　中留武昭　「学校運営」　40(4)　1998.7　p30〜35

◇主任制に関する一考察—「充て職」としての主任制の問題点を中心にして　山崎清男　「大分大学教育学部研究紀要」　16(2)　1994.10　p399〜408

生涯学習　lifelong learning, lifetime study
　国民が生涯に亙って主体的に学び続けること。その学習権を保障する体系整備が「生涯教育」。1965年ユネスコ成人教育推進委員会で提示され、日本では71年中教審答申で初登場。臨教審による教育改革の重要な柱とされ、以降学校・地域社会・家庭・企業など、あらゆる側面での条件整備・21世紀に向けた対策が為されつつある。中央行政のこのような動きに応じて各地の自治体も生涯学習まちづくりを標榜した施策を展開している。

【図書】

◇日本型生涯学習の特徴と振興策　瀬沼克彰著　東京　学文社　2001.5　22cm　378p　5500円　⓪4-7620-1055-3

◇青少年の「生きる力」をはぐくむ生涯学習—完全学校週5日制に向けて　平成12年度　愛媛県生涯学習地域人材育成研究会〔著〕　松山　愛媛県教育委員会事務局生涯学習課　2001.2　30cm　110p

◇生涯学習に関する世論調査　平成11年12月調査　東京　内閣総理大臣官房広報室〔2000〕　30cm　162p　(世論調査報告書)

◇生涯学習時代における大学の戦略—ポスト生涯学習社会にむけて　村田治編著　京都　ナカニシヤ出版　1999.3　22cm　184p　2600円　(関西学院大学総合教育研究室学術叢書　1)　⓪4-88848-501-1

◇生涯学習と高等教育　奥島孝康, 原野史編　東京　早稲田大学出版部　1998.6　19cm　205p　2500円　(ワセダ・オープンカレッジ双書　2)　⓪4-657-98520-5

◇生涯学習論の新展開—21世紀フィランソロピーの時代　斎藤清三編著　岡山　大学教育出版　1997.11　21cm　208p　2200円　⓪4-88730-246-0

◇生涯学習に生きる—教職時代から　鈴木斉著　前橋　上毛新聞社出版局(製作)　1996.9　19cm　131p

◇生涯学習の創造　香川正弘, 宮坂広作編著　京都　ミネルヴァ書房　1994.5　21cm　316p　2700円　⓪4-623-02423-7

◇キーワードで読む生涯学習の課題　川野辺敏編　東京　ぎょうせい　1994.3　22cm　293p　2700円　⓪4-324-03939-9

◇国立大学と生涯学習　〔東京〕　国立大学協会生涯学習特別委員会　1993.5　26cm　62p

◇生涯学習と学校5日制　岩淵英之編著　東京　エイデル研究所　1993.4　19cm　237p　1800円　⓪4-87168-168-8

◇生涯学習とボランティア活動に関する世論調査　平成5年11月調査　〔東京〕　内閣総理大臣官房広報室　〔1993〕　30cm　169p　(世論調査報告書)

【雑誌記事】

◇「市民参加」のシステムづくり—「生涯学習のまちづくり」を目指す新たな行政課題として(特集 市民参加と住民意志の反映)　高岡信也　「月刊公民館」　512　2000.1　p4〜8

◇地球的課題と生涯学習—1990年代の国際会議の行動計画にみる　田中治彦　「開発教育」　40　1999.8　p49〜58

◇＜生涯学習＞教課審答申を生涯学習の視点から読む(教育課程審議会最終答申の分析(下))　黒沢惟昭　「教育評論」　618　1998.10　p57〜61

◇「生涯学習まちづくり」の地域教育経営論的考察—地方自治体における生涯学習推進機構の組織化モデルを考える　安原一樹　「兵庫教育大学研究紀要 第1分冊 学校教育,幼児教育,障害児教育」　17　1997　p105〜113

◇「権利としての生涯学習」の民衆的創造を支えるもの—教育基本法第7条の現代的意義(特集 教育基本法50年—その軌跡と展望)　島田修一　「教育」　47(3)　1997.3　p49〜56

◇13 ユネスコと生涯教育〈教育系大学における生涯学習と大学開放〉　相良憲昭　「教育系大学における生涯学習と大学開放(北海道教育大学旭川校)」　国際シンポジウム　1995.9

生涯学習審議会

1990年の生涯学習振興法により発足。92年7月答申を発表。社会人のリカレント教育推進、ボランティア活動の支援、青少年学校外活動の充実、環境問題など現代的な課題の学習機会拡大の4項目に関して報告した。99年6月には、学習塾の存在の認知、進学塾の問題、また、生涯学習の成果を生かすための方策のついて答申がなされた。2001年の省庁再編に伴い、中央教育審議会に統合された。

【図書】
◇学習の成果を幅広く生かす ― 生涯学習の成果を生かすための方策について 答申 〔東京〕 生涯学習審議会 1999.6 30cm 53p
◇社会の変化に対応した今後の社会教育行政の在り方について ― 答申 〔東京〕 生涯学習審議会 1998.9 30cm 38p

【雑誌記事】
◇解説 生涯学習審議会「新しい情報通信技術を活用した生涯学習の推進方策について」答申について(特集 新しい情報通信技術を活用した生涯学習の推進方策) 生涯学習局生涯学習振興課 「文部時報」 1495 2000.12 p34〜38
◇「生活体験・自然体験が日本の子どもの心をはぐくむ」(答申)(特集 生涯学習審議会答申) 文部省生涯学習局 「教育委員会月報」 51(4) 1999.7 p4〜6
◇社会の変化に対応した今後の社会教育行政の在り方について(答申)(平成10年9月17日) 生涯学習審議会 「月刊公民館」 497 1998.10 p24〜43
◇最近の生涯学習審議会の動きについて(特集 地域における生涯学習機会の充実について) 文部省生涯学習局生涯学習振興課,文部省生涯学習局社会教育課 「文部時報」 1438 1996.9 p44〜51

生涯学習振興法

「生涯学習振興のための施策の推進体制等の整備に関する法律」。1990年の中教審答申を法律化したもの。都道府県毎の生涯学習推進センターの設置及び地域生涯学習振興基本構想の作成、社会教育審議会の廃止と生涯学習審議会の設置を定めている。

【図書】
◇生涯学習の振興と行政の役割 金子照基著 東京 風間書房 1999.3 22cm 283p 11000円 ①4-7599-1148-0

【雑誌記事】
◇教育基本法50年と生涯学習振興整備法の現段階(特集 教育基本法50年) 長沢成次 「月刊社会教育」 41(6) 1997.6 p17〜25
◇生涯学習振興法(総特集・教育基本法50年) 森部英生 「季刊教育法」 110 1997.6 p113〜117
◇生涯学習振興法下の学校制度の展開 市村洋子 「季刊教育法」 95 1993.12 p52〜59

生涯学習政策局

生涯教育の施策は1970年代から行われていたが、生涯教育から生涯学習に比重が移り、臨教審答申でその基盤整備が訴えられたのを承け、88年生涯学習局を新設(社会教育局は廃止)、文部省の筆頭局に位置づける画期的な改組となった。2001年の省庁再編により、文教施策の総合調整を担う「生涯学習政策局」として再編された。

【雑誌記事】
◇今年度の生涯学習局の重要施策と課題(特集2 今年度〔文部省〕各局の重要施策と課題)「教育委員会月報」 52(2) 2000.5 p34〜37
◇生涯学習局関係法律(特集 地方分権) 文部省生涯学習局 「教育委員会月報」 51(5) 1999.8 p42〜45
◇生涯学習施策10年の歩み(特集 生涯学習社会の新たな展開) 文部省生涯学習局生涯学習振興課 「文部時報」 1462 1998.7 p22〜30

生涯学習センター Lifelong Education Center

学習情報の収集・提供や学習相談を行う社会教育施設で、1970年代から徐々に発足。90年第14期中教審答申は、都道府県設置の生涯学習推進センターを核にした諸施設のネットワーク化を提言している。

【図書】

◇広域学習機会提供事業報告書 ― 広域学習サービスのための体制整備　平成12年度　山口県教育委員会編　山口　山口県教育委員会　2001.3　30cm　79p

◇広域施設活用ネットワーク事業報告書 ― 生涯学習ネットワーク推進事業　平成12年度　北海道教育委員会編　〔札幌〕　北海道教育委員会　2001.3　30cm　80p

◇秋田県生涯学習センター事業実施報告書 ― 生きる力、あきたの生涯学習　平成11年度　秋田県生涯学習センター編　秋田　秋田県生涯教育センター　2000.3　30cm　97p

◇生涯学習情報のセンター機能の在り方について ― 審議とりまとめ　〔東京〕　全国の生涯学習情報のシステム化に関する調査研究協力者会議　1993.3　30cm　19p

◇「各都道府県立生涯学習・社会教育センター等調査」報告書　埼玉県県民活動総合センター編　伊奈町(埼玉県)　埼玉県県民活動総合センター　1993.2　26cm　67p

【雑誌記事】

◇生涯学習センターの実態　吉武恵美子　「桜美林国際学論集」　4　1999　p251〜257

◇「生涯学習センターの全国実態調査」概要（特集1 生涯学習センターの理想的な在り方―「生涯学習センターの全国実態調査」を踏まえて）　ボイックス株式会社生涯学習センターの全国実態調査研究委員会事務局　「生涯学習空間」　4(5)　1999.11　p28〜35

◇企画特集 情報ネットワーク社会の進展と生涯学習センターの機能　丸山修　「生涯学習空間」　4(5)　1999.11　p64〜68

◇今後の生涯学習センターの在り方について（特集1 生涯学習センターの理想的な在り方―「生涯学習センターの全国実態調査」を踏まえて）　文部省生涯学習局生涯学習振興課　「生涯学習空間」　4(5)　1999.11　p24〜27

◇〔特集〕施設の多様化―住民の学びと生涯学習センター　「月刊社会教育」　40(6)　1996.6　p5〜61

◇生涯学習センターのネットワーク化に関する研究　清田祐二　「島根大学教育学部紀要 教育科学」　27(1)　1993.12　p7〜16

生涯学習フェスティバル

1989年文部省生涯学習フェスティバル実行委員会が発足、生涯学習の基盤整備事業の一環として、第1回大会を幕張メッセで開催。2001年第13回大会が山形県で開かれ、12万3100人が来場した。

【図書】

◇第5回全国生涯学習フェスティバル ― 名古屋市版報告書　名古屋　名古屋市教育委員会社会教育課　1994.3　30cm　63p

【雑誌記事】

◇《お知らせ》第9回全国生涯学習フェスティバルについて　文部省生涯学習振興課　「教育委員会月報」　49(6)　1997.9　p47〜49

◇「生涯学習フェスティバル」に関わって(特集 イベント・その功罪)　長谷裕之　「月刊社会教育」　41(5)　1997.5　p30〜34

生涯教育　⇒生涯学習 を見よ

障害児学級　class for the handicapped

法制上は特殊学級と呼ぶ。精神遅滞児・肢体不自由児・身体虚弱児などが対象者。60年代後半から程度や種別の個人差に応じるため、弱視学級、難聴学級、言語障害学級などが増えた。特に登校拒否・かん黙児などの非社会的問題行動児、夜尿・チックなどの神経性習癖を持つ子、自閉症児(医学上は発達障害)が通う情緒障害学級は、通級学級制度との関連で近年注目されている。95年5月現在、弱視学級96、難聴学級506、精神薄弱学級14817、肢体不自由学級830、病弱・虚弱学級599、言語障害学級980、情緒障害学級4464を数える。

→ 通級制度 をも見よ

【図書】

◇全国小・中学校肢体不自由特殊学級実態調査報告書　国立特殊教育総合研究所肢体不自由教育研究部編　横須賀　国立特殊教育

総合研究所　2001.3　30cm　60,11p（特殊研　B-156）
◇障害児学級をつくる ― 子どもたちに自信と誇りと考える力を　藤森善正著　京都　クリエイツかもがわ　2000.7　21cm　238p　2200円　①4-87699-536-2
◇全国小・中学校情緒障害特殊学級及び通級指導教室についての実態調査報告書〔国立特殊教育総合研究所〕情緒障害教育研究部編　横須賀　国立特殊教育総合研究所　1998.3　30cm　1冊　（特殊研　B-128）
◇全国難聴・言語障害学級及び通級指導教室実態調査報告書〔国立特殊教育総合研究所〕聴覚・言語障害教育研究部編　横須賀　国立特殊教育総合研究所　1998.3　30cm　31,10p（特殊研　B-130）
◇全国小・中学校弱視学級実態調査報告書　平成7年度〔国立特殊教育総合研究所〕視覚障害教育研究部編　横須賀　国立特殊教育総合研究所　1996.3　30cm　1冊（特殊研　B-116）
◇世界の特殊教育　7　外国調査小委員会編　横須賀　国立特殊教育総合研究所　1993.3　26cm　81p　（特殊研　D-81）

【雑誌記事】
◇高等学校における特殊学級の設置(特集 学校教育法50年 ― これからの学校教育の課題は何か)　津曲裕次　「教職研修」　25(9)　1997.5　p41～43
◇障害児学級と通常学級との連携(フォーラム SNEをどうとらえるか)　二上光子　「SNEジャーナル」　2　1997.3　p118～120
◇普通学級でこそ育ち合う ― 分離教育が偏見と差別を生む(特集「特殊教育神話」からの解放)　向井克典　「父母と教師と障害児をむすぶ人権と教育」　25　1996.11　p42～54
◇障害児学校・学級の現状と将来(SNE学会第1回研究大会報告)　渡部昭男　「SNEジャーナル」　1　1996.3　p163～168

障害児教育　education for the handicapped

法令上は特殊教育。行政上は、視覚障害・聴覚障害・精神薄弱・肢体不自由・病弱虚弱・言語障害・情緒障害に分類される。未だ義務教育での基礎条件が整備されたにすぎず、就学前教育・進路保障・医療や福祉での改善など課題は山積み。制度のみならず非障害者の意識改革も課題である。94年5月1日現在、義務教育段階の特殊教育諸学校(916校)、特殊学級(21849学級)への就学者はおよそ11万7千人で、「教育上特別な取り扱いを要す児童・生徒」の多くが通常の学校・学級に在籍している。

→ インクルージョン, 交流教育, 障害児学級, 通級制度, 統合教育, 特別なニーズ教育, メインストリーミング をも見よ

【図書】
◇21世紀の特殊教育の在り方について ― 一人一人のニーズに応じた特別な支援の在り方について　最終報告　〔東京〕　21世紀の特殊教育の在り方に関する調査研究協力者会議　2001.1　30cm　73p
◇「特殊教育」論の新転回と対抗的実践の課題 ― 新学習指導要領は何をめざすのか　森博俊編著　東京　群青社　2000.4　21cm　257p　2200円　①4-7952-8065-7
◇『障害児と学校』にかかわる法律・条約・宣言集　障害児を普通学校へ・全国連絡会事務局編　東京　千書房(発売)　2000.4　21cm　112p　1100円　（障害児を普通学校へ・全国連絡会ブックレットシリーズ 18）①4-7873-0034-2
◇障害児の保育と教育　新版　田淵優著　東京　建帛社　2000.4　22cm　232p　2200円　①4-7679-2076-0
◇障害児教育の教育課程 ― その進展と創造に向けて　細村迪夫著　武蔵野　コレール社　2000.3　21cm　251p　3000円　①4-87637-195-4
◇障害児教育概説　3訂版　佐藤泰正編　東京　学芸図書　1997.2　21cm　227p　1600円　①4-7616-0290-2
◇「特殊教育」行政の実証的研究 ― 障害児の「特別な教育的ケアへの権利」　渡部昭男著　八幡　法政出版　1996.2　22cm　624p　15000円　①4-89441-109-1

【雑誌記事】
◇教育特集 通常学級で学ぶ障害児　「みんなのねがい」　392　2000.7　p68～83
◇通常の学級に在籍する障害児に対する教育の充実方策に関する研究 ― 知的障害児に対する援助を中心に　荒木順司, 香川邦生　「筑波大学リハビリテーション研究」　8(1)　1999　p3～14

◇障害児の教育を受ける権利と親の教育の自由—いわゆる特殊学級入級処分取消訴訟を素材として 浮田徹 「六甲台論集 法学政治学篇」 46(2) 1999.11 p203〜217
◇＜障害児教育＞「サラマンカ宣言」を読んでほしい(教育課程審議会最終答申の分析 (下)) 嶺井正也 「教育評論」 618 1998.10 p66〜69
◇シンポジウム 障害児と家庭と学校と(特集 障害児がいる家族のホントの話) 篠崎恵昭,山下澄子,羽生田千草 「父母と教師と障害児をむすぶ人権と教育」 26 1997.5 p24〜41
◇＜展望＞学校教育法制定50年と障害児教育(特集 学校教育法制定50年と障害児教育) 松矢勝宏 「発達障害研究」 18(4) 1997.3 p241〜247
◇言語障害児教育の現代史と課題(特集 学校教育法制定50年と障害児教育) 森源三郎 「発達障害研究」 18(4) 1997.3 p274〜279
◇知的発達障害児教育と情緒障害児教育(特集 学校教育法制定50年と障害児教育) 星野ская夫 「発達障害研究」 18(4) 1997.3 p248〜255
◇病弱教育の変遷と展望(特集 学校教育法制定50年と障害児教育) 山本昌邦 「発達障害研究」 18(4) 1997.3 p280〜284
◇いいかげんにしよう,「特殊教育」という幻想(特集 「特殊教育神話」からの解放) 柴崎律 「父母と教師と障害児をむすぶ人権と教育」 25 1996.11 p6〜11

奨学制度 ⇒ 育英奨学制度 を見よ

小学校での英語教育導入

1996年7月の中央教育審議会第1次答申では、小学校での外国語教育は重要な検討課題であるというスタンスのもと、学科として一律に実施する方法は採らずに、「総合的な学習の時間」や特別活動などの時間を利用して国際理解教育の一環として行い、異文化に慣れ親しむ機会とすることが適当であるとした。それに従って98年改定の新習指導要領でも、「児童が外国語に触れたり,外国の生活や文化などに慣れ親しんだりするなど小学校段階にふさわしい体験的な学習が行われるようにすること。」とされている。

【図書】
◇小学校英会話の授業・成功させるポイント 長瀬荘一著 東京 明治図書出版 2001.6 22cm 140p 1860円 (21世紀型授業づくり 22) ⓝ4-18-004517-6
◇小学校に英語は必要ない。 茂木弘道著 東京 講談社 2001.4 20cm 173p 1500円 ⓝ4-06-210677-9
◇小学校英語活動実践の手引 文部科学省〔著〕 東京 開隆堂出版 2001.4 30cm 246p 100円 ⓝ4-304-04078-2
◇どうする?小学校の英語 — 国際理解教育と英語をむすぶ 子どものしあわせ編集部編 東京 草土文化 2000.11 21cm 173p 1700円 ⓝ4-7945-0809-3
◇「小学校から英語」という愚行 — それに輪をかけた英語公用化論 茂木弘道著 大阪 国民会館 2000.7 21cm 38p 300円 (国民会館叢書 35)
◇公立小学校でやってみよう!英語 — 「総合的な学習の時間」にすすめる国際理解教育 吉村峰子著 東京 草土文化 2000.1 21cm 176p 1700円 ⓝ4-7945-0798-4
◇英会話を楽しむ子供の育成 — コミュニケーションへの積極的な態度を目指す英会話カリキュラムの創造 平成10年度研究開発実施報告書「小学校及び中学校における教育の連携を深める教育課程の研究開発」3 〔鹿児島〕 鹿児島大学教育学部附属小学校 〔1999〕 30cm 104p
◇小学校に英語がやってきた — カリキュラムづくりへの提言 松川礼子著 東京 アプリコット 1997.9 21cm 172p 1800円 ⓝ4-905737-69-9
◇"英会話"をとり入れた小学校の国際体験学習 椎名仁著 東京 明治図書出版 1995.12 22cm 167p 1860円 (提言:21世紀の教育改革 1) ⓝ4-18-202513-X

【雑誌記事】
◇百害あっての小学校「英語教育」(特集・早期教育の「落とし穴」) 茂木弘道 「新潮45」 20(7) 2001.7 p98〜101
◇小学校の英語教育(特集=小学校の英語教育 — 異文化間教育からの提言) 国枝マリ 「異文化間教育」 14 2000 p4〜16

少子化時代

第2次ベビーブーム以降少産化は続き、1992年国民生活白書は「少子社会」と命名

した。97年には初めて子どもの人口が高齢者人口を下回った。原因は様々な要因が絡み合っている。育児休業制度・教育費負担の軽減策、またエンゼルプランなど、さまざまな行政策が講じられているが、充分にはほど遠い。2000年の合計特殊出生率は1.35人。

【図書】

◇少子化と教育について ― 報告 〔東京〕中央教育審議会 2000.4 30cm 68,36p

◇少子化時代を展望した教育上の諸課題とその対応について ― 21世紀における高等学校教育に視点を当てて 埼玉県立南教育センター編 浦和 埼玉県立南教育センター政策研究部 1999.3 30cm 64p（政策研究報告書 第18号）

◇知っていますか？「エンゼルプラン」一問一答 鈴木祥蔵編著 大阪 解放出版社 1996.11 21cm 114p 1000円 ⓘ4-7592-8215-7

◇少子時代の学校 下村哲夫編 東京 ぎょうせい 1996.8 21cm 251p 2700円（シリーズ・現代の教育課題に挑む 第2巻）ⓘ4-324-04731-6

◇少子時代がやってきた ― 変革期の学校づくり 「悠」編集部編 東京 ぎょうせい 1996.7 21cm 190p 1700円 ⓘ4-324-04898-3

【雑誌記事】

◇少子化時代の教育問題（特集 少子高齢化時代の都市政策）山田昌弘 「都市問題研究」 53(6) 2001.6 p74〜87

◇レポート・ジリ貧"専門学校ビジネス"の深刻な実態 「実業界」 863 2001.1 p52〜53

◇21世紀に生きる教育 少子化時代を迎えて塾はどう変わる―民間の教育機関としての展開を 授業も経営も多角化で活路開く 文部省も認知 学校との共存路線 「ニューライフ」 46(12) 2000.12 p14〜19

◇中央教育審議会答申―少子化と教育について（巻頭特集 少子化・高齢化に対応した教育）「産業教育」 50(6) 2000.6 p14〜27

◇文部省の少子化対策―様々な教育機会を見直し子育てを支援する（特集 子育て支援―21世紀の子どもたちのために―施策の紹介）文部省 「時の動き」 44(5) 2000.5 p36〜38

◇進む少子化傾向と学校教育の課題 西川圭三 「世界と議会」 419 1998.11 p13〜17

◇田舎で「遊び集団の解体」、都会で「学校統合」（家庭・少子化現象が招く「子供の縮み」）「AERA」 11(2) 1998.1.12 p17〜21

◇少子化に対応する教育行政（少子化時代と教育）手塚健郎 「教育と医学」 46(1) 1998.1 p20〜24

◇少子時代の家庭教育（少子化時代と教育）依田明 「教育と医学」 46(1) 1998.1 p33〜39

◇少子化時代の学校と地域―都市学校政策の動向と課題（特集 学校教育の可能性）葉養正明 「都市問題」 88(3) 1997.3 p17〜32

◇少子化社会と学校教育（特集 少子化時代の子どもたち）耳塚寛明 「教育と情報」 458 1996.5 p13〜19

◇少子化と学校の未来像＜特集＞ 「教育」 44(7) 1994.7 p6〜64

少女文化・少年文化

70年代半ばの変態少女文字に始まると言える少女文化は、キャラクターグッズ、ピアス、茶髪、ポケベル、プリクラ、携帯へとその時々の流行と共に大人にとっては異界とも見える世界を作り上げており、様々に分析されてきた。現代は人との関わりが稀薄な中での自己確認と自分の居場所探しであると分析されることが多い。

【図書】

◇子どもたちのサブカルチャー大研究 中西新太郎編、片岡洋子〔ほか〕著 東京 労働旬報社 1997.4 22cm 234p 1800円+税 ⓘ4-8451-0475-X

◇少女民俗学 ― 世紀末の神話をつむぐ「巫女の末裔」 大塚英志著 東京 光文社 1997.1 16cm 277p 500円 （光文社文庫）ⓘ4-334-72349-7

◇漂流する少年たち ― 非行学深化のために 清永賢二著 東京 恒星社厚生閣 1997.1 21cm 188p 1854円 ⓘ4-7699-0835-0

◇「異界」を生きる少年・少女 門脇厚司、宮台真司編 東京 東洋館出版社 1995.7 21cm 253p 3600円 ⓘ4-491-01205-9

◇マサツ回避の世代 — 若者のホンネと主張 千石保著 東京 PHP研究所 1994.9 19cm 254p 1400円 ④4-569-54489-4
◇ヘタウマ世代 — 長体ヘタウマ文字と90年代若者論 アクロス編集室編 東京 PARCO出版 1994.8 21cm 215p 1600円 （別冊アクロス） ①4-89194-381-5
◇女子高生文化の研究 — 時代を先取りする彼女たちの感性をどうキャッチするか 栃内良著 東京 ごま書房 1993.10 19cm 208p 950円 （ゴマブックス） ④4-341-01595-8
◇少女民俗学 パート2 クマの時代 — 消費社会をさまよう者の「救い」とは 荷宮和子,大塚英志著 東京 光文社 1993.9 18cm 222p 790円 （カッパ・サイエンス） ①4-334-06077-3

【雑誌記事】
◇メディア環境の変化が青少年文化にもたらすもの(特集 子どもの事件から考える) 中西新太郎 「人間と教育」 28 2000 p36〜42
◇消費・文化・青年 — 学校文化の周縁部に存在する生徒たちの世界 占部慎一 「教育」 49(10) 1999.10 p78〜86
◇時代を漂う少女たち(援助交際〔1〕) 「サンデー毎日」 76(55) 1997.12.21 p94〜98
◇10代文化の一考察 — 最近の少女文化の変容をめぐって 高山英男 「青少年問題」 42(11) 1995.11 p4〜10
◇我が国の青少年文化の特徴 — 調査からみた青少年像 渡部真 「青少年問題」 41(11) 1994.11 p37〜42

小児心身症 child psychosomatic disease

心理的なストレスから生じる身体症状。発熱・頭痛・腹痛・呼吸困難・めまい・ぜんそく・皮膚炎・チック・夜尿症・胃かいようなど様々。幼少時には親子関係、特に母親の心理状態に、学童期には学校での人間関係に大きな要因があるとされる。親へのカウンセリング、心理療法などで治療する。2001年日本小児科学会で発表された調査結果によると、調査期間中の1週間に全国1224の小中高校の保健室に来た児童生徒約3万8600人のうち13・5％に心身症の症状が見られたという。

【図書】
◇保健室だから見えるからだとこころ 小学生編 全国養護教諭サークル協議会企画, 渡辺朋子, 松木優子, 及川和江著 農山漁村文化協会 1997.8 19cm 197p 1238円 （健康双書 — 全養サシリーズ） ①4-540-97055-0
◇「いい子」を悩ます強迫性障害 — Q&A 富田富士也著 東京 ハート出版 1996.11 21cm 158p 1500円 ①4-89295-105-6
◇小児心身医学 — 臨床の実際 こども心身医療研究所編 朝倉書店 1995.5 26cm 328p 14000円 ①4-254-32169-4
◇子どもの心と身体 — 小児心身症と心理療法 杉村省吾著 培風館 1993.9 21cm 291p 2800円 ①4-563-05585-9

【雑誌記事】
◇子どもの心身症(子どもの心のケア — 問題を持つ子の治療と両親への助言 — 各論 子どもの心への対応) 冨田和巳 「小児科臨床」 54(増刊) 2001.7 p1171〜1180
◇高校生の心身症傾向に関する心理学的研究 高橋惠子, 奥瀬哲, 八代信義 「旭川医科大学研究フォーラム」 1 2000.12 p41〜47
◇急増中子供の心身症が日本を滅ぼす 「週刊朝日」 103(11) 1998.3.20 p162〜164
◇子どもの心身症と精神分析(主題 子どもの心身症をめぐって) 野原玲子 「小児科診療」 61(2) 1998.2 p169〜174
◇子どもの心身症的障害(子どもの精神保健＜特集＞) 村山隆志 「日本医師会雑誌」 113(9) 1995.5.1 p1405〜1408
◇「愛情過多」が子供の心と体を蝕む — 今や小学生の4割が「自律神経失調症」予備軍(特集・息子が危ない) 大国真彦 「プレジデント」 31(3) 1993.3 p246〜251

小児生活習慣病 ⇒ 子どもの生活習慣病を見よ

少人数学級

諸外国の学級編成に比較して日本の学級は人数が多いとされ、教職員の定数改善計画が進められてきた。少人数学級の利点には教員が児童生徒1人1人の特性を把握し、個

別の指導ができる・児童生徒の授業や行事に対する参加意識が高まるなど。

→ 教職員定数改善計画, 40人学級 をも見よ

少年犯罪　juvenile delinquency

　少年非行のうち, 刑法違反の有責行為。1990年代の終わりに少年犯罪が連続して発生, 神戸の連続児童殺傷事件, 名古屋の5千万円恐喝事件, 佐賀のバスジャック事件, また普段問題行動のない少年がいきなり暴力を振るうケースも見られ,「キレる少年」・「凶悪化する少年犯罪」などとマスコミによって盛んに報道された。これらの事件を契機として2000年, 刑事罰対象年齢を現在の「16歳以上」から「14歳以上」に引き下げるなど厳罰化をもりこんだ改正少年法が成立した。

→ オヤジ狩り, キレる, 黒磯市中学校教師殺害事件, 神戸連続児童殺傷事件, 名古屋5千万円恐喝事件, 西鉄バスジャック事件, 山形県明倫中マット死事件 をも見よ

【図書】

◇少年法・少年犯罪をどう見たらいいのか ― 厳罰化・刑事裁判化は犯罪を抑止しない　新版　石井小夜子, 坪井節子, 平湯真人著　東京　明石書店　2001.5　21cm　148p　1700円　④4-7503-1414-5

◇少年犯罪 ― ほんとうに多発化・凶悪化しているのか　鮎川潤著　東京　平凡社　2001.3　18cm　217p　660円　(平凡社新書)　④4-582-85080-4

◇少年犯罪 ― 統計からみたその実像　前田雅英著　東京　東京大学出版会　2000.10　19cm　212p　1800円　④4-13-033203-1

◇少年法概説　第3版　菊田幸一著　東京　有斐閣　2000.2　19cm　315,7p　2400円　(有斐閣双書)　④4-641-11200-2

◇少年にわが子を殺された親たち　黒沼克史著　東京　草思社　1999.10　20cm　293p　1600円　④4-7942-0913-4

◇「少年」事件ブック ― 居場所のない子どもたち　山崎哲著　東京　春秋社　1998.8　20cm　269p　2100円　④4-393-33177-X

◇キレる理由 ― 続発する少年犯罪を解剖する　宮川俊彦著　東京　同文書院　1998.6　19cm　181p　1200円　④4-8100-7513-7

◇少年犯罪 ― 子供たちのSOSが聞こえる!　年少者犯罪研究会編　童夢舎, コアラブックス〔発売〕　1998.5　19cm　222p　1500円　①4-87693-411-8

【雑誌記事】

◇少年事件における反社会的傾向の起原はどこにもとめられるか　村山満明　「広島女子大学子ども文化研究センター研究紀要」　5　2000　p43～64

◇10代の事件が問いかけるもの ― 雑誌7月～10月号の論調に状況の変容と課題を読む　酒匂一雄　「月刊社会教育」　44(12)　2000.12　p74～78

◇少年犯罪と規範問題(特集 青少年の行動規範を考える)　清水賢二　「日本教育」　284　2000.10　p6～9

◇「凶悪化し続ける少年犯罪」のなぜ? ― 暴行, 強盗, ドラッグ…。一線を越えてしまった少年たちの独白から探る　「SPA!」　46(29)　1997.7.23　p20～23

少年犯罪・事件の実名報道

　少年法61条は, 19歳以下の少年犯罪の報道にあたっては当該事件の本人であると推察できるような記事・写真の掲載を禁じている(罰則なし)。日本新聞協会も特例を除き匿名を原則とする自主規制を設けている。しかし1989年の女子高生コンクリート詰め事件, 92年千葉県の一家4人殺害事件などでは少年の実名を一部週刊誌が報道した。また, 97年の神戸連続児童殺傷事件では一部週刊誌がで被疑者とされた少年の実名と顔写真を掲載したことは大きな話題を呼んだ。98年, 大阪通り魔事件で逮捕された19歳少年の実名と顔写真の掲載については, 大阪高裁が実名報道を認める判決を下した。

【雑誌記事】

◇メディア判例研究(19)少年の実名掲載と少年法61条 ―「新潮45」少年実名報道事件(大阪高裁平成12.2.29判決)　田島泰彦　「法律時報」　72(9)　2000.8　p93～97

◇少年犯罪の「実名報道」は何が問題なのか ―「堺・通り魔殺人事件」の19歳側が『新潮45』を告訴した舞台ウラ(ジャーナリズムの現場から〔167〕)　「週刊現代」　40(22)　1998.6.20　p180～181

◇『FOCUS』「顔写真問題」の底流（世界の潮）小林道雄 「世界」 639 1997.9 p27〜30

少年非行

少年法で定める「犯罪少年」「触法少年」「虞犯少年」の総称。特に「環境や性癖に照らして将来罪を犯す虞れのある少年」をさす虞犯は"疑わしきは保護・教育"の姿勢から生み出され、処遇・指導担当者に大きな裁量権を与える点で問題が多い。90年代後半、それまで10年以上減少傾向にあった少年刑法犯の検挙人数が増加に転じ、「第4の波」と呼ばれ始めた。99年には再び減少に転じたものの、凶悪・粗暴な犯罪は増加傾向にある。また、過去に非行歴のない少年の「いきなり形非行」が、凶悪犯として検挙された少年の半数近くを占めるのも近年の特徴。

→ 遊び型非行，いきなり型非行，非行第4の波 をも見よ

【図書】

◇「いい子」の非行 — 家裁の非行臨床から 佐々木光郎著 横浜 春風社 2000.11 20cm 249p 1500円 ⓘ4-921146-16-0

◇現代の少年非行 — 理解と援助のために 萩原恵三編著 東京 大日本図書 2000.3 17cm 177p 950円 （New心理学ブックス） ⓘ4-477-01116-4

◇青少年の非行と教育 — 少年法ブックレット 社会理論学会少年法部会編 東京 千書房 2000.3 26cm 47p

◇少年非行の世界 — 空洞の世代の誕生 清永賢二編 東京 有斐閣 1999.9 19cm 205,5p 1500円 （有斐閣選書） ⓘ4-641-28025-8

◇少年非行と子どもたち 後藤弘子編 東京 明石書店 1999.8 19cm 264p 1800円 （子どもの人権双書 5） ⓘ4-7503-1178-2

◇少年非行について考える — その今日的問題と少年警察の課題 葉梨康弘著 東京 立花書房 1999.1 21cm 233p 1429円 ⓘ4-8037-0121-6

◇現代の少年非行を考える — 少年院・少年鑑別所の現場から 法務省矯正局編 東京 大蔵省印刷局 1998.11 21cm 111p 700円 ⓘ4-17-185007-X

◇不良少年 桜井哲夫著 東京 筑摩書房 1997.10 18cm 222p 660円 （ちくま新書） ⓘ4-480-05728-5

◇少年非行文化論 矢島正見著 東京 学文社 1996.4 22cm 357p 4120円 ⓘ4-7620-0655-6

◇少年非行の社会学 鮎川潤著 京都 世界思想社 1994.11 19cm 234p 1950円 （Sekaishiso seminar） ⓘ4-7907-0521-8

【雑誌記事】

◇少年非行問題への総合的なアプローチ（特集 司法制度を考える） 杉浦正健 「月刊自由民主」 573 2000.12 p34〜38

◇非行少年と遊び — 青少年相談の最前線から（特集 子どもと遊び） 石橋昭良 「更生保護」 51(9) 2000.9 p16〜21

◇最近の非行少年の人格的な特徴 萩原恵三 「青少年問題」 47(7) 2000.7 p26〜31

◇ラウンジ 青少年問題 「内外教育」 5108 2000.5.16 p28

◇少年非行「深刻化」の神話 石塚伸一 「竜谷法学」 32(4) 2000.3 p1040〜1026

少年マンガ ⇒ マンガ文化 を見よ

消費者教育　consumer education

高度経済社会への移行と共に消費過程における諸問題が増え、消費者保護の観点から必要な情報や行動能力を蓄える教育が日本消費者協会などの手で始められた。学校では社会科・家庭科・商業科などの他、生活科でも導入されている。同年消費者教育センターが発足した。

【図書】

◇日本の消費者教育 — その生成と発展 西村隆男著 東京 有斐閣 1999.10 22cm 195p 3000円 ⓘ4-641-07620-0

◇消費者教育の現代的課題 — 原理と実践の諸問題 宮坂広作著 東京 たいせい 1995.6 21cm 163p 900円 （消費者教育読本シリーズ no.2） ⓘ4-924837-13-X

◇消費者教育のすすめ — 消費者の自立をめざして 新版 米川五郎〔ほか〕編 東京 有斐閣 1994.4 19cm 313p 1854円 （有斐閣選書） ⓘ4-641-18213-2

◇消費者教育論　今井光映,中原秀樹編　東京　有斐閣　1994.1　22cm　408p　3100円　(有斐閣ブックス)　①4-641-08534-X

【雑誌記事】

◇若者を狙う悪質商法のトラブル未然防止に期待する消費者教育　引馬孝子　「家庭科教育」　72(8)　1998.8　p6〜11

◇学校における消費者教育の課題—自立した消費者の育成のために(特集 若者と消費者トラブル)　阿部信太郎　「月刊国民生活」　28(4)　1998.4　p32〜38

◇小学 賢い消費者・生活者の育成を目指して—小学校家庭科における消費者教育の在り方を考える(教材研究)　横山和子　「家庭科教育」　71(7)　1997.7　p85〜92

◇高校男女必修家庭科における消費者教育—家庭経済と消費（消費者教育の実践）　宮田昌子　「消費者教育」　第14冊　1994.11　p233〜244

◇消費者教育、消費者教育の教材整備すすむ—中学授業に導入開始、金銭教育冊子発行の動きも(特集・インフラ整備五つの論点)　「月刊消費者信用」　11(6)　1993.6　p32〜33

◇消費者教育に何が不足しているか—知識供給型から問題解決のための思考・行動型へ　西村隆男　「月刊消費者信用」　11(2)　1993.2　p37〜39

◇家庭科における消費者教育—消費者の権利と責任の視点から　鎌田浩子　「北海道教育大学紀要 自然科学編」　50(2)　1990.2　p177〜184

情報科

98年改定の高等学校の新学習指導要領において新設された学科。情報及び情報技術を活用するための知識と技能の習得を通して、情報に関する科学的な見方や考え方を養い、情報技術の役割や影響を理解させて情報化の進展に主体的に対応できる能力と態度を育てることを目標とする。実習を重視。

【図書】

◇情報科教育法　大岩元〔ほか〕共著　東京　オーム社　2001.5　21cm　190p　2000円　①4-274-07922-8

◇改訂高等学校学習指導要領の展開　情報科編　中村一夫編著　東京　明治図書出版　2000.9　21cm　189p　1960円　①4-18-200819-7

◇先生のための教科「情報」マニュアル　情報コミュニケーション教育研究会編著　大阪　日本文教出版　2000.7　30cm　101p

【雑誌記事】

◇情報科新設に際する問題点—全校生徒使用電子メール運用上の諸問題について　林明男　「日本私学教育研究所紀要」　36(1)　2001.3　p267〜277

◇「情報科」の内容と問題点　黒瀬能聿　「教育システム情報学会研究報告」　2000(4)　2000.12.2　p27〜32

◇高等学校普通教科「情報」の実施に関わる現職教員の意識調査　正司和彦, 松田稔樹, 南部昌敏　「日本教育工学雑誌」　24（suppl.）　2000　p13〜18

◇情報科新設について(特集 変わる数学教育)　中村直人　「SUT bulletin」　16(10)　1999.10　p14〜17

◇情報教育カリキュラムの編成原理に関する研究—「情報科」の設置がもたらす様々な波及効果を中心に　小柳和喜雄　「教育研究所紀要」　34　1998.3　p147〜158

情報基礎

1989年の教課審答申を受け、情報化への対応のため新たに中学校の技術・家庭科に追加された領域。学習内容として、コンピュータの仕組み・基本操作とプログラミング・ワープロやデータベースのソフト利用・社会でのコンピュータの役割を提示した。98年改定の学習指導要領では「情報とコンピュータ」という名称で、コンピュータと社会との関わり、基本構成と基本操作、情報ネットワークについて、マルチメディアの活用について、簡単なプログラミングなどについて指導することとされている。

【図書】

◇情報基礎　中級編　浅見匡編著　東京　明治図書出版　1995.12　22cm　116p　1650円　（中学校「情報基礎」シリーズ 2）　①4-18-713508-1

◇情報教育の基礎　永田元康〔ほか〕共著　東京　コロナ社　1995.4　22cm　184p　2472円　①4-339-02327-2

◇情報基礎入門　高橋参吉〔ほか〕共著　東京　コロナ社　1993.7　26cm　162p　1854円　⓪4-339-02311-6
◇特色ある「情報基礎」の実践　浅見匡編著　東京　明治図書出版　1993.2　22cm　279p　2580円　⓪4-18-712005-X

【雑誌記事】

◇教育現場からの実践報告「情報基礎」領域における情報活用の実践力の育成について　国木良輝　「日本産業技術教育学会誌」　40(3)　1998.8　p163〜166
◇「情報基礎」実施上の問題点に関する調査研究　山口晴久　「日本産業技術教育学会誌」　38(3)　1996.8　p215〜222
◇教育メディアの変化にどう対応するか—8—「情報基礎」でねらう新しいリテラシー　水越敏行,黒上晴夫　「現代教育科学」　36(11)　1993.11　p111〜115
◇中学校技術・家庭科における『情報基礎』カリキュラムの検討　小松正武,石井昭広　「授業分析センター研究紀要」　10　1993.3　p75〜82

情報教育

　1989年の教課審答申を受け、社会の情報化に主体的に対応する能力を養うため、コンピュータなどを活用する能力と態度の育成することを目的とする。89年の学習指導要領において中学校の技術・家庭科に新たに「情報基礎」領域が追加された。98年改定の新学習指導要領では「情報とコンピュータ」という名称で、情報ネットワークについての指導など、より「情報利用」に重きを置いた内容となった。高校では89年の学習指導要領では家庭科の中に「生活とコンピュータ」、99年改定の新学習指導要領で「情報」という科目を新設している。

　→情報科, 情報基礎, メディアリテラシーをも見よ

【図書】

◇ITの授業革命『情報とコンピュータ』　永野和男,田中喜美監修,村松浩幸〔ほか〕編　東京　東京書籍　2000.12　21cm　159p　2000円　⓪4-487-79613-X
◇学校を変える情報教育—生きる力を育てるために　藤岡完治,大島聡編　東京　国土社　1999.6　21cm　215p　2400円　⓪4-337-46904-4
◇「生きる力」と情報教育—21世紀を生きる子どもたちのために　兵庫県氷上郡氷上情報教育研究会編　東京　高陵社書店　1999.2　26cm　190p　1800円　⓪4-7711-0016-0
◇小学校情報教育Q&A　中村祐治,川越秋広,田頭裕編　東京　教育出版　1999.1　26cm　154p　2400円　⓪4-316-34680-6
◇中学校情報教育Q&A　中村祐治,市川道和,大里治泰編　東京　教育出版　1999.1　26cm　140p　2400円　⓪4-316-34690-3
◇マルチメディア時代と情報教育　教育理学研究会編著　東京　パワー社　1995.4　21cm　178p　2369円　⓪4-8277-2025-8
◇情報教育のすすめ—子ども・学習・コミュニケーション　情報教養研究会編著　東京　ぎょうせい　1995.4　21cm　221p　1800円　⓪4-324-04535-6
◇新しい情報教育を創造する—7歳からのマルチメディア学習　田中博之〔ほか〕共著　京都　ミネルヴァ書房　1993.7　26cm　207p　2800円　(シリーズ・21世紀を創る子どもと学校教育　1)　⓪4-623-02327-3

【雑誌記事】

◇学習指導要領における「情報教育」のカリキュラム構成と基本的課題—中学校の「情報基礎」を手がかりとして　志賀徳男　「情報科学論集」　第24号　1993.3　p77〜86

情報リテラシー

　言語リテラシー、映像リテラシー、コンピュータリテラシー等の総称で、雑多な情報を意図的に活用するための基礎能力。

　→メディアリテラシーをも見よ

【図書】

◇情報リテラシー教育—コンピュータリテラシーを超えて　長田秀一,菊池久一,板垣文彦共著　府中(東京都)　サンウェイ出版　1999.3　22cm　261p　2500円　⓪4-88389-003-1
◇情報リテラシーに関する研究—コンピュータ利用の実態調査から　郵政国際協会電気通信政策総合研究所　東京　郵政国際協会電気通信政策総合研究所　1996.3　30cm　185p　(RITE 95-J02)

【雑誌記事】
◇データが泣いている―今こそ真の情報リテラシーを 「日経情報ストラテジー」 7(9) 1998.10 p28〜39

職員会議

　学校運営における職員会議の位置付け及び運営の在り方等については、法令上の根拠が明確でなく解釈も分かれていたため、解釈の相違から機能が不完全、最高意志決定機関のような運営のために校長が職責を果たせない、形骸化・形式化・運営が非効率、といった問題が生じることがあった。このため、中教審は1998年の答申で「職員会議の法令上の位置付けも含めて、その意義・役割を明確にし、その運営の適正化を図る必要がある。」と提言。これをうけて2000年1月、学校教育法施行規則が改正され、職員会議は校長の円滑な執行のためにおくことができるもので、校長が主宰であることを明文化。校長の職務の遂行を補助する機関であり、職員間の意志疎通・共通理解・意見交換などを行う機関であるとされた。

【図書】
◇変わる学校への職員会議 ― 運営の工夫・改善　大石勝男,飯田稔編著　東京　東洋館出版社　1998.2　21cm　211p　2600円　①4-491-01411-6

【雑誌記事】
◇職員会議の位置付けの明確化について(特集 現場の自主性を尊重した学校づくり(1) ―解説 学校教育法施行規則の改正について)　文部省教育助成局地方課 「教育委員会月報」　52(1)　2000.4　p23〜25
◇教育法規あらかると―職員会議の法制化 「内外教育」　5083　2000.2.8　p26
◇職員会議は議決機関(特集「職員会議」見直し論を考える―問われる「職員会議」―現場教師は発言する)　内海俊行 「現代教育科学」　42(4)　1999.4　p35〜37
◇提言・「学校の合意形成」はどうあるべきか(特集「職員会議」見直し論を考える) 「現代教育科学」　42(4)　1999.4　p5〜25

◇学校経営の論点 7 職員会議の補助機関化について考える　小島弘道 「教職研修」 27(2)　1998.10　p103〜106
◇質疑応答 職員会議の性格について 「学校経営」　43(6)　1998.5　p114〜117

職業教育

　高校教育における職業教育はおもに高校の職業科を中心に行われる。1999年で25%弱の生徒が商業・工業・農業・水産などの職業科に所属している。92年6月の中教審答申を受け94年から"第三の学科"として、入学後に情報系・芸術系などの系を選択する総合科の設置が始まった。98年、理科教育及び産業審議委員会答申においては生徒の個性を生かし「生きる力」を育成するための教育や、社会や経済の急速な変化に対応できる教育に重点をおいている。

【図書】
◇高等学校における職業教育の改善及び充実を図る教育課程の研究開発 ― 研究開発実施報告書(最終年度)　加茂　新潟県立加茂農林高等学校　1999.3　30cm　4冊(資料とも)
◇職業と人間形成の社会学 ― 職業教育と進路指導　伊藤一雄著　京都　法律文化社　1998.4　22cm　183,4p　2600円　①4-589-02074-2
◇高校生の職業指導 ― 1989年度〜1995年度活動の記録　渋谷公共職業安定所管内高等学校職業指導協議会編　東京　渋谷公共職業安定所管内高等学校職業指導協議会　1996.4　26cm　42p　非売品
◇職業訓練カリキュラムの歴史的研究　田中万年〔著〕,職業訓練大学校指導学科編　相模原　職業訓練大学校指導学科　1993.1　26cm　375p　(指導学科報告シリーズ no.12)

【雑誌記事】
◇我が国の学校における今後の職業教育・進路指導の改善・充実―文部省委託調査研究「最終報告」を中心に　仙崎武 「工業教育資料」　261　1998.9　p9〜15
◇我が国における高等学校職業教育の課題と今後の改善策　清水希益 「経営経理研究」 60　1998.6　p133〜152

◇生きる力をはぐくむ職業教育（＜巻頭特集＞中教審第1次答申と職業教育）　山極隆　「産業教育」　46(10)　1996.10　p4～7

食行動異常　⇒ 摂食障害 を見よ

女子校の共学化

少子化、四年制大学への進学率の増加と女子生徒の共学志向の強まりを受け、女子大学、とくに短大は冬の時代に入った。四年制学部への移行・学部やカリキュラムの改組、共学化などの生き残り策が講じられている。少子化による影響がもっと著しいのは高校で、共学化する私立女子校が相次いでいる。

【図書】
◇女子大学論　日本女子大学女子教育研究所編　東京　ドメス出版　1995.3　21cm　335p　3605円（女子教育研究双書 10）①4-8107-0407-6

【雑誌記事】
◇名門私立の男女別学が消える（教育）「AERA」　14(29)　2001.7.2　p12～13,15
◇いま大学では―女子大の伝統校が男女共学に　都築久義　「大学と教育」　18　1996.10　p17～19
◇国立女子大いらない？―奈良女 教授の中から「共学を」、お茶大 OG会が「存在価値あり」（大学）「AERA」　9(40)　1996.9.30　p6～9
◇座談会「中・高の男女共学化と大学」尾形健（他）「明治学院論叢」　559　1995.3　p3～56

女子の大学進学

1999年度の大学・短大進学率は男子40.2％、女子48.1％と女子の高学歴傾向が目立つ。また近年の特徴としては4年制大学への進学率が高まっていることがあげられる。

【図書】
◇いま、なぜ女子大学か？―女子高等教育の新しい役割 国際シンポジウムの記録　平安女学院大学企画広報委員会編　大津　三学出版　2000.5　19cm　105p　600円　①4-921134-22-7

◇高等教育と女性―その社会的還元 ―JAUW1994セミナー　東京　大学婦人協会　1995.3　26cm　108p

【雑誌記事】
◇女子の大学進学率決定要因(2)4年制と短期大学の選択 都道府県別のクロスセクション分析　田中寧　「経済経営論叢」　33(2)　1998.9　p21～44
◇女子の大学進学率の時系列分析　荒井一博　「一橋論叢」　119(6)　1998.6　p656～670
◇女子の大学進学率決定要因：(1)男子との比較―都道府県別のクロスセクション分析　田中寧　「経済経営論叢」　33(1)　1998.6　p122～147

初任者研修制度

1988年教育公務員特例法改正により創立、指導力と使命感の養成を目的に新採用の教員に対して実施され、89年小・90年中・91年高校で順次実施。年間60日間の校内研修と30日間の校外研修が義務づけられ、教員としての基本的素養・学級経営・教科指導・生徒指導などを学ぶ。

【図書】
◇実践・2000年代の特別活動―もしもあなたが教師なら 教員を目指す人のための 教員の初任者研修のための　佐藤喜久雄監修,長沼豊編著　明治図書出版　2000.7　26cm　161p　1960円　①4-18-594901-4

【雑誌記事】
◇15 初任者研修実施上の課題〈学校改善の課題〉　牧昌見　「学校改善の課題(還暦記念論文集刊行委員会)」　牧昌見先生還暦記念論文集　1995.8
◇16 初任者研修の役割〈学校改善の課題〉　佐藤全　「学校改善の課題(還暦記念論文集刊行委員会)」　牧昌見先生還暦記念論文集　1995.8

シラバス

授業細目・講義案。学年ないし学期中の授業や講義の計画・内容の概略を各時限ごとに記したもの。大学改革の一環として、作成に取り組む大学が増加している。

【雑誌記事】

◇シラバスの内容を如何にして充実するのか（特集 ファカルティ・ディベロップメント）　猪上徳雄, 岸道郎, 原彰彦(他)　「高等教育ジャーナル」　7　2000.3　p1～7

◇21世紀に向けたシラバス作り(入試が変わる 授業が変わる―実践記録 進学校でのOCの授業)　今川佳紀　「英語教育」　48(13)　2000.1　p54～57

◇シラバスは授業を改善するか――講義要項・シラバス作成の実態と教員の意識(〔一般教育学会〕1996年度課題研究集会関係論文―フォーラム)　小林勝法, 奈良雅彦, 鈴木明　「一般教育学会誌」　19(1)　1997.5　p89～93

◇5 シラバス作成の目的と利用〈「授業計画・授業評価」パネルディスカッション報告書〉　向山玉雄　「「授業計画・授業評価(シラバス)」パネルディスカッション報告書」　1996.3

◇7 シラバス問題にどう取り組むか?〈「授業計画・授業評価」パネルディスカッション報告書〉　淡野明彦　「「授業計画・授業評価(シラバス)」パネルディスカッション報告書」　1996.3

◇授業改革の事例研究――シラバスと授業評価から(人間科学 研究ノート)　田部井潤, 柴原宜幸　「国際経済論集」　2(1)　1995.6　p65～71

◇学生の授業評価とシラバス(第16回大会関係論文 シンポジウムⅠ授業・カリキュラムの改善はいかにあるべきか)　絹川正吉　「一般教育学会誌」　16(2)(通巻第30号)　1994.11　p17～21

新学習指導要領

1998年の教育課程審議会答申に基づいて告知されたもので、ゆとりの中で豊かな人間性を育成し、基礎・基本の定着を図りながら個性を生かす教育をめざすとする。具体的には授業時間の削減、教育内容の厳選、総合的な学習の時間の導入、時間割の弾力的編成、などが盛り込まれている。教育内容の厳選は学力低下を生むと、各方面から批判が相次いだ。2001年1月、文部科学省は学習指導要領は学習内容の最低基準を示すものであるとし、その枠を越える授業も認めた。

【図書】

◇小学校新学習指導要領と解説の要点 ― 21世紀の教育課程～編成と実施のために～　総合初等教育研究所企画・編集　東京　文渓堂　2000.2　30cm　208p　1500円（指導資料 pt.25）

◇新学習指導要領移行措置の解説 ― 小学校, 中学校, 高等学校, 盲・聾・養護学校　東京　時事通信社　1999.12　21cm　247p　1400円　①4-7887-9943-X

◇新小学校教育課程移行措置の解説　月岡英人編　東京　ぎょうせい　1999.12　21cm　230p　1619円　①4-324-05946-2

◇小学校学習指導要領全文と改善の要点 ― 文部省発表 平成10年(1998)改訂版　東京　明治図書出版　1999.7　22cm　146p　600円　①4-18-231912-5

◇中学校学習指導要領全文と改善の要点 ― 文部省発表 平成10年(1998)改訂版　東京　明治図書出版　1999.7　22cm　158p　600円　①4-18-232019-0

◇高等学校学習指導要領 ― 平成11年3月・文部省告示　文部省〔著〕　東京　時事通信社　1999.5　21cm　449p　1048円　①4-7887-9915-4

◇小学校学習指導要領解説 ― 総則編　文部省〔著〕　東京　東京書籍　1999.5　21cm　144p　70円

◇新学習指導要領早わかり 全教科改訂のポイント ― 新旧比較と実践の工夫 小学校編　無藤隆著　東京　東京書籍　1999.5　21cm　275p　1800円　①4-487-75773-8

◇新学習指導要領早わかり 全教科改訂のポイント ― 新旧比較と実践の工夫 中学校編　無藤隆著　東京　東京書籍　1999.5　21cm　234p　1800円　①4-487-75774-6

◇高等学校学習指導要領 ― 文部省告示　東京　ぎょうせい　1999.4　21cm　390p　1333円　①4-324-05825-3

◇高等学校学習指導要領 ― 文部省告示　平成11年3月　大蔵省印刷局編　東京　大蔵省印刷局　1999.4　21cm　388p　520円　①4-17-153520-4

◇新学習指導要領の読みかた ― "自ら学び、自ら考える力"のゆくえを問う　柴田義松著　東京　あゆみ出版　1999.4　19cm　188p　1600円　①4-7519-2268-8

【雑誌記事】

◇ミニシンポ 指導要領は"最低基準"で予想される変革の波(特集 基礎基本重視へ＝

シンカク

学校の何を変えるか)「学校運営研究」40(9) 2001.8 p18〜27
◇「学力低下」論議にゆれる新学習指導要領 文部(科学)省への波紋と教育政策のゆくえ(学力ってなに?—学力問題を考える—学力問題 議論の整理のために) 梅原利夫「子どものしあわせ」 603 2001.6 p82〜90
◇「ゆとりと生きる力」で、子どもたちにどんな力を身に付けさせるのか(特集1「基礎学力か、ゆとり教育か」でいいのか—新学習指導要領論争をどう考え、実践を進めるのか) 無藤隆「総合教育技術」 56(2) 2001.5 p24〜27
◇特集1「基礎学力か、ゆとり教育か」でいいのか—新学習指導要領論争をどう考え、実践を進めるのか「総合教育技術」 56(2) 2001.5 p11〜42
◇学力低下と新学習指導要領 横山晋一郎「Satya」 42 2001.4 p14〜17
◇新学習指導要領が求める学力とその評価の在り方(特集 学力について考える) 北尾倫彦「中等教育資料」 49(14) 2000.9 p40〜45
◇新学習指導要領が目指すもの(特集 学力について考える) 浅沼茂「中等教育資料」 49(14) 2000.9 p34〜39
◇「新学習指導要領」はきれいごと 文部省の「ゆとり教育」は間違っている 戸瀬信之「Themis」 9(7) 2000.7 p108〜109
◇特集 新学習指導要領を問う—「教える」ことと「学ぶ」ことの関係から「現代学校研究論集」 18 2000.3 p1〜30
◇特集 新学習指導要領の読み方—たしかな学力を求めて「解放教育」 29(12) 1999.12 p8〜63
◇「ゆとり教育」が子供をだめにする(OPINION) 和田秀樹「正論」 327 1999.11 p58〜61
◇新学習指導要領で学校はどう変わるか(特集 学習指導要領の改訂) 有馬朗人「文部時報」 1475 1999.7 p8〜15
◇新学習指導要領の基本的性格(特集 新学習指導要領を検討する—人権教育の視座から)「解放教育」 29(6) 1999.6 p10〜34
◇新学習指導要領と中教審・教課審の答申(特集 検証・新学習指導要領) 有園格「悠」 16(2) 1999.2 p18〜21

◇新学習指導要領に未来は託せるか(特集21世紀論〔3〕21世紀が問う日本の教育I) 梅原利夫「前衛」 709 1999.2 p130〜139

人確法 ⇒ 人材確保法 を見よ

新学力観

　1989年の学習指導要領改訂で導入された学力観。共通の学力や知識を身につけさせることを重視していたそれまでの学力観から子ども自身の主体的判断力など個性化された能力を重視するようになった。学力評価も「知識・理解」から「関心・意欲・態度」に重点が移された。1996年の中教審答申では「生きる力」という言葉も用いられている。

→ 生きる力, 自ら学び、自ら考える力 をも見よ

【図書】
◇新学力観と基礎学力—何が問われているか 安彦忠彦著 東京 明治図書出版 1996.8 19cm 182p 1450円 (オピニオン叢書 28) ⓘ4-18-165800-7
◇新しい学力観 下村哲夫編 東京 ぎょうせい 1996.4 21cm 287p 2700円 (シリーズ・現代の教育課題に挑む 第1巻) ⓘ4-324-04730-8
◇「新しい学力観」に対する学校の認識と課題—全国アンケート調査の分析と考察 日本教育研究連合会学校経営委員会〔編〕東京 日本教育研究連合会 1995.4 26cm 28p
◇お母さんたちの「新学力観」批判 斎藤民部, 会津民主教育研究所親の会著 東京 えみーる書房 1995.4 19cm 237p 1700円 ⓘ4-900046-15-9
◇新学力観と新教科—なにが本質か・どうのりこえるか 梅原利夫〔ほか〕著 東京 あゆみ出版 1994.8 21cm 207p 2060円 ⓘ4-7519-2269-6
◇「新しい学力」と子ども 岩辺泰吏著 東京 大月書店 1994.4 19cm 190p 1500円 ⓘ4-272-41072-5
◇学ぶ意欲を育てる授業・抑える授業—新学力観は生きいきした学びを取りもどせるか 駒林邦男著 東京 あゆみ出版 1994.3 21cm 174p 2500円 ⓘ4-7519-3104-0

◇評価から始めよう — 新しい学力観の創造 東京学芸大学教育評価研究会著 東京 ぎょうせい 1994.1 26cm 191p 2200円 ①4-324-03843-0

◇「新しい学力観」の読みかた 坂元忠芳著 東京 労働旬報社 1993.11 19cm 204p 1400円 (家庭と学校をつなぐ本 8) ①4-8451-0327-3

◇新しい学力観を生かす先生 北尾倫彦著 東京 図書文化社 1993.10 19cm 245p 1300円 (先生シリーズ 16) ①4-8100-3232-9

【雑誌記事】

◇「生きる力」を育む真学力観を確立する(特集 到達度重視「絶対評価」のどこが問題か —「絶対評価」の到達基準をどこに置くか) 瀬川栄志 「現代教育科学」 44(3) 2001.3 p23〜25

◇新学力観で子どもは変わったか(特集 学力新時代に向けて) 「月刊教育ジャーナル」 35(9) 1997.1 p6〜9

◇新学力観の基本的な特質と教育現場の受け取り方(特集 新しい学力を育てる教材の条件 — 新学力観に立つ教材の本質) 辰野千寿 「日本教材文化研究財団研究紀要」 25 1996 p12〜19

◇現代の学校と学力論 — 2 — 文部省の「新学力観」をめぐって 碓井岑夫 「和歌山大学教育学部紀要 教育科学」 45 1995.2 p1〜19

◇教育総研リポート — 6 —「新しい学力観」をどうとらえるか — 理論フォーラム 15 — 新学力観研究プロジェクトの概要 銀林浩 「教育評論」 568 1994.9 p58〜61

◇新学力観と基礎学力 — 2 — 新しい学力観の「新しさ」—「機能概念」としての学力 安彦忠彦 「現代教育科学」 37(5) 1994.5 p111〜115

◇新学力観は「知識」否定の学力観か〈特集〉 「現代教育科学」 37(1) 1994.1 p5〜80

◇「学力問題」と「新学力観」をめぐる議論 村上純一 「教育」 43(8) 1993.8 p101〜108

新学力調査

正式名称は「教育課程実施状況に関する総合調査研究」。小中学生の学習達成状況の把握を目的とする学力調査で、1981年〜83年度、93〜95年度に行われた。これ以降全国的な学力調査は行われてこなかったが、学力低下の批判を受け、2001年文部科学省は翌年に調査を行うことを発表した。調査対象を国公私立校に拡大し、人数もこれまでの16万人から一気に48万人に増加、対象学級まで厳密に指定して行われる。

【雑誌記事】

◇知識・理解は良好,考える力は弱い — 文部省「新学力調査」の結果(特集 文部省「新学力テスト」結果に何を見たか) 安達拓二 「現代教育科学」 41(3) 1998.3 p85〜87

◇特集 文部省「新学力テスト」結果に何を見たか 「現代教育科学」 41(3) 1998.3 p5〜87

◇「新学力テスト」の結果公表に触れて 協力校の調査結果にみる「成果」と「課題」(特集「新学力テスト」の結果から「新学力観」を問う 子どもたちの〈学ぶ力〉は伸びているのか,落ちているのか) 中野重人 「総合教育技術」 52(13) 1997.12 p58〜60

◇資料検証/「新学力テスト」— 問題と子どもたちの正答率(特集「新学力テスト」の結果から「新学力観」を問う 子どもたちの〈学ぶ力〉は伸びているのか,落ちているのか) 「新学力問題」検討委員会 「総合教育技術」 52(13) 1997.12 P64〜78

◇特集「新学力テスト」の結果から「新学力観」を問う 子どもたちの〈学ぶ力〉は伸びているのか,落ちているのか 「総合教育技術」 52(13) 1997.12 p56〜92

◇観点別への配慮と見積り・授業過程の重視(文部省新学力調査「国語・算数」問題の検討〈特集〉— 算数テストの全体的傾向の検討) 池野正晴 「現代教育科学」 37(9) 1994.9 p75〜78

審議会

文部省内に設置されている審議会のうち、教育に関するものには中央教育審議会、生涯学習審議会、理科教育及び産業教育審議会、教育課程審議会、教育職員養成審議会、大学審議会、保健体育審議会があった。2001年の中央省庁改変に伴い一部が改組・再編され、中央教育審議会(下部組織として教育制度分

科会、生涯学習分科会、初等中等教育分科会、大学分科会、スポーツ・青少年分科会)、教科用図書検定調査審議会、大学設置・学校法人審議会となっている。

→ 教育課程審議会、教育職員養成審議会、生涯学習審議会、大学審議会、中央教育審議会、理科教育及び産業教育審議会をも見よ

シングルファーザー ⇒ひとり親家庭 を見よ

人権教育 human rights education
　世界の自由・正義・平和を目指し、全ての人間の尊厳に関する知識理解・態度形成を促す教育。欧州では1970年代後半不況から外国人労働者差別や人種差別が深刻化、欧州協議会を中心に取り組まれてきた。国連は「人権教育のための国連10年」(1995-2004)と銘打ち、人権教育の更なる普及に取組んでいる。「総合的な学習の時間」での取り組みも期待される。2000年12月、人権教育及び人権啓発に関する施策の策定・実施を国と地方公共団体の責務とした「人権教育及び人権啓発の推進に関する法律」が公布・施行された。

【図書】
◇参加型人権教育論 ― 学校における人権教育の実践的課題　中川喜代子, 岡崎裕編著　東京　明石書店　2000.9　19cm　287p　2800円　①4-7503-1314-9
◇参加型学習がひらく未来 ―「人権教育10年」と同和教育　森実〔著〕　大阪　部落解放・人権研究所　1998.12　21cm　79p　700円　(人権ブックレット　54)　①4-7592-8054-5
◇勇気がでてくる人権学習 ― 傍観から行動へ 参画型部落問題教材　白井俊一著　大阪　解放出版社　1998.11　21cm　156p　1600円　①4-7592-2321-5
◇人権の世紀をめざす国連人権教育の10年　反差別国際運動日本委員会編　東京　反差別国際運動日本委員会　1998.6　21cm　137p　2000円　(現代世界と人権　12)　①4-7592-6482-5

◇総合学習としての人権教育 ― 始めてみよう, 人権総合学習　長尾彰夫著　東京　明治図書出版　1997.10　19cm　116p　1060円　(オピニオン叢書　40)　①4-18-167004-X
◇「人権教育」って何だ ― 国連人権教育10年行動計画　八木英二著　京都　部落問題研究所　1997.9　21cm　61,34p　800円　(部落研ブックレット　21)　①4-8298-1052-1
◇「人権教育」のゆくえ ―「同和教育」転換の顛末　梅田修著　神戸　兵庫部落問題研究所　1997.8　21cm　181p　2300円　①4-89202-031-1
◇人権尊重の教育の推進 ― 同和教育のための資料集　第28集　実践編　東京都教育庁指導部指導企画課編　東京　東京都教育庁指導部指導企画課　1997.3　30cm　107p
◇いま人権教育が変わる ― 国連人権教育10年の可能性　森実〔著〕　大阪　部落解放研究所　1996.6　21cm　78p　618円　(人権ブックレット　49)　①4-7592-8049-9
◇小学校における人権教育の現状　教員養成における人権教育の課題　刈谷　愛知教育大学人権教育プロジェクト　1995.3　30cm　57p
◇人権教育思想論 ― 民衆の視座からの解放史と全同教運動に学ぶ　新版　門田秀夫著　東京　明石書店　1994.4　20cm　343p　2575円　①4-7503-0586-3
◇部落の歴史と人権教育　安達五男著　東京　明石書店　1993.7　19cm　272p　2575円　①4-7503-0522-7

【雑誌記事】
◇「人権教育・啓発推進法」は学校現場に何を示唆するか (特集「人権教育・啓発推進法」具体化の課題)「現代教育科学」44(8)　2001.8　p20～31
◇心の中まで介入するのか？― 人権教育・啓発推進法と内心の自由 (特集「人権教育・啓発推進法」批判)　丹羽徹　「部落」53(2)　2001.2　p12～17
◇人権学習を核とした「総合的な学習」の試み ― 他者を鏡とする体験をとおして　大阪市立市岡小学校　「人権教育」12　2000.8　p87～97
◇「人権教育のための国連10年」前期5カ年の総括と後期5カ年の課題 (特集「人権教育10年」後期5年の課題)　友永健三　「部落解放研究」132　2000.2　p12～27

◇国連人権教育の10年 第4回 アイヌ民族の発信 萱野志朗 「ヒューマンライツ」 114 1997.9 p32〜35

人材確保法

1974年に制定された「学校教育の水準の維持向上のための義務教育諸学校の教職員の人材確保に関する特別措置法」の略称。社会における教育の重要性から、優れた人材を確保するため、一般の公務員に対する教職員の給与上の優遇措置である。

【雑誌記事】

◇点描〈教育〉戦後の混迷から新たな改革まで(35)難航した末に人確法成立―決定的に作用した首相の一言 「内外教育」 5147 2000.10.10 p26

◇(ラウンジ)人確法 「内外教育」 5037 1999.8.17 p24

◇給与特別措置法・人材確保法(総特集・教育基本法50年) 佐藤修司 「季刊教育法」 110 1997.6 p96〜100

診断的評価 diagnostic evaluation

学習指導において、実際の指導に先立って児童生徒の現状を診断し、最適の指導法を準備するための資料とするもの。

→ 教育評価 をも見よ

【雑誌記事】

◇学校研究の診断的評価―総合的学習や情報教育に取り組む小学校を対象に 寺嶋浩介,水越敏行 「教育メディア研究」 7(1) 2000.10 p19〜38

新聞教育 ⇒ NIE を見よ

進路指導 career guidance

元来は職業指導として発達。1957年の中教審答申で初めて"進路指導"の語が登場、学級活動の中に位置づけられた。77〜78年の中学高校学習指導要領は教育活動全体を通じて行うものと規定。受験戦争の過熱で輪切り進学が内実となり、生徒を偏差値などの資料によって「合理的に」振り分けるような指導が問題となった。86年の臨教審答申の改革への提言に引き続き、97年6月の中教審答申は生徒本意の生徒指導のさらなる推進を提言するとともに、大学は高校の、高校は中学の進路指導に協力的な体制を作ることも求めた。

【図書】

◇中学校における進路指導に関する総合的実態調査報告書 〔東京〕 文部省初等中等教育局 1999.3 30cm 128p

◇進路指導と育てるカウンセリング ― あり方生き方を育むために 国分康孝〔ほか〕編 東京 図書文化社 1998.11 21cm 192p 1900円 (学級担任のための育てるカウンセリング全書 6) ①4-8100-8293-8

◇キャリア・カウンセリング ― その基礎と技法、実際 日本進路指導学会編 東京 実務教育出版 1996.3 21cm 300p 2800円 ①4-7889-6011-7

◇個性を生かす進路指導をめざして 〔第3分冊〕 文部省〔著〕 東京 日本進路指導協会 1995.5 30cm 115p 940円 (中学校進路指導資料 第3分冊)

◇中学生の進路と偏差値問題 ― これからの進路指導 菊地良輔著 東京 民衆社 1993.7 19cm 156p 1000円 ①4-8383-0706-3

◇進路指導 菊池武剋編 東京 中央法規出版 1993.5 21cm 231p 2500円 (新教育心理学体系 2) ①4-8058-1093-9

【雑誌記事】

◇高校・進路指導が今、置かれている状況とは?(21世紀のキャリア教育特集号 いま「学校から仕事へ」School-to-Workを図る ― 全国調査発表「指導が困難!」の原因はどこに 変革期の「進路指導」を探る ― 企業、生徒、保護者VS高校の進路指導 その「かい離」を基点に考える) 「キャリアガイダンス」 33(1) 2001.2 p18〜33

◇教育関係審議会答申と進路指導改革(キャリア教育読本 ― キャリア教育の意義と定義) 竹内登規夫 「教職研修総合特集」 142 2000.10 p29〜33

◇産学協同及びCo-op制度と進路指導(〔第5回「新世紀の工学教育」〕国際シンポジウム報告) 小川俊夫 「工学教育研究」 5 1999 p45〜48

◇中学校学習指導要領の改訂とこれからの進路指導の課題(中学校の進路指導/技術・家

庭/勤労体験の研究及び実践) 鹿嶋研之助
「産業教育」 49(2) 1999.2 p48〜51
◇「高校中退調査」からみた中学校進路指導
の課題(中学校の進路指導/技術・家庭/勤
労体験の研究及び実践) 小林三智雄 「産
業教育」 48(13) 1998.12 p50〜53
◇中学校の進路指導—15—幅広い体験学習
を通して,自ら進路を切り開いていく生徒
の育成を目指して 陰山義郎 「産業教育」
48(1) 1998.1 p48〜51
◇「進路指導」の現状と課題—「生き方・在
り方」の視点から(教師教育の研究(1))
坂本昭 「福岡大学総合研究所報」 177
1995.11 p1〜20
◇大学生の学校不適応から見た高校進路指
導の課題(高等学校の進路指導の現場から
＜特集＞) 松原達哉 「大学と学生」
352 1994.11 p12〜17

進路変更

文部科学省が公表している高校中退調査
で,中退する理由の1つとして設けている項
目。内訳は「別の高校への入学を希望」「専
修・各種学校への入学を希望」「就職を希望」
「大検受験を希望」「その他」となっている。
中途退学の理由としては学校不適応と並ん
で上位を占める。

【雑誌記事】

◇高校生との今 ある進路変更をめぐって
新谷庸介 「月刊学校教育相談」 12(10)
1998.8 p104〜107
◇高校中退問題の対応で文部省通知—高校
中退→積極的な進路変更にも手厚い援助
を 安達拓二 「現代教育科学」 36(7)
1993.7 p84〜88
◇進路変更を人生の再出発の好機に—進路
変更に関するカウンセリング(学生カウン
セリング＜特集＞) 楡木満生 「大学と学
生」 330 1993.3 p44〜48

【 ス 】

推薦入試 examination for selected candidates

入試の多様化・学生の確保などの狙いで実
施されるもので,定員の一部について,一般
入試とは別に在学校の成績・校長の推薦・調
査書・面接・小論文などを基にして入学を許
可するもの。出願時期を早めたり学力試験
(ゼロ次試験)を課したりする私立大学が増
えている。また亜細亜大学の一芸入試などは
一芸が「学力」かどうか,と話題を呼んだ。
高校入試でも取り入れられている。

→ 一芸型入試, AO入試 をも見よ

【図書】

◇「自己推薦」入試完全攻略本 大学入試研
究会編 東京 ベストセラーズ 1999.5
18cm 239p 838円 (ワニの本) ①4-
584-01054-4

【雑誌記事】

◇高校入試の変化と高校生—とくに推薦入
学の拡大に注目して(今月のテーマ 高校
生は変わった) 中沢渉 「IDE」 427
2001.4 p24〜29
◇高校入試改善について—自己推薦入試・
自己申告制度を中心に(特集 高校教育改革
の現状と今後の展望) 鹿児島県教育委員
会 「中等教育資料」 50(3) 2001.2
p35〜37
◇推薦入試の中学生に及ぼすインパク
ト—導入の理念と意図せざる帰結 中沢
渉 「東京大学大学院教育学研究科紀要」
40 2000 p49〜58
◇自己推薦入試は「機会差別」に他ならな
い!(異見あり) 宮崎哲弥 「週刊文春」
41(6) 1999.2.11 p154
◇高校入試の多様化に関する研究—推薦入
学の効用 明石要一, 花沢健一 「千葉大学
教育学部研究紀要 1 教育科学編」 47
1999.2 p43〜53
◇中学校を歪める推薦入試制度(特集 中学
校の困難と希望) 「人間と教育」 19
1998.9 p46〜58

◇推薦入学制度の公認とマス選抜の成立—公平信仰社会における大学入試多様化の位置づけをめぐって 中村高康 「教育社会学研究」 59 1996.10 p145～165

数学オリンピック ⇒国際数学オリンピックを見よ

数学教育の国際比較

IEA（国際教育到達度評価学会）が38カ国・地域で、中学二年の年齢にあたる生徒を対象に実施するもので、数学と理科の教育到達度を同一問題で国際比較する。日本は計算力に優れる反面文章題など応用力で劣り、入試激化による詰め込み教育の弊害が指摘され、直観力・思考力重視の新評価観導入につながった。99年の調査では平均得点では上位を維持したが、数学を好きと答える割合は下から2番目。

【図書】

◇小学校の算数教育・理科教育の国際比較—第3回国際数学・理科教育調査最終報告書 国立教育研究所編 東洋館出版社 1998.4 21cm 316p 2500円 ①4-491-01430-2

◇中学校の数学教育・理科教育の国際比較—第3回国際数学・理科教育調査報告書 国立教育研究所著 東洋館出版社 1997.4 21cm 310p 2500円 ①4-491-01355-1

【雑誌記事】

◇数学に関する第3回国際比較調査の分析 洲脇史朗, 宮地功 「電子情報通信学会技術研究報告」 99(386) 1999.10.22 p27～34

◇小学校の算数教育・理科教育の国際比較—第3回国際数学・理科教育調査最終報告書 「国立教育研究所紀要」 128 1998.3 p1～316

◇座談会 第3回IEA国際数学・理科教育調査を生かす道はあるか—中学校の国際比較をもとに 瀬沼花子, 重松敬一, 半田進(他) 「日本数学教育学会誌」 79(7) 1997.7 p228～240

◇中学校の数学教育・理科教育の国際比較—第3回国際数学・理科教育調査報告書 「国立教育研究所紀要」 127 1997.3 p1～270

スクール・カウンセラー school counselor

学校で児童・生徒または親からの相談に応じ、指導や助言を行う専門家。1995年文部省はいじめや不登校への対応策として「スクールカウンセラー活用調査研究委託事業」を開始、臨床心理士や精神科医を各都道府県に派遣した。派遣校は99年度には2250校に上り、文部省ではさらなる拡充を目指す。

→スクール・カウンセリング をも見よ

【図書】

◇スクールカウンセラー活動報告書 神崎町（千葉県） 神崎町立神崎中学校 2001.3 30cm 20p

◇文部省スクールカウンセラー活用調査研究委託事業研究報告書— 平成10・11年度 調布 調布市教育委員会 2000.3 30cm 40p

◇新しいスクールカウンセラー — 臨床心理士による活動と展開 村山正治著 京都 ナカニシヤ出版 1998.3 20cm 103p 1400円 ①4-88848-412-0

◇スクールカウンセラーの実際 大塚義孝編 東京 日本評論社 1996.4 26cm 179p 2000円 ①4-535-90407-3

◇スクールカウンセラー — その理論と展望 村山正治, 山本和郎編 京都 ミネルヴァ書房 1995.10 21cm 277p 2500円 ①4-623-02570-5

◇学校カウンセラーへの道程 — 私の出会った「いけず」たち 昌子武司著 東京 教育出版 1995.8 19cm 224p 2000円 ①4-316-32950-2

スクール・カウンセリング school counseling

心を病む子ども・教師の増加、またいじめや不登校といった学校不適応症状への対応策として、心理臨床上の教育相談活動が重要な位置を占めるに到った。1995年文部省はいじめや不登校への対応策として「スクールカウンセラー活用調査研究委託事業」を開始。

→スクール・カウンセラー をも見よ

【図書】

◇学校カウンセリング　井上洋一，清水将之責任編集　東京　岩崎学術出版社　2000.7　22cm　154p　2800円　(思春期青年期ケース研究　7)　ⓘ4-7533-0007-2

◇学校カウンセリング ― 新しい学校教育にむけて　第2版　長尾博著　京都　ナカニシヤ出版　2000.1　21cm　182p　2000円　ⓘ4-88848-549-6

◇生徒指導と学校カウンセリングの心理学　前田基成，沢宮容子，庄司一子著　東京　八千代出版　1999.6　22cm　202p　1900円　ⓘ4-8429-1116-6

◇学校カウンセリング　国分康孝編　東京　日本評論社　1999.3　19cm　232p　1400円　(こころの科学セレクション)　ⓘ4-535-56093-5

◇スクール・カウンセリング ― 学校心理臨床の実際　岡堂哲雄編　東京　新曜社　1998.10　21cm　226p　2400円　ⓘ4-7885-0649-1

◇スクールカウンセリング事典　国分康孝監修，石隈利紀〔ほか〕編　東京　東京書籍　1997.9　22cm　573p　6800円　ⓘ4-487-73322-7

◇スクールカウンセリング再考 ― コーディネーター型教育相談の実践　原田正文〔ほか〕著　大阪　朱鷺書房　1997.5　19cm　267p　1600円＋税　ⓘ4-88602-408-4

◇今なぜ、学校カウンセリングか　子どもの健康を考える会編　東京　現代書館　1995.8　19cm　266p　1800円　ⓘ4-7684-3396-0

◇学校カウンセリングの考え方・進め方 ― 新学力観に立つ指導・経営　松原達哉編　東京　教育開発研究所　1994.6　26cm　294p　2300円　(教職研修　6月増刊号)

◇学校カウンセリング　大山正博，宮腰孝編　東京　中央法規出版　1993.11　21cm　264p　2500円　(新教育心理学体系　4)　ⓘ4-8058-1095-5

【雑誌記事】

◇展望　学校カウンセリングの現状と今後の課題　橋本秀美　「応用教育心理学研究」　18(24)　2001.7　p18～25

◇学校カウンセリング活動の実践と考察　逸見敏郎　「教職研究」　10　1999　p1～5

◇学校カウンセリングをめぐって(全国学校教育相談研究会第32回研究会より)　平山栄治　「月刊学校教育相談」　12(2)　1998.1　p40～45

◇スクール・カウンセリングの基礎・基本 ― その理念(スクール・カウンセリング入門 ― 理論編)　福島脩美　「児童心理」　51(15)　1997.10　p16～23

◇「学校カウンセリング」とは何か(学校カウンセリングハンドブック)　坂本昇一　「児童心理」　48(12)　1994.8　p3～10

◇なぜ学校カウンセリングが必要なのか(学校カウンセリングハンドブック)　増田実　「児童心理」　48(12)　1994.8　p11～18

◇スクール・カウンセリングの現況をめぐって＜特集＞　「教育と医学」　41(6)　1993.6　p510～585

スクール・セクシャル・ハラスメント
school sexual harassment

学校において教員から発せられる、児童・生徒を不快にする言動。また、小学校の身体検査の際、以前は女子もパンツ1枚で男性担任の測定を受ける事があったが、児童・保護者からの苦情や批判があって今はほとんどが体操着またはシャツ着用となっている。体操着のブルマーもショートパンツやハーフパンツに代わったところが多い。

【図書】

◇スクール・セクハラ防止マニュアル　田中早苗著　東京　明石書店　2001.4　21cm　161p　1500円　ⓘ4-7503-1417-X

【雑誌記事】

◇いま学校で セクハラのない職場・学校をめざして ―「セクシュアル・ハラスメント実態調査」より　猪股知子　「女も男も」　87　2001.4　p24～26

◇教員の人権意識の希薄さが招くセクシュアル・ハラスメント(特集 学校におけるセクシュアル・ハラスメント)　久芳美恵子　「季刊教育法」　128　2001.3　p31～34

◇「先生!これってセクハラ?」― スクールカウンセラーの目に映るセクハラの情景(特集:女性のトラウマと回復 ― 女性の傷つきとその回復 ― 理論編)　本田利子　「女性ライフサイクル研究」　9　1999.11　p72～74

◇学校現場のジェンダー汚染状況と文部省のセクシュアル・ハラスメント防止訓令

池木清 「女子教育研究」 26 1999.11 p1～23
◇セクシュアル・ハラスメント―防止「指針」で学校は変わるのか？(特集 ジェンダーとセクシュアリティの教育) 勝部尚子 「人権教育」 8 1999.7 p36～41
◇エンパワメントと人権―14―スクール・セクシャル・ハラスメント 森田ゆり 「ヒューマンライツ」 117 1997.12 p65～69

スクール・ソーシャルワーカー school social-worker

SSWとも。悩みを持つ子どもを対象に、学校をベースにしてソーシャルワーク（福祉）的なアプローチによって、子どもたちの生活の質を高めるためのサポートを行う専門家。欧米では専門職として認められている場合も多いが、日本では組織的・体系的な養成は行われていない。1999年1月には日本スクールソーシャルワーク協会が発足した。

【図書】
◇学校におけるソーシャルワークサービス ポーラ・アレン・ミアーズ, ロバート O.ワシントン, ベティ L.ウェルシュ編著, 山下英三郎監訳, 日本スクールソーシャルワーク協会編 東京 学苑社 2001.7 22cm 553p 6800円 ①4-7614-0105-2
◇スクールソーシャルワークとは何か―その理論と実践 全米ソーシャルワーカー協会編, 山下英三郎編訳 東京 現代書館 1998.12 22cm 234p 3200円 ①4-7684-3412-6
◇いつまでもツッパレ!子どもたち―スクールソーシャルワーカー奮戦記 山下英三郎著 徳間書店 1989.11 18cm 298p 748円（トクマブックス）①4-19-504083-3

【雑誌記事】
◇アメリカ・スクールソーシャルワークの資格制度について(特集:社会福祉改革のなかのソーシャルワーク) 渋谷昌史 「ソーシャルワーク研究」 23(4) 1998.1 p302～307
◇山下英三郎・スクールソーシャルワーカー―悩める子供たちの内なる声を聞く（現代の肖像） 佐保美恵子 「AERA」 9(53) 1996.12.16 p54～58

◇スクールソーシャルワークとは―アメリカにおけるスクールソーシャルワーク理論の分析より 高野綾 「社会福祉学」 19号 1995.2 p75～88
◇山下英三郎(スクールソーシャルワーカー)―孤軍奮闘、日本で第1号のスクールソーシャルワーカー。(今月の顔)(グラビア) 「潮」 415 1993.10
◇わが国初のスクール・ソーシャル・ワーカーに―「バクの会」共同主宰・山下英三郎(人生二毛作〔99〕) 「東洋経済」 5154 1993.7.3 p96～97

スクール・プロテクション

学校向けの保険商品。2000年に保険会社が発表した、私立の小中学校・高校の学校経営者などを対象に校内の事故や事件で損害賠償請求を起こされた場合の賠償金を保険金でカバーするもの。怪我や物損に対する賠償金を補償する制度はこれまでもあったが、この保険はそれよりも広い範囲で学校の管理責任を補償の対象とし、教職員による体罰、セクハラ、生徒間のいじめなどを巡って、学校の管理責任を問う賠償請求が起こされた場合も、保険金から賠償金と訴訟費用が支払われる。

【雑誌記事】
◇生徒の「自殺保険」を売り出した「損保」の悪のり(ワイド特集 続・日本列島「悪いやつら」狂騒曲) 「週刊新潮」 46(19) 2001.5.24 p54
◇副産物・「いじめ保険」が私学に与える真の打撃（時流超流 ニュース&トレンド） 「日経ビジネス」 1088 2001.4.23 p12

ステューデント・アパシー student apathy

学生無気力症とも。1960年代米国で広がり、日本でも68年頃から、勉学への意欲は希薄なのに長期間在籍する学生が増えた。無計画・無関心・無感動などの症状を示す無気力症候群（アパシーシンドローム）は徐々に低年齢化、89年版青少年白書は非社会的問題行動の典型として挙げた。

【図書】

◇無気力症 — 子どものサインをどう理解するか　井上敏明著　大阪　朱鷺書房　1995.11　19cm　268p　1545円　①4-88602-508-0

◇「無気力」の教育社会心理学 — 無気力が発生するメカニズムを探る　桜井茂男著　東京　風間書房　1995.2　22cm　241p　12875円　4-7599-0919-2

【雑誌記事】

◇大学生の引きこもりと心身症(第40回日本心身医学会総会 シンポジウム 大学生のメンタルヘルスと心身症)　福田真也　「心身医学」　40(3)　2000.3　p199～205

◇スチューデント・アパシー研究の展望　下山晴彦　「教育心理学研究」　44(3)　1996.9　p350～363

◇大学における不登校学生の実態調査の試み(第16回大学精神衛生研究会報告書 — シンポジウム テーマ:「休学・留年学生をめぐる諸問題」)　小柳晴生　「大学精神衛生研究会報告書」　16　1994　p6～8

◇精神科医が語るミステリー — 3 — 五月病とスチューデント・アパシー　中村希明　「治療」　76(5)　1994.5　p1519～1522

ストリート・チルドレン　street children

家庭崩壊や社会秩序の混乱などでホームレスとなり、福祉も教育も受けられないまま路上生活する子ども。往来で物売り・屑拾いや通行人へのサービスをして生計を立てる子どもは、開発途上国を主に世界で数千万にものぼる。1992年ブラジルの地球サミット前には、これらストリートチルドレンの"清掃"が行われたとして改めて問題化されたが、今なお解決が見いだされないまま放置されている。

【図書】

◇家族と生きる意味 — フィリピン・マニラのストリートチルドレン　工藤律子文, 篠田有史写真　東京　JULA出版局　2000.4　21cm　72p　700円　(JULA booksブックレット 3)　①4-88284-122-3

◇火焔樹の花 — ベトナム・ストリート・チルドレン物語　小山道夫著　東京　小学館　1999.7　19cm　256p　1200円　①4-09-387291-0

◇とんでごらん! — ストリートチルドレンと過ごした夏　工藤律子文, 篠田有史写真　東京　JULA出版局　1993.7　19cm　309p　1850円　①4-88284-086-3

【雑誌記事】

◇ブラジルのアパルトヘイト(下)ストリート・チルドレンの都市空間での居場所を求める闘い　N.Scheper-Hughes, Daniel Hoffman, Angelo Ishi(訳)　「思想」　908　2000.2　p219～236

◇ブラジルのアパルトヘイト(上)ストリート・チルドレンの都市空間での居場所を求める闘い(アイデンティティの政治学 — 身体・他者・公共圏 — 隠蔽・忘却からのサバイバル)　Nancy Scheper-Hughes, Daniel Hoffman, Angelo Ishi(訳)　「思想」　907　2000.1　p70～90

◇死の影に怯える子どもたち — むき出しの暴力にさらされるコロンビアのストリート・チルドレン　「ニューズウィーク日本版」　8(42)　1993.11.3　p62～66

頭脳流出　brain drain

専門分野で高い業績をあげている研究者が職を求めて国外に出ていくこと。自国の大学の設備や雇用条件が恵まれていないため、外国人学生にとって一番人気のある米国などに職を得る工学者・理学者・農学者が少なくない。しかし、近年では各国における学生確保策等のため減少している。

【雑誌記事】

◇頭脳流出(コメンタリー・明日はどっちだ! 〔73〕)　中村修二　「AERA」　14(1)　2001.1.1・8　p76

◇能力主義の欠如と貧困な研究費が招いた青色LED開発者の「渡米」という悲劇 — 日本の「頭脳流出」を抑止せよ(世界の読み方〔895〕)　竹村健一　「週刊ポスト」　32(9)　2000.3.10　p86～87

3R'S

日常生活を営む際の必要不可欠の知識とされる、いわゆる読み(reading)・書き(writing)・そろばん=計算(reckoningまたはarithmetics)のことで、初等・中等教育のカリキュラムの中心を占める。基礎学力と同義に用いられることもある。

【 セ 】

性格検査　personality test
　個人の情緒的・社会的適応、動機、欲求、興味、態度、習慣など性格特性を測定するもの。学校では質問紙法が多く用いられ、学習指導・生徒指導・生徒理解に役立つ。反面、その妥当性・信頼性を疑問視する声や、個人の人権・プライバシーの侵害だとする声もある。

【図書】
◇主要5因子性格検査ハンドブック―性格測定の基礎から主要5因子の世界へ　村上宣寛, 村上千恵子著　学芸図書　2001.2　26cm　246p　2800円　①4-7616-0351-8
◇5因子性格検査の理論と実際―こころをはかる5つのものさし　辻平治郎編　京都　北大路書房　1998.3　21cm　321p　3500円　①4-7628-2112-8

【雑誌記事】
◇歯科衛生科学生のYG性格検査票による調査成績について―第5報 1998年度入学生の性格変化　小沢晶子, 吉川京　「鶴見大学紀要 第3部 保育・歯科衛生編」　38　2001.3　p17〜23
◇中学校のストレスとパーソナリティとの関連―5因子性格検査を用いて　大前泰彦　「生徒指導研究」　11　1999　p61〜68
◇資料 小学生用5因子性格検査(FFPC)の標準化　曽我祥子　「心理学研究」　70(4)　1999.10　p346〜351
◇小学生の創造的態度についての研究―SPI性格検査と学習意欲との関連を通して　今道公利　「応用教育心理学研究」　13(19)　1997.3　p13〜17
◇女子大学生の心理理解におけるバウムテストの有用性―バウムテストとY-G性格検査, あるいは自己評価との関連　本田優子, 天本まりこ, 堀みゆき(他)　「熊本大学教育学部紀要 第1分冊 自然科学」　45　1996　p223〜231

生活科
　1989年の学習指導要領において、小学校低学年の社会科・理科を統合して設置された新教科。1992年度から授業開始。思考未分化の発達特性に合わせた総合的指導、自然に親しむなど具体的な体験・活動の重視、基本的生活習慣など自立への基礎育成が狙い。

【図書】
◇「生活科」発「総合的な学習」― 身近なヒト・モノ・コトとのかかわりが育てる「生きる力」　無藤隆編著　東京　東京書籍　2000.3　26cm　127p　2000円　(小学校・新教育課程のキーワード　第5巻(生活科))　①4-487-46605-9
◇生活科から総合的学習へ　有田和正著　東京　明治図書出版　1999.2　21cm　158p　2000円　(21世紀授業改革への提案　4)　①4-18-021012-6
◇生活科教育の研究　佐々木昭著　東京　学文社　1998.8　22cm　242p　2500円　①4-7620-0807-9
◇激論 "生活科の未来"とは何か　中野重人, 樋口雅子著　東京　明治図書出版　1997.7　21cm　165p　1600円　(オピニオン叢書緊急版)　①4-18-714407-2
◇生活科事典　中野重人〔ほか〕編　東京　東京書籍　1996.10　22cm　518p　5000円　①4-487-73271-9
◇生活科教育の理念と実践　佐藤登, 福田隆真編　東京　三晃書房　1996.7　21cm　161p　1800円　①4-7830-6045-2
◇生活科教育 ― 生活科からのアプローチ　中野光〔ほか〕編　東京　学文社　1993.7　22cm　190p　2200円　(講座教科教育)　①4-7620-0490-1
◇子どもが輝く生活科 ― 低学年教育の可能性を拓く　生活科教育研究協議会編　東京　あゆみ出版　1993.6　21cm　206p　2060円　①4-7519-2272-6
◇生活科と学校の経営　永岡順, 天笠茂編著　東京　東洋館出版社　1993.3　22cm　260p　2900円　(教育経営基本問題解決)　①4-491-01019-6

【雑誌記事】
◇生活科の学習を通して見た子どもの自立と保護者の支援のあり方　中村満州男, 曽我部和広, 小沢修(他)　「日本教材学会年報」　10　1999.3　p92〜94

◇＜生活科＞最終答申の生活科の内容から気付いたこと ―「知的」な気付きを大切にした生活科とは(教育課程審議会最終答申の分析(下)) 田中範克 「教育評論」 618 1998.10 p49〜52
◇14 生活科は生涯学習の基礎〈生涯学習の扉〉 松木正子 「生涯学習の扉(ぎょうせい)」 理念・理論・方法 1997.12
◇小学校生活科の意義と課題 ―幼稚園教育との関係 福田啓子 「東京家政大学研究紀要」 36(1) 1996.2 p105〜112
◇提案に対する意見 生活科で今教師がゆさぶられている(指導から援助へ ― 授業観転換の可能性＜特集＞ ― 誌上シンポジウム) 有田和正 「現代教育科学」 36(4) 1993.4 p12〜14

生活指導　guidance and discipline

学校における生活指導は、1950年代には生活綴方に代表される仲間づくりの場で、60年代には学校自治・生徒自治の意識に支えられた学級集団活動として実践された。70年代には人格の民主的形成に寄与する教育的な営みと解されるようになったが、次第に生徒の取り締まりや管理主義教育の色合いを強めた。それに対し、生活指導の従来の優れた実践、理論の研究・発展を問うべく、83年に日本生活指導学会が結成された。

【図書】
◇体験的生活指導論 繰井潔著 長岡京 竹林館 1999.12 18cm 89p 800円 (春秋新書) ⓘ4-924691-85-2
◇生活指導の心理学 白井利明著 東京 勁草書房 1999.5 19cm 215,3p 2500円 ⓘ4-326-29863-4
◇「生きる力」を育てる生活指導 ― いじめ・不登校・問題行動にどう取り組むか 剣持勉, 壺内明著 東京 明治図書出版 1997.6 22cm 133p 1800円 (学級担任必携シリーズ 8) ⓘ4-18-195702-0
◇青年期までの生活指導 水口礼治編著 東京 ブレーン出版 1996.9 21cm 239p 2900円 ⓘ4-89242-560-5
◇生活指導を変える ― ゼミナール 共同研究グループ編 東京 青木書店 1994.7 21cm 205p 2060円 ⓘ4-250-94021-7
◇新・生徒指導の法律学 ― 教師・生徒・親の権利関係 下村哲夫著 東京 学習研究社 1993.6 19cm 226p 1800円 (学研教育選書) ⓘ4-05-400033-9

【雑誌記事】
◇学校間の情報交換と生活指導資料(特集 これからの生徒指導記録・資料) 山口聡 「月刊生徒指導」 31(4) 2001.3 p20〜23
◇学校ソーシャルワークと生活指導 ― 学校・地域・家庭の連携とソーシャルワークの専門性 鈴木庸裕 「福島大学教育学部論集 教育・心理部門」 69 2000.12 p49〜66
◇生活指導の実践からみえる新自由主義(特集 魂の新自由主義化？ ―「自己責任」というイデオロギー) 宮本誠貴 「教育」 50(5) 2000.5 p43〜50
◇本当の生活指導とは ― 私が生徒たちにできること([特集]中学生・高校生との対話) 長谷川充麻 「発達」 20(77) 1999.1 p4〜10
◇生活指導と道徳教育 ― 子どもたちに生きる力をはぐくむ指導をめざして(ともに生き,ともに学ぶ自由・平和の世界を ― 教育を足もとから問い直そう ― 第34回教育科学研究会全国大会報告特集号 ― 分科会報告) 小関一也 「教育」 45(12) 1995.11 p92〜96

生活体験学習

実体験の欠乏が対人関係・対自然関係に大きな影響を及ぼすとの考えから体験学習が重視されるようになったが、これまではや野外生活など自然や事物へ働きかける作業が多かった。小学校の生活科では「自立への基礎」が最も大きな狙いとされ、子どもたち自身の意欲で計画・実践すること、作業を通じて同心円的に他者を理解することを、生活体験学習として位置づけており、最近では様々な試みがなされている。2000年3月には日本生活体験学習学会が立ち上げられた。

【図書】
◇子どもの生活体験と学・社連携 ― 生活環境と発達環境の再構築 南里悦史著 東京 光生館 1999.11 22cm 149p 1800円 ⓘ4-332-50016-4
◇生活体験・自然体験が日本の子どもの心をはぐくむ ― 答申 [東京] 生涯学習審議会 1999.6 30cm 103p

◇生活体験学校の日々 — 子どもの生きる力を育てる 福岡県庄内町のこころみ 庄内町福祉の里づくり推進協議会編 〔庄内町（福岡県）〕 庄内町福祉の里づくり推進協議会 1998.4 19cm 286p 1905円
◇子どもの生活を育てる生活体験学習入門 — 福岡県・庄内町のこころみ 横山正幸〔ほか〕著 京都 北大路書房 1995.3 18cm 217p 1500円 ①4-7628-2027-X

【雑誌記事】
◇現代青少年の心理（後）実際的体験の不足と問題行動 前田基成 「刑政」 112(3) 2001.3 p26〜34
◇こどもの生活体験学習の現代的構成に関する研究 猪山勝利 「生活体験学習研究」 1 2001.1 p3〜8
◇生活体験学習の基本類型と教育効果 玉井康之 「生活体験学習研究」 1 2001.1 p9〜17
◇前年度実践交流会シンポジウム:生活体験学習を拓(ひら)く — 理論と実践をむすんで 桑原広治(他) 「生活体験学習研究」 1 2001.1 p101〜122

性教育 sex education

第2次性徴が早まった上に、歪められた性情報の氾濫・性産業の肥大化で、初交や中絶体験・性犯罪は低年齢化。性交への偏見をなくして豊かな性意識・自己決定の意識を育て、避妊・エイズ・妊娠・出産などの正確な知識を与えるための、一貫性のある早期教育の必要性が訴えられてきた。新学習指導要領では現行より1年早まる小学校4年から性教育を始めることになった。中学の保健体育では性感染症についてコンドームの使い方を含めて記述しているが、初めて自慰についての記述がある教科書もあり、よりオープンに、踏み込んだ性教育への拍車が掛かっている。

→ エイズ教育 をも見よ

【図書】
◇学校における性教育の考え方,進め方 文部省著 東京 ぎょうせい 1999.8 30cm 105p 1400円 ①4-324-05920-9
◇中学生の性教育 "人間と性"教育研究所編 東京 あゆみ出版 1998.8 21cm 262p 2400円 （21世紀への性教育ブックス 2） ①4-7519-2079-0
◇高等学校の性教育 貴志泉〔編〕 東京 あゆみ出版 1995.8 26cm 212p 2400円 （シリーズ科学・人権・自立・共生の性教育 21世紀へのヒューマン・セクソロジー 4） ①4-7519-2072-3
◇性交を語る — 10歳までの性教育で子どもが変わる 野村正博著 東京 教育史料出版会 1995.8 19cm 264p 1545円 ①4-87652-281-2
◇性教育はこれでよいか — 性教育・エイズ教育の理論から展開へ 内山源編著 東京 ぎょうせい 1994.8 19cm 301p 2300円 ①4-324-04006-0
◇「性教育」大論争 — どこまでやるかこの一冊ですべてが分かる 東京 広済堂出版 1993.11 21cm 255p 1300円 ①4-331-50419-0
◇性教育は、いま 西垣戸勝著 東京 岩波書店 1993.9 18cm 201,10p 580円 （岩波新書） ①4-00-430299-4

【雑誌記事】
◇学生に「思春期学級」を学ばせる（特集 助産婦のになう性教育 — カリキュラムに性教育を入れる） 粟飯原真弓 「助産婦雑誌」 55(8) 2001.8 p683〜686
◇日本 — 性の教育に「まだ早い」はない（「性的虐待を防ぐための性教育」という視点） 「週刊金曜日」 9(21) 2001.6.8 p22〜23
◇中・高校生に対するライフスキル学習を基盤においた性教育（特集 今、新たなHIV・STD予防教育を — ヘルスプロモーション戦略としての展開を考える） 木村正治 「へるす出版生活教育」 45(1) 2001.1 p38〜42
◇性と性感染症を話し合えるゆたかな関係づくりを探る（中学校・学活）（21世紀をひらく確かな知性と豊かな感性を — さまざまな「性と生」を学べる家庭・学校・地域に 性教育第19回全国夏期セミナーより — 模擬授業） 志藤依子 「月刊生徒指導」 30(15) 2000.11 p122〜125
◇文部省の新しい「性教育」手引書の問題点とその背景についての一考察 北川典子 「国士舘大学武徳紀要」 16 2000.3 p77〜146
◇ライフスキル教育としての性教育（特集 思春期を支える公衆衛生 — 思春期保健の技

術論） 岩室紳也 「公衆衛生」 63(7) 1999.7 p476〜479
◇2「性的自己決定能力」を育む性教育〈〈性の自己決定〉原論〉 山本直英 「〈性の自己決定〉原論(紀伊国屋書店)」 援助交際・売買春・子どもの性 1998.4
◇タブーの消滅—現代の性教育の問題点について(特集 都市の子ども環境) 氏原寛 「都市問題研究」 49(7) 1997.7 p24〜36
◇生きる力を育てる性教育の総合学習("生きる力"を育てる総合的な学習の構想—「生きる力」を育てる総合的な学習) 工藤正弘 「学校運営研究」 36(3) 1997.3 p98〜101
◇日本のポルノ状況と「性教育」—マッキノンに応えて 村瀬ひろみ 「女性学年報」 17 1996 p100〜109
◇性教育、エイズ教育はこれでいいのか 松岡弘 「公明」 378 1993.6 p86〜91
◇コンドーム教育に異議あり—中高生にそこまで教える必要があるのか 髙橋史朗 「週刊文春」 35(4) 1993.1.28 p174〜183

青少年条例 ⇒ 青少年保護条例 を見よ

青少年の飲酒
　未成年者飲酒防止法に違反すると不良行為として補導の対象となる。1997年の調査では中学生の69％、高校生の85％が飲酒体験ありと回答。未成年が主に自販機で酒類を購入しているという統計調査から、夜11時以降の自販機販売禁止などの対策が講じられてきた。95年から導入した運転免許証を差し込んで年齢を確認して作動する自販機は未成年の自販機からの酒類購入を減少させる効果があった。

【図書】
◇未成年者の飲酒行動に関する全国調査報告書—1996年度 「未成年者の飲酒行動に関する実態調査」研究班〔編〕 〔東京〕〔簑輪真澄〕 1997.12 30cm 132p
◇子どもの飲酒があぶない—アルコール・ドラッグに蝕まれる若者達 鈴木健二著 東京 東峰書房 1995.3 20cm 264p 2000円 ①4-88592-027-2

◇はじめてのアルコール予防教育—ユニーク実例集 アルコール問題全国市民協会編 東京 アルコール問題全国市民協会 1993.8 21cm 159p 1500円

【雑誌記事】
◇未成年者喫煙禁止法及び未成年者飲酒禁止法の改正について 梅原恵 「警察時報」 56(4) 2001.4 p24〜30
◇中高生の飲酒行動に関する全国調査 尾崎米厚,簑輪真澄,鈴木健二(他) 「日本公衆衛生雑誌」 46(10) 1999.10 p883〜893
◇高校生の飲酒とファッション 鈴木健二 「青少年問題」 43(12) 1996.12 p20〜25
◇酒類の自動販売機をめぐって—小売店の選択(特集・10代の飲酒) 「婦人之友」 87(3) 1993.3 p52〜54

青少年白書
　内閣府が作成する、青少年問題に関する年次報告書。1956年が第1号。特集と、「青少年の現状」、「青少年に関する国の施策」から成る。

【図書】
◇青少年白書のあらまし 平成11年版 大蔵省印刷局編 東京 大蔵省印刷局 2000.3 18cm 49p 320円 （白書のあらまし 28） ①4-17-352428-5
◇青少年白書—青少年問題の現状と対策 平成11年度版 総務庁青少年対策本部編 東京 大蔵省印刷局 2000.1 21cm 618p 2300円 ①4-17-233074-6
◇青少年白書目次総覧 1 東京 日本図書センター 1999.12 22cm 606p 25000円 （政府白書目次総覧 第6巻） ①4-8205-6348-3,4-8205-6342-4
◇青少年白書目次総覧 2 東京 日本図書センター 1999.12 22cm p609-1238 25000円 （政府白書目次総覧 第7巻） ①4-8205-6349-1,4-8205-6342-4
◇青少年白書のあらまし 平成10年版 大蔵省印刷局編 東京 大蔵省印刷局 1999.4 18cm 38p 320円 （白書のあらまし 28） ①4-17-352328-9
◇青少年白書のあらまし 平成9年版 大蔵省印刷局編 東京 大蔵省印刷局 1998.3 18cm 36p 320円 （白書のあらまし 28） ①4-17-352228-2

◇青少年白書 ― 青少年問題の現状と対策 平成9年度版　総務庁青少年対策本部編　東京　大蔵省印刷局　1998.1　21cm　481p　2200円　①4-17-233072-X

【雑誌記事】

◇健全な育成環境の整備に重点を ― 2001年版青少年白書　「内外教育」　5221　2001.7.27　p4～5

◇青少年行政のあゆみと21世紀への展望 ― 平成11年度版 青少年白書から　総務庁青少年対策本部　「青少年問題」　47(3)　2000.3　p4～12

◇1999度版青少年白書を閣議に報告 ― 地域主導の総合的取り組み求める　「内外教育」　5078　2000.1.21　p10～11

◇青少年をめぐる問題の現状と対応の基本的方向 ― 平成10年度版 青少年白書から　総務庁青少年対策本部　「青少年問題」　46(3)　1999.3　p4～12

◇平成9年度「青少年白書」はどのような内容か　坂本真一　「教職研修」　26(8)　1998.4　p104～106

◇青少年の健全育成の30年の経緯と青少年をめぐる環境の変化 ― 平成8年度版青少年白書から　総務庁青少年対策本部　「青少年問題」　44(3)　1997.3　p4～12

青少年非行　⇒ 少年非行 を見よ

青少年保護条例　Juvinile Protection Ordinance

　青少年の成長に有害な環境を排除するために、地方公共団体が制定する自主法。ほとんどの都道府県で「青少年保護育成条例」、「青少年の健全な育成に関する条例」などの名称で制定され、有害図書・ビデオや映画などの映像メディア・酒類や図書の自動販売機・玩具・広告・モテル業などを規制。18歳未満の少年少女との性行為を禁じる「淫行処罰規定」は、東京都と長野県以外の全都道府県が規定の項目にしてきた。東京都は女子高生を中心とした「援助交際」が問題になった97年、買春する側を処罰の対象とした規定を設けた。

　→ 有害図書 をも見よ

【図書】

◇18歳未満『健全育成』計画 ― 淫行条例と東京都「買春」処罰規定を制定した人々の野望　藤井誠二著　東京　現代人文社　1997.12　22cm　231p　2100円　①4-906531-39-3

◇青少年保護条例の解説　〔仙台〕　宮城県〔1993〕　21cm　126p

【雑誌記事】

◇有害図書と青少年健全保護育成条例　安光裕子　「図書館学」　78　2001　p1～8

◇大詰め!東京都の攻防 ― 昨年4月から議論されてきた東京都青少年問題協議会の答申が遂に「処罰規定導入」の方向で(ドキュメント「淫行条例」〔5〕)　藤井誠二　「創」　27(3)　1997.3　p126～133

◇「青少年保護育成条例」の改正とその後の施行状況(特集 青少年と現代)　岐阜県総務部青少年国際課　「月刊自治フォーラム」　449　1997.2　p39～42

◇「性」の規制をめぐる昨今の動き (特集・規制緩和って何?)　西形公一　「技術と人間」　25(10)　1996.12　p21～25

◇青少年「規制条例」からの脱却と淫行規定の再検討を求めて (特集 子どもの性と法 ― 淫行処罰問題をめぐって)　佐々木光明　「法と民主主義」　312　1996.10　p8～11

◇11 青少年保護(健全)育成条例における「有害図書類」規制と表現の自由 (ケンポウリロンソウショ) 〈人権保障と現代国家〉清水睦　「人権保障と現代国家」　1995.10

◇「青少年条例」と"有害"図書問題 ― 規制強化!大阪"落城"第一番外編 ―「青少年条例」規制その後各地で…　湯浅俊彦　「総合ジャーナリズム研究」　31(3)　1994.7　p55～59

◇厳しい包括指定導入へ ― 千葉県青少年健全育成条例改正(マスコミの焦点)　佐々木美恵　「新聞研究」　515　1994.6　p98～101

成人教育　adult education

　政治上の変革や経済上のニーズの変容で、従来の知識や価値観では対応できず、成人のための教育の需要が生ずる。定型的・画一的な青少年教育と異なり、学習者のニーズや事情に合わせたノンフォーマルエデュケーショ

ンの形態で行われる。近年は女性や高齢者が学習主体の主流を占めている。

【図書】
◇国際成人教育論 — ユネスコ・開発・成人の学習　H.S.ボーラ著, 岩橋恵子〔ほか〕訳　東京　東信堂　1997.7　22cm　232p　3500円　①4-88713-274-3
◇成人教育の意味　エデュアード・リンデマン著, 堀薫夫訳　東京　学文社　1996.1　22cm　131p　1545円　①4-7620-0605-X
◇変動する社会と成人教育　J.ヴァインベルク著, 三輪建二訳　町田　玉川大学出版部　1995.10　19cm　220p　2884円　①4-472-09741-9

【雑誌記事】
◇日本における成人教育の動向　田中雅文　「人間研究」　35　1999　p61～69
◇地域における成人教育　上杉孝實　「部落解放研究」　128　1999.6　p57～67
◇第5回国際成人教育会議報告　山西優二　「開発教育」　37　1998.2　p73～85
◇資料欄 ユネスコ第5回国際成人教育会議宣言(1997年7月14日～18日)　「月刊社会教育」　41(12)　1997.12　p78～82
◇第5回国際成人教育会議 成人の学習21世紀の鍵　山本慶裕　「社会教育」　51(8)　1996.8　p72～74
◇世界成人教育協会と日本の成人教育リポート　米山光儀　「哲学」　100　1996.3　p325～350

成人教育学　⇒ アンドラゴジー を見よ

生徒会　student council

共同の生活向上を目的として展開される教科外活動。小学校では、児童会。具体的活動としては、生徒会規則の作成、学校行事の運営、生徒会役員の選挙などがあげられる。98年改訂の新学習指導要項では、学級活動・(クラブ活動・)学校行事と並んで特別活動の一つに位置付けられている。

【図書】
◇中学・高校生徒会づくり入門 — 無理をしないでベストを尽くそう　丸山博通著　東京　あゆみ出版　1996.11　21cm　253p　2060円　①4-7519-0418-3
◇楽しい学校生活づくりと生徒会活動　杉田儀作編　東京　明治図書出版　1994.9　22cm　138p　1860円　(特別活動選書8)　①4-18-493803-5
◇生徒会の話 — 生徒参加の知識と方法　坂本秀夫著　東京　三一書房　1994.4　18cm　270p　850円　(三一新書)　①4-380-94006-3

【雑誌記事】
◇生徒会活動と学校行事(新学校行事読本 — 中学校学校行事の新展開)　飯沼昇　「教職研修総合特集」　143　2000.12　p228～232
◇社会性を育む生徒会プロジェクト(特集 少子化時代の学校 — 実践事例 少子化時代の学校の取組み)　古山真樹　「教育じほう」　613　1999.2　p46～49
◇生徒会活動はどうなっているか(特集 教育と学校に民主主義を)　中野哲治　「高校のひろば」　29　1998.9　p40～47
◇生徒の学校参加,生徒の自治 — 生徒会の再生をめざして　児玉勇二　「教育」　45(5)　1995.5　p109～119

生徒心得　⇒ 校則 を見よ

生徒指導　student guidance

学業・進路・健康など、学習指導(教科の知識・技術習得のための指導)以外の一切の指導。学校が、登校拒否・いじめなど多くの問題を抱えていることから、1988年教職課程での必修科目に加えられ、後にはカウンセリングについても含めて、教師～生徒間の信頼関係を礎とする指導のあり方が学ばれている。

【図書】
◇新しい生徒指導のコツ — カウンセリング・テクニックを生かした　諸富祥彦編著　東京　学習研究社　2001.2　19cm　246p　1600円　①4-05-401372-4
◇生徒指導の理論と方法　改訂版　江川玟成編　東京　学芸図書　2000.1　21cm　135p　1200円　(教職課程講座 7)　①4-7616-0335-6
◇学校の「抱え込み」から開かれた「連携」へ — 問題行動への新たな対応　〔東京〕　児童生徒の問題行動等に関する調査研究協力者会議　1998.3　30cm　32p

◇いじめ・不登校・非行生徒と向き合う ― ドキュメント中学校の再建　男沢一著　東京　明治図書出版　1997.3　22cm　174p　1854円　①4-18-496802-3

◇現代生徒指導の理論　木原孝博著　東京　明治図書出版　1997.3　22cm　185p　2060円　①4-18-496906-2

◇現代の生徒指導　中野目直明, 小川一郎編著　東京　文教書院　1996.4　21cm　176,10p　2060円　①4-8338-9608-7

◇生徒指導概論 ― 一人一人を生かす教育的かかわり　隠岐忠彦, 佐藤修策編著　東京　川島書店　1993.3　21cm　214p　2400円　①4-7610-0451-7

【雑誌記事】

◇小学校における生徒指導体制の充実(特集 ネットワークを生かした問題行動への対応)　長谷徹　「教職研修」　29(11)　2001.7　p48〜51

◇生徒指導に教育相談を生かす 役割交換法を活用したいじめの指導　飯野哲朗　「月刊学校教育相談」　12(7)　1998.5　p102〜107

◇生徒指導と道徳教育 ― 自ら考え主体的に判断し行動する生徒の育成(特集 社会の変化に対応し, 主体的に生きる児童生徒を育てる道徳教育)　天野順造　「道徳と教育」　42(3・4)　1997.6　p129〜135

◇生徒指導の相談活動(スクール・カウンセリング読本 ― スクール・カウンセラーの相談活動領域)　鵜養啓子　「教職研修総合特集」　128　1996.7　p44〜47

◇学校における生徒指導の考え方　林煥　「関西経協」　49(11)　1995.11　p12〜16

生徒の懲戒

教育上必要がある場合の児童生徒への懲戒は許され, 退学・停学・訓告は校長が行い, 叱責・起立・正座などは教員も行える。ただし, 校長も教員も体罰を加えることはできない。近年懲戒退学に替えて勧奨退学, 停学に替えて生徒指導措置である家庭謹慎に処す例が増えている。

【雑誌記事】

◇体罰を超えて ― いかなる懲戒が可能で有効か(特集 生徒指導の行き詰まりを打開するヒント)　今橋盛勝　「月刊生徒指導」　31(3)　2001.2　p32〜35

◇高校の生徒懲戒における学内停学の考察　椋本洋, 八尾坂修　「教育実践研究指導センター研究紀要」　9　2000.3　p51〜64

◇生徒に対する教師の懲戒権の研究 ― 中学校を中心として　飯野守, 小熊伸一　「文教大学女子短期大学部研究紀要」　43　1999.12　p103〜110

◇生徒の懲戒処分に関する一考察　角本尚紀　「神戸海星女子学院大学・短期大学研究紀要」　34　1995　p205〜225

生徒文化　student subculture

生徒同士の相互作用から生じ, 独自の行動規範を形成するもの。学校・進路希望・所属部等の別で分化。1960年代高校進学率が6割を超える頃米国から導入された概念で, 日本の高校生の生徒文化(タイプ)は, 勉強型・遊び型・逸脱型・孤立型の4種に分類されている。

【図書】

◇生徒文化を拓く ― いきいき中学生物語　愛知県西尾市立西尾中学校著　東京　明治図書出版　1995.2　21cm　164p　1700円　①4-18-118007-7

【雑誌記事】

◇生徒文化に与える修学旅行の影響に関する事例研究 ― 中学校における反学校的な生徒文化に着目したエスノグラフィーから　平出善男　「教育経営研究」　7　2000　p114〜123

◇生徒文化の分化に与えた部活動の影響 ― 高等学校を中心に　白松賢　「子ども社会研究」　1　1995　p80〜92

◇中学校における反学校的生徒文化に関する実証的研究 ― 2 ― 2つの中学校の比較分析を中心として　河野浩, 岩崎三郎　「青山学院大学文学部紀要」　35　1993　p135〜149

◇中学校における反学校的生徒文化に関する実証的研究　河野浩, 岩崎三郎　「教育研究」　37　1993.6　p111〜124

生徒理解　⇒ 児童・生徒理解 を見よ

セックスコミック　⇒ 有害図書 を見よ

摂食障害　eating disorder

摂食行動の異常。意図的に物を食べず体重が著しく減少するもので、10代後半の女性に多い思春期痩せ症(神経性無食欲症・拒食症・アノレキシアネルヴォーザとも)と、過度に食べかつ下剤を乱用する過食症・大食症(ブリミアとも)が代表的。境界パーソナリティの場合には両者が交互に出現する場合もある。拒食症は、アメリカでは1970年代前後、日本では1980年代半ばから急速に増えた。

【図書】
◇小学生の拒食症―娘アヤの場合　大宮和子著　新風舎　1999.10　16×13cm　71p　680円　(新風選書)　①4-7974-1084-1
◇拒食症と過食症―困惑するアリスたち　山登敬之著　講談社　1998.8　18cm　233p　660円　(講談社現代新書)　①4-06-149416-3
◇生きるのが怖い少女たち―過食・拒食の病理をさぐる　斎藤学著　光文社　1993.5　18cm　253,5p　767円　(カッパ・サイエンス)　①4-334-06074-9

【雑誌記事】
◇ある摂食障害(過食症)の学生とその背景　本多修　「学生相談センター紀要」　10　2000　p5〜12
◇小学生に拒食症の恐怖(子ども)　「AERA」　10(43)　1997.10.20　p21〜23
◇青年期前期にみる痩せ症傾向―男性性・女性性との関連から　渡辺直子, 松島恭子　「大阪市立大学生活科学部紀要」　43　1995　p237〜244
◇拒食症と小児科医の役割(これからの思春期医療＜主題＞)　渡辺久子　「小児科診療」　58(6)　1995.6　p1029〜1034

絶対評価・相対評価　absolute evaluation・relative evaluation

五段階評価に代表される相対評価は、個々人の進歩度を表し得ず、序列化を教化し、競争心を刺激すると共にやる気をなくさせる難点が指摘されてきた。絶対評価は教師の判断で学力に応じた評点をつけるもの。ただ、絶対評価には教師の主観に左右される可能性があるという欠点があるため、学習の到達基準をはっきりさせた上で絶対評価する、到達度評価が行われている。指導要録にいう「観点別学習状況」は絶対評価にあたる。

→ 教育評価 をも見よ

【雑誌記事】
◇特集 言うは易く行うは難し 絶対評価を考える　「教育ジャーナル」　40(8)　2001.10　p6〜17
◇相対評価から絶対評価への転換―なぜ、評価の観点が変わったのか(特集 新しい評価の風―絶対評価導入への対応)　吉沢良保　「学校経営」　46(9)　2001.8　p6〜15
◇絶対評価と相対評価―特色をふまえた使い方―「この評価の目的は」を絶えず念頭に(特集 教育改革時代の校内研修・緊急テーマ23―取り上げたい校内研修のテーマと"研究の現状"―何が何処まで明らかになっているのか)　馬場久志　「学校運営研究」　40(5)　2001.4　p16〜18
◇提言・教課審の到達度重視「絶対評価」提案を検討する(特集 到達度重視「絶対評価」のどこが問題か)　「現代教育科学」　44(3)　2001.3　p5〜19
◇文教ニュース 絶対評価を一層重視　「学校運営研究」　40(1)　2001.1　p75〜77
◇相対評価は子どもの学習意欲を奪う(私にとっての「戦後50年と教育」)　大麻南　「教育」　45(2)　1995.2　p87〜90
◇「新学力観」と5段階相対評価(学力・学習＜特集＞)　藤原義隆　「教育」　44(5)　1994.5　p68〜70

セメスター制

年2学期制のこと。大学改革が進むにつれ採用する大学が出てきた。短期間で密度の濃い授業が展開が期待できる、秋季入学への対応が可能になり留学・帰国子女の受け入れがスムーズになる、カリキュラム選択の幅が広がるなどの利点があげられる。

【雑誌記事】
◇焦点 これからの人間関係(1)「セメスター制」と友人関係について　飯沼稔　「人間関係学研究」　7(1)　2000.11　p68〜70
◇全学的セメスター制への展望(特集 教養教育からみた新大教育の現在・未来(第1回全学FD))　池上岳彦　「大学教育研究年報」　5　2000.3　p113〜116

◇セメスター制導入後の登録単位数と単位取得の関係について　畑中勝守,武田昌之,鈴木充夫　「北海道東海大学教育開発研究センター所報」　12　1999　p17～25

◇セメスター制における教育プログラム開発―学生の自己責任を求めて（特集　大学に問われること）　鶴岡靖彦　「大学の物理教育」　1999年(1)　1999.3　p28～33

◇よりよい教育をめざして―セメスター制、成績評価の方法等について（特集　大学におけるカリキュラム改革等について）　ウィリアムカリー　「大学と学生」　407　1999.2　p6～12

◇セメスター制活用に関する一提言（〔一般教育学会〕1996年度課題研究集会関係論文―セッション2「学期制度を考える」）　讃岐和家　「一般教育学会誌」　19(1)　1997.5　p41～45

ゼロ免課程・コース

国立大学教員養成学部にあって教職免許の取得を義務づけないコース・課程。総合科学課程・情報教育課程・国際文化教育課程などの名で開設され、人気が高い。98年の定員では、国立の48教員養成系学部の入学定員は1万7千人のうち、「養成課程」は1万3千人、「ゼロ免課程」が4千人である。98年から2000年までに養成課程定員5000人削減計画が実施されつつあり、新課程の定員は増加傾向を示している。

【雑誌記事】

◇戦後における保健体育科教員養成機関の変遷(2)国立大学教員養成学部スポーツ・健康に関するコースや専攻を設置するゼロ免課程について　掛水通子　「東京女子体育大学紀要」　36　2001　p11～26

全教

1989年11月、日教組の連合加盟に反対した反主流派の11県教組・12高教組は、全日本教職員組合協議会(全教)を結成。91年4月日高教左派と組織統一し、全日本教職員組合となった。98年の加入者数は10万1千人、組織率は9.1%。三団体の中では一番左より。

【図書】

◇全教千葉教職員組合運動 ― 十年のあゆみとその源流　全教千葉教職員組合著　千葉和泉書房　2000.5　21cm　384p　2000円　①4-9900510-6-8

【雑誌記事】

◇子どもと教育、教職員を守る全教運動に確信を　工藤毅　「エデュカス」　29　2000.7　p94～97

◇全教10年・略年表(特集　全教結成10年へ)　「エデュカス」　29　2000.7　p56～61

◇全教10年の到達点と今後の課題(特集　全教結成10年へ)　山口光昭　「エデュカス」　29　2000.7　p18～23

◇全教結成10年の意義（特集　全教結成10年へ）　永山利和　「エデュカス」　29　2000.7　p50～55

◇新学習指導要領批判の視点と教育課程づくり―全教討議資料にふれて(＜特集＞「教育改革」と人権教育)　我妻秀範　「部落」　52(2)　2000.2　p6～11

◇学習指導要領の移行措置に反対、教育国民大運動など「二つの大運動」展開―全教の99年度運動方針案　「内外教育」　5030　1999.7.16　p11

◇全教　みんな素晴らしい教育実践をしたいんだ(特集　青年労働者―やっぱり組合は必要だ)　木村真悟　「労働運動」　403　1998.9　p76～79

◇全教〔全日本教職員組合〕沖縄のたたかいを全国に―いま広がる平和運動(特集新しい変化にみる"革新への胎動")　田中洋子　「労働運動」　371　1996.3　p82～89

◇全教が「教職員権利憲章」―「民主的教師論」を発展させた「権利憲章」　安達拓二　「現代教育科学」　38(12)　1995.12　p93～96

全国高校総合体育大会

1962年の全国高等学校体育連盟の創設以来、各地種目別にばらばらに開いていた選手権大会を、1963年の大会から「全国高等学校総合体育大会」として、夏季大会及び冬季大会を開催することになったもので、高校生最大のスポーツ大会。93年5月、全国高等学校体育連盟は、学校教育法第1条で定められた高校生しか参加できないとしていた全国

高校総体の大会開催規定の改正を決め、朝鮮高級学校などの学校の生徒の参加が認められることになった。

【図書】

◇在日挑戦―朝鮮高級学校生インターハイへの道 矢野宏著 木馬書館 1995.5 19cm 221p 1165円 ④4-943931-41-3

【雑誌記事】

◇念願の高校総体出場を果した大阪朝鮮高校の大きな一歩(Number Eyes) 「スポーツ・グラフィック・ナンバー」 20(18) 1999.9.9 p11

◇大阪朝鮮高級学校サッカー部(グラビア) 「週刊朝日」 104(34) 1999.7.30 p5～7

◇高校総体への参加とその利点および問題点 河野清尊 「米子工業高等専門学校研究報告」 33 1997.12 p29～36

全国子どもプラン

1999年、学校完全五日制を前に文部省が提唱した「緊急3ヶ年戦略」。親と子どもたちの活動を振興する体制を整備する計画で、全国1000ヶ所での「子どもセンター」の設立、「子ども放送局」の開局、関係省庁との連携による「子どもインターンシップ」などの多彩な体験活動機会の充実、家庭教育への支援等を目的とする。

【図書】

◇動きはじめた全国子どもプラン ― 地域で子どもを育てよう 緊急3ヶ年戦略 〔東京〕 文部省生涯学習局青少年教育課 1999.8 30cm 149p

◇動きはじめた全国子どもプラン ― 地域で子どもを育てよう 緊急3ヶ年戦略 都道府県・指定都市における取組み 東京 文部省生涯学習局青少年教育課 1999.8 30cm 204p

【雑誌記事】

◇行政サイドの取り組み 「全国子どもプラン」の取り組み―「子どもの水辺」再発見プロジェクトと自然体験活動リーダー登録制度を中心に(特集・川で遊び、学ぼう) 下村善量 「河川」 649 2000.8 p33～38

◇「子どもインターンシップ」の実際と効果 (特集「選択と責任」の時代の学校(1)) 堀井啓幸 「学校経営」 45(5) 2000.4 p38～43

◇地域や家庭における教育の充実―「全国子どもプラン(緊急3ヶ月戦略)」の推進(特集 教育改革の推進状況 ― 心の教育を充実する(1)幼児期からの心の教育の充実) 文部省生涯学習局 「教育委員会月報」 51(8) 1999.11 p12～20

◇「全国子どもプラン(緊急3ヶ年戦略)」主要事業紹介(特集 全国子どもプラン(緊急3ヶ年戦略)) 文部省生涯学習局 「文部時報」 1473 1999.5 p30～47

◇衛星通信を利用した「子ども放送局」推進事業(特集 全国子どもプラン(緊急3ヶ年戦略)―「全国子どもプラン(緊急3ヶ年戦略)」主要事業紹介) 「文部時報」 1473 1999.5 p30～33

◇子どもセンターの全国展開(特集 全国子どもプラン(緊急3ヶ年戦略)―「全国子どもプラン(緊急3ヶ年戦略)」主要事業紹介) 「文部時報」 1473 1999.5 p34～37

◇夢を持った、たくましい子に育てよう―「全国子どもプラン」推進 文部省 「青少年問題」 46(5) 1999.5 p40～56,図巻頭2p

潜在的カリキュラム　latent curicculum

隠されたカリキュラム(Hidden Curriculum)とも。正規の教育課程(顕在的カリキュラム)ではないが、学校文化や校則・礼儀のように、学校生活の中で暗黙に・無意図的に学ぶことを求められているカリキュラム。歴史的な慣習や社会的関係によって生じる。

【雑誌記事】

◇男女平等教育副読本の顕在的カリキュラムと「隠れたカリキュラム」―教科書分析の知見と比較して 氏原陽子 「名古屋短期大学研究紀要」 39 2001 p81～92

◇『こどものとも』に表れた性差 武田京子 「岩手大学教育学部附属教育実践研究指導センター研究紀要」 9 1999 p51～61

◇中学校における男女平等と性差別の錯綜―二つの「隠れたカリキュラム」レベルから 氏原陽子 「教育社会学研究」 58 1996.5 p29～45

◇「潜在的カリキュラム」概念の再検討―D.ゴードンの議論を中心に 高旗浩志 「カリキュラム研究」 5 1996.3 p53～64

◇潜在的カリキュラムとしてのワン・ベスト・カリキュラム　浅沼茂　「東京学芸大学紀要　第1部門　教育科学」　46　1995.3　p55〜67
◇身体と運動の潜在的カリキュラム＜特集＞　「体育の科学」　44(11)　1994.11　p876〜925

専修学校　special training school
　1975年の学校教育法改正で認可された、職業や実生活上の教養を教える教育施設。国立・公立・私立があり、それぞれ中卒レベルの高等課程（高等専修学校）・高卒レベルの専門課程（専門学校）・学歴不問の一般課程がある。専修学校の基準に満たないものは各種学校になる。職業教育が脚光を浴びてから人気が高く、最近では社会人が再教育機関として用いることもある。86年には高等課程からの大学進学が、99年には専門課程からの大学編入が可能となった。95年からは一定の条件を満たせば「専門士」の称号が付与されるようになった。

【図書】
◇専修学校に関する実態調査報告書　平成9年度　東京　文部省大臣官房調査統計企画課　〔2000〕　30cm　294p
◇あなたは何ができますか ― 変わる専門学校実学への挑戦　第2版　日刊工業新聞特別取材班編　東京　日刊工業新聞社　1999.12　19cm　209p　1600円（B&Tブックス）　Ⓓ4-526-04513-6
◇現代日本の専門学校 ― 高等職業教育の意識と課題　韓民著　東京　玉川大学出版部　1996.12　22cm　218p　3296円　Ⓓ4-472-10851-8
◇専修学校制度20年史　20周年記念特別委員会編　東京　全国専修学校各種学校総連合会　1995.12　27cm　118p
◇実学の追求　1996　東京　現代書林　1995.3　20cm　221p　1500円　Ⓓ4-87620-800-X
◇専門学校がどんどん潰れる ― 不況と人口減・志望者減でこれからの専門学校が危ない。　清水谷恵著　東京　エール出版社　1994.4　19cm　186p　1300円（Yell books）　Ⓓ4-7539-1288-4

◇専門学校教育論 ― 理論と方法　梶原宣俊著　東京　学文社　1993.1　20cm　219p　1500円　Ⓓ4-7620-0453-7

【雑誌記事】
◇専門学校の社会的機能に関する研究　原清治　「教育学部論集」　10　1999.3　p53〜77
◇専門学校における職業人再教育の現況（特集／専門学校）　文化服装学院　「大学と学生」　402　1998.9　p45〜49
◇専修学校教育の充実（特集 平成10年度高等教育行政の展望）「大学と学生」　397　1998.4　p39〜40
◇専門学校 ― 制度の概要と当面する課題（特集 高等教育の現状）　菊田薫　「季刊教育法」　114　1998.3　p52〜56
◇総論:高等教育機関の位置,明確に（特集:一段と脚光浴びる専門学校）　横山茂　「日経広告手帖」　42(3)　1998.2　p2〜4
◇日本の教育制度における「専修学校」についての考察　梁忠銘　「東北大学教育学部教育行政学・学校管理・教育内容研究室研究集録」　24　1993.8　p25〜43

センター・オブ・エクセレンス　⇒COEを見よ

センター給食
　自校内に調理・配膳設備を持つ単独調理方式に対し、給食センターなどに委託して配達してもらう共同調理方式のことをいう。給食合理化で職員のパート化・調理の外部委託が増加、1999年では完全給食を実施する公立小・中学校の54％が共同調理場方式を採用している。適温給食ができないのが難点とされてきたが、業者の努力もあって改善されている。

【雑誌記事】
◇小学校給食の単独校調理方式と給食センター方式の比較　久野（永田）一恵, 荒尾恵介, 金子真紀子（他）　「西九州大学・佐賀短期大学紀要」　31　2000　p69〜73
◇学校給食=まやかしの「民間委託で経費削減」　雨宮正子　「住民と自治」　438　1999.10　p14〜47
◇住民共闘でかちとった「学校給食の直営の堅持」と「保育所統廃合反対」請願の採択

(茨城・古河市)　渡辺重宜　「住民と自治」　433　1999.5　p36〜39

◇学校給食はいま、民間委託を考える(特集　学校給食の現在)　雨宮正子　「未来をひらく教育」　116　1999.3　p76〜82

◇学校と家庭,地域との連携を深め地域に根ざした学校給食を目指して―山形県最上町学校給食センター　「スポーツと健康」　30(3)　1998.3　p57〜59

◇漁港のまちで取り組んだかつお料理の開発―鹿児島県枕崎市立学校給食センター(特集 地域おこしと学校給食)　川野美由紀　「スポーツと健康」　29(10)　1997.10　p26〜29

選択教科制　elective system, optional subject system

個性化教育の進展のため、教科や科目の選択学習が重視されてきた。1989年の中学校学習指導要領で選択履修の幅が拡大され、3年次の選択科目(音楽・美術・保体・技術家庭)を2年次の選択科目に、3年次ではこれに国・社・数・理の合わさった全教科が対象となった。99年の新学習指導要領では全教科を対象とした選択が1年からに拡大された。高校では89年の改訂で社会科が解体され、世界史以外が選択科目となっている。

【雑誌記事】

◇新学習指導要領に基づく選択教科の展開とその課題(特集 中学校における選択教科の意義とその在り方)　佐野金吾　「中等教育資料」　49(3)　2000.2　p18〜23

◇中学校の選択教科拡大をどうみるか(特集 新学習指導要領―批判の視点の立場から)　岩上哲治　「エデュカス」　25　1999.7　p41〜44

◇教科・科目等の内容―新実践課題―選択教科(中学校)(教育課程審議会答申全文と重点事項の解説―教育課程審議会答申の重点事項の解説)　堀内一男　「学校運営研究」　37(12)　1998.9　p207〜211

◇中学校選択教科制が生徒のカリキュラムへの適応行動に及ぼす統制作用　田中統治　「子ども社会研究」　3　1997　p44〜56

◇なぜ、「選択教科」「課題選択学習」が強調されるのか(話例特集 保護者の信頼を得る「教育課題」の話し方)　藤森喜子　「総合教育技術」　52(12)　1997.11　p70〜71

先端科学技術大学大学院

1990年10月石川県に北陸先端科学技術大学大学院が創設された。情報科学・材料科学の2研究科があり、総合研究大学院大学同様博士課程のみを設ける。前期課程125人・後期課程37人と、募集人員が多い。奈良にも開校している。

→総合研究大学院大学 をも見よ

【図書】

◇世界のJAISTを目指して ― 最先端の大学院大学の構築 自己点検・評価報告書　北陸先端科学技術大学院大学総務部庶務課編　辰口町(石川県)　北陸先端科学技術大学院大学　2000.8　30cm　161p　非売品

【雑誌記事】

◇シリーズ 大学の自己点検を評価する(その1)北陸先端科学技術大学院大学と奈良先端科学技術大学院大学　小林信一　「IDE」　407　1999.5　p69〜72

◇北陸先端科学技術大学院大学における取組(特集 研究者のモビリティー)　示村悦二郎　「学術月報」　51(9)　1998.9　p914〜918

◇奈良先端大〔奈良先端科学技術大学院〕をよろしく　櫛田孝司, 金光義彦, 大門寛(他)　「固体物理」　33(6)　1998.6　p563〜568

◇独立大学院大学の教育―北陸先端科学技術大学院大学(特集/期待される大学教育)　木村克美　「化学工業」　49(1)　1998.1　p15〜17

◇最新・大学研究機関ガイド―Serial 71 奈良先端科学技術大学院大学　「開発マネジメント」　7(6)　1997.6　p104〜110

◇動きはじめた北陸先端科学技術大学院大学(大学院―そこはどんなところ?<特集>)　木村克美　「化学」　48(4)　1993.4　p247〜249

◇北陸先端科学技術大学院大学(石川県辰口町)―北陸を日本の先端科学技術のメッカに21世紀を担う人材育成目指す初の独立大学院(21世紀を拓く地域プロジェクト〔21〕)　「経済月報(静岡経済研究所)」　361　1993.4　p42〜45

全日教連

1984年、日本教職員連盟(日教連)と日本新教職員組合連合(新教組)が統一されて結成された、公立学校の教職員で組織する教職員

団体の全国組織の一つ。正式名称は、全日本教職員連盟。勤務条件の維持改善活動とともに研修活動にも重点をおいている。98年度の加入者は、2万7千人。組織率は2.4％である。

【図書】
◇教育正常化運動四十年の軌跡 ― 全日本教職員連盟十周年記念　全日本教職員連盟編　東京　全日本教職員連盟　1994.2　27cm　265p

【雑誌記事】
◇「基本法」改正含め論議を ― 全日教連定期大会で2000年度運動方針　「内外教育」5118　2000.6.20　p24

全日本教職員組合　⇒ 全教 を見よ

全日本教職員組合協議会　⇒ 全教 を見よ

全日本教職員連盟　⇒ 全日教連 を見よ

専門学校
専修学校のうち、入学資格として高等学校卒業またはそれに準ずる資格が必要な専門課程。卒業すると大学に編入が可能。
→ 専修学校 をも見よ

専門教育　specialized education
主に大学などの高等教育機関で、各学問分野に対抗して行われる教育。1・2年次で一般教育を、3・4年次で専門教育を行うカリキュラムが長い続いてきたが、1991年の大学設置基準の改正により専門教育と一般教育の枠が外され、制度的には区別がなくなった。まだ、多くの大学・学部は教育目標として「専門的知識を持った教養人」「教養のある専門家」と規定することが少なくないが、大学の大衆化に伴い非専門職志向の学生を受け入れざるをえないため、大学院での専門教育に比重が移りつつある。

専門大学院
高度専門家の要請を主目的にした修士レベルの大学院で、ビジネス・スクールやロー・スクールなどのプロフェッショナル・スクールがこれにあたる。大学院設置基準の改正に伴い設置が検討されているほか、2001年に発表された「大学を起点とする日本経済活性化のための構造改革プラン」中にも取り上げられている。
→ 法科大学院 をも見よ

【雑誌記事】
◇「5年以内に専門大学院」65％が構想 ― 学生数1万人以上の大学で　私大教授会連合が第7次白書　「内外教育」5208　2001.6.5　p8～9
◇大学改革としての専門大学院 ― 背景と課題（特集 岡山大学法学部シンポジウム「地方における法学教育の新しい展開」― 第一部 基調講演 わが国における法学教育と法曹養成）　合田隆史　「岡山大学法学会雑誌」49(2)　2000.1　p447～454
◇大学改革としての専門大学院と法学教育（特集 法曹養成制度と大学教育）　合田隆史　「法律のひろば」53(1)　2000.1　p4～9

【 ソ 】

総括的評価　overall evaluation
ある内容の学習の終了後、「成績をつける」のに行うのが総括的評価。ある時点で子供の持っている知識・能力・技能の水準を認定すること。基準となる集団に照らして評価する相対評価である。
→ 教育評価 をも見よ

【図書】
◇教育評価法ハンドブック ― 教科学習の形成的評価と総括的評価　B.S.ブルーム他著、梶田叡一〔ほか〕訳　東京　第一法規出版　1993.6　22cm　468p　3500円　①4-474-04148-8

【雑誌記事】
◇カリキュラム評価の役割に関する理論的検討 ― Scriven, M.による構成的/総括的評価の検討を中心に　根津朋実　「カリキュラム研究」9　2000.3　p63～76

ソウキキ

早期教育　early education

主として義務教育就学前から始められる教育。学問や芸術などに優れた素質をもつ優秀児・天才児に親・家庭教師が行う英才教育、バイオリンの鈴木メソードや遠山啓の水道方式など普通児のための才能開発教育、障害の出現予防や発達援助・生活訓練のための早期療育などが含まれる。功罪が種々に言われている。

【図書】

◇新・0歳からの教育　東京　ティビーエス・ブリタニカ　2001.4　27cm　134p　700円（TBSブリタニカムック）　①4-484-01481-5

◇0歳からの教育&4歳からの学習　東京　ティビーエス・ブリタニカ　1998.11　27cm　121p　648円（TBSブリタニカムック）①4-484-98296-X

◇0歳は教育の適齢期　井深大著　東京　ごま書房　1998.9　18cm　220p　571円（Goma books）　①4-341-30012-1

◇早期教育を考える　無藤隆著　東京　日本放送出版協会　1998.3　19cm　226p　920円（NHKブックス）①4-14-001826-7

◇ちょっと待って!早期教育　保坂展人著　東京　学陽書房　1996.5　19cm　226p　1400円　①4-313-65071-7

◇早期教育が育てる力、奪うもの ─ 幼児期に欠かせない人間らしさの"芯"の育ち　加藤繁美著　東京　ひとなる書房　1995.6　21cm　144p　1339円　①4-938536-82-X

◇ゼロから始めます!? ─ お隣もこっそりやってる早期エリート教育　緒方邦彦取材・文　東京　ホーム社　1994.8　19cm　237p　1400円　①4-8342-5007-5

◇危ない公文式早期教育　保坂展人著　東京　太郎次郎社　1994.5　19cm　204p　1650円　①4-8118-0627-1

◇二歳で本が読める ─ わが子を優秀児にする早期読書　公文公［著］　東京　講談社　1993.10　16cm　268p　600円（講談社+α文庫）①4-06-256012-7

◇お子様おけいこごと事情 ─ 子どもを伸ばすための教育とは　杉山由美子著　東京　婦人生活社　1993.9　19cm　207p　1200円　①4-574-70088-2

◇このままでいいのか、超早期教育　汐見稔幸著　［東京］　大月書店　1993.8　21cm　108p　1300円（子育てと健康シリーズ1）①4-272-40301-X

◇新「公文式算数のひみつ」─ 幼児・小学生でも方程式が解ける　公文公,岩谷清水著　東京　くもん出版　1993.7　19cm　286p　800円　①4-87576-757-9

◇奇蹟が起きる七田式0歳教育　13　幼児のイメージ作文集　1　東京　鳳鳴堂書店　1993.4　19cm　135p　1030円　①4-89280-797-4

◇小谷式入試突破ゲーム ─ 名門小・中学校に合格者が続々!　小谷正樹著　東京　扶桑社　1993.4　19cm　270p　2000円　①4-594-01132-2

【雑誌記事】

◇早期教育は何をもたらすか ─ 子どもの成長をせかす現状と功罪（特集 せかす親・待てる親）杉山由美子「児童心理」55(8)　2001.6　p30～35

◇親の「伸ばそう」意識が過ぎるとき ─ 早期教育の問題点（特集 得意を伸ばす）髙良聖「児童心理」54(14)　2000.10　p1343～1348

◇早期教育を脳から考える(Do You 脳?［8］)　河野貴美子　「暮しと健康」52(8)　1997.8　p68～69

◇初期刺激は欠かせない（特集・0歳からの大学受験）猪口邦子「Ronza」1(2)　1995.5　p128～129

総合学習

特定の主題のもとに、諸領域にわたる教科の学習を組織する教授方法。戦前の合科学習の流れを汲む。戦後の総合社会科は、総合学習のための科目として新設された。系統学習の台頭と単元学習の衰退で55年以降低調だったが、77年の学習指導要領で"合科的な指導"が指示されてから、再び関心を集めるようになった。

【図書】

◇総合学習と学校づくり ─ 普通教育の脱構築へ向けて　竹内常一,高生研編　東京　青木書店　2001.3　20cm　301p　2600円　①4-250-20108-2

◇ふだん着の総合学習 ─ 四半世紀を生き抜いた「統合学習」の実践と理念　千葉県館山市立北条小学校,早稲田大学人間総合研究センター編著　東京　第一法規出版

2000.10　21cm　168p　1800円　①4-474-00989-4
◇総合学習の思想と技術　加藤幸次著　東京　明治図書出版　1997.11　19cm　112p　1160円　(オピニオン叢書 41)　①4-18-167108-9
◇総合的学習のすすめ ― 研究開発学校等の研究成果と実践的課題　村川雅弘編著　大阪　日本文教出版　1997.9　21cm　178p　2000円　①4-7830-4019-2
◇生きる力を育てる総合学習の実践 ― 必修学習・選択学習との関連を図って　滋賀大学教育学部附属中学校著　東京　明治図書出版　1997.4　22cm　180p　2250円＋税　①4-18-223916-4

【雑誌記事】
◇物理教育と総合学習「探究科(環境学)」(特集 総合学習 ― 総合的な学習に物理教育はどう関われるか)　桐山信一　「物理教育」49(2)　2001　p170〜174
◇教科学習の基礎・基本と総合的学習(特集1 学校教育 ― 総合的な学習と教科学習との関連)　中野和光　「日本教材文化研究財団研究紀要」　29　1999　p33〜36
◇豊かな人間性を育む総合学習の実践 ― 自分探し・自分創りの旅を求めて(特集「総合的な学習」を支え、「生きる力」をつける基礎・基本の育て方・教え方 ― わが校の実践研究)　吉塚憲博　「教育フォーラム」24　1999.6　p82〜94
◇＜総合学習＞総合学習をどうとらえるか(教育課程審議会最終答申の分析(下))　長尾彰夫　「教育評論」　618　1998.10　p62〜65
◇特別活動を主体にした横断的・総合的な学習(特集 横断的・総合的な学習の構想と展開(2))　山口満　「教職研修」　24(12)　1996.8　p80〜83

総合学科

1994年に設置が始まった高等学校の制度で、高等学校設置基準には「普通及び専門教育を選択履修を旨として総合的に施す学科」と規定されている。教育課程は学習指導要領にある必修科目の他、総合学科独自の必修科目、自由選択科目から成る。ある程度まとまりがあり、かつ生徒の進路の方向に沿った科目履修が可能になるとされている。2000年度は全国に144校。

【図書】
◇「総合学科」を創る ― 生き生きと伸び伸びと学ぶ喜びを　筑波大学附属坂戸高等学校編　学事出版　2001.9　21cm　212p　2000円　①4-7619-0766-5
◇総合学科の今後の在り方について ― 個性と創造の時代に応える総合学科の充実方策報告　〔東京〕　総合学科の今後の在り方に関する調査研究協力者会議　2000.1　30cm　136p
◇「総合学科」の解説と事例 ― 高等学校教育の新たなる展開のために　総合学科研究会編　東京　ぎょうせい　1997.11　26cm　215p　2400円　①4-324-05159-3

【雑誌記事】
◇総合学科における幅広い選択科目の開設・諸制度の活用(特集 高校教育改革の現状と今後の展望)　青森県立七戸高等学校　「中等教育資料」　50(3)　2001.2　p38〜41
◇総合学科の成果と課題(2)総合学科の実態調査報告書(職業に関する教科・科目の研究等)　鹿嶋研之助　「産業教育」　50(5)　2000.5　p26〜29
◇総合学科の発展方向とその可能性(特集 総合学科の今後の在り方について)　寺田盛紀　「産業教育」　50(3)　2000.3　p4〜7
◇文教施策 ― 総合学科の今後の在り方に関する調査研究協力者会議報告について　「文部時報」　1485　2000.3　p59〜61
◇自分だけの時間割で学ぶ総合学科(特集 学校の個性化・特色化 ― ＜実践事例＞学校の個性化・特色化"最前線")　小川輝之　「教育じほう」　606　1998.7　p48〜51
◇3年が経過した高等学校総合学科の現状 ― 進路志向・教育課程・選択科目履修状況からの分析　広瀬信　「産業教育学研究」　27(2)　1997.7　p26〜33
◇高校総合学科を考える(特集/学校 ― 教育基本法50年)　太田政男　「歴史地理教育」　560　1997.3　p28〜31

総合研究大学院大学

1988年10月に開学した学部を持たない大学院だけの大学。いわゆる独立大学院であり、文部科学省所轄の12の大学共同利用機関の教官組織と研究施設を基盤として、博士後期課程の教育研究を行う。研究費や施

設に恵まれており、既存の大学院は危機感
を抱いている。

【雑誌記事】
◇談話室 10年目を迎える総研大　湯川哲之
「日本物理学会誌」　53(6)　1998.6　p443
～445
◇総合研究大学院大学の目指すもの(特集/
期待される大学教育)　広田栄治「化学工
業」　49(1)　1998.1　p18～21
◇高等教育の新しい試み―総合研究大学院
大学　広田栄治「化学と工業」　49(1)
1996.1　p23～25
◇総合研究大学院大学数物科学研究科の
現状と将来(今,大学院が変わろうとして
いる―3―研究所の大学院生受け入れ
の現状と将来計画＜特集＞)　大滝仁志
「日本物理学会誌」　48(9)　1993.9
p727～729

総合制高校　⇒ 総合選択制高校 を見よ

総合選択制高校　comprehensive upper secondary school

　普通科の特色作りのひとつ。複数の学系・
コースがあり、普通科目・職業科目を問わず
多数の選択科目・講座を設け、生徒が希望や
進路に応じて履修する総合制高校。職業高
を改組する例が多いが、埼玉・伊奈学園総合
高等学校のような大規模校もある。

【図書】
◇高校教育のアイデンティティー―総合制
と学校づくりの課題　教育科学研究会〔ほ
か〕編　東京　国土社　1996.8　21cm
246p　2500円(「教育」別冊　9)　①4-
337-46018-7
◇伊奈学園―新しい高校モデルの創造と評
価　西本憲弘,佐古順彦編　東京　第一法
規　1993.11　21cm　249p　2500円
①4-474-00324-1
◇輝く個性たち―伊奈学園にみる総合選
制　竹内克好編　浦和　さきたま出版会
1993.11　19cm　143p　1200円　①4-
87891-052-6

【雑誌記事】
◇「総合選択制高校」科目選択制の変容過程
に関する実証的研究―自由な科目選択の
幻想　田中葉「教育社会学研究」　64
1999.5　p143～163
◇総合制高校のメリットを生かした―子ど
もや地域のニーズに応える教育活動の創
造(＜巻頭特集＞進む高校教育改革(2)普
通科における職業教育)　田中辰吉「産業
教育」　47(1)　1997.1　p8～11
◇総合選択制高校の現状と課題(高校・大学の
改革はどこまで進んでいるか＜特集＞)
黒沢惟昭「季刊教育法」　95　1993.12
p12～20

総合選抜制

　公立高入試方式のひとつ。学区(学校群)
内の定員合格者を確定後、学力・通学距離・
男女比率などの考慮基準から合格者を各校
に配分する。通学区域を配慮した小学区制
(1984年まで)や、成績均等配分を行う学校
群制度などが代表例。

【雑誌記事】
◇入学試験制度に関する研究(1)広島県と大
分県の総合選抜制度の廃止とその課題を
中心にして　滝沢潤,吉田香奈,仙波克也
「広島大学教育学部研究紀要　第1部　教育
学」　47　1998　p11～20
◇京都の総合選抜制度―高校三原則から通
学圏制度へ(特集・公立高校総合選抜制度の
ゆくえ―平等化と個性化)　椿原泰夫「都
市問題」　85(3)　1994.3　p55～64
◇総合選抜制度の社会的背景(特集・公立高校
総合選抜制度のゆくえ―平等化と個性化)
下村哲夫「都市問題」　85(3)　1994.3
p3～14
◇総合選抜制度の導入と改革の経緯―広島
県を事例として(特集・公立高校総合選抜
制度のゆくえ―平等化と個性化)　二宮皓
「都市問題」　85(3)　1994.3　p65～75
◇山梨における高校入試制度―小学区・総合
選抜制を維持して(学力競争列島 日本＜特
集＞)　戸田康「教育」　43(1)　1993.1
p59～61

総合大学院

　1974年大学院設置基準の制定で大学院の
独立性が明確にされ、80年代科学技術の急
速な進展で、学部組織と直結しない、専門教
育・研究機関としての新しい大学院組織が誕
生。総合大学院はそのうちの「独立大学院」
の一形態で、複数の大学の異なる学科や研

究所が共同で設置、共通する領域・テーマの総合研究を行う。金沢大学総合大学院、国際総合大学院などがあり、長崎大学が2002年、歯学・医学・薬学の3大学院を統合した総合大学院の開設を進めている。

総合的な学習の時間

各学校が地域や学校の実態に応じて創意工夫して特色ある教育活動を展開するための時間。横断的・総合的な学習を通じて子どもが自ら学び考える力を身につけることを狙いとし、教育課程上の名称も各学校にゆだねられている。1998年7月の教育課程審議会答申で提言された。完全実施は2002年度からだが、2000年度からすでに8割以上の小中学校が先行実施している。

【図書】

◇「総合的な学習の時間」のための学社連携・融合ハンドブック — 問題解決・メディア活用・自己評価へのアプローチ 山本恒夫、浅井経子、坂井知志編 東京 文憲堂 2001.2 30cm 206p 2500円 ①4-938355-14-0

◇総合的な学習カリキュラムデザイン 小川哲男著 東京 東洋館出版社 2000.9 21cm 130p 1700円 ①4-491-01670-4

◇総合的な学習は学力崩壊か・学校再生か — 至論・駁論 目賀田八郎、中野重人著 東京 東洋館出版社 2000.5 21cm 212p 2400円 ①4-491-01621-6

◇哲学のある教育実践 — 「総合的な学習」は大丈夫か 高久清吉著 東京 教育出版 2000.4 19cm 205p 2000円 ①4-316-36960-1

◇「総合的な学習(『国際・文化科』)」に関する実践研究報告書 金沢 金沢大学教育学部附属高等学校内総合的な学習に関する実践研究報告書作成委員会 2000.3 30cm 112p

◇子どもと「総合的な学習の時間」 — 21世紀に期待する教科教育 北海道教育大学教科教育学研究図書編集委員会編 東京 東京書籍 2000.3 22cm 316p 3059円 ①4-487-75759-2

◇双方向からの総合的な学習 — 各教科等との関連 早坂五郎編著 東京 東洋館出版社 2000.2 21cm 165p 2200円 ①4-491-01586-4

◇総合的な学習の実践 人間教育研究協議会編、梶田叡一責任編集 東京 金子書房 1998.6 21cm 141p 1950円 (教育フォーラム 第22号) ①4-7608-9772-0

【雑誌記事】

◇「総合的な学習の時間」の概念について — 教課審の審議概要を通して 塚原雅裕、遠藤忠 「宇都宮大学教育学部教育実践総合センター紀要」 23 2000.4.3 p16〜23

◇「総合的な学習の時間」と特別活動との関連をどう図るか(全訂・特別活動読本 — 完全5日制・新教育課程下の特色ある特別活動のあり方を徹底考察 — 1章 新教育課程と特別活動の充実) 児島邦宏 「教職研修総合特集」 139 2000.3 p49〜52

◇「総合的な学習」のカリキュラム開発と作成 — その課題と展望(特集 「総合的な学習」を支え、「生きる力」をつける基礎・基本の育て方・教え方) 加藤明 「教育フォーラム」 24 1999.6 p118〜127

◇講演記録 いま、「総合的な学習」に向けて何をすべきか(特集 「総合的な学習」を支え、「生きる力」をつける基礎・基本の育て方・教え方) 浅田匡 「教育フォーラム」 24 1999.6 p128〜136

◇総合的な学習の時間における基礎・基本を考える — カリキュラムからの問いかけ(特集 新しい学習指導要領と基礎・基本の見直し) 小林恵 「教育展望」 45(3) 1999.4 p34〜43

◇《資料》「総合的な学習の時間」(教育課程審議会『中間まとめ』より抜粋)(総合的な学習 — 考え方と実践の手引き) 「総合教育技術」 16 1998.2 p16

相対評価

集団基準準拠評価とも言う。評価の対象となる集団の中に設定した判定基準をもとに、個々の相対的位置を統計的に求めるもの。個々人の進歩度を表し得ず、序列化を教化し、競争心を刺激すると共にやる気をなくさせる難点があるとされる。

→教育評価, 絶対評価・相対評価 をも見よ

ソシオメトリー sociometry

社会測定法。集団における成員間の選択・排斥関係を調査することで、集団内での個

人の位置(スター・ペア・孤立など)や、集団の特徴(スター中心型・小グループ型など)を知ることができる。その一方、対象数が多いと関係も複雑になり、特徴の読み取りが困難になるという欠点がある。

【雑誌記事】
◇ファジィ理論を応用したソシオメトリー分析II 山下元,滝沢武信,西村和子ほか 「早稲田教育評論」 8(1) 1994.3 p109〜123
◇「あたたかいソシオメトリー」にできるか否かは教師しだい(教師と親が読む子どもの「人間関係」がわかる本＜特集＞―ソシオメトリック・テストで子どもの人間関係はどこまでわかるのか) 田中祐次 「児童心理」 47(12) 1993.8 p189〜194
◇ファジィ理論を応用したソシオメトリー分析 山下元,滝沢武信,西村和子ほか 「早稲田教育評論」 7(1) 1993.3 p29〜38

卒業式 graduation ceremony, commencement

1980年代、校内暴力が激化した頃にあった警察官が卒業式の警備に当たるというような極端な例は見られなくなったが、茶髪の生徒の名前を担任が意図的に呼ばなかった事件、問題を起こした生徒に卒業式への出席を控えるよう要請した事件などが起こっている。日の丸・君が代をめぐっての問題は、国旗国歌法の施行によって減少することが期待される。

【図書】
◇卒業式―学校行事としての 葛岡雄治著 東京 晩成書房 1999.4 19cm 243p 2000円 ⓘ4-89380-220-8

【雑誌記事】
◇法律の目で見る21世紀の学校(14)卒業式あれこれ 下村哲夫 「悠」 18(5) 2001.5 p72〜75
◇座談会 卒業式は変わったか―大阪府立高校一七校の実態調査を終えて 大阪の教育を正す府民の会 「祖国と青年」 259 2000.4 p34〜39
◇特集 卒業式と「日の丸・君が代」 「マスコミ市民」 376 2000.4 p2〜23
◇今月のテーマ(27)12年めの「ゲルニカ事件」―卒業式の意味を問い直す 「子どものしあわせ」 585 2000.3 p35〜41
◇生徒が司会をする対面式卒業式(特集 心に響くセレモニーのための生徒指導) 上田聖司 「月刊生徒指導」 30(4) 2000.3 p32〜36
◇「子ども不在の卒業式」の悲劇 岩井貞雄 「新日本文学」 54(5) 1999.6 p95〜97
◇新・学びと育ちの現場―13―学校の卒業式はどうあればよいか 梶田叡一 「総合教育技術」 52(2) 1997.5 p98〜101
◇学校づくりと教育実践―生徒がつくる卒業式 森裕子 「高校のひろば」 21 1996.9 p98〜101

【タ】

大学院改革 graduate school reform

1991年の大学院設置基準の改正以降、大学院の拡充と多様化が進められている。独立専攻・独立研究科・独立大学院・連合大学院・夜間大学院など形態が多様化。また東京大学を皮切りに大学院重点大学構想による大学院の重点化、部局化が始まっているほか、2000年の国立学校設置法改正により大学院の組織編成が弾力化され、東京大学と九州大学の大学院に「学府」が誕生することになった。

【図書】
◇大学院改革を探る 岩山太次郎,示村悦二郎編著 東京 大学基準協会 1999.12 22cm 308,115p 4500円 (JUAA選書第10巻) ⓘ4-87168-293-5

【雑誌記事】
◇大学院改革の現状と問題点―教育白書「我が国の文教施策」をもとに 土井孝俊 「吉備国際大学大学院社会学研究科論叢」 2 2000 p49〜61
◇大学院改革とこれからの方向 国井和郎 「書斎の窓」 475 1998.6 p15〜21

◇何のための大学院改革か(特集 大学院を考える) 高為重 「農業土木学会誌」 65(2) 1997.2 p99～101
◇教育不在の大学院改革(特集・大学と知性) 籾井秀一 「Ronza」 2(2) 1996.2 p28～34
◇大学院改革の動向と課題 青柳徹 「レファレンス」 513 1993.10 p5～37

大学院修学休業制度

国公立学校の教員(教諭、養護教諭及び講師)で一種免許状又は特別免許状を所持する者が、専修免許状を取得するために、1年を単位とする3年を超えない期間、教員の身分を保有したまま国内外の大学院へ入学し、研修を行うための休業をすることができるとする制度(無給)。2001年4月開始。現場を離れてみることで教職について客観的に見つめ直すこと、大学院の研究に現場感覚をもたらすことなどが副産物として期待されている。

【雑誌記事】

◇ラウンジ 大学院修学休業制度 「内外教育」 5225 2001.8.10 p28
◇資料 大学院修学休業制度の実施状況について 文部科学省初等中等教育局教職員課 「教育委員会月報」 53(4) 2001.7 p40～43
◇解説 大学院修学休業制度について〔含 Q&A〕(特集 新たな時代に向けた教員養成の改善方策について—教育職員養成審議会3年間の軌跡) 教育助成局教職員課 「文部時報」 1490 2000.7 p43～46
◇大学法規あらかると 大学院修学休業制度の創設 「内外教育」 5097 2000.3.31 p17

大学院大学 ⇒ 独立大学院 を見よ

大学運営の円滑化について

大学審議会が1995年9月に提出した答申。各大学が自主的に組織運営の改善を進めるに当たっての方策について提言を行ったもの。学長や学部長がリーダーシップを発揮しやすくするために副学長などの補佐体制を整備することなどを求める。

【雑誌記事】

◇組織運営部会における審議の概要(報告)—大学運営の円滑化について(平成6年6月28日)〔含 資料〕(大学改革の推進について＜特集＞) 大学審議会 「大学と学生」 348 1994.7 p25～49

大学改革 reform of higher education

大学審議会の91年の答申によって大学設置基準等が大綱化・自由化の方向へ改訂された。自己評価システムを導入しつつ、各大学が独自の判断によって研究教育組織・教育課程の編成を行うようになりつつある。教養課程・教養部の廃止・再編成、昼夜開講制・科目履修制度・セメスタ制・単位互換制度の導入などが挙げられる。また、学校教育法の改正により3年の在学で卒業が可能となった。

【図書】

◇大学改革のゆくえ — 模倣から創造へ 天野郁夫著 町田 玉川大学出版部 2001.7 20cm 228p 2400円 (高等教育シリーズ 108) Ⓘ4-472-30260-8
◇大学改革 — 課題と争点 青木昌彦〔ほか〕編 東京 東洋経済新報社 2001.2 22cm 431p 3800円 Ⓘ4-492-22196-4
◇大学改革 — 1945〜1999 大崎仁著 東京 有斐閣 1999.11 19cm 350,5p 2400円 (有斐閣選書) Ⓘ4-641-28027-4
◇大学に「明日」はあるか 毎日新聞教育取材班著 東京 毎日新聞社 1998.11 19cm 237p 1500円 Ⓘ4-620-31260-6
◇大学ビッグバン — 進化する大学と未来創造戦略 奥島孝康ほか著、ビジネス協議会編 東京 日本地域社会研究所 1998.6 19cm 308p 2000円 Ⓘ4-89022-771-7
◇大学改革日本とアメリカ 舘昭著 町田 玉川大学出版部 1997.12 20cm 214p 2800円 Ⓘ4-472-30001-X
◇大学改革を探る — 大学改革に関する全国調査の結果から 青木宗也, 示村悦二郎編著 東京 大学基準協会 1996.12 310,68p 4300円 (JUAA選書 第5巻) Ⓘ4-87168-236-6
◇大学論 — 大学「改革」から「大学」改革へ 青木宗也著 東京 大学基準協会 1996.7

22cm　324p　3800円　（JUAA選書　第4巻）　①4-87168-231-5
◇大学改革と大学評価　青木宗也編著　東京　大学基準協会　1995.6　22cm　383p　4300円　（JUAA選書　第1巻）　①4-87168-208-0
◇大学改革—110の事例と提言　「21世紀の自然科学系大学教育に向けて」編集委員会編　東京　朝倉書店　1994.4　21cm　524p　4635円　①4-254-10128-7
◇大学改革とは何か—大学人からの報告と提言　藤原書店編集部編　東京　藤原書店　1993.7　19cm　290p　3200円　①4-938661-76-4

【雑誌記事】

◇少子化時代の大学改革の方向性　中村忠一　「世界平和研究」　144　2000.2　p35〜41
◇21世紀に向けた大学改革—3年以上の在学で卒業できる特例の創設、大学院の組織編制の弾力化、国立大学の組織運営体制の整備等（学校教育法等の一部を改正する法律）　合田哲雄　「時の法令」　1609　2000.1.15　p20〜31
◇少子化の進展で抜本的改革を迫られる大学　臼見好生　「知的資産創造」　7(6)　1999.8　p2〜4
◇大学改革はどこへ向かうのか（特集・大学戦国時代）　山岸駿介　「世界」　579　1993.3　p72〜80

大学開放　university extension

大学拡張とも。教育・研究と並ぶ第三の機能として位置づけられる、大学の正規課程を開放する活動。大学通信教育・社会人入学制・編入学・聴講生制度・大学公開講座などが徐々に実現、一部の大学には大学開放センター（名称は大学教育開放センター、生涯学習教育研究センター、大学開放実践センター等多様）が設けられ、大学図書館やスポーツ施設も含めて生涯学習センターとしての役割が期待されている。

【図書】

◇大学開放の最新事例に関する調査研究報告書—大学開放と地域社会の相関構造を探る基礎的研究の予備的調査として1997年度教育改善推進費による研究プロジェクト　徳島大学大学開放実践センター調査研究班編　徳島　徳島大学大学開放実践センター　1998.3　30cm　49p
◇大学開放の在り方に関する研究会—報告書　第8回　〔東京〕　文部省生涯学習局　1997.3　30cm　72p
◇大学開放に関する大学・短期大学部教官のアンケート調査報告書　〔徳島〕　徳島大学大学開放実践センター　1993.9　26cm　91p

【雑誌記事】

◇大学開放に関する調査研究—生涯学習社会における大学の役割　片山尊文、中井良宏（他）　「松阪大学女子短期大学部論叢」　38　2000　p1〜19
◇大学開放実践センターの公開講座担当状況と大学開放　川野卓二　「徳島大学大学開放実践センター紀要」　10　1999.6　p75〜85
◇「継続教育」概念による大学の開放（特集　二十一世紀の高等教育に向けて）　南学　「短期大学教育」　55　1999.4　p28〜39
◇大学改革と大学開放の研究—大学開放の方向性を中心に　朝倉征夫,内山宗昭,前田耕司ほか　「早稲田教育評論」　9(1)　1995.3　p17〜40
◇大学開放講座調査と今後の課題　岡沢和世,村主千賀,中村幸雄　「Journal of library and information science」　Vol.8　1995.3　p59〜85

大学教員定年制　⇒ 大学教員の任期制 を見よ

大学教員の任期制

96年の大学審議会答申を受けて97年6月に「大学の教員等の任期に関する法律」が制定され、任期を決めて教員を採用することが可能になった。大学等における人事交流を促進し、教育研究の活性化を図ることを目的にしたものだが、大学教員の身分保障や学問の自由と絡み、議論を呼んでいる。

【図書】

◇大学ビッグバンと教員任期制　高等教育3研究所編　東京　青木書店　1998.11　20cm　235,16p　2400円　①4-250-98051-0

【雑誌記事】

◇大学教員の任期制について（学校経営ハンドブック 20 審議会答申のキーワード解説（1996～1999年）— 大学審議会答申）　清水一彦　「学校経営」　45(4)　2000.3　p166～169

◇大学教員の任期制 — 大学審議会答申と法制化（特集/大学教員の任期制）　有馬朗人　「大学と学生」　391　1997.10　p2～7

◇フォーラム 大学教官の任期制は研究活力を向上させるか　矢原徹一　「科学」　67(6)　1997.6　p426～429

◇「大学教員の任期制」とは何か — 教育・研究の活力の源泉たりうるか（特集 若手研究者と任期制）　岡村遼司　「日本の科学者」　32(5)　1997.5　p247～251

◇大学教員の任期制について（答申）— 大学における教育研究の活性化のために（特集 大学審議会の動き（資料））　大学審議会　「大学と学生」　378　1996.11　p31～43

◇大学教員任期制と労働法（特集 大学改革と教員任期制）　田端博邦　「大学と教育」　18　1996.10　p32～42

◇大学教員任期制の問題点（＜ミニ特集＞大学教員の任期制を考える）　三輪定宣　「日本の科学者」　31(6)　1996.6　p308～312

大学教授　professor

国公私立大学・短大・高専を通じ、学長・助教授・助手と並んで必置される。欧米に比べ大学教員全体に占める比率が高く、年功序列で昇任するので活気を失いがち、特に講座制の場合には閉鎖的な空気を生みやすいといわれている。

→ 大学教員の任期制, 非常勤講師問題 をも見よ

【図書】

◇大学教授物語 — ニューアカデミズムの創造を　森信茂樹著　東京　時評社　2000.5　19cm　218p　1500円　①4-88339-059-4

◇大学教授職の国際比較　有本章, 江原武一編著　町田　玉川大学出版部　1996.7　22cm　280p　4120円　①4-472-10781-3

◇だから教授は辞められない — 大学教授解体新書　川成洋編・著　東京　ジャパンタイムズ　1995.10　19cm　271p　1400円　①4-7890-0795-2

◇大学教職の現在 — 大学教員の養成を考える 第23回（1994年度）研究員集会の記録　広島大学大学教育研究センター編　東広島　広島大学大学教育研究センター　1995.10　26cm　97p　（高等教育研究叢書　37）　①4-938664-37-2

◇私大教授　海野力著　東京　近代文芸社　1993.7　20cm　189p　1500円　①4-7733-1935-6

【雑誌記事】

◇大学教授の100年（今月のテーマ 大学の20世紀）　潮木守一　「IDE」　424　2000.12　p34～38

◇人事院よ、「兼職問題」に明確な判断を（視点）　中谷巌　「日経ビジネス」　990　1999.5.10　p109

◇判例要解「大学教授の懲戒免職」西日本短期大学事件（福岡地裁平成10.10.21判決）　「労働法学研究会報」　50(3)　1999.2.1　p34～37

◇崩れた大学教授「安定路線」（東京情報〔1804〕）　「週刊新潮」　41(19)　1996.5.23　p114～115

大学公開講座　university extension programs

大学開放活動の一環として、地域の市民・社会人を対象に開かれる講座。大学が持っている総合的・専門的教育研究の機能を広く社会に開放し、生活上・職業上の知識、技術及び一般教養を身に付ける機会を提供するもの。地域における生涯学習の機会の一つ。2001年度の国立大学等公開講座は、158機関において、約2千講座予定されている。

【図書】

◇広がる学び開かれる大学 — 生涯学習時代の新しい試み　小野元之, 香川正弘編著　京都　ミネルヴァ書房　1998.2　21cm　251p　2500円　①4-623-02842-9

◇生涯学習と大学 — 海外に広がる学習機会　加藤幸男著　東京　早稲田大学出版部　1993.4　19cm　180p　2300円　①4-657-93313-2

【雑誌記事】

◇大学ユニバーサル化時代の「公開講座」を考える（特集 社会人教育と生涯学習）

羽田功 「三田評論」 1033 2001.3 p36〜41
◇島根大学生涯学習教育研究センター 「大学公開講座」を公民館事業に活用する(特集 エル・ネット) 仲野寛 「社会教育」 55(6) 2000.6 p27〜29
◇大学の公開講座を総括する—高等教育機関生き残り戦略 三沢昌子 「社会教育」 55(5) 2000.5 p75〜77
◇「体験的公開講座」考 弓岡静夫 「生涯学習センター紀要」 2 1999.3 p141〜149
◇公開講座に秘められた力(「大学」を考える<特集>) 桐木逸朗 「社会教育」 49(5) 1994.5 p44〜46

大学自己評価

1991年改正の大学設置基準の中で要求されている、大学自らが教育研究活動をチェックするシステム。大学基準協会では「大学の自己点検・評価の手引き」を作成、日本私立大学連盟も教員人事制度改革・学生による授業評価などを提言。立命館・筑波・東工大・東大など教官の研究業績集を発行する大学が相次いでいる。なお、国立大学を対象とした大学評価の第3者機関として「大学評価・学位授与機構」が2000年度に設置された。

【図書】
◇大学院の自己点検・評価の手引き 東京 大学基準協会 1999.3 30cm 61p 非売品 (大学基準協会資料 第51号)
◇大学評価システムと自己点検・評価 — 法制度的視点から 早田幸政著 東京 エイデル研究所 1997.4 22cm 283p 3333円+税 ⓘ4-87168-243-9
◇何のための大学評価か 東海高等教育研究所編 東京 大月書店 1995.2 20cm 227p 2600円 ⓘ4-272-41083-0
◇大学評価 — 理論的考察と事例 新堀通也編著 町田 玉川大学出版部 1993.12 22cm 500p 9270円 ⓘ4-472-10301-X
◇大学評価とはなにか — 自己点検・評価と基準認定 新版 喜多村和之著 東京 東信堂 1993.6 21cm 209p 2000円 ⓘ4-88713-170-4

【雑誌記事】
◇8 教育活動と授業評価〈「授業計画・授業評価」パネルディスカッション報告書〉 杉村健 「「授業計画・授業評価(シラバス)」パネルディスカッション報告書」 1996.3
◇大学自己評価の現状と課題(1993年度課題研究集会関係論文 シンポジウムⅡ 改めて大学評価の思想性を問う) 関正夫 「一般教育学会誌」 16(1)(通巻第29号) 1994.5 p18〜20
◇大学自己評価の現状と課題(大学の"評価"はどうあるべきか<特集>) 細井克彦 「日本の科学者」 28(2) 1993.2 p74〜79

大学自治 university autonomy

大学が、政治・経済・宗教上の権力や圧力から独立して、教育・研究活動を自主的に行う制度的概念。教授会による自主管理・学位授与権・財政自主権・入学者選抜権等を含む。日本では戦後に法で明文化されたが、文部行政の介入が強まり、1988年には大学審議会が発足。大学側の個別的かつ連携的な自治および学生や国民の参加する国民的共同管理の方式が主張されている。

【図書】
◇日本における大学自治制度の成立 増補版 寺崎昌男著 東京 評論社 2000.6 22cm 460p 6500円 ⓘ4-566-05163-3
◇大学評価と大学創造 — 大学自治論の再構築に向けて 佐藤拿吉〔ほか〕編 東京 東信堂 1998.12 21cm 210p 2500円 ⓘ4-88713-295-6
◇大学の法的地位と自治機構に関する研究 — ドイツ・アメリカ・日本の場合 高木英明著 東京 多賀出版 1998.2 22cm 360p 6000円 ⓘ4-8115-4861-2
◇大学自治の危機 — 神戸大学レッド・パージ事件の解明 平田哲男編著 東京 白石書店 1993.8 22cm 420p 7210円 ⓘ4-7866-0271-X

【雑誌記事】
◇大学の危機論と教育改革・大学自治(大学の行方—日本の学術研究・高等教育と現代社会) 青木宏治 「法の科学」 29 2000 p109〜120
◇大学自治の憲法論・再論(大学の行方—日本の学術研究・高等教育と現代社会) 館山紘毅 「法の科学」 29 2000 p101〜108

◇大学自治と大学評価(特集 岐路に立つ大学教育—大学淘汰の時代) 西尾茂文 「土木学会誌」 85(5) 2000.5 p20～22
◇大学自治再構築の課題(今月のテーマ《問われる大学の主体性》) 大崎仁 「IDE」 394 1998.2 p52～58

大学進学率　rate of university entrants

1992年度の大学受験生は、第2次ベビーブーム世代や、現役で5割を越える志願率の増加で、史上最高の120万人余となった。高等教育整備計画などの対応が功を奏し、浪人を含む進学率は年々上昇。99年度の大学・短大への現役進学率は男40.2％、女48.1％、合計44.2％。

【雑誌記事】

◇2001年度学校基本調査速報 大学等進学率の上昇は"失速"—50％目前、短大の不振が響く(3)進学率・就職率・就園率 「内外教育」 5229 2001.8.31 p8～15
◇大学進学率の地域格差の分析—鹿児島県を事例として 舞田敏彦 「九州教育学会研究紀要」 27 1999 p141～147
◇大学進学率の県間格差の分析 舞田敏彦, 松本良夫 「教育学研究年報」 18 1999.12 p97～100
◇調査 高卒就職率が20.2％に低下—現役の大学・短大進学44％台に—99年度学校基本調査速報(2)進学率・就職率・就園率 「内外教育」 5038 1999.8.20 p4～11
◇進学率の上昇について(特集/21世紀の命と健康を守る医療人の育成を目指して) 小出忠孝 「大学と学生」 376 1996.9 p2～4
◇大学進学率のトレンド分析—人口生態学的モデルの可能性 近藤博之 「大阪大学人間科学部紀要」 21 1995 p91～111

大学審議会

臨教審第2次答申を承けて1987年設置された、文部大臣の諮問機関。国公私立大関係者・企業・マスコミ界などの有識者で構成。1997年現在までに、大学の研究教育の高度化、大学院の拡充、留学生増員計画、管理運営の円滑化、大学評価の推進などの答申を出している。大学設置基準の大綱化や臨時入学定員の段階的解消などが答申によって実現するなど大きな影響力を持っている。

【図書】

◇グローバル化時代に求められる高等教育の在り方について — 答申 〔東京〕 大学審議会 2000.11 30cm 100p
◇大学入試の改善について — 答申 〔東京〕 大学審議会 2000.11 30cm 80p
◇大学院入学者選抜の改善について — 答申 〔東京〕 大学審議会 1999.8 30cm 56p
◇大学審議会答申・報告総覧 — 高等教育の多様な発展を目指して 文部省高等教育局企画課内高等教育研究会編 東京 ぎょうせい 1998.10 26cm 312p 3200円 ①4-324-05499-1
◇21世紀の大学像と今後の改革方策について — 競争的環境の中で個性が輝く大学 中間まとめ 〔東京〕 大学審議会 1998.6 30cm 174p
◇「遠隔授業」の大学設置基準における取扱い等について — 答申 〔東京〕 大学審議会 1997.12 30cm 39p
◇高等教育の一層の改善について — 答申 〔東京〕 大学審議会 1997.12 30cm 51p
◇通信制の大学院について — 答申 〔東京〕 大学審議会 1997.12 30cm 37p
◇平成12年度以降の高等教育の将来構想について — 答申 〔東京〕 大学審議会 1997.1 30cm 48p
◇大学教員の任期制について — 答申 〔東京〕 大学審議会 1996.10 30cm 48p
◇大学運営の円滑化について — 答申 〔東京〕 大学審議会 1995.9 30cm 40p
◇大学入試の改善に関する審議のまとめ — 報告 〔東京〕 大学審議会 1993.9 30cm 33p
◇夜間に教育を行う博士課程等について — 答申 〔東京〕 大学審議会 1993.9 30cm 20p

【雑誌記事】

◇特集 センター試験の年2回実施を—大学の教員資格見直しも提言 大学審議会が2つの答申まとめる 「内外教育」 5160 2000.11.28 p2～3
◇高等教育の将来と21世紀の大学像—大学審議会答申を中心に(日英教育研究フォーラム第8回大会報告—シンポジウム 高等教育改革に関する日英比較研究)

村田直樹 「日英教育研究フォーラム」 4 2000.9 p21～43
◇大学審議会、中間報告で教員の任期制導入を提言 田中征男 「教育」 46(1) 1996.1 p120～123
◇大学審議会「大学入試の改善に関する審議のまとめ(報告)」について(資料) 文部省高等教育局企画課 「大学資料」 121・122 1994.3 p1～28

大学生登校拒否 ⇒ ステューデントアパシー を見よ

大学設置基準の大綱化

1991年大学審議会答申で示された。一般教育と専門教育の区別を廃止、単位だけを卒業要件として、4年一貫のカリキュラム作成を可能にした。また聴講生にも単位を出せる科目等履修生制度、昼夜開講制、他大学・短大・専修学校での(既得)単位認定制などの「学習機会の多様化」、水準維持のための「自己点検・評価」の実施を要求。

【図書】
◇設置基準改訂と大学改革 細井克彦著 京都 つむぎ出版 1994.1 20cm 300p 2900円 ①4-87668-092-2

【雑誌記事】
◇大学設置基準の一部を改正する省令の施行等について(通知) 「大学資料」 151 2001.6 P1～33
◇大学設置基準の大綱化がもたらしたもの—その光と影 原一雄 「大学時報」 47(261) 1998.7 p94～99
◇シンポジウム2 大学設置基準「大綱化」以降の大学改革によって一般教育・教養教育はどのように変わったか、従来の大学教育の問題点を打開していく教養教育の改革ははからずきたか」(〔一般教育学会〕第19大会関係論文) 「大学教育学会誌」 19(2) 1997.11 p29～45
◇設置基準「大綱化」以降の大学教育改革—学部教育から学士課程教育へ(〔一般教育学会〕第19大会関係論文—シンポジウム2 大学設置基準「大綱化」以降の大学改革によって一般教育・教養教育はどのように変わったか、従来の大学教育の問題点を打開していく教養教育の改革ははから

れてきたか) 舘昭 「大学教育学会誌」 19(2) 1997.11 p37～40
◇大学設置基準の大綱化とこれからの一般教育 板倉大治 「鹿児島経大論集」 36(4) 1996.1 p191～217
◇生き残りを賭けた大学改革の現場—大学設置基準の大綱化3年目でそろそろ出てきた大学人の理想(総力特集・役に立つ大学'94—人事部長が本音で選んだ新・大学ランキング) 江種敏彦、鎌塚正良、千野信浩、松室哲生 「ダイヤモンド」 82(16) 1994.4.16 p48～52
◇大学設置基準の大綱化と私立大学—大学自治と一般教育との関連から 伊藤虎丸 「広島大学大学教育研究センター大学論集」 23 1993 p153～170

大学全入時代

大学の受け入れ定員と志望者数がほぼ等しくなり、希望を問わなければ全員が大学に入れる計算になること。1998年大学審議会は答申「平成12年度以降の高等教育の将来構想について」で、早ければ2009年に大学の志願者に対する収容率が100%になる試算を出している(ベビーブームによる大学の臨時的定員の5割を恒常的定員化した場合の試算)。

→ 高等教育のユニバーサル化 をも見よ

【図書】
◇迷走する大学 —「大学全入」のXデー 黒木比呂史著 東京 論創社 1999.5 20cm 203p 1800円 ①4-8460-0067-2

【雑誌記事】
◇大学全入・全卒時代の到来は八年後(時評2001) 苅谷剛彦 「中央公論」 116(4) 2001.4 p46～49
◇特集・大学全入時代の教育実践を問う 「大学と教育」 29 2001.2 p4～48
◇大学全入時代の学生と教育の課題 新村洋史 「大学と教育」 28 2000.9 P44～51
◇「大学全入」時代の到来をめぐって 笹谷孝一 「調査月報」 87 2000.8 p2～5
◇中央教育審議会の答申解説 「大学全入時代」の教育水準維持を模索した中教審—高等教育と初中教育の「接続」で答申(100号記念特集号「高等教育のイノベーション100人の提言」—高校と高等教育の

接続)「カレッジマネジメント」 18(1) 2000.1 P100～106
◇調査を読む 高卒の大学入学志願者全入の時代へ — 平成11年度学校基本調査速報より 林潤一郎 「教育と情報」 500 1999.11 P42～47

大学通信教育 university correspondense education

通学制の大学と同一水準の正規の課程を、印刷教材・放送教材・スクーリングなどの方法で修得する大学教育システム。生涯学習体系への移行で充実が図られ、放送大学も開校した。2000年度に通信教育を行う大学は20校(国立1、私立19)、短大は10校(私立)。

【図書】
◇50年の歩み — 明日をめざす大学通信教育 大学通信教育50周年記念 私立大学通信教育協会運営委員会「大学通信教育50周年記念」事業「記念誌の刊行」担当者編 東京 私立大学通信教育協会 1999.11 31cm 141p 非売品
◇私の大学通信教育日記 — 転機をつかめ 関根徳男著 東京 近代文芸社 1996.5 20cm 189p 1500円 ⓘ4-7733-5407-0
◇社会人のための自学自習のノウハウ — 大学通信教育の実例 関根徳男著 東京 慶応通信(発売) 1994.9 19cm 113p 1000円 ⓘ4-7664-0573-0

【雑誌記事】
◇生涯学習機会の拡大と学歴社会構造の変容 — 通信教育課程大学生の生活実態をもとに 今西康裕, 大束貢生 「関西教育学会紀要」 23 1999 p281～285
◇通信教育と遠隔教育 — 大学通信教育の立場から(今月のテーマ 遠隔教育の新時代) 私立大学通信教育協会研究事業課 「IDE」 398 1998.6 p33～39
◇小原国芳の大学通信教育 — 教育理想を実現させるための大きな柱 村上享子 「教育新世界」 22(2) 1996.12 p41～47
◇大学通信教育で学ぶ人々 — 多様な受講理由と心理的側面に関する計量的分析(人間科学 研究ノート) 田中堅一郎, 山崎晴美, 佐藤清公ほか 「国際経済論集」 2(2) 1995.12 p171～184

大学倒産の時代

18歳人口減少期を迎え、経営の危機感から大学倒産・大学淘汰が言われるようになった。文部省は2001年度から、私立大学・短大の経営状況の実態をつかみ、「倒産」の防止対策に乗り出すことを決めている。同省では選ばなければ誰でも大学に入れる「大学全入時代」が2009年に到来すると予測している。

【図書】
◇大学倒産 — 定員割れ、飛び級、独立行政法人化 中村忠一著 東京 東洋経済新報社 2000.5 19cm 234p 1600円 ⓘ4-492-22190-5
◇大学がどんどん潰れる 大津悦郎著 東京 エール出版社 1993.3 19cm 183p 1200円 (Yell books) ⓘ4-7539-1185-3

【雑誌記事】
◇大学淘汰 — 少子化、大学改革で死ぬ国立・私立 中村忠一 「エコノミスト」 79(38) 2001.9.11 p44～45
◇現場報告 学校法人の撤退や合併が続出する短大崩壊の現場(特集・大学倒産!) 「ダイヤモンド」 88(37) 2000.9.16 p132～136
◇深刻化する私立大学の定員割れ問題(教育ネットワーク) 柳ケ瀬孝三 「前衛」 728 2000.9 p178～180
◇地方から始まっている「受験者全員合格」(特集・消える大学・残る大学) 小田公美子 「エコノミスト」 77(37) 1999.8.31 p76～77
◇「定員割れ」で大学倒産の時代がやってくる(21世紀の大学ランキング — 生き残りを賭けて、壮絶なサバイバルが始まった!) 南学 「THE21」 15(8) 1998.8 p36～37

大学入学資格検定

家庭の経済的事情などで高校を卒業できなかった者に大学進学の道を開くため、1951年創始。略して大検。1992年出願者が2万人を突破、受験者の7割・合格者の6割は高校中退者。99年文部省は受験資格を緩和、国内の外国人学校卒業生の受験を認めた。2001年度からは年2回の実施などの改革が実施された。

【図書】
◇大学入学資格検定の改善について 第2次まとめ 〔東京〕 大学入学資格検定の改善等に関する調査研究協力者会議 2001.3 30cm 20p
◇大学入学資格検定の改善について 第1次まとめ 〔東京〕 大学入学資格検定の改善等に関する調査研究協力者会議 2000.8 30cm 16p
◇大検は君を活かす ― 生き方いろいろあるけれど、"自分の道"に賭けてみないか 尾崎教弘著 東京 ごま書房 1994.12 18cm 180p 850円 (ゴマブックス) ①4-341-01637-7

【雑誌記事】
◇とらのもん・インフォメーション 大学入学資格検定の改善について(第一次まとめ) ―大学入学資格検定の改善等に関する調査研究協力者会議 「中等教育資料」 49(20) 2000.12 p98～100
◇大学入学資格検定及び中学校卒業程度認定試験の受験資格弾力化について(官公庁窓口情報―日行連社労業務関係) 「行政書士とうきょう」 368 1999.8 p14～15
◇特集1 外国人学校卒業者に大検受検資格、不登校など中学校未修了者も対象―文部省が姿勢を転換、制度改正へ 「内外教育」 5028 1999.7.9 p2～4
◇とらのもん・インフォメーション 平成十一年度の大学入学資格検定について 文部省生涯学習局生涯学習振興課 「中等教育資料」 48(7) 1999.4 p93～95
◇高校中退者と大検制度 木下征四郎 「季刊教育法」 99 1994.9 p49～51
◇大学入学資格検定について 三浦幸樹 「社会教育」 48(2) 1993.2 p74～76

大学入試改革

米国のコミュニティカレッジや放送大学のように入学者選抜を行わない大学もあるが、大多数は選抜による入学制度で入学者を決定。能力主義・学歴主義から受験地獄を生み、広く基礎学力を問う共通テスト導入などの改革が実施されてきた。共通一次試験開始後、科目数の多さなどから国立大離れが生まれたため、受験科目数を減らしてきたが、学生の質の低下を受け、ほとんどの国立大学が2004年度からセンター試験5教科7科目の受験を課す見込み。90年代半ばから入試の多様化が進み、ペーパー試験だけでない様々な入試制度が導入されている。
→AO入試, 一芸型入試, 推薦入試, 大学入試センター試験 をも見よ

【図書】
◇大学入試の改善について ― 答申 〔東京〕 大学審議会 2000.11 30cm 80p
◇これでいいのか、大学入試 浜林正夫〔ほか〕編 東京 大月書店 1998.9 19cm 221p 1800円 ①4-272-41105-5
◇高校教育改革と大学入試制度改革に関する調査報告書 日本教職員組合〔ほか〕編 東京 アドバンテージサーバー 1997.8 30cm 41,7,5p 500円 ①4-930826-32-2
◇多様化する大学入試 ― 関西諸大学の入試制度 高等教育研究会編 京都 つむぎ出版 1994.8 20cm 202p 2300円 ①4-87668-099-X
◇大学の入試制度について 佐野達紀著 〔東京〕 日本図書刊行会 1994.4 19cm 78p 1000円 ①4-7733-2658-1
◇大学入試の改善に関する審議のまとめ ― 報告 〔東京〕 大学審議会 1993.9 30cm 33p

【雑誌記事】
◇なぜ東大入試は変えられないのか―東大自身も3年前から改革に向け調査を始めたが……(入試から始まる東大危機) 青柳正規 「論座」 70 2001.3 p38～43
◇特別寄稿 どこかおかしい教育改革論議―センター試験の廃止こそ改革の突破口である 鳥居徹夫 「労働レーダー」 24(12) 2000.12 p24～28
◇基調講演「大学全入時代の入学者選考を考える」(大学教育研究センター第7回研究集会 選抜から教育へ―大学入学者の選考を考える) 荒井克弘 「大学教育研究」 8 2000.3 p66～79
◇大学入学者選抜の改善状況(特集/中央教育審議会第二次答申) 文部省高等教育局大学課大学入試室 「大学と学生」 389 1997.9 p45～50

大学入試センター National Center for University Entrance Examination

1971年の中教審答申後、77年国立大学の共同利用機関として大学入試センターが発足。79年から共通一次試験、90年から大学入試センター試験を実施。2001年独立行政法人化された。同年4月より、インターネットを通じた大学情報提供事業、ハートシステム (Higher Education ARTiculation Support System)を開始。

【雑誌記事】

◇巻頭言 試案 独立行政法人化時代のセンター試験 久保謙一 「Forum」 23 2000 p1～4
◇平成11年度大学情報提供事業について 「Forum」 23 2000 P102～107
◇大学入試センター研究開発部の活動について 柳井晴夫 「Forum」 20 1997 p110～117
◇大学入試センター研究業績 「Forum」 20 1997 p123～132

大学入試センター試験

1979年度に旧一期校・二期校の別をなくし、マークシート方式の国公立大学共通一次試験が導入された。科目の多さなどから国公立離れをもたらし、志願率低下阻止のため87年から受験機会を複数化。また臨教審の私大参加による「共通テスト」案を承けて89年「新テスト」制度を定め、90年度から大学入試センター試験として実施。97年度の受験者総数は55万3000人、152大学317学部が利用した。私立大学の参加も増えている。また、2002年度入試から前年のセンター試験成績が有効とされることになったが、実際に適用する大学は少ない。

【雑誌記事】

◇ラウンジ センター試験 「内外教育」 5207 2001.6.1 p24
◇大学入試センター試験の資格試験的取り扱いについて(特集 大学入試) 丸山正樹 「大学と学生」 430 2000.11 p46～50
◇「大学入試センター試験」の変遷と問題点(特集 大学入試を検証する) 浅野博 「英語教育」 49(3) 2000.6 p19～21
◇入試改善にどうつなげるか(特集 大学入試センター試験利用をめぐって) 白井克彦 「大学時報」 256 1997.9 p56～59
◇大学入試センター試験の果たす役割と今後の課題(大学入試＜特集＞) 高橋良平 「大学と学生」 340 1993.12 p10～15

大学非常勤講師問題

日本の大学における非常勤講師の割合は教員数・講義コマ数でも約半数に及ぶほどで、欧米のそれに比べて非常に高い。また昨今の非常勤講師は本務校を持たず、非常勤講師職でのみ生活を支えている者も増えている。しかし低賃金・無保障と言った待遇の悪さ、また大学側からの「不当」解雇にあうこともあり、処遇の改善を求めて首都圏大学非常勤講師組合、京滋地区私立大学非常勤講師組合が結成されている。

【図書】

◇大学危機と非常勤講師運動 大学非常勤講師問題会議編 東京 こうち書房 2000.3 21cm 270p 2000円 ⓘ4-87647-469-9
◇大学教師はパートでいいのか—非常勤講師は訴える 首都圏大学非常勤講師組合編著 東京 こうち書房 1997.11 21cm 125p 1200円 ⓘ4-87647-388-9

【雑誌記事】

◇大学非常勤講師のリストラ地獄—2年で100人クビ切った私大、生活保護申請者… 「週刊朝日」 105(6) 2000.2.11 138～139
◇インサイドレポート 大学短大非常勤講師の悲惨 新島洋 「イグザミナ」 142 1999.7 p58～61
◇三年目を迎えた大学非常勤講師組合(特集・労働運動の新動向) 斎藤吉広 「技術と人間」 27(9) 1998.11 34～39
◇特集 大学改革の中の非常勤講師問題 「日本の科学者」 33(5) 1998.5 p228～248
◇成果をあげた大学非常勤講師組合(特集 教育現場に現われた日本社会のひずみ) 斉藤吉広 「労働運動研究」 342 1998.4 p10～13
◇非常勤講師問題と大学教員任期制法～大学をめぐる最近の状況と雇用形態の多様化に触れて('98権利討論集会特集号—第3分科会 あなたが正社員でなくなる日—雇用

の総不安定化・総差別化とどう闘うか）
脇田滋 「民主法律」 233 1998.2
p137～144

◇大学「改革」を問う(11)今,なぜ非常勤講師問題か？ 佐藤いづみ 「歴史評論」 563 1997.3 p155～158

大学評価・学位授与機構 National Institute of Accademic Degrees

学位授与機構の改組組織。大学以外で学習したハイレベルの研究者にも学位が授けられるように1991年に設立された学位授与機構に、大学評価を行う機能が加えられて2000年4月に新しく設置されたもの。大学による自己点検・評価を補完する第三者評価システムとして機能する。当面は国立大学を評価の対象とする。

【雑誌記事】

◇多元的な評価システムの構築に向けて―大学評価・学位授与機構における取組 「文部科学時報」 1497 2001.2 p42～49

◇「教養、基礎教育」などからスタート―大学評価・学位授与機構が実施計画 「内外教育」 5130 2000.8.1 p8

大学レジャーランド論

大学生が目的意識・勉学意欲を欠き、サークル・アルバイトなどで遊んでいるばかりだという見方。一方、遊びを通しての野心の冷却、アイデンティティの探索など一定の意義があるとする見方もある。

【図書】

◇学生の快楽・教授の憂鬱・親の溜息―誰のための大学か 犬田充著 東京 中央経済社 1993.11 19cm 242p 1600円 ①4-502-61801-2

【雑誌記事】

◇大学はなぜレジャーランド化したか(特集 超・教育―崩壊から創造へ) 張競 「大航海」 36 2000.10 p96～103

◇大学のレジャーランド化(随筆) 森川英正 「中央公論」 111(5) 1996.4 p24～25

◇日本の国際化と留学生―日本の"レジャーランド"を変えるか(ランキングで見る現代世相学) 佐久間哲夫 「正論」 249 1993.5 p156～157

対教師暴力

2000年度には、小・中・高等学校合わせて5700件近い対教師暴力が発生している。発生件数の8割強が中学校で起こっているもの。統計調査では中学校での対教師暴力事件の発生件数の増加が目立つ。

→ 新しい「荒れ」、校内暴力 をも見よ

【雑誌記事】

◇スケーリング・クエスチョンによる教師に対するイメージの変化―教師に対する暴力の非行事例から 笹竹英穂 「家族心理学研究」 14(2) 2000.11 p129～138

◇学校の日常が法の裁きを受けるとき―54―教師に対する暴力と教師の暴力 柿沼昌芳 「月刊生徒指導」 30(8) 2000.6 p52～55

◇加害者としての少年,被害者としての少年―ある対教師暴力事件をめぐる記述の政治学 土井隆義 「犯罪社会学研究」 23 1998 p90～112

◇教師を殴って入院させた長野の中3(TEMPO) 「週刊新潮」 43(19) 1998.5.21 p30

大検 ⇒ 大学入学資格検定 を見よ

体験学習 experiential education

勤労・奉仕・観察・調査・見学・飼育などの実際的活動を通して、事実や法則を習得する学習法。日本では戦後生活単元学習として広まっていた。1976年教育課程審議会答申が再評価。今後は総合的な学習の時間の中で取り上げられることが予想される。内容としてはボランティア、人や自然とのふれあいなどがあげられる。

→ 勤労体験・奉仕的行事 をも見よ

【図書】

◇社会体験学習の展開と支援の方法 永田繁雄編 東京 明治図書出版 2001.1 21cm 143p 1860円 （総合的学習の展開 4） ①4-18-045414-9

◇小学校の農業体験学習の現状 — 中国四国地域 アンケート結果&取組み事例 〔岡山〕 中国四国農政局 2000.7 30cm 107p

◇「青年の少年期における体験活動に関する調査研究」報告書 — 平成11年度調査 東京 青年体験活動研究会 2000.3 30cm 63p

◇子どもたちの農業体験学習 — 食農教育の推進に向けて 中国四国農政局広島統計情報事務所編 広島 広島農林統計協会 2000.3 30cm 73p

◇生きる力が育つ体験活動 愛媛県総合教育センター編 松山 愛媛県総合教育センター 2000.3 30cm 69p (教師のための生涯学習シリーズ 第5集)

◇青少年の生きる力を育むための体験活動に関する調査研究 — 調査報告書 体験活動に関する調査研究会編 草津 体験活動に関する調査研究会 2000.3 30cm 164p

◇体験活動で創る環境教育 岡崎市立連尺小学校著 東京 明治図書出版 1999.7 26cm 141p 2286円 (総合的学習への挑戦 9) ①4-18-085214-4

◇高校生のフィールドワーク学習 和光学園実践シリーズ出版委員会, 和光高等学校編 東京 星林社 1993.12 21cm 285p 2200円 (和光学園実践シリーズ 4) ①4-915552-23-3

◇中学生が変わる — 人間・文化・労働との出会い 和光学園実践シリーズ出版委員会, 和光中学校編 東京 星林社 1993.11 21cm 215p 2000円 (和光学園実践シリーズ 3) ①4-915552-22-5

【雑誌記事】

◇感性を呼び起こす農業体験学習について — 小学生を対象とした農業体験学習指導プログラム 片山利明, 韮塚光信, 服部修 「研究紀要」 21 2001.3 p1〜22

◇教育課程改革と体験学習 竹熊真波 「福岡国際大学紀要」 5 2001.2 p15〜28

◇自然体験・社会体験学習実施に対しての小・中学校教員の意識 — 「総合的な学習の時間」への取り組み意識調査から 香西武, 日垣正典, 森三鈴(他) 「野外教育研究」 4(1) 2000.10 p51〜58

◇「体験」・「参加」と暮らしの違い — 体験学習を促す政策動向とその問題点 (〔特集1〕 子どもの育ちと自然体験) 増山均 「月刊社会教育」 44(2) 2000.2 p6〜12

◇共に生きる力を育てる体験学習 — 「80歳の自分になってみよう」(高齢者疑似体験と車椅子体験) (これからの学習指導 特別活動) 青木由美子 「教育じほう」 625 2000.2 p71〜74

◇体験学習は学びの原点 — 「地域の先生」とつくる小学校の教育〔含 質疑〕(特集 子供の教育と農林業) 鶴長文正 「日本農業の動き」 131 1999.12 p35〜48

◇体験学習のすすめ 体験学習の始まりと基本的な考え方 津村俊充 「人材教育」 11(1) 1999.1 p56〜59

◇触れること・使うことの意味 — 体験学習断想 羽佐田真一 「Mouseion 立教大学博物館研究」 44 1998.12 p12〜14

◇体験学習内容の類型および教育効果と山村留学 — 自然・社会・生活体験学習と環境教育の基礎形成 玉井康之 「環境教育研究」 1(1) 1998.3 p107〜112

◇「心の教育」のための体験学習の活用(特集 「心の教育」をどうとらえ, どう指導するか) 村田昇 「学校経営」 42(13) 1997.12 p22〜30

退職準備教育 pre‐retirement education program

PREPとも。定年退職前の不安や緊張感を和らげ, 退職後の人生を積極的に, また地域社会の一員としてのつながりを築き豊かな生活ができるように組まれた教育プログラム。日本でも企業内福祉・中高年の活性化を目的に, 1980年以降主に企業によって生きがい・ライフプラン講座等が設けられている。また, 生涯学習の観点からも退職準備教育の充実は望まれるもの。

【雑誌記事】

◇真に役立つ退職準備教育とは(特集 中高年のライフデザイン) 奥井礼喜 「経営者」 52(9) 1998.9 p42〜44

◇退職準備教育に関する研究 — 基礎理論としてのエイジング理論を中心に Ng,Kit Yoong 「教育学研究紀要」 43(第1部) 1997 p271〜274

◇「退職準備教育」で人生設計を考える(研修企業の新人材開発) 大平佐知子 「ス

タッフアドバイザー」 5(1) 1994.1 p96～97

第二反抗期の喪失

13～16歳の思春期から青年期にかけては自立への要求が高揚し、社会的な制度や親や教師などの権威に反発を示す。幼児期の第一反抗期に対し、第二反抗期と呼ばれる。1980年代後半から目立った反抗期を経ないケースが増え、モラトリアム人間・ステューデントアパシー・若者の保守化との関連が指摘されている。背景の要因も、父親の優しさが増した、母親の権威が強いなど多様なものが推測されている。

【雑誌記事】

◇ジェンダーの観点からみた第二反抗期―女子大生の調査を通して(特集 若者のこころに迫る―今,第二反抗期は?) 青野篤子 「心理科学」 19(1) 1997.3 p1～8

◇青年心理学の観点からみた「第二反抗期」(特集 若者のこころに迫る―今,第二反抗期は?) 白井利明 「心理科学」 19(1) 1997.3 p9～24

◇特集 若者のこころに迫る―今,第二反抗期は? 「心理科学」 19(1) 1997.3 p1～24

体罰 corporal punishment

校内暴力や非行対策として、1980年代前半から殴打・正座・食事抜きなど教師による体罰が横行、85年前後に事件が多発した。体罰は学校教育法で禁止されており、現在、肉体的苦痛を伴う罰はすべて体罰に該当すると解釈されている。99年度に体罰ではないかとして学校が調査をした事件は公立小・中・高・養護学校合わせて990件、懲戒処分を受けた教職員は114人、訓告等を含めた処分等を受けた者は387人である。95年には、福岡県の私立高校で女生徒に体罰加えて死亡させたとして傷害致死罪に問われた元教諭に対し、福岡地裁は懲役2年の実刑判決を言い渡した。

→風の子学園, 戸塚ヨットスクール事件をも見よ

【図書】

◇暴力の学校倒錯の街 ― 福岡・近畿大附属女子高校殺人事件 藤井誠二著 東京 雲母書房 1998.11 20cm 318p 2100円 ①4-87672-068-1

◇体罰の研究 坂本秀夫著 東京 三一書房 1995.9 20cm 332p 2800円 ①4-380-95274-6

◇あがないの時間割 ― ふたつの体罰死亡事件 塚本有美著 東京 勁草書房 1993.10 20cm 322p 2987円 ①4-326-65151-2

【雑誌記事】

◇(資料)体罰裁判 吉岡直子 「西南学院大学児童教育学論集」 25(2) 1999.3 p39～57

◇体罰は教育ではない!(特集 実践「子どもの権利条約」) 笹岡優光 「女性&運動」 194 1998.11 p28～31

◇教師はなぜ体罰をやめないか(特集 暴力をふるう子) 堀井啓幸 「児童心理」 52(8) 1998.6 p769～776

◇「体罰」問題における「教育委員会の責任」に関する考察―「行政責任」論の観点から 武者一弘 「名古屋大学教育学部紀要 教育学科」 43(2) 1997 p187～196

◇「体罰事件」の処理について考える 松村茂治 「総合教育技術」 52(7) 1997.8 p68～71

◇裁判と争点―「体罰は一切禁止」を再確認 東京・東久留米市の中学校体罰と訴訟判決(ロー・フォーラム) 「法学セミナー」 41(11) 1996.11 p114

◇福岡女子高生体罰死事件をめぐって 桜河内正明 「教育」 46(11) 1996.11 p123～126

◇ベーシック教育法規セミナー・15「砂埋め」体罰事件判決(福岡地裁判決平成8.3.19) 下村哲夫 「教職研修」 24(10) 1996.6 p116～119

◇学校の日常が法の裁きを受けるとき(6)体罰をやめますか,教師をやめますか 吉田卓司 「月刊生徒指導」 26(9) 1996.6 p88～92

◇体罰の法的扱い 下村哲夫 「学校経営」 41(6) 1996.6 p18～29

◇なぜ,教師は体罰に走るのか―体罰の心理(家庭のしつけ学校のしつけ＜特集＞) 川島一夫 「児童心理」 49(6) 1995.4 p117～123

◇「児童の権利条約」を教室レベルで考える─6─学校懲戒と「体罰の禁止」 下村哲夫 「現代教育科学」 36(9) 1993.9 p101～105
◇体罰法禁下における体罰正当化の論理 竹中暉雄 「桃山学院大学人間科学」 5 1993.9 p1～34

ダイヤQ^2

1989年開始のNTT情報サービス。企業が番組を流し、利用者は情報を得て6秒10円程度の代金を支払う。アダルト番組が半数を占め、青少年による利用や利用料金に関するトラブルが増加。Q^2を利用したインターネット接続業者がわいせつな情報を流している場合などもあり、NTTは契約解除などの策を講じた。

【雑誌記事】

◇NTTが弱り果てる「子供のダイヤQ^2で責任親になし」(異変) 藤井一 「ダイヤモンド」 81(17) 1993.4.17 p34～35

脱学校論 de-schooling

現代の公教育体制下になる学校は本来の機能を果たしていないとその存在自体を批判し、解体を求める主張。学校の代替システムとして、人々が自由なコミュニケーションの中で学習できる場の構築を求めた。1970年イリッチが提唱。ホルト・ライマー・フレイレ等が論者としてあげられる。

【図書】

◇教育思想のルーツを求めて―近代教育論の展開と課題 関川悦雄,北野秋男著 啓明出版 2001.4 21cm 155p 1743円 ①4-87448-028-4
◇R.シュタイナーと現代─I.イリッチの脱学校論を超えて 永野英身著 [東京] 日本図書刊行会 1994.3 20cm 128p 1400円 ①4-7733-2660-3

達成動機 achievement motivation

課題達成に際して、よりよく達成しようとする意欲。達成動機には、文化社会的要因・親の影響・学校経験などが関与している。また、その状況における個人の能力・努力・課題の困難度・運などによっても左右されると言われている。測定法としては、TAT方式・洞察テスト・質問紙による自己評定法・行動観察法などがあげられる。

【図書】

◇児童の内発的達成動機づけについての心理学的考察 川瀬良美著 東京 風間書房 1998.1 22cm 203p 7800円 ①4-7599-1071-9

【雑誌記事】

◇学習者の自主性─達成動機 清水純子 「東京立正女子短期大学紀要」 29 2001 p44～63
◇外発と内発の間に位置する達成動機づけ(特集:達成動機) 速水敏彦 「心理学評論」 38(2) 1996.2 p171～193
◇達成動機の高い子・低い子(勉強のしかた・させかた<特集>) 奈須正裕 「児童心理」 48(14) 1994.10 p1494～1498

ダブルスクール族

大学・短大に籍を置く一方で、専修・各種学校などに二重通学する現象。語学や情報処理・簿記などの実用的知識・技術を学ぶ。特に女子大生には就職前の資格取得が常識化している。子どもの学習塾通いも一種のダブルスクール現象。90年代にはさらにこの傾向が強まり「トリプルスクール族」なる言葉も生まれた。97年度にダブルスクールしていた大学・短大生は約3万5千人。

【図書】

◇けいこと日本人 中森晶三著 町田 玉川大学出版部 1999.1 20cm 178p 1600円 ①4-472-30091-5

【雑誌記事】

◇簿記会計教育とダブルスクール 内野一樹 「大学時報」 49(273) 2000.7 p80～83
◇専門学校生の学歴意識に関する実証的研究─ダブルスクール生の実態調査から 原清治,高橋一夫 「関西教育学会紀要」 23 1999 p276～280
◇女子学生の「知的重装備」が進む─就職難を機に高まる学歴、資格、即戦力(特集・間違えない大学選び) 石井洋平 「東洋経済」 5245 1994.10.29 p62～64

タンイコ

単位互換制度　credit transfer system

1972年大学設置基準改正で創始。他大学での科目履修を認め、30単位まで単位認定する。82年短大にまで広げられた。放送大学や系列学校との提携が主だったが、92年東京・世田谷の産能短大・東横学園女子短大間で私立初の系列外の単位互換協定が結ばれた。高校間でも実験的に行われている。

【図書】

◇高校の学校外における学修の単位認定拡大の実践的調査研究 ― 大学等との連携による学修機会を中心に 平成10・11年度文部省「高等学校教育多様化実践研究」報告書〔伊奈町（埼玉）〕　高校教育改革研究会　2000.3　30cm　78p

【雑誌記事】

◇長崎県大学間単位互換制度「NICEキャンパス長崎」いよいよスタート　横田修一郎「ながさき経済」　138　2001.4　p1〜6

◇大学開放の検証(2)大学間単位互換制度を中心として　大庭茂美「教育学研究紀要」44（第1部）　1998　p338〜343

◇単位互換制度とキャンパスライフ ― 京都・大学センター（今月のテーマ＜変わるキャンパスライフ＞）　前川恭一「IDE」386　1997.4　p11〜15

◇積極的な推進が求められる大学の単位互換制度（社会トピックス）　荒深泰雄「経済情報（さくら銀行）」　66　1995.9　p14〜15

単位制高校　credit system high school

1985年臨教審第一次答申で六年制中等学校とともに新タイプの高校として提示され、88年定時制・通信制課程を改組し3校が開校。無学年制で、在学3年以上の間に所定数単位（当初80単位、のち74単位）を取得すれば卒業できる。入学時期・授業時間帯の多様化、既得単位の累積加算認定などで、高校中退者や社会人の入学も多い。93年から全日制にも拡大され、2000年度では全国に332校。

【図書】

◇単位制は教育改革の切り札か?　藤田敏明著　東京　洋泉社　1997.11　20cm　264p　1900円　①4-89691-284-5

【雑誌記事】

◇単位制高校の現状とその取り組み ― 高校生の学校不適応への対応（東洋大学児童相談室公開シンポジウム 最近の中学・高校生の学校不適応に対する対応とスクールカウンセラーの課題）　菊地まり「東洋大学児童相談研究」　19　2000.3　p112〜118

◇単位制高校の生徒たち（特集 学級集団づくりと教師）　大塚忠広「解放教育」29(4)　1999.4　p54〜61

◇フレックスタイム高校 ― 自由と規律の最前線（学校と自立）「AERA」　11(13)　1998.3.30　p27〜30

◇実践校に学ぶ 都市における単位制高校の可能性と課題＜東京都立新宿山吹高校＞（特集2・変えよう高校）　横尾浩一「季刊教育法」　107　1996.9　p62〜71

◇高校教育改革と単位制高校についての一考察　町井輝久「北海道大学教育学部紀要」66　1995　p95〜114

◇単位制高校の問題状況を読む ― 成熟化社会と高校教育の課題（高校教育の改革を考える＜特集＞）　黒沢惟昭「教育と医学」41(8)　1993.8　p748〜755

単願　applying to one school

他の高校を受験しない（その高校を第一志望とする）かわりに入学をほぼ確実に認めてもらう制度。一般入試よりも低い点で合格できる。公立高や他私立高との併願を認める場合もある。定員確保策として取り入れている私立高が多い。大学入試では一度の試験でひとつの学科・専攻だけを受験希望とすること。

男女共学　⇒ 共学・別学 を見よ

男女混合名簿

男女別名簿において男子が先である並び方は男性優位の性別秩序と社会的優位を象徴する「隠れたカリキュラム」であるという考えから生まれたものでジェンダーフリー教育の一環と言える。

【図書】

◇どうしていつも男が先なの? ― 男女混合名簿の試み　男女平等教育をすすめる会編著

新評論　1997.5　19cm　292p　1600円
①4-7948-0357-5

【雑誌記事】

◇小・中学校 全ての小・中・障害児学校に一枚様式出席簿配布―「男女混合名簿」神奈川・横浜のとりくみ　神奈川横浜「男女の自立と共生をめざす教育」推進委員会　「季刊女子教育もんだい」　57　1996.10　p46～51

男女平等教育　⇒ ジェンダー・フリー教育 を見よ

単親家庭　⇒ ひとり親家庭 を見よ

単身赴任家庭

　家族を残した転勤・別居は、4割が3年以上の長期赴任で、高校・大学受験期の第1子を持つ父親が多い。父親の不在化で親子間・夫婦間のコミュニケーションは欠如してしまう。女性の総合職進出で、母親の単身赴任も出てきた。1989年には教師の単身赴任手当制度が新設されている。「心の教育」をうたう98年の中教審答申は働く親がもっと家庭教育に参加することが必要であり、そのためには企業中心社会から家族に優しい社会へ移行するべきであるとして、特に企業には単身赴任が少なくする努力を要請した。

【雑誌記事】

◇家庭環境と親子関係―単身赴任・共働き家庭を中心に（親子関係ハンドブック＜特集＞）　木脇奈智子　「児童心理」　48(18)　1994.12　p45～50
◇単身赴任問題からみた家庭と企業（特集・変わる家族とくらし）　西村公子　「JILリサーチ」　15　1993.9　p18～19

単線型学校制度　single‐channel structure, single track

　戦前の複線型学校制度は、子どもの将来を早い時期に選別し、コースの中途変更が困難だった。戦後学校教育法改訂に伴い、6・3・3制の単線型学校制度（梯子型学校制度）に変更。誰もが上級学校に進学できる教育の機会均等に功を奏した反面、受験競争の激化を招いた。公立中高一貫校の導入は、この単線形を、準複線形にするもの。

→ 複線型学校制度 をも見よ

【雑誌記事】

◇教育制度における「単線型」と「複線型」について―実業関係学校からの上級学校への進学を中心に　幡野憲正　「技術教育研究」　55　2000.1　p29～36

短大通信教育　⇒ 大学通信教育 を見よ

単独選抜制

　1990年東京都は都立校離れや不本意入学対策として、94年度から都立高入試をのグループ合同選抜制に代えて単独選抜制に変更した。受験生は受験学区内の志望校を自由に選択できる。

【雑誌記事】

◇都立高「入試改革」は15の春をどう変える―西、戸山など一部は難関化。また特色ある教育も可能になるが（特集・受験の問題―教育をどうする、子供をどうする）　山岡俊介　「プレジデント」　32(1)　1994.1　p212～217

ダンマリッ子　⇒ 緘黙児 を見よ

【 チ 】

地域学習

　土着の思想行動を通した人間形成・祖国愛育成・"近くより遠くへ"の教授原理などから、郷土教育・生活綴方が実践されてきた。1970年代に地域の環境破壊への反省から"地域に根ざす教育"が民間教育運動のスローガンとなる。

【図書】

◇地域に学ぶ「総合的な学習」― 学社融合時代の学校・行政の役割と可能性　玉井康之著　東京　東洋館出版社　2000.7　21cm　144p　2000円　①4-491-01650-X

◇地域を生かせ!総合的学習の展開　松浦善満監修, 野中陽一, 船越勝, 玉井康之編著　東京　東洋館出版社　2000.7　26cm　159p　2800円　④4-491-01646-1
◇郷土教育運動の研究　伊藤純郎著　京都　思文閣出版　1998.2　22cm　448,22p　9800円　④4-7842-0960-3
◇「山形学」のさらなる発展をめざして ─「山形学」企画委員会報告書　山形県生涯学習人材育成機構編　山形　山形県生涯学習人材育成機構　1996.3　21cm　136p

【雑誌記事】
◇地域学習と学校行事(新学校行事読本 ─ 中学校学校行事の新展開)　小泉幸伸　「教職研修総合特集」　143　2000.12　p217〜222
◇いま地域学習が面白い ─ 子供たちの主体的な学びが地域を変える　藤井幸司　「内外教育」　5033　1999.8.3　p27
◇地域学習の機会充実を図る(特集　日本人としての「自覚」を育てる ─ 郷土の歴史・文化・伝統をどう理解させるか)　馬場一博　「現代教育科学」　41(12)　1998.12　p47〜50
◇総合的な学習ホップ・ステップ・ジャンプ　特別活動を軸にした「ふるさと総合活動」<中学校>　有園格　「悠」　15(9)　1998.9　p44〜47
◇教育実践の創造 ─ 子どもがつくる地域学習 ─ 子どもの疑問は, 子どものなかで響き合う　松房正浩　「教育」　44(11)　1994.11　p102〜117

地域教育　⇒ 地域学習 を見よ

地域教育活性化センター

1996年の中教審答申を受けて97年度の文部省事業として開始されたもので, 中教審答申では地域社会における教育の充実を地域ぐるみで行うための方策の1つとして, 地域教育連絡協議会と共にあげられている。地域教育活性化センターは連絡協議会よりも更に一歩進んで,「自ら地域社会における活動に関する事業を行ったり, 各種の情報提供や相談活動, 指導者やボランティアの登録, 紹介などを行うため, 地域の実態に応じ, 行政組織の一部又は公益法人などとして」の設置が考えられるとされている。

→ 地域教育連絡協議会 をも見よ

【雑誌記事】
◇「地域教育活性化センター活動推進事業」について(第4の領域とNPO　市民活動型社会教育)　文部省　「社会教育」　52(5)　1997.5　p36〜38

地域教育連絡協議会

1996年7月の中央教育審議会第1次答申で, 地域社会における教育の充実を地域ぐるみで行うための一つの方策として提案されたもの。地域社会における教育の充実について関係者の参加意識を高め, 保護者や地域の人々が自分たち自身の問題としてこれに取り組んでいくことを将来的な狙いとし, 設立にあたっては市町村教育委員会等が核となり, PTA, 青少年団体, 地元企業, 地域の様々な機関・団体や学校等の参加が望まれるとしている。また市町村によっては既存の各種協議会を, 地域教育連絡協議会として活用することも考えられるとした。

→ 地域教育活性化センター をも見よ

地域に根ざした学校

地域の人材や施設などを教育活動の一環として活用したり, 逆に学校施設を地域の住民に開放したりする学校。地域社会からの支援を得ることによって, 学校教育の役割は一層効果的に発揮できるという考えに基づく。

→ 開かれた学校 をも見よ

【図書】
◇学校と家庭・地域連携の方法　佐野金吾編　東京　明治図書出版　1999.8　22cm　144p　1700円　(21C中学校新教育課程のコンセプト解説　6)　①4-18-039810-9
◇学校と家庭・地域連携の方法　飯田稔編　東京　明治図書出版　1999.8　22cm　125p　1560円　(21C小学校新教育課程のコンセプト解説　6)　①4-18-031410-X
◇学校と地域のきずな ─ 地域教育をひらく　葉養正明編　東京　教育出版　1999.8

21cm 211p 2400円 （シリーズ子ども と教育の社会学 4） ④4-316-34790-X
◇高齢者との連携を進める学校施設の整備について ― 世代を越えたコミュニティーの拠点づくりを目指して 〔東京〕 文部省大臣官房文教施設部指導課 1999.6 30cm 31p
◇事例に学ぶ学校と地域のネットワーク 今野雅裕編 東京 ぎょうせい 1998.9 21cm 272p 2800円 ④4-324-05561-0

地域の教育力　educational functions of communities

1980年前半から校内暴力・家庭内暴力・非行問題の解決に向けた地域の取り組みが活発化。教育委員会・教職員団体・校長会・PTA・町内会などが連携して運動を展開、改めて地域社会が担うべき教育上の役割の重要性が確認された。また、生涯学習体系が整備され、肥大化した学校の教育機能が地域社会へ移動されつつある。具体的には、城の人々や保護者に学校ボランティアとして協力してもらう、お年寄りを迎えてのふれあい給食、地域の人材をゲストティーチャーとして招く、校長が地域から学校評議員を選び学校づくりのアドバイスを受けるなど。

【図書】

◇「家庭を大切にする社会づくり」のために ― 家庭と地域の教育力向上のための提言 ともに創る家庭教育推進事業報告書 平成12年度 〔山口〕 山口県教育委員会 2001.3 30cm 46p
◇今後の家庭社会の教育的役割に関する研究 ― 家庭教育支援の在り方をめぐって 平成11年度研究報告書 その2 東京都立教育研究所教育経営部教育経営研究室編 東京 東京都立教育研究所 2000.3 30cm 44p
◇地域における家庭教育支援の現状 ― あいちっこ子育て支援事業指導者養成部会研究報告書 愛知県教育委員会生涯学習課編 名古屋 愛知県教育委員会 2000.3 30cm 31p （家庭教育資料 平成11年度）
◇明るい未来を築くために ― 「生きる力」を育む地域活動をめざして 杉並区青少年委員協議会編 東京 〔東京都〕杉並区教育委員会 1999.3 21cm 58p （青少年委員実践集録 平成10年度）
◇家庭・学校・地域社会の教育連携 ― 学校週5日制導入による保護者の意識変化 林孝著 東京 多賀出版 1998.2 22cm 247p 4700円 ④4-8115-4851-5
◇地域の教育力と生涯学習 ― 生涯学習社会の実現に向かって 菊池幸子編著 東京 多賀出版 1995.2 22cm 354p 6695円 ④4-8115-3771-8
◇青少年と地域社会 ― 学校・家庭・地域の教育力の再編成を目指して 横浜 神奈川県青少年総合研修センター 1994.9 26cm 98p （青少年関係調査研究報告書 no.14）

【雑誌記事】

◇学校・地域・行政の連携で地域の教育力を高める（特集 学校リストラの時代を生きる） 青柳健一 「学校経営」 46(5) 2001.4 p20～27
◇地域教育力の向上を目指して（特集 家庭教育の支援施策の充実について） 東京商工会議所企画調査部 「教育委員会月報」 52(13) 2000.3 p57～59
◇子ども・おとな・地域 ― 地域の「教育力」論議を問い直す視点（特集 地域って何やねん!?） 尾崎公子 「はらっぱ」 191 1999.11 p29～32
◇「生きる力」と地域の教育力（特集 「生きる力」再考） 明石要一 「教育展望」 43(5) 1997.6 p22～29

地球市民教育　⇒ グローバル教育 を見よ

父親の不在化　absence of father

雇用労働者の増大・職住分離・単身赴任・残業・通勤の長時間化などで、父親が家庭にいる時間が減少。母子癒着による非行が問題化した。1995年の「子供と家族に関する国際比較調査」では子どもと父親の接触時間は、「30分くらい」と「1時間くらい」の回答で4割を占め、「ほとんどない」という回答は18.8%とアメリカの0.9%、韓国の8.6%を大幅に上回った。別の調査では「父親は怖い存在ではないが、何かを相談するということもない」という結果もある。

チチオヤ

【図書】

◇逃げるな、父親 ― 小学生の子を持つ父のための17条　八幡和郎著　東京　中央公論新社　2001.5　18cm　212p　680円（中公新書ラクレ）　ⓘ4-12-150007-5

◇今、父は子に何を語るべきか　濤川栄太著　東京　ごま書房　1998.10　18cm　234p　571円（Goma books）ⓘ4-341-30014-8

◇「おやじ」の日本史 ― その役割はどう変わってきたか　樋口清之著　東京　祥伝社　1998.9　16cm　291p　562円（ノン・ポシェット）ⓘ4-396-31103-6

◇父親学入門　三田誠広著　東京　集英社　1998.7　16cm　223p　438円（集英社文庫）ⓘ4-08-748809-8

◇「キレる」前に気づいてよ ― 父親に向けられた子どものSOS　富田富士也著　東京　佼成出版社　1998.6　19cm　237p　1400円　ⓘ4-333-01862-5

◇父原病 ― 父性なき父親が、子どもを歪ませる　久徳重盛著　東京　大和出版　1997.10　19cm　205p　1300円　ⓘ4-8047-6052-0

◇父親を考える　文部省〔著〕　東京　第一法規出版　1996.6　21cm　64p　380円（明日の家庭教育シリーズ　3）ⓘ4-474-00642-9

◇出てきてよ、お父さん ― 教育に父親参加(12)の場　中условия厚著　東京　教育家庭新聞社　1993.3　19cm　124p　1000円　ⓘ4-87381-205-4

【雑誌記事】

◇さみしい家庭の母子密着は危険だ　杉山由美子　「Satya」　38　2000.4　p10～13

◇「母子家庭」と父性不在社会（世間漫録 Shincho Version〔140〕）　井尻千男　「週刊新潮」　45(9)　2000.3.2　p118～119

◇「凝縮家族」と父親不在が不登校を生む（核心インタビュー）　高橋良臣　「現代」　32(10)　1998.10　p138～139

◇「母子家庭＋夫」が子どもの心を歪める ―「下宿人のような父親」「会話のない夫婦」にこそ大きな原因がある（特集・父と子の関係　「キレる」息子を救え！父親に何ができるのか）　堀田力、村上由佳　「プレジデント」　36(4)　1998.4　p124～131

◇父親の無関心が子どもを追いつめる（熱血書想倶楽部）　保坂展人、灰谷健次郎　「SAPIO」　8(7)　1996.4.24　p40～44

◇毅然とした父親 ― 学び直す親子関係（教師と親が読む ― 不登校・登校拒否ハンドブック ― 親子・家族関係から考える不登校・登校拒否）　園田順一　「児童心理」　48(15)　1994.10　p50～56

◇「父性不在」論と父子関係の実態 ― 理論的検討とひとつの調査（都市と家族）　石川実　「都市問題研究」　46(3)　1994.3　p118～133

◇夫の無関心が家庭を蝕む ― 孤立する母と子（特集・夫という他人とどう暮すか）　大日向雅美　「婦人公論」　79(3)　1994.3　p150～155

◇「お父さんが悪かった」― 子どもたちの叛乱に企業戦士が目醒めるとき（甦る家族〔1〕）　加藤仁　「現代」　27(10)　1993.10　p228～244

知能検査 intelligence test

1905年ビネーが考案した、知能水準を計るためのテスト。学校等でいっせいに実施されるような集団式検査と、一人だけを対象に実施される個別式検査（鈴木＝ビネー式、WISCなど）、測定材料として言語や文字を用いるテスト(A式)、指示は言葉ですが、検査問題には言語的要素を含まず、絵画や図形数などを用いるテスト(B式)など様々な方法がある。目的に即した知能検査を選択する必要がある。

【図書】

◇知能検査の開発と選別システムの功罪 ― 応用心理学と学校教育　ポール・デイビス・チャップマン著、菅田洋一郎、玉村公二彦監訳　京都　晃洋書房　1995.3　22cm　209p　2600円　ⓘ4-7710-0770-5

◇新しい知能観に立った知能検査基本ハンドブック　辰野千寿著　東京　図書文化社　1995.2　21cm　144p　1200円　ⓘ4-8100-5255-9

◇事例による知能検査利用法 ― 子ども理解のための田中ビネー知能検査　田中教育研究所編、中村淳子、杉原一昭共著　東京　田研出版　1994.11　21cm　148p　2300円　ⓘ4-924339-34-2

【雑誌記事】

◇知能検査の進展と使い方(特集 知能をめぐる心理学) 大六一志 「心理学ワールド」 5 1999.4 p5〜8

◇学習指導に役立つ知能検査＜特別企画＞ 岡本奎六 「児童心理」 48(16) 1994.11 p1620〜1626

ちびくろさんぼ

1988年7月黒人への人種差別を助長する理由で絶版された絵本。その後、10年を経て初版の復刻版が出版されたが、その差別問題をめぐっては未だに議論が交わされている。

【図書】

◇The Story of Little Black Sambo 復刻版 ヘレン・バナーマン著, 灘本昌久監修 径書房 1999.9 13×8cm 57p 3500円 ⑭4-7705-0172-2

◇ちびくろサンボよすこやかによみがえれ 灘本昌久著 径書房 1999.5 21cm 266p 2400円 ⑭4-7705-0171-4

◇チビクロさんぼの出版は是か非か—心理学者・学生による電子討論の記録 市川伸一編 京都 北大路書房 1998.12 21cm 241p 2400円 ⑭4-7628-2127-6

◇チビクロさんぼ ヘレン・バナマン原作, 森まりも訳・改作 京都 北大路書房 1997.10 21×21cm 1冊 1200円 ⑭4-7628-2098-9

【雑誌記事】

◇復刊された『ちびくろサンボ』—「かわいい」が歪める先入観 丸子王児 「週刊金曜日」 7(44) 1999.11.12 p54〜55

◇ベストセラー追跡—「本当の」「初めての」とオビに並ぶ"復活本"ちびくろさんぼのおはなし」(文春図書館) 山口文憲 「週刊文春」 41(26) 1999.7.8 p153

◇『ちびくろサンボ』問題とは、何だったのか?(論争) 西森豊 「週刊金曜日」 6(14) 1998.4.3 p3

◇「ちびくろサンボ」改作本が投げかけた波紋(特集・表現の自由と不自由—相次ぐ広告中止事件) 長岡義幸 「創」 27(12) 1997.12 p50〜55

◇差別表現とメデアの対応—ちびくろサンボ絶版めぐる論争 1988年〜(差別表現とマスコミタブー) 江川紹子 「創」 23(12) 1993.12 p117〜120

「地方教育行政の組織及び運営に関する法律」

昭和31年に設置された法律。地教行法。教育委員会、地方公共団体の長の職務権限、学校管理などについて定める。2001年に教育委員会の活性化、問題教員の配置転換などを盛り込んで改正された。

【雑誌記事】

◇解説 地方教育行政の組織及び運営に関する法律の一部を改正する法律について(概要・Q&A)(特集 教育改革三法(1)) 文部科学省初等中等教育局初等中等教育企画課 「教育委員会月報」 53(6) 2001.9 p2〜9

◇分権一括法成立で注目される主要法律の改正(1)地方教育行政の組織及び運営に関する法律の改正概要 佐藤弘毅 「地方分権」 5 1999.9 p49〜53

◇地方教育行政の組織及び運営に関する法律の改正について(特集 地方分権) 文部省教育助成局地方課 「教育委員会月報」 51(5) 1999.8 p9〜34

◇地教行法(地方教育行政の組織及び運営に関する法律)(総特集・教育基本法50年) 内野正幸 「季刊教育法」 110 1997.6 p71〜76

地方分権一括法

正式名称は「地方分権の推進を図るための関係法律の整備等に関する法律」で1999年7月成立、2000年4月施行。全省庁にわたる計475本の法律の改正を一括して行った。教育の分野では「地方教育行政の組織及び運営に関する法律」など21本の法律が改正された。

【図書】

◇知っておきたい地方分権一括法—分権型社会の創造に向けて 佐々木浩著 大蔵省印刷局 2000.5 19cm 107p 800円 (知っておきたい法律シリーズ 17) ⑭4-17-217818-9

【雑誌記事】

◇地方分権一括法と教育行政制度改革([日本教育制度学会]第7回研究大会報告—課題別セッション(3)教育行政・学校運営制度改革をめぐって) 窪田真二 「教育制度学研究」 7 2000 p113〜116

◇社会教育施設の運営をめぐる若干の問題―地方分権一括法との関連において 国生寿 「人文学」 166 1999.12 p1～35
◇教育の地方分権はどこまで進んだのか(特集 地方分権一括法の見方・読み方・考え方) 山口道昭 「地方自治職員研修」 32(10) 1999.10 p26～28
◇教育における集権化と広域化を強める地方分権一括法案―「改正」社会教育法と関連法案の問題点(特集2 社会教育法「改正」案を問う) 長沢成次 「月刊社会教育」 43(6) 1999.6 p46～51

チームティーチング team teaching

協同授業。主要教科の教師を中心に全教科の教員がチームを作り、各チームが共同で1学年(1学級)の指導を行う教育形態。現行の40人学級を35人にする案を見送る代りに、1993年度から文部省が導入。主に学級担当の教師の指導に他の教師が助力する形で行われている。文部省は93年度から教員加配として8年間で1万6千人を措置している。

【図書】
◇学習の総合化をめざすチーム・ティーチング事典 新井郁男,天笠茂編 東京 教育出版 1999.5 22cm 307p 3800円 ①4-316-37400-1
◇ティーム・ティーチングの授業 和田稔〔ほか〕編 東京 大修館書店 1998.1 26cm 176p 2600円 ①4-469-24418-X
◇ティーム・ティーチング入門 加藤幸次著 東京 国土社 1996.5 19cm 183p 1600円 (国土社の教育選書 28) ①4-337-66128-X
◇多様なティーム・ティーチングからの授業改造―21世紀への学校教育を創造するモジュール学習 香川大学教育学部附属坂出中学校著 名古屋 黎明書房 1995.10 21cm 234p 2500円 ①4-654-01576-0
◇学習の多様化とティーム・ティーチング 愛知県知多郡東浦町立卯ノ里小学校著 名古屋 黎明書房 1994.2 21cm 234p 2500円 ①4-654-01555-8
◇小学校のティーム・ティーチング 剣持勉,壺内明著 東京 明治図書出版 1994.2 21cm 117p 1760円 (学級担任必携シリーズ 1) ①4-18-192703-2

【雑誌記事】
◇TTと担任制の見直しの方向―教育改革の重要な拠点としてのTT(特集 教育改革時代の校内研修・緊急テーマ23―取り上げたい校内研修のテーマと"研究の現状"―何が何処まで明らかになっているのか) 上寺久雄 「学校運営研究」 40(5) 2001.4 p34～36
◇外部人材とのティームティーチングが教師の授業予測に及ぼす影響 西森章子 「日本教育工学雑誌」 24(suppl.) 2000 p171～176
◇ティーム・ティーチングにおける「教師チーム」の問題点とJETプログラム 小林洋子 「異文化コミュニケーション研究」 3 2000.2 p91～109
◇コミュニケーション能力を高めるためのティーム・ティーチングにおける効果的指導法について(第1部 平成8・9年度ティーム・ティーチング研究推進校研究集録) 大分県立大分南高等学校 「中等教育資料」 47(18) 1998.10 p200～203
◇ティームティーチング導入で指導観がどう変わるか(「1学級1教師制の改革」-TTが迫る課題＜特集＞) 「現代教育科学」 38(12) 1995.12 p20～44
◇小・中学校のティーム・ティーチングの拡充―教科をクロスするティーム・ティーチングに向けて(21世紀の教育課程改革をめざして＜特集＞―学校週5日制と教科再編の必然性を探る) 加藤幸次 「現代教育科学」 38(11) 1995.11 p53～56
◇日本型ティーム・ティーチングの問題点(わかる教え方＜特集＞) 下村哲夫 「児童心理」 49(8) 1995.6 p914～919
◇短所 ティーム・ティーチングで学習活動は活性化するか(すぐれた「方式」から授業改革を学ぶ＜特集＞―ティーム・ティーチング方式から授業改革を学ぶ) 伊崎一夫 「現代教育科学」 37(2) 1994.2 p48～50
◇長所 ティーム・ティーチング実践上の変革の視点(すぐれた「方式」から授業改革を学ぶ＜特集＞―ティーム・ティーチング方式から授業改革論を学ぶ) 高浦勝義 「現代教育科学」 37(2) 1994.2 p45～47

チャイルドアビューズ ⇒児童虐待 を見よ

チャイルドライン

子どものための電話相談。イギリスで行われているのを手本に、民間団体「チャイルドライン支援センター」が中心になって支援している。98年の東京での試験実施を経て全国に広まった。東京の「せたがやチャイルドライン」は99年6月から常設されることになったが、随時行っているところもある。

【図書】

◇チャイルドライン ― 子どもの"心"110番 小林けんじ他共著 東京 文化創作出版 1999.12 18cm 198p 950円 (My book) ⓘ4-89387-185-4

【雑誌記事】

◇子どもの日チャイルドライン 全国キャンペーン実施! 「はらっぱ」 208 2001.6 p2〜4

◇「NHKチャイルドライン」に参加して 神谷信行 「ジュリスト」 1166 1999.11.1 p3

◇座談会 せたがやチャイルドラインができるまで(特集 中・高生はいま?―彼らのサポーターになるために) 牟田悌三、味岡尚子、天野秀昭(他) 「月刊福祉」 82(13) 1999.11 p18〜28

◇子どもがかける24時間でんわ『せたがやチャイルドライン』(特集 子どもが相談したくなる窓口をつくろう!―子どもが安心して相談できるところがありますか?) 星野弥生 「はらっぱ」 183 1999.3 p9〜13

◇「チャイルドライン」開設に向けて(子どもたちの「こころ」にふれる―神戸連続児童殺傷事件の教訓から) 保坂展人 「週刊金曜日」 5(45) 1997.11.28 p30〜31

◇イギリス・『チャイルドライン』― 世界初の24時間電話相談機関の運営ドキュメント 保坂展人 「月刊状況と主体」 248 1996.8 p60〜68

チャータースクール

アメリカで企業やNPOが自治体と契約し、認可を得て運営する選択制の公立学校。1990年代初頭に登場し、2000年には1500校を超えたと言われる。家庭からは授業料を徴収せず自治体予算で運営され、特徴あるカリキュラム、効率的運営、地域との協力などによって成果を上げている。日本では2000年度から研究開発校がスタートした。

【図書】

◇チャーター・スクール ― アメリカ公教育における独立運動 鵜浦裕著 東京 勁草書房 2001.7 20cm 328p 3300円 ⓘ4-326-29870-7

◇米国の公教育改革とチャータースクール ― 公教育の選択・分権・民営化 東京 自治体国際化協会 1997.3 30cm 65p (CLAIR report no.141)

◇チャータースクール ― あなたも公立学校が創れる アメリカの教育改革 ジョー・ネイサン著,大沼安史訳 東京 一光社 1997.2 20cm 190p 1400円 (「超」学校 2) ⓘ4-7528-5051-6

【雑誌記事】

◇レポート・日本初のチャータースクールは開校するか ― 「湘南小学校」設立への挑戦(特集・理想の学校を探して〔1〕) 天野一哉 「Foresight」 12(8) 2001.8 p96〜97

◇チャーター・スクール ― アメリカ公教育における独立革命 鵜浦裕 「比較文化論叢」 7 2001.3 p103〜125

◇現地ルポ 誤解だらけの「米チャータースクール」報道 加藤十八 「諸君!」 33(1) 2001.1 p184〜191

◇手づくり学校「チャータースクール」の挑戦(「特別企画」日本の将来〔2〕) 大沼安史 「潮」 499 2000.9 p98〜105

◇現代教育改革の諸問題 ― 日本版チャーター・スクールの動向 黒崎勲 「学校事務」 51(7) 2000.7 p72〜77

◇もうひとつの公立学校 ― アメリカのチャーター・スクール(特集 もうひとつの教育) 椙山正弘 「教育と医学」 48(4) 2000.4 p353〜360

◇合衆国におけるチャータースクールの現状 ― 公教育の真のalternativesへの可能性 中村護光 「長野工業高等専門学校紀要」 32 1998 p77〜86

◇チャータースクールによる学習機会の拡充に関する一考察 ― 社会的に不利な立場に立つ児童生徒に焦点を当てて 湯藤定宗 「教育学研究紀要」 43(第1部) 1997 p331〜336

注意欠陥・多動性障害　⇒ADHDを見よ

中央教育審議会　Central Council for Education

　1953年に設置された、教育・学術・文化政策策定のための文部大臣諮問機関。文部大臣の任命する20人以内の委員で組織される。高校の多様化・生涯学習の基盤整備・高等教育の多様化などを求めた各答申は、戦後の日本の教育政策・制度改革を方向付けてきた。2001年の中央省庁改変に伴い、教育制度分科会、生涯学習分科会、初等中等教育分科会、大学分科会、スポーツ・青少年分科会を置く審議会に再編された。

【図書】
◇中央教育審議会と大学改革　羽田貴史,加藤博和,保坂雅子編　東広島　広島大学大学教育研究センター　1999.3　26cm　130p　(高等教育研究叢書　55)　①4-938664-55-0
◇中央教育審議会要覧　第12版　〔東京〕文部省　1995.4　30cm　99p

【雑誌記事】
◇中央教育審議会「教育改革」の全体像—憲法・教育基本法、子どもの権利条約に基づく教育の観点から　北川邦一　「大手前女子短期大学・大手前栄養文化学院・大手前ビジネス学院研究集録」　19　1999　p127〜144
◇中央教育審議会について　文部省大臣官房政策課　「教育と情報」　474　1997.9　p25〜31
◇《解説》中央教育審議会について(特集 21世紀を展望した我が国の教育の在り方)　文部省政策課　「教育委員会月報」　49(5)　1997.8　p13〜22
◇なにをいまさら「中教審」(経政傾国)　水木楊　「新潮45」　16(7)　1997.7　p140〜141
◇《解説》中央教育審議会の動向について　文部省政策課　「教育委員会月報」　48(12)　1997.2　p39〜46
◇「中教審」にみる文部官僚の無能ぶり　「THEMIS」　5(8)　1996.8　p66〜67
◇第15期中央教育審議会の発足(1995年4月)(最近の教育政策を読み解く＜特集＞)　佐藤隆　「教育」　45(13)　1995.12　p24〜29
◇第15期中央教育審議会の発足と教育改革の現段階　佐藤隆　「教育」　45(9)　1995.9　p114〜117
◇オール与党下4年ぶりに再開「中教審」で抜本的教育改革はできない　「THEMIS」　4(5)　1995.5　p42〜43

中学校卒業程度認定試験

　病弱等により就学義務猶予免除を受けた者を対象に、中学校を卒業した者と同等以上の学力があると言うことを認定する試験で、高等学校入学への門戸を開くもの。文部省は1999年7月、受験資格について、就学義務・就学義務猶予免除の有無を問わず中学校を卒業していない満15歳以上になるものの受験を認めるとした。これによりインターナショナルスクールや外国人学校の卒業者、在学者、あるいは不登校等の理由で義務教育を修了していない者にもでも受験資格が認められることになる。

【雑誌記事】
◇中学校卒業程度認定試験の弾力化(特集 学校裁量と規制緩和読本—就学義務の見直しと規制緩和)　伊津野朋弘　「教職研修総合特集」　132　1997.3　p68〜71

中教審答申

　95年に発足した第15期中教審は96年7月の第1次答申で「生きる力」と「ゆとり」を鍵概念にした「学校のスリム化」「自ら学び、自ら考える教育」への転換を説いた。97年6月には第16期中教審が個性尊重への転換をうたい、評価尺度の多元化、中等教育学校の導入や飛び級・飛び入学の導入などを提言。98年6月には家庭教育の充実等を呼びかけた「新しい時代を拓く心を育てるために」、9月に教育長の任命承認制などを提言する「今後の地方教育行政の在り方について」、99年12月には「初等中等教育と高等教育との接続の改善について」などの答申を提出したほか、「少子化と教育について」報告をまとめている。

【図書】

◇新しい時代における教養教育の在り方について — 審議のまとめ 〔東京〕 中央教育審議会 2000.12 30cm 24p

◇初等中等教育と高等教育との接続の改善について — 答申 〔東京〕 中央教育審議会 1999.12 30cm 91p

◇今後の地方教育行政の在り方について — 答申 〔東京〕 中央教育審議会 1998.9 30cm 77p

◇新しい時代を拓く心を育てるために — 次世代を育てる心を失う危機 答申 〔東京〕 中央教育審議会 1998.6 30cm 201p

◇中教審答申から読む21世紀の教育 亀井浩明〔ほか〕編著 東京 ぎょうせい 1996.12 21cm 246p 2500円 ①4-324-05015-5

◇21世紀を展望した我が国の教育の在り方について 中央教育審議会審議のまとめ 〔東京〕 中央教育審議会 1996.6 30cm 109p

【雑誌記事】

◇中央展望 新しい時代における教養教育の在り方について(審議のまとめ) 中央教育審議会 「社会教育」 56(4) 2001.4 p62～68

◇中央教育審議会答申「初等中等教育と高等教育との接続の改善について」に関する一考察 — 後期中等教育と高等教育の接続への関心から 渡部(君和田)容子 「鳥取女子短期大学研究紀要」 41 2000 p59～65

◇とらのもん・インフォメーション 中央教育審議会「少子化と教育について」(報告) 中央教育審議会 「中等教育資料」 49(10) 2000.7 p106～109

◇初等中等教育と高等教育との接続の改善について(中央教育審議会答申) 中央教育審議会 「大学資料」 147 2000.5 p33～68

◇資料 中央教育審議会「幼児期からの心の教育の在り方について」答申 中央教育審議会 「教育委員会月報」 52(13) 2000.3 p61～65

◇「今後の地方教育行政の在り方について(中央教育審議会答申)」に対する見解と提言 「みんなの図書館」 261 1999.1 p79～84

◇中央教育審議会「今後の地方教育行政の在り方について」答申について(特集 中央教育審議会「今後の地方教育行政の在り方について」答申) 文部省大臣官房政策課 「文部時報」 1468 1998.12 p11～15

◇中央教育審議会「21世紀を展望した我が国の教育の在り方について」(第2次答申)<全文> 「教職研修」 25(12) 1997.8 p156～193

◇中央教育審議会答申とこれからの学校(特集・地域社会と教育の諸問題) 辻村哲夫 「地方議会人」 27(4) 1996.9 p8～12

中高一貫教育 consistency in education from middle scool through high school
中学3年間、高校3年間の教育を一貫のカリキュラムの下で行うこと。1999年に中等教育学校が制度化されるまでは私立学校の専売特許だった。私立校では独自の理念・方針・伝統のもとに特色ある教育を実践している場合が多い。

→ 中高一貫教育校 をも見よ

【図書】

◇中高一貫教育推進の手引 — ゆとりある学校生活の中でいろいろなことが学べる 月刊高校教育編集部著 東京 学事出版 2000.7 21cm 216p 1900円 ①4-7619-0703-7

◇中高一貫教育の推進について — 500校の設置に向けて 報告 〔東京〕 中高一貫教育推進会議 2000.1 30cm 54p

◇高校入試はもういらない! — 中高一貫教育Q&A 西博義著 和歌山 西博義事務所 1999.7 22cm 240p 1905円

◇中・高一貫校のカリキュラム構成に関する基礎的研究報告集 — カリキュラム改革調査研究プロジェクト 第4集 〔東京〕 筑波大学附属駒場中・高等学校 1999.3 26cm 132p

◇中高一貫教育1/2世紀 — 学校の可能性への挑戦 東京大学教育学部附属中・高等学校編著 東京 東京書籍 1998.4 19cm 255p 1600円 ①4-487-75741-X

【雑誌記事】

◇私立中高一貫校の表現(特集 多様化する教育環境と社会 — 多様化する教育環境) 本間勇人 「調査季報」 140 1999.12 p39～42

◇中高一貫教育の制度面における課題と留意点（特集 中高一貫教育を考える） 矢野裕俊 「中等教育資料」 48(3) 1999.2 p18～23

◇中高一貫教育の理念と今後の方向性（特集 中高一貫教育を考える） 亀井浩明 「中等教育資料」 48(3) 1999.2 p14～17

◇私学の特色ある一貫教育に関する調査・研究―教育効果の面よりみた中高一貫教育充実に関する研究 服部泰秀 「日本私学教育研究所紀要」 30(1) 1995.3 p191～209

中高一貫教育校

中学校・高校を統合または併設して6年間一貫教育を行う公立の学校で、1998年3月の学校教育法の一部改正により設置可能になった。1つの学校として一貫教育を進める中等教育学校、同一設置者による中学・高校併設型、中学・高校の課程の編成や教員・生徒の交流を進める連携型の3つのタイプに分かれる。国会の付帯決議により学力試験による入学者選抜は行わないことになっている。99年度は、岡山、三重、宮崎の3県で設置、2000年度以降30校が設置を予定されており、文部科学省では全国500校の設立を目指す。

【図書】
◇中高一貫教育推進の手引―ゆとりある学校生活の中でいろいろなことが学べる 月刊高校教育編集部編 学事出版 2000.7 21cm 216p 1900円 ①4-7619-0703-7

【雑誌記事】
◇財政負担小さい「連携型」志向が最多―教育長協議会の研究報告(3)中高一貫教育 「内外教育」 5217 2001.7.10 p4～6

◇中高一貫教育―受験なき人間教育を目指す新たな試み（未来史の現場〔19〕） 水木楊 「Foresight」 11(7) 2000.7 p88～91

◇中高一貫教育の推進について―500校の設置に向けて―中高一貫教育推進会議報告（要旨）(平成12年1月1日)(特集 中高一貫教育の推進）「文部時報」 1485 2000.3 p47～49

◇中高一貫校 中等教育学校、併設型中学校・高校の移行期の留意点は何か（連続特集 移行期の教育課程編成・実施のポイント(1)) 梶川裕司 「教職研修」 28(1) 1999.9 p68～71

◇中高一貫教育制度の導入―学校教育法等の一部を改正する法律（平成10.6.2公布,平成11.4.1施行,法律第101号） 勝野頼彦 「時の法令」 1591 1999.4.15 p21～29

◇公立中高一貫校は過疎打開の切り札となるか 「晨」 18(2) 1999.2 p58～60

◇中等教育改革における「中高一貫教育」と「中高連携教育」の意義と課題―「特色ある学校」づくりと「効果的学校」の視点 梶間みどり 「日本教育経営学会紀要」 40 1998 p109～121

◇中高一貫教育制度の導入に係る学校教育法等の一部改正について（通知）「大学資料」 139 1998.10 p55～61

◇資料 六年制の中等教育学校制度の創設 「文教」 82 1998.3 p72～74

◇「横の多様化・複線化」になるのでは（特集 文部省「新教育改革プログラム」を読む―「中高一貫教育制の導入」をめぐって） 田中裕巳 「現代教育科学」 41(2) 1998.2 p28～29

◇なんのための中高一貫教育か（特集 21世紀を展望した我が国の教育の在り方） 河野重男 「教育委員会月報」 49(5) 1997.8 p8～12

◇6年制中等学校を考える（特集 中高一貫教育・飛び入学・高校教育改革を考える） 浦野東洋一 「高校のひろば」 24 1997.6 p10～17

◇中高一貫教育の可能性と課題―公立中高一貫中等学校問題をめぐって（特集「生きる力」を育む学校） 乾彰夫 「教育展望」 42(11) 1996.12 p36～43

中国帰国者教育

1974年中国残留孤児の帰国が始まり、84年から所沢市など5ヶ所の定着促進センターを開設、初級日本語教育・生活指導などの適応教育を行ってきた。87年の272世帯・1094人をピークに減少。近年は呼び寄せ家族や残留婦人の子女など、公的な日本語学習の機会が保障されていない人々の低学力・不適応が問題化。ボランティアによる日本語教室や、帰国者支援グループ・日中友好協会などが教室を開いている。日本語学習の程度によ

る帰国者の家族間コミュニケーションが阻害されることのないよう、家族単位でのサポートが必要。

【図書】
◇中国帰国者日本語教室20年のあゆみ　東京YWCA中国帰国者日本語教室委員会編　東京　東京キリスト教女子青年会　2000.10　26cm　125p

【雑誌記事】
◇「中国帰国者」児童生徒のエスニシティと学校教育の有り方―両国の狭間にいる子供達　王彩香　「中国帰国者定着促進センター紀要」　9　2001　p175〜190
◇中国帰国生徒教育の現状と課題(特集 多文化共生の教育をめざして―教育現場からの発信)　葉映蘭　「解放教育」　31(1)　2001.1　p34〜39
◇帰国した「中国残留邦人」への日本語教育について―その現状と諸問題　松嶋緑　「日本語教育研究」　37　1999.6　p107〜148
◇中国帰国者のための日本語教育の連携(21世紀への諸課題―連携の可能性を探る―地域における日本語教育)　小林悦夫　「日本語学」　16(6)　1997.5　p156〜161
◇引き揚げの子どもたちの教育の変遷と現状―日本語学級での受け入れを通して　岩田忠　「国際教育」　3　1996.11　p4〜23

中国道少女死亡事件

2001年7月、大阪の12才の女子中学生が手錠をかけられた状態で兵庫県内の中国自動車道沿いで死体で見つかった事件。9月に逮捕された犯人は中学校教師。少女とはツーショット・ダイヤルで知り合い、12才と承知の上で援助交際をしようとしていたと供述した。教師が自分の教え子にあたる年齢の少女に手錠をかけ、死亡させたこの事件に教育現場が動揺したのは言うまでもないが、生徒達にも大きな衝撃を与えた。逮捕された教師は「心因反応」を理由に6月から休職中だった。

【雑誌記事】
◇「手錠少女」放置教師の「過去の罪状」(ワイド特集・仰天情報の深層)「週刊新潮」　46(36)　2001.9.27　p52
◇孤独な中学教師の餌食になった「手錠少女」の無惨(底なし衝撃)「週刊新潮」　46(35)　2001.9.20　p148〜150
◇中1手錠放置死 忌むべき聖職 福本謙 放課後の全行状 総力取材　「週刊文春」　43(35)　2001.9.20　p30〜34
◇中1少女中国道転落死亡事件をめぐる動き　「内外教育」　5233　2001.9.14　p21〜23
◇手錠をかけられ縊死した中1少女と犯人の「接点」(CRIME)「FOCUS」　21(30)　2001.8.8　p8〜9

中等教育学校

99年から設置可能になった、中高一貫教育を行う公立学校のうち、1つの学校として一貫教育を行うもの。

→ 中高一貫教育校 をも見よ

昼夜開講制

従来の大学夜間部教育の改革をめざして、夜間を主としながら一定の範囲内で昼間課程の科目も履修できる制度。千葉大工学部、福島大経済学部などが嚆矢で、社会人の通学に対する配慮と学生の生活サイクルにそった履修が可能なところがポイント。99年現在、60大学87学部で実施されている。

【雑誌記事】
◇働きながら学問のススメ―昼夜開講制を利用し仕事と学業を両立する(特集・キャリアアップ白書2000―大学・大学院・MBA全ガイド)「東洋経済」　5629　2000.5.13　p38〜39
◇学生の生活形態の多様化と就学形態の変化―大学の将来像と昼夜開講制　長沢邦彦　「大学時報」　47(262)　1998.9　p90〜93
◇昼夜開講制(夜間主)大学院の発展と課題―同志社大学大学院総合政策科学研究科の事例(＜特集＞転機に立つ私立大学の大学院)　太田進一　「大学時報」　47(258)　1998.1　p46〜51

◇生涯学習への対応―昼夜開講制大学院の設置（特集/私立大学）伊藤文雄 「大学と学生」 366 1995.12 p34～38

懲戒 ⇒ 教職員の懲戒, 生徒の懲戒 を見よ

調査書 ⇒ 内申書 を見よ

長寿学園

1965年から順次実施された高齢者学級・高齢者教室開設助成などに続き、89年から実施された全国規模の事業助成制度。学習機会の拡充という当初の目的に加え、老人大学との提携や地元大学とのシルバー聴講生制度等による学習レベルの高度化、修了後の地域参加などに重点がおかれている。

→ 高齢者教育 をも見よ

【図書】
◇仙人白書―仙人大学校 平成11年度 山形県長寿社会推進機構編 山形 山形県長寿社会推進機構 2000.3 26cm 71p
◇都市型老人大学受講者の実態と意識に関する調査研究―大阪府老人大学を事例として 〔柏原〕 大阪教育大学生涯教育計画論研究室 〔1999〕 26cm 135p

【雑誌記事】
◇長寿学園における高齢者への学習援助サービスの動向―エンジングの視点を手がかりに 矢野泉 「社会教育学・図書館学研究」 18 1994.3 p33～42

【 ツ 】

通学区域弾力化 ⇒ 通学区域の自由化 を見よ

通学区域の自由化

公立小・中学校の通学区域は学校教育法に基づき、市町村教育委員会によって指定されてきた。文部省は1997年1月この通学区域の弾力的運用を求める通知を出した。地理的・身体的理由、いじめへ対応を理由とする場合の外、「児童生徒等の具体的な事情に即して相当と認めるときは、保護者の申立により、」他の学校への就学が可能であり、それを保護者にも周知するよう求めている。これを受けて通学区域の弾力化への動きが各地で見られるようになり、東京都品川区では、2000年4月から区内の小学校を4つのブロックに分け、その中で自由に保護者が就学校を選択できる通学区域のブロック別自由化が始まった。

【図書】
◇公立小学校・中学校における通学区域制度の運用に関する事例集 第2集 文部省〔著〕 東京 東洋館出版社 2000.7 30cm 148p 619円 （初等教育資料別冊） ①4-491-01655-0
◇小学校通学区域制度の研究―区割の構造と計画 葉養正明著 東京 多賀出版 1998.2 22cm 314p 6900円 ①4-8115-4881-7

【雑誌記事】
◇地方における公立義務教育学校の「通学区域の弾力化」の実態―先行する三重県,岐阜県,長野県の七市町教育委員会の調査から 武者一弘 「名城大学教職課程部紀要」 33 2000 p29～45
◇学区フリー 超人気小・中学の秘密（教育）「AERA」 13(54) 2000.12.18 p82～84
◇今月のテーマ(35)公立小・中学校を選ぶって、どういうこと?通学区域の弾力化と学校選択制度を考える 「子どものしあわせ」 595 2000.11 p28～32
◇学校教育の論点8 通学区域の弾力化―学校選択の自由 小島弘道 「学校経営」 44(14) 1999.12 p56～61
◇「通学区域の弾力化」をめぐって(特集 文部省「新教育改革プログラム」を読む) 「現代教育科学」 41(2) 1998.2 p32～37
◇通学区域の弾力化(特集 学校教育法50年―これからの学校教育の課題は何か) 葉養正明 「教職研修」 25(9) 1997.5 p77～79

通級制度

軽度の障害をもつ子供が普通学級に籍をおき、各教科の指導などは普通学級で受け、

特殊学級に通って心身の障害に応じた特別の教育を受けるもの。92年に発足。
→ 障害児学級, 統合教育 をも見よ

【図書】
◇級による指導の場における教育的援助 ─ 通級指導ガイドブック　横須賀　国立特殊教育総合研究所　1995.3　30cm　281p　(特殊研 C-27)
◇リソース・ルーム ─ 通級学級の手引き　B.E.マクナマラ著, 松下淑〔ほか〕訳　東京　福村出版　1993.10　21cm　171p　2500円　①4-571-12067-2
◇通級による指導の手引 ─ 解説とQ&A　特殊教育研究会編著　東京　第一法規出版　1993.6　21cm　144p　900円　①4-474-00265-2

【雑誌記事】
◇「特殊学級」による通常学級に在籍する障害児の支援に関する研究　渡辺健治, 佐藤和代, 新井英靖(他)「東京学芸大学紀要 第1部門 教育科学」48　1997.3　p337〜344
◇通級による指導の実施について ─ 学校教育法施行規則の一部改正等について(施策だより)「特殊教育」75　1993.9　p42〜47
◇障害児学級の未来像をめぐる議論 ─ 少人数学級と通級制を契機にして (論文)　窪島務「障害者教育科学」26　1993.1 (特集:障害児の学校五日制)　p62〜77

通信制高校　correspondence upper secondary school

集合型教育の全日制・定時制と異なり、添削指導・スクーリング及び試験で単位をとる。高校レベルの通信制は他国にもあまり例がない。96年度では公立68校と私立28校の計96校、約15万人が在学している。

【図書】
◇全国定時制通信制高等学校基本調査　平成12年度　東京　全国高等学校定時制通信制教頭協会　2000.8　30cm　124p　非売品
◇もうひとつの「高校」進学ガイド　第一高等学院高等部編著　東京　情報センター出版局　1999.9　19cm　254p　1200円　①4-7958-3012-6
◇全国定時制通信制高等学校基本調査　平成11年度　東京　全国高等学校定時制通信制教頭協会　1999.8　30cm　124p　非売品
◇インターネットハイスクール「風」─ 不登校も問題にしない新しい教育のかたち　柳下換著　東京　ダイヤモンド社　1998.3　19cm　221p　1400円　①4-478-97030-0
◇高等学校通信制教育五十年のあゆみ　全国高等学校通信制教育研究会編　東京　日本放送出版協会　1998.3　27cm　327p
◇通信制高校に学ぶ青春 ─ もう一つの学校　西山健児著　京都　かもがわ出版　1998.2　19cm　238p　1800円　①4-87699-361-0
◇もうひとつの「高校」選び ─ 不登校でも中退でも高校卒業できる!『通信制サポート校』進学マニュアル　第一高等学院高等部編著　東京　情報センター出版局　1997.11　19cm　223p　1200円　①4-7958-2542-4
◇通信制高校を知ってるかい ─ もうひとつの学校　改訂版　手島純著　東京　北斗出版　1997.10　19cm　198p　1500円　①4-938427-93-1

【雑誌記事】
◇兵庫県における定時制通信制高校の現状と課題について　梅田武男「教職教育研究」6　2001.3　p65〜69
◇ジャーナル投稿 通信制高校の卒業式からいま、大人は何をなすべきか?　池上正示「望星」31(7)　2000.7　p68〜73
◇もうひとつの教育 ─ 通信制高校(特集 もうひとつの教育)　西山健児「教育と医学」48(4)　2000.4　p315〜321

通信簿　school report, report card, grade report

児童生徒の学習・行動・健康などの情報を保護者に提供する、学校と家庭の代表的な連絡手段。通知表とも呼ばれる。通常年三回、各学期末に発行される。但し法的根拠はなく、内容も各学校の事情を反映し必ずしも一様ではない。また、教科学習の評価に関心が集中する弊害から、廃止に踏み切る学校もある。

【図書】
◇新学力観時代の通知表改革事例集　小学校編　梶田叡一編　東京　明治図書出版

1995.11　26cm　133p　2270円　ⓘ4-18-280800-2
◇新学力観時代の通知表改革事例集　中学校編　梶田叡一編　東京　明治図書出版　1995.11　26cm　126p　2270円　ⓘ4-18-280904-1
◇新しい学力観に立つ評価のあり方 ― 個性を育てる通知表　梶田叡一，古川治編著　東京　東京書籍　1995.10　21cm　245p　2000円　ⓘ4-487-75722-3
【雑誌記事】
◇指導要録改訂にともなう通知表改善の実態と課題 ― 観点別学習状況評価を中心に　藤原幸男「琉球大学教育学部紀要　第一部・第二部」　43　1993.11　p133～151
◇新学習指導要領が目指す学力観を十分に評価できる通知表の創造（第17回全国教育研究大会・分科会における提案発表）　伊藤稔「日本教育研究連合会研究紀要」　平成5年度　1993.7　p65～96

ツーショットダイアル ⇒テレクラ を見よ

【テ】

低学力　drop in scholastic ability
　高等教育においては経済学部なのに数学の知識がない、医学部なのに生物を学んでいないなど、大学生の基礎学力の低下が90年代終わり頃から深刻化。その背景には受験科目の減少があるといわれている。初等・中等教育については中教審答申が幼児期・小学校での「基礎・基本」の徹底を訴える中間まとめを提出。学習内容を減らした学習指導要領に基づく教科書に対しては学力低下を生むと有識者から批判が相次いだ。日本は95年以降大規模な学力調査をしていないため、文部科学省はIEAの理数系の調査だけを根拠に学力は低下していないとしてきたが、基礎データ収集のため、2002年、抽出方式による学力調査を行う見込み。

→新学力調査 をも見よ
【図書】
◇算数ができない大学生 ― 理系学生も学力崩壊　岡部恒治，戸瀬信之，西村和雄編　東京　東洋経済新報社　2001.4　20cm　338p　1700円　ⓘ4-492-22195-6
◇学力低下が国を滅ぼす　西村和雄編　東京　日本経済新聞社　2001.3　20cm　234p　1500円　（教育が危ない　1）ⓘ4-532-14898-7
◇学力があぶない　大野晋，上野健爾著　東京　岩波書店　2001.1　18cm　241p　740円　（岩波新書）ⓘ4-00-430712-0
◇どうする学力低下 ― 激論・日本の教育のどこが問題か　和田秀樹，寺脇研著　東京　PHP研究所　2000.12　20cm　238p　1400円　ⓘ4-569-61251-2
◇学力低下と教育改革 ― 学校での失敗と闘う　OECD著，嶺井正也他訳　東京　アドバンテージサーバー　2000.11　19cm　217p　2000円　ⓘ4-930826-63-2
◇小数ができない大学生 ― 国公立大学も学力崩壊　岡部恒治，戸瀬信之，西村和雄編　東京　東洋経済新報社　2000.3　20cm　316p　1700円　ⓘ4-492-22189-1
◇学力崩壊 ―「ゆとり教育」が子どもをダメにする　和田秀樹著　東京　PHP研究所　1999.8　20cm　205p　1300円　ⓘ4-569-60700-4
◇学ぶ力をうばう教育 ― 考えない学生がなぜ生まれるのか　武田忠著　東京　新曜社　1998.11　19cm　206p　1900円　ⓘ4-7885-0656-4
【雑誌記事】
◇提案　教育課程の次元で学力を ― 学力低下論を考える（特集　基礎基本重視へ＝学校の何を変えるか ― ミニシンポ "基礎基本" のラベルと中身は明確なのか）　中野重人「学校運営研究」　40(9)　2001.8　p40～43
◇今月のテーマ(42)これからの教育と「学力問題」(4)教科書問題と学力　梅原利夫「子どものしあわせ」　604　2001.7　p32～35
◇発達心理学　変質した「学ぶこと」の意味 ―「学力低下」以前の学力は健全だったのか（特集　「基礎・基本」とは何か！ ―「学力低下」論議を問う）　浜田寿美男「教育評論」　650　2001.6　p36～39

◇『教育白書』での学力低下論への反論をどう読むか（特集 文部科学省の「学力低下しない」説を糺す）「現代教育科学」 44（5） 2001.5 p5〜14
◇教育法規あらかると「ゆとり」と学力低下 「内外教育」 5178 2001.2.9 p26
◇学力低下の諸相と学力向上策の視点（特集 学力向上をめざす教育―基礎・基本の徹底とブルーム理論）有園格 「教育フォーラム」 27 2001.2 p6〜17
◇教育崩壊の元凶を名指す―学力低下の要因は、文部省の誤った認識が作った「受験地獄」「詰め込み教育」の虚像にある（教育を歪める真犯人）長尾誠夫 「諸君!」 32（7） 2000.7 p162〜171
◇討論・学力低下の危機―教育改革のどこに問題があったのか 有馬朗人, 苅谷剛彦 「論座」 59 2000.3・4 p68〜85
◇大学生の学力低下に関する調査結果について 鈴木規夫, 荒井克弘, 柳井晴夫 「Forum」 22 1999 p50〜56
◇時事解説 大学生の学力低下 ゆとり教育が原因か? 井崎邦為 「保険展望」 46（7） 1999.10 p48〜51
◇学力の危機と教育改革―学生の学力低下は空恐しいまでだ。なのになぜ今また「ゆとり」教育なのか 苅谷剛彦 「中央公論」 114（8） 1999.8 p36〜47
◇学習内容を削減"ゆとりの教育"こそ学力低下の元凶（日本の若者の学力が大凋落）小野山博仁 「SAPIO」 10（16） 1998.9.23 p118〜119

定時制高校　part‐time high school

勤労青少年に対する後期中等教育機関。全日制高校進学者の急増のため、在学者は1980年度で14万7千人であったのに対し96年度で10万6千人に落ち込んでいる。近年高校中退者が多く在籍する。本来は4年制だが、単位制の導入で通信制や大検を併用して3年で卒業する例が増えている。

【図書】
◇全国定時制通信制高等学校基本調査 平成12年度 東京 全国高等学校定時制通信制教頭協会 2000.8 30cm 124p 非売品
◇夜光の時計―定時制高校からの21世紀教育へのまなざし 八覚正大著 東京 新読書社 2000.3 20cm 236p 1600円 ⓘ4-7880-7042-1
◇僕が通った定時制高校 石井智著 東京 朱鳥社 1999.11 19cm 122p 1100円 ⓘ4-434-00014-4

【雑誌記事】
◇定時制高校という場をなくしてはならない 南悟 「世界」 658 1999.2 p235〜240
◇「底辺」の生徒たちに学ぶ―定時制高校の経験から 小野寺智 「現代行動科学会誌」 14 1998 p32〜34
◇転換を迫られる定時制高校（現代日本の教育問題）関口賢一 「社会主義」 424 1998.8 p68〜71
◇定時制高校の活性化への試み 千葉県立千葉商業高等学校 「中等教育資料」 47（10） 1998.6 p87〜91

ディスクーリング論　⇒脱学校論 を見よ

低体温児

学童児の体温は一般に36度5分〜37度3分とされているが、80年代後半から36度に達しない子どもが増加。睡眠不足、運動不足、冷暖房が原因といわれる。食欲不振や立ちくらみといった不定愁訴的症状を訴えるケースもあり、学童微症状シンドロームに含む。

【雑誌記事】
◇児童の生活習慣と心理的ストレス―性格特性と低体温との関連で 嘉数朝子, 井上厚, 田場あゆみ 「琉球大学教育学部紀要」 55 1999.10 p221〜232
◇子どもの健康相談室「低体温（2）」 山田真 「母の友」 548 1999.1 p60〜63
◇子どもの健康相談室「低体温」 山田真 「母の友」 547 1998.12 p60〜63
◇「からだと心のおかしさ」にとりくむ養護教諭から見て（子どもの権利条約 PART3 検証編―条約の具体化のために―検証5「保護される権利」から見て）松尾裕子 「子どものしあわせ」 538 1996.10 p60〜64
◇小学生の低体温問題について―低体温の実態と低体温傾向の児童の生活様式 田中英登, 甘利修 「横浜国立大学教育紀要」 34 1994.10 p75〜86

◇高校生の低体温と血圧,脈拍および健康度との関係 藤島和孝,吉川和利,橋本公雄 「健康科学」 16 1994.2 p143〜148

ティームティーチング ⇒ チームティーチング を見よ

適応指導教育

主に不登校児童生徒に対する指導を行うため、教育委員会が学校の外または校内の余裕教室などに設置している施設。児童生徒の在籍校と連携しつつ、カウンセリング・集団活動・教科指導などを行う。ここへの出席を通常の出席として認定する動きもある。

【図書】
◇県内適応指導教室の充実に関する調査研究 ― ネットワークの充実をめざして 沖縄県立教育センター沖縄県適応指導教室〔編〕 沖縄 沖縄県立教育センター 2001.3 30cm 92p （沖縄県適応指導教室「てるしの」研究報告書 2）
◇体験活動を重視した適応指導教室の実践的研究 ― シェアリングを生かした個に応じた体験活動 3 福岡市教育センター教育相談室編 福岡 福岡市教育センター 2001.3 30cm 50p
◇不登校児童生徒の継続的適応指導の在り方に関する調査研究報告書 沖縄県立教育センター沖縄県適応指導教室〔編〕 沖縄 沖縄県立教育センター 2001.3 30cm 74p （沖縄県適応指導教室「てるしの」研究報告書 1）
◇不登校児童生徒の適応指導教室（いちょうの木広場）の在り方に関する研究 ― 2年間のまとめに代えて 〔天理〕 天理市教育総合センター 2001.3 30cm 49p
◇体験活動を重視した適応指導教室の実践的研究 ― 総合的な体験活動を中心に 2 福岡市教育センター教育相談室編 福岡 福岡市教育センター 2000.3 30cm 50p
◇体験活動を重視した適応指導教室の実践的研究 ― 不登校に関する実践研究 福岡市教育センター教育相談室編 福岡 福岡市教育センター 1999.3 30cm 47p
◇適応指導教室 ― よみがえる「登校拒否」の子どもたち 相馬誠一,花井正樹,倉淵泰佑編著 東京 学事出版 1998.7 21cm 199p 2200円 ①4-7619-0578-6
◇変わろうよ!学校 ― 適応指導教室のチャレンジ 福井市教育委員会適応指導教室同人編著 東京 東洋館出版社 1996.7 21cm 195p 2200円 ①4-491-01286-5

【雑誌記事】
◇相談機関では,こんな対応（療法）が行われる ― 適応指導学級（集団精神療法）（教師と親が読む ― 不登校・登校拒否ハンドブック ― 不登校・登校拒否対応の実際） 花井正樹 「児童心理」 48(15) 1994.10 p132〜135

適正規模

学校教育法の規定で、小学校は12学級以上18学級以下が標準とされているが、特別の事情のあるときはこの限りでないという規定もある。人口が減少する都市部などでは、自治体が独自に適正規模を設定しているところが多い。

→ 学校統廃合 をも見よ

【図書】
◇町田市立学校の適正規模適正配置等について ― 答申 町田市立学校適正規模適正配置等審議会編 町田 町田市教育委員会教育部学務課 1998.12 30cm 70p

【雑誌記事】
◇「小規模校」が秘める可能性（「教育2002年問題」kyoiku@co.jp〔9〕） 黒沼克史 「現代」 35(9) 2001.9 p272〜282
◇三件が補助金返還不要で用地処分承認 ― 生徒数減少に対応した学校規模適正化 「行政監察情報」 2303 2001.5.31 p2〜3
◇学校の統廃合と適正規模（特集 学校教育法50年 ― これからの学校教育の課題は何か） 牛渡淳 「教職研修」 25(9) 1997.5 p80〜82
◇学校規模が中学校教師のストレスに及ぼす影響に関する因果モデル構築の試み 斉藤浩一 「高知大学教育学部研究報告 第1部」 60 1990.7 p299〜305

適性検査 aptitude test

進路選択や将来の職業選択の方向付けに活用する目的で実施される心理検査。職業

適性検査・弁別的適性検査(DAT)・公立高入試や大学入試センター試験などの進学適性検査(SAT)等により、作業の正確さ・可能性・共同制・意欲他が判定される。

【図書】

◇適性検査SPI完全攻略本2000 ─ 性格プロフィールのワンランクアップ法から面接試験テクニックまで 性格適性検査編 碓井慎一著 東京 宝島社 1998.10 19cm 158p 952円 ④-7966-1414-1

◇適性検査SPI完全攻略本2000 ─ 企業のSPI活用法の最新情報から完全解法テクニックまで 能力検査編 碓井慎一著 東京 宝島社 1998.10 19cm 254p 1238円 ④-7966-1413-3

【雑誌記事】

◇心理分析 今どきの採用事情 ─ 適性検査(V-CAT)を活用した採用選抜 麓聡一郎 「人材教育」 12(12) 2000.12 p85〜88

◇進学適性検査と大学学力検査の成績は社会的成功を予測するか ─ 京都大学合格者に関する45年後の追跡研究 坂元章,金井未奈子,坂元〔タカシ〕 「日本教育工学雑誌」 23(Supple) 1999.8 p53〜56

◇大学生の職業情報の検索と適性検査 室山晴美 「JILリサーチ」 29 1997.3 p26〜29

◇進学適性検査の廃止と日本人の階層組織化の規範 ─ 適性か努力か 腰越滋 「教育社会学研究」 52 1993.6 p178〜207

テレクラ

男性が店の個室で女性からの電話を受け、話をする。コンピュータが電話回線で男女の電話を接続するツーショットダイヤルや伝言ダイヤルは「無店舗型」テレクラといわれる。女子児童・生徒の性非行を助長するという理由から条例によるテレホンクラブ営業の規制に乗り出す件が増加、1999年までに全都道府県で条例により規制された。その後、2001年3月、無店舗型の業者についても客が18歳以上であることを確認しなければ電話を取り次いではならないと規定する風営法改正案が閣議決定された。

【図書】

◇誰も語らなかった密やかなテレクラ・ブーム ─ 「秘密の出会い」をもとめる、見知らぬ男女をつなぎ合せる巨大な装置とは。 宝島編集部編 宝島社 1994.1 19cm 188p 1068円 (読んで"いま"がわかる宝島BOOKS) ④-7966-0770-6

【雑誌記事】

◇「テレクラ小学生」と「自閉症教師」「学級崩壊」全国縦断!卒業式が恐ろしい 「週刊現代」 41(11) 1999.3.27 p38〜42

◇テレクラ遊びをする女子中学生グループ(スクール・カウンセリング読本 ─ スクール・カウンセリングの事例) 竹江孝 「教職研修総合特集」 128 1996.7 p226〜229

テレビ社会

テレビ抜きの生活が考えられないほど日常生活に浸透している。番組の中で描かれている行動や考え方が、一種の規範として子どもにも大きな影響を及ぼし、特に残虐な暴力・犯罪行為や性交シーンは青少年に有害であるとする考えが、実際の影響の有無も含めて社会問題化している。アメリカではVチップ(ボタン操作で暴力や性描写のある画面を見えなくするマイクロチップの装置)、ペアレンタル・ロック(暗証番号を登録しておくと、その番号を入力しないと番組を見ることができないシステム)などが開発された。特にVチップ導入はが米国通信法で採用され、2001年1月までに13インチ以上の全ての受像器への搭載が義務づけられることになったが、日本では1999年「引き続き検討を行う」として導入は見送られた。ペアレンタル・ロックは日本ではCSデジタル放送の一部で導入されている。

【図書】

◇ポケモン・カルト ─ あなたの子どもがあぶない! はやし浩司著 東京 三一書房 1998.4 19cm 210p 1500円 ④-380-98229-7

◇ピカチュウの逆襲 ─ 子どもたちはポケモンパニックをどう見たか 宮川俊彦編 東京 同文書院 1998.2 19cm 206p 1300円 ④-8103-7481-5

◇ニューメディア時代の子どもたち 子安増生, 山田富美雄編 東京 有斐閣 1994.7 19cm 299,4p 1957円 (有斐閣選書) ①4-641-18216-7

【雑誌記事】

◇調査報告「青少年とテレビ・ゲーム等に係る暴力性に関する調査」報告書について(特集 子どもと映像文化) 総務庁青少年対策室 「学校運営」 42(10) 2001.1 p21～23

◇Vチップ─暴力シーンや性的描写から子供をどうやって守るか(メディア最前線〔7〕) 西正 「THE21」 17(7) 2000.7 p64

◇テレビ─「検証・テレビと子どもたち」を考える(メディア時評) 薩摩耕太 「前衛」 715 1999.8 p177

◇テレビVチップで暴力は防げるか 「ニューズウィーク日本版」 13(26) 1998.7.8 p54～55

◇特別寄稿・テレビ番組の暴力性・商業性は子どもにどう影響するか(1) 小田勝己 「児童心理」 51(13) 1997.9 p120～125

転入学 transfer

父母の勤務事情などで転入を希望する子どもに対し、転・編入学試験の機会や特別枠が少なかったため、文部省は受け入れ校のデータベース作成に着手。1997年、総務省は高校における転編入学者の受け入れに努力するよう通知を出した。2001年、転編入試験を実施している全日制高校は国公立3166校、私立611校。

【図書】

◇「転・編入学等にかかわる支援システム」調査研究報告書 ─ 平成11年度文部省委託「転・編入学にかかわる支援システムの調査研究」〔東京〕 日本進路指導協会 2000.3 30cm 141p

◇高等学校における転入学等に関する調査報告書 ─ 平成10年度文部省委託研究報告書「高等学校教育多様化実践研究」〔東京〕 高等学校における転入学等調査研究会 1999.3 30cm 69p

【雑誌記事】

◇中途退学問題への取組み ─ 高校中退者及び転編入学者の円滑な受け入れとそれに関わる単位認定、進級卒業認定の弾力化について 宮城県立佐沼高等学校 「中等教育資料」 47(15) 1998.10 p89～93

◇学校改善へのディヴァイス・56 転入者への対応を 沢口安雄, 牧昌見 「教職研修」 26(8) 1998.4 p137～139

◇文部省の高等学校転入学情報提供システム(特集・転勤制度の実務)「先見労務管理」 980 1993.3.10 p12～13

【ト】

トイフル ⇒ TOEFL を見よ

動機づけ motivation

動機(欲求により生じた動因が、行動を特定目標に向けて活性化された状態)を高める働きかけ。動機付けには、内的(自然的)要因に訴えるものと、外的(人為的)要因に訴えるものがある。教育の面での例としては、学習目標の操作、賞賛と叱責など外発的動機付けと、個人の興味関心の喚起や知的好奇心の誘発など内定動機づけなどがあげられる。

【図書】

◇動機づけの学校心理学 ─ クラスの動機づけの構造化に関する実証的研究 谷島弘仁著 東京 風間書房 1999.2 22cm 220p 8500円 ①4-7599-1117-0

◇やる気のない子どもをどうすればよいか デボラ・J.スティペック著, 馬場道夫監訳 大阪 二瓶社 1999.1 21cm 338p 3000円 ①4-931199-60-7

◇児童の内発的達成動機づけについての心理学的考察 川瀬良美著 東京 風間書房 1998.1 22cm 203p 7800円 ①4-7599-1071-9

◇内発的動機づけと教育評価 鹿毛雅治著 東京 風間書房 1996.12 22cm 239p 11330円 ①4-7599-1004-2

◇教室の動機づけの理論と実践 新井邦二郎編著 東京 金子書房 1995.5 22cm 253p 3605円 ①4-7608-2274-7

◇教室における情緒的―認知的動機づけ
丹羽洋子著　東京　風間書房　1993.4
22cm　265p　12360円　⓪4-7599-0846-
3

【雑誌記事】
◇外発と内発の間に位置する達成動機づけ
(特集:達成動機)　速水敏彦　「心理学評論」
38(2)　1996.2　p171〜193
◇内発的動機づけと学習意欲の発達(特集:
達成動機)　鹿毛雅治　「心理学評論」
38(2)　1996.2　p146〜170

東京シューレ

実子の登校拒否から「登校拒否を考える
会」で活動を始め、学校以外に子どもの居
場所がないことに疑問を抱いた小学校教師
が、1985年退職して北区東十条に開いたフ
リースクール。東京都内3カ所のスペースに
6歳から20歳までの約200人が通う。2000年1
月より、特定非営利活動法人(NPO法人)と
して活動。

【雑誌記事】
◇出会い、学びの場を創設し、子どもたちの
成長を支援「NPO法人 東京シューレ」(ボ
ランティア・NPOレポート)「月刊福祉」
83(13)　2000.11　p112〜115
◇座談会 新たな価値観を生きる―「東京シ
ューレ」にみるNPOの普遍的プロセス(特
集 21世紀の足音をきく―新たな価値観を
生きる)　奥地圭子,下田博次　「女も男も」
78　1999.1　p6〜10
◇東京シューレ新宿 将来のことはまったく
考えません(特集 世紀末学校白書'98ぼく
の学校は戦場だった!?)　石井志尉,小池瑞
穂,鈴木暁　「文芸」　37(3)　1998.8
p48〜51
◇インタビュー 東京シューレ主宰 奥地圭子
さん―驚異の行動力,フリースクールの子
どもたち(特集 悩める現代っ子たち)
奥地圭子　「市政」　46(4)　1997.4　p18
〜23
◇フリースクール「東京シューレ」訪問の記
「週刊金曜日」　2(14)　1994.4.15　p58
〜59
◇東京シューレ〈学ぶ〔2〕〉「平成義塾」
6(2)　1994.2　p134〜137

東京都立国際高校

教育の国際化をうけて開校した新国際学
校のひとつ。一般生徒・帰国子女・在日外国
人子女が共学し、普通教科のほかに外国語・
国際理解・課題研究があり、小人数での発表・
討論・レポートなど能動的な学習法に特色が
ある。帰国生徒・在日外国人生徒も混合のク
ラス編成のため、教科によっては習熟度別の
多展開授業を行っている。

【雑誌記事】
◇国際化の進展と教育―都立国際高校の教
育理念と実践　掛川久　「青少年問題」
41(4)　1994.4　p4〜9

統合教育　integration

インテグレーション(統合)。米国ではメ
インストリーミング。全ての障害児が非障害
児と同じ学校・学級・カリキュラムで学ぶ方
が、人格形成上や教育上の効果が大きいとす
る教育のあり方。障害児教育の分野でノーマ
ライゼーションの理念を具体化する方法と
して主張され、日本でも障害児学級から通常
学級に通う協力学級方式、通常学級に籍を置き
特別室に通って障害に応じた指導を受ける特
別指導室方式(リソースルーム方式)などの
通級制度が整備検討されつつある。外国で
は既に、専門教師が複数校を担当する巡回
指導方式、通常学級に補助教員を配置する
完全統合方式が行われている。

→ インクルージョン, 通級制度, 特別なニ
ーズ教育, メインストリーミング をも
見よ

【図書】
◇障害児の親から健常児の親へ ― 統合保育
が当たり前の世の中になることを願って
石井利香編　大阪　朱鷺書房　2000.11
19cm　199p　1400円　⓪4-88602-620-6
◇統合教育へ一歩踏み出す ― 条約・規則・宣
言を使って 子どもの権利条約の趣旨を徹
底する研究会編　東京　現代書館　2000.8
21cm　166p　1600円　⓪4-7684-3424-X
◇普通学級での障害児教育　藤田修編著
東京　明石書店　1998.6　19cm　210p
2000円　⓪4-7503-1052-2

◇通常教育への障害のある子どものインテグレーション ― 理想とその理論及び実践 OECD報告書（1994） OECD〔著〕, 徳永豊, 袖山啓子訳 東京 全国心身障害児福祉財団 1997.9 26cm 156,26p （ZSZ（号外））
◇統合保育で障害児は育つか ― 発達保障の実践と制度を考える 茂木俊彦著 東京 大月書店 1997.5 21cm 102p 1300円 （子育てと健康シリーズ 10） ①4-272-40310-9

【雑誌記事】
◇サラマンカからの新しい風 ― より明確となった統合教育（特集「特殊教育神話」からの解放） 佐原浩晴（訳）「父母と教師と障害児をむすぶ人権と教育」 25 1996.11 p102～106
◇統合教育 ― 障害ある子どもの権利（特集「特殊教育神話」からの解放）「父母と教師と障害児をむすぶ人権と教育」 25 1996.11 p12～20
◇普通学級でこそ育ち合う ― 分離教育が偏見と差別を生む（特集「特殊教育神話」からの解放） 向井公典「父母と教師と障害児をむすぶ人権と教育」 25 1996.11 p42～54
◇障害児の分離教育をやめ統合教育へ（論争） 秋山栄「週刊金曜日」 4(31) 1996.8.23 p65
◇学ぶことの意味を問いなおす ― 統合教育で見えてきたこと（特集 障害児はどう学ぶ？ ― できる,できない,はどうでもいいか） 柴崎律「父母と教師と障害児をむすぶ人権と教育」 24 1996.5 p10～19
◇交流・統合教育の可能性と限界（SNE学会第1回研究大会報告 ―《シンポジウム》「特別なニーズ教育をどう創造するか ― 21世紀を展望して」） 位頭義仁「SNEジャーナル」 1 1996.3 p159～162

登校拒否 ⇒ 不登校 を見よ

東大解体
1960年代後半の大学闘争では、国による教育管理強化への異議申し立てとして大学解体が主張された。特に学歴ピラミッドの頂点たる東大の存在は様々に批判を浴びてきた。92年宮沢内閣は、キャリア組の官僚採用で6割を占める東大出身者を半分以下に抑える方針を決定した。

【雑誌記事】
◇山本義隆「知性の叛乱 ― 東大解体まで」（特集「戦争と革命の20世紀」を読む） 国富健治「インパクション」 122 2000 p104～106
◇東大の官僚支配は死なず ― 先決なのは規制緩和より東大解体(This Month・社会)「月刊TIMES」 18(4) 1994.5 p15

東大駒場寮
1996年、東京大学は駒場キャンパスの再開発にあたり老朽化した東京都目黒区の駒場寮の廃寮を決定。しかし一部の寮生が立ち退かず、翌年には明け渡しを求めて提訴、認められた。2001年8月、学生ら約150人がシュプレヒコールを繰り返す中、東京地裁は明け渡しを求める強制執行に乗り出した。駒場寮は旧制一高時代の35年に建設され、かつての学生自治の象徴的な存在と言える。

【雑誌記事】
◇事件・ホットレポート 駒場寮の闘いは何を守るのか ― 大学自治・学ぶ権利・そして人間的交流 萩尾健太「法と民主主義」 356 2001.2 p60～62

到達度評価　criterion - referenced evaluation, evaluation for achievement
1970年前後の"通知表論争"を経て、従来の相対評価とともに絶対評価も使われ始めると、客観性・妥当性を備えた絶対評価法として、学習目標への達成度を測定する到達度評価の考え方が広まった。共通の目標を個別に達成するため、診断的評価・形成的評価・総括的評価を適宜行う方法で、80年の学習指導要領改訂で「観点別学習状況」の欄が設けられてから急速に普及した。

→ 教育評価 をも見よ

【図書】
◇到達度評価の研究　続　新装版　橋本重治著　東京　図書文化社　2000.3　21cm 182p　1900円　①4-8100-0319-1

◇到達度評価の研究　新装版　橋本重治著　東京　図書文化社　2000.3　21cm　266p　2300円　ⓘ4-8100-0318-3

【雑誌記事】

◇「絶対評価」の客観性を高める到達度評価の実践・研究の推進を期待する(特集 到達度重視「絶対評価」のどこが問題か—提言・教課審の到達度重視「絶対評価」提案を検討する)　水川隆夫　「現代教育科学」44(3)　2001.3　p8〜10

◇(ラウンジ)到達度評価基準　「内外教育」5065　1999.11.30　p24

◇学力論と知育の伝統—到達度評価の主張(学力・学習＜特集＞)　稲葉宏雄　「教育」44(5)　1994.5　p25〜33

◇到達度評価が児童の内発的動機づけに及ぼす効果　鹿毛雅治　「教育心理学研究」41(4)　1993.12　p367〜377

道徳教育　moral course

各教科や特別活動での道徳教育を補う授業。1958年小中学校に週1時間特設され、修身科の復活だとして批判を浴びた。98年改定の新学習指導要領では基本的なしつけや善悪の判断などについて繰り返し指導し徹底させることに重点をおいている。2000年、教育改革国民会議は報告中で17提案の1つに「人間性豊かな日本人を育成する」ために「学校は道徳を教えることをためらわない」ことをあげた。

【図書】

◇道徳と心の教育　山崎英則, 西村正登編著　京都　ミネルヴァ書房　2001.6　21cm　227p　2200円　(Minerva教職講座　7)　ⓘ4-623-03442-9

◇戦後教育改革と道徳教育問題　貝塚茂樹著　東京　日本図書センター　2001.4　22cm　439,7p　5800円　ⓘ4-8205-6239-8

◇道徳教育を学ぶ人のために　新版　小寺正一, 藤永芳純編　京都　世界思想社　2001.4　19cm　238p　1900円　ⓘ4-7907-0862-4

◇道徳教育論—価値観多様化時代の道徳教育　中村清著　東京　東洋館出版社　2001.4　21cm　225p　2500円　ⓘ4-491-01698-4

◇「道徳の時間」成立過程に関する研究—道徳教育の新たな展開　押谷由夫著　東京　東洋館出版社　2001.2　22cm　307p　5500円　ⓘ4-491-01695-X

◇道徳教育の充実を求めて—1人ひとりの生き方を問う　山崎英則, 西村正登編著　東京　学術図書出版社　2000.6　21cm　305p　2400円　ⓘ4-87361-585-2

◇道徳教育の視点　改訂版　佐野安仁, 荒木紀幸編著　京都　晃洋書房　2000.3　22cm　248p　2700円　ⓘ4-7710-1165-6

◇道徳教育の基礎と展望　大庭茂美, 河村正彦編著　東京　福村出版　1999.3　22cm　229p　2400円　ⓘ4-571-10123-6

◇いじめ問題と道徳教育　塚野征編著　東京　東洋館出版社　1996.6　21cm　158p　2000円　ⓘ4-491-01289-X

◇道徳教育の研究　増補　森下恭光, 佐々井利夫共著　日野　明星大学出版部　1996.1　21cm　207p　1800円　ⓘ4-89549-131-5

◇21世紀を拓く道徳教育　全国小学校道徳教育研究会編著　東京　東洋館出版社　1994.10　22cm　217p　2500円　ⓘ4-491-01139-7

◇これからの道徳教育を求めて—人間としての生き方を問う　山崎英則編著　東京　学術図書出版社　1994.10　22cm　229p　2000円　ⓘ4-87361-550-X

◇道徳形成の理論と実践　斎藤勉編著　東京　樹村房　1993.11　22cm　232p　2060円　(教育学テキストシリーズ　8)　ⓘ4-915507-67-X

◇新教育課程と道徳教育—「国際化時代」と日本人のアイデンティティー　山口和孝著　東京　エイデル研究所　1993.5　21cm　268p　2800円　ⓘ4-87168-169-6

【雑誌記事】

◇人間性豊かな日本人の育成—学校は道徳を教えることをためらわない(教育改革と「21世紀・日本の教育」読本—教育改革国民会議「教育を変える17の提案」を検討する)　「教職研修総合特集」　144　2001.2　p34〜45

◇道徳の教科としての設置と指導内容・方法(教育改革と「21世紀・日本の教育」読本—教育改革国民会議「教育を変える17の提案」を検討する—人間性豊かな日本人の育成—学校は道徳を教えることをためらわない)　尾田幸雄　「教職研修総合特集」　144　2001.2　p34〜37

◇これからの「道徳教育」に何を望むか―心の教育から魂の教育へ　森田直樹　「道徳と教育」　44(2)　1999.4　p98～105
◇新学習指導要領と道徳教育　尾田幸雄　「教職研修」　27(8)　1999.4　p11～13
◇道徳教育をめぐる学校の課題(栃木県経済同友会社会問題委員会の調査から)―完―調査結果から見た課題と展望　山村達夫　「学校経営」　43(13)　1998.11　p67～71

同和教育　Dohwa education

憲法の「法の下の平等」に則って、国内に根強く残る差別を取り除き、全ての国民相互の人権保障への配慮を育成する教育。特に封建時代から連綿と続いている被差別部落の解放教育は重要な課題。なお、2002年の「地対財特法」の失効に伴い同和行政の施策転換・再編が進んでいるが、これは同和教育を放棄するものではなく、2000年12月に公布された「人権教育及び人権啓発の推進に関する法律」に基づき、より普遍的な人権教育に転換して行くものと考えられる。

【図書】
◇人権問題の歴史と教育 ― 同和教育運動に学ぶ　門田秀夫,植田都著　東京　明石書店　2001.3　19cm　286p　2500円　①4-7503-1390-4
◇人権教育としての「同和」教育と多文化教育　曽和信一著　東京　明石書店　2000.4　20cm　210p　1800円　①4-7503-1278-9
◇解放の学力とエンパワーメント　長尾彰夫,池田寛,森実編集責任　東京　明治図書出版　1998.2　22cm　222p　2200円　(シリーズ解放教育の争点　第4巻)　①4-18-015710-1
◇底辺を歩く ―「解放の学力」を求めて　中村拡三著　東京　明治図書出版　1997.11　19cm　212p　1900円　(教師・人間の記録　1)　①4-18-060131-1
◇解放教育のグローバリゼーション　長尾彰夫編集責任　東京　明治図書出版　1997.10　22cm　198p　1900円　(シリーズ解放教育の争点　第6巻)　①4-18-015918-X
◇解放教育論入門 ―「同和」教育から解放教育へ　改訂版　八木晃介著　東京　批評社　1997.9　19cm　215p　2000円　①4-8265-0235-4
◇同和教育の終わり　東上高志編著　京都　部落問題研究所　1996.9　20cm　366p　2300円　①4-8298-5013-2
◇もうやめへんか「同和」　同和行政・同和教育を考える会編　京都　かもがわ出版　1996.8　21cm　200p　1553円　①4-87699-266-5
◇同和教育の終結と新しい展開　東上高志著　京都　部落問題研究所　1995.6　21cm　86p　800円　(部落研ブックレット　15)　①4-8298-1044-0
◇社会同和教育読本　仲田直著　京都　阿吽社　1994.2　19cm　211p　1960円　①4-900590-37-1
◇同和教育研究 ― 同和教育こそ教育の源泉　大江甚三郎編纂　東京　同和文献保存会　1994.2　31cm　817p　52000円
◇どうなるどうする同和教育　東上高志著　京都　部落問題研究所　1993.4　19cm　174p　1000円　①4-8298-5010-8

【雑誌記事】
◇特集「同和教育研究会」解散と今後の展望　「部落」　53(5)　2001.5　p6～40
◇特集 解放教育研究の最前線 今、何が問われているか　「解放教育」　30(3)　2000.3　p8～75
◇部落解放教育の現状の打開を求めて(特集 99・わたしのメッセージ ― 解放教育の最前線から)　岡田健悟　「解放教育」　29(1)　1999.1　p9～12
◇特別法の終結と同和教育　東上高志　「部落」　48(8)　1996.7　p38～82
◇これからの同和教育 ― 21世紀を見通して(特集 転換期に立つ同和教育 ― 何が問題か)　「現代教育科学」　39(3)　1996.3　p45～69
◇同和教育の終結について　梅田修　「部落」　48(1)　1996.1　p35～44
◇同和教育とは何だったのか ―「戦後同和教育史」の検討をとおして(同和教育の行方を考える＜特集＞)　東上高志　「部落」　46(13)　1994.12　p26～37
◇学校と地域と運動が結びついて ― 同和教育運動の現在の課題(同和教育の現在＜特集＞)　寺沢亮一　「部落解放」　353　1993.2　p8～17

特殊学級　⇒ 障害児学級 を見よ

特殊教育 ⇒障害児教育 を見よ

読書のアニマシオン

1960年代にフランスで起こった「社会文化アニマシオン」の影響を受けて、70年にスペインでモンセラット・サルトが始めた活動。対象を本の楽しさを全く知らない子ども達を対象として想定し、ゲーム的な手法を通じて子ども達に本に立ち向かわせ、子ども達を物語の世界に引き込む事をねらいとする。日本には90年代後半に紹介され、学校図書館の充実が目指されている昨今、注目を集めている。

【図書】
- ◇アニマシオンが子どもを育てる 増山均著 東京 旬報社 2000.12 19cm 142p 1400円 ⓘ4-8451-0670-1
- ◇やってみよう読書のアニマシオン 渡部康夫著 東京 全国学校図書館協議会 2000.7 21cm 51p 760円 (学校図書館入門シリーズ 7) ⓘ4-7933-2258-1

【雑誌記事】
- ◇ぼくらは物語探偵団—まなび・わくわく・アニマシオン(特集 子ども読書年) 岩辺泰吏 「図書館雑誌」 94(5) 2000.5 p310～311
- ◇みんな「調べて」大きくなった(4)アニマシオン 辻由美 「図書館の学校」 4 2000.4 p26～29
- ◇「読書へのアニマシオン」導入の意義 足立幸子 「山形大学教育実践研究」 9 2000.3 p5～13
- ◇読書のアニマシオン 佐藤美智代 「学校図書館」 574 1998.8 p81～83

特色ある学校づくり

2002年度より実施の新学習指導要領でうたわれるものの一つ。すでに開発学校での研究・実践が進められている。各学校の自由度が拡大されることにより、各学校が創意工夫を生かした特色ある教育を展開し、子どもの実態に即した個性を生かす教育が展開できるようになるとされている。校長・教頭のリーダーシップが問われる。

【図書】
- ◇小学校 事例に学ぶ特色ある学校づくりと学習評価・学校評価 村越正則, 橋本誠司, 西村佐二編著 ぎょうせい 全国学校図書館協議会 2001.3 26cm 243 2800円 ⓘ4-324-06439-3
- ◇地域と取り組む特色ある学校づくり 舘野健三, 法則化学校づくり研究会著 明治図書出版 全国学校図書館協議会 2000.10 21cm 135 1900円 (「法則化学校づくり」シリーズ 4) ⓘ4-18-198409-5
- ◇実践特色ある学校づくり 中学校編—新しい教育課程経営をめざして 高階玲治, 村川雅弘編 図書文化社 全国学校図書館協議会 2000.7 26cm 149 2400円 (新教育課程実践シリーズ 9) ⓘ4-8100-0324-8
- ◇実践特色ある学校づくり 小学校編—新しい教育課程経営をめざして 高階玲治, 村川雅弘編 図書文化社 全国学校図書館協議会 2000.6 26cm 149 2400円 (新教育課程実践シリーズ 8) ⓘ4-8100-0323-X
- ◇選択・総合的学習による特色ある学校づくり 北海道教育大学教育学部附属札幌中学校著 教育出版 全国学校図書館協議会 2000.5 21cm 164 2200円 ⓘ4-316-36920-2
- ◇特色ある学校をつくる 東京 ぎょうせい 2000.4 21cm 250p 2571円 (新学習指導要領学校授業づくり実践シリーズ 1) ⓘ4-324-06080-0
- ◇特色ある教育活動の展開 高階玲治編 東京 明治図書出版 1999.8 22cm 162p 1860円 (21C小学校新教育課程のコンセプト解説 2) ⓘ4-18-030917-3
- ◇特色ある学校づくりの条件 「悠」編集編 東京 ぎょうせい 1999.7 21cm 174p 1600円 ⓘ4-324-05873-3
- ◇「特色ある学校」をどう創るか — 鼎談・小学校新教育課程 渡部邦雄, 安藤駿英, 寺崎千秋 [著] 東京 明治図書出版 1999.4 21cm 108p 1360円 ⓘ4-18-023612-5
- ◇「特色ある学校」をどう創るか — 鼎談・中学校新教育課程 渡部邦雄, 安斎省一, 堀内一男 [著] 東京 明治図書出版 1999.4 22cm 104p 1360円 ⓘ4-18-022317-1
- ◇アドベンチャー教育で特色ある学校づくり—個性を認め合う体験学習 林寿夫, 川

トクシヨ

口博行, 新井浅浩共著　学事出版　1999.4　21cm　142　1700円　（新しい体験学習 3）　Ⓘ4-7619-0607-3
◇勢いのある学校づくり―今, 教育に求められているもの　岡本修一著　東京　日本教育新聞社出版局　1994.1　21cm　171p　1800円　Ⓘ4-89055-134-4
◇地域の教育力を生かした特色ある学校づくり　〔秋田〕　秋田県教育センター　1993.3　26cm　100p

【雑誌記事】
◇あなたの意見は"賛成・反対・態度保留?"―公立校で"特色ある学校づくり"=正しい選択なのか(特集 特色ある学校づくり＝挑戦者30の提言)　「学校運営研究」　40(10)　2001.9　p7〜9
◇記者レポート 動き出した"公立の特色ある学校づくり"(特集 特色ある学校づくり＝挑戦者30の提言)　横山晋一郎　「学校運営研究」　40(10)　2001.9　p10〜13
◇『生きる力』をはぐくむ教育の創造と特色ある学校づくりを求めて―「総合的な学習の時間」を中核とした新教育課程の創造(平成11・12年度小学校教育課程研究指定校研究集録)　中辻透　「初等教育資料」　臨増　2001.7　p16〜21
◇自分の考えをしっかりもち, 仲間と共に問題解決をしようとする子ども―地域に根ざした特色ある学校づくり(平成11・12年度小学校教育課程研究指定校研究集録)　堅田悦子　「初等教育資料」　臨増　2001.7　p223〜227
◇特色ある学校づくり―根づいたものを育てる発想(特集 学校リストラの時代を生きる)　武田公夫　「学校経営」　46(5)　2001.4　p28〜35
◇特色ある学校づくりを目指して(特集 学校評議員制度の実施・何を準備するか―先進校に聞く 学校評議員制度の導入・準備から実施のプロセス)　山田武士　「学校運営研究」　39(13)　2000.11　p11〜13
◇特色ある学校づくりと校長のリーダーシップ(特集 「学校の特色」をどこに求めるか)「現代教育科学」　43(1)　2000.1　p75〜82
◇《論説1》特色ある学校づくりを進める新しい視点とその具体化(特集1 特色ある学校づくり)　牧昌見　「初等教育資料」　713　1999.12　p2〜7

読書指導　reading guidance
　学校の国語科や図書館・家庭・地域図書館で, 児童生徒の読書習慣確立・読書技術や読解能力育成・読書による人間形成を目的に行われる活動。カセットブック・電子ブック・ハウツービデオなど読書の機能を代行するメディアも登場し, 自己教育力の理念に基づいた効果的な指導法の研究開発が必要となっている。

　→読書のアニマシオン をも見よ

【図書】
◇図書館資料利用論2 読書指導と利用指導　増田信一, 朝比奈大作, 堀川照代著　放送大学教育振興会;日本放送出版協会〔発売〕　1998.6　21cm　178p　2400円　（放送大学教材）　Ⓘ4-595-29044-6
◇読書指導の12か月　橘詰淳子著　大月書店　1995.3　19cm　196p　1553円　Ⓘ4-272-41084-9
◇調べ学習の実践と読書指導　米谷茂則著　国土社　1994.8　21cm　182p　2427円　Ⓘ4-337-45028-9

【雑誌記事】
◇「読書へのアニマシオン」導入の意義　足立幸子　「山形大学教育実践研究」　9　2000.3　p5〜13
◇もう読書推進運動はいらない!―全校一斉朝の読書で子どもはみんな本好きになる(特集 子どもが本を読まない国に未来はない―21世紀に向けての子どもの読書環境づくり)　林公　「学校図書館」　567　1998.1　p41〜43
◇朝の読書子ども・本・読書指導―どこに問題があるか(読書意欲を高める指導＜特集＞)　斎藤公弘　「学校図書館」　516　1993.10　p9〜19

特設道徳　⇒道徳教育 を見よ

特定非営利活動促進法　⇒NPO法 を見よ

特認校制度
　もともとは児童数減少に伴う廃校を防ぐために発足した制度で, 通学区域を全市に拡大し, 誰でも入学申込をできる小・中学

トクヘツ

校。通学区域制度の弾力的運用の1事例として学校選択論の高まりとともに注目された。認定された学校は自然環境に恵まれた場所にあるものが多く、その地の利を生かした小規模校教育という特徴を持つところが多い。

【雑誌記事】
◇新しい学びの形(1)特認校制度 ユニークな特色づくりで学校を活性化し、通学区域の弾力化を図る試み(特集2 新世紀シリーズ企画/学校に何ができるか(2)既成の「学び」からの脱却—新しい「学び」の形 三つの試み) 矢ノ浦勝之 「総合教育技術」 56(3) 2001.6 p62〜65
◇札幌市の「特認校制度」の実践(特集 学校選択の弾力化と特色ある学校づくり) 福田信一 「教職研修」 25(10) 1997.6 p67〜70

特別活動 extra-curricular activities

各教科・特設道徳以外の活動。ホームルーム・生徒会(児童会)・クラブ活動・学校行事の4つだが、受験競争の激化で軽視されている・教師主導になりがち・非行対策や生徒管理手段に使われる・児童生徒の意欲が希薄など、また特に学校行事については週5日制実施に伴って削減されるなどの問題がある。中学高校の新学習指導要領からはクラブ活動に関する記述が消え、学校裁量による活動とされることになった。

→ 学校行事, クラブ活動, 生徒会 をも見よ

【図書】
◇特別活動の研究—教職研修 改訂版 本間啓二,佐藤允彦編著 東京 アイオーエム 2000.6 26cm 207p 1500円 ①4-900442-17-8
◇特別活動研究 鯨井俊彦編著 日野 明星大学出版部 1997.5 21cm 153p 1500円 ①4-89549-127-7
◇生きる力をはぐくむ特別活動 品田毅,唐沢勇編著 東京 学事出版 1997.1 21cm 181p 1957円 (教師教育学シリーズ 3) ①4-7619-0504-2
◇特別活動の基礎と展開 関川悦雄著 東京 啓明出版 1994.4 22cm 182p 1880円 ①4-87448-024-1
◇学校週5日制とこれからの小学校特別活動—学校と家庭・地域社会を結ぶ特別活動 東京 国土社 1993.10 21cm 195p 2000円 ①4-337-65401-1
◇特別活動の理論と実践 宮崎和夫他著 東京 学文社 1993.4 22cm 129p 1800円 ①4-7620-0473-1

【雑誌記事】
◇一人一人が生き生きと活動し、共に高まる特別活動—望ましい集団活動を通しての自主的,実践的態度の育成(平成11・12年度小学校教育課程研究指定校研究集録) 五十嵐善一 「初等教育資料」 臨増 2001.7 p49〜55
◇集団が個を育てる—今,特別活動に求められるものは 福田泰,遠藤忠 「宇都宮大学教育学部教育実践総合センター紀要」 24 2001.4.2 p87〜96
◇特別活動は「生きる力」の何を分担するか (特集 教育目標「生きる力」を実践で検証する—各教科・道徳・特活は「生きる力」にどうかかわるか) 竹川訓由 「現代教育科学」 44(1) 2001.1 p62〜64
◇新学習指導要領と特別活動改訂のポイント (全訂・特別活動読本—完全5日制・新教育課程下の特色ある特別活動のあり方を徹底考察—1章 新教育課程と特別活動の充実) 森嶋昭伸 「教職研修総合特集」 139 2000.3 p34〜39
◇「特別活動」これからの学校の役割と責任 (特集1 学校教育の責任 2000年から何をすればよいのか—＜学校教育の存在理由＞を考える) 堀井啓幸 「総合教育技術」 54(15) 2000.1 p32〜35
◇新学習指導要領「特別活動」の移行と実施について(中学校・高等学校における移行期の展望と実践課題) 森嶋昭伸,鹿嶋研之助 「中等教育資料」 48(14) 1999.8 p54〜55
◇検証 週5日制と学校行事＜特別企画＞ 岡崎友典 「児童心理」 48(10) 1994.7 p971〜978
◇全連小が学校5日制のあり方で調査—5日制で8割の学校が学校行事を見直し 安達拓二 「現代教育科学」 36(1) 1993.1 p85〜88

特別研究員制度

科学者の需要増大に対応するため、1985年米国のPDF(ポストドクトラルフェローシップ)制度を手本に発足した、ODおよび在学者への研究奨励金支給制度。修了者(PD)に

トクヘツ

月23万・在学者(DC)に13万強が支給され、前身の奨励研究員制度に較べ格段の充実が図られている。97年度の採用者数は3490名(PD 1070名、DC 2420名)。採用者には文部省の科学研究費補助金の交付も優先的に措置される。

【雑誌記事】
◇特別研究員制度について―選考に携わった立場から(特集:若手研究者の養成) 岩村秀 「学術月報」 49(4) 1996.4 p445～448

特別なニーズ教育 special needs education

障害の有無によって教育措置を決定するのではなく、子ども1人1人の「特別な教育的ニーズ」に従って教育措置を行うことを基本とする考え。もともとは障害児教育についての概念だったが、現在では学習困難・不登校・経済的な困難・ストリートチルドレンなども含んでいる。国連やユネスコなどでの教育政策上では通常学校の改革との関連を重視して、障害を持つ子どもも含めた全ての子どもを対象とする学校を目指している。

→ 統合教育 をも見よ

【図書】
◇個別教育計画のためのはじめての特別なニーズ教育―援助の必要な子どものQOLをめざして 髙山佳子編著 東京 川島書店 2000.6 21cm 223p 2200円 ①4-7610-0719-2
◇一人一人の教育的ニーズに応じた支援はどうあるべきか―家庭でも使える支援ツールづくり 〔富山〕 富山大学教育学部附属養護学校 1998.2 30cm 66p (研究紀要 第19集(研究1年次))
◇特別なニーズ教育への転換―統合教育の先進6カ国比較研究 C.メイヤー、S.J.ペイル、S.ヘガティ編、渡辺益男監訳、渡辺健治、荒川智共訳 東京 川島書店 1997.10 22cm 200p 2400円 ①4-7610-0614-5

【雑誌記事】
◇特別ニーズ教育の動向と教育改革の課題(特集 子ども支援・教師支援のネットワーク) 荒川智 「教育」 50(10) 2000.10 p58～64

◇21世紀わが国のSNEシステム構想(特集:学校教育改革と「特別なニーズ教育」) 渡辺健治 「SNEジャーナル」 4(1) 1999.3 p24～41
◇教育職員養成審議会答申とSNE(特集:学校教育改革と「特別なニーズ教育」) 河相善雄 「SNEジャーナル」 4(1) 1999.3 p42～60
◇特集「特別なニーズ教育」という概念がなぜ必要か(特集:通常学校・学級と「特別な教育的ニーズ」を有する子どもたち) 窪島務 「SNEジャーナル」 3(1) 1998.3 p3～8

特別非常勤講師制度

地域の人材活用のため、教員免許状を持たないものを非常勤講師として採用することを認める制度。1988年に創設。科目の制限の緩和・文部省による促進などを受け、98年の改正で小学校についても全教科に拡大された。99年度には延べ8,600人。

【図書】
◇特色ある特別非常勤講師の活用状況に関する事例集 平成9年度 〔東京〕 文部省教育助成局教職員課 1999.2 30cm 152p
◇特色ある特別非常勤講師の活用状況に関する事例集 平成6年度 〔東京〕 文部省教育助成局教職員課 1996.6 30cm 110p

【雑誌記事】
◇特別非常勤講師制度の積極的活用(特集 高校教育改革の現状と今後の展望) 島根県立松江農林高等学校 「中等教育資料」 50(3) 2001.2 p54～57
◇「特別非常勤講師制度」について(生涯学習特集) 文部省教職員課 「教育委員会月報」 47(10) 1995.12 p51～54

特別免許状

学校の教科などに関わる事項について専門的な知識・技能を持つ人に、検定のみによって授与する教員免許。大学で教職課程を取らなかった人を教壇に迎えることができる。地域の人材の活用のための政策の1つ。

独立大学院

大学院大学。大学院設置基準の改正で、系列学部に学科を持たない独立専攻科・系列学部自体を持たない独立研究科・学部組織を一切持たない独立大学院がつくられるようになった。1989年第1号の総合研究大学院大学が開校し、1990年には北陸先端科学技術大学大学院が創設された。

→ 先端科学技術大学大学院, 総合研究大学院大学 をも見よ

【雑誌記事】

◇独立大学院大学の教育―北陸先端科学技術大学院大学(特集/期待される大学教育) 木村克美 「化学工業」 49(1) 1998.1 p15〜17

◇大学と地域社会〔6・最終回〕大学院大学(石川県)―独立大学院の機動性で産学協同めざす。サイエンスパーク計画との連携が課題(プロジェクト検証)「日経地域情報」 222 1995.6.5 p25〜27

◇大学院改革と環境科学の役割―独立大学院の改組問題からの検討 武田泉 「日本の科学者」 29(8) 1994.8 p480〜485

◇大学院大学は今後の科学の担い手を生むか?(OBJECTION 科学) 石井威望 「サンサーラ」 5(4) 1994.4 p54〜55

図書館　library

公共図書館・大学や学校図書館・専門図書館・刑務所や障害者用の特殊図書館・古文書館などがある。コンピューターネットワーク化で生涯学習における役割が期待される。視聴覚ライブラリーの併設も一般的になった。

【図書】

◇図書館の時代がやってきた ― 社会教育から「まち・むら」図書館への50年私史 山本哲生著 東京 教育史料出版会 1999.10 21cm 211p 1800円 ⓐ4-87652-368-1

◇あらためて社会教育・図書館を考える 吉田徹新 福生 図書館を考える勉強会 1998.7 19cm 48p 381円

◇生涯学習社会と図書館 ― 福岡県公民館図書部協議会総会講演記録(平成4,6,11) 山本哲生著 下松 図書館問題研究会山口支部 1993.2 26cm 16p 300円

【雑誌記事】

◇図書館づくりと市民参加(〔図書館界〕300号記念特集 図書館・図書館学の発展―21世紀を拓く ― 社会変化と図書館) 塩見昇 「図書館界」 53(3) 2001.9 p174〜182

◇目標設定し自己点検、評価―文科省が公立図書館の「望ましい基準」を告示 「内外教育」 5220 2001.7.24 p8

◇地域と公民館・図書館・博物館―ICTを生かしたオープンな施設への脱皮をめざして(特集21世紀の公民館・図書館・博物館) 広瀬敏夫 「社会教育」 55(11) 2000.11 p18〜22

◇特集1 複合施設としての図書館を考える 「生涯学習空間」 4(2) 1999.5 p23〜35

◇生涯学習審答申と図書館の課題(特集 社会教育法改正―社会教育法「改正」とわたしたちが求める学びの保障) 山口源治郎 「月刊社会教育」 43(3) 1999.3 p29〜31

◇学びを支える公共図書館の働き(〔日本社会教育学会〕第45回研究大会課題研究―学習社会における公共図書館) 大橋直人 「日本社会教育学会紀要」 35 1999 p23〜25

◇学習社会における公共図書館(〔日本社会教育学会〕第45回研究大会課題研究)「日本社会教育学会紀要」 35 1999 p21〜26

◇公共図書館と学校の連携―情報社会を生きる子どもたちを育てるために(特集 情報社会と子ども―実践事例 情報社会に生きる子どもの育成) 渡辺富美子 「教育じほう」 608 1998.9 p64〜67

戸塚ヨットスクール事件

1978年愛知・美浜町に設立された、登校拒否・家庭内暴力などの問題がある情緒障害児矯正施設「戸塚ヨットスクール」で、体罰などで4人が死亡した事件。83年戸塚宏校長は傷害致死容疑で逮捕され一審で執行猶予付き判決を受けた。控訴審で名古屋高裁は「教育でも治療でもない」として懲役6年の実刑判決を言い渡した。

→ 体罰 をも見よ

【雑誌記事】

◇今も問題児が駆け込む「戸塚ヨット」は不滅(ワイド特集・本誌「半世紀」を飾った主役の格付け〔1〕)「週刊新潮」 45(13) 2000.3.30 p54～55

◇「戸塚ヨットスクール」は変わったか—体罰はあったか?(irony) 「FOCUS」 19(35) 1999.9.8 p56～57

◇いま、見直される戸塚流教育とは 問題児を生んだ人権思想のいかがわしさ(インタビュー) 戸塚宏,桑原聰[聞き手] 「正論」 314 1998.10 p42～55

◇戸塚ヨットの無情判決(東京情報〔1846〕) 「週刊新潮」 42(12) 1997.3.27 p134～135

◇本日も無風なり—十三年目の戸塚ヨットスクール体験記! 髙橋秀美 「宝島30」 3(8) 1995.8 p129～141

◇〔日本児童青年精神医学会〕子どもの人権に関する委員会活動報告—戸塚ヨットスクール事件の概要と判決についての見解 「児童青年精神医学とその近接領域」 34(1) 1993.2 p119～125

突発型暴力 ⇒ キレる を見よ

飛び級・飛び入学

　教育上の例外措置。1998年中教審答申を受けた文部省令の改正により、数学や物理の分野で特に優れた才能を持つ生徒には高校2年修了時から大学入学が認められることになった。これを受けて千葉大学が98年度から導入しているが、普及には至っていない。才能の発見の可否・進路変更の可否・才能と人間性との関連などの点において意見が分かれているのが現状。なお大学では、89年の大学院設置基準等の改正により、大学に3年以上在籍し、所定の単位を優れた成績で取得した者に大学院入学資格が認められており、すでに飛び級した大学院生が誕生している。さらに大学院在籍期間短縮も認められ、大学院入学から最短3年で博士学位を取得することが可能になっている。

【図書】

◇飛び入学 — 日本の教育は変われるか 小林哲夫著 東京 日本経済新聞社 1999.6 20cm 387p 1800円 ①4-532-16299-8

【雑誌記事】

◇追跡・話題になったあの大学の変身と転身 千葉大学—不人気の"飛び入学制度"原因は高校教師の頑迷固陋(特集・人事部が選ぶ'99年版役に立つ大学) 「ダイヤモンド」 87(16) 1999.4.10 p59～60

◇千葉大学における飛び入学について 原田義也 「Forum」 21 1998 p47～59

◇日本の飛び入学は成功するか 金城啓一 「パリティ」 13(9) 1998.9 p60～64

◇超平等主義教育と飛び入学制度(論壇) クラーク,グレゴリー 「月刊自由民主」 542 1998.5 p24～25

◇千葉大の飛び級に待ったの数学会(THAT'S POE STREET) 「週刊朝日」 102(49) 1997.10.10 p168

◇「飛び入学」は必要か 浪川幸彦 「数学セミナー」 36(5) 1997.5 p46～49

トーフル ⇒ TOEFL を見よ

土曜日課

　1987年に構想された学校五日制対策。土曜日を休みにすると塾通いに拍車がかかるとの懸念から、金曜日までは教科の授業を行い、土曜日には読書・作文・児童活動などに充てる。北海道で積極的に取入れられ、92年の五日制導入の際に大きな混乱なく対応できた。

【雑誌記事】

◇学校週5日制をふまえた土曜日課—生涯学習の基礎を培う「ばらの日」の構想と基本的な考え方(特集—生涯学習) 杉山久三郎,神永典郎 「茨城大学教育学部教育研究所紀要」 26 1994.3 p19～30

トライやる・ウィーク

　1998年から兵庫県で実施されている体験学習。県内の中学2年生が、一週間学校を離れて地域社会や自然の中で奉仕活動、環境調査、職場体験など様々な体験をするこころみ。

【図書】

◇「トライやる・ウイーク」で子供が変わる 羽淵強一著 明治図書出版 2001.8 21cm 112p 1660円 (21世紀型授業づくり 39) ⓘ4-18-037616-4

【雑誌記事】

◇子どもの自立と奉仕活動の義務化—兵庫の「トライやる・ウィーク」を通して考える(特集 子どもと人権) 春名秀彦 「部落」 53(8臨増) 2001.7 p95〜104

◇勤労生産・奉仕的行事の新展開—「トライやる・ウィーク」の実践から学ぶもの(新学校行事読本—中学校学校行事の新展開) 二木章夫 「教職研修総合特集」 143 2000.12 p184〜188

◇地域に学ぶ中学生・体験活動週間「トライやる・ウィーク」の取り組み(全訂・特別活動読本—完全5日制・新教育課程下の特色ある特別活動のあり方を徹底考察—実践 特別活動を軸としたさまざまな取り組み) 奥谷優 「教職研修総合特集」 139 2000.3 p232〜237

◇教育/「トライやる・ウィーク」は、これからのモデルたりうるか(子どもの文化最前線) 井上英之 「子どもの文化」 31(12) 1999.12 p44〜45

◇兵庫の「トライやる・ウイーク」—「学校・家庭・地域」の連携をめざして〔含資料〕(特集「自分さがし」から「自分育て」へ—進路支援教育のすすめ) 桜井輝之 「解放教育」 29(2) 1999.2 p40〜61

◇兵庫県"トライやる・ウィーク"のねらいと効果(新教育課程と"特色ある学校"プラン25) 赤松茂毅 「学校運営研究」 38(2) 1999.2 p56〜59

【 ナ 】

内申書 confidential report

　法令上は調査書。指導要録に基づき学習・行動・性格・特別活動・出欠の記録から構成され、入学選抜資料として受験先の学校に提出される。学籍の記録・学業成績から出席状況、行動や性格などについて記載される。その内容については評価される本人にも一切公表しないという方針が長く続いた。しかし、プライバシー権の浸透と情報公開条例や個人情報保護条例などの条例制定に伴い、指導要領と並んで内申書の開示を認める自治体が出始めた。

【図書】

◇内申書の開示と高校入試の改変 今橋盛勝著 東京 明治図書出版 1993.4 21cm 169p 1500円 (オピニオン叢書 緊急版) ⓘ4-18-046506-X

【雑誌記事】

◇判例シアター(10)内申書裁判 北村栄一 「Article」 176 2000.11 p34〜36

◇調査書の開示、17%の県が応じる—教育長協議会の研究報告(3)情報公開 「内外教育」 5132 2000.8.8 p6〜7

◇内申書は「善」、偏差値は「悪」か(ワイド日本のウソ) 「サンデー毎日」 78(1) 1999.1.3・10 p24〜25

◇子どもと親に見えない内申書(特集 教育と医療における情報開示) 市川博 「教育と医学」 46(6) 1998.6 p455〜462

◇「新内申基準」が中学生を脅えさせている—「よく質問」し「部活の部長」で「ボランティア」やればいいのか(大特集・教育現場、世紀末の大混乱を撃つ!) 長嶺恵子 「現代」 31(6) 1997.6 p88〜95

◇大阪府の「内申書開示問題」について 山口隆 「教育」 47(2) 1997.2 p112〜114

◇内申書で信頼回復を(特集 推薦書・調査書 書きを生徒指導に活かす) 奥村哲夫 「月刊生徒指導」 26(15) 1996.10 p50〜53

◇いま、学校は偏差値教育から内申書優先教育へ 武田泰彦 「週刊金曜日」 3(6) 1995.2.17 p22〜25

◇憲法裁判相談室—6—自分を知る権利—高槻内申書訴訟 棟居快行 「法学セミナー」 478 1994.10 p67〜71

◇情報化社会と子どもの情報権—内申書の開示をめぐって(教育情報はだれのものか＜特集＞) 西沢清 「教育評論」 552 1993.5 p25〜29

◇内申書の開示—高槻市からの報告(教育情報はだれのものか＜特集＞) 金築明夫 「教育評論」 552 1993.5 p62〜65

中野富士見中事件

1986年2月東京・中野区立富士見中の男子生徒が、いじめを苦に盛岡で自殺した事件。両親が起こしていた損害賠償請求訴訟で91年東京地裁は学校の責任を限定、暴行のみに賠償を認め、実質的に敗訴した。しかし1994年東京高裁は教師までが参加した"葬式ごっこ"をいじめとして認め、担任らはいじめに荷担したに等しいとして賠償額を大幅に増額した。

【図書】

◇葬式ごっこ ― 八年後の証言　豊田充著　東京　風雅書房　1994.10　20cm　270p　1800円　①4-89424-033-5

【雑誌記事】

◇いじめ裁判判例要旨 中野富士見中いじめ自殺事件第一審(東京地判平成3.3.27)(いじめ裁判―資料編 第一次いじめ自殺ピーク(1984～5)以降のいじめ裁判判例)「季刊教育法」　126　2000.9　p86～89

◇死をもっていさめた息子、裕史(昭和61年4月号)(荒れる子供たちの世界)　鹿川雅弘　「婦人公論」　84(2)　1999.1.15 (臨増(あぶない親・子関係 婦人公論50年に見る43のドキュメント)) p376～381

◇鹿川君イジメ裁判の人間劇(平成3年6月号)(荒れる子供たちの世界)　佐久間哲夫　「婦人公論」　84(2)　1999.1.15　(臨増(あぶない親・子関係 婦人公論50年に見る43のドキュメント)) p382～387

◇中野富士見中事件東京高裁判決を読む―「いじめ」と教員の安全保持義務(いじめを考える<特集>)　牧柾名　「教育」　44(10)　1994.10　p106～114

名古屋5000万円恐喝事件

2000年4月、名古屋市の15才の無職少年が在学中に同級生だった少年から現金を脅し取ったとして、愛知県警は恐喝と傷害容疑で3人の少年を逮捕した。恐喝は延べ130回に及び、被害総額は約5000万。二重恐喝があったことも明るみに出て、関与していたとして逮捕されたのは10人を超えた。当初主犯格の少年2人に対し「刑事処分相当」との意見もあったが結局中等少年院送致となった。

【図書】

◇届かなかったSOS ― 中学生5000万円恐喝事件・読者からのメッセージ集　中日新聞社会部編　名古屋　風媒社　2000.11　19cm　206p　1500円　①4-8331-1054-7

◇ぼくは「奴隷」じゃない ― 中学生「5000万円恐喝事件」の闇　中日新聞社会部編　名古屋　風媒社　2000.9　20cm　287p　1600円　①4-8331-1053-9

【雑誌記事】

◇少年事件に見る問題点とその対策―5000万円恐喝事件が残した多くの課題(特集 多発する少年事件と学校の対応)「月刊教育ジャーナル」　39(7)　2000.9　p7～12

◇名古屋・5千万円恐喝犯("総力取材"家庭崩壊地獄を生告白)少年京悪犯の親たち「慟哭の肉声」)「週刊宝石」　20(31)　2000.8.24・31　p48～49

◇生徒指導up-to-date 五〇〇〇万円恐喝事件　尾木直樹　「月刊生徒指導」　30(9)　2000.7　p62～64

【 二 】

新潟県上越市立春日中いじめ自殺事件

1995年11月、新潟県上越市の中学1年の男子生徒が首をつって自殺した事件。生徒の実名をあげていじめの被害を訴えた遺書が見つかった。この日は愛知県西尾東部中の男子生徒がいじめを苦に自殺したちょうど一年後にあたり、この1年いじめ対応に取り組んできた関係者に衝撃を与えた。文部省は95年12月、「絶対に死んではいけないと指導する」など異例の表現の通知を出した。

【図書】

◇ともに刻む ― 生きるのがこわい!!伊藤準君追悼記念　上越市いじめをなくする会編　新潟　新潟日報事業社　1997.5　20cm　267p　1600円　①4-88862-659-6

【雑誌記事】

◇いじめ裁判書面 上越春日中いじめ自殺事件訴訟原告第一準備書面(平成10年2月26日)(いじめ裁判―資料編 いじめ裁判訴訟

資料)「季刊教育法」 126 2000.9 p110〜115
◇いじめ裁判書面 上越春日中いじめ自殺事件訴訟原告第十準備書面(平成12年1月13日)(いじめ裁判—資料編 いじめ裁判訴訟資料)「季刊教育法」 126 2000.9 p115〜125
◇上越春日中いじめ自殺事件(いじめ裁判—係属中のいじめ自殺裁判) 近藤明彦 「季刊教育法」 126 2000.9 p64〜70
◇結論急がず読者と一緒に考える—いじめによる伊藤準君の自殺事件を取材して(子ども・教育を報じる) 吉井清一 「新聞研究」 541 1996.8 p30〜32
◇「いじめ自殺」の風景,「幽霊出現」の風説—上越市・準くんのいない伊藤家に「無念の正月」が来た 「VIEWS」 6(3) 1996.3 p38〜47
◇上越の中1自殺で父親3時間告白,息子の死を笑ういじめ生徒たち 「週刊朝日」 100(58) 1995.12.15 p22〜26
◇いじめ自殺伊藤準くんの父親慟哭の告白「息子が遺書にのこした血判」 「週刊文春」 37(48) 1995.12.14 p42〜45

二言語教育 ⇒ バイリンガル教育 を見よ

西鉄高速バスジャック事件
　2000年5月,西鉄高速バスが福岡県内で刃物を持った若い男に乗っ取られた。バスは迷走を続けた後サービスエリアに停車。男は乗客1人を殺害して立てこもった。翌朝逮捕されたのは精神障害で通院歴のある17才の少年で,「社会に自分をアピールしたかった」と供述。佐賀家裁は9月,医療少年院送致とする保護処分とした。

【図書】
◇佐賀バスジャック事件の警告—孤立する家族,壊れた17歳 町沢静夫著 マガジンハウス 2000.12 19cm 211p 1500円 ①4-8387-1262-6
◇わが息子の心の闇—バスジャック少年両親の"叫び"&子どもを幸せにするアドバイス 町沢静夫総監修 小学館 2000.7 15cm 318p 552円 (小学館文庫) ①4-09-404551-1

【雑誌記事】
◇佐賀バスジャック事件は防げた—事件後も少年の母親にアドバイスし続ける医師が明かした事件経過とその問題点(特集・17歳に何が起きているか) 町沢静夫 「論座」 62 2000.7 p12〜23
◇容易ではない「心の闇」解明—西鉄高速バス乗っ取り事件を取材して(前線記者) 谷口伸二 「新聞研究」 588 2000.7 p82〜83
◇バスジャック現地ルポ「主人公」になりたかった引きこもり少年(17歳セブンティーン「大人」への宣戦布告!!) 「サンデー毎日」 79(24) 2000.5.28 p24
◇内幕ドキュメント/迷走300km,15時間半バスジャック「密室惨劇」—「17歳少年と包丁」の書かれざる過去 「週刊ポスト」 32(19) 2000.5.19 p34〜35

21世紀教育新生プラン
　「教育改革国民会議」の提言をもとに文部科学省が2001年1月に発表。国民会議が提言した17の改革案を中心に,法律改正や新年度予算措置などで実施しようするもの。基礎学力の向上・プロとしての教員養成などをうたった「レインボープラン—7つの重点対策」は21世紀教育新生プランをわかりやすく解説した参考資料とされている。

【図書】
◇21世紀教育新生プラン—学校,家庭,地域の新生—学校が良くなる,教育が変わる 〔東京〕 文部科学省 2001.1 21×30cm 11p

【雑誌記事】
◇文部科学省〝教育新生プラン〟と学校改革のポイント(特集 教育改革プラン・実現の着地点を考える) 「学校運営研究」 40(8) 2001.7 p54〜59
◇[特集]「教育新生プラン」批判 「クレスコ」 1(2) 2001.5 p4〜19
◇21世紀教育新生プラン(レインボープラン)全文掲載(特集 21世紀教育新生プラン) 「社会教育」 56(4) 2001.4 p12〜17
◇行政だより「二十一世紀教育新生プラン」について 生涯学習政策局政策課教育改革広報推進室 「月刊公民館」 526 2001.3 p43〜45

◇ラウンジ 教育新生プラン 「内外教育」
5177 2001.2.6 p28
◇21世紀教育新生プラン―学校、家庭、地域の新生 学校が良くなる、教育が変わる（焦点―文教科学施策） 文部科学省 「文部科学時報」 1497 2001.2 p50～57

20人授業 ⇒ 教職員定数改善計画 を見よ

日高教

正式名称は、日本高等学校教職員組合。1965年結成。分裂や統合を経て、91年現在の体制に。教育条件の改善運動、子供の権利条件を生かす学校作り、教職員の権利と勤務条件の改善などを求めて活動をしている。98年の加入者は1万6千人。組織率は1.4％。

【図書】
◇日高教 ― 草創私史 菊地定則著 前橋 菊地定則 1993.8 21cm 233p 1500円

日本学術会議 Science Council of Japan

1949年設立された、日本の学会を網羅する代表機関。科学に関する重要事項の審議、科学に関する研究の連絡（国内外）を主な職務とする。設立当初は総理府に属し、教育の自由や科学の平和利用・戦争反対を訴える積極的な発言を続けていたが、次第に行政への影響力を失った。学会・協会推薦による首相任命制で決められた210人の会員より成る。80年総会で科学者憲章を採択。省庁改変に伴い総務庁に置かれる。

【図書】
◇科学技術振興調整費による国際共同研究総合推進制度における国際ワークショップの開催結果 平成12年度 〔東京〕 文部科学省科学技術・学術政策局国際交流官 2001.3 30cm 730p
◇「人間としての自覚」に基づく「教育」と「環境」両問題の統合的解決を目指して ― 新しい価値観に支えられた明るい未来の基盤形成 日本学術会議第132回総会声明 〔東京〕 日本学術会議 2000.7 30cm 45p

【雑誌記事】
◇21世紀における人文・社会科学の役割とその重要性―「科学技術」の新しいとらえ方、そして日本の新しい社会・文化システムを目指して（平成13年4月26日 日本学術会議）（特集 日本学術会議第135回総会「科学技術」の概念を人文・社会科学へと拡張） 「学術の動向」 6(6) 2001.6 p10～21
◇論壇 日本学術会議と司法改革―なぜ法科大学院問題が重要か 戒能通厚 「学術の動向」 6(2) 2001.2 p40～46
◇農林水産大臣から日本学術会議への諮問について 地球環境・人間生活にかかわる農業及び森林の多面的な機能の評価について 「学術の動向」 6(1) 2001.1 p54～57
◇歴史の眼 日本学術会議の改革と「思想の自由」問題 ― 九年間の任期を終えて 中塚明 「歴史評論」 609 2001.1 p89～93
◇論壇 日本学術会議改革への期待 安部明広 「学術の動向」 6(1) 2001.1 p58～60
◇学術会議情報 日本学術会議の活動に向けて 鈴木和夫 「樹木医学研究」 4(2) 2000 p95～97
◇日本学術会議の位置付けと改革について 柴田徳思、秋山守 「日本原子力学会誌」 42(9) 2000 p918～921
◇日本学術会議の50年:歴史的分析の一視点 中塚明 「日本の科学者」 35(2) 2000.2 p76～80
◇日本学術会議と科学技術政策 池内了 「日本の科学者」 35(1) 2000.1 p33～36
◇大学の研究環境の改善を勧告―日本学術会議 「学術月報」 52(12) 1999.12 p1332～1334
◇日本学術会議の位置付けに関する見解（声明）（日本学術会議第131回総会―我が国の大学等における研究環境の改善について） 「学術の動向」 4(12) 1999.12 p37～41
◇日本学術会議に相次ぐ疑問の声（学界） 「AERA」 12(26) 1999.6.21 p26～28
◇日本学術会議の第三世代 金岡祐一 「学術の動向」 3(7) 1998.7 p5～8

◇日本学術会議の活動状況について 庄司邦昭 「日本航海学会誌」 136 1998.6 p48〜52

日本教職員組合 Japan Teacher's Union, JTU

1947年に結成された、日本最大の教職員団体。日教組と略される。平和・人権・環境・民主主義・ジェンダーを運動の理念とし、日の丸・君が代の学校現場での掲揚や合唱の強制や、教育基本法の改正に反対の立場をとっている。結成時は9割近い組織率を誇ったが、89年の分裂以後減少。98年の加入者数は35万7千人。組織率は32.3％。

【図書】

◇教育再生宣言 ― 21世紀の教育はこうなる 大塚和弘著 東京 三一書房 1997.6 20cm 220p 1900円 ④4-380-97264-X

◇いま、開かれた教育の世紀へ ― 日教組の挑戦 日教組21世紀ビジョン委員会編 東京 第一書林 1995.9 21cm 221p 1800円 ④4-88646-111-5

◇我が日教組 ― 30年の軌跡 岩井貞雄著 東京 学事出版 1994.7 20cm 319p 3000円 ④4-7619-0397-X

【雑誌記事】

◇《年表》日教組の闘いとその変質の歴史(総力特集 教育の反動的再編を許すな) 「新世紀」 187 2000.7 p110〜117

◇日教組は「労働組合」か？―"常識"の誤りと本質を見失う危険について 松浦光修 「正論」 331 2000.3 p142〜148

◇日教組運動の課題(1997年・労働運動再構築のために ― 主要単産が抱える課題と闘いの方向) 西沢清 「社会主義」 403 1997.1 p64〜67

◇現実路線に転換した日教組運動方針案 ― 日教組,文部省などと「国民的合意」形成へ 安達拓二 「現代教育科学」 38(10) 1995.10 p91〜96

◇教育を社会の中心目標に ― 日教組の新路線と教育改革 三浦孝啓 「季刊教育法」 103 1995.9 p68〜73

◇日教組離れとまらず(見る見るわかる) 磯田和昭 「AERA」 6(29) 1993.7.13 p42〜43

日本高等学校教職員組合 ⇒ 日高教 を見よ

日本語学級

2000年の文部科学省の調査では、公立の小・中学校、高等学校及び盲・聾・養護学校に在籍する日本語指導が必要な外国人児童生徒は1万8千人。うち、80％が日本語指導を受けている。母語による指導が行われている学校もあり、子女にとっては息抜きの時間にもなっている。

【雑誌記事】

◇地域における識字・日本語読み書き・日本語学級のネットワークをめざして(特集 識字運動と日本語教育の現在 ― 地域における識字・日本語ネットワークの課題) 国際識字年推進大阪連絡会 「解放教育」 29(9) 1999.9 p53〜66

◇日本語学級の今(特集 日本と世界にみる言葉の教育 ― ＜実践事例＞言葉の教育の方向と可能性) 松村俊哉 「教育じほう」 588 1997.1 p62〜65

◇日本語学校・日本語教育レポート ― 夜間中学の日本語学級(特集・国際化時代の日本語教育を考える) 「ワールドプラザ」 47 1996.8・9 p16〜17

◇日本語学校・日本語教育レポート ― 公立大学の日本語学級(特集・国際化時代の日本語教育を考える) 「ワールドプラザ」 47 1996.8・9 p19〜20

◇日本語学級を担当して ― 神奈川(外国人労働者の子どもたち＜特集＞) 大矢京子 「教育評論」 559 1993.12 p46〜49

日本人学校・補習授業校 full-time schools for Japanese・supplementary education school

海外在留邦人子女教育を目的に設立された教育施設。日本人学校(2001年で96校・在籍者1万6千人)は現地の日本人会が運営、日本国内の義務教育と同じ教育を行い、発展途上国に多い。補習授業校(2001年で188校・1万8千人)は現地の学校に通う子女に対し、週1回程度日本語の授業を提供、先進諸国に多い。国内の学校に相当する教育課程を有するものとして国に認定されていて、卒業

生は国内の上級学校への入学資格が認められる。

【図書】

◇五大湖の微笑み ― 北米・デトロイトりんご会補習校奮闘記　全国海外子女教育国際理解教育研究協議会監修、生野康一著　東京　創友社　2000.5　20cm　253p　2100円　(国際理解教育選書シリーズ)　①4-915658-27-9

◇在外教育施設派遣教員の手引　東京　文部省教育助成局海外子女教育課　2000.1　30cm　191p

◇海外日本人学校等の情報ネットワーク化事業の推進について ― 海外日本人学校等の情報ネットワーク化事業推進協力者会議報告　〔東京〕　〔海外日本人学校等の情報ネットワーク化事業推進協力者会議〕　1999.3　30cm　46p

◇日本人学校の研究 ― 異文化間教育史的考察　小島勝著　町田　玉川大学出版部　1999.3　22cm　542p　11000円　①4-472-11401-1

◇イスタンブール日本人学校　峰敏朗著　東京　日本貿易振興会　1998.2　18cm　187p　950円　(JETRO books)　①4-8224-0810-8

【雑誌記事】

◇ラウンジ　海外日本人学校　「内外教育」　5208　2001.6.5　p27

◇スクールカウンセラーから見た日本人学校 (特集 もうひとつの教育)　村田豊久　「教育と医学」　48(4)　2000.4　p307～314

◇日本人学校での実践(特集 日本人としての「自覚」を育てる ― 異文化理解と国際協調の精神をどう培うか)　工藤信司　「現代教育科学」　41(12)　1998.12　p59～62

◇PLAZA 海外子女教育 グローバル時代の日本人学校　浦田良一　「日外協マンスリー」　205　1998.4　p39

◇日本人学校あれこれ　菅野健二　「大学時報」　45(249)　1996.7　p36～39

◇日本人学校の新しい流れ ― 各校の主体性が生かされる(海外子女教育プラザ)　上月正博　「日外協マンスリー」　168　1994.10　p30～31

◇補習授業校に ― 補習授業校に関わる諸問題　大久保静人　「海外子女教育・国際理解教育紀要」　16　1994.3　p117～137

入学者受け入れ方針　admission policy

アドミッション・ポリシー。大学側がどのような学生を求めているかという概念像。1999年中央教育審議会答申では、大学はこれを対外的に明示し、入試に反映すべきとしている。受験生側も、偏差値などではなく、自分の適性を見極め、自分の能力・適性にあった大学・学部・学科を選択していくことが求められる。

【雑誌記事】

◇事例紹介 アドミッション・ポリシーについて(特集 大学審議会答申について(その2))　九州大学　「文部科学時報」　1497　2001.2　p38～41

◇「高校・大学」の接続とアドミッション・ポリシー(〔大学教育学会〕2000年度大会 ― シンポジウム2 大学個性化と学生選抜)　田村哲夫　「大学教育学会誌」　22(2)　2000.11　p32～38

◇アドミッション・ポリシー(入学者受入方針)の現状と課題((今月のテーマ)これからの入学者選抜 ― アドミッション・ポリシー)　荒井克弘　「IDE」　416　2000.3　p13～19

◇アドミッション・ポリシーとは何か((今月のテーマ)これからの入学者選抜 ― アドミッション・ポリシー)　舘昭　「IDE」　416　2000.3　p5～13

ニールスクール　⇒サマーヒル学園　を見よ

【ネ】

年齢主義

義務教育の定義の方式の1つで、義務教育期間の始めと終りを年齢によって定める方式。日本では学校教育法で、満6才になる日の属する学年の始めから、満15才になった日の属する学年の終りまでとされている。一度原級留置されると中学校修了以前に義務教育が終了することになる。他の考え方に

は定められた期間の就学を義務づける年数主義、義務教育課程の修了を持って義務教育の終了とする課程主義がある。

【雑誌記事】

◇2010年までの日本の教育・28年齢主義から脱却できるか　市川昭午　「教職研修」26(8)　1998.4　p115〜118

◇なぜ、年齢に応じた教育を強制されるのか（次は火だ！〔131〕）　四方田犬彦　「SPA!」47(5)　1998.2.4　p154

◇年齢主義進級制の実践と理論(2)―年齢主義の根拠　宮本健市郎　「兵庫教育大学研究紀要　第1分冊　学校教育,幼児教育,障害児教育」　第15巻　1995.2　p25〜34

◇年齢主義進級制の実践と理論(1)―年齢主義普及の背景と経緯　宮本健市郎　「兵庫教育大学研究紀要　第1分冊　学校教育,幼児教育,障害児教育」　第14巻　1994.2　p41〜55

【ノ】

能力主義

年齢による画一的な教育ではなく、学習集団・教育内容・方法・進度など個々の能力の程度に応じて指導する方法。しかし欧米と違い、日本では画一的教育旧秩序の維持など様々な問題から、能力主義と年功主義の折衷や同時併存の状態が続いている。

【図書】

◇日本のメリトクラシー ― 構造と心性　竹内洋著　東京　東京大学出版会　1995.7　22cm　270,5p　4326円　①4-13-051106-8

◇現代日本の教育と能力主義 ― 共通教育から新しい多様化へ　黒崎勲著　東京　岩波書店　1995.1　22cm　209,4p　3600円　①4-00-000634-7

◇能力主義をぶっとばせ ― 階層分化と班づくり　宮本誠貴, 浅野誠著　東京　明治図書出版　1994.7　21cm　159p　2270円　(「新版学級集団づくり入門」実践シリーズ4)　①4-18-494702-6

【雑誌記事】

◇学習時間の研究―努力の不平等とメリトクラシー　苅谷剛彦　「教育社会学研究」66　2000.5　p213〜230

◇教育危機の構図(1)日本型(学歴)メリトクラシーの崩壊　榊原英資　「発言者」69　2000.1　p84〜86

◇教育の能力主義的再編がもたらすもの(特集 教育再編攻撃と教育運動)　横堀正一　「科学的社会主義」　14　1999.6　p18〜25

◇日本的能力主義の惰力　熊沢誠　「甲南経済学論集」　36(4)　1996.3　p499〜530

◇平等主義から能力主義への転換(「新学力観」は授業をどう変えたか＜特集＞―現状分析「新学力観」は授業にどんな変化を促したか)　河上亮一　「現代教育科学」36(8)　1993.8　p14〜16

能力別学級編成　homogeneous ability grouping, tracking system

児童生徒の学習内容の習得や理解に着目し、その程度のほぼ等しい者達による学級編成法。個々の習熟度に合わせた適切な学習指導ができる反面、劣等感や挫折感を生みやすいなど人格形成面での問題も大きい。また、生徒間の学力差が固定化する傾向を招きやすい。そのため、低学力クラスへの教員加配や、向上に応じた編成替えなどが必要とされる。「能力別」の語が固定的な意味合いを持つという理由で「習熟度別」の語が使われるようになっている。

→習熟度別指導　をも見よ

【雑誌記事】

◇習熟度別編成は「学級解体」の契機となるか(特集 習熟度別学習システム導入の是非)　「現代教育科学」　44(4)　2001.4　p32〜40

◇アメリカの教育事情(7)学習と成績評価 その1―能力別学級編成　金口恭久　「学校経営」　42(12)　1997.11　p94〜98

ノーマライゼーション　normalization

ノーマリゼーションとも。「常態化」「正常化」と訳される。北欧での精神遅滞者施策から生まれた考え方。障害者を特別視せ

ず、通常の人間の一人として家庭や学校や地域社会の日常に受け入れていくこと。社会参加への道を開くサービス制度や施設設備の充実が必要。21世紀の特殊教育の在り方に関する調査研究協力者会議は最終報告で、日本の特殊教育はノーマライゼーションの進展に向かうことを基本にし、「障害のある児童生徒の自立と社会参加を社会全体として、生涯にわたって支援することが必要」とした。

【図書】
◇点字で大学 — 門戸開放を求めて半世紀 菊島和子著, 高橋実監修 東京 視覚障害者支援総合センター 2000.6 21cm 237p 1600円 ①4-921213-30-5
◇試験問題の点字表記 日本点字委員会編 東京 日本点字委員会 1999.4 26cm 99p 800円
◇ノーマライゼーション時代の障害児保育 — 日本における系譜と展開 豊島律著 東京 川島書店 1998.3 21cm 181p 2200円 ①4-7610-0626-9
◇障害児教育とノーマライゼーション — 「共に生きる教育」をもとめて 堀正嗣著 東京 明石書店 1998.1 20cm 227p 2500円 ①4-7503-1010-7
◇ノーマライゼーションと障害児教育 茂木俊彦著 東京 全国障害者問題研究会出版部 1994.7 19cm 173p ①4-88134-033-6

【雑誌記事】
◇ノーマライゼーションに反する「特別支援教育」(特集「教育改革」のなかの「共に学ぶ」は) 堀智晴 「福祉労働」 90 2001.3 p21〜29
◇ノーマライゼーションの基本的理念と障害者教育・福祉の課題 宗沢忠雄, 西村章次 「埼玉大学紀要〔教育学部〕教育科学」 45(1) 1996 p73〜82
◇障害児教育の到達点とノーマライゼーションへの課題 — 養護学校義務化14年・「国連・障害者の10年」をへて(特集・障害者の自立と社会参加) 清水寛 「都市問題」 85(1) 1994.1 p27〜55

ノンフォーマルエデュケーション non-formal education

非正規教育のこと。他に法で公認された正規教育のフォーマルエデュケーション、非形式教育のインフォーマルエデュケーションがある。1972年ユネスコのフォール報告は、未来の学習社会に向けた種々の学校外活動に力を入れるよう提言。

→インフォーマルエデュケーション をも見よ

【ハ】

バイリンガル教育 bilingual education

二言語教育。米国・カナダなど母語と母語でない語の2種を用いる地域での研究が先進的。日本でも帰国子女・中国帰国者・国際結婚が増え、バイリンガル学級による教育の必要性が高まっている。

【図書】
◇バイリンガル教育の方法 — 地球時代の日本人育成を目指して 中島和子著 東京 アルク 1998.9 21cm 235p 2500円 ①4-87234-903-2
◇カナダのバイリンガル教育 — イマーション・プログラムと日本の英語教育の接点を求めて 伊東治己著 広島 渓水社 1997.9 21cm 215p 2000円 ①4-87440-468-5
◇第2言語習得研究 新装改訂版 山岡俊比古著 東京 桐原ユニ 1997.5 22cm 371p 2800円 ①4-342-88144-6
◇バイリンガル教育と第二言語習得 コリン・ベーカー著, 岡秀夫訳・編 東京 大修館書店 1996.4 22cm 385p 3914円 ①4-469-24381-7

【雑誌記事】
◇バイリンガル教育の可能性 — 中国帰国生の高校, 大学進学との関連において(〔桃山学院大学〕文学部創設10周年記念号) 友沢昭江 「国際文化論集」 22 2000.12 p81〜117

◇中国少数民族のバイリンガル教育の概観—その教育モデルと実践(特集=小学校の英語教育—異文化間教育からの提言) 市瀬智紀 「異文化間教育」 14 2000 p133～141
◇バイリンガル教育の成功と不成功—北部特別地区、アーンヘムランド、Maningridaコミュニティスクールの場合 浜嶋聡 「園田学園女子大学論文集」 34(1) 1999.12 p23～33

博物館　museam

1980年代後半、参加・体験型の展示や催しなど教育普及事業を核にした"第三世代の博物館"が主流になり、「総合的な学習の時間」などで博物館・美術館・動植物園での学習が取り入れられている。また生涯学習や学校五日制の受け皿としての需要に応えた地域博物館が重視されている。

【図書】
◇博物館が学級崩壊を救う—「総合的な学習」のための博物館活用法 村上義彦著　東京　ボイックス　2000.5 21cm 207p 1900円 ①4-938789-04-3
◇学ぶ心を育てる博物館—「総合的な学習の時間」への最新実践例 博物館と学校をむすぶ研究会編著　東京　ミュゼ 2000.3 21cm 126p 1500円 (アム・ブックス) ①4-944163-14-2
◇歴史系博物館における子ども学習プログラムの研究報告書 山地純編　横浜　山地純 1999.3 30cm 107p
◇生涯学習と博物館—京博連設立5周年を記念して　京都　京都市内博物館施設連絡協議会　〔1998〕 30cm 90p
◇学校教育における歴史民俗資料館の活用—学博連携の手引き 桶川市歴史民俗資料館編　〔桶川〕 桶川市歴史民俗資料館　1997.3 30cm 33p
◇魅力ある授業づくりは郷土博物館から　戸田　戸田市立郷土博物館　1997.3 26cm 115p (郷土博物館活用の手引き書　2)

【雑誌記事】
◇実践事例 学校と博物館—学社融合による総合的な学習(特集 自然体験とテクノロジー) 兵庫県立人と自然の博物館 「月刊公民館」 530 2001.7 p9～16

◇基調講演(2)総合的な学習の時間におけるミュージアムの役割(特集 第1回 学社融合シンポジウム 学社融合による「総合的な学習の時間」への取り組み 博物館は何ができるか) 原克彦 「ミュージアム・マガジン・ドーム」 53 2000.12 p9～13
◇青少年教育編 博物館の活用(公民館企画Q and A(5)) 坂井知志 「月刊公民館」 519 2000.8 p32～34
◇博物館と学校のいい関係(特集 スリム化・分権化で学校はどうなる) 染川香澄 「教育」 48(6) 1998.6 p65～72

梯子型学校制度　⇒単線型学校制度 を見よ

バズ学習　learning by buzz session

少人数で短時間、がやがやと話し合う討議法(バズセッション)を組み込んだ学習方式。班学習の後、各班の意見を持ち寄り全体で話し合う。最初に少人数で話し合うことで、学習者全員の発言の機会が増え、結果として全員の学習への主体的参加意欲を高めることができる。

【図書】
◇ともに学び、ともに育つ、総合的な学習の展開—個を育てるバズ学習・協同学習 第31回全国バズ学習研究大会要項　第31回全国バズ学習研究大会準備委員会編　春日井　全国バズ学習研究会　2000.1 26cm 104p (学習方法　28)
◇バズ学習のめざす教育—塩田芳久講演集 塩田芳久著, 石田勢津子, 杉江修治編　八王子　揺籃社　2000.1 21cm 122p 1400円 (協同学習叢書　1) ①4-89708-152-1
◇バズ学習の研究—協同原理に基づく学習指導の理論と実践 杉江修治著　東京　風間書房　1999.11 22cm 426p 12000円 ①4-7599-1173-1

【雑誌記事】
◇バズ学習の可能性 杉江修治 「中京大学教養論叢」 39(3) 1998 p743～778
◇教科外教育とバズ学習 杉江修治 「中京大学教養論叢」 39(2) 1998.10 p451～466

◇バズ学習の意義と展開　杉江修治　「中京大学教養論叢」　39(1)　1998.7　p61～90
◇教育の統合化を目指す動機―バズ学習の実践から　荻原克巳　「アカデミア 人文・社会科学編」　63　1996.1　p419～427
◇バズ学習に関する研究―実践上の問題点　市川千秋, 呉萍　「三重大学教育学部研究紀要 教育科学」　45　1994　p197～200

バタード チャイルド 症候群　⇒ 被虐待児症候群 を見よ

バタフライナイフ

　折り畳みナイフの一種。テレビドラマで主人公が持っていたことから少年に人気が広がった。しかし黒磯市で中学生が教師を刺殺した事件以後バタフライナイフを使った少年による犯罪が連続し、一部の都道府県ではナイフを有害がん具に指定し、販売を制限することになったほか、学校における生徒の所持品検査の是非にまで問題は発展。当時の町村信孝文相は事件直後、「学校現場は腰が引けているのではないか」と所持品検査容認の姿勢を積極的に打ち出した。

→ 黒磯市中学校教師殺害事件 をも見よ

【雑誌記事】
◇少年による刃物使用事件の現状と対策　松坂規生　「警察公論」　53(7)　1998.7　p17～23
◇優しい刃物があるはず―少年ナイフ事件に寄せて　町田正　「バウンダリー」　14(6)　1998.6　p54～55
◇学校事件を読む(13)「新しい荒れ」とナイフ　下村哲夫　「悠」　15(4)　1998.4　p42～45
◇「ナイフ狩り」に反対する"人権ボケ"―子供が読んでる「殺人マニュアル本」の中身　「週刊読売」　57(9)　1998.2.22　p30～33
◇続発!"普通の少年"がバタフライナイフでキレるのはなぜか　「週刊宝石」　18(7)　1998.2.19　p190～192

発達加速現象　acceleration of body development

　子どもたちの身体的発達が、以前より促進されている現象。身長・体重増加や、初潮・精通・発毛などの第二次性徴も低年齢化。発達加速現象には世代間の差と地域差の二つの側面が見られる。一方、精神面での発達は遅滞の傾向にあり、このアンバランスが青少年の性非行・問題行動の背景になっている。

【図書】
◇日本人の発育発達―青少年の発育促進現象の研究　川畑愛義著　東京　不昧堂出版　1997.11　26cm　131p　3000円　①4-8293-0347-6

【雑誌記事】
◇日本における平均初潮年齢の動向―第8回全国初潮調査より　日野林俊彦　「性と教育」　Vol.10　1994.5　p1～8

発達課題　developmental tasks

　個人が正常な発達を遂げる上で、それぞれの発達段階において達成されることが期待される課題。身体的成熟・社会の文化水準・個人の価値観などで決まるとされている。しかしあくまで成長の目安であって、時代や社会、また個々の発達状況によって、その時期や内容に変化が見られる。

【図書】
◇人間の発達と生涯学習の課題　小口忠彦監修, 大西頼子〔ほか〕著　東京　明治図書出版　2001.6　22cm　253p　2400円　①4-18-010631-0
◇自己という課題―成人の発達と学習・文化活動　北田耕也著　東京　学文社　1999.1　22cm　244,5p　2300円　①4-7620-0836-2
◇ハヴィガーストの発達課題と教育―生涯発達と人間形成　Third edition　R.J.ハヴィガースト著, 児玉憲典, 飯塚裕子訳　川島書店　1997.10　19cm　180p　2000円　①4-7610-0619-6
◇人間の発達課題と教育　ロバート・J.ハヴィガースト著　町田　玉川大学出版部　1995.8　21cm　308p　4800円　①4-472-10621-3

◇発達と学習　小嶋秀夫編　東京　協同出版　1993.4　21cm　275p　2500円（新・教職教養シリーズ　第6巻）Ⓘ4-319-10606-7

【雑誌記事】

◇精神発達課題と問題行動（特集 全国学校教育相談研究会第35回研究大会（兵庫大会）より 心を育てる教育相談—よく聞き・よく感じ・よく伝える—講座）　遠山敏　「月刊学校教育相談」　15(2)　2001.1　p78〜83

◇成人期における発達課題　榎本博明　「大阪大学人間科学部紀要」　26　2000.3　p65〜83

◇教科学習のレディネスと就学期の発達課題に関する一考察　丸山美和子　「社会学部論集」　32　1999.3　p195〜208

◇発達課題と傷つきやすさ（＜特集＞傷つきやすい子）　小倉清　「児童心理」　51(1)　1997.1　p42〜47

◇幼児期からの発達課題（特集 全国学校教育相談研究会第31回研究大会より—こころが育つ教育相談—講座）　田島信元　「月刊学校教育相談」　10(15)　1996.12　p54〜71

◇子どもの変わり目の心理と行動—発達課題にそくして（子どもの転機＜特集＞）　新井邦二郎　「児童心理」　49(11)　1995.8　p1145〜1151

◇たくましく生きる力の発達—発達課題とのかかわり（たくましく生きる子＜特集＞）　松田惺　「児童心理」　48(11)　1994.8　p1058〜1063

◇発達課題と登校拒否（登校拒否の理解と支援＜特集＞）　大木みわ　「児童心理」　48(8)　1994.6　p859〜863

羽根木プレーパーク

1979年東京都世田谷区の羽根木公園で始められ␣た、地域ボランティアによる"冒険遊び場"活動。地域住民による自主組織が管理運営し、世田谷区は児童健全育成事業の一環として携わっている。遊具は置かず、遊びの"規則"は子ども自身が決める。その後、羽根木をモデルにした「子どもの国」が各地で生まれている。

【図書】

◇遊び場（プレーパーク）のヒミツ—羽根木プレーパーク20年　羽根木プレーパークの会編著　熱海　ジャパンマシニスト社　1998.11　21cm　124p　1100円　Ⓘ4-88049-120-9

【雑誌記事】

◇地域社会で子どもの遊びを育てる—羽根木プレーパークの活動から（特集 友だちと遊べる子・遊べない子—子どもの遊びを育てる家庭・地域）　嶋村仁志　「児童心理」　54(13)　2000.9　p1251〜1255

◇子どもの居場所はどこ？（シリーズ・子どもを考える）　甘利ています代　「週刊金曜日」　6(37)　1998.9.25　p52〜54

◇地域に根ざす—世田谷区羽根木プレーパークと子どもの遊び（授業研究・内容と指導）　時本久美子　「女子体育」　39(11)　1997.11　p12〜15

パブリックアカウンタビリティー　⇒アカウンタビリティー を見よ

バリアフリー

社会環境の未整備により感じられる障害＝バリアを除去しようとする運動。高齢者・障害者・健常者すべての人が生活しやすい環境への改善という方向で進んでいる。学校においては階段に手すりをつける・一部をスロープにする、建物内に点字の案内をつけるなどがあげられるほか、総合的な学習の時間において、バリアフリーに対する理解を深めさせることなど。

【図書】

◇色覚異常に配慮した色づかいの手引き—色彩バリアフリーマニュアル　高柳泰世, 金子隆芳著　大阪　ぱすてる書房　1998.12　21×21cm　39p　3333円　Ⓘ4-938732-45-9

【雑誌記事】

◇学校教育施設におけるバリアフリー環境の整備に関する研究　上野弘義　「巴コーポレーション技報」　14　2001　p62〜67

◇学校現場からの報告「バリアフリー」の本当の意味は？—総合的な学習「車椅子体験学習」をとおして（特集 これからの健康教育(2)保健の授業改造に役立つ理論と実践）　河田史宝　「学校保健のひろば」　17　2000　p64〜67

◇肢体不自由児の普通学級入学を目的とした小学校校舎のバリアフリー　金沢善智, 川口徹　「弘前大学医療技術短期大学部紀要」　24　2000　p63～71
◇街で生き生き暮らすために学校でできること（特集 心のバリアフリー——各論 心のバリアフリーへの取り組み）　田畑香澄　「教育と医学」　48(12)　2000.12　p1125～1132
◇科学教育をバリアフリーに——天文学の場合　加藤万里子　「科学」　68(12)　1998.12　p915～917

反社会的問題行動　⇒ 問題行動 を見よ

阪神大震災と学校

　1995年1月に起きた阪神・淡路大震災では兵庫県内で1500を超える学校校舎が何らかの被害を受け、400人に近い児童生徒が犠牲になった。学校は避難所となり18万人あまりの生活の場となった。公立学校だけで455校が休校し、全ての学校で授業が再開するまでには1ヶ月以上かかった。転入学した子どもは2万5000人を超えた。この震災は、学校の施設設備面での見直しや、教職員の応援態勢の整備など学校のシステムについて、また、ボランティア意識の育成の重要性や子どもたちの心のケアなどについて、様々な問題を投げかけた。

【図書】

◇災害時の学校経営——阪神・淡路大震災と学校　上田統雄著　〔東京〕　日本図書刊行会　1998.7　20cm　216p　1500円　①4-8231-0111-1
◇瓦礫の中のほおずき——避難所となった小学校の一教師の体験　小崎佳奈子著　神戸　神戸新聞総合出版センター　1996.4　21cm　241p　1500円　①4-87521-207-0
◇神戸の教育は死なず——阪神・淡路大震災に学ぶ学校危機管理　神戸市教育委員会編著　東京　小学館　1996.4　19cm　254p　1500円　①4-09-837205-3
◇阪神・淡路大震災と神戸商科大学——神戸商科大学自己点検・評価報告書　神戸　神戸商科大学　1996.3　30cm　61,43p
◇激震——そのとき大学人は——阪神・淡路大震災関西学院報告書　阪神・淡路大震災関西学院報告書編集委員会編　〔西宮〕　関西学院　1996.2　26cm　280p　3600円　①4-8188-0837-7
◇阪神大震災のメンタルヘルス——子供のケアを中心に　人見一彦著　東京　金原出版　1996.2　19cm　148p　979円　①4-307-15045-7
◇阪神・淡路大震災神戸の教育の再生と創造への歩み　神戸市教育委員会編　神戸　神戸市教育委員会　1996.1　30cm　233p
◇阪神大震災を教育に生かす　社会科の初志をつらぬく会関西ブロック編著　名古屋　黎明書房　1996.1　21cm　223p　2500円　①4-654-01582-5
◇震災を生きて——記録・大震災から立ち上がる兵庫の教育　兵庫県教育委員会編　神戸　兵庫県教育委員会　1996.1　30cm　255p
◇震災体験を生かす神戸の教育の創造　神戸　神戸市教育懇話会　1996.1　30cm　19p
◇阪神・淡路大震災と学校——教育現場からの発信　「阪神・淡路大震災と学校」編集委員会編著　神戸　兵庫県教職員組合　1995.11　26cm　256p　2500円　①4-87168-216-1
◇阪神大震災記録——平成7年(1995)1月17日午前5時46分　〔神戸〕　兵庫県私立幼稚園協会　1995.10　26cm　232p
◇兵庫の教育の復興に向けて——提言　〔神戸〕　防災教育検討委員会　1995.10　30cm　18p
◇阪神・淡路大震災と神戸の学校教育　神戸　神戸市教育委員会　1995.8　30cm　50p
◇瓦礫の中の教師たち——ルポ 阪神大震災と学校　三好ヒロ子著　大阪　フォーラム・A　1995.7　19cm　189p　1200円　①4-89428-034-5
◇1995年兵庫県南部地震災害における学校・教員の役割と今後の学校防災体制並びに防災教育のあり方に関する緊急研究　〔社町(兵庫県)〕　兵庫教育大学地震災害調査班　1995.3　30cm　80p
◇阪神大震災と真陽小学校——記録　〔神戸〕　神戸市立真陽小学校　〔1995〕　26cm　1冊(頁付なし)
◇大震災の中の危機管理——直下型大都市地震・M7.2　〔神戸〕　神戸市立湊小学校　〔1995〕　30cm　31枚

【雑誌記事】

◇阪神・淡路大震災下の学校　戸田典子　「レファレンス」　47(6)　1997.6　p107～117

◇学校の立場から―災害時の学校の果たす役割と課題―阪神・淡路大震災と学校現場（シンポジウム　災害時の危機管理と学校・教育行政の教訓―阪神大震災を中心に）　小川嘉憲　「教育行財政研究」　24　1997.3　p44～47

◇阪神大震災から二年，子どもたちは―いま，学校とは　桐藤直人　「歴史地理教育」　558　1997.1　p84～89

◇非常災害時における学校運営上の諸課題と対策―阪神・淡路大震災への対応で求められた学校管理職の役割　長瀬荘一，太田垣紀子　「神戸大学発達科学部研究紀要」　3(2)　1996　p485～499

◇震災後の子どもの心をうけとめて―保健室からみた子どもたちと養護教諭の役割（大震災と学校―被災地からのレポート）　明瀬好子　「学校保健研究」　37(4)　1995.10　p305～311

◇大震災と学校―被災地からのレポート　「学校保健研究」　37(4)　1995.10　p263～317

◇災害時における学校施設の役割―阪神・淡路大震災から学ぶ(震災時の危機管理―学校の役割〈特集〉)　五十嵐仁　「学校保健研究」　37(3)　1995.8　p180～185

◇兵庫県南部地震における学校の役割と問題点に関する考察　建部謙治　「愛知工業大学研究報告 B」　30　1995.3　p63～70

◇災害と学校―阪神・淡路大震災の教訓　桂正孝　「人文研究」　47(9)　1995　p587～610

反応分析機　response analyzer

　反応分析装置とも。多数の学習者の反応を正確に，しかも即時定量的に収集するための装置。いくつかの選択ボタンがある回答機を学習者に操作させる。学習の理解の確認だけでなく，出欠調査・興味や意見を求めるアンケート・作業の終了を個別にとらえる等様々な目的に利用できる。

【 ヒ 】

引きこもり

　長期間にわたって自宅，特に自室にこもって1日の大半を過ごし，人間関係を忌避している状態を言う。10代後半から20代前半で始まり男性に多い。いじめや体罰，親による虐待などが背景にあるケースもあるが，原因は様々で特定することはできない。また，本人は社会との関わりを持ちたいと思っている場合も多く，それがうまくいかずに焦ったり苦悶したりすることもあり，社会活動がうまく行えるようなサポートが望まれる。

【図書】

◇「引きこもり」生還記―支援の会活動報告　池上正樹著　東京　小学館　2001.8　15cm　221p　476円　（小学館文庫）　Ⓘ4-09-404802-2

◇ひきこもり/不登校の処方箋―心のカギを開くヒント　牟田武生著　東京　オクムラ書店　2001.7　21cm　193p　1600円　Ⓘ4-900320-11-0

◇ひきこもりの家族関係　田中千穂子〔著〕　東京　講談社　2001.1　18cm　221p　700円（講談社＋α新書）　Ⓘ4-06-272055-8

◇引きこもり　塩倉裕著　東京　ビレッジセンター出版局　2000.12　19cm　281p　1600円　Ⓘ4-89436-139-6

◇ひきこもり―「対話する関係」をとり戻すために　田中千穂子著　東京　サイエンス社　1996.7　19cm　222p　1339円（ライブラリ思春期の"こころのSOS" 7）　Ⓘ4-7819-0809-8

【雑誌記事】

◇「ひきこもり」の病理を解読する　杉山春　「諸君!」　33(7)　2001.7　p100～113

◇引きこもり―閉ざされた心をのぞく　後藤淑子　「潮」　509　2001.7　p144～151

◇引きこもり対応，家族支援優先を―厚生労働省が相談担当者向けにガイドライン　「内外教育」　5203　2001.5.18　p8～9

◇ひきこもりと暴力(暮しと健康相談室)「暮しと健康」 55(9) 2000.9 p88
◇"引きこもり"の現状(特集 ひきこもりとその対策) 塩倉裕 「保健婦雑誌」 56(2) 2000.2 p107〜112
◇ルポ・青春の空白—自立を模索する「ひきこもり」の子たち(特集・親子の絆は断ち切れない) 黒川祥子 「婦人公論」 84(25) 1999.12.7 p50〜53

被虐待児症候群　battered child syndrome

1970年代から米国で、未熟な人格の親による実子への虐待例が小児科医により報告され始めた。折檻による傷、栄養失調、極端な不潔、近親相姦による精神的ダメージなどの一連の症状を被虐待児症候群と総称。最近は児童虐待の語に被虐待児症候群を含んで言うようになっている。

→ 児童虐待 をも見よ

【図書】
◇子どものトラウマ　西沢哲著　東京　講談社　1997.10　18cm　191p　640円 (講談社現代新書)　④4-06-149376-0
◇凍りついた瞳が見つめるもの — 被虐待児からのメッセージ　椎名篤子編　東京　集英社　1997.5　16cm　220p　400円 (集英社文庫)　④4-08-748621-4

【雑誌記事】
◇被虐待児症候群が疑われる児(特集 ハンディキャップ児への対応—乳児期におけるハンディキャップ児への対応)　小泉武宜 「周産期医学」 30(3) 2000.3 p393〜396
◇周産期からの被虐待児症候群の予防に向けて(特集 周産期の母子保健指導—新生児・乳幼児編)　小泉武宜 「周産期医学」 30(1) 2000.1 p85〜88
◇被虐待児症候群(最新症候群事典＜焦点＞) 松井一郎, 谷村雅子 「看護技術」 40(10) 1994.7 p79〜81
◇被虐待児症候群に関する検討　野本智子 「白百合児童文化」 5 1994.7 p83〜92

非行の第4の波

戦後の少年刑法犯増減は、1951年・64年・83年にピークが見られる。第一の波の多くは貧困層の18〜19歳による掠奪的犯行、第二の波は中産層の学生生徒による暴行・傷害などの凶悪犯罪。第三の波は15歳前後の生徒が中心。女子の割合は2割を超え、万引き・窃盗などスリルを求める遊び形非行が多かったことと、校内暴力・いじめなど、教育問題化したのが特徴。その後97年頃から、少年による殺傷事件が連続して発生し、マスコミに「第四の波」とあおる表現が見られた。しかし検挙人員数は第3のピークほどではなく、年ごとの増減も大きいことから、予断を許さない状況ではあるが波と言うほどではないとする見解もある。ただし、凶悪犯が増加傾向にあること、普段はおとなしい子供の「いきなり形非行」が増加していることが特徴。

→ 少年非行 をも見よ

【雑誌記事】
◇少年犯罪の「第4の波」と改正少年法　瀬川晃 「犯罪と非行」 127 2001.2 p5〜32
◇90年代の非行動向とその対策(特集 90年代の子ども家庭福祉を振り返る—90年代における子ども家庭福祉実践とその評価)　末永清 「世界の児童と母性」 48 2000.4 p34〜36
◇対話不全社会における少年非行—少年犯罪の衝動化に関する第二考察　土井隆義 「社会学ジャーナル」 25 2000.3 p15〜37
◇飽和社会における少年非行—少年犯罪の衝動化に関する一考察　土井隆義 「社会学ジャーナル」 24 1999.3 p31〜43

非社会的問題行動　⇒ 問題行動 を見よ

ピースボート

1980年代に学生たちの手で始められた、平和学習事業。1〜数週間かけて船でアジアをはじめとして世界各地の戦争にかかわった地などを巡り、ネットワークをひろめる。洋上では専門家による講義などが行われる。

【図書】
◇地球一周 船旅カルテ—新さくら丸による八十四日間ピースボート地球一周航海

猪原務著　日本図書刊行会;近代文芸社〔発売〕　1997.4　19　367p　1600円　①4-89039-195-9
◇ピースボート大航海時代―84日間地球一周クルーズ'94 黄金のうたたね　ピースボート編　第三書館　1995.5　21cm　562p　2500円　①4-8074-9515-1

【雑誌記事】

◇ピースボート2000南回り地球一周の旅から　尾形憲　「経済志林」　68(3・4)　2001.3　p239〜266
◇ピースボート豪華世界1周を「惨憺旅行」にした責任者　「週刊新潮」　39(40)　1994.10.20　p128〜132
◇ピースボート主催者・辻元清美―世界を漕ぎ回る32歳の「生徒会長」(現代の肖像)　鎌田慧　「AERA」　6(12)　1993.3.23　p53〜57

ピーターパンシンドローム

成熟拒否症。いつまでも子どものままでいたがる青少年の傾向を指す。1991年版青少年白書では、小学生の6割以上、中学生の5割以上が「早く大人になりたくない」と回答した。

【図書】

◇なぜ大人になれないのか―「狼になる」ことと「人間になる」こと　村瀬学著　東京　洋泉社　2000.9　18cm　223p　680円　(新書y)　①4-89691-488-0
◇成熟できない若者たち　町沢静夫〔著〕　東京　講談社　1999.4　15cm　225p　467円　(講談社文庫)　①4-06-263978-5
◇ピーター・パンシンドローム―なぜ、彼らは大人になれないのか　ダン・カイリー著,小此木啓吾訳　祥伝社　1998.10　15cm　409p　762円　(ノン・ポシェット)　①4-396-31105-2

【雑誌記事】

◇いま時の子ども論―大人になりたくない子どもたち(特集少子化時代の子ども像を解くカギ)　「現代教育科学」　39(2)　1996.2　p5〜16
◇まず,いま時の大人論を提起することから(特集少子化時代の子ども像を解くカギ―いま時の子ども論―大人になりたくない子どもたち)　馬居政幸　「現代教育科学」　39(2)　1996.2　p9〜12

◇青年期の自立にかかわる諸問題―2―ピーター・パン・シンドロームと男性の自立　永江誠司　「福岡教育大学紀要 第4部 教職科編」　43　1994　p313〜322

ビデオ規制

1988〜89年の幼女連続誘拐殺人事件で、人体を切り刻んだりするホラーが手本にされたことから、残酷ビデオを有害図書に指定する県が続出。業界の自主基準見直しも要請された。その後話題になることもなくなっていたが、97年の神戸連続児童殺傷事件をきっかけに、残虐なシーンを含むビデオの有害図書指定による規制が各地で検討された。

【図書】

◇青少年とアダルトビデオ等の映像メディアに関する調査研究報告書　〔東京〕　総務庁青少年対策本部　1994.3　30cm　322p

【雑誌記事】

◇トンデモ推理、ホラーV規制の面妖(批評スクランブル)　松原隆一郎　「正論」　301　1997.9　p44〜45
◇再燃したホラービデオ、出版物の規制問題―レンタル店での自粛、ホラー映画の上映延期等のほか、暴力描写に対する規制問題も浮上(特集・酒鬼薔薇事件とメディアの病理)　久保隆志　「創」　27(9)　1997.9　p80〜87

ひとり親家庭　single parent family

離婚した母(シングルマザー)・父(シングルファーザー)、未婚の母などによる母子家庭・父子家庭が増えた。これらをまとめて単親家庭(シングルペアレントファミリー)と呼ぶ。厚生労働省の全国母子世帯等調査結果によると98年11月現在母子家庭は、95万世帯、父子家庭は16万世帯。母子世帯では就労が難しい、あっても所得が低いなどの経済的困難があり、国や地方自治体による援助・補助が行われている。父子世帯では母子家庭同様の苦労のほかにも育児や家事の悩みもあり、一部の自治体で相談事業や家事援助などの事業が行われている。

【図書】

◇ひとり親家庭の自立生活を支援する総合的な施策のあり方について — ファミリーソーシャルワークを展開できるシステムづくりを目指して 東京都児童福祉審議会意見具申 東京都福祉局子ども家庭部計画課編 東京 東京都福祉局子ども家庭部計画課 1999.11 30cm 31p

◇シングル・ペアレント・ファミリー — 親はそこで何をどのように語ればよいのか リチャード・A.ガードナー著 鑪幹八郎,青野篤子,児玉厚子共訳 京都 北大路書房 1999.9 19cm 247p 1900円 ①4-7628-2150-0

◇ワンペアレント・ファミリー(離別母子世帯)に関する6カ国調査 家計経済研究所編 東京 大蔵省印刷局 1999.3 30cm 232p 2100円 ①4-17-554105-5

◇母・父子世帯等生活実態調査報告書 平成10年度 名古屋 名古屋市 1999.3 30cm 152p

◇母子家庭・父子家庭及び寡婦実態調査報告書 平成10年度 〔名古屋〕 愛知県民生部児童家庭課 1999.3 30cm 199p

◇一人っ子の心理と育児・保育 — 少子時代の教育指針 白佐俊憲著 札幌 中西出版 1998.9 21cm 250p 1800円 ①4-931204-78-3

◇日米のシングルマザーたち — 生活と福祉のフェミニスト調査報告 中田照子〔ほか〕共著 京都 ミネルヴァ書房 1997.1 21cm 261p 2678円 ①4-623-02692-2

◇母子家庭にカンパイ! — 離婚・非婚を子どもとともに生きるあなたへ しんぐるまざあず・ふぉーらむ編著 東京 現代書館 1994.2 22cm 175p 1648円 ①4-7684-3387-1

【雑誌記事】

◇統計資料紹介 平成10年度全国母子世帯等調査結果の概要 — 平成10年11月1日現在 厚生労働省雇用均等児童家庭局 「厚生の指標」 48(4) 2001.4 p42~53

◇子ども・家庭・地域 多様な家族の共生に向けた"ひとり親家族支援" 湯沢直美 「月刊福祉」 84(1) 2001.1 p84~87

◇時代を押し拓く母子家庭(対話と共同) 横山恭子 「前衛」 726 2000.7 p78

◇父子家庭における仕事と家事の両立問題 — 経済的問題を中心に 山田亮 「経済科学通信」 89 1999.3 p79~85

◇児童扶養手当制度,母子家庭の自立総合的支援へ 「週刊年金実務」 1264 1997.12.15 p12~13

◇「母子家庭の実態と施策の方向について」(特集 児童福祉法改正される — 中央児童福祉審議会基本問題部会中間報告(資料)) 「子ども家庭福祉情報」 13 1997.12 p70~74

◇父子家庭の子育て~児童福祉施設をパートナーとして(<特集 男性と子育て>) 高橋利一 「子ども家庭福祉情報」 12 1996.8 p48~51

◇ひとり親家庭への社会的サービスに関する一考察 — 父子家庭の事例を中心に 服部範子,三島令子 「兵庫教育大学研究紀要 第3分冊 自然系教育,生活・健康系教育」 第14巻 1994.2 p159~172

◇父子家庭 — 経済的問題へのアプローチ(原著論文) 三宅俊彦 「福祉と人間科学」 4 1993.12 p140~153

◇13 母子家庭への社会的支援 — 離婚後の児童扶養問題への対応(シャカイホショウ ケンキュウジョ ケンキュウ ソウショ)〈女性と社会保障〉 下夷美幸 「女性と社会保障」 1993.1

ひとりっ子 only child

きょうだいがいない子ども。兄弟がいる子に比べると、大人とはつきあえるが子ども同士ではうまく遊べない、ひっこみ思案・独善的など社会性の発達がおくれるなどの問題点があるなどと言われてきたが、少子化の影響で今は一人っ子が当たり前になりつつある。

【図書】

◇ひとりっ子育て — わがままだっていいじゃない 金盛浦子著 東京 フットワーク出版 1997.9 19cm 223p 1300円 ①4-87689-259-8

◇ひとりっ子、大好き — マイペースで、集団が苦手、そして天才! 畑田国男著 東京 主婦の友社 1995.3 19cm 199p 1000円 ①4-07-216177-2

◇ひとりっ子の両親へ 高野清純著 東京 文化出版局 1994.9 19cm 213p 1200円 ①4-579-30357-1

◇母親に殺されかけた12人の男の子たち — 男の子で、ひとりっ子 — この家庭が一番危ない! 粕谷賢次著 東京 はまの出版

1994.9　19cm　244p　1500円
Ⓘ4-89361-177-1
【雑誌記事】
◇一人っ子のライフスキル　川畑徹朗, 舟橋睦美, 小林晶子 (他)　「神戸大学発達科学部研究紀要」　6(2)　1999　p321〜331
◇ルポ・少子化時代の大問題——一人っ子はソンかトクか (特集・きょうだいは味方か敵か)　中島るみ子　「婦人公論」　84(17)　1999.8.22　p42〜45
◇一人っ子, 子どもたちに問う (特集 今, 子どもたちの心と社会は一大人の生き方と子どもたち)　吉田薫　「女性ライフサイクル研究」　8　1998.11　p134〜144
◇一人っ子と親子関係　吉田圭吾, 佐藤真子, 長瀬荘一 (他)　「神戸大学発達科学部研究紀要」　5(1)　1997　p35〜46
◇15 中, 小学校生徒の一人っ子化と学校体育改革〈国際シンポジウム会議録〉　何敏学　「国際シンポジウム会議録 (福岡教育大学教育学部附属体育研究センター)」　1996　1997.9
◇いま, 一人っ子を問う——ひとりっこくらぶを訪ねて (特集 セルフヘルプ・グループ——もうひとつのエンパワメント)　吉村薫　「女性ライフサイクル研究」　6　1996.11　p162〜168
◇少子化時代の「きょうだい関係」(特集 少子化時代の子どもたち)　依田明　「教育と情報」　458　1996.5　p6〜12

日の丸・君が代問題

1999年2月、広島県で卒業式での君が代の扱いについて教育委員会と現場教師の間で板挟みになった県立高校の校長が自殺に追い込まれた事件を契機に、日の丸・君が代の法政化問題が再燃、同年8月国旗国歌法が公布・施行された。これにより「日の丸は国旗ではなく、君が代は国歌ではない」という反対派の論拠は封じられたことになり、学習指導要領で義務化されている儀式的行事での国旗掲揚及び国歌斉唱の指導が徹底、一部地域を除いて、公立小・中・高校での実施率は100%に近づいている。文部科学省は、教職員が指導に従わなかった場合、都道府県教育委員会が処分できることも改めて明確にしている。なお、この法には国旗・国歌を尊重する義務は盛り込まれていないため、子供にどのように教えていくべきかという課題が残っている。

【図書】
◇日の丸・君が代にどう立ちむかうか　歴史教育者協議会編　東京　大月書店　2001.1　21cm　118p　1100円　Ⓘ4-272-52063-6
◇日の丸・君が代と子どもたち——学校現場は2000年春をどう迎えたか　青砥恭, 池添徳明, 望月由孝〔著〕　東京　岩波書店　2000.9　21cm　63p　440円　(岩波ブックレット　no.517)　Ⓘ4-00-009217-0
◇「日の丸・君が代」の強制から身を守る法　教育科学研究会編　東京　国土社　2000.3　21cm　109p　1300円　Ⓘ4-337-46023-3
◇学校と国旗・国歌　下村哲夫著　東京　ぎょうせい　2000.2　19cm　153,68p　2095円　Ⓘ4-324-06095-9
◇国旗及び国歌に関する関係資料集　〔東京〕　文部省初等中等教育局　1999.9　30cm　60p

【雑誌記事】
◇解説 卒業式・入学式における国旗掲揚及び国歌斉唱の実施状況について　文部科学省初等中等教育局教育課程課　「教育委員会月報」　53(4)　2001.7　p32〜35
◇国旗・国歌法 法制化後2年目の卒業式　松岡勲　「マスコミ市民」　388　2001.5　p28〜33
◇胸を張って「君が代」を歌うために——教育基本法に、皇室と国民が心を一つにしてきた伝統の明記を (特集 晴れやかな卒業式のために)　松下加奈　「祖国と青年」　270　2001.3　p34〜36
◇ルポ・国立市で起きたこと——二小「土下座」事件をめぐって (特集・本当の教育改革とは何か)　上野英雄　「世界」　681　2000.11　p99〜104
◇教育情報 つくられた〈事件〉から教職員一七人の「日の丸」処分へ——国立市で何が起こっているのか　炭谷昇　「教育」　50(11)　2000.11　p122〜124
◇世羅高校長を死に追い込んだ広島の一年後——石川校長の自殺で"広島解放区"はどう変わったのか　田中一男　「正論」　333　2000.5　p112〜120
◇学校現場に内心の自由を求め「君が代」強制を憲法に問う (特集「日の丸・君が代」の拒み方)　竹森真紀　「インパクション」　118　2000.3　p94〜95

◇市民レポート 日の丸・君が代のない卒業式・入学式―東京・国立市のドキュメント 夕凪葵 「マスコミ市民」 375 2000.3 p65～69

◇国旗・国歌法制定に至るまでの変遷(特集 国旗・国歌の指導と学校経営上の留意点) 徳武靖 「教職研修」 28(6) 2000.2 p76～79

◇校長の死―その後の広島県教育界(OPINION) 田中一男 「正論」 329 2000.1 p48～51

◇学校における国旗及び国歌に関する指導について 「初等教育資料」 712 1999.11 p85～116

◇学校事件を読む(29)国旗・国歌法は成立したが 下村哲夫 「悠」 16(10) 1999.10 p72～75

◇検証＜国旗・国歌＞学校教育での扱いと対立―変遷を辿る(特集 国旗・国歌と学校教育) 安達耕二 「総合教育技術」 54(11) 1999.10 p56～59

◇「国旗・国歌法制化と学校・歴史教育」 菊地宏義 「マスコミ市民」 368 1999.8 p14～21

◇国旗・国歌法案、衆院が可決―歌わなくても不利益与えず・文相答弁 「内外教育」 5032 1999.7.30 p4～5

◇校長を自殺に追い込んだ「日の丸・君が代」の権力的押しつけ―広島における教育の「異常」と解放教育体制の歪み〔含 資料 君が代自殺の広島県校長〕(特集 解放教育と校長自殺事件) 今谷賢二 「月刊部落問題」 270 1999.6 p17～25

◇学校事件を読む(24)国旗・国歌をめぐり高校長が自殺―国旗掲揚・国歌斉唱事件 下村哲夫 「悠」 16(5) 1999.5 p72～75

◇教育時事問題の法的考察(108)日の丸・君が代問題と校長の自殺事件 若井弥一 「教職研修」 27(8) 1999.4 p144～147

肥満児 overweight child, fat child

夜食・多食・間食・運動不足などが原因で太りすぎる学童が増加。動脈硬化への危険因子となる悪性肥満が問題になっている。学校の養護教諭主催の減量クラブなどを開いている例もある。文部省の98年の統計では、幼稚園0.6%、小学校2.8%、中学校1.9%、高等学校1.4%の児童・生徒が学校医から肥満傾向にあると判定されており、この割合は88年から98年間に大きく増加している。

【雑誌記事】

◇肥満児を生む飽食の時代(子供) 「ニューズウィーク日本版」 15(28) 2000.7.19 p51

◇肥満児童のライフスタイルと食生活に関する研究 侘美靖、平岡英樹 「北海道大学教育学部紀要」 75 1998.3 p55～75

◇子供の病気(生活習慣病)「小学校高学年では1割が肥満」(名医が答える先進医療〔46〕) 「週刊朝日」 102(11) 1997.3.14 p126～128

◇兵庫県相生市における学童期肥満児の経年増加と生活状況との関連 永井成美、鳴滝恭也、武川公 「栄養学雑誌」 55(1) 1997.2 p39～48

◇肥満児の食事状況と生活習慣 深谷奈穂美、白木まさ子 「学校保健研究」 36(4) 1994.4 p225～230

100校プロジェクト

1994年に通産省が文部省と共同開始したプロジェクトで、正式名称は「ネットワーク利用環境提供事業」。公募した全国約100カ所程度の小・中・高等学校、特殊教育諸学校等などネットワーク環境を整備、この環境を活用して各学校等が行う自主的な企画の支援、あるいは事務局が提案する共同利用企画の推進を通して、教室での授業が持つ制約を越えた教育・学習を実験し、その教育的効果を検証を行ったもの。その後96年からの「新100校プロジェクト」との研究成果を踏まえ、98年からは情報処理振興事業協会(IPA)、財団法人コンピュータ教育開発センターが主体となり、全国の学校がインターネット利用教育を実践するための支援プロジェクトとして「Eスクエア・プロジェクト」を開始。

【図書】

◇ここまできたインターネットによる国際交流―継続的な交流を目指して 東京 情報処理振興事業協会 1999.6 30cm 241p (「新100校プロジェクト」成果報告集 平成10年度 1)

◇ここまできたインターネットによる先進的教育―技術・教育・特殊教育の既成概念を越えて 東京 情報処理振興事業協会

1999.6　30cm　1冊　(「新100校プロジェクト」成果報告集　平成10年度3)
◇ここまできたインターネットの地域展開　東京　情報処理振興事業協会　1999.6　30cm　1冊　(「新100校プロジェクト」成果報告集　平成10年度2)
◇「新100校プロジェクト」成果報告集　平成9年度1　東京　情報処理振興事業協会　1998.5　30cm　132p
◇「新100校プロジェクト」成果報告集　平成9年度2　東京　情報処理振興事業協会　1998.5　30cm　1冊
◇「新100校プロジェクト」成果報告集　平成9年度3　東京　情報処理振興事業協会　1998.5　30cm　1冊

【雑誌記事】
◇100校プロジェクトの実践から(特集 21世紀への提言:情報通信技術による教育改革)　高橋邦夫　「情報処理」　39(7)　1998.7　p638〜644
◇100校プロジェクトの経緯(特集/情報化に対応する教育環境の動向)　赤堀侃司　「教育と施設」　58　1997.9　p58〜60
◇「100校プロジェクト」でインターネット交流ができた(特別企画 情報化教育―わが校は・私はどうスタートし、いま、何に取り組んでいるか―活用事例でみる情報化教育の実際)　中嶋里子　「総合教育技術」　51(10)　1996.9　p56〜59
◇「100校プロジェクト」:研究計画と実践の概要について(特集 情報化推進施策と学校図書館―情報化推進プロジェクト)　国重誠之　「学校図書館」　549　1996.7　p31〜36
◇シリーズインターネット基礎講座―2―初等・中等教育におけるインターネット活用の現状と問題点―100校プロジェクトのアンケート調査より　山内祐平　「教育と情報」　458　1996.5　p48〜51

平等主義　⇒ 教育における平等主義　を見よ

開かれた学校

　1987年の臨時教育審議会答申以降盛んに言われだした概念で、「地域に根ざした学校」はほぼ同義。学校施設の地域解放、学校運営における親・地域住民の意向反映、地域社会に根ざした教育内容の工夫・地域人材の活用、教員の地域人材化、特別活動や総合的な学習の時間での地域との交流などが基本的な観点としてあげられる。学校施設のインテリジェント化・複合施設化などもその一部であると考えられる。

【図書】
◇わたしの地域の教育改革「開かれた学校づくりの先進事例集」　〔東京〕　文部科学省生涯学習政策局　2001.3　30cm　74p
◇新・地域社会学校論 ― 完全学校週5日制の中で　明石要一編著　東京　ぎょうせい　1998.2　21cm　244p　2600円　(学校変革実践シリーズ　第2巻)　①4-324-05283-2
◇子ども・父母住民の教育参加論 ― 教師とともに教育・学校・地域づくりを　勝野充行著　東京　教育史料出版会　1996.3　21cm　198p　2060円　①4-87652-290-1
◇教育改革に挑む ― 開かれた学校をめざして　佐伯俊彦著　福岡　海鳥社　1996.2　21cm　208p　2000円　①4-87415-146-9
◇学校をひらく ― 変化の時代の教育を求めて　小島宏著　東京　教育出版　1995.12　19cm　159p　1600円　①4-316-38270-5
◇子どもが育ち、地域が育つ「開かれた学校」―「開かれた学校」の在り方に関する調査研究報告書　愛媛県総合教育センター編　松山　愛媛県総合教育センター　1993.3　26cm　72p　(媛教セ資料　92-20)

【雑誌記事】
◇「開かれた学校」の推進はどこまで可能か(特集 学校の情報公開と説明責任―地域住民と学校の新しい関係を探る―住民の学校運営への参加)　長南博昭　「現代教育科学」　44(10)　2001.10　p43〜45
◇子どもの生活と地域に根ざした学校に(特集 教育課程・総合学習・学力問題)　中妻雅彦　「教育」　51(2)　2001.2　p32〜38
◇「開かれた学校」の時代における教師の役割―調査研究のための予備的考察　古賀正義　「宮城教育大学紀要」　35　2000　p293〜301
◇「開かれた学校」づくりからまちづくりへ―生涯学習社会の学校研究(3)　大平滋　「浜松短期大学研究論集」　56　2000.12　p125〜144
◇なぜ開かれた学校が求められるのか・(特集 開かれた学校づくりを考える―1―開

かれた学校と校長の対応力) 天笠茂 「悠」 17(5) 2000.5 p22～25
◇開かれた学校づくりを進めるための家庭や地域社会との連携(特集 学校、家庭、地域社会との連携を図る) 天笠茂 「初等教育資料」 717 2000.3 p2～7
◇学校公開と人材バンクの活用(特集 問われる教師の教育課程編成能力—「開かれた学校づくり」を教育課程編成にどう生かすか) 舘野健三 「現代教育科学」 42(10) 1999.10 p32～34
◇地域とともに歩む「開かれた学校」の実現をめざして(特集 教育現場からの改革運動と実践—全国キャンペーン運動に向けて) 山口宏 「教育評論」 630 1999.10 p25～29
◇市民活動と学校・社会教育現場をつなげていくための調査と提言(特集 地域のリソースを生かした実践) 地球市民教育センター 「開発教育」 40 1999.8 p44～47
◇現代の教育課題「開かれた学校運営」 増田吉史 「教育じほう」 584 1996.9 p78～80
◇REPORT 生涯学習と地域に開かれた学校—地方自治体は学社連携をどう進めていくべきか(特集 学社融合) 橋本幸雄 「社会教育」 51(2) 1996.2 p26～29

開かれた大学

　大学闘争さなかの1969年、中教審は、社会と協力し学問研究を通じて社会奉仕する大学を今後の大学のあり方として答申。これを踏まえて「新構想大学」設置などが実現したが、大学の閉鎖性改善に有効な反面、学問の自由・大学自治の制限等の弊害もあった。具体的な形態としては公開講座、大学通信教育、社会人入学などが挙げられる。

【図書】

◇開かれた大学授業をめざして—京都大学公開実験授業の一年間　京都大学高等教育教授システム開発センター編　町田　玉川大学出版部　1997.9　21cm　182p　2400円　④4-472-11031-8
◇開かれた大学への戦略—継続高等教育のすすめ　レオナード・フリードマン著，山田礼子訳　PHP研究所　1995.8　19cm　305,11p　2718円　①4-569-54861-X

【雑誌記事】

◇21世紀における開かれた大学の果たす経営戦略(日本教育経営学会第41回大会・シンポジウム 高等教育個性化をめざす経営戦略) 中留武昭 「学校経営」 46(9) 2001.8 p60～65
◇社会に開かれた大学・大学院　安枝英伸 「国際産研」 18・19 2000.6 p3～5
◇フォーラム 市民に開かれた大学を求める—"市民がすすめる大学改革"シンポジウムに向けて 上田昌文 「科学」 70(3) 2000.3 p168～170
◇地域に開かれた大学像(特集・新制大学の50年) 片岡弘勝 「大学と教育」 20 1997.5 p46～60
◇私の大学改革論—開かれた大学をつくるために、制度改革も必要(総特集・平成動乱、伸びる大学、沈む大学) 樋口広太郎 「財界」 41(26) 1993.10.30 (臨増) p108～109

【 フ 】

ファカルティ・ディベロップメント　faculty development

　教員が授業内容・方法を改善し、向上させるための組織的な取組の総称。FDと略して称されることもある。具体的には教員相互の授業参観の実施、授業方法についての研究会の開催、新任教員のための研修会の開催などが例として挙げられる。

【図書】

◇ファカルティ・ディベロップメント　旭川　北海道教育大学旭川校FD推進研究会　2000.3　26cm　173p
◇外国語教育におけるFD研究　立命館大学教育科学研究所編　京都　立命館大学教育科学研究所　1999.3　26cm　201p (立命館教育科学プロジェクト研究シリーズ 11)
◇大学の教育・授業をどうする—FDのすすめ　日本私立大学連盟編　東京　東海大学出版会　1999.3　21cm　204p　1900円

（シリーズ:大学の教育・授業を考える　1)
　①4-486-01457-X
◇大学力を創る:FDハンドブック　大学セミナー・ハウス編　東京　東信堂　1999.3　22cm　240p　2381円　①4-88713-328-6

【雑誌記事】
◇ファカルテイ・ディベロップメントと教育改革の潮流（特集　作業療法の教育研究とファカルテイ・ディベロップメント）　小泉俊三　「作業療法ジャーナル」　34(11)　2000.11　p1070〜1073
◇教育機能開発（ファカルテイ・ディベロップメント）の意味とその在り方（特集/医療人養成教育の改革の現状と展望）　神津忠彦　「大学と学生」　428　2000.9　p32〜35
◇ファカルテイ・ディベロップメントの歴史と展望（FDの課題と展望）　有本章　「IDE」　412　1999.10　p5〜11
◇学部教育改善とファカルテイー・デイベロップメント　岸浪建史, 阿部和厚, 植木迪子（他）「高等教育ジャーナル」　5　1999.3　p37〜41
◇大学教員の受難―FDは敵か味方か（高等教育におけるメディア活用と教員の教授能力開発―1.内外の事例研究と関連基礎分野レビュー　教員のメディア活用能力を向上させるための研修プログラムの研究開発―第1部　高等教育とFD（ファカルティ・ディベロップメント））　山地弘起　「研究報告」　5　1998.11　p3〜10
◇大学改革の要「ファカルティー・ディベロップメント」―各種大学教育研修会に参加して　師岡文男　「ソフィア」　46(4)　1998.1　p462〜469

ファミリーサポートセンター

2000年から2004年までを対象にした新エンゼルプランの1つで、子どもの送迎や一時保育などのサービスを提供する事を目的とした相互援助施設。設立運営は市区町村が行い、都道府県、女性労働協会、厚生省が支援する。

【図書】
◇ファミリー・サポート・センターニーズ調査報告書　平成12年度　大津市　〔大津〕　滋賀県商工労働部労政能力開発課　〔2001〕　30cm　48p
◇ファミリー・サポート・センターニーズ調査報告書　平成12年度　近江八幡市　〔大津〕　滋賀県商工労働部労政能力開発課　〔2001〕　30cm　68p

【雑誌記事】
◇ファミリー・サポート・センター事業の現状と課題（家庭的保育のすすめ―多様な展開）　冬木春子　「現代のエスプリ」　401　2000.12　p116〜127
◇ファミリー・サポート・センター事業（特集　子ども家庭福祉援助実践の新たな展開―実践編）　桑山昭子　「世界の児童と母性」　51　2001.10　p38〜41
◇ファミリー・サポート・センターについて　厚生労働省雇用均等児童家庭局職業家庭両立課　「Women & work」　135(288)　2001　p23〜30

部活動

少子化による部員不足で不活性化している部活動が増えている。文部科学省は2001年度より部活動の活性化を図るねらいでプロスポーツ選手やプロの演奏家などを全国の中学高校に派遣する事業を始めると発表。各学校では外部指導者制度に基づく地域住民の活用なども広まっている。しかし休日もなくなるような活動スケジュール、生徒の慢性疲労、教員の時間外労働負担などの問題は依然として残っている。保健体育審議会は2000年の答申で運動部の活動について、複数の学校の合同練習のなどによる活性化、土曜・日曜を休養日とするなどの適切な運営に努めることなどを提言した。なおクラブ活動については中学・高校の新学習指導要領では特別活動から消え、必修から学校裁量による活動とされることになった。

【図書】
◇みんなでつくる運動部活動―あなたの部に生かしてみませんか　文部省〔著〕　東京　東洋館出版社　1999.4　30cm　146p　1600円　①4-491-01515-5
◇部活動改革―生徒主体への道　内海和雄著　東京　不昧堂出版　1998.4　22cm　212p　2500円　①4-8293-0359-X
◇運動部活動の在り方に関する調査研究報告書　〔東京〕　中学生・高校生のスポーツ活動に関する調査研究協力者会議　1997.12　30cm　233p

【雑誌記事】
◇学校の日常が法の裁きを受けるとき(68)重荷になっている部活動　柿沼昌芳　「月刊生徒指導」　31(9)　2001.8　p56～59
◇地域スポーツとの「融合」を通した学校運動部活動の再構成　大竹弘和,上田幸夫　「日本体育大学紀要」　30(2)　2001.3　p269～277
◇今月のテーマ(37)中学校のクラブ活動が必修でなくなる　鈴木茂　「子どものしあわせ」　598　2001.2　p26～29
◇教育 塾と部活動を禁止して子供の負担を減らそう(特集・2000年総予測—世界経済から子育ての危機まで丸ごとわかる)　フランクル,ピーター　「ダイヤモンド」　88(1)　2000.1.1・8　p104～105
◇スポーツ施設の有効利用と、他校運動部との連携による部活動の推進(研究・実践のひろば)　北海道苫小牧工業高等学校　「スポーツと健康」　31(3)　1999.3　p47～49
◇<特別活動>廃止が決まった「クラブ活動」—新しい学校像と社会的背景に対応するための「特別活動」の問題点と課題(教育課程審議会最終答申の分析(下))　大平滋　「教育評論」　618　1998.10　p70～73
◇小学校体育 地域に学び,地域に発信するクラブ活動のあり方(授業研究・内容と指導)　十河喜代　「女子体育」　40(6)　1998.6　p12～15
◇これからの運動部活動の在り方　文部省体育局体育課　「教育委員会月報」　50(1)　1998.4　p59～63
◇とらのもん・インフォメーション「運動部活動の在り方に関する調査研究報告書」の概要について　文部省体育局体育課　「中等教育資料」　47(5)　1998.3　p102～106
◇部活動への外部指導者の活用をどう図るか　尾木和英　「学校経営」　42(6)　1997.6　p14～21
◇報告 部活動問題及び部活動を通してみた教職員の労働時間・勤務条件(国際化時代と教育法(第24回日本教育法学会総会)—第3分科会 学校現場の教育法問題)　松原信継　「日本教育法学会年報」　24　1995.1　p154～162
◇高校運動選手のバーンアウト状態と部活動に対する価値意識　秦泉寺尚,根上優,松尾正子　「宮崎大学教育学部紀要 芸術・保健体育・家政・技術」　75　1993.11　p109～119

複合選抜制

愛知県が、既成の学校群制度の欠点を補い受験機会の拡大を図った公立高入試制度で、1989年導入。受験生は県内の2群の一方に属し、群内のA・B各グループから1校ずつ選択、2回試験を受ける。第一・第二志望の順に合格者を決定するが、一部の高校に成績優秀者が集中、大幅な欠員を生じるなど予想外の結果が生じた。

複線型学校制度　dual system

複数の学校系統が並立する学校体系。分岐型学校制度とも言う。身分・階級・性別、学校種別によって上級学校への進学が制限され、早い段階で進路が決められてしまう弊害がある。中高一貫教育校制度の導入が複線化に当たるとして懸念する声がある。

→ 単線型学校制度 をも見よ

【雑誌記事】
◇ルビコン川を渡る日本の教育—教育・学校の複線化構想と私たちの課題(特集 新学習指導要領と教育改革—教育改革の全体像)　石井建夫　「歴史地理教育」　592　1999.3　p24～27
◇「横の多様化・複線化」になるのでは(特集 文部省「新教育改革プログラム」を読む—「中高一貫教育制の導入」をめぐって)　田中裕巳　「現代教育科学」　41(2)　1998.2　p28～29
◇中教審報告と教育の複線化・多様化構想　二宮厚美　「部落」　49(9)　1997.9　p31～36
◇学校教育の多様化・複線化の時代が来た　「THEMIS」　6(3)　1997.3　p80～81
◇高校改革と教育の複線化(学校の変革と社会教育<特集>)　太田政男　「月刊社会教育」　38(2)　1994.2　p19～23

父子家庭　⇒ひとり親家庭 を見よ

父性

　父親は子供に善悪を教え、社会の規範を厳しく教える者として重要であり、家庭を統制する機能を持つものとされてきた。しかし実際には子どもと接する機会もまともにもてず、父性機能を果たせていない父親は多い。子どもの7割が「自分の父親は怖くない」と答えたアンケートもある。家庭内暴力や不登校、ひいては少年犯罪に到る原因を父性の弱体化に求めることがあるが、従来の母性・父性についてのステレオタイプな意識や態度が揺らいでいる昨今では新しい母性・父性の在り方が問われている。

　→ 父親の不在化 をも見よ

プチ家出

　ちょっとした理由を原因として、2、3日の家出をすること。始めから完全に家を出てしまう気はなく、数日経ったら家に戻るつもりである。

【雑誌記事】

◇プチ家出（ちぞうはみんな知っている〔9〕）　群ようこ 「新潮45」　20(12)　2001.12　p258～261
◇食と健康の往復書簡―19―女子中・高生の「プチ家出」の背景にある食生活　中村寿美子, 荻原弘子 「食生活」 95(4)　2001.4　p48～51
◇「プチ家出」現象と親子葛藤（特集 自立する親と子―思春期をのりこえる）　占部慎一 「児童心理」　54(1)　2000.1　p60～65
◇携帯電話と親子の絆―「プチ家出」を通じて（特集 ケータイ・PHS・メールと中・高校生の生活）　藤田博康 「月刊生徒指導」　30(12)　2000.9　p24～27
◇無視できぬ「プチ家出」現象、機能しなくなった家庭共同体（シリーズ・現代を読む）「月刊自由民主」　560　1999.11　p82～83

不適格教員　⇒ 問題教員 を見よ

不登校

　文部省は1998年、「何らかの心理的、情緒的、身体的、あるいは社会停要因・背景により登校しない、あるいはしたくともできない状況にあるもの」と定義、学校基本調査報告書ではこの状態がによる欠席が30日以上続いた者をとりあげている。90年代後半から不登校の生徒数は毎年過去最高を記録しており、99年度には小・中合わせて合計13万人を超えた。カウンセリング体制の整備、出欠認定、中学卒業認定の弾力化などが対策として行われている。

【図書】

◇学校を欠席する子どもたち ― 長期欠席・不登校から学校教育を考える　保坂亨著　東京　東京大学出版会　2000.9　19cm　256,22p　2800円　①4-13-051303-6
◇不登校 ― 心を癒す聞き方・話し方　こうすれば子供は学校へ行く　荒木次也著　東京　評言社　1999.10　19cm　254p　1500円　①4-8282-0256-0
◇不登校　河合隼雄編　東京　金剛出版　1999.8　20cm　213p　2500円　①4-7724-0623-9
◇不登校を解く ― 三人の精神科医からの提案　門真一郎, 高岡健, 滝川一広著　京都　ミネルヴァ書房　1998.6　19cm　222p　2000円　①4-623-02934-4
◇拒否じゃない!登校できない子どもたち ― 不登校を乗り越える自我の確立　河合弘一著　大阪　JDC　1997.11　20cm　263p　2500円　①4-89008-221-2
◇いじめ、不登校、暴力… ― 子どもたちの悲鳴に耳を傾けて　横湯園子〔著〕　東京　岩波書店　1997.9　21cm　54p　400円　(岩波ブックレット　no.437)　①4-00-003377-8
◇登校拒否がわかる ― 教育心理・精神保健　池田行伸著　東京　ブレーン出版　1997.5　21cm　196p　2800円　①4-89242-568-0
◇不登校 ― 親の心配子の不安　冨永祐一著　東京　筑摩書房　1997.4　19cm　207p　1400円　①4-480-86303-6
◇不登校 ― その心理と学校の病理　吉田脩二, 生徒の心を考える教師の会編著　東京　高文研　1994.2　22cm　374p　3296円　①4-87498-141-0

【雑誌記事】

◇その昔「登校拒否」は病気だった(こころのクリニック[38]) 山登敬之 「週刊文春」 43(3) 2001.1.25 p111
◇登校拒否(不登校)学級卒業生のその後 村田昌俊,三浦務,武田公孝(他) 「情緒障害教育研究紀要」 19 2000 p61〜68
◇"不登校"13万人突破で問われる義務教育の制度疲弊(ニュースブロック) 「実業界」 860 2000.10 p115
◇学校を飛び出した13万人の不登校児たち("子ども時代"を奪われた子どもたち) 藤田翠 「週刊金曜日」 8(20) 2000.6.2 p13〜15
◇不登校だった子どもたちのその後(特別企画 学校不適応とひきこもり―子どもたちの病理) 斉藤万比古 「こころの科学」 87 1999.9 p81〜87
◇今日の登校拒否(不登校)問題を検討する(特集 改めて登校拒否(不登校)を考える) 松浦義満 「教育じほう」 605 1998.6 p26〜31
◇登校拒否(不登校)が訴えるもの(特集 改めて登校拒否(不登校)を考える) 印部真子,高橋良臣 「教育じほう」 605 1998.6 p16〜19
◇学校に行かない自由もある―旧来の「学校」観を見直し,「生涯学習」へ意識改革することが必要だ(特別企画・「不登校」と子供たち) 寺脇研 「潮」 470 1998.4 p76〜85
◇「どの子どもにも起こりうる」とはどういうことか(教師と親が読む―不登校・登校拒否ハンドブック) 梶原康史 「児童心理」 48(15) 1994.10 p10〜16
◇「再登校」が最終ゴールなのか(教師と親が読む―不登校・登校拒否ハンドブック―学校教育から考える不登校・登校拒否) 小玉正博 「児童心理」 48(15) 1994.10 p64〜70

不本意入学・就学 involuntary entrance・attendance

高校・大学進学が準義務化,志望校不合格・学力不足などから学習への動機づけや内発的欲求に欠けた就学者が増え,中退・登校拒否や留年などへの契機となっている。1999年の高校中退調査では36%が進路変更を理由に挙げている。

【雑誌記事】

◇不本意入学の生徒たちとの「出会い」(特集 新年度、出会いの生徒指導) 水沢明男 「月刊生徒指導」 29(5) 1999.4 p18〜21
◇伊藤美奈子論文「不本意就学類型化の試みとその特徴についての検討」について 鳥山平三 「青年心理学研究」 8 1996 p59〜63
◇不本意入学に悩む学生の面接過程に関する事例的研究―大学を辞めて,就職したいという学生の面接過程の検討から 藤土圭三 「広島文教女子大学紀要」 30 1995.12 p151〜163

プライバシー情報保護 ⇒ 子どものプライバシー を見よ

フリースクール free school

1960〜70年代に既存の学校教育と異なる教育法を展開した、私立の教育施設。オルタナティブスクールの一形態。ニール、シュタイナー、ダルトン・プランなどが代表的。子どもの自由・自主性や個人差を尊重し、独自の教授法やカリキュラムを持つ。現在では、子ども自身が規則をつくるような元来の運動のほか、既存の学校枠内での実践、公立校以外の場での新しい教育的試み、不登校や中退などの子どもを受け入れ、それぞれの状態にあった自立・学習機会を提供する機関の総称として用いられることもある。

【図書】

◇巣立ちへの伴走 ― フリースクール・楠の木学園の実践 武藤啓司編著 東京 社会評論社 2001.6 19cm 191p 1400円 ⓘ4-7845-0760-4
◇市民が創る公立学校 ―「センセイ、つぎ何やるの?」から「わたし、これをやりたい!」へ 佐々木洋平著 東京 コモンズ 2001.4 19cm 261p 1700円 ⓘ4-906640-40-0
◇学校が合わないときの居場所探し ― 不登校の子どものためのフリースクールガイド 2001-2002年版 学研編 東京 学習研究社 2001.2 21cm 158p 1200円 (もうひとつの進路シリーズ) ⓘ4-05-300998-7

◇行ってみないかこんな「学校」― サポート校、ユニーク校2001年　馬場章著　東京　ハート出版　2000.12　19cm　222,33p　1500円　Ⓓ4-89295-179-X

◇もうひとつの学校をもとめて ― フリースクール「チャム」で出会った不登校の子どもたち　伊藤美奈子, 本多利子著　京都　ナカニシヤ出版　2000.10　20cm　193p　2300円　Ⓓ4-88848-595-X

◇フリースクールとはなにか ― 子どもが創る・子どもと創る　東京シューレ編　東京　教育史料出版会　2000.7　19cm　268p　1750円　Ⓓ4-87652-386-X

◇学校が合わないときの居場所探し ― 不登校からのフリースクールガイド2000-2001年版　学研編　東京　学習研究社　2000.2　21cm　159p　1200円（もうひとつの進路シリーズ）　Ⓓ4-05-300811-5

◇行ってみないかこんな「高校」― サポート校・ユニーク校　馬場章著　東京　ハート出版　1999.11　19cm　221,14p　1500円　Ⓓ4-89295-148-X

◇「新」学校百景 ― フリースクール探訪記　増田ユリヤ著　東京　オクムラ書店　1999.1　20cm　296p　1600円　Ⓓ4-900320-77-3

◇もうひとつの「学校」案内 ― 不登校だって中退だってあきらめるのはまだ早い！　21世紀教育研究所編　東京　主婦の友社　1998.4　21cm　287p　1600円　Ⓓ4-07-223361-7

【雑誌記事】

◇それぞれの自立 ― 通過機関としてのフリースクール（特集・自立）　木幡寛　「公評」　38(6)　2001.7　p28～35

◇ルポ・好きなときに、好きな人と、好きなことを ― フリースクールに居場所を見つけた親と子（特集・もう、学校には任せない）　九冨真理子　「婦人公論」　86(11)　2001.6.7　p38～41

◇フリースクールの実態と課題　徳留祐悟　「仏教大学大学院紀要」　29　2001.3　p145～158

◇学校以外の学びの場を！― フリースクールから見えてくるもの（特集・明日への展望）　木幡寛　「公評」　38(1)　2001.1　p46～53

◇あるフリースクールの学校文化の検討 ― サドベリーバレー・スクールでの観察と面接にもとづく分析　大谷尚　「名古屋大学大学院教育発達科学研究科紀要　教育科学」　47(2)　2000　p11～27

◇不登校して生き返る ― フリースクールに来る子どもたち（特集 中・高生はいま？― 彼らのサポーターになるために）　高橋徹, 高橋智子　「月刊福祉」　82(13)　1999.11　p32～35

◇サポート校・フリースクール・フリースペースについて（特別企画　学校不適応とひきこもり ― 学校不適応への対応）　田口正敏　「こころの科学」　87　1999.9　p54～60

◇自由教育の行方 ― 井の中から大海を撃て！（特集・「自由」について）　木幡寛　「公評」　36(7)　1999.8　p40～47

◇13〔フリースクール〕子ども・若者とスタッフ（教育のエスノグラフィー〉　朝倉景樹　「教育のエスノグラフィー」　1998.6（学校現場のいま）

◇欧米と日本におけるフリースクールの比較研究 ― フリースクールの歴史と系譜をめぐって　沖田寛子　「社会分析」　25　1997　p115～128

◇21世紀を担う子供達に熱いメッセージを！客員講師を広く募集 ― 代々木高等学院（ニュースフラッシュ）　「財界」　41(5)　1993.2.25（臨増）　p144

プリント倶楽部

通称「プリクラ」と呼ばれる、セガ・エンタープライズが開発した顔写真入シール作成機。友達とさまざまな背景のシールが作れるので、友達同士で交換しあったり、集めて手帳に貼ったりするのが中高生の間で爆発的に流行した。

【雑誌記事】

◇プリクラ・コミュニケーション ― 写真シール交換の計量社会学的分析　栗田宣義　「マス・コミュニケーション研究」　55　1999.7　p131～152

◇プリクラは今（女子高生のワイワイ放課後）　「週刊読売」　57(26)　1998.6.7　p60～61

◇プリクラ世代のデジタルな友だちづくり ― 若者たちのコミュニケーションが大きく変わってきている　河村智洋　「潮」　461　1997.7　p342～348

◇かな文字にポケベル、そしてプリクラの共通項（"テクノロジー・日本"の先を読む）

石井威望 「財界」 45(4) 1997.2.11 p113
◇新しいメディアになったプリント倶楽部(SFC(慶応湘南藤沢キャンパス)便り)「財界」 45(4) 1997.2.11 p112〜113
◇生徒指導up-to-dateプリント倶楽部人気 尾木直樹 「月刊生徒指導」 26(16) 1996.11 p94〜98
◇プリクラ・ブームの背景(論点) 石井威望 「月刊自由民主」 527 1997.2 p26〜27

ふるさと交流学習

僻地の小規模校と都市の大規模校など、学校規模・生活環境の異なる学校同士が姉妹校のような関係を結び、単独では経験できない学習・生活をさせる教育法。1985年度に文部省が都市と農山村の相互体験交流事業として開始。農山村への理解、過疎化の歯止めなども目的とされている。

【雑誌記事】

◇都会っ子と一緒の農業体験が「ふるさと学習」を深めていく―修学旅行を受け入れる山口県・むつみ中の実践から(特集「総合的な学習の時間」でふるさとの学習) 西村良平 「食農教育」 6 1999.11 p64〜71

ブルセラ

女子高生が着たセーラー服や体操着、下着を買い取り、着用していた証拠になる写真などをつけて販売する店のこと。90年代半ばから話題になり始めた。援助交際へつながる女子高生による性の商品化の一形態。

【図書】

◇女子高生はなぜ下着を売ったのか?―社会事件にまでなったブルセラ女子高生を追った14ヵ月間 藤井良樹著 宝島社 1994.1 19cm 197p 1068円 (読んで"いま"がわかる宝島BOOKS) ①4-7966-0769-2

【雑誌記事】

◇ブルセラショップに来る女子高生(BOOM街を歩けば)「FOCUS」 別冊 2000.12.18 p99
◇使用済み下着を売る少女、なぜ?(特集・もう、子どもはわかりません) 雪野智世 「婦人公論」 80(1) 1995.1 p144〜149
◇ブルセラ女子高生と日本の倫理(対談) 福田和也, 宮台真司 「諸君!」 26(6) 1994.6 p173〜178
◇ブルセラ女子高生の告白―パンツを売ってどこが悪いの? 宮台真司 「現代」 27(11) 1993.11 p198〜212
◇女子高生は何故「パンツ売りの少女」になるのか―ブルセラショップは「スカートの下の激情」」 「サンデー毎日」 72(38) 1993.9.5 p142〜143

フルブライト留学

第2次世界大戦後、米国広報文化交流庁(USIA)が被占領国の復興援助政策として実施した、文化交流プログラム基金。ガリオア・エロア基金を前身に、1952年開始。92年40周年を迎えた。現在も奨学生が各自の専門分野の研究を行うための財政的援助を行なうだけではなく、何らかのかたちで日米の相互理解に貢献することができるリーダーを養成することを目的として奨学金の給付を行っている。1979年からは日米教育委員会が事業窓口となっている。

【雑誌記事】

◇フルブライト・プログラムの現在と未来(特集 留学生のための奨学金を考える) サムエルシェパード 「留学交流」 8(12) 1996.12 p6〜9
◇「地の塩」フルブライト留学日本人6500人の「玉石」 「週刊新潮」 40(8) 1995.2.23 p138〜141

フレクシブルスケジューリング ⇒モジュール授業方式 を見よ

フレネ学校

フランスの教育者フレネ(Freinet)が始めた、公立学校を中心とした教育改革運動。教科書による「模倣」と「詰め込み」を止め、子ども自身の作文を「自由テキスト」として採用。個別化学習、絵や手仕事に取り組む「アトリエ」の時間、自主研究の「発表会」などが特徴。

【図書】
◇フレネ教育表現する教室　坂元忠芳, 若狭蔵之助, 西口敏治編　東京　青木書店　2000.2　20cm　206p　2300円　①4-250-20004-3
◇生活表現と個性化教育 ― フレネ教育　佐藤広和著　東京　青木書店　1995.3　20cm　174p　1957円　①4-250-95005-0
◇授業からの解放 ― フレネ教育運動の試み　村田栄一著　東村山　雲母書房　1994.12　20cm　257,20p　1950円　①4-87672-030-4
◇生活に向かって学校を開く ― フレネへの道　若狭蔵之助著　東京　青木書店　1994.9　20cm　198p　2060円　①4-250-94025-X
◇教室を変える ― フレネ教育　田中仁一郎著　東京　青木書店　1993.7　20cm　189p　2060円　①4-250-93015-7

文教予算

　文部科学省の予算。1999年度の文部省所管予算は5兆8,707億円で、国の一般会計予算額の7.2％。額面は増加しているが一般会計に占める割合は低下する傾向にある。

【図書】
◇分権・生涯学習時代の教育財政 ― 価値相対主義を越えた教育資源配分システム　白石裕著　京都　京都大学学術出版会　2000.2　21cm　350p　4500円　①4-87698-094-2
◇文教予算の実務ガイド　平成10年度　大学編　文教予算事務研究会編著　東京　第一法規出版　1998.11　21cm　597p　3600円　①4-474-00852-9
◇教育財政の政策と法制度 ― 教育財政入門　小川正人編著　東京　エイデル研究所　1996.3　21cm　268p　3200円　①4-87168-225-0

【雑誌記事】
◇文教ニュース 平成12年度文教予算の目玉　安達拓二　「学校運営研究」　39(6)　2000.5　p74〜77
◇＜文教＞財政構造改革下の文教予算（特集 1 平成10年度予算・税制）　栗山喜浩　「立法と調査」　204　1998.3　p42〜43

分離・分割方式　⇒ A・Bグループ型入試 を見よ

【 ヘ 】

ペアレンタルロック　⇒ テレビ社会 を見よ

米国大学誘致　⇒ アメリカ大学日本分校 を見よ

併設型中高一貫教育校

　99年から設置可能になった、中高一貫教育を行う公立学校のうち、同一設置者が中学と高校を併設するもの。

　→ 中高一貫教育校 をも見よ

米飯給食

　1976年から給食に米が出るようになり、99年米飯実施率は99％、週平均2.7回。食事内容の多様化を図るとともに、日本人の伝統的食生活の根幹である米飯の正しい食習慣を身に付けさせ、日本の農業等に対する理解を深めさせる等の教育的意義があげられている。

【図書】
◇完全米飯給食が日本を救う　井上ひさしほか〔述〕, 学校給食と子どもの健康を考える会編　東京　東洋経済新報社　2000.3　19cm　172p　1200円　①4-492-04121-4

【雑誌記事】
◇調査　米飯給食は週平均2.8回 ― 2000年度「学校給食実施状況等調査」の結果（下）「内外教育」　5234　2001.9.18　p12〜15
◇完全米飯給食が子供の健康と日本の農業を守る（特集 学校給食から始まる地産地消）　幕内秀夫　「農家の友」　53(9)　2001.9　p14〜16
◇農林水産省版（食糧）食糧庁が県に要請 都市部重点に実施計画策定 ― 米飯学給〔学

校給食〕週3回以上達成を 「週刊農林」 1788 2001.5.25 p16〜17
◇米飯学校給食の総合的な推進について(給食 都道府県ごとに推進計画策定を — 米飯給食週3回実現に向け食糧庁が通知) 「内外教育」 5203 2001.5.18 p4〜7
◇米飯給食の推進でフォーラム — 文部科学省、食糧庁など4者が共催 「内外教育」 5174 2001.1.26 p8〜9
◇新潟県農協労連 米飯給食で「米守れ」の大運動(特集 21世紀の多数派へ—レポート 職場で地域で) 北村新 「労働運動」 408 1999.1 p56〜60

平和教育　education for peace

国際的には、ユネスコが提唱する国際平和推進のための教育を意味する。日本では広義には平和を愛し、平和のための条件を作り出していく態度と能力を持つ人間を育成する教育を言い、狭義には国際理解教育を指す。教育基本法の前文で、公教育の重要な目的だと宣言されている。

【図書】

◇はじめよう平和教育　山川剛〔著〕 福岡 葦書房 2000.1 21cm 89p 1000円 (平和ブックレット 2) ①4-7512-0756-3
◇日本における平和教育　東京 大学婦人協会 1998.9 21cm 214p
◇平和教育のパラダイム転換　高橋史朗著 東京 明治図書出版 1997.3 19cm 113p 1133円 (オピニオン叢書 33) ①4-18-166303-5
◇もうひとつの「平和教育」— 反戦平和教育から平和共生教育へ　日本教職員組合教育文化政策局企画・編集 東京 労働教育センター(発売) 1996.1 21cm 286p 1800円　①4-8450-0257-4
◇子どもたちは平和をつくれるか　斎藤文男、柳淑子編著 東京 現代書館 1994.9 20cm 238p 1751円　①4-7684-3388-X
◇子供と学ぶヒロシマ・ナガサキ　安斎育郎〔ほか〕著 東京 コープ出版 1993.8 21cm 63p 540円 (コープ・ブックレット 22) ①4-87332-030-5
◇戦争・安保・道徳 — 平和教育研究ノート　城丸章夫著 東京 あゆみ出版 1993.6 21cm 214p 2060円 ①4-7519-2212-2

【雑誌記事】

◇新しい平和教育 — 対立の解決と対話(特集 第15回開発教育全国研究集会 — "生きる力"と"地球市民"への学び — ワークショップ(テーマ別学習)) 三国千秋, 粟野真造 「開発教育」 37 1998.2 p28〜32
◇憲法・教育基本法をふまえ平和学習を考える(特集 平和学習をアクティブに!) 藤田秀雄 「月刊社会教育」 41(8) 1997.8 p15〜19
◇平和教育の反省 — 軍事アレルギーの克服と理性的討論の必要性(平和のために熱い論争を＜特集＞) 藤岡信勝 「教育」 45(3) 1995.3 p40〜48

僻地教育　education in an isolated area

辺地教育。交通条件や自然的・文化的・経済的条件に恵まれない山間地や離島における教育。1954年制定の僻地教育振興法が教材費などの補助を定めている。複式学級となる場合が多く学習指導に、また学童が少ないため社会性の育成に困難があると言われる。

【図書】

◇学校が消えた — 山村の義務教育125年　畠山剛著 東京 彩流社 1998.2 19cm 249p 1900円　①4-88202-471-3

【雑誌記事】

◇僻地学校における児童の学校ストレスとソーシャルサポートに関する研究:釧路市の児童との比較　戸田須恵子, 福岡真理子 「僻地教育」 53 1999.3 p91〜101
◇僻地における高等学校の特色ある教育課程編成について — 北海道音威子府高等学校の事例　佐々木宰, 菅野明人, 平田昌也 「僻地教育研究」 52 1998.3 p99〜107
◇僻地教育とマルチメディア(ずいひつ) 吉田吉文 「財界」 45(27) 1997.10.21 p163
◇へき地教育振興法(総特集・教育基本法50年) 小島喜孝 「季刊教育法」 110 1997.6 p59〜62

別学　⇒ 共学・別学 を見よ

ヘッドスタート計画　Head Start Project
　経済的・文化的に恵まれない貧困家庭の幼児を対象に、教育・医療などの援助を提供する事業。マイノリティーを中心とする不遇な就学前児童への補償教育。1965年アメリカで8週の夏期プログラムで開始、のち通年事業として実施している。

【図書】
◇アメリカ幼児教育の未来 — ヘッドスタート以後　エドワード・ジグラー, サリー・スティフコ編著, 田中道治訳　武蔵野 コレール社　1998.12　21cm　137p　2300円　Ⓓ4-87637-239-X
◇ヘッドスタート研究　陶山岩見著　東京　近代文芸社　1995.6　20cm　319p　5000円　Ⓓ4-7733-3766-4
◇アメリカ教育革命 — ヘッドスタート・プロジェクトの偉大なる挑戦　エドワード・ジグラー, スーザン・ムンチョウ著, 田中道治訳　東京　学苑社　1994.6　22cm　286p　3800円　Ⓓ4-7614-9405-0

【雑誌記事】
◇ヘッドスタートの研究 — その歴史と今日的評価　髙田一宏　「姫路工業大学環境人間学部研究報告」　2　2000　p153〜162
◇ヘッドスタートに学ぶ　髙田一宏　「部落解放研究」　133　2000.4　p54〜67
◇1990年代のヘッドスタート計画 (Head Start Program) の諸問題　陶山岩見　「九州教育学会研究紀要」　23　1995　p77〜83
◇家庭の変化とヘッドスタート計画 (Head Start Program) (論文)　陶山岩見　「九州教育学会研究紀要」　22巻 (1994)　1995.6　p97〜102

ベル友　⇒ メル友 を見よ

偏差値　T‐score, deviation value
　学力検査の得点分布分析で示される、個々の得点の平均点に対する偏りを示す値。標準偏差 (SD=standard deviation) をもとに出し、50より上 (下) が高 (低) 得点。検査結果を比較する統計的手法としては便利。1970年代受験産業が志望校決定の指標として持ち込み、移行学校格付け (ランキング) の手段として一般化。輪切り教育など大きな弊害をもたらしたため、93年、文部省は業者テストの現場からの一掃を通知、多元的尺度による入試にむけて踏み出した。

【図書】
◇偏差値は子どもを救う　森口朗著　東京　草思社　1999.10　20cm　262p　1900円　Ⓓ4-7942-0922-3
◇SQの時代 — 偏差値教育との訣別　平井明著　東京　教育開発研究所　1997.10　21cm　261p　2600円　Ⓓ4-87380-290-3
◇脱偏差値時代・進路指導の手引　渡部邦雄編　東京　明治図書出版　1995.10　26cm　99p　1960円　Ⓓ4-18-897705-1
◇よみがえれ、偏差値 — いまこそ必要な入試の知恵　桑田昭三著　東京　ネスコ　1995.8　20cm　255p　1700円　Ⓓ4-89036-898-1
◇偏差値なんて、気にしない　玉利まさる著　東京　近代文芸社　1994.7　20cm　219p　1400円　Ⓓ4-7733-3230-1
◇日本の学校のゆくえ — 偏差値教育はどうなるか　竹内常一著　東京　太郎次郎社　1993.10　20cm　221p　1890円　Ⓓ4-8118-0561-5

【雑誌記事】
◇特集 脱偏差値に対応した情報提供を — "全入"時代は高校との連携強めて — 大学入試センターが「大学入学広報セミナー」　「内外教育」　5050　1999.10.5　p6〜7
◇内申書は「善」、偏差値は「悪」か (ワイド日本のウソ)　「サンデー毎日」　78(1)　1999.1.3・10　p24〜25
◇49「偏差値」で人間は測れるか？ (障害学生の高等教育)　中村修　「障害学生の高等教育 (多賀出版)」　障害別・問題別の視点から　1997.2
◇揺れる大学 動く偏差値 (特集・揺れる大学 動く偏差値)　「東洋経済」　5384　1996.11.9　p12〜17
◇偏差値を追放した偽善者たちへ — 公立中学における偏差値追放は言葉の遊び。生徒や保護者を愚民扱いする行為ではないか (特集・教育はここまで荒廃した)　岩井忠彦　「諸君！」　28(7)　1996.7　p62〜68
◇限界の偏差値信仰と曲がり角の学校教育　丹羽健夫　「正論」　279　1995.11　p238〜246

◇偏差値は正しかった!(絶対問題発言) 桑田昭三 「バート」 5(18) 1995.9.11 p57
◇脱偏差値による進路指導の変化(5日制時代の新しい「学校像」を探る<特集>—5日制時代の学校の変化) 梶原康史 「現代教育科学」 38(6) 1995.6 p43～46
◇いま、学校は偏差値教育から内申書優先教育へ 武田泰彦 「週刊金曜日」 3(6) 1995.2.17 p22～25
◇偏差値を考案した受験の神様—桑田昭三(平成日本の源流30人) 割increase正義 「文芸春秋」 72(5) 1994.4 p140～141
◇業者テスト叩きで塾が出た—偏差値教育変わらず 松岡豊 「AERA」 6(48) 1993.11.15 p22
◇なぜ偏差値重視の教育がダメなのか—中学校の進路指導を中心に考える 竹内克好 「青少年問題」 40(10) 1993.10 p13～21
◇脱偏差値に向けての文部省の施策 新山雄次 「青少年問題」 40(10) 1993.10 p22～25
◇偏差値に代わる大学評価基準を—栗本慎一郎(大学総合研究所代表)(PRESIDENT・インタビュー) 栗本慎一郎 「プレジデント」 31(9) 1993.9 p40
◇「偏差値」だけが悪者か!?—公立VS私学の論客が真剣勝負(座談会)(特集・父親が読む教育論) 鷲山昇、牧野禎夫、下村哲夫 「現代」 27(2) 1993.2 p66～74

辺地教育 ⇒ 僻地教育 を見よ

編入学

転入学が同一種類・同一程度の他学校の相当学年に学籍を移すことを指すのに対し、編入学は学校の間に種類・程度の差がある場合を指す。短大・高専の卒業者が大学3年次に入る時や、大卒者の学士入学、帰国子女の中途入学などがこれに当たる。

→ 転入学 をも見よ

【雑誌記事】
◇編入 大学編入 短大からは横ばい 専門学校は1年で2.3倍に 「カレッジマネジメント」 19(1) 2001.2 p40～43
◇転・編入学等にかかわる支援システムについての調査研究 吉田辰雄 「東洋大学文学部紀要 教育学科・教職課程編」 26 2000 p59～78
◇高等専門学校からの編入学制度について考える—東京都立大学での経験から(テーマ 高等専門学校における技術者教育) 鈴木浩平 「日本機械学会誌」 101(960) 1998.11 p803～806
◇専門学校卒業者の大学編入の道,開かれる 大室律子 「看護学雑誌」 62(9) 1998.9 p848～852
◇編入学制度は大学を変えるか(特集 大学入試への新たな視点) 高田建夫 「大学時報」 47(262) 1998.9 p60～63
◇朝鮮高級学校からの普通高校への編入,大学への進学(特集 学校教育法50年—これからの学校教育の課題は何か) 嶺井朋子 「教職研修」 25(9) 1997.5 p29～31
◇短期大学からみた編入学の現状(論稿/短期大学をめぐる現状分析について) 日本私立短期大学協会教務研究委員会 「短期大学教育」 53 1997.4 p84～96

ベンポスタ共和国

1956年スペイン・オーレンセ市にシルバ神父が10代の子どもたちと始めた、出入り自由の子ども共和国。子ども議員による自治政府が政治も教育も統括し、学校・銀行・工場などを経営、独自の紙幣を発行。サーカス団は有名で、各地で公演している。90年日本で村田栄一監督「ベンポスタ子ども共和国」が公開され、同年サーカスが来日公演を行った。

【図書】
◇夢、サーカス—ベンポスタ子ども共和国から 松美里枝子文, 小林和子画 学習研究社 1994.5 21cm 159p 1068円 (学研のノンフィクション) ①4-05-200175-3
◇サーカスの詩(うた)ベンポスタの子どもたち—本橋成一写真録 本橋成一著 影書房 1993.7 1冊 19×27cm 2800円 ①4-87714-169-3

【雑誌記事】
◇未来からの文化使節 ベンポスタ子どもサーカス 宮崎充治 「教育」 44(1) 1994.1 p106～110
◇夢と希望を携えて—サーカスがやってきた(付グラビア) 星野弥生 「婦人之友」 87(9) 1993.9 p74～77

◇ベンポスタ・サーカス—学び、労働し、演じる子供たちの共和国 「アサヒグラフ」 3718 1993.8.13・20 p78〜85
◇ベンポスタ子ども共和国に注ぐ光と風—日本の学校嫌いの子たちも生き生きと暮らす 「アサヒグラフ」 3693 1993.2.26 p10〜15

【 ホ 】

保育一元化 ⇒ 幼保一元化 を見よ

法科大学院

　法曹の養成のための専門教育を目的として大学院レベルに置かれる教育機関。法曹人口の拡大を目指し、司法制度改革審議会が提案している。
→ 専門大学院 をも見よ

【図書】
◇フォーラム 次世代法曹教育—法科大学院構想をめぐる大学人と実務家の論争　日弁連法務研究財団編　商事法務研究会　2000.11　21cm　609p　7500円 （JLF叢書　1）　①4-7857-0906-5
◇ロースクール教育論—新しい弁護技術と訴訟運営　遠藤直哉著　信山社出版;大学図書〔発売〕　2000.11　19cm　250p　2800円　①4-7972-2183-6

【雑誌記事】
◇法科大学院構想を中心に(特集 司法制度改革審議会意見書をめぐって—各界からの評価) 滝井繁男 「ジュリスト」 1208 2001.9.15 P163〜166
◇ロースクール構想への疑念(ふろんとらいん) 新藤宗幸 「論座」 72 2001.5 p8〜9
◇法科大学院構想の基本的枠組み(資料・法曹養成) 「ジュリスト」 1198 2001.4.10 (臨増(司法改革と国民参加 司法制度改革審議会中間報告をめぐって)) p248
◇ロースクール構想は再検討を(異説異論) 田村次朗 「日経ビジネス」 1086 2001.4.9 p157

◇大学院の再編と法科大学院構想(教育法制の再編と教育法学の将来—第三分科会 高等教育制度の現状と課題) 野上修市 「日本教育法学会年報」 30 2001 P156〜165
◇法科大学院構想をめぐる議論の到達点とその課題(特別企画 司法改革とロー・スクール構想) 川嶋四郎 「法学セミナー」 45(7) 2000.7 P56〜61
◇日本型法科大学院構想について—法曹養成制度改革と大学の法学教育 田中成明 「自由と正義」 50(9) 1999.9 P14〜25

奉仕活動義務化

　教育改革国民会議は2000年末に提出した「教育改革国民会議報告—教育を変える17の提案—」で奉仕活動の義務化を提唱した。小・中学校では2週間、高校では1か月間、各学校の工夫する方法・内容の奉仕活動を行い、将来的には「満18歳後の青年が一定期間、環境の保全や農作業、高齢者介護など様々な分野において奉仕活動を行うことを検討する。」とした。これに基づいて作成された教育改革法案は奉仕活動を学校教育法へ盛り込んでいるもの。一方、文部科学省は2001年8月に全国都道府県、市町村に学校などからの奉仕体験希望と受け入れ施設などとの調整を図り、活動の場の開拓や指導者の育成もする「体験活動ボランティア支援センター」を設置する事を決めた。

【図書】
◇すべての18歳に「奉仕義務」を—「教育基本法見直し会議」緊急報告　西尾幹二編著　東京　小学館　2000.10　15cm　282p　552円　（小学館文庫）　①4-09-404711-5

【雑誌記事】
◇「奉仕活動の義務化」で、子ども、学校はこうなる!(特集 奉仕活動を考える) 遠藤譲 「歴史地理教育」 627 2001.8 p14〜19
◇「奉仕活動の義務化」とボランティア活動(特集 奉仕活動を考える) 岡本栄一 「歴史地理教育」 627 2001.8 p20〜25
◇「青少年奉仕活動の義務化」批判—青少年の社会教育と奉仕活動(特集 いまなぜ道

徳・奉仕活動なのか）佐藤一子 「教育」
51(6) 2001.6 p16〜22
◇特集 何をねらう? 奉仕活動の義務化 「高校のひろば」 40 2001.6 p22〜47
◇「奉仕活動義務化」論を批判する(含 資料 教育改革国民会議中間報告(抜粋)) 長沢成次 「住民と自治」 452 2000.12 p48〜53
◇時事評論 奉仕活動の義務化 柚井孝子 「週刊社会保障」 54(2109) 2000.10.30 p46〜47

放送教育

テレビ・ラジオなどの放送メディアを活用して行う教育。NHK教育テレビによる学校放送利用のほか、教師作成のビデオ利用や、校内放送活動も含めていうようになった。

【図書】

◇わが国の学校放送史の研究 磯辺武雄著 東京 北樹出版 1999.6 22cm 221p 2900円 ⓘ4-89384-721-X
◇放送学習の喜びをどの子にも — 第三世代放送学習の出発 荻野忠則著 東京 日本放送教育協会 1993.10 19cm 194p 1600円 (放送教育叢書 22) ⓘ4-88958-021-2

【雑誌記事】

◇平成12年度 視聴覚教育行政について—動き出す「ミレニアム・プロジェクト『教育の情報化』」 岡本薫 「放送教育」 55(1) 2000.4 p41〜45
◇放送教育の研究をすすめるために(特集 第50回放送教育研究会全国大会(part.1)報告) 中野照海 「放送教育」 54(7) 1999.10 p16〜19
◇盲・ろう・養護学校における放送教育の役割・展望(特集 盲・ろう・養護学校における放送利用) 坂田紀行 「放送教育」 54(7) 1999.10 p56〜59
◇多メディアの中の放送利用—平成10年度NHK学校放送利用状況調査から 斎藤建作 「放送教育」 54(2) 1999.5 p46〜49
◇特集 中・高校番組の生かし方使い方 「放送教育」 53(9) 1998.12 p14〜35
◇10「放送と学習」の教育的批判—蛭谷米司の放送教育論を中心に〈人間の創造的な開発と育成〉 堀江固功 「人間の創造的な開発と育成(初教出版)」 蛭谷米司先生記念論文集 1998.10
◇教育現場からのメッセージ マルチメディア時代の放送教育—放送を基盤としたメディアミックス 浅井和行 「放送教育」 53(5) 1998.8 p46〜49
◇映像制作の意義と指導の視点(特集 映像教材を創る) 大森哲夫 「放送教育」 52(3) 1997.6 p14〜17
◇研究と授業のためのビデオ制作(教育実習と教師教育教材—教師教育プロジェクト) 福井康雄 「研究報告」 100 1997.3 p35〜42
◇調査 教育観と番組への期待に関する調査研究 「放送教育」 51(12) 1997.3 p51〜55
◇教育番組に期待されるもの(第23回「日本賞」教育番組国際コンクール) 松本勝信 「放送教育」 51(10) 1997.1 p52〜55
◇生涯学習時代の家庭視聴を考える 「放送教育」 51(4) 1996.7 p14〜30
◇放送教育の特性について—情報生産システムからの考察 秋山隆志郎 「放送教育研究」 19 1994.3 p1〜17

暴走族　motor cycle gang, hot roder

自動車やオートバイを運転、集団で最高速度違反・信号無視・他車の威嚇を行い、交通に危険を生じさせたり騒音で悩ませたりする17〜19歳の少年少女グループ。近年グループの小規模化が進んでいるが、連合化、広域化して勢力を保っている。1998年に補導・検挙された暴走族少年は3千人を超え、凶悪犯が増加する傾向にある。暴力団とのつながりも指摘される。

【図書】

◇暴走伝説 — 70〜80年代を駆け抜けた青春群像 上之二郎著 東京 ベストセラーズ 1995.8 18cm 255p 850円 (ワニの本) ⓘ4-584-00959-7

【雑誌記事】

◇暴走族の現状と対策について—暴走族の現状/他 小島健一 「警察時報」 56(6) 2001.6 p38〜45
◇ケース研究 非行集団としての暴走族の実態と処遇 大阪家庭裁判所 「ケース研究」 2000(3) 2000.11 p115〜139

◇暴走族の心理について(特集 暴走族)
藤野京子 「更生保護」 51(5) 2000.5
p12～17
◇「暴走族をなくそう連絡協議会」活動報告—地域のもつ力を引き出すためにリーダーシップを(特集 保護司法改正—現場からのレポート) 青柳辰海 「更生保護」 50(4) 1999.4 p28～31
◇従来型暴走族の凶悪化傾向と当面の推進事項について 岡村一博 「警察時報」 52(12) 1997.12 p34～37
◇暴走族少年と暴力団について(特集 非行と少年) 高橋悟 「更生保護」 48(11) 1997.11 p16～19
◇非従来型暴走族対策について(特集 総合的な暴走族対策) 小池稔 「月刊交通」 28(7) 1997.7 p50～57
◇凶悪化する暴走族の根絶を目指して 安田佳秀 「月刊交通」 27(8) 1996.8 p77～80

放送大学 University of the Air

英国のオープンユニバーシティ(公開大学)にならって、1983年特殊法人として開学、85年受け入れ開始。テレビでの放送学習の比率が高く、添削指導や面接授業は少ない。89年第1回卒業生は544人(入学者の6%)。諸条件はあるが大学入学資格を問わず満15才からを対象とする。98年からの衛星放送による全国展開、2001年の大学院設置など、生涯学習機関としての充実がめざされている。

【雑誌記事】

◇放送大学—授業開始から一五年、生涯学習の中核機関としての現状と期待 長谷川正明 「レファレンス」 50(5) 2000.5 p1～4,7～33
◇教養教育の展望—放送大学の場合(今月のテーマ＜教養教育再考＞) 嘉治元郎 「IDE」 407 1999.5 p55～60
◇放送大学の全国化(今月のテーマ 遠隔教育の新時代) 井上孝美 「IDE」 398 1998.6 p12～17
◇放送大学全国化のメリット—生涯学習と障害者学習の世界(特集 放送大学の全国化) 浜田隆士 「大学と学生」 399 1998.6 p29～31
◇生涯学習社会と放送大学(特集/生涯学習と大学) 文部省生涯学習局生涯学習振興課 「大学と学生」 377 1996.10 p54～58

法則化 ⇒ 教育技術の法則化運動 を見よ

訪問教育 itinerant teaching

障害が重度もしくは重傷、疾病などの理由で養護学校に通学困難な児童生徒に対し、養護学校の教員が家庭や児童福祉施設を訪問して行う教育。訪れる教師は訪問教師と呼ぶ。1979年養護学校の義務化で制度化された。授業は週2日、1回2時間程度を原則として行われる。指導内容・方法の改善、高等部教育の保障、統合教育の促進など内容面の充実が課題である。

【図書】

◇今日も輝いて—北の国の訪問教育から 斎藤昭編 札幌 共同文化社 2000.10 22cm 277p 2000円 ①4-87739-046-4
◇高等部の訪問教育—その制度・内容の在り方と運動の記録 全国訪問教育研究会編・著 京都 文理閣 2000.7 21cm 217p 2000円 ①4-89259-365-6
◇生きる力を見つめて—訪問教育私の14年 片上邦子著 東根 北の風出版 1997.12 21cm 206p 1500円

【雑誌記事】

◇高等部における訪問教育のこれからに期待するもの—保護者の立場から(特集 高等部における訪問教育) 音弘志 「特殊教育」 92 1998.8 p18～21
◇重度・重複障害児と高等部の訪問教育—その現状と課題(特集 高等部における訪問教育) 川住隆一 「特殊教育」 92 1998.8 p10～13
◇訪問教育研究の到達点 加藤忠雄 「特殊教育学研究」 35(2) 1997.9 p51～55
◇学校週五日制と養護学校—訪問教育との関わりにおいて(特集・学校五日制と教育の規制緩和) 長正晴 「季刊教育法」 108 1997.1 p15～19
◇親と教師から見た訪問教育における諸問題 木舩憲幸, 松本陽子 「福岡教育大学紀要 第4部 教職科編」 44 1995 p343～349

暴力団関係少年

暴走行為・少年犯罪事件、特にグループで起こした事件の際、暴力団員との交際がある青少年が混じるケースが少なくない。暴力団の青年部組織を任せられて事務所管理や無賃労働を強いられている場合もある。

【雑誌記事】
◇組員とかかわった少年(特集 暴走族―現場からのレポート) 池田利男 「更生保護」 51(5) 2000.5 p42〜45
◇OBの暴力団員等が関与する福岡県南部地区の暴走族連合組織による大規模集団暴走事件の検挙(特集 総合的な暴走族対策) 平田克紀 「月刊交通」 28(7) 1997.7 p29〜35
◇暴力団が関与する暴走族の事件検挙と暴力団の影響力の排除(特集 総合的な暴走族対策) 横山澄雄 「月刊交通」 28(7) 1997.7 p36〜43

北星余市高校 ⇒ 北海道・北星学園余市高校 を見よ

ポケベル ⇒ 携帯電話と学校 を見よ

保健室登校

学校には来るが教室で授業は受けず、体の不調を訴えて大半を保健室で過ごすこと。不登校児童・生徒が保健室登校しているうちに教室に戻った例も少なくなく、学校不適応に対する保健室の役割が大きく注目された。

→ 出席認定の弾力化, 適応指導教室 をも見よ

【図書】
◇おばけになりたい!―保健室に逃げこむ子どもたち 田村文著 東京 河出書房新社 2000.5 20cm 198p 1600円 ①4-309-01352-X
◇保健室からの登校―不登校児への支援モデル 国分康孝, 門田美恵子著 東京 誠信書房 1996.5 19cm 184p 1545円 ①4-414-40339-1
◇保健室登校指導事例集 〔松山〕 愛媛県教育委員会 〔1994〕 26cm 62p
◇保健室登校生の"こころ" 斎藤歳子著 東京 第三文明社 1993.11 18cm 173p 700円 (灯台ブックス 100) ①4-476-02100-X

【雑誌記事】
◇保健室によく通う子(役に立つ事例中心 不登校・登校拒否への対応と援助―事例研究1 学級担任による指導・援助) 材木定 「児童心理」 52(9) 1998.6 p46〜49
◇学校に戻すだけではない―保健室登校問題の抜本的対策はこれだ! 「THEMIS」 7(1) 1998.1 p64〜65

母原病　mother‐pathogenic disease

母子癒着など、子どもとの接触が多い母親の育児の拙さが原因で、子どもの人間形成に歪みを生じ、ミルク嫌い・喘息・長期の下痢・腹痛・家庭内暴力などの症状に至る病。1971年久徳重盛が著書「母原病」で命名した。父親の不在化のせいでもあるので、「父原病」の語も生まれた。

【図書】
◇母原病の陰に父原病あり―今こそ、父親がしなければならない育て方・躾け方のポイント 久徳重盛著 東京 大和出版 1993.5 19cm 205p 1300円 ①4-8047-1246-1
◇新 母原病―親子関係に悩むすべての人のために 久徳重盛著 サンマーク出版 1993.4 15cm 239p 466円 (サンマーク文庫) ①4-7631-8251-X

【雑誌記事】
◇母原病から子育て崩壊の時代に(親たちの「今」) 久徳重盛 「THIS IS 読売」 9(3) 1998.6 p199〜201
◇「戦後民主主義が日本の家庭をこんなに壊した」―少年犯罪で『母原病』著者が再警告! 「週刊ポスト」 29(36) 1997.9.26 p216〜218

母子家庭 ⇒ ひとり親家庭 を見よ

補習授業　make‐up lesson, tutoring class

教育課程の正規の教育の他に行われる教育。学力の点で遅れている児童生徒を対象にしたものと、上級学校への進学のための学力増進を目的としたものがある。特に後者に関しては、補習を受けられる者とそう

でない者がでることから、子どもの差別化、等しく教育を受ける権利の侵害であるなど、問題視する声も多い。

【雑誌記事】

◇長期休暇中における補習授業　平弥悠紀「大学時報」　49(272)　2000.5　p110〜113

◇私大「2教科入試」が招く補習授業(教育)「AERA」　10(5)　1997.2.3　p13〜14

◇鹿児島 何かがこわれ始めた—学校5日制・受験補習体制下の鹿児島から(動きだした学校5日制—学校現場からの報告＜特集＞)　小原健「教育評論」　550　1993.3　p38〜42

◇青森 補習,部活など問題が山積み—弘前市の学校5日制(動きだした学校5日制—学校現場からの報告＜特集＞)　三上哲徳「教育評論」　550　1993.3　p30〜33

補習授業校

海外在留邦人子女教育を目的に設立された教育施設のうち、現地の学校に通う子女に対して週1回程度日本語の授業を提供するもの。2001年で188校に1万8千人が在籍。

→ 日本人学校・補習授業校 をも見よ

北海道・北星学園余市高校

北海道後志管内余市町に1965年開校したキリスト教系高校。過疎化や少子化による生徒数減少対策から、88年4月から首都圏などの高校中退者に中退時学年への復学を認める転・編入学制度を導入。輪切り教育・暴力を排し、生徒の自治を尊重。管理職は教師による選挙で決められる。"授業書方式"の研究、総合講座の開設など学習面の模索も進められている。

【図書】

◇よみがえる高校—ツッパリが泣いた!落ちこぼれが笑った!　河野啓著　東京　集英社　2000.4　20cm　215p　1500円　①4-08-781185-9

◇学校の挑戦—高校中退・不登校生を全国から受け入れたこの10年　北星学園余市高等学校編　東京　教育史料出版会　1997.1　19cm　282,12p 図版12枚　1500円　①4-87652-308-8

【雑誌記事】

◇北星学園余市高等学校編『やりなおさないか君らしさのままで』　蔵原三雪「教師教育研究」　9　1996.5　p175〜178

◇手記・小さな学校の大きな挑戦—"高校中退者受け入れから5年"(変わる社会と教育)　岩本孝一「公明」　375　1993.4　p60〜67

ポートフォリオ

総合学習のスタートに対して関心が高まっている評価法。文章や絵などの作品、返却されたテスト用紙や調べ学習のメモなど、個々の児童・生徒の学習の過程で生み出されたものを「学習成果」として一元的にファイル、「元ポートフォリオ」として管理。これを使用して児童・生徒が自己の到達度・成長度を教師との対話や文章化作業などよって確認する。児童・生徒が自分で自分の能力を客観的に把握することができるとされる。各教科の教師との間での評価に対する共通認識の構築が必要なほか、児童・生徒の成長を見極める洞察力なども要求される。

【図書】

◇ポートフォリオで学力形成—子どもの成長を促す　小田勝己著　学事出版　教育史料出版会　2001.9　21cm　154　1800円　①4-7619-0773-8

◇総合学習に活かすポートフォリオ評価の実際　加藤幸次編著　金子書房　教育史料出版会　2001.8　26cm　158　2200円　①4-7608-2591-6

◇ポートフォリオで総合的な学習を創る—学習ファイルからポートフォリオへ　安藤輝次著　図書文化社　教育史料出版会　2001.3　21cm　184　1900円　①4-8100-1337-5

◇総合的学習の評価—ポートフォリオ評価の可能性　寺西和子著　明治図書出版　教育史料出版会　2001.3　21cm　120　1700円　(総合的学習の開拓 25)　①4-18-006617-3

◇ポートフォリオガイド—10のステップ　エリザベス・F.ショアー、キャシー・グレース著、貫井正純、吉田雅巳、市川洋子、田村高広訳　東洋館出版社　教育史料出版会

2001.2　26cm　125　2500円　⓪4-491-01691-7
◇総合学習のためのポートフォリオ評価　加藤幸次,安藤輝次著　名古屋　黎明書房　1999.12　21cm　230　2400円　⓪4-654-01636-8
◇教師と子供のポートフォリオ評価—総合的学習・科学編　エスメ・グロワート著,鈴木秀幸訳　論創社　1999.5　21cm　180　2000円　⓪4-8460-0071-0

【雑誌記事】
◇自分の「成長」を知るためのポートフォリオ(特集「自ら学び考える力」をどう評価するか—ポートフォリオ評価から「自ら学び考える力」を見抜く)　川口邦男　「現代教育科学」　44(9)　2001.9　p47〜49
◇授業を創る　ポートフォリオで活発な相互評価　須甲英樹　「内外教育」　5215　2001.7.3　p29
◇ポートフォリオ評価に関する構造主義的考察—「視聴覚教育」授業における簡易教材作成を事例として　安481守光　「琉球大学教育学部紀要」　58　2001.3　p133〜150
◇ポートフォリオの現状と課題—実践者に対する全国アンケート調査から(総合的な学習の評価考え方と進め方の実際—「体験」「問題解決能力」の評価、評価カードの工夫例、ポートフォリオ評価ほか—ポートフォリオ評価)　野田健司　「総合教育技術」　55(16)　2001.2　p98〜102
◇ポートフォリオ評価(総合的な学習の評価考え方と進め方の実際—「体験」「問題解決能力」の評価、評価カードの工夫例、ポートフォリオ評価ほか)「総合教育技術」　55(16)　2001.2　p98〜109
◇総合的な学習へのポートフォリオ評価の導入に関する一考察　佐々木典彰,森和彦　「秋田大学教育文化学部教育実践研究紀要」　22　2000.3　p83〜92
◇ポートフォリオ活動で自立心を高める(特集　自立する親と子—自立心を育てる学校教育)　加藤幸次　「児童心理」　54(1)　2000.1　p93〜97

ホームスクーリング　home schooling

　米国の教育者ジョン・ホルトが提唱した、脱学校論の実践法。"学校へ行かなくとも成長できる(GWS=growing without school)"をスローガンに、自宅で教育を行う。米国では学校教育に疑問を持ち始めていた多くの親が賛同した。1970年で推定1万5千人の子どもたちが家庭学習に入っていたと考えられ、それに対し、現在では激増し推定で150万人ともいわれる。日本でも研究が進みつつある。

【図書】
◇思い切ってホームスクールで育てています　久保淑子著　東京　リヨン社　2001.3　19cm　205p　1300円　⓪4-576-01013-1
◇<Q&A>たのしいホームスクール—学校・不登校・フリースクールではない第4の選択　リンダ・ドブソン著,相沢恭子,平山由美子訳　東京　現代人文社　2000.2　21cm　245p　2400円　⓪4-906531-94-6
◇ホームスクールの時代—学校に行かない選択:アメリカの実践　マラリー・メイベリー[ほか著],秦明夫,山田達雄監訳　東京　東信堂　1997.9　21cm　170p　2000円　⓪4-88713-262-X
◇学校は義務じゃない—イギリスのホーム・エデュケーション実践の手引き　エデュケーション・アザワイズ著,相沢恭子[ほか]訳　東京　明石書店　1997.4　19cm　239p　2000円　⓪4-7503-0913-3
◇ホームエデュケーションのすすめ—家庭で学ぶ不登校の子どもたち　東京シューレ編　東京　教育史料出版会　1996.11　19cm　246p　1500円　⓪4-87652-305-3

【雑誌記事】
◇「日本ホームスクール支援協会」発足　家庭も正規の教育の場として認めよ!　成田滋　「THEMIS」　9(10)　2000.10　p86〜87

ホームステイ　homestay

　欧米の一般家庭に滞在して語学、風俗習慣を学ぼうという比較的短期間の留学。留学先のホストファミリーとのトラブル・留学する側にもマナーが悪い、勉学意欲に乏しいなどの批判がされることもある。

【図書】
◇オーストラリア・ホームステイの旅　第2回　成城学園初等学校・国際交流委員会[編]　東京　成城学園初等学校出版部　2001.3　26cm　82p　(成城学園初等学校研究双書　82)

◇イギリスホームステイ物語 ― 実り多い滞在生活のヒント　沢根文利著　東京　明石書店　2000.7　19cm　312p　2000円　①4-7503-1305-X

◇ひとりだちへの旅 ― 30000人のホームステイ体験 こどもたちの異文化理解　神山典士著　東京　ラボ教育センター　1999.1　20cm　243p　1600円　①4-89811-013-4

◇やってみたいホームステイ ― ホームステイを120％充実させるノウハウ集　河野比呂著，ジオス国際交流協会監修　東京　ジオス出版　1998.5　21cm　219p　1800円　(英会話のジオス留学&ホームステイシリーズ)　①4-916171-25-X

◇ホームステイ完全マニュアル ― これで安心　秋葉利治，浦辺茂雄編著　東京　東京書籍　1998.4　19cm　230p　1500円　①4-487-75747-9

◇わたしたちのホームステイ ― モレノバレー中学生受入事業/受入家庭体験記　平成9年度　東京都目黒区教育委員会学校教育部庶務課編　東京　東京都目黒区教育委員会　1998.3　30cm　25p

◇陽子16歳 ― イギリス一年間ホームステイ　大森陽子著　東京　文芸春秋　1996.9　20cm　254p　1500円　①4-16-352060-0

【雑誌記事】

◇留学・ホームステイにおける国際交流(特集「国際交流」してますか?)　塩沢正　「英語教育」　50(6)　2001.9　p16～18

◇ホームステイ海外語学研修の指導とその効果について　小寺光雄，伊達正起，原口治　「福井工業高等専門学校研究紀要 自然科学・工学」　29　1995.11　p229～240

ボランティア教育

80年代後半に臨教審、社会教育審議会などにより、ボランティア活動促進が提言された。92年の生涯学習審議会の答申では、ボランティア活動の支援・推進は重要な課題として位置づけられ、98年の中教審答申ではボランティア活動は自分の大切さに気付かせ、社会貢献の心をはぐくむのに重要であるとしてその推進が提言されている。学校教育の場では、勤労・奉仕的体験学習として取り入れられてきた。新学習指導要領では初めて「ボランティア」の語を用いて、特別活動のほか、体験活動のひとつとして道徳教育・総合的な学習の時間に取り上げることを提案している。また、ボランティア活動体験が入学試験や入社試験の評価の対象とされたり、教員免許の必要条件に福祉施設等における介護体験が義務づけられたことなどから、ボランティア活動を通じた自己の成長・自己形成が望まれていることがわかる。

【図書】

◇ボランティア学習ハンドブック ― 総合的な学習の時間にボランティアをどう教えるか　矢野正広〔ほか〕著，とちぎボランティアネットワーク編　宇都宮　とちぎボランティアネットワーク　2000.9　21cm　64p　762円　(とちぎVネット・ブックレットシリーズ 1)　①4-88720-291-1

◇学校教育におけるボランティア学習の評価に関する国内調査結果報告　日本ボランティア学習協会編　東京　日本ボランティア学習協会　2000.3　30cm　35p

◇ボランティア教育のすすめ ― 実践のためのQ&A　角田礼三編著　東京　明治図書出版　2000.2　21cm　171p　2060円　(教育の課題にチャレンジ 1)　①4-18-033416-X

◇ボランティア学習の概念と学習過程　長沼豊著　〔東京〕　日本図書刊行会　1999.1　20cm　220p　1400円　①4-89039-810-4

◇「福祉とボランティア」の授業のすすめ方　高野利雄著　東京　筒井書房　1993.11　26cm　155p　1700円　①4-88720-119-2

【雑誌記事】

◇ボランティア活動と学校行事(新学校行事読本 ― 中学校学校行事の新展開)　長沼豊　「教職研修総合特集」　143　2000.12　p211～216

◇ボランティア活動を活発にする学校行事の新展開(新学校行事読本 ― 小学校学校行事の新展開)　石塚忠男　「教職研修総合特集」　143　2000.12　p158～162

◇(特別活動)他者・社会・自己をみつめる「ボランティア学習」(授業研究・内容と指導)　長沼豊　「女子体育」　40(8)　1998.8　p41～44

◇特別活動におけるボランティア学習の意義について　長沼豊　「日本特別活動学会紀要」　6　1997.10　p23～34

ホリスティック教育 holistic education

人間を部分的能力の集合としてみる見方に対して、人間の全体性と自己更新性を強調し、全体としての自己成長の力を育むことを目的とした教育論。J.P.ミラーが提唱。これまで二項対立的に位置づけられてきたものを、「関係性」や「かかわり」のもとに相補的に捉えなおそうとする。日本では障害児教育の分野で注目されている。

【図書】

◇ホリスティック教育論 ― 日本の動向と思想の地平 吉田敦彦著 日本評論社 1999.9 21cm 317 2800円 ⓘ4-535-56128-1

◇全包括教育の思想 ― 社会的不利をなくす道 伊藤隆二著 東京 明石書店 1998.7 20cm 247p 2800円 (明石ライブラリー 5) ⓘ4-7503-1055-7

◇感性を活かすホリスティック教育―いじめ・不登校を克服し、子どもの「いのち」を救う 高橋史朗著 柏 広池学園出版部 1996.6 19cm 318 1553円 ⓘ4-89205-395-3

◇実践 ホリスティック教育 ホリスティック教育研究会編 柏樹社 1995.8 19cm 233 1748円 ⓘ4-8263-0429-3

◇ホリスティック教育入門 ホリスティック教育研究会編 柏樹社 1995.4 20×14cm 189 1553円 ⓘ4-8263-0428-5

◇ホリスティック教育―いのちのつながりを求めて ジョン・P.ミラー著, 吉田敦彦, 中川吉晴, 手塚郁恵訳 春秋社 1994.3 19cm 311,29 2900円 ⓘ4-393-36361-2

【雑誌記事】

◇キレたつながりをつなぐ教育―ホリスティック教育の〈つながり〉から見た「農の営みと教師教育」の学生の学び 鈴木庸裕, 野沢綾子 「福島大学教育実践研究紀要」 39 2000.12 p7～14

◇「ホリスティック教育」が子どもを変える, 教育を変える 高橋史朗 「月刊教育ジャーナル」 36(8) 1997.12 p22～27

◇時代の要請としてのホリスティック教育(ホリスティック医学と教育―いのちを包括的に観る―ホリスティックな教育) 高橋史朗 「現代のエスプリ」 355 1997.2 p120～128

◇「生きる力」を育成するホリスティック教育(私家版教育白書) 高橋史朗 「改革者」 437 1996.12 p54～55

◇ホリスティック教育の研究状況と理論的課題 吉田敦彦 「トランスパーソナル学」 1 1996.5 p124～137

◇つながりの中で活かしあうホリスティック教育(特集 カウンセリングと教育 人間中心の教育の実践・研究の紹介) 手塚郁恵 「人間中心の教育」 No.11 1994.8 p47～52

◇人間の成長のためのホリスティック教育と生涯学習(個人の成長と生涯学習論1994―21世紀への潮流―LEARNING TO BE<特集>) 手塚郁恵 「社会教育」 48(10) 1993.10 p60～68

ポルノコミック ⇒ 有害図書 を見よ

【 マ 】

マイノリティ教育 minority education

少数民族・障害者・老人・婦人などの社会的少数者の基本的人権を配慮する態度を育成する教育。教育自体が文化や習慣の継承機能を持つため、特に少数民族は多数民族文化への同化を強いられる形になりやすい。

→ アイヌ問題教育 をも見よ

【雑誌記事】

◇国際化時代における文化的なアイデンティティ保護教育の意義―マイノリティのバイカルチュラリズムと教育の関係 藻谷ようこ 「異文化間教育」 15 2001 p147～161

◇19 マイノリティ教育分科会―マイノリティのための教育〈世界教育連盟東京国際会議報告書〉 長友正, 菊入三樹夫, C.T.Dorji〔司会〕, 相沢東洋子, 桜井淳司〔コーディネーター〕 「世界教育連盟東京国際会議報告書(世界教育連盟日本支部)」 第37回 1995.3

マグネットスクール　magnet school

　一定地域に住む全ての子（親）を学区を超えて磁石のように引きつける、特色ある学校。1980年代米国の教育改革で注目された。教育の質向上のための特定テーマに関する独自のカリキュラムを持ち、学区内（間）の人種統合の役割を果たす。

【雑誌記事】

◇アメリカ合衆国における学校選択制度の展開―マグネットスクールの発展経緯とその動向　成松美枝　「東京大学大学院教育学研究科紀要」　38　1998　p403～411

◇アメリカにおける「人種統合」のための教育的誠策―マグネットスクールの登場の背景を中心に（論文）　倉本哲男　「九州教育学会研究紀要」　20巻(1992)　1993.6　p71～78

まちづくりの核としての学校

　1992年に改訂された小学校・中学校「施設設備指針」で、学校施設は「地域住民にとって最も身近な公共施設として、まちづくりの核、生涯学習の場としての活用を一層積極的に推進するため」の施設として、地域の他の施設との連携や地域の防災拠点として役割を果たすだけでなく、「景観や町並みの形成に貢献することのできる施設として整備することが重要である。」とされた。

　→ 学校建築 をも見よ

【雑誌記事】

◇学校を基地にお父さんのまちづくり―学校が地域のたまり場だ（〔特集1〕男性（おとこ）の居場所さがし）　岸裕司　「月刊社会教育」　44(3)　2000.3　p26～32

◇この人にインタビュー 岸裕司さん―学校に地域をよびこんで注目される「学校を基地にお父さんのまちづくり」　岸裕司　「こどもの本」　25(12)　1999.12　p10～11

◇「まちづくり学校方式」による住民主体の計画策定手法について―宮城県内の農村集落における実験　山田晴義、新川達郎、谷津憲司（他）「農村計画学会誌」　17(2)　1998.9　p125～136

◇まちづくりの拠点としての学校を―教育の地方分権に向けて（特集 中教審「中間報告」をどう読むか）　中村文夫　「学校事務」　49(9)　1998.8　p37～43

◇大学を核とした街づくり（紹介）（特集・高等教育機関と地域振興）　松田重広　「ほくとう」　35　1995.4　p42～43

丸刈り訴訟

　丸刈りを規定する校則は服装の規定などと異なり、学校と家とで切り替えることができないと言う点で24時間子どもを拘束するものであり、子どもの人権を拘束するものであるという考えが生まれてきた。しかし裁判所では校則について立ち入ることを避ける傾向にあり、96年2月、兵庫県小野市の中学の丸刈りを規定する校則を無効とする裁判で、最高裁は校則には法的拘束力はないとして原告の訴えを棄却した。近年では生徒からの動きによって校則規定がなくなるケースも出ている。

　→ 校則 をも見よ

【図書】

◇ある闘いの記録 ― 頭髪校則の撤廃をもとめて　芹沢美保,芹沢俊介著　東京　北斗出版　1993.10　20cm　239p　2200円　①4-938427-71-0

【雑誌記事】

◇教育法規あらかると 丸刈りの是非　「内外教育」　5127　2000.7.21　p15

◇生徒心得における丸刈り等の定めと抗告訴訟の許否（行政法）　前田雅子　「ジュリスト」　1113　1997.6.10（臨増（平成8年度重要判例解説））　p40～41

◇学校の日常が法の裁きを受けるとき―8―学校を知らない最高裁の判決―兵庫県小野中学校丸刈り校則裁判　永野恒雄　「月刊生徒指導」　26(12)　1996.8　p86～91

◇丸刈りいじめの地獄―福岡の中学校 学校ぐるみで校則強制（教育）「AERA」　9(16)　1996.4.15　p24

◇「丸刈り校則」から見える学校の危うさ―岡山（どうする学校・子どもの権利条約＜特集＞）　岡本隆夫　「教育評論」　566　1994.7　p36～39

マルチメディア教育　multi‐media education

　活字教材・テレビ・ラジオ・ビデオなど各種のメディアを組み合わせて行う教育形態。日本の学校教育の場では、画像・音声・文字情報を組み合わせたCAIソフトが導入されている。大学教育では光ファイバー通信等を用いた双方向遠隔教育などを指すこともある。

【図書】
　◇マルチメディアと教育　加藤潤著　町田　玉川大学出版部　1999.6　20cm　202p　2600円　Ⓘ4-472-30151-2
　◇マルチメディアを活用した21世紀の高等教育の在り方について — 懇談会報告　東京　文部省高等教育局　1996.7　30cm　43p
　◇「マルチメディア」で学校はどう変わるか — 21世紀のビジョン　多田元樹著　東京　明治図書出版　1995.4　19cm　91p　1030円　（オピニオン叢書　18）Ⓘ4-18-164807-9
　◇マルチメディア教育　髙島秀之編　東京　有斐閣　1995.3　19cm　230p　1545円（有斐閣選書）Ⓘ4-641-18228-0
　◇マルチメディアの教育利用 — 視聴覚教育におけるコンピュータ活用の手引　小・中学校編　文部省編　東京　第一法規出版　1994.11　30cm　65p　880円　Ⓘ4-474-00479-5
　◇マルチメディアで授業が変わる — 学情研プロジェクトIIIの研究成果　1　後藤忠彦編著　東京　富士通経営研修所　1993.12　21cm　218p　1950円　Ⓘ4-938711-10-9

【雑誌記事】
　◇ネットワーク・マルチメディア教育システムの構築 — 教育・学修資源の整備充実　舟田능雄、中道義之、平野貴司(他)「沼津工業高等専門学校研究報告」35　2000　p23〜32
　◇家庭に於けるマルチメディア教育の提案 — 居間にパソコンを!(特集　完全学校週5日制と「子どもプラン」　)横矢真理「社会教育」54(5)　1999.5　p22〜24
　◇教育現場からのメッセージ　マルチメディア時代の放送教育　放送とコンピュータを活用した環境教育　浅井和行「放送教育」53(6)　1998.9　p48〜51

　◇教育とマルチメディア(バンガード情報通信特集〔2〕広がる遠隔教育)　吉崎正弘「バンガード」17(11)　1997.11　p61〜63
　◇大学審議会マルチメディア教育部会の動き(今月のテーマ《情報化と大学》)　文部省大学審議会室「IDE」389　1997.8　p51〜55
　◇大学におけるマルチメディア教育の導入について　伊藤正徳「情報科学研究」5　1995.3　p53〜68

マンガ文化

　書籍全体の売上の4割近くを占めるマンガだが、長年続いた「少年ジャンプ」の売上部数一位の交代、マンガ自体の売上の5年連続でのマイナス成長の他、リメイク・復刻・文庫版の人気などマンガは新たな局面に向かいつつあると言われる。一方マンガを文化として捉え研究しようと言う動きも高まっており、2000年4月には京都精華大学芸術学部に大学としては初のマンガ学科が新設され、7月にはマンガ学会が設立された。また、2000年版教育白書が初めてマンガを取り上げ「重要な現代の表現として認知されつつある」とした。

【図書】
　◇漫画学のススメ　日下翠著　白帝社　2000.1　21cm　305p　2400円　Ⓘ4-89174-400-6
　◇『文学はなぜマンガに負けたか?』　京都　京都精華大学情報館;青幻舎〔発売〕　1998.10　21cm　215p　1200円　(木野評論 — 臨時増刊)　Ⓘ4-916094-24-7
　◇マンガの現代史　吉弘幸介著　丸善　1993.4　18cm　158p　583円　(丸善ライブラリー　083)　Ⓘ4-621-05083-4

【雑誌記事】
　◇ひと　マンガの学術的な可能性を認めてほしい — 高慶日さん(マンガ家・京都精華大学芸術学部マンガ学科専任講師)「Sai」40　2001.9　p48〜50
　◇序文:まんが研究をめぐる諸「内と外」(特集　マンガ研究)　Berndt Jaqueline「立命館言語文化研究」13(1)　2001.5　p77〜82

◇少女マンガは「日本」の「少女」が求めるジャンルか—少女マンガの特性としての重層的な世界観(特集 マンガ研究) 藤本由香里 「立命館言語文化研究」 13(1) 2001.5 p131〜136

◇心を癒す少女マンガと女性の病理化(特集 マンガ研究) Alwyn Spies 「立命館言語文化研究」 13(1) 2001.5 p137〜148

◇教育情報コーナー マンガ文化の現状 竹内オサム 「教育じほう」 631 2000.8 p64〜67

◇方法としての「まんが研究」の模索—まんがと「学」の関係 吉村和真 「日本思想史研究会会報」 17 1998.11 p32〜41

◇文化としての「アニメ」と「マンガ」(特集 今日のマンガ・アニメの動向) 片岡輝 「子どもの文化」 29(2) 1997.2 p14〜17

◇まんがに媚びる文部省 大塚英志 「諸君!」 26(4) 1994.4 p220〜227

◇『少年マンガの評価の試み』 佐藤哲夫 「大学美術教育学会誌」 26 1994.3 p151〜160

◇学校に慢画を、の時代だからマンガ文化を守って世界へ広げよう—そうそうたるメンバーで「マンガジャパン」発足 「毎日グラフ」 47(4) 1994.1.30 p54〜57

マンモス校 ⇒ 適正規模 を見よ

【 ミ 】

自ら学び、自ら考える力
　第15期中央教育審議会1996年7月の第1次答申でうたわれたテーマの1つ。学校教育は「『生きる力』の育成を基本とし、知識を一方的に教え込むことになりがちであった教育から、子供たちが、自ら学び、自ら考える教育への転換を目指す。」とした。そのためにはゆとりある教育環境でのゆとりのある教育活動の開発が必要として、教育課程の改訂、地域における教育の充実、学校の条件整備などの具体案が提言された。

→生きる力 をも見よ

【図書】

◇自ら課題を見つけ、学び、問題を解決する児童の育成—生活科・総合的な学習の時間を通して 平成12年度研究集録 東京都調布市立第二小学校編 調布 東京都調布市立第二小学校 2001.3 30cm 88p

◇自ら学ぶ力を育てる教育課程の研究—「自学」の時間と「テーマ別学習」を通して 研究開発実施報告書(第3年次) 筑紫野市 福岡県筑紫野市立筑紫野南中学校 1999.3 30cm 95p

◇自ら学び自ら考える力の育成 東京 ぎょうせい 1998.12 21cm 235p 2200円 (新しい教育課程と学校づくり 3) ①4-324-05604-8

◇自ら「学ぶ目的」をもつ授業 岡山大学教育学部附属小学校著 東京 明治図書出版 1994.6 21cm 182p 2370円 (学校の共同研究) ①4-18-293301-X

【雑誌記事】

◇子供たちに自ら学び自ら考える力を育成するためには,教育課程の編成実施についてどのように工夫すればよいか—生活科・総合的な学習の実践を通して(平成11・12年度小学校教育課程研究指定校研究集録) 若松高明 「初等教育資料」 臨増 2001.7 p78〜82

◇自ら学び自ら考える力の育成をめざす教育課程編成と学校経営上の留意点(連続特集 2000年の学校経営戦略(1)創意を生かした教育課程の編成と学校経営上の留意点) 次山信男 「教職研修」 28(4) 1999.12 p30〜33

◇自ら学び、自ら考える力を育てるとは(特集1 自ら学び、自ら考える力を育てる) 能田伸彦 「初等教育資料」 705 1999.6 p2〜7

◇自ら学び、自ら考える力を育てる学校の創造(特集1 自ら学び、自ら考える力を育てる) 岸本賢一 「初等教育資料」 705 1999.6 p8〜11

◇自ら学ぶとはどういうことか(特集 自ら学び,自ら考える力) 市川伸一 「初等教育資料」 687 1998.6 p2〜7

◇自ら考える力を高める学習指導(特集 自ら学び,自ら考える力) 小原友行 「初等教育資料」 687 1998.6 p8〜13

ミドルスクール　middle school

米国の新タイプの中学校。小学校高学年から中学2年まで(中3は高校へ)の生徒に対し、発達段階に応じて、基礎教育と専門教育の架け橋となるカリキュラムを施す。主要教科ではチームティーチングが行われる。1960年代に始まり、8千校を数え、従来の中学(ジュニアハイスクール)にかわる存在となっている。

【雑誌記事】

◇ミドル・スクールにおける教育改革に学ぶ(アメリカ教育学会第9回シンポジウム　アメリカ現代教育改革から何を学ぶか――学校教育の多様化をめぐる諸問題)　加藤幸次　「アメリカ教育学会紀要」　9　1998　p57～63

ミニマムエッセンシャルズ　minimum essentials

最低要求基準。すべての人間が学校教育の初期に習得する必要がある必要最小限の知識・技能。20世紀に入ってから米国で主張された。学習指導要領で言う「基礎・基本」と同義で用いられることもある。

【図書】

◇やっぱり『読み・書き・計算』で学力再生――兵庫県・山口小学校10年の取り組み　岸本裕史, 陰山英男共著　東京　小学館　2001.4　19cm　175p　850円　(ドラゼミ・ドラネットブックス)　①4-09-253525-2

◇読み書き計算を豊かな学力へ　岡篤著　東京　明治図書出版　2000.7　21cm　116p　1760円　(21世紀型授業づくり6)　①4-18-216720-1

【雑誌記事】

◇生物教育のミニマム・エッセンシャルズを求めて(特集　リフレッシュ!!生物教育)　梅埜国夫　「遺伝」　51(3)　1997.3　p25～30

◇国際理解教育のカリキュラム――ミニマム・エッセンシャルズについて　伊藤嘉一　「東京学芸大学紀要　第2部門　人文科学」　48　1997.2　p183～185

ミュージアム・マネジメント

博物館を社会の中の施設としてその組織・財政・施設・事業等について総合的に検討し運営しようとすることで、利用者の満足度が評価基準の1つとなる。生涯学習支援施設のひとつとしての博物館という認識の流れによる。

→博物館　をも見よ

【図書】

◇企業博物館――ミュージアム・マネジメント　諸岡博熊著　東京堂出版　1995.8　19cm　272,22p　2427円　①4-490-20274-1

【雑誌記事】

◇来館者志向の博物館マネジメントに関する考察――学芸員及び来館者調査の分析から　長畑実　「日本ミュージアム・マネジメント学会研究紀要」　3　1999.3　p81～90

◇ミュージアム・マネジメントの新しい意義と"伊賀地域"の文化産業振興策　高島博　「神戸学院経済学論集」　28(3)　1996.12　p57～66

民間人校長

2000年に学校教育法施行規則が改正され、校長、教頭の任用条件が大幅に緩和された。教員免許状がなくても「教育に関し高い識見を有する者」を各教育委員会の判断により登用できるようになった。2001年度から民間企業出身者が校長に登用されている。

【雑誌記事】

◇民間人初の校長　広島県黒瀬中学校・了安峻　了安峻　「教育ジャーナル」　40(7)　2001.9　p50～52

◇特集　進むか校長の民間人登用　「悠」　18(5)　2001.5　p82～89

◇学校運営入門セミナー(5)民間人校長登場のショック　下村哲夫　「教職研修」　29(2)　2000.10　p132～135

◇最新事例で考える実践教育法規セミナー(9)民間人の校長・教頭への登用――教職の専門性との関係は('99学校管理職研修)　下村哲夫　「総合教育技術」　54(14)　1999.12　p112～114

【ム】

無気力症候群 ⇒ ステューデントアパシー
　を見よ

ムーブメント教育 movement education
　人間の行動は、身体・心理・情緒の3領域が相互に関わって機能するものだととらえ、子どものムーブメントを学習活動に取り入れる教育方法。世界各国で幼児、普通児のみならず、学習困難児、障害児の教育に特に効果があることが実証されている。また、老人のニューリハビリテーションや、いかに健康で美しく老いていくかというシルバームーブメントも活発に行われている。

【図書】
◇いきいきムーブメント教育 — 保育・福祉の実践現場から　小林芳文〔ほか〕編　東京　福村出版　1995.6　19cm　212p　1800円　④4-571-12072-9
◇子どものためのムーブメント教育プログラム — 新しい体育への挑戦　小林芳文, 是枝喜代治〔著〕　東京　大修館書店　1993.7　26cm　235p　2575円　④4-469-26261-7
◇シェルボーンのムーブメント入門 — 発達のための新しい療育指導法　ベロニカ・シェルボーン著, 関口美佐子〔ほか〕訳　東京　三輪書店　1993.5　21cm　155p　2400円　④4-89590-017-7

【雑誌記事】
◇知的障害児に対するムーブメント指導のムーブメント教育プログラムアセスメント(MEPA)と適応行動尺度(ABS)からみた効果　田井啓子, 本保恭子　「児童臨床研究所年報」　13　2000　p12〜20
◇地域における障害を持つ子どもへの発達援助 — ムーブメント教育による療育教室の実践　飯田敦子　「児童研究」　77　1998　p2〜10
◇ムーブメント教育とことば掛け(身体と運動とことば<特集>)　小林芳文　「体育の科学」　44(3)　1994.3　p214〜216

◇発達遅滞幼児のムーブメント教育 — グループ指導によるアプローチ法　柳沼麻木, 小林芳文　「横浜国立大学教育紀要」　33　1993.10　p227〜240

【メ】

メインストリーミング mainstreaming
　障害のある生徒が固定学級に在籍しながら、部分的に普通学級での指導を受ける機会をさす。固定学級の教師は、普通学級の中で障害のある生徒の個別教育計画にそった目標や目的を達成する責任を有する。米国では1954年の黒人隔離教育に対する違憲判決以来、障害児教育差別に反対する統合教育の運動が、メインストリーミング(本流化)として生じた。75年全ての障害児に適切な教育を保障する全障害児教育法が制定され、統合教育の条件が整備された。

　→統合教育 をも見よ
【雑誌記事】
◇新たなメインストリーミング解釈としてのインクルージョン — 合衆国でのインクルージョン(特集 インクルージョンと交流教育)　清水貞夫　「発達障害研究」　19(1)　1997.5　p1〜11
◇10 アメリカにおけるメインストリーミングの動向〈障害児教育学の探求〉　山本晴彦　「障害児教育学の探求」　1995.5

メセナ
　主に企業が行う、学術・文化事業への支援活動。フランスで始まり、日本では企業の社会的貢献策として、1990年から盛んになってきた。教育の場でも、地域社会における生涯教育政策推進を担う手段として、フィランソロピー(慈善的寄付行為)とともに注目されている。しかしバブルの崩壊とその後の経済の状況から、伸び悩んでいる。

【図書】

◇メセナ白書 2000 特集:市民は企業メセナをこうみている 企業メセナ協議会編 ダイヤモンド社 2000.10 21cm 379p 3000円 ①4-478-30060-7

◇メセナの動きメセナの心 福原義春著 求龍堂 2000.8 19cm 213p 1700円 ①4-7630-0027-6

◇ホール・パーソン・カンパニー──メセナがひらく「全人格企業」の未来形 深谷哲夫著 時事通信社 1994.10 19cm 275p 2427円 ①4-7887-9431-4

【雑誌記事】

◇不況の今、メセナについて改めて考える(ドン・キホーテのピアス〔300〕) 鴻上尚史 「SPA!」 49(48) 2000.12.6 p182～183

◇メセナ、模索する企業の文化支援──「カザルス」「セゾン」退場の逆風の中で 牧村健一郎 「朝日総研リポート」 142 2000.2 p83～98

◇地域はいま──定着が期待される地域メセナ 竹内英二 「国民金融公庫調査月報」 448 1998.8 p32～35

◇企業メセナは衰退どころか定着・上昇傾向へ(特別レポート) 「ダイヤモンド」 85(45) 1997.11.22 p48～49

◇メセナ白書からみた企業メセナの現状と課題 成川道守 「文化経済学会(日本)論文集」 1 1995.3 p113～116

◇中堅企業とメセナ、フィランソロピー活動(実践的企業広報のあり方) 「スタッフアドバイザー」 4(10) 1993.10 p68～69

メディア教育

映画・テレビ・ビデオ・コンピュータとメディア状況が成熟化・多様化、従来の放送教育・コンピュータ教育・視聴覚教育などを広く含む概念として、「メディア(による、についての、をつくる)教育」が使われるようになった。マルチメディアを利用した教育方法などを研究開発する文部省メディア教育開発センターが設置されている。

【図書】

◇メディア教育と生活科・総合的学習──大学、企業等とのコラボレーションから 浅井和行著 大阪 日本文教出版 2001.8 21cm 143p 1500円 ①4-536-40085-0

◇教育メディアの原理と方法 堀江固功,浅野孝夫編 東京 日本放送教育協会 1998.4 21cm 252p 1900円 ①4-88958-236-3

【雑誌記事】

◇展望 変わるメディアと教育 高桑康雄 「放送教育」 52(1) 1997.4 p11～13

◇メディアの特性を生かす(特集 放送と他メディアとの関連利用) 赤堀侃司 「放送教育」 51(5) 1996.8 p14～17

◇教育メディアの有効性論争試論──マルチメディア時代への展望(教育メディア研究<特集>) 今栄国晴 「教育メディア研究」 1(1) 1995.1 p38～43

◇教育メディア研究のめざすもの(教育メディア研究<特集>) 中野照海 「教育メディア研究」 1(1) 1995.1 p1～7

メディアリテラシー media literacy

メディアを読み解く能力のこと。情報リテラシー。コンピュータを使う能力よりも、種々の情報メディアを利用して得られる多様な情報を取捨選択・収集処理・価値評価できる能力を言う。

【図書】

◇メディアリテラシーを育てる 水越敏行編著 東京 明治図書出版 2000.11 22cm 175p 2160円 (21世紀型授業づくり 13) ①4-18-230919-7

◇メディア・リテラシー──世界の現場から 菅谷明子著 東京 岩波書店 2000.8 18cm 230,4p 660円 (岩波新書) ①4-00-430680-9

◇メディア・リテラシー教育をつくる 森田英嗣編 東京 アドバンテージサーバー 2000.2 26cm 213p 1800円 ①4-930826-58-6

◇これが"21世紀の学力"だ!──メディアリテラシーの提言 総合的学習・情報教育の新しい展開 市川克美著 東京 明治図書出版 1999.10 22cm 139p 1500円 (オピニオン叢書 緊急版) ①4-18-028013-2

◇学校と地域で育てるメディアリテラシー 村野井均〔ほか〕編 京都 ナカニシヤ出版 1999.7 19cm 163p 1800円 ①4-88848-460-0

◇情報とメディア 東京 岩波書店 1998.3 22cm 293p 2800円 (岩波講座現代の

教育 危機と改革 第8巻） ⓘ4-00-010888-3
◇メディア・リテラシーを学ぶ人のために 鈴木みどり編 京都 世界思想社 1997.6 19cm 305p 2300円 ⓘ4-7907-0653-2

【雑誌記事】
◇読物 メディア・リテラシー――メディアと我々の関係を考える営み 山内祐平 「刑政」 112(8) 2001.8 p52～57
◇情報リテラシー教育の意義と課題――これからの国民に求められるもの(特集 IT社会における市民活動の課題) 岡本敏雄 「月刊国民生活」 31(7) 2001.7 p18～21
◇発信される情報を建設的に批判する力、メディア・リテラシー 吉村克己 「JMAマネジメントレビュー」 7(5) 2001.5 p58～61
◇学校にとってメディア・リテラシー教育とは何か(特集 メディア・リテラシー 「21世紀の学力」を育てよう) 森田英嗣 「解放教育」 30(12) 2000.12 p10～16
◇硬派メディアリテラシー論――「メディアリテラシー」を「情報機器の操作能力」に矮小化するな(特集 「メディア・リテラシー」の授業を創る――「メディア・リテラシー」の授業をこう創る) 大堀真 「現代教育科学」 43(12) 2000.12 p33～36
◇新しい時代の基礎基本としての「メディア・リテラシー」(特集 「メディア・リテラシー」の授業を創る――提言・「メディア・リテラシー」の教育がなぜ必要か) 堀口竜也 「現代教育科学」 43(12) 2000.12 p8～10
◇メディア・リテラシー教育(特集 情報学のすすめ) 見城武秀 「言語」 28(3) 1999.3 p34～41
◇メディア・リテラシーってなに?(特集「広がる情報通信ネットワーク」) 田上時子 「消費者情報」 298 1999.1 p22～25
◇市民のためのメディア・リテラシー――Vチップ問題とメディア・アカウンタビリティ 渡辺武達 「マスコミ市民」 357 1998.9 p62～69
◇WWWに求められる新しいメディア・リテラシー(座談会)(特集・インターネット――新しいコミュニケーションチャネルの出現) 黒葛原寛、服部桂、水越伸、吉川欣也、江藤哲郎 「月刊アドバタイジング」 40(7) 1995.7 p12～21

メリトクラシー ⇒能力主義 を見よ

メル友
　メールを交換しあう友達。おおむねの場合実際に会ったことはない。ポケットベルが主流だった時代にはポケベルでメッセージのやりとりをしあうだけの友達をベル友と言ったが、ポケベルが下火になり、携帯電話によるメール・Eメールが普及すると発生した。

【雑誌記事】
◇父から子供たちへ〔5〕メル友ブームと車内無法の共通点(アゲインストエッセイ) 深沢周 「月刊自由民主」 581 2001.8 p112～113
◇親たちの知らない携帯電話ネットワークの威力――安易な「メル友」に潜む危険(女子高生本音アンケート〔2〕) 「週刊朝日」 105(24) 2000.6.9 p137～139
◇女子高生はみんなベル友――携帯電話に負けないポケベル需要(若者) 「AERA」 9(15) 1996.4.8 p62～64

【 モ 】

モジュラースケジューリング ⇒モジュール授業方式 を見よ

モジュール授業方式
　弾力的な時間割編成方式で、授業の一単位時間を通常より短く設定し、授業の内容・方法・学年などによって時間単位(モジュール)の組み合わせを決めて行う。教科の構造に見合った学習が可能になるが、時間割編成が煩雑になったり、教員間の連携・協力が必要になったりする。新学習指導要領では、授業時間数の減少に伴い45分単位にとらわれない弾力的な時間割の運用が可能とされ、注目を集めている。

【図書】
◇教育課程の弾力的運営 児島邦宏編 東京 明治図書出版 1999.8 22cm 150p

1760円 (21C小学校新教育課程のコンセプト解説 3) ⓘ4-18-031014-7
◇教育課程の弾力的運営 児島邦宏編 東京 明治図書出版 1999.8 22cm 151p 1800円 (21C中学校新教育課程のコンセプト解説 3) ⓘ4-18-039310-7

【雑誌記事】

◇How to teach「学習法」授業実践のモジュール化 千野司 「物理教育」 49(2) 2001 p187〜190
◇ブロック制＜1単位90分授業＞の導入(特集 改定にシフト校内研修テーマ50選—学校・子供にゆとりの出る教育環境と校内研修の課題—教育課程の弾力化と特色ある学校づくりを求めて) 水山泰郎 「学校運営研究」 36(6) 1997.5 p56〜57

求める学生像 ⇒ 入学者受け入れ方針 を見よ

ものづくり

日本の技能や技術は継承が困難になり、かつ国際的な優位性を失いつつあるという危機感から、1999年3月「ものづくり基盤技術振興基本法」が成立、2000年5月には「ものづくり基盤技術基本計画」が策定された。この計画に基づき、文部科学省は人材データベースの構築や研修、体験学習やインターンシップの推進、実習・実験設備の整備などの事業でものづくり教育の充実に取り組むとした。

【図書】

◇「ものづくり」教育の現状と新しい在り方について — 平成12年度中間報告書 〔鯖江〕〔福井工業高等専門学校〕 2001.3 30cm 229p
◇子どもの手を返せ — 主体性を育てるモノ作り 日沖隆,川合英治著 国分寺 新風舎 1997.8 19cm 150p 1359円 ⓘ4-7974-0146-X
◇いま、工学教育を問う — 若者に夢と情熱を与えるために 内田盛也著 東京 日刊工業新聞社 1995.11 19cm 230p 1800円 ⓘ4-526-03797-4
◇科学技術立国を支える人材育成 — その構造的問題点 日本学術協力財団「科学技術立国を支える人材育成」編集委員会編 東京 日本学術協力財団 1994.7 21cm 131p 1000円 (日学選書 2)

【雑誌記事】

◇21世紀教育ビジョン 文教施策の動き 初等中等教育における「ものづくり教育」の充実への取組について 「学校経営」 45(14) 2000.12 p95〜99
◇8.ものづくり教育周辺(2.国内的な課題) 池際博行 「木材工業」 55(11) 2000.11 p549〜552
◇巻頭特集「ものづくり教育」を考える 「産業教育」 50(8) 2000.8 p4〜13
◇ものづくりを核とした総合学習(特集 教育課程づくりの新段階と総合学習) 長谷川徹 「教育」 50(2) 2000.2 p54〜59
◇ものづくりは基礎教育 中村祐治 「日本教材学会会報」 11(43) 1999.12 p8〜11
◇ものづくり基盤技術振興基本法の成立 田中喜美 「産業教育学研究」 29(2) 1999.7 p43〜47
◇急がれるものづくり教育の振興 豊田章一郎 「Keidanren」 47(5) 1999.5 p41〜43
◇緊急提言.日本の「ものづくり」の危機—急がれる技術者教育の再構築—大学教育現場からのレポート 「Mobi 21」 1(1) 1990.7 p63〜68

ものつくり大学 Institute of Technologists

日本初の4年制技能系私立大学。2001年4月開学。製造技能工芸と建設技能工芸の2学科がある。ものづくりに必要な理論的知識とそれを実現できる技能を兼ね備え、企業家として自己実現できる人材の育成を目標に掲げ、実務・実技を重視する。設立にあたっては推進していた財団法人の関連財団による贈収賄事件などに揺れた。

【雑誌記事】

◇設計・製図・もの作り教育の今(北から南から)(14)ものつくり大学製造技能工芸学科における教育について 吉川昌範,高橋正明 「設計工学」 36(10) 2001.10 p426〜431
◇ものつくり大学訪問記—ものづくり産業を支える「テクノロジスト」を育成しよう(特集 ものづくり技術発展のためのシステ

ムづくり)「IMFJC」 264 2001.7 p6～15
◇「ものつくり大学」構想はこうして歪められた—現場の職人、建築学者が奔走した夢の大学構想迷走の顛末 天野隆介 「中央公論」 116(4) 2001.4 p86～95
◇PEOPLE(145)ものつくり大学がいよいよ開校!逆風を突き抜け、いざ発進!—梅原猛(ものつくり大学・総長) 梅原猛 「プラントエンジニア」 33(4) 2001.4 p1～3
◇技能の復権 "ものつくり大学"誕生—平成13年春、産官学が共同で埼玉に私立大学 「バンガード」 20(4) 2000.4 p43～47
◇特別レポート 職人大学構想から10年 ものつくり大学—壮大な理念の実現へ 蟹沢宏剛、岩下繁昭 「施工 建築の技術」 423 1991.1 p157～164

モラトリアム

高学歴化で学校で過ごす期間が長くなると、青年期に於ける自己確認のための猶予期間「モラトリアム」も延長。1970年代社会に入るのを忌避して大学で留年を重ねる"モラトリアム人間"が登場。80年代になると、卒業はするが定職を持たないフリーター、就職する気はあるのに留学などに逃げる卒業恐怖症などが現れた。最近は就職してもすぐやめてしまう若者が問題になっており、厚生労働省の調査では学卒就職後、3年目までに離職する者が高卒で約5割、短大卒で約4割、大卒で約3割となっている。

【図書】
◇男と女のモラトリアム—若者の自立とゆらぎの心理 永江誠司著 ブレーン出版 2000.11 22×16cm 203p 2800円 ⓘ4-89242-659-8
◇自分さがしの青年心理学 西平直喜、吉川成司編著 京都 北大路書房 2000.9 21cm 210p 2300円 ⓘ4-7628-2193-4

【雑誌記事】
◇ひきのばされた青年期について—現代学生とモラトリアム 村沢和多里 「北海道大学大学院教育学研究科紀要」 83 2001 p159～186

◇進学 増える大学院生、研究は「自分探し」(日本) 「ニューズウィーク日本版」 16(21) 2001.6.6 p27
◇女子大学生とモラトリアム(特集 女性の生涯発達とこれからの大学) 星名由美 「発達」 19(76) 1998.10 p50～57
◇生涯学習社会に内在する問題—モラトリアム、ルサンチマンを手がかりとして 千葉聡子 「人間研究」 29 1993 P59～74

問題解決学習 problem solving learning
戦後の生活体験学習を改善する形で登場。生活上の問題を把握し、解決思考の学習をしながら学ぶ方法。特に小中学校の社会科で盛んだったが、大事な学習事項が抜けるなどの批判から、1955年頃から系統学習に代わられた。60年代に系統学習の批判から発見学習が登場、問題解決学習も再び注目を集め始めた。現行の学習指導要領では小学生理科で問題解決の能力の育成が求められているほか、新学習指導要領では小・中学とも各教科で体験学習と並んで「問題解決的な学習」を重視することが求められている。

→ 系統学習 をも見よ

【図書】
◇教科・道徳・特活発総合的学習「問題解決力育成」のテーマ事典 寺崎千秋編 東京 明治図書出版 2001.2 21cm 165p 1960円 (総合的学習の展開 7) ⓘ4-18-007318-8
◇生きる力としての問題解決力を育む授業 影山清四郎、広瀬敏雄編著 名古屋 黎明書房 1999.1 19cm 228p 1900円 ⓘ4-654-01618-X
◇問題解決学習で「生きる力」を育てる 藤井千春著 東京 明治図書出版 1997.6 19cm 193p 1450円 (オピニオン叢書 36) ⓘ4-18-166605-0
◇問題解決学習の理論と方法 谷川彰英著 東京 明治図書出版 1993.9 21cm 220p 2480円 ⓘ4-18-440700-5
◇問題解決力を育む—活動学習・総合活動の実践 神奈川県横浜市立日枝小学校著 名古屋 黎明書房 1993.2 21cm 217p 2500円 ⓘ4-654-01542-6

【雑誌記事】

◇生きる力を育てる問題解決学習として(特集 新教育課程の自校化・研修のポイント24—総合的学習を位置づけた教育課程編成のポイント) 小島宏 「学校運営研究」 38(9) 1999.7 p27〜29

◇「総合的学習」で重視する問題解決学習で育成される能力とは(特集 「総合的学習」でどんな能力が育つのか) 「現代教育科学」 41(5) 1998.5 p50〜58

◇自ら判断する力を培う問題解決学習(特集 指示待ちの子—「指示待ち」を解消する学校・学級) 小野寺淑行 「児童心理」 51(11) 1997.8 p1089〜1093

◇問題解決学習と系統学習の対立の解決に向けて 宮本雅之 「長崎大学教育学部教育科学研究報告」 53 1997.6 p1〜13

◇新学力観の検討—問題解決学習は果たして実現可能か 小川博久 「教育方法学研究」 12 1996 p1〜29

◇戦後の「問題解決学習」論争とは何か—経験主義と科学主義の対立(「問題解決学習」の授業をどう組むか＜特集＞) 舩山謙次 「現代教育科学」 36(3) 1993.3 p68〜74

問題教員

「地方教育行政の組織及び運営に関する法律」が2001年6月に改正され、都道府県教育委員会は、市町村の県費負担教職員で、児童又は生徒に対する指導が不適切であり、研修等の講じられたとしてもなお指導を適切に行うことができないと認められた者を免職した上で、引き続き当該都道府県の教員以外の職に採用することができるとした。問題教師、無気力教師を教壇から降ろし、子どもの学習権を守るのが狙い。

【図書】

◇教師失格 藤井誠二著 東京 筑摩書房 2001.4 20cm 263p 1800円 ⓘ4-480-86331-1

◇子どもに嫌われる先生—新しい授業、これからの教師像 荒木肇著 東京 並木書房 1999.10 19cm 231p 1500円 ⓘ4-89063-113-5

◇子供を喰う教師たち 鵜川昇著 東京 プレジデント社 1999.3 20cm 213p 1500円 ⓘ4-8334-9042-0

◇教師の不祥事は防げるか—教師のための不祥事防止マニュアル 玻名城英介著 南風原町(沖縄県) 那覇出版社(製作) 1999.1 19cm 182p 952円 ⓘ4-89095-116-4

◇アブナイ教師・ダメ教師撃退マニュアル 伊藤きょうこ著 東京 山下出版 1998.10 20cm 164p 1238円 ⓘ4-89712-081-0

【雑誌記事】

◇〈不適格教員〉問題とは何なのか—中学校の現場から(特別企画 教師のこころ—学校現場のストレスを考える—悩める学校教師) 竹林隆 「こころの科学」 98 2001.7 p60〜64

◇教育法規あらかると 問題教員への対応法案 「内外教育」 5189 2001.3.23 p31

◇教育法規あらかると "問題教師"追放に名案? 「内外教育」 5157 2000.11.17 p27

◇「問題教師」とどう戦うか(新教育事情〔3〕) 「週刊文春」 40(28) 1998.7.23 p169〜172

問題行動

青少年の健全育成を妨げると予想される行動・態度。窃盗・恐喝・暴行など社会的逸脱行為を示す反社会的問題行動と、自殺・家出・不登校など社会的不適応を示す非社会的問題行動に分けられる。

【図書】

◇生徒指導上の諸問題の現状と文部科学省の施策について 〔東京〕 文部科学省初等中等教育局児童生徒課 2001.2 30cm 287p

◇問題行動の底にあるもの—子どもの不安とその克服 桜井茂男著 東京 教育出版 2000.3 19cm 158p 1800円 (やさしい心理学) ⓘ4-316-36490-1

◇問題行動への対応—いま、学校は何をすべきか 大石勝男,飯田稔編著 東京 東洋館出版社 1998.9 21cm 214p 2600円 ⓘ4-491-01459-0

◇いじめ・登校拒否・校内暴力問題に関するアンケート調査結果報告書 〔東京〕 総務庁行政監察局 1998.4 30cm 105p

◇青少年の非行等問題行動に関する世論調査—平成10年4月調査 東京 内閣総理大臣官房広報室 〔1998〕 30cm 311p (世論調査報告書)

◇「女子の問題行動」をどう指導するか
全生研・女子問題研究委員会編著 東京
明治図書出版 1996.8 22cm 139p
1760円 ④4-18-836933-7

【雑誌記事】

◇中学生の問題行動に関する研究―規範意識のタイプと心理的要因及びストレスとの関係 林幸範 「児童育成研究」 19 2001 p2～14

◇特別企画 少年の問題行動等に関する調査研究協力者会議『心と行動のネットワーク―心のサインを見逃すな、「情報連携」から「行動連携」へ』報告 「総合教育技術」 56(7) 2001.8 p82～86

◇中学生の問題行動に対する意識とストレス反応に関する検討 大木桃代, 神田信彦 「人間科学研究」 22 2000 p183～192

◇青少年問題と教育(1)決め手に欠ける「問題行動」対策―「第4のピーク」「低年齢化」への疑問視(特集 教育改革 これまでとこれから―軌跡とポイントを中間総括)「教育評論」 642 2000.10 p18～21

◇学校における問題行動―事例報告とその家族病理 忠井俊明, 小松原かおり, 楠裕子(他)「京都教育大学紀要 A 人文・社会」 95 1999.9 p39～51

◇子どもの反社会的問題行動に対する家族援助 衣斐哲臣 「心理臨床学研究」 17(3) 1999.8 p225～236

◇問題行動にひそむ不安定な心(特集 落ち着きのない子) 庄司正実 「児童心理」 52(17) 1998.12 p1622～1626

◇児童生徒の問題行動への対応のための校内体制の整備等について(通知) 「初等教育資料」 688 1998.7 p86～98

◇児童生徒の問題行動等に関する調査研究協力者会議 「学校の『抱え込み』から開かれた『連携』へ―問題行動への新たな対応」 「季刊教育法」 116 1998.6 p102～110

文部科学省

2001年1月の中央省庁の再編でできた新しい省。文部省と科学技術庁の一部が合併したもの。教育、科学技術・学術、文化・スポーツを一体に担当する。

【図書】

◇『文部科学省』 加古陽治, 永井理著
インターメディア出版 2001.6 19cm
221p 1500円 (完全新官庁情報ハンドブック 6) ④4-901350-30-7

◇『省庁再編関係法令集 組織規則編―文部科学省』 中央省庁等改革法令研究会監修 国政情報センター出版局 2000.10
21cm 97p 2500円 ④4-87760-011-6

◇『省庁再編関係法令集 文部科学省編』
中央省庁等改革法令研究会監修, 国政情報センター出版局編 国政情報センター
2000.8 21cm 339p 4300円
④4-87760-006-X

【雑誌記事】

◇総務省・法務省・文部科学省・文化庁編(省庁再編新組織のIT関連担当部署リスト〔上〕)「ニューメディア」 212 2001.4 p27

◇対談 文部科学省誕生!21世紀の生涯学習のゆくえ 文部科学省生涯学習政策局政策課長 樋口修資氏/桜美林大学生涯学習センター長・教授 瀬沼克彰氏 樋口修資, 瀬沼克彰 「生涯学習空間」 6(2) 2001.3 p23～30

◇特集『文部科学省』誕生!新組織を一挙紹介 「NEW」 17(3) 2001.3 p30～37

◇省庁再編の概要と文部科学省の設置(特集 文部科学省)「教育委員会月報(文部科学省 第一法規出版)」 52(10) 2001.1 p19～35

◇あなたの仕事はどう変わる?よくわかる中央省庁再編(14)文部科学省 学制から21世紀まで 文部科学省 「Gyosei EX」 12(5) 2000.5 p38～41

【ヤ】

野外教育　outdoor education

野外活動の教育的要素に着目した教育方法。1961年スポーツ振興法制定後、少年自然の家の国庫補助などが策定され、キャンプ・登山・スキー教室、自然・地域研究、演劇・工芸・ダンスなどの野外活動が奨励されている。学校行事として組み込まれる他、青年団体などの民間団体が主催するものもある。文部省は97年から「野外教育推進事業」を開始した。

【図書】
◇野外教育入門　星野敏男〔ほか〕編著　東京　小学館　2001.6　21cm　254p　1800円　①4-09-387339-9
◇臨海学校の企画と運営　改訂　日本体育大学水泳運動学研究室編　東京　遊戯社　2001.4　26cm　136p　④4-89659-626-9
◇イーハトーブ自然体験塾 — 青少年の野外教室推進事業実施報告書　盛岡　岩手県教育委員会社会教育課　2000.3　30cm　50p
◇野外文化教育に関する調査研究報告書　平成11年度　森田勇造編著　東京　青少年交友協会野外文化研究所　2000.3　21cm　198p
◇アドベンチャー教育で特色ある学校づくり — 個性を認め合う体験学習　林寿夫，川口博行，新井浅浩共著　東京　学事出版　1999.4　21cm　142p　1700円　(ネットワーク双書)　①4-7619-0607-3
◇すぐに役立つ野外活動ハンドブック　石田泰照編著　名古屋　黎明書房　1997.4　19cm　262p　2000円+税　(アウトドア・ライフシリーズ　6)　①4-654-07573-9
◇野外教育の理論と実際 — 組織キャンプ入門　東京YMCA野外教育研究所編　学文社　1996.5　21cm　190p　1900円　①4-7620-0659-9
◇野外文化教育入門 — 人と人とのふれあいの知恵　森田勇造著　東京　明治図書出版　1994.11　22cm　181p　2480円　①4-18-494400-0

【雑誌記事】
◇我が国における野外教育に関する研究　星野敏男　「明治大学人文科学研究所紀要」　48　2001.3　p433〜448
◇青少年と野外教育活動 — 冒険教育の現場から提言できること　益田悦子　「青少年問題研究」　48　1999　p17〜26
◇我が国の野外教育振興の課題と青少年教育施設　星野敏男　「人文科学論集」　45　1998.3　p15〜26
◇民間団体における野外教育の課題(特集　青少年の野外教育の推進)　佐藤初雄　「文部時報」　1448　1997.7　p28〜31
◇野外教育の見かた，考えかた　飯田稔　「青少年問題」　42(8)　1995.8　p11〜17

野外調査　field work

フィールドワーク。異文化社会に長期間住み込み、人々とその文化を、現場の事態に即して調査研究すること。民族学・文化人類学で用いられる手法で、主体的な参与体験と観察を同時に行い、記録したものが調査研究成果となる。また、屋外での実習・観察活動の意にも用いられる。

【図書】
◇地理野外調査のすすめ — 小・中・高・大学の実践をとおして　篠原重則著　古今書院　2001.3　26cm　286p　7600円　①4-7722-5054-9

【雑誌記事】
◇はじめての野外調査(特集　野外調査のコツ)　安仁屋政武　「地理」　46(4)　2001.4　p4〜9
◇長期にわたる定点調査(特集　野外調査のコツ)　重見之雄　「地理」　46(4)　2001.4　p24〜28
◇野外調査研究のはざまから(特集　あなたが考える科学とは)　和田英太郎　「科学」　71(4・5)　2001.4　p450〜452
◇地理教育における野外調査の実態とその再構築への提言(〔日本地理教育学会〕50周年記念号 — 第2部　21世紀地理教育への展望 — 地理教育の理論的・実践的研究(2)　授業実践にもとづく地理教育への提言)　篠原重則　「新地理」　47(3・4)　2000.3　p132〜141

夜間学部　evening course

夜間課程。高校・大学など義務教育以降の学校や専修学校・各種学校が、夜間に授業を行うため設けた課程。昼間部との併設が多い。1990年で国公立23校・私立48校、学生数12万人。働きながら学ぶ学生のほかに、全日制に入れなかったケースが相当数を占めている。近年は勤労学生の減少などの社会的状況の変化をふまえ、従来の夜間学部のイメージの一新をはかっている大学が増えている。

【雑誌記事】
◇大学で夜間学部実質廃止の動き — すでに勤労学生は過去の話(THIS MONTH)　「月刊TIMES」　21(9)　1997.11　p18〜19

ヤクフツ

◇夜間学部と社会人教育　東京理科大学理事長室　「大学資料」　107・108　1988.7　p60～66
◇夜間学部に学ぶ学生＜特集＞　「大学と学生」　271　1988.7　p4～36
◇夜間学部の現状と課題（教員養成大学の理念と本学のあり方）　黒崎達　「大阪教育大学教育研究所報」　No.13　1978.5　p64～68
◇22　夜間学部の諸問題〈新制大学の諸問題〉　板木郁郎　「新制大学の諸問題」　1957

夜間大学院　⇒ 社会人大学院 を見よ

夜間中学

学齢期に何らかの理由で不就学・長期欠席となった者、学齢期を過ぎた中学未修了者を対象にした、夜間に開かれている学級の通称。全国34校の公立普通中学に夜間学級として設けられているほか、夜間学級がない地域ではボランティアによる自主運営や作る会による活動などが行われている。中国帰国者・難民向けの日本語学級を設置する学校が増えた。

【図書】

◇タカノマサオとは何か ― 夜間中学の革命児か、敗残者か　川瀬俊治編　神戸　みずのわ出版　1998.9　21cm　141p　1300円　ⓝ4-944173-00-8
◇夜間中学生　タカノマサオ ― 武器になる文字とコトバを　高野雅夫著　大阪　解放出版社　1993.12　19cm　238p　1800円　ⓝ4-7592-2111-5
◇ルポ夜間中学 ― 教育大国が忘れたもの　上入来尚著　新読書社　1993.10　19cm　118p　1000円　（フォーラム21）　ⓝ4-7880-0031-8

【雑誌記事】

◇夜間中学ゼロ地域で自主夜中運動広がる ― 公立化を求める増設の運動と課題をさぐる　川瀬俊治　「解放教育」　29(3)　1999.3　p101～105
◇東京・夜間中学校 ― 夜間中学校の現場から（特集　グローバル化と在日の子どもたち ― 共生の空間）　関本保孝　「教育」　48(10)　1998.10　p60～64

◇「消すな!夜間中学の灯を」 ― 夜間中学増設運動の高野雅夫さん（グラビア）　「週刊時事」　36(27)　1994.7.23
◇夜間中学から日本を,アジアを,世界を見る ― 東京弁護士会人権賞を受賞して　高野雅夫, 川瀬俊治　「部落解放」　373　1994.5　p107～111
◇あってはならない夜間中学、なくてはならない夜間中学（車いすにのってまちへ〔35〕）　土井俊次　「月刊福祉」　76(14)　1993.12　p84～85
◇夜間中学校と外国籍の人々（民族共生の教育と学校＜特集＞）　米橋修　「教育」　43(2)　1993.2　p42～48

薬物乱用　drug abuse

アルコール・モルヒネ・覚醒剤・幻覚剤・コカインなど、薬物依存症にかかる化学物質を日常的に摂取すること。1989年に覚醒剤事犯で補導された中高生は40人弱（補導された少年の総数は986人）であったが、95年には100人を突破（総数は1079人）。「S」「チョコ」等と言ったポップなネーミング、ダイエットに効果があるという間違った認識、街頭で外国人から気軽に手にはいるようになったことなどが増加の要因とされる。95年度から中学、96年度から高校の保健体育で薬物乱用防止授業が本格的に始まったほか、新学習指導要領では小学校の保健から薬物乱用防止教育が盛り込まれている。98年、政府は「薬物乱用防止五か年計画」を発動した。

【図書】

◇未成年者の喫煙・飲酒を取り巻く環境に関する研究 ― 平成10年度厚生科学研究費補助金健康科学総合研究事業研究報告書　〔東京〕　〔尾崎米厚〕　1999.6　30cm　48p
◇中高生の薬物汚染 ― 知るべきこととできること　水谷修他著　東京　農山漁村文化協会　1998.7　19cm　211p　1238円　（健康双書）　ⓝ4-540-98038-6
◇ドラッグ世代 ―「第五次薬物汚染期」の若者たち　水谷修著　東京　太陽企画出版　1998.2　20cm　229p　1600円　ⓝ4-88466-292-X
◇薬物乱用防止に関する指導 ― 指導資料　中学校　日本学校保健会編　東京　第一法

規出版 1997.12 30cm 79p 1200円 ①4-474-00787-5
◇薬物乱用防止に関する指導 — 指導資料 高等学校 日本学校保健会編 東京 第一法規出版 1997.12 30cm 79p 1200円 ①4-474-00788-3
◇児童生徒の覚せい剤等の薬物に対する意識等調査報告書 〔東京〕 文部省体育局学校健康教育課 1997.10 30cm 155p
◇喫煙・飲酒・薬物乱用防止に関する指導の手引 小学校編 新訂 日本学校保健会編 東京 第一法規出版 1997.9 30cm 105p 2000円 ①4-474-00732-8
◇助けを求める少年たち — いま、少年を覚せい剤等の薬物乱用からまもるために 少年問題シンポジウム 全国少年補導員協会,社会安全研究財団編 東京 全国少年補導員協会 1997.3 21cm 151p (全少協少年研究叢書 8)

【雑誌記事】

◇中学・高校生の薬物乱用に対する教師の認識と薬物乱用予備軍の特徴 小宮山要,高野陽,難波豊(他) 「桜美林論集」 28 2001 p89〜103
◇高校生における薬物乱用防止教育に関する研究 近藤千春 「飯田女子短期大学紀要」 18 2001.5.27 p87〜94
◇小学校から薬物乱用防止教育 — 麻薬・覚せい剤等 — その後の改善措置状況 「行政監察情報」 2279 2000.11.9 p2〜5
◇少年の薬物乱用防止対策(特集 薬物問題の現状と総合的対策) 佐藤昇 「警察学論集」 53(5) 2000.5 p80〜92
◇緊急リポート 小・中学生にも広がる覚せい剤汚染 — 学校は薬物乱用防止教育にどう取り組めばよいか 谷口佳昭 「月刊教育ジャーナル」 38(5) 1999.7 p46〜52
◇21世紀に生きる教育 — 中・高校生を蝕む覚せい剤のまん延,遊び感覚,携帯電話1本で簡単に入手,薬物の恐ろしさ,授業で徹底が必要 「ニューライフ」 44(12) 1998.12 p11〜15
◇資料 児童生徒の覚せい剤等の薬物に対する意識等調査(特集 薬物乱用防止教育の充実) 「文部時報」 1463 1998.8 p42〜45

山形県明倫中学マット死事件

1993年1月、山形県の市立中学校で少年ら7名が共謀の上、中1男子をロール状のマットに逆さに押し込み窒息死させた事件。被害者は生意気だなどと以前からいじめに遭っていたことがわかった。男子3人が逮捕、4人が補導されたが、逮捕された3人はいずれも不処分決定され、補導された3人については保護処分となった。家庭裁判所と高等裁判所が異なった事実認定を行ったことで注目を集めた。

【図書】

◇マット死事件 — 見えない"いじめ"の構図 朝日新聞山形支局著 東京 太郎次郎社 1994.10 20cm 230p 1850円 ①4-8118-0631-X

【雑誌記事】

◇山形マット死事件から少年法を考える — 少年たちに証言させたいと、遺族たちが民事訴訟を(法と社会の乖離) 阿部純二 「中央公論」 113(9) 1998.8 p148〜154
◇マットいじめ殺人事件 — 「事故死」説浮上のなか決まった少年たちの進路が"明暗"くっきり(SUPER WIDE・気になるあの事件の「その後」) 「週刊現代」 36(25) 1994.7.9 p184〜185
◇学校にいじめへの対応迫る鹿川君事件控訴審判決 — 教育(TREND) 「週刊時事」 36(20) 1994.6.4 p98
◇中学生マット死事件・高裁逆転判決の暴挙(変革の時代の錯誤 — この20の言動に異論あり) 江川紹子 「諸君!」 26(2) 1994.2 p113〜115
◇それなら誰が殺したのか? — 追跡ルポ・山形マット殺人事件 山本徹美 「マルコポーロ」 3(11) 1993.11 p150〜154
◇極秘捜査資料でわかった「山形マットいじめ殺人事件」の真相 — 誰が児玉有平君を殺したのか 小林道雄 「週刊現代」 35(37) 1993.10.2 p170〜174
◇「いじめ」が雲散霧消した山形マット死事件 — 証言や供述が転変… 「週刊朝日」 98(38) 1993.9.10 p124〜127
◇マット殺人山形はリンチ虐殺だった — またも少年法の壁、父親昭文氏独占告白 児玉昭平 「週刊文春」 35(16) 1993.4.22 p183〜187

◇何が児玉有平君を「いじめ殺し」したのか——山形県新庄市中学生マット死事件 「週刊朝日」 98(5) 1993.2.5 p30～31

【ユ】

有害図書

露骨な性描写や暴力場面が問題となっている、ポルノ雑誌・有害コミック・有害ビデオなどに対する規制を設ける自治体が増加。1989年最高裁は岐阜県青少年保護育成条例違反をめぐる刑事裁判で、有害図書規制は憲法違反ではないとの判決を下した。91年出版倫理協議会はコミック本について、審査機関を設ける方針を決定し、「成年コミック」を付与する自主規制策を講じた。しかし指定されている図書が簡単に手に入ってしまうとして、97年、警視庁はコンビニエンスストアなどでの販売を制限するよう要請した。パソコン用ゲームソフトなども対象とされるようになった。

→ 青少年保護条例 をも見よ

【図書】
◇青少年とポルノコミックを中心とする社会環境に関する調査研究報告書 [東京] 総務庁青少年対策本部 1993.3 30cm 293p

【雑誌記事】
◇有害図書と青少年健全保護育成条例 安光裕子 「図書館学」 78 2001 p1～8
◇最近の判例から PC用ゲームソフト有害図書類指定処分取消訴訟上告審判決(最高裁判決平成11.12.14) 野村武司 「法律のひろば」 53(6) 2000.6 p67～73
◇11 青少年保護(健全)育成条例における「有害図書類」規制と表現の自由（ケンポウリロンソウショ）〈人権保障と現代国家〉 清水睦 「人権保障と現代国家」 1995.10
◇「有害コミック」規制運動の展開 矢島正見, 山本功 「犯罪社会学研究」 19 1994 p74～94

◇「青少年条例」と"有害"図書問題——規制強化!大阪"落城"の軌跡—番外編—「青少年条例」規制その後各地で… 湯浅俊彦 「総合ジャーナリズム研究」 31(3) 1994.7 p55～59
◇「有害図書類」に指定されたフロッピーディスク（マスコミの焦点） 横田耕一 「新聞研究」 513 1994.4 p87～89
◇ビデオ、パソコンにまで広がる性表現規制——新たな局面迎えた「有害」コミック問題 藤井誠二 「創」 23(2) 1993.2 p98～105

有給教育訓練休暇

教育訓練を受けるために一定期間職場を離れることを可能にする制度。1974年ILO総会は労働者の権利として認めるべきだと勧告。日本ではこの制度がある企業は少ない。制度の採用企業に対しては経費・賃金の一定割合を助成する自己啓発助成給付金制度がある。

【雑誌記事】
◇民間教育訓練の実態——自己啓発を行った労働者63・4%——有給教育訓練休暇制度のある事業所は20.3%（労働省調査） 「労務管理通信」 33(13) 1993.5.11 p2～7
◇民間教育訓練実態調査（調査資料） 労働省 「企業と人材」 592 1993.5.5 p44～52

ゆとりある学校教育　more-relaxed school education

1976年教育課程審議会は審議をまとめ、授業時数や教科内容の削減などを提言。学習指導要領に学校裁量時間、「ゆとりの時間」が設けられた。週休2日制などもゆとりの一環といえる。その後も「ゆとり」は一貫して教育におけるキーワードで、98年の中教審答申でも提言されており、新学習指導要領では教育内容を厳選したゆとりある教育が目指されている。

【図書】
◇ゆとりを奪った「ゆとり教育」 西村和雄編 東京 日本経済新聞社 2001.6 20cm 278p 1600円 （教育が危ない 2） ①4-532-14916-9

◇「ゆとり教育」亡国論 ― 現役文部官僚が直言 学力向上の教育改革を! 大森不二雄著 東京 PHP研究所 2000.8 19cm 195p 1300円 ④4-569-61267-9

【雑誌記事】

◇「ゆとりと生きる力」で、子どもたちにどんな力を身に付けさせるのか(特集1「基礎学力か、ゆとり教育か」でいいのか ― 新学習指導要領論争をどう考え、実践を進めるのか) 無藤隆 「総合教育技術」 56(2) 2001.5 p24～27

◇ゆとり教育でこそ学ぶ力は身につく(特集 文部科学省の「学力低下しない」説を糺す ― 寺脇研「ゆとり教育で学力は落ちない」説の検証〈文春『日本の論点』から〉) 西田拓郎 「現代教育科学」 44(5) 2001.5 p37～39

◇"ゆとり教育"の長短をキーワードで考える(特集 "ゆとり教育"は今=迫られる見直し点34) 「学校運営研究」 40(3) 2001.2 p18～27

◇それでも「ゆとり教育」は間違っている ― 文部省政策課長・寺脇研氏への共感と懸念と 和田秀樹 「正論」 342 2001.2 p100～109

◇なぜ今"ゆとり教育"見直しがいわれるのか ― 教育改革国民会議の提言を中心に(特集 "ゆとり教育"は今=迫られる見直し点34) 「学校運営研究」 40(3) 2001.2 p7～9

◇充実したゆとりある教育が学力=実力を高める(論壇) 森隆夫 「月刊自由民主」 575 2001.2 p18～19

◇「ゆとり教育」が奪う教育を受ける権利(「超」整理日記〔139〕) 野口悠紀雄 「ダイヤモンド」 88(48) 2000.12.2 p164～165

◇文部省の「ゆとり」教育に反対を唱え始めた大学教授たちの危機感(ビジネスインサイド) 「ダイヤモンド」 88(13) 2000.4.1 p18～19

◇「ゆとりの教育改革」は子どもの階層化につながる(オピニオン) 金子晴恵 「論座」 55 1999.11 p288～289

◇公立中学の学力は崩壊!!新"ゆとり教育"を推進する「文部省」の大罪 「実業界」 845 1999.7 p46～47

◇学校五日制,高校入試廃止,ゆとりの教育課程を(現代日本の教育問題) 西沢清 「社会主義」 424 1998.8 p57～63

◇ゆとりのある学習の中で基礎・基本を確実に身に付ける教育活動の展開(特集 基礎・基本を確実に身に付ける) 吉川成夫 「初等教育資料」 685 1998.5 p2～5

◇《解説》完全学校週5日制の下,ゆとりの中で<生きる力>を育成(特集 学校の教育内容の充実) 文部省小学校課 「教育委員会月報」 49(12) 1998.2 p9～11

◇教育現場から 「ゆとりがあってわかる授業・楽しい学校」への願い(特集 教育課程審議会中間まとめ) 安斎聡 「教育評論」 609 1998.1 p38～40

◇教育におけるほんとうの意味での「ゆとり」とは ― 最近の教育改革と私たち ― 3 ― 中森孜郎 「子どものしあわせ」 550 1997.9 p42～45

ユニーク入試 ⇒ 一芸型入試 を見よ

ユニバーシアード Universiad

国際大学スポーツ連盟主催の、大学生国際競技大会。夏季大会と冬季大会があり、オリンピック年以外の奇数年に、2年ごとに開催。1923年パリが第1回大会。85年神戸、95年福岡で開催された。参加資格は17歳から28歳未満の学生と卒業後2年以内の者に限られる。

【図書】

◇『第18回ユニバーシアード大会1995福岡公式ガイドブック』 福岡 1995年ユニバーシアード福岡大会組織委員会;福岡 西日本新聞社〔発売〕 1995.8 21cm 123p 680円 ④4-8167-0403-5

【雑誌記事】

◇祭りの後で ― イベント開催の効果と問題 ― ユニバースポーツ福岡大会の社会的影響(特集 スポーツ・イベントを考える) 三本松正敏 「体育の科学」 46(5) 1996.5 p382～385

◇23 街づくりとしてのユニバーシアード福岡大会〈大学都市会議〉 森英之 「大学都市会議〈大学都市会議実行委員会〉記録」 第4回 1996.3

◇6 街づくりとしてのユニバーシアード福岡大会 ― 福岡市〈大学都市会議〉 森英之 「大学都市会議〈大学都市会議実行委員会〉記録」 第4回 1996.3

◇「ユニバーシアード福岡大会」を成功させ、国際化に弾みをつける（福岡特集—ユニバを起爆剤に国際化を推進する）　桑原敬一　「経済界」　30(17)　1995.8.29　p108～110

◇学生のオリンピック—'95ユニバーシアード福岡大会（地域のトピックス）　「調査月報（福岡銀行）」　512　1994.3　p10～11

ユニバーシティ・アイデンティティ　university identity

略してUI。高校を含めてSI（スクールアイデンティティ）とも。自校の特色や魅力を打ち出すために、企業のCIにならって、校舎・校名・校章・制服・教育方針などを一新・統一する学校経営戦略。校名・学部に"国際""環境""情報"を付けたり、学際性を売りものに新設・改組する例もある。

【図書】

◇大学のイメージとUI　日経広告研究所編　〔東京〕　日経広告研究所　1994.6　19cm　268p　1800円　①4-532-64018-0

【雑誌記事】

◇ユニバーシティ・アイデンティティ戦略のためのイメージ評価とその比較　古屋繁,高田理恵　「拓殖大学理工学研究報告」　7(3)　2000.3　p73～78

◇慶応義塾大学湘南藤沢の革新と伝統—そのアイデンティティをめぐって（特集 多キャンパスをめぐる諸問題）　井上輝夫　「大学時報」　255　1997.7　p44～49

ユニバーシティ・カウンシル　⇒ 大学審議会 を見よ

【ヨ】

養護学校　school for the mentally and physically handicapped

心身障害児に幼稚園～高校に準ずる教育を行う学校。1979年義務制実施で重度障害児も受け入れられるようになり、訪問教育も始まった。92年通級学級制度が発足、これは軽度の障害をもつ子供は普通学級に籍をおき、特殊学級に通って特別の教育を受けるもの。90年の在学者は盲学校6千弱・聾学校8千強に対し、養護学校8万弱（肢体不自由児学校2万弱・精神遅滞児学校5万5千・病弱児虚弱児学校6千）。92年には三鷹市で外国人障害児の養護学校が開校、申し込みが殺到して話題になった。障害の種類や程度が様々で、教育諸条件の整備・教育内容の充実・進路指導など課題が多い。中学部卒業者の進学率は6割程度。高等部卒業後の進路は、社会福祉施設入所が6～7割・就職2～4割、他に教育訓練機関・医療機関入所など。

【図書】

◇常時「医療的ケア」を必要とする重度・重複障害児への教育的対応に関する実態調査報告書　〔国立特殊教育総合研究所〕重複障害教育研究部編　横須賀　国立特殊教育総合研究所　2001.3　30cm　93p　（特殊研　B-153）

◇養護学校は、いま — 重い障害のある子どもたちと教師のコミュニケーション　鯨岡峻編　京都　ミネルヴァ書房　2000.10　21cm　224p　2400円　①4-623-03325-2

◇病弱養護学校高等部在籍生徒の実態と進路指導に関する全国調査報告書　〔国立特殊教育総合研究所〕病弱教育研究部編　横須賀　国立特殊教育総合研究所　2000.3　30cm　1冊　（特殊研　B-142）

◇まわり道をいとわないで — 養護学校副校長日記　津田充幸著　京都　クリエイツかもがわ　2000.2　19cm　230p　2000円　①4-87699-505-2

◇野比の海遙かに流れて — 渚からの提言　大内万平著　東京　近代文芸社　1996.2　20cm　408p　1800円　①4-7733-5047-4

◇全国養護学校実態調査　平成7年度　〔東京〕　全国精神薄弱養護学校長会　〔1995〕　30cm　228p

【雑誌記事】

◇養護学校における個別の指導計画へのシステムズアプローチ（小特集 個に応じた教育、個に応じた福祉）　宮崎昭　「発達障害研究」　22(3)　2000.11　p176～184

◇知的障害養護学校における個別教育計画を生かした指導　瀬戸口裕二, 神田基史, 早川博(他)「筑波大学自立活動研究」　14　2000.3　p43～51

◇養護学校高等部における進路指導とアフターケア―高知大学教育学部附属養護学校の場合　土居真一郎, 柳田雅明　「高知大学教育実践研究」　14　2000.3　p75〜83

◇養護学校における高等部の整備　渡部昭男　「鳥取大学教育学部研究報告 教育科学」　35(2)　1993.12　p411〜441

◇養護学校義務制施行への文教政策　一宮俊一　「教育行政学研究」　14　1993.3　p1〜12

養護施設　⇒児童養護施設 を見よ

幼児虐待　⇒児童虐待 を見よ

幼保一元化　unification of kindergarten and day nursery

　保育所は厚生省管轄の児童福祉施設、幼稚園は文部省管轄の学校教育施設で、就学前教育が二分化。これに対し教育の機会均等の見地から、両者を一元化した新幼児教育施設を設立する運動が1970年から続いている。臨教審答申でも社会の要請・変化に応じた両施設の柔軟な運用が提唱された。97年、幼稚園教育の在り方に関する調査研究協力者会議は時代の要望に応える形で幼稚園における預かり保育の推進を提言した。現在文部科学省と厚生省の二元管理のもと、弾力的な連携が進行している。

【図書】

◇保育所運営ハンドブック　平成12年版　保育法令研究会監修　東京　中央法規出版　2000.8　22cm　1373p　3900円　①4-8058-4286-5

◇保育所をどうするつもりだ ― 制度「改革」の正体　合田千里著　東京　新読書社　1994.8　19cm　132p　1030円（フォーラム21）　①4-7880-0034-2

【雑誌記事】

◇幼稚園令制定とその影響 ― 幼保一元化をめぐる託児所令制定運動を中心に　新田彩子　「人間発達研究」　23　2000　p93〜106

◇地方分権推進計画・社会福祉基礎構造改革と幼稚園・保育所の一元化　中田照子　「愛知県立大学文学部論集 社会福祉学科編」　47　1998　p109〜124

◇なぜ、幼稚園・保育園共同化なのか―選ばれる保育サービス（特集 この国の新しい保育制度をどう構築するか―保育ビッグバン、一元化への道は今がチャンスか）　菊地政幸　「エデュ・ケア21」　4(11)　1998.11　p30〜34

◇緊急な幼（文部省）・保（厚生省）の問題に現場はどう立ち向うか（特集 この国の新しい保育制度をどう構築するか―保育ビッグバン、一元化への道は今がチャンスか）　須恵淳　「エデュ・ケア21」　4(11)　1998.11　p24〜30

◇時評 幼稚園・保育所の施設の共有化と「幼保一元化」　森田明美　「季刊保育問題研究」　171　1998.6　p134〜139

余暇学習　leasure learning

　自由時間を有意義に過すための教育の総称。週休2日制定着による労働時間の短縮・平均寿命の延び・家事労働の合理化・核家族化・少子化などのため、生活中に占める余暇時間が増大。生涯学習体系の基盤が整うにつれ、休息型の余暇から創造型の余暇へと関心が移ってきた。

【図書】

◇生涯学習のネットワーク推進 ― 余暇と生涯学習の推進　瀬沼克彰著　東京　学文社　1996.6　20cm　283p　2500円　①4-7620-0657-2

◇生涯学習の活性化対策 ― 余暇と生涯学習の推進　瀬沼克彰著　東京　学文社　1994.3　20cm　306p　2500円　①4-7620-0524-X

予備校　cram school・preparatory school

　予備校は大学受験準備のための教育を専らにしてきた教育産業。1960年代、ランクが上の大学に合格するためには浪人も当り前という風潮が広まり、浪人用の予備校が拡大、在校生は一時は約20万人に及んだ。2000年、大学入試問題の作成を請け負うと大手予備校が発表、文部省がそれに対し各大学に自制を求めた。また、大学の講義についていけない学生に対し、大学入学前に準備あるいは入学後に学習を補完する講座を設

ける予備校も出現した。大学全入時代を目前に、陶太の時代に入りつつある。

【図書】

◇予備校にあう　新版　牧野剛著　名古屋　風媒社　1999.5　21cm　306p　2400円

◇予備校はなぜおもしろい ― 新・受験文化論　樋口裕一著　東京　日本エディタースクール出版部　1997.2　19cm　218p　1236円　①4-88888-259-2

【雑誌記事】

◇授業についてゆけず予備校に通う大学生（ワイド特集・正視に耐えず）「週刊文春」43(29)　2001.8.2　p30～31

◇浪人ゼロ時代なんて怖くない（「教育再生」私の提言　親たちよ!教師たちよ!―建前だけの議論はもう沢山。今こそ自らの体験に基づいた本音の教育論を語る時だ）永瀬昭幸　「文芸春秋」　79(3)　2001.3　p280～285

◇予備校に「お呼び」がかかる理由（わけ）―大学「入試問題」請負いマス…　石川正明、沢井繁男、中野芳樹　「諸君!」　32(11)　2000.11　p164～173

◇試験問題の作成請負の試み―過去二年間大学入試問題評価を実施した結果は?（小特集　大学と予備校・連携の可能性）　滝紀子　「大学時報」　49(274)　2000.9　p100～105

◇小特集　大学と予備校・連携の可能性　「大学時報」　49(274)　2000.9　p92～105

◇競争激化、淘汰始まる予備校・学習塾―少子化・不況で生徒激減、サービス向上に生き残りかける（ビジネス・リポート）　「日経ビジネス」　964　1998.11.2　p164～167

◇近づく「予備校」の終焉　堀田浩一　「Foresight」　9(5)　1998.5　p96～97

◇冬の時代に突入した予備校経営　「財界」46(6)　1998.3.3　p76～77

◇予備校（受験産業）は生徒を育てるか（若い世代の成長と大学入試＜特集＞）　熊野太郎　「日本の科学者」　29(10)　1994.10　P594～597

余裕教室

　少子化によって増えた空き教室を、文部省は1993年から「余裕教室」として他へ活用するための指針を示した。ランチルームや特別教室など学校活動用に転用するだけでなく、社会福祉施設などへの転用も奨励されている。1997年には財産処分手続きの大幅簡素化を図り、社会福祉施設への転用を促進した。

【図書】

◇余裕教室の転用 ― 学校教育以外の施設への転用　文部省〔著〕　東京　第一法規出版　1999.2　30cm　217p　2500円　①4-474-00880-4

◇余裕教室活用指針　〔東京〕　文部省教育助成局　1993.4　30cm　18p

【雑誌記事】

◇手続き簡素化、国の事業を受けて続々誕生 ― 全国に見る余裕教室・廃校の利用（特集　空き教室・廃校の生かし方 ― 産直・教育・福祉のセンターに）　牛久保明子　「現代農業」　78(11)　1999.11　p83～87

◇余裕教室発生の背景と展望（特集　余裕教室の活用・転用）　長倉康彦　「教育と施設」　65　1998.6　p48～50

◇余裕教室の学校以外への転用（特集　学校施設複合化の動向）　文部省施設助成課　「教育と施設」　60　1998.3　p68～71

◇小学校における余裕教室の活用実態に関する研究　李志民、竹下輝和、牧敦司（他）　「日本建築学会計画系論文集」　484　1996.6　p113～122

◇社会教育施設としての余裕教室活用の視点（特集　学社融合）　蛭田道春　「社会教育」51(2)　1996.2　p17～21

◇地域の拠点としての学校・余裕教室 ― 教員の連携活動への参加を期待して（特集　学社融合）　坂本登　「社会教育」　51(2)　1996.2　p14～16

◇余裕教室の活用について　文部省教育助成局施設助成課　「教育委員会月報」　45(2)　1993.5　p10～15

◇まだ少ない開放型の余裕教室活用策、来年度から文部省が施設整備を支援（公立小・中学校の新潮流〔下〕）「日経地域情報」167　1993.3.1　p20～23

40人学級　40 - pupils - per - class system

　学級規模は45人が標準だったが、40人にする運動が教職員組合を中心に長く続いてきた。1980年度40人学級12年計画開始。第2次ベビーブーム世代がピークを超えたこともあり、小中学校では91年度40人達成。さらに

35人学級実施を目指すはずだった計画は、個に応じた多様な教育推進の提唱に伴い、困難校やティーム・ティーチングを実施する学校等に教員を加配する形になり、1996年には計画完結の延長が決定。しかし2001年4月、公立義務教育諸学校学級編成・教職員定数標準法改正により、従来の「40人学級」にとらわれない学級編成が可能になった。これを受けて一部の県や地域が30人学級、25人学級を導入する計画。

【図書】
◇学級編制のしくみを考える — 30人学級実現のために 橋口幽美著 東京 自治体研究社 2001.6 21cm 111p 1200円
 ①4-88037-338-9
◇今後の学級編制及び教職員配置について — 報告 〔東京〕 教職員の配置の在り方等に関する調査研究協力者会議 2000.5 30cm 28p
◇明日をひらく30人学級 八尾坂修著 京都 かもがわ出版 1999.8 21cm 63p 571円 (かもがわブックレット 123)
 ①4-87699-434-X

【雑誌記事】
◇戦後における小中学校の学級規模の縮小 — 教職員配置改善計画の政策効果分析 岡田典子、山崎博敏、田中春彦 「広島大学教育学部紀要 第一部 心理学」 49 2000 p39〜48
◇「20人学級も可能」の裏側で…… — 「定員崩し」は何を考えるか(特集「今後の学級編制及び教職員配置について」をどう読むか) 橋口幽美 「学校事務」 51(10) 2000.10 p52〜57
◇国民世論の高まりのなかで30人学級の実現を 鈴木愛造 「エデュカス」 30 2000.10 p91〜96
◇特別論文 四〇人学級の意味を問う — 子どもの個性と教師の指導力(特集 得意を伸ばす) 下村哲夫 「児童心理」 54(14) 2000.10 p1400〜1405
◇日本の学級規模は欧米より過大 — 文部省が1999年版「教育指標の国際比較」 「内外教育」 5080 2000.1.28 p6〜7
◇適正な学級規模の模索と学校経営上の対応課題(連続特集 2000年の学校経営戦略(2)自主・自律の時代の学校づくりと校長・教頭の役割) 金子照基 「教職研修」 28(5) 2000.1 p80〜83

◇「学級規模と教職員定数についての調査」報告 三島敏男、重和博 「人間と教育」 21 1999.3 p134〜140

四大学連合 ⇒国立大学の連合 を見よ

【 ラ 】

ランゲージラボラトリー ⇒LL を見よ

【 リ 】

理科教育及び産業教育審議会
　1997年5月に文部大臣から「今後の専門高校における教育の在り方等について」諮問を受けた審議会。1998年10月に答申をまとめた。専門高校では専門性の基礎・基本の重視、社会の変化や産業の動向等に適切に対応した教育の展開、生徒一人一人の個性を育て伸ばしていく教育の展開、地域や産業界とのパートナーシップの確立、継続教育機関との連携の推進、各学校の創意工夫を生かした教育の展開を軸に改善を進めるべきとし、単位数の見直し、新学科「情報」「福祉」の提案、既存科目の教科内容の見直し等を提言した。2001年中央省庁改変に伴い、中央教育審議会に統合された。

【雑誌記事】
◇理科教育及び産業教育審議会答申「今後の専門高校における教育の在り方等について」について 文部省職業教育課 「中等教育資料」 47(15) 1998.10 p98〜100
◇解説 理科教育及び産業教育審議会答申「今後の専門高校における教育の在り方等について」 文部省職業教育課 「教育委員会月報」 50(6) 1998.9 p54〜57
◇答申を踏まえて — 解説と今後の取り組み(特集 理科教育及び産業教育審議会(理産

審）答申「今後の専門高校における教育の在り方等について」）「産業教育」 48(10) 1998.9 p24～43
◇理科教育及び産業教育審議会中間まとめと家庭に関する専門教育の改善の方向 河野公子 「産業教育」 48(4) 1998.4 p22～25

リカレント教育　recurrent education

回帰教育・循環教育・還流教育と訳される。スウェーデンのパルメ教育大臣が初めて用い、OECDのCERIが1970年代に本格的に打ち出した、義務教育修了後も全ての人に生涯に亘る学習が必要だとする教育改革構想。文部省では、「リフレッシュ教育」。リフレッシュ教育はリカレント教育の一部であり、職業上の知識・技術を内容とする大学・大学院の教育をさす。

→リフレッシュ教育 をも見よ

【図書】
◇リカレント教育に関する調査報告書 〔山口〕 山口県教育委員会 2000.3 30cm 1冊
◇高等教育機関によるリカレント教育に対するニーズ調査報告書 徳島大学大学開放実践センターリカレント教育調査プロジェクトチーム編 徳島 徳島大学大学開放実践センター 2000.3 30cm 149p
◇リカレント教育の推進について ― 提言 〔札幌〕 北海道生涯学習審議会 1997.8 30cm 23,8p
◇リカレント教育の振興方策について ― 報告 名古屋 愛知県生涯学習審議会事務局 1997.2 30cm 34p

【雑誌記事】
◇大学院教育の実践と理論化―リカレント教育の試み（ソーシャルワークの実践と理論をつなぐもの） 石川到覚 「ソーシャルワーク研究」 26(1) 2000.4 p35～40
◇高等教育におけるリカレント教育機能の受容に関する考察 出相泰裕 「日本社会教育学会紀要」 33 1997 p94～101
◇リカレント教育再考―理念の変容と政策化への制約 出相泰裕 「フィロソフィア」 84 1996 p76～63
◇夜間大学院在学の社会人学生の意識と行動―リカレント教育の職業キャリア形成に与える影響 中村三緒子 「人間研究」 30 1994.3 p49～54
◇「リカレント教育推進事業」の意義と今後の展開(生涯学習特集―学校における多様な学習機会の提供―高等教育機関） 中山敏泰 「教育委員会月報」 45(10) 1993.12 p58～61

理工系離れ

大学志願者中に占める理工系の割合は1985年度の約25％から1993年度には約20％に減っているという。理工系離れの傾向に歯止めをかけようと、文部省の懇談会が報告書をまとめた。ボランティアとして学外の体験教室や出前講座に参加し、「発見と創造の喜び」を紹介する、「子どもサイエンスフォーラム」などの社会的な組織を作り、青少年対象のコンテストなどを主催するといった活動が大学人側から行われることを期待した。また、大学などが給費奨学金制度を導入することなどを提言した。

→算数離れ・理科離れ をも見よ

【図書】
◇理工教育を問う ― テクノ立国が危うい 産経新聞社会部編 東京 新潮社 1998.2 16cm 229p 400円 （新潮文庫） ⓘ4-10-145512-0
◇21世紀への科学技術教育 ― 基礎教育の振興と人材育成 日本工学会編 東京 日刊工業新聞社 1997.6 19cm 238p 1600円 ⓘ4-526-04032-0
◇次代の科学技術を担う青少年の創造性を育成するための方策のあり方に関する調査研究 ― 青少年の創造性涵養に資する事業に関する調査 〔東京〕 日本科学技術振興財団 1997.3 30cm 275p
◇創造的人材育成のための大学教育の改善についての緊急提言 大学の理工系分野における創造的人材の育成のための産学懇談会〔著〕 〔東京〕 文部省高等教育局 1995.7 30cm 23p
◇科学技術振興のための青少年の育成方策に関する調査 〔1995〕 〔東京〕 日本科学技術振興財団 1995.3 30cm 1冊
◇科学技術振興のための青少年の育成方策に関する調査 〔東京〕 日本科学技術振興財団 1994.3 30cm 1冊

【雑誌記事】

◇高校生向けサイエンス・キャンプを通して「理工系離れ」を考える(特集 理系離れとセラミックス教育―理工系教育の課題と提案) 北村健二 「Ceramics Japan」 33(11) 1998.11 p913〜915

◇大学等進学者の理科離れその後―センター試験受験者と入学者の調査を基にして 軸丸勇士,小田敏之,藤井弘也 「大分大学教育学部研究紀要」 20(2) 1998.10 p277〜283

◇理工系離れをどう食い止めるか(ミネルヴァの視線) 大島まり 「Foresight」 8(11) 1997.11 p112

◇時代の変遷とともに起きた若者の科学技術離れ(理工学教育最前線特集―Techno Scope「理工系離れ」を追う) 只野文哉 「ふぇらむ」 2(2) 1997.2 p81〜83

◇「理工系離れ」を考える 平recip多賀男 「大学と学生」 377 1996.10 p2〜5

◇若者の理工系離れの現状から思うこと 久米原宏之 「日本ねじ研究協会誌」 26(11) 1995.11 p327〜329

◇学生の理工系離れは初等中等教育に根ざす 飯利雄一,大野淳 「電気学会誌」 114(11) 1994.10 p739〜742

リソースルーム方式 ⇒ 通級制度 を見よ

リテラシー

本来は読み書き能力のこと。実生活において必要とされる基礎的能力と言う意味で、コンピュータ・リテラシー、メディア・リテラシーなど、いろいろの語につけて用いられる。

→ コンピュータ・リテラシー,情報リテラシー,メディア・リテラシー をも見よ

【図書】

◇リテラシーの教育 中山玄三著 東京 近代文芸社 1993.2 20cm 168p 1500円 ①4-7733-1788-4

リフレッシュ教育

社会人や現職教員が、大学・大学院などで職業上の知識・技術を再生・更新することを目的とした教育。文部省は1993年、産業界と大学等の代表からなる「リフレッシュ教育推進協議会」を設置し、推進を図っている。

→ リカレント教育 をも見よ

【図書】

◇リフレッシュ教育 ― 社会人に開かれた大学ガイド 学部編 改訂版 文部省編 東京 ぎょうせい 1997.9 30cm 405p 4300円 ①4-324-05187-9

◇リフレッシュ教育 ― 社会人に開かれた大学ガイド 大学院編 改訂版 文部省編 東京 ぎょうせい 1997.9 30cm 440p 4400円 ①4-324-05188-7

◇リフレッシュ教育についての大学等と産業界との連携・協力の在り方に関する調査研究報告書 東京 日本工業教育協会 1993.3 30cm 104p

◇工学系分野におけるリフレッシュ教育の在り方に関する調査研究報告書 東京 日本工業教育協会 1993.3 30cm 100p

◇地域産業技術者のための高専におけるリフレッシュ教育 ― 教育方法等改善経費による調査研究報告書 東京工業高等専門学校リフレッシュ教育研究会〔編〕 八王子 地域産業技術者のための高専におけるリフレッシュ教育研究会 1993.3 26cm 80p

【雑誌記事】

◇リフレッシュ教育の現状と課題(特集 社会人と学習) 北見耕一 「都市問題研究」 50(2) 1998.2 p21〜32

◇大学院におけるリフレッシュ教育―オープン・アカデミズムへの挑戦(大学改革の進展<特集>―事例紹介) 宮下国生 「大学と学生」 360 1995.6 p29〜31

◇リフレッシュ教育と大学の役割(研究会報告) 西阪昇 「大学と生涯学習」 No.1 1994.8 p72〜84

◇「社会人のための大学」で調査研究―教員含めた社会人に強いリフレッシュ教育の期待 安達拓二 「現代教育科学」 37(7) 1994.7 p86〜89

◇リフレッシュ教育の推進について(文部省)(中央展望 生涯学習行政コーナー) 「社会教育」 49(1) 1994.1 p78〜80

留学生 foreign students

文部科学省の調査によると、2001年5月現在の留学生の数は7万8千人を超え、過去最高となった。内訳は国費約9千人・外国政府

派遣1300人・私費6万8千人。9割以上がアジア地域からで、中でも中国・韓国・台湾の学生が全体の8割近くを占める。学部・短期大学・高等専門学校への留学生が増加している。しかし文部省が84年に打ち出した2000年に留学生10万人を受け入れるという計画には未だに届いていない。

→留学生十万人計画 をも見よ

【図書】

◇「横浜留学生生活調査」報告書 ― シンポジウム「留学生が抱える問題の解決にむけて」資料　横浜　横浜市国際交流協会　2000.11　30cm　76p

◇留学生からのメッセージ ― 日本留学の光と影 京大百年に寄せて　大橋敏子著　京都　北斗書房 1998.3　21cm　132p　①4-89467-011-9

◇東京大学の韓国人留学生 ― その生活状況と日韓関係への提言　東京大学大学院総合文化研究科東アジア地域研究会編　東京　東京大学大学院総合文化研究科東アジア地域研究会　1997.12　30cm　306p　非売品

◇国費学部留学生に関する調査報告 ― 東京外国語大学留学生日本語教育センター1970年度～1993年度入学生を対象とする 東京外国語大学留学生日本語教育センター生活指導部編　府中(東京都)　東京外国語大学留学生日本語教育センター　1995.3　30cm　73p

◇中国人留学生と日本　岡益巳, 深田博己著　東京　白帝社　1995.1　21cm　224p　2200円　①4-89174-250-X

◇外国人留学生の意識と受入環境 ― 大学・支援機関・留学生ヒアリング調査結果報告 日本労働研究機構編　東京　日本労働研究機構　1994.9　26cm　155p

◇日本で学ぶ留学生たち ― 意識調査とパネルディスカッションの記録　東洋大学留学生調査研究会編　〔朝霞〕　東洋大学　1993.3　26cm　120p

【雑誌記事】

◇日本のキャンパスに失望する外国人留学生たち　和仁廉夫　「週刊金曜日」　8(36)　2000.9.29　p54～56

◇留学生の求めていること ― 研修コース修了生インタビュー調査報告　守山恵子, 永井智香子, 松本久美子　「長崎大学外国人留学生指導センター紀要」　8　2000.6　p1～30

◇『在日外国人留学生問題に関する研究』― 中国人留学生からみる留学生問題　劉年　「立正大学社会学・社会福祉学論叢」　33　2000.3　p71～80

◇News scope 外国人留学生の受入れの現状(平成10年5月1日現在) ― 「我が国の留学生制度の概要」から　「国際人流」　12(12)　1999.12　p25～27

◇全国自治体の留学生支援計画総点検(特集・外国人留学生と文化交流)　「ワールドプラザ」　45　1996.5　p20～23

◇留学生10万人時代とその問題点 ― 留学ニーズの多様化への対応(特集・外国人留学生と文化交流)　「ワールドプラザ」　45　1996.5　p9～10

◇日本不満―希望失うアジア留学生34.6%(気になる数字)「THIS IS 読売」　4(3)　1993.6　p124

◇日本の国際化と留学生 ― 日本の"レジャーランド"を変えるか(ランキングで見る現代世相学)　佐久間哲夫　「正論」　249　1993.5　p156～157

◇聞こえなくなった「国際化」― 留学生・就学生の現状から(特集・移民社会日本―何が選択できるのか)　方淳《ファンチュン》〔著〕, 米井恵美子〔訳〕　「世界」　580　1993.4　p226～231

◇留学生増加に伴う諸問題(大学の国際化と外国人留学生―アジア高等教育国際セミナーの記録＜特集＞― 「留学生10万人計画」の可能性と問題点を考える)　沖原豊　「広島大学大学教育研究センター大学論集」　15　1986　p155～157

留学生十万人計画

1983年「21世紀への留学生政策懇談会」は、21世紀初頭にはフランス並の10万人程度の留学生の受け入れ(うち1万を国費留学生に)を想定して、大学等の整備を進めるよう提言。86年には留学生交流推進協議会が発足。以降留学生の受入数は増加したが、10万人には及ばなかった。文部省は留学生政策を「知的国際貢献」として位置付けて取組を展開する必要があるとしており、国費留学生増員、私費留学生に対する奨学金の支給等の措置、宿舎の提供、短期留学制度の推進などの施策を推進していくとした。

【図書】

◇留学生10万人を目指して ― 留学生受入対策の現状と課題　総務庁行政監察局編　東京　大蔵省印刷局　1993.12　30cm　200p　1700円　①4-17-510001-6

【雑誌記事】

◇「留学生10万人計画」の現状と課題（特集 大学院はどこへ？）　秋山邦裕　「日本の科学者」　35(5)　2000.5　p212～216

◇達成困難となった「留学生受け入れ10万人計画」―問われる日本の魅力　嘉祥寺光雄　「経済調査」　590　1997.6　p22

◇留学生受け入れ計画の破綻―日本を選んだアジア青年の失望（NBリポート）　関志雄　「日経ビジネス」　880　1997.3.3　p122～125

◇「留学生10万人計画」の検証と今後への若干の提案（留学生受け入れの新しい展開に向けて＜特集＞）　田中宏　「一橋論叢」　114(4)　1995.10　p719～733

留年　delay of graduation

課程修了もしくは学業に必要な単位を取得していないために同課程に留まり、あるいは在学すること。大学など単位制の場合に用い、課程留年（教養部など）と卒業延期がある。資格試験受験者、怠学のほか、就職のために自主的に留年するケースも見られる。

【雑誌記事】

◇事例紹介　学生相談から見た留年学生の修学上の問題（特集　修学指導）　鶴田和美　「大学と学生」　440　2001.8　p50～54

◇留年を重ねた女子大学院生に見られた心理的特徴と発達課題―自分らしい生き方の選択　青木万里　「学生相談研究」　21(2)　2000.9　p114～122

◇「留年危機」の自己管理（シンポジウム テーマ:大学生の危機管理）　豊嶋秋彦、遠山宜哉　「全国大学メンタルヘルス研究会報告書」　17　1995　p91～95

◇留年生との関わり方（第16回大学精神衛生研究会報告書―シンポジウム テーマ:「休学・留年学生をめぐる諸問題」）　湊博昭　「大学精神衛生研究会報告書」　16　1994　p9～13

臨教審答申

1985年6月第1次答申、86年4月第2次答申、87年4月第3次答申、同8月最終答申を中曽根内閣に提出。「個性重視の原則」、「生涯学習体系への移行」、国際化や情報化など「変化への対応」を改革の原則に据え、日の丸・君が代教育の徹底、文教施設のインテリジェント化、共通テスト、寄付講座、大学審議会設置、教職免許法改訂、高校の多様化・個性化（単位制高校・六年制中等学校など）、新国際学校の設置、大学設置基準の弾力化、生涯学習局の創設、民間活力の導入、教職員団体の教育介入排除などを提言。88年答申実現のための臨時教育改革推進会議（ポスト臨教審）が設置された。

→臨時教育審議会 をも見よ

【雑誌記事】

◇学校選択機会の拡大に関する臨教審提言の具体化（特集 学校選択の弾力化と特色ある学校づくり）　浅野素雄　「教職研修」　25(10)　1997.6　p30～33

臨時教育審議会　National Council on Education Reform, Ad Hoc Council on Education

1984年8月中曽根首相の"教育臨調"構想を拠に25人の委員で発足。87年8月第4次答申（最終答申）を提出して解散。

→臨教審答申 をも見よ

【図書】

◇臨教審以後の教育政策　市川昭午著　東京　教育開発研究所　1995.5　22cm　398p　5000円　①4-87380-258-X

◇教育は乱世時代 ― 臨教審の舞台裏と教育立国への道　有田一寿著　東京　日本教育新聞社出版局　1993.3　20cm　261p　①4-89055-111-5

【雑誌記事】

◇現代教育改革の諸問題―臨時教育審議会と教育の自由化　黒崎勲　「学校事務」　50(7)　1999.7　p92～97

◇新ガイドラインと臨教審路線（特集 新ガイドラインと教育の課題）　高野哲郎　「未来をひらく教育」　116　1999.3　p23～25

◇大学問題を考える ―「臨教審の時代」から大学設置基準の改訂へ　宇田川博　「文化論集」　12　1998.3　p209～247
◇ポスト臨教審の学校教育(特集 学校教育の可能性)　室井修　「都市問題」　88(3)　1997.3　p3～15
◇臨教審とその後の教育改革 ― 後期中等教育を中心として　長谷川博之　「熊本学園大学論集「総合科学」」　3(1)　1996.12　p39～64
◇大学における教養部改革の問題点 ― 臨教審路線による大学教育の歪みを告発する　改正充　「前衛」　670　1996.3　p197～212
◇17 変革期における教育社会学 ― 臨教審問題とK・マンハイムの教育社会学〈社会構造の探求〉　入江良英　「社会構造の探求」　新泉社　1995.11　(現実と理論のインターフェイス 故下田直春教授追悼論文集)

【レ】

レインボープラン
「レインボープラン ― 7つの重点対策」は「教育改革国民会議」の提言をもとに文部科学省が2001年1月に発表した「21世紀教育新生プラン」をわかりやすく解説した参考資料とされている
→21世紀教育新生プラン をも見よ

歴史教科書問題
1982年中国・韓国各紙が教科書検定の歴史記述(「侵略」→「進出」への書換え)を大々的に批判、政治・外交問題に発展。その後も86年中国は日本を守る国民会議編「新編日本史」を非難。89年最高裁は南京大虐殺は無かったとする元軍人らの教科書訴訟に対し、上告を棄却した。90年代に入っても日本の植民地支配、従軍慰安婦問題、戦後補償の問題等について国内外で批判が起こってきた。2000年「新しい歴史教科書をつくる会」作成の歴史教科書が検定に合格すると、中国・韓国・北朝鮮は強く抗議、日本政府に対して修正要求を提出した。政府は教科書の記述に対して「修正を指示」する事はできないため、明白な誤りであった2ヶ所が修正されるにとどまった。

【図書】
◇教科書攻撃のウソを斬る ―「新しい歴史教科書をつくる会」がねらうもの　子どもと教科書全国ネット21編　東京　青木書店　2000.3　21cm　123p　1000円　①4-250-20001-9
◇歴史教科書への疑問 ― 若手国会議員による歴史教科書問題の総括　日本の前途と歴史教育を考える若手議員の会編　東京　日本の前途と歴史教育を考える若手議員の会　1997.12　20cm　518p　2000円　①4-88656-144-6
◇歴史からの反論 ― 教科書批判者たちの正体　尾上進勇, 村上雅盈著　東京　東京出版　1997.5　19cm　355p　1500円+税　①4-924644-63-3
◇韓国から見た日本の歴史教育　李元淳著　東京　青木書店　1994.8　20cm　274p　2781円　①4-250-94020-9
◇教科書を日韓協力で考える　日韓歴史教科書研究会編　東京　大月書店　1993.3　20cm　261p　2400円　①4-272-41064-4

【雑誌記事】
◇教育ニュース・ズームアップ 教科書問題で日韓・日中友好にヒビ,中・韓の修正要求への文科省の回答　安達拓二　「現代教育科学」　44(10)　2001.10　p87～94
◇アジアと日本 ― 20年目の歴史教科書問題とアジアの不信　和仁廉夫　「月刊社会民主」　555　2001.8　p43～47
◇韓国の対日教科書修正要求の不当性(特集 求められる日韓の歴史討論)　朴賛雄　「現代コリア」　413　2001.8　p24～26
◇ニュースを読む 歴史教科書と韓国・中国からの抗議について　小牧薫　「学習の友」　575　2001.7　p72～75
◇韓国政府の歴史教科書修正要求「35項目」　「正論」　347　2001.7　p86～94
◇中国政府の歴史教科書修正要求「8項目」　「正論」　347　2001.7　p72～76
◇外務省・槙田邦彦局長に糾す!「これが内政干渉でなくて何なんだ!」(歴史教科書に内政干渉)　平沢勝栄　「諸君!」　33(5)　2001.5　p102～110

◇論壇 政治 介入は許されぬ各国固有の歴史観―またも繰り返す教科書への外圧 若留明 「政経人」 48(4) 2001.4 p22〜25
◇日本の教科書制度の問題点(特集 第3回世界平和博物館会議歴史教科書問題ワークショップ報告) 髙嶋伸欣 「立命館平和研究」 1 2000 p9〜12
◇生徒置き去りの論争は不毛だ―通史から感動は生まれない。歴史教科書を読むことは苦痛以外の何ものでも―。 阿部謹也 「THIS IS 読売」 8(7) 1997.9 p58〜65

レディネス

準備性とも言い、ある事柄を習得するのに必要な心身の準備状態。心身の成熟と、これまでの経験や学習、興味・関心などによって形成される。

【雑誌記事】

◇学生の学校生活適応と職業レディネスに関する調査―自尊心との関係から 小保方稔子 「千葉明徳短期大学研究紀要」 22 2001 p63〜72
◇青年期の自立にかかわる諸問題(5)大学生のアパシー傾向と自我同一性および職業レディネス 永江誠司 「福岡教育大学紀要 第4部 教職科編」 48 1999 p281〜289
◇教科学習のレディネスと就学期の発達課題に関する一考察 丸山美和子 「社会学部論集」 32 1999.3 p195〜208

連合大学院

いくつかの国立大学の同一の専門学部が連合して特定の大学を拠点とする大学院。岩手大学大学院連合農学研究科、東京学芸大学連合学校教育研究科などがある。

→ 独立大学院 をも見よ

【雑誌記事】

◇講義室 連合大学院博士課程の4年間 大井みさほ 「大学の物理教育」 2001(2) 2001.7 p15〜18
◇連合大学院の構築とSCS(今月のテーマ《情報化と大学》) 武脇義 「IDE」 389 1997.8 p36〜41

◇理科教育と連合大学院 大井みさほ 「大学の物理教育」 97(1) 1997.3 p12〜15
◇連合大学院博士課程と科学教育研究 佐藤光 「大学の物理教育」 97(1) 1997.3 p16〜19

【ロ】

6・3・3制

日本で1947年発足した単線型学校制度。初等教育(小学校)6年、前期中等教育(中学校)3年、後期中等教育(高校)3年、高等教育(大学)4年から成る。61年高等専門学校(5年制)が、99年から中学校と高校に相当する6年制の中等教育学校が設置された。

【図書】

◇六・三・三制の成立 三羽光彦著 京都 法律文化社 1999.5 22cm 399,9p 5800円 (岐阜経済大学研究叢書 9) ①4-589-02113-7
◇職員室からの証言<6・3・3制>の光と影 大石勝男著 東京 小学館 1997.6 19cm 223p 1590円 ①4-09-837332-7

【雑誌記事】

◇教育の機会均等と6・3・3制50年(教育基本法50年―その総括と展望―第1分科会=教育改革と教育基本法―教育基本法を読みなおす) 三羽光彦 「日本教育法学会年報」 27 1998.3 p62〜71
◇学校教育法―曲がり角にきた6・3・3・4制(特集・学校教育法) 小島弘道 「季刊教育法」 112 1997.9 p4〜12
◇特別対談 上田薫vs.大石勝男<6・3・3制>の功罪―教育改革論議の中で考える 「総合教育技術」 52(3) 1997.6 p84〜87

六年制中等学校 ⇒ 中高一貫教育校 を見よ

ロゴ ⇒ LOGO を見よ

ロー・スクール ⇒ 法科大学院 を見よ

【ワ】

我が国の文教施策
1988年からのいわゆる「教育白書」のタイトル。
→ 教育白書 をも見よ

若者文化 youth culture
元来は1942年パーソンズが初めて使用した言葉。対抗文化として、母からの自立・仲間集団への同調・自立と依存の葛藤などを基本概念としていたが、消費社会の中で次第に私事化・原子化した。
→ 少女文化・少年文化 をも見よ

【図書】
◇大学授業の生態誌 ―「要領よく」生きようとする学生 島田博司著 町田 玉川大学出版部 2001.6 19cm 253p 2400円 （高等教育シリーズ 107）①4-472-30259-4
◇データでみる若者の現在 ― 若者調査報告書 1998年版 日経産業消費研究所編 東京 日経産業消費研究所 1998.11 30cm 35,168p 18000円 ①4-532-63504-7
◇若者文化のフィールドワーク ― もう1つの地域文化を求めて 伊奈正人著 東京 勁草書房 1995.7 20cm 301,18p 2884円 ①4-326-65178-4

【雑誌記事】
◇若者文化の"いま"を読み解く ― 若者の「いま」市場を膨張させるメディア・ジェネレーションの特性 谷口正和「レジャー産業資料」 33(8) 2000.8 p47〜50
◇特別論文「自分らしさ」と若者文化 ― フリマとカフェの心理学（特集 自分らしさを育てる） 三浦展「児童心理」 54(10) 2000.7 p901〜905
◇直撃インタビュー 中西新太郎さんに聞くサブカルチャー 若者文化の90年代をどうみるか 中西新太郎「高校のひろば」 28 1998.6 p4〜9
◇若者文化研究特集・消えてゆくミーハー、勢いを増すオタク「パート」 6(4) 1996.2.12 p100〜105
◇カウンターカルチャーとしての若者文化（青春論ノート〔7〕） 猪野健治「公評」 31(5) 1994.6 p64〜71
◇若者文化と批判的理性の形成 ― 大学生のメディア接触度調査から 横家純一「椙山女学園大学研究論集 社会科学篇」 32 1991 p1〜9

ワーキングホリデー working holidays
就業許可つきの休暇旅行制度。観光ビザで入国した訪問国で就労することは本来できないが、2国間の協定に基づき、異文化の中で休暇を楽しみながら、その間の滞在資金を現地でのアルバイトで補うことを認める制度。1980年日豪間で発足。その後、ニュージーランド、カナダ、韓国、フランス、ドイツ、イギリスで開始された。18〜30歳（1部25歳）の男女が対象で、大使館への申請で1年間有効のビザが発給される。

【図書】
◇ワーキングホリデー完ペキガイド 2002-2003 『地球の歩き方』編集室著作編集 東京 ダイヤモンド・ビッグ社 2001.8 21cm 399p 1500円 （地球の歩き方） ①4-478-03630-6
◇ワーキング・ホリデーへの招待 日本ワーキング・ホリデー協会編 東京 読売新聞社 1998.9 21cm 179p 1200円 ①4-643-98091-5

【雑誌記事】
◇官公庁窓口情報（入管関係）ワーキング・ホリデー制度「行政書士とうきょう」 374 2000.2 p32〜35
◇ワーキング・ホリデー・異文化の中で暮らしてお互いの理解を深める（特集 拡大する青少年の国際交流）「国際人流」 12(6) 1999.6 p12〜17
◇調査報告 ワーキング・ホリデー制度利用者のフォローアップ調査 労働省勤労青少年室「青少年問題」 43(6) 1996.6 p44〜49
◇ワーキング・ホリデーの基礎知識（特集・ワーキング・ホリデー）「国際人流」 99 1995.8 p3〜5

【 ABC 】

A・Bグループ型入試

1987年国立大学複数受験制が採用され、国公立大学をA群とB群に分け、各群1校を受験できる連続方式が実施された。入学辞退者が続出したため、翌88年から両群にわたって募集する分離分割方式を始める大学も出て、受験生の混乱を招いた。93年度80大学290学部がA・Bグループ型入試を採用、公立大では8大学13学部が分離分割方式。分離分割方式の拡大・定着により、国立大学は97年から、公立大学も一部を除き、99年から分離分割方式に統一された。

ADHD Attention-Deficit/Hyperactivity Disorder

注意欠陥/多動性障害。集中力に欠け多動・衝動性が見られ、7才以前に発症するものを指す。些細なことでかんしゃくを起こすことがあるが、冷静なときは物事の正否は理解できる。中学生くらいになると目立たなくなることが多いが、一部は行為障害、反社会性障害に向かうこともある。

【図書】
- ◇こうすればうまくいくADHDをもつ子の学校生活 リンダ・J.フィフナー著、上林靖子〔ほか〕監訳 東京 中央法規出版 2000.10 21cm 189p 1800円 ⓘ4-8058-1975-8
- ◇学習障害(LD)注意欠陥多動性障害(ADHD)の事例集 鈴木陽子編著 東京 星の環会 2000.8 19cm 300p 800円 ⓘ4-89294-305-3

【雑誌記事】
- ◇注意欠陥/多動性障害(ADHD)(特集 気になる子どもたち—最新の発達障害医学から) 上林靖子 「月刊地域保健」 32(5) 2001.5 p17〜28
- ◇ADHD(注意欠陥/多動性障害)を学ぶ(特集 学級を乱す子)「児童心理」 55(5) 2001.4 p525〜532
- ◇注意欠陥障害(ADD)と注意欠陥多動性障害(ADHD)(暮しと健康相談室)「暮しと健康」 56(4) 2001.4 p86
- ◇学級崩壊とADHD(特集 学校の崩壊) 石川憲彦 「精神医療 第4次」 20 2000 p34〜48
- ◇注意欠陥/多動性障害(ADHD)(特集 落ちつきのない子) 作田勉 「教育と医学」 48(1) 2000.1 p10〜19
- ◇ADHD(注意欠陥/多動性障害)って何だ!?—いじめ、学業不振も誘発 「週刊朝日」 103(22) 1998.5.22 p41〜43

AET assistant English teachers

ALTのうち、とくに英語を担当する外国人のこと。

→ALTをも見よ

ALT

Assistant Language Teachers(外国語指導助手)の略で、中学校・高校で英語を教えたり、地域住民との交流を深め、地域における国際交流活動に従事する外国人で、特に英語圏からの指導助手はAETと呼ばれる。1987年8月にスタートしたJET(Japan Exchange and Teaching)プログラム(語学指導等を行う外国青年招致事業)の一環で、全国の中学校・高校の英語授業で日本人教師とALTとのティームティーチングを行うほか、クラブ・部活動や教員との交流などの活動を行っている。2000年度は前年度からの継続者も含めおよそ5,500人が招致されている。学校側では児童・生徒が「生きた英語」に接しながら学習できるようにさせることが求められる。

【図書】
- ◇外国語指導助手の教育活動実践事例集 文部省〔著〕 東京 開隆堂出版 1999.11 30cm 154p 500円
- ◇シナリオ形式ティーム・ティーチングアイディア集—ALTとともにコミュニケーシ

【雑誌記事】
◇実践報告 ALTとのTeam-Teachingの実践——国際理解と自己表現力の育成を目指して 野村真理子 「紀要(四国英語教育学会)」 20 2000 p21〜30
◇外国語指導助手を部活などに活用——規制緩和推進計画の再改定を閣議決定 「内外教育」 5098 2000.4.4 p8
◇コミュニケーション能力の育成をめざしたALTとのT・T授業——ゲームを使って(特集 外国語教育の新たな展開〔含 資料〕——実践事例 コミュニケーション能力の育成を重視した外国語教育の実践) 米田隆 「教育じほう」 617 1999.6 p52〜55
◇英語の基礎的な運用能力をつけるために、英語科と普通科でどのようにALTを活用できるのか、その実効ある協同授業の在り方を探る——新潟県立中条高等学校(特集 平成6・7年度チーム・ティーチング研究推進校研究集録——第2部 高等学校部会研究成果報告書) 「中等教育資料」 45(18) 1996.11 p118〜122
◇JTE・AETのパートナーシップと異文化理解(教科・領域(英語科)) 赤井猛 「研究紀要」 2号 1995.3 p117〜122
◇AETの存在が中学生に及ぼす効果——AETの導入が中学生の、外国人や英語に対する態度、学級雰囲気に及ぼす効果 鈴木康平, 田口広明, 田口恵子 「熊本大学教育学部紀要 人文科学」 43 1994 p307〜315
◇31 英語指導助手(AET)制度の構造と動向——地方とのかかわりを中心にして〈大東文化大学創立七十周年記念論集〉 西川栄紀 「大東文化大学創立七十周年記念論集(大東文化学園七十周年記念事業事務室)」 上巻 1993.9

AO入試

入試事務室(アドミッション・オフィス)が自己推薦書・高校の成績や活動記録および面接などを総合的に勘案して入学者を選抜する方式。日本では慶應義塾大学湘南藤沢キャンパスにおいて早くから実施され、他の私立大学でもこれに続く動きが見られ、2000年度からは一部国立大学が導入するなど急速に広がりつつある。

【図書】
◇AO型入学選抜の多様な"進化"——全入期へのパラダイム転換 高校・大学の"教育接続"へのステップアップ 下 高等教育情報センター編 東京 地域科学研究会 2001.1 30cm 317p 20952円 (高等教育シリーズ 第22集) ①4-925069-22-5
◇AO型入学選抜の多様な"進化"——全入期へのパラダイム転換 高校・大学の"教育接続"へのステップアップ 上 高等教育情報センター編 東京 地域科学研究会 2000.11 30cm 289p 20476円 (高等教育シリーズ 第21集) ①4-925069-21-7
◇大学「AO入試」とは何だ 小野博著 東京 毎日新聞社 2000.11 19cm 189p 1143円 ①4-620-31486-2
◇AO型入学選考の運営と実際——ユニバーサル期への転換 大学と志願者との"出会い"の演出 その理念・組織、方法・プロセス、成果・可能性 高等教育情報センター編 東京 地域科学研究会 1999.4 30cm 307p 22857円 (高等教育シリーズ 第19集) ①4-925069-19-5

【雑誌記事】
◇特別企画 激増する新型入試AO・自己推薦は高校生と高校に何を示しているか 「キャリアガイダンス」 33(4) 2001.6 p69〜81
◇AO入試制度はこれでよいか——AOの将来像を考える 竜城正明 「大学時報」 50 (277) 2001.3 p88〜95
◇AO入試の在り方を論議——大学入試センターが「大学入学広報セミナー」 「内外教育」 5146 2000.10.6 p2〜3
◇大学入学後に伸びる素質の評価とAO入試の役割 小笠原正明, 阿部和厚, 石川健三 「高等教育ジャーナル」 8 2000.3 p99〜107
◇大学サバイバル物語 急増する有名大学AO入試——出尽した客集めのあの手この手 大宮知信 「月刊公論」 32(8) 1999.8 p57〜62

BBS運動 Big Brothers and Sisters Movement

1904年ニューヨークの少年裁判所職員の呼掛けで始まった青年運動。非行少年の兄・姉の存在として社会復帰を助けるもので、47年から日本でも広まり、52年には日本BBS

連盟が結成された。96年現在約600の地区会が会員約6,300人の手で運営されている。

【図書】
◇BBS運動発足50周年記念事業報告書 日本BBS連盟編 東京 日本BBS連盟 1999.3 30cm 165p
◇BBS運動発足50周年記念誌 BBS運動発足50周年記念誌編集委員会編 東京 日本更生保護協会 1997.12 26cm 186p
◇BBS運動50年の回顧 ― BBS運動発足50周年記念誌 日本BBS連盟OB会編 東京 日本BBS連盟OB会 1997.9 26cm 138p

【雑誌記事】
◇少年の立ち直り支えるBBS運動(少年法をまなぶ〔3〕) 寺中誠 「週刊金曜日」 8(41) 2000.11.3 p34
◇犯罪学の散歩道(82)BBS運動50年の軌跡 藤本哲也 「戸籍時報」 500 1999.5 p79～84
◇講演録 更生保護とBBS運動の諸問題 佐藤勲平 「犯罪と非行」 119 1999.2 p43～65
◇同じ目の高さで…―BBS運動とは 法務省保護局 「青少年問題」 42(2) 1995.2 p36～39

CAI computer aided(assisted)instruction
コンピュータ支援教育システムともいう。プログラム学習をこなすティーチング・マシンの高度な形態で、コンピュータが人間教師の代わりを務めて個別化教育を行う。1958年伝統的CAI(フレーム型CAI)が初めて開発され、80年代に入り知的CAI・問題解決型CAIの時代となり、教える機能から学ぶ機能へと重点が移っている。放送教育開発センターの調べによると、96年現在マルチメディア型CAIによる教育を実施している大学は103校(全体428中)、短大は42(全体358中)校。

【図書】
◇CAI ― Computer assisted instruction コンピュータを食べてしまう先生と生徒たち 秋元浩一編 東京 養賢堂 1997.4 21cm 152p 2200円
①4-8425-9703-8

【雑誌記事】
◇CAIと語学教育 舟杉真一 「京都外国語大学研究論叢」 56 2000 p85～90
◇語学学習とコンピュータ(1)学習と機械の歴史 ティーチングマシンからCAIへ 平林宣和 「広島経済大学研究論集」 23(2) 2000.9 p1～11
◇思考の誘発とCAIの導入―幼児の描画の場合 島田俊朗、三橋謙一郎、寒川伊佐男(他) 「徳島文理大学研究紀要」 55 1998.3 p75～90
◇コンピュータを用いた学習に対する小学生の意識―少人数でのコンピュータ利用のCAI実践から 紺野昇、山本伊津子 「科学教育研究」 20(4) 1996.12 p230～237
◇マルチメディアとCAI 栗山文男 「警察学論集」 49(3) 1996.3 p115～125
◇CAIによる効果的数学教育と評価方法(教育方法と評価) 成蹊喜則 「高専教育」 17 1994.3 p226～231
◇私立大学におけるCAIの役割I.一般的方向付け 池村勉 「情報科学研究」 7 1993.3 p22～50

CBI computer based instruction
コンピュータの広範な教育利用を指し、CBE(computer based education)とほぼ同義。SPSSXのような統計処理や、情報処理教育、学校事務処理、授業運営支援システム(CMI)、自動教授システム(CAI)、自習システム(CFL)などを包括する概念。日本でも1963年頃からCBIの本格的な研究が行われ、1980年代まで大型や中型のコンピュータを利用したCBIが行われた。教育の対象者を小、中、高校生にしたもの圧倒的に多いが、大学生を対象に考案された英語の個人学習や英語クラス用のプログラムや教材の開発も試みられている。

【図書】
◇教育メディアとコンピュータ 松田昇一, 岡田裕, 中原妙子編著 東京 学術図書出版社 1999.5 30cm 191p 2500円
①4-87361-573-9
◇学校教育におけるコンピュータの活用 ― 情報の検索・分析・創造・発信などの思考指導を 佐藤隆博著 東京 明治図書出版

1997.7 19cm 148p 1400円
(教育実践文庫 7) ①4-18-786907-7
◇教育とデジタル革命 髙島秀之著 東京
有斐閣 1997.5 19cm 226p 1800円
(有斐閣選書) ①4-641-18284-1
◇コンピュータがひらく豊かな教育 — 情報
化時代の教育環境と教師 田中俊也編著
京都 北大路書房 1996.4 21cm 176p
2266円 ①4-7628-2054-7
◇学校教育とコンピュータ 3 藤沢市教育
文化センター編 藤沢 藤沢市教育文化セ
ンター 1995.3 21cm 208p (教育メ
ディア研究)
◇コンピュータを教育に活かす —「触れ、
慣れ、親しむ」を超えて 市川伸一著
東京 勁草書房 1994.5 22cm 225p
3502円 ①4-326-25026-7
◇学校教育とコンピュータ 2 藤沢市教育
文化センター編 藤沢 藤沢市教育文化セ
ンター 1994.2 21cm 164p (教育メ
ディア研究)
◇学校教育とコンピュータ 赤堀侃司著 東
京 日本放送出版協会 1993.11 19cm
219p 830円 (NHKブックス 679)
①4-14-001679-5
◇教育訓練の評価におけるコンピュータの活
用 〔相模原〕 職業能力開発大学校研修
研究センター 〔1993〕 26cm 19p
(調査研究資料 第94号)

【雑誌記事】

◇短大生のCMI — 20年間の推移 遠藤巴子,
立身政信 「岩手県立盛岡短期大学研究報
告 生活科学・保育・共通編」 49 1996.12
p41～49

CERI Center for Educational Research and Innovation

OECD教育研究・革新センター、通称セリ。人的資源の確保の必要から1968年に設けられ、OECD教育委員会の関係機関として、リカレント教育・学校の創造性・現職教育・学校改善に関する国際協同プロジェクト(ISIP)・カリキュラム改革などの研究課題に取り組んでいる。

→ OECD教育大臣会議 をも見よ

【雑誌記事】

◇研究活動リポート 教育革新調査研究所
(OECD/CERI)のWhat Works Project
に参加して 大田直子 「教育評論」
640 2000.8 p38～41
◇高等教育の国際化 — OECD/CERIの調査
研究の成果から 亀岡雄 「IDE」 383
1997.1 p65～70
◇高等教育における「カリキュラムの国際
化」にかんする比較研究 — OECD/CERI
国際共同研究から(特集高等教育における
カリキュラムの国際化) 江淵一公 「九州
大学比較教育文化研究施設紀要」 48
1996.12 p1～21
◇研究ノート・学校選択論について一考
察 — OECD/CERI『学校:選択の問題』を
通して 小野田正利, 地頭薗健司 「長崎
大学教育学部教育科学研究報告」 51
1996.6 p41～56

CMI computer managed instruction

1960年代アメリカで個別指導による学習教授システム開発の課程で導入された、コンピュータ利用の授業運営支援システム。学習反応データ処理、学習評価、教育情報データベースを用いた成績処理・生徒指導の統計・教具管理、教材開発、教授法やメディアの選択ほか授業設計など、様々な目的に利用されている。

【雑誌記事】

◇短大生のCMI — 20年間の推移 遠藤巴子,
立身政信 「岩手県立盛岡短期大学研究報
告 生活科学・保育・共通編」 49 1996.12
p41～49

COE Center of Excellence

優秀な頭脳と最先端の設備環境で世界的に評価される研究拠点。アメリカ国立衛生研究所、フランスのパストゥール研究所、スタンフォード大学など。日本では1993年度から中核的研究拠点(COE)育成制度により電子技術総合研究所などの国立試験研究機関を支援しているほか、COEをめざす研究機関や研究組織を対象に、研究費等の重点投資による支援施策を1995年度から行っている。

【図書】

◇経営学におけるCOE(センター・オブ・エ
クセレンス)をめざして — 自己評価報告
書 神戸大学経営学部編 東京 大蔵省印

刷局　1993.2　30cm　83p　1300円
ⓘ4-17-180500-7
【雑誌記事】
◇わが国の学術研究におけるCOE(特集:「センター・オブ・エクセレンス(COE)」)　長倉三郎　「学術月報」　49(1)　1996.1　p4～6
◇文部省のCOE形成施策について(特集:「センター・オブ・エクセレンス(COE)」)　尾山真之助　「学術月報」　49(1)　1996.1　p24～29
◇卓越した研究拠点(COE)の形成について(卓越した研究拠点(COE)の形成<特集>)　林田英樹　「大学と学生」　363　1995.9　p5～7
◇国立試験研究機関のCOE育成策　岡田安正　「日本の科学者」　29(3)　1994.3　p180～185

IB　⇒　国際バカロレア を見よ

IEA国際教育調査

IEAが文化的・社会的・経済的背景の異なる国々の児童生徒の学力と教育諸要因の関係を明らかにすることを狙いとして行っている実証的比較研究。日本の児童生徒の学力低下を問題とするときにしばしば根拠としてあげられる。

→IEA国際教育到達度評価学会 をも見よ

【図書】
◇続・コンピュータ教育の国際比較―IEA「コンピュータと教育に関する国際調査」最終報告　国立教育研究所編　日本教育新聞社　1995.6　21cm　208p　3689円
ⓘ4-89055-164-6

【雑誌記事】
◇調査 理数嫌い目立つ日本の中学生―成績は世界のトップクラス保つ IEA第3回調査の第2段階調査結果速報　「内外教育」　5163　2000.12.8　p2～5
◇IEA調査にみる我が国の算数・数学の学力(特集 学力を考える)　長崎栄三, 瀬沼花子　「国立教育研究所紀要」　129　2000.8　p43～77
◇資料 国際教育到達度評価学会(IEA)国際数学・理科教育調査　「大学資料」　147　2000.5　p80～83

◇座談会 第3回IEA国際数学・理科教育調査を生かす―小学校の国際比較をもとに　「日本数学教育学会誌」　80(6)　1998.6　p108～118
◇座談会 第3回IEA国際数学・理科教育調査を生かす道はあるか―中学校の国際比較をもとに　瀬沼花子, 重松敬一, 半田進(他)　「日本数学教育学会誌」　79(7)　1997.7　p228～240

IEA国際教育到達度評価学会　The International Association for the Evaluation of Educational Achievement

1960年に設立された、世界55の国・地域の機関が加盟する非営利の国際学術団体。日本では1961年に国立教育研究所が加盟し、数学と理科の調査に参加している。

→IEA国際教育調査 をも見よ

【雑誌記事】
◇<国立教育研究所のページ>IEA第2回国際情報教育調査(IEA Second Information Technology in Education Study)―モジュール1の調査結果　清水克彦　「教育と情報」　503　2000.2　p46～49
◇続・コンピュータ教育の国際比較―IEA「コンピュータと教育に関する国際調査」最終報告　「国立教育研究所紀要」　125　1995.3　p1～208

IMO　⇒　国際数学オリンピック を見よ

JETプログラム　Japan Exchange and Teaching Program

「語学指導等を行う外国青年招致事業」のこと。1987年8月から地方公共団体を事業主体として、文部省、外務省、自治省の協力のもとに推進しているもの。「我が国における外国語教育の充実を図るとともに、地域レベルでの国際交流の進展を図ることを通じて、我が国と諸外国との相互理解を増進し、もって我が国の国際化の促進に資するため、語学指導等を行う外国青年を招致する事業である。」とされている。招致されるのは主に語学指導(英・仏・独・中・韓)に従事する外国語指導助手(ALT)、知事部局等で地域の国際交流活動に従事する

国際交流員（CIR ─ Coordinator for International Relations）及びスポーツ国際交流員（SEA ─ Sports Exchange Advisor）。

【図書】

◇くまもとのJETプログラム ─ 外国青年の受入れと活用促進にむけて 1995年 〔熊本〕 熊本県 1995.11 30cm 214p

【雑誌記事】

◇座談会 JETプログラムの成果と今後の展望（JET特集） 清水明佳, 須田保之, 西村昌志（他） 「自治体国際化フォーラム」 133 2000.11 p2～9

◇語学指導等を行う外国青年招致事業（JETプログラム）の現状と展望（特集 国際交流と地域づくり） 岩田康司 「地方議会人」 29(10) 1999.3 p21～25

◇わが国の英語教育改善におけるJETプログラムの役割 武川正明 「北見大学論集」 35 1996.3 p141～161

KJ法

文化人類学者・川喜田二郎（名称はイニシャルに因む）が創始し、1967年体系を確立した問題解決技法。問題解決の過程を思考レベルと経験レベルを往復する「判断-決断-執行」のW型モデルで示し、書斎科学、実験科学に対し、判断過程を方法化した野外科学を提唱。フィールドワークの方法を生んだ。企業経営、精神病治療、学校教育など多分野で使われつつある。

【図書】

◇川喜田二郎著作集 5 KJ法 ─ 渾沌をして語らしめる 川喜田二郎著 中央公論社 1996.6 21cm 604p 8544円 ①4-12-490087-2

【雑誌記事】

◇「KJ法」批判に対する私的見解 栗原敦雄 「社会論集」 7 2001.3 p1～33

◇特別企画 「総合的な学習」のための教師の情報整理術(2)KJ法・ウェビング・ポートフォリオを使いこなす 村川雅弘 「児童心理」 54(13) 2000.9 p1264～1270

◇野外科学とKJ法 ─ 渾沌をして語らしむ 川喜田二郎 「学士会会報」 2000(1) 2000.1 p96～109

LD児 ⇒ 学習障害児 を見よ

LETS ⇒ 勤労体験学習総合推進事業 を見よ

LL language laboratory

ランゲージラボラトリー。音声教材・再生装置を備えた語学練習室。学習者は各々のブースで教材に沿ってヒヤリング・応答を個別に練習。教師が学習者の状況をモニターできたり、学習者相互が通話できるタイプもある。96年7月の中教審は答申中で、外国語教育の改善（中学校・高等学校における外国語教育の改善）について、指導方法の改善のためには、教員配置の改善を一層進めるとともに、LLやオーディオ・ビジュアル機器等の整備など、施設・設備面の改善が大切であると指摘している。

【図書】

◇LL研究室ワークショップ発表論集 2000年 専修大学LL研究室ワークショップ編集委員会編 川崎 専修大学LL研究室 2001.3 26cm 82p

◇LL研究室ワークショップ発表論集 1998年 専修大学LL研究室ワークショップ編集委員会編 川崎 専修大学LL研究室 1999.3 26cm 120p

【雑誌記事】

◇英語学習を促すツールとしてのLL教室の機器活用事例 吉田国子 「武蔵工業大学環境情報学部情報メディアセンタージャーナル」 2 2001.4 p34～39

◇英語学習の起爆剤となった新LL教室（教学レポート LL教室編） 月山みね子 「関西大学視聴覚教育」 18 1995.3 p44～47

◇LL教室についての考察:問題点と展望 栗栖英雄 「LiLium」 12 1994.3 p1～12

LOGO

ロゴ。1960年代にMIT人口知能研究所のパパートらがピアジェの理論に基づいて開発した教育用コンピュータ言語。タートル（亀の子）に命令して前後左右に進ませるた

め、図形理解に優れる。80年代初頭日本でも導入され、主に初等教育で活用されていた。長期的な展望に立てば、有意性が高いと思われていたが、知識詰め込み型の教育現場に定着させることは難しかった。他のアジア諸国では、シンガポール、インドなどがLOGO言語を教育現場に取り入れ積極的なメディア教育に取り組んでいる。

【図書】
◇教師のためのロゴ教育入門　下野住人著〔西那須町(栃木県)〕　下野住人　1998.12　26cm　140p　1905円
◇日本語によるコンピュータ教材作成の手引 — 日本語ロゴを使って　新潟県立教育センター編　新潟　新潟県立教育センター　1993.3　26cm　81p　(研究双書第32号)

【雑誌記事】
◇中学生のLogoプログラミングにおける課題の拡散性と思考過程との関連　森山潤「教育システム情報学会研究報告」98(5)　1999.3　p12〜17
◇子どもとコンピュータ利用教育—LOGOを用いた算数の学習実践を手がかりに(特集 小・中・高校における新しい学びの紹介)　鈴木勢津子「コンピュータ＆エデュケーション」5　1998　p24〜33
◇LOGOを用いたプログラミング教育　浅野一志「新潟経営大学紀要」創刊号　1995.3　p45〜54
◇コンピュータ教育の附属小学校における実践研究—LOGO(ロゴ)を用いて　石原敏秀, 今井延幸「聖徳学園岐阜教育大学紀要」第26集　1993.9　p77〜96

NIE　Newspaper in Education
「教育に新聞を」の略称。1940年代米国で始まり、日本でも若者の活字離れへの懸念から85年新聞教育が提唱され、87年日本新聞協会がNIE委員会を設置。98年に財団法人日本新聞教育文化財団を設立、セミナー開催・全国にNIE実践校を認定して2年間の期限付きで新聞購読料を補助するなどして運動を推進している。記事を利用した授業はもとより、新聞を丸ごと使った総合学習、学校・学級新聞活動などが展開されている。

【図書】
◇NIE調査研究最終報告書　〔横浜〕　NIE調査研究委員会　2000.7　30cm　175p
◇NIEガイドブック　中学校編　社会科　日本新聞教育文化財団NIE委員会編　東京　日本新聞教育文化財団　1999.3　30cm　79p　1250円
◇NIEガイドブック　高等学校編 地歴・公民　日本新聞教育文化財団NIE委員会編　東京　日本新聞教育文化財団　1999.3　30cm　99p　1250円
◇国語教育とNIE — 教育に新聞を!　小田迪夫, 枝元一三編著　東京　大修館書店　1998.6　19cm　237p　1900円　(国語教育ライブラリー)　①4-469-22142-2
◇新聞をエンジョイ! — 誰でもできるNIEガイド　岸尾祐二, 吉田伸弥著　東京　東洋館出版社　1998.6　26cm　99p　2200円　①4-491-01433-7

【雑誌記事】
◇2000年度NIE展開状況調査から—新学習指導要領に向けた態勢整備へ　新聞教育文化財団NIE部「新聞研究」597　2001.4　p52〜56
◇GHQ占領政策を上塗りする「NIE授業」の危険—「教育に新聞を」に騙されるな(最近「新聞紙学」)　八木秀次「諸君!」32(8)　2000.8　p112〜121
◇半数が「調べて知ること」好きに日本新聞教育文化財団がNIE効果測定「内外教育」5054　1999.10.19　p12〜14
◇特集:生きた教材・新聞広告,注目あびるNIE「日経広告手帖」42(6)　1998.4　p2〜12
◇低学年層ほど顕著な効果—NIE効果測定調査結果から「新聞研究」556　1997.11　p50〜53
◇10 学校教育とNIE運動〈現場からみた新聞学〉　河村好市「現場からみた新聞学」1996.3
◇教育に新聞を—その世界的な展開(第2回NIEセミナー)　サリバン,ベティー・L「新聞研究」521　1994.12　p60〜67

NPO法

1998年に成立した、非営利活動を行う団体に法人格を与えて社会貢献活動としての活動を推進しようとする法律。非営利活動には社会教育の推進を図る活動、文化・芸

術・スポーツの振興を図る活動、子どもの健全育成を図る活動などが含まれ、これまで社会教育関係団体と規定されていた団体が法人格を取るようになっている。図書館を運営するNPOなどがすでに出現している。

【図書】

◇NPOと社会教育　東京都立多摩社会教育会館編　立川　東京都立多摩社会教育会館　2000.3　30cm　92p　（調査研究事業報告書　平成11年度）

【雑誌記事】

◇NPO教育の現状と課題―日本NPO学会の調査から　山内直人, 石川路子　「公益法人」　30(5)　2001.5　p9～14

◇協同の実践　協同の力で子どもとの対話―NPO文化学習協同ネットワークの取り組み　西村一郎　「生活協同組合研究」　304　2001.5　p47～52

◇小特集　教育NPOという世界　「教育」　51(1)　2001.1　p72～93

◇生涯学習社会をつくるNPO　NPO法は社会教育行政に何を提起しているのか　梨本雄太郎　「社会教育」　55(7)　2000.7　p62～65

◇特集　NGO・NPOがかける総合学習―市民団体と学校を結ぶために　「人権教育」　11　2000.5　p5～62

◇生涯学習社会をつくるNPO―NPOとは何か　田中敬文　「社会教育」　55(4)　2000.4　p42～45

◇NPOにおけるエンパワーメントと学び―「市民的専門性」をめぐって　桜井常矢　「日本社会教育学会紀要」　36　2000　p57～66

OECD教育大臣会議

スプートニク以降、科学者・技術者などの人的資本形成を訴える教育投資論が盛んになり、OECDではCERIを設置して本格的な研究を始めた。おおむね5年ごとに教育（文部）大臣会議も開催されており、1996年の会議では「万人のための生涯学習の実現」が合意された。

→CERIをも見よ

【図書】

◇OECD教育改革論 ― 教授と教師の質　〔OECD〕〔著〕, 佃和朋, 木村憲太郎共訳　東京　学芸図書　1998.8　21cm　172p　2700円　①4-7616-0323-2

◇人生への準備は万全? ― OECD新国際教育指標開発　〔OECD教育研究革新センター〕〔著〕, 中嶋博, 沢野由紀子訳　東京　学文社　1998.5　19cm　171p　1500円　①4-7620-0799-4

【雑誌記事】

◇OECD教育大臣会議について（大学改革をめぐる国際機関の動き）「大学資料」　128　1996.3　p3～5

OJT・Off-JT　on the job training・off the job training

企業が人事管理の立場から行う職場内教育・訓練がOJT。具体的な日常業務に関して、現実の職場の日常業務の中で、直属の上司やリーダーによって個別的に行われる。これに対し、職場外での自己啓発や集合・個別研修を総称して、Off-JTと呼ぶ。

【図書】

◇新人・若手営業社員OJT指導マニュアル　小山俊嗣編著　東京　アーバンプロデュース出版部　1999.3　31cm　347p　40000円

◇人材開発のための教育訓練論　岸田弘著, 日本フランチャイズチェーン協会編　東京　日本フランチャイズチェーン協会　1998.9　30cm　186p

◇できる・使えるOJT入門　沢田淳著　東京　日本能率協会マネジメントセンター　1998.6　19cm　187p　1300円　（実務入門シリーズ）　①4-8207-1346-9

◇建設業のOJT読本 ― 若手現場マン育成の指針　中村秀樹, 小沢康宏共著　東京　日本コンサルタントグループ　1995.7　26cm　158p　2600円　①4-88916-241-0

◇OJT革命 ― 能力開発のメガトレンド　岡嶌, 高橋磐希　東京　ダイヤモンド社　1994.12　19cm　231p　1700円　①4-478-44032-8

◇OJTのすべてがわかる本。　加藤孝一著　東京　総合法令　1993.7　19cm　169p　1000円　（Horei business熱血選書）　①4-89346-258-X

◇社員が育つOJT ― 仕事が通じて教育するとは　山下征紀著　東京　労働旬報社　1993.4　19cm　195p　1500円　①4-8451-0294-3

【雑誌記事】

◇off・JT — 企業内イベントから脱皮し現実のニーズに即して再構築(創刊600号記念特別企画・企業内教育"再考") 二挺木秀雄 「企業と人材」 600 1993.9.20 p10～16

PET ⇒親業を見よ

PTA parent - teacher association

 学校における児童生徒の親と、教師の連絡協議体。学校での儀式的行事や体育的行事、および学業的行事等の教育活動に協力している。近年は組織の空洞化活動の停滞によるPTA不要論もあるが、学校と協力して教育荒廃に抗したり、社会教育や成人教育に積極的に参加したりと、地道な活動をしているPTAも少なくない。

【図書】

◇親と教師はどうつきあうか 坂本光男著 東京 明治図書出版 1999.7 21cm 144p 1700円 ⓘ4-18-842413-3
◇親が変われば子が変わる — がんばれ!PTA 森学著 岡山 吉備人出版 1999.6 19cm 210p 1500円 ⓘ4-906577-33-4
◇親の学校参加 — 良きパートナーとして OECD教育研究革新センター著, 中嶋博, 山西慶二, 沖清豪訳 東京 学文社 1998.12 21cm 297p 2000円 ⓘ4-7620-0835-4
◇保護者と教師の新しい関係づくり — 21世紀型課題への対応 東京 教育開発研究所 1998.12 21cm 263p 2200円 (教職研修総合特集) ⓘ4-87380-736-0
◇PTAの新しい運営 — 課題への対応と活性化のために 黒田利英著 東京 第一法規出版 1997.12 21cm 254p 3000円 ⓘ4-474-00767-0
◇PTAの課題と方策 — 生涯学習時代のマニュアル 土橋美歩著 東京 学芸図書 1995.12 21cm 142p 1200円 ⓘ4-7616-0267-8
◇PTAの実態と教育に対する親の意識 — 調査結果報告 平成7年度 東京 日本PTA全国協議会 1995.8 30cm 103p
◇PTA活動の方向と実践 — 充実・振興・活性化のために 〔1995〕 〔熊本〕 熊本県教育委員会 〔1995〕 21cm 75p (PTA指導資料 平成7年度)
◇PTAの研究 — 親の教育権を見直す 増補新版 坂本秀夫著 東京 三一書房 1994.6 20cm 264p 2300円 ⓘ4-380-94243-0
◇私学保護連創立20周年記念誌 — あゆみ 大阪 大阪府私立中学校高等学校保護者会連合会 1994.3 26cm 145p
◇PTA活動マニュアル — 元気の出るPTA活動の進め方 奥田敏行著 東京 あゆみ出版 1994.2 26cm 206p 1800円 ⓘ4-7519-0415-9

S‐P表 student - problem score chart

 1969年藤田広一・佐藤隆博によって開発された、手段学習反応測定を目的とする得点処理法。縦軸には正答率の高い順に学習者番号を、横軸には正答者が多い問題番号を左から配置し、得点分布(S曲線)と正答者数分布(P曲線)のパターン分析から、学習者・問題の傾向など指導上の教育情報を得る。

【図書】

◇S-P表分析の活用事例 — 学習評価・個別対応・コンピュータ活用 佐藤隆博, 情報文化教育研究会編著 東京 明治図書出版 1999.10 26cm 107p 2260円 (マルチメディア時代・教師のための情報教育 8) ⓘ4-18-261809-2
◇コンピュータ処理によるS-P表分析の活用法 — 学習指導の個別対応のために 佐藤隆博著 東京 明治図書出版 1998.2 22cm 179p 1900円 ⓘ4-18-202919-4

【雑誌記事】

◇S-P表を用いた自己評価システム 島田伸夫 「教育学研究紀要」 44(第1部) 1998 p311～315
◇学生が相互に出題した漢字テストの結果に基づく理解度と出題傾向の考察 — 学習者-出題者で構成したS－P表分析 瀬川武美 「帝塚山学院大学研究論集」 31 1996 p29～40
◇生徒自身による自己の答案分析・評価に関する工夫 — 学習構造チャートとS-P表をもとにした生徒自身による答案分析・評価(ISM構造学習法実践事例集(数学)) 笹川清喜 「調査資料」 202 1996.3 p35～54

SD法 semantic differential method, semantic differential technique

イリノイ大学のオスグッド教授らが開発。意味微分法・意味差別法とも。「勉強」など複数の概念に対し、「楽しい―苦しい」など複数の双極性尺度(7段階が多い)をおき、被験者の応答から特定の概念に対するイメージを測定、一般性を見出す。心理学・政治学・文化人類学・商品開発など多分野で用いられている。

【雑誌記事】

◇シンポジウム SD法とその改変手法の効用について(日本人間工学会第41回大会講演集)「人間工学」 36(Suppl.) 2000.6 p56～63

◇SD法を応用した教科イメージのファジィ的考察 箭内美智子 「早稲田大学数学教育学会誌」 17(1) 1999 p23～28

◇着脱動作実験によるSD法を用いた着用感評価の試み―スカートの場合 佐藤悦子 「上越教育大学研究紀要」 17(1) 1997.9 p485～492

◇SD法を用いた感性評価に関する検討 鵜沼伸太郎, 篠原克幸 「工学院大学研究報告」 80 1996.4 p139～144

◇教師からみた現在の小学生像―SD法によるイメージの測定結果 芳川玲子 「神奈川大学心理・教育研究論集」 14 1994.8 p140～158

TA制度 teaching assistant system

1992年導入された、国立大学大学院博士課程に在籍する院生が教官の学部学生への教育指導を手伝う場合に、時給を支給して生活支援を目指す制度。博士課程が敬遠される傾向が顕著になったから、院生確保の目的で創設された。

【雑誌記事】

◇「コミュニケーション」とティーチング・アシスタント(エッセー TA制度の利用―全カリ講義授業の場合) 沖森卓也 「大学教育研究フォーラム」 6 2001.3 p119～121

◇エッセー TA制度の利用―全カリ講義授業の場合 「大学教育研究フォーラム」 6 2001.3 p117～121

◇講演「米国の大学のTA制度とTA研修システムについて」(〔神戸大学〕大学教育研究センター第8回研究集会 岐路に立つ日本の大学教育―外国から何を学ぶか) 宮尾竜蔵 「大学教育研究」 9 2001.3 p95～100

◇大学院生の教員トレーニングに関する事例的研究―Teaching Assistant制度からの考察 河井正隆 「大学教育学会誌」 22(1) 2000.5 p63～71

TOEFL Testing of English as a Foreign Language

トーフル。トフル・トイフルとも。米国・カナダの大学(院)留学希望者に要求される試験で、外国人学生が大学の授業に付いていく英語力を有しているかをを判定する。1964年、米国の非営利団体ETSが開始。現在ではイギリス、オーストラリアなど英語圏の大学の多くがスコアの提出を要求している。日本では1980年代後半の海外留学ブームに伴い受験者が急増、1999～2000年度にはのべ13万人が受験。2000年からコンピュータ化された。

【図書】

◇TOEFLの留学 1993-95 小川富二著, 国際文化教育センター編 東京 荒竹出版 1993.10 22cm 582p 2600円 ①4-87043-097-5

【雑誌記事】

◇Computer Based Testing TOEFLの概要とその諸問題 椎名久美子, 内田照久 「Forum」 23 2000 p72～76

◇事例 TOEFLとTOEICの活用―入試判定や単位認定も進む(特集 大学はどこまでアウトソーシングできるか) 「カレッジマネジメント」 18(5) 2000.9 p16～18

◇わが国の英語教育政策に物申す―TOEFL得点の国際比較から(アメリカ文化・社会研究) 永田元義 「福岡大学総合研究所報」 230 2000.3 p1～28

◇大学におけるTOEFL活用(今月のテーマ<変わるキャンパスライフ>) 森昌也 「IDE」 386 1997.4 p53～57

◇日本人学生の英語力―TOEFLによる国際比較 (一般研究) 万戸克憲 「和歌山

大学教育学部教育実践研究指導センター紀要」 No.5 1995.8 p165〜171

UI ⇒ユニバーシティ・アイデンティティ を見よ

Vチップ V-chip, Violence chip
ボタン操作で暴力や性描写のある画面を見えなくするマイクロチップの装置。
→テレビ社会 をも見よ

WAIS‐R Wechsler Adult Intelligence Scale‐Revised
米国の心理学者・ウェクスラーが精神障害者の知能診断に用いたWAIS（1955年に完成、青年・成人用）の改訂版で、81年に作成。ウェクスラー式知能検査には、他に4歳から6歳の幼児用のWPPSI、5歳から16歳の子どものためのWISC-Rがあり、日本でもビネー式知能検査と共に普及している。

【図書】
◇日本版WAIS‐Rの理論と臨床—実践的利用のための詳しい解説　小林重雄、藤田和弘、前川久男、大六一志、山中克夫共編著　日本文化科学社　1998.12　21cm　360p　4800円　①4-8210-6359-X

【雑誌記事】
◇WAIS-Rを用いた軽度痴呆鑑別の試み　北村世都、今井幸充　「老年精神医学雑誌」11(3)　2000.3　p289〜298
◇日本版WAIS-Rの8尺度の因子的不変性—標準化9標本の多集団同時因子分析　清水和秋　「関西大学社会学部紀要」　28(2)　1996.12　p97〜112

参考文献著者索引

【 ア 】

相沢 恭子　→ホームスクーリング ････ 296
相沢 仁　→児童虐待の防止等に関する
　法律 ･･････････････････････････････ 162
相沢 東洋子　→マイノリティ教育 ･･････ 298
藍沢 宏　→学校施設の複合化 ･･････････ 61
会津民主教育研究所親の会　→新学力
　観 ･･････････････････････････････････ 192
愛知県教育委員会　→地域の教育力 ･･･ 235
愛知県教育センター　→学習障害児 ･･･ 44
粟飯原 真弓　→性教育 ････････････････ 203
青木 厚志　→山村留学 ････････････････ 152
青木 宏治
　→教育法 ･･････････････････････････ 100
　→大学自治 ････････････････････････ 222
青木 志乃　→学校不適応 ･･････････････ 66
青木 昭六　→オーラルコミュニケーシ
　ョン ････････････････････････････････ 33
青木 宗也　→大学改革 ････････････････ 219
青木 孝安　→山村留学 ････････････････ 152
青木 健夫　→生きる力 ････････････････ 11
青木 保　→異文化理解 ････････････････ 17
青木 朋江　→学校間連携 ･･････････････ 54
青木 伸雄　→子どもの生活習慣病 ･･････ 143
青木 信人　→家庭崩壊 ････････････････ 71
青木 昌彦　→大学改革 ････････････････ 219
青木 万里　→留年 ････････････････････ 322
青木 由美子　→体験学習 ･･････････････ 228
青木 淑子　→エンジェル係数 ･･････････ 27
青坂 信司　→学級崩壊 ････････････････ 51
青砥 恭
　→学級崩壊 ････････････････････････ 51
　→埼玉方式 ････････････････････････ 148
　→日の丸・君が代問題 ････････････ 277
青野 篤子
　→第二反抗期の喪失 ･･････････････ 230
　→ひとり親家庭 ････････････････････ 275
青野 宏美　→環境教育 ････････････････ 72
青柳 健一
　→教育環境 ････････････････････････ 88
　→地域の教育力 ････････････････････ 235
青柳 辰海　→暴走族 ･･････････････････ 292

青柳 徹　→大学院改革 ･･････････････ 218
青柳 正規　→大学入試改革 ･･････････ 226
赤井 猛　→ALT ･････････････････････ 326
赤岩 朋子　→こどもエコ・クラブ ･･･ 139
赤尾 勝己　→学習社会 ･･････････････ 42
赤尾 整志　→学校ビオトープ ････････ 64
明石 要一
　→学校五日制 ････････････････････ 52
　→教育技術の法則化運動 ･･････････ 89
　→教室環境 ･･････････････････････ 107
　→子ども時代の喪失 ････････････････ 139
　→推薦入試 ･･････････････････････ 196
　→地域の教育力 ･･････････････････ 235
　→開かれた学校 ･･････････････････ 279
赤堀 侃司
　→教育工学 ･･････････････････････ 92
　→教師教育 ･･････････････････････ 106
　→コンピュータリテラシー ････････ 147
　→100校プロジェクト ･･････････････ 278
　→メディア教育 ･･････････････････ 304
　→CBI ･･･････････････････････････ 328
赤堀 正宜　→教師教育 ･･････････････ 106
赤松 茂毅　→トライやる・ウィーク・ 260
赤嶺 淳子　→アイデンティティ ･･･････ 3
明瀬 好子　→阪神大震災と学校 ･････ 272
秋田 喜代美
　→アクションリサーチ ･･････････････ 5
　→教師の力量 ････････････････････ 108
秋田 健一　→基本的生活習慣 ････････ 80
秋田県生涯学習センター　→生涯学習
　センター ･･････････････････････････ 179
秋永 雄一　→研究大学 ･･････････････ 120
秋永 優子　→学校給食 ･･････････････ 55
秋葉 利治　→ホームステイ ･･････････ 296
秋葉 英則　→大阪「先生の制服」騒
　動 ･･･････････････････････････････ 29
秋元 浩一　→CAI ･･･････････････････ 328
秋山 邦裕　→留学生十万人計画 ･･････ 321
秋山 栄　→統合教育 ････････････････ 251
秋山 昭八　→学校事故・事件 ････････ 59
秋山 隆志郎　→放送教育 ････････････ 292
秋山 真人　→学校恐怖症 ････････････ 57
秋山 正弘　→児童虐待 ･･････････････ 161
秋山 守　→日本学術会議 ････････････ 264
秋山 三左子　→学校不適応 ･･････････ 66
阿久沢 麻理子　→グローバル教育 ･･･ 117

アクロス編集室　→少女文化・少年文化 ……………………………………… 183
浅井 和行
　→放送教育 ……………………… 292
　→マルチメディア教育 ………… 300
　→メディア教育 ………………… 304
浅井 経子
　→エルネット …………………… 25
　→公民館 ………………………… 127
　→社会教育法 …………………… 169
　→総合的な学習の時間 ………… 217
浅井 利夫　→子どもの生活習慣病 …… 143
麻生 武　→遊び …………………………… 6
浅川 道雄　→いじめ …………………… 13
浅木小学校(福岡県遠賀町立)　→自己教育力 …………………………………… 156
朝倉 征夫　→大学開放 ……………… 220
朝倉 景樹
　→エスノグラフィー …………… 24
　→フリースクール ……………… 284
浅倉 恵一　→児童福祉施設 ………… 165
朝倉 哲夫　→自己教育力 …………… 156
浅田 匡　→総合的な学習の時間 …… 217
浅田 正　→「今後の地方教育行政のあり方について」 ……………………… 146
浅沼 茂
　→国際バカロレア ……………… 132
　→新学習指導要領 ……………… 191
　→潜在的カリキュラム ………… 210
浅野 浩市　→カウンセリングマインド ………………………………………… 38
浅野 摂郎　→教養部改革 …………… 112
浅野 孝夫　→メディア教育 ………… 304
浅野 一志　→LOGO ………………… 331
浅野 博　→大学入試センター試験 … 227
浅野 裕　→インターネットと教育 … 19
浅野 牧茂　→禁煙教育 ……………… 113
浅野 誠　→能力主義 ………………… 267
浅野 素雄
　→教育長 ………………………… 95
　→臨教審答申 …………………… 322
浅羽 亮一　→教育実習 ……………… 92
旭岡 勝義　→国立大学の独立行政法人化 ……………………………………… 134
朝日新聞社
　→いじめ ………………………… 13
　→学級崩壊 ……………………… 51
　→神戸連続児童殺傷事件 ……… 126
　→山形県明倫中学マット死事件 …… 312
朝日新聞マリオン編集部　→学芸員 … 40
朝比奈 大作　→読書指導 …………… 256
朝比奈 博　→公民館 ………………… 127
浅間 裕美子　→アトピー性皮膚炎 …… 8
浅見 匡　→情報基礎 ………………… 187
味岡 尚子　→チャイルドライン …… 239
芦葉 浪久　→教育機器 ……………… 89
網代 太郎　→シックスクール症候群 … 159
アスキュー,スー　→ジェンダー・フリー教育 ……………………………………… 152
東 洋　→合科学習 …………………… 122
麻生 誠　→エリート教育 …………… 24
足立 明久　→学校不適応 …………… 66
安達 和志　→教育法 ………………… 100
足立 幸子
　→読書のアニマシオン ………… 255
　→読書指導 ……………………… 256
安達 拓二
　→いじめ対策緊急会議 ………… 15
　→学習塾・予備校 ……………… 43
　→「学働遊合」のすすめ ……… 48
　→学校五日制 …………………… 52
　→学校開放 ……………………… 54
　→学校行事 ……………………… 57
　→「合校」構想 ………………… 59
　→家庭教育 ……………………… 68
　→教育課程審議会 ……………… 87
　→教育課程審議会答申 ………… 87
　→教育基本法 …………………… 90
　→業者テスト …………………… 109
　→研究開発学校 ………………… 119
　→高校中退 ……………………… 123
　→新学力調査 …………………… 193
　→進路変更 ……………………… 196
　→全教 …………………………… 209
　→特別活動 ……………………… 257
　→日本教職員組合 ……………… 265
　→日の丸・君が代問題 ………… 277
　→文教予算 ……………………… 287
　→リフレッシュ教育 …………… 320
　→歴史教科書問題 ……………… 323
足立 直己　→教育改革提言 ………… 85
新しい歴史教科書をつくる会　→新しい歴史教科書をつくる会 ………………… 7
熱海 則夫　→指導要録 ……………… 166

安仁屋 政武　→野外調査 310
姉崎 一馬　→自然保護教育 158
姉崎 洋一
　　→学校のスリム化 64
　　→社会教育法 169
安彦 忠彦
　　→親の教育権 33
　　→カリキュラム開発 71
　　→基礎・基本 78
　　→教育課程 86
　　→教育内容の厳選 96
　　→新学力観 192
安部 明広　→日本学術会議 264
安部 計彦　→児童相談所 164
阿部 和厚
　　→コアカリキュラム 122
　　→ファカルティ・ディベロップメント 280
　　→AO入試 327
阿部 謹也　→歴史教科書問題 323
阿部 純二　→山形県明倫中学マット死事件 312
阿部 信太郎　→消費者教育 186
阿部 精二　→外国人就学生 37
阿部 俊明　→オートバイ規制 30
安部 芳樹　→児童・生徒理解 163
阿部 賢典　→カルチャーセンター 72
阿部 美哉　→アメリカ大学日本分校 ... 9
阿部 玲奈　→学校不適応 66
天笠 茂
　　→学校建築 58
　　→主任制 177
　　→生活科 201
　　→チームティーチング 238
　　→開かれた学校 279
天野 郁夫
　　→高等教育のユニバーサル化 .. 125
　　→大学改革 219
天野 一哉　→チャータースクール 239
天野 順造　→生徒指導 206
天野 隆雄　→高校三原則 122
天野 秀昭　→チャイルドライン 239
天野 昌和　→教育環境 88
天野 正輝
　　→カリキュラム開発 71
　　→教育課程 86

天野 恵一　→自虐史観・自由主義史観 155
天野 隆介　→ものつくり大学 306
雨宮 正子
　　→学校給食とO-157 56
　　→センター給食 211
天本 まりこ　→性格検査 201
甘利 修　→低体温児 247
甘利 てる代　→羽根木プレーパーク .. 271
鮎川 潤
　　→少年犯罪 185
　　→少年非行 186
あゆみ出版　→学校行事 57
荒 岱介　→学生運動 46
新井 浅浩
　　→特色ある学校づくり 255
　　→野外教育 309
新井 郁男　→チームティーチング ... 238
荒井 一博
　　→一般教育 16
　　→女子の大学進学 190
荒井 克弘
　　→高等教育のユニバーサル化 .. 125
　　→大学入試改革 226
　　→低学力 246
　　→入学者受け入れ方針 266
新井 邦二郎
　　→動機づけ 250
　　→発達課題 270
新井 吾朗　→各省大学 46
荒井 隆　→社会教育主事 169
新井 肇　→教師の燃えつき症候群 108
新居 晴幸　→学校間連携 54
新井 英靖　→通級制度 244
荒井 文昭　→教育委員準公選制 84
新井 真人　→学校のスリム化 64
荒尾 恵介　→センター給食 211
荒川 智　→特別なニーズ教育 258
荒川 央央　→就職協定 174
荒木 栞　→インテリジェントスクール 21
荒木 順司　→障害児教育 181
荒木 次也　→不登校 283
荒木 紀幸　→道徳教育 253
荒木 肇　→問題教員 308
荒深 泰雄　→単位互換制度 232
荒牧 重人　→子どもの権利条約 140

アリスインスティテュート　→インターンシップ …………………………… 20
有園 格
　→教育課程審議会答申 ………… 87
　→秋季入学制 …………………… 172
　→新学習指導要領 ……………… 191
　→地域学習 ……………………… 233
　→低学力 ………………………… 246
有田 一寿　→臨時教育審議会 ……… 322
有田 和正
　→教師の力量 …………………… 108
　→生活科 ………………………… 201
有田 桂吉　→コミュニティセンター・ 146
有地 亨　→しつけ …………………… 160
有馬 朗人
　→教育における平等主義 ……… 96
　→新学習指導要領 ……………… 191
　→大学教員の任期制 …………… 220
　→低学力 ………………………… 246
有本 章
　→研究大学 ……………………… 120
　→大学教授 ……………………… 221
　→ファカルティ・ディベロップメント …………………………… 280
有吉 英樹　→教育実習 ……………… 92
アルコール問題全国市民協会　→青少年の飲酒 ……………………… 204
アレン・ミアーズ, ポーラ　→スクール・ソーシャルワーカー ……………… 199
安和 守光　→ポートフォリオ ……… 295
淡路 智典　→埼玉県立所沢高校 …… 148
粟野 真造　→平和教育 ……………… 288
粟野 正紀　→国際バカロレア ……… 132
安содержат 育郎　→平和教育 ………… 288
安西 和博　→継続教育 ……………… 118
安斎 聡　→ゆとりある学校教育 …… 313
安斎 省一
　→「今後の地方教育行政のあり方について」……………………… 146
　→指導要録 ……………………… 166
　→特色ある学校づくり ………… 255
安達 五男　→人権教育 ……………… 194
安藤 駿英　→特色ある学校づくり … 255
安藤 節子　→学校給食とO‑157 …… 56
安藤 隆男　→教育評価 ……………… 99
安藤 輝次　→ポートフォリオ ……… 295
安藤 博　→いじめ …………………… 13

安藤 房治　→インクルージョン …… 18
安藤 豊　→教育における平等主義 … 96

【イ】

飯倉 洋治　→アレルギー ……………… 9
飯島 勤　→インクルージョン ……… 18
飯塚 峻　→学校五日制 ……………… 52
飯塚 一　→アトピー性皮膚炎 ……… 8
飯塚 裕子　→発達課題 ……………… 270
飯田 益雄　→科学研究費補助金 …… 39
飯田 稔
　→受け皿 ………………………… 22
　→職員会議 ……………………… 189
　→地域に根ざした学校 ………… 234
　→問題行動 ……………………… 308
　→野外教育 ……………………… 309
飯沼 昇　→生徒会 …………………… 206
飯沼 稔　→セメスター制 …………… 208
飯野 哲朗　→生徒指導 ……………… 206
飯野 守　→生徒の懲戒 ……………… 207
飯村 敦子　→ムーブメント教育 …… 303
飯村 英樹　→オーラルコミュニケーション ……………………… 33
飯利 雄一　→理工系離れ …………… 319
家永 三郎
　→教科書検定制度 ……………… 103
　→教科書裁判 …………………… 104
家永教科書訴訟弁護団　→教科書裁判 104
家本 芳郎　→教室環境 ……………… 107
伊賀 興一　→大阪教育大学付属池田小学校児童殺傷事件 ……… 28
伊賀 健一　→科学研究費補助金 …… 39
五十嵐 仁　→阪神大震災と学校 …… 272
五十嵐 透子　→カウンセリングマインド …………………………… 38
五十嵐 良雄　→教育法 ……………… 100
五十嵐 善一　→特別活動 …………… 257
育英奨学事業の在り方に関する調査研究協力者会議　→育英奨学制度 … 12
井口 磯夫　→学校図書館 …………… 62
井口 紀子　→キャリア教育 ………… 82
井口 靖　→教育改革国民会議 ……… 84
生野 康一　→日本人学校・補習授業校 ……………………………… 265

生信 勇荘　→学習指導要領 ………… 42
池内 了
　　→科学技術基本法 ………… 39
　　→日本学術会議 …………… 264
池上 岳彦　→セメスター制 ………… 208
池上 洋通
　　→学区制 …………………… 52
　　→学校選択制 ……………… 61
池上 正樹　→引きこもり …………… 273
池上 正示　→通信制高校 …………… 245
池木 清　→スクール・セクシャル・ハラスメント ………………… 198
池島 徳大　→カウンセリングマインド ………………………………… 38
池添 徳明　→日の丸・君が代問題 … 277
池田 久美子　→自虐史観・自由主義史観 ……………………………… 155
池田 祥子　→アンドラゴジー ……… 10
池田 晋介　→教育文化産業 ………… 99
池田 輝政　→国際バカロレア ……… 132
池田 利男　→暴力団関係少年 ……… 294
池田 秀人　→インターネットと大学 … 20
池田 央　→アチーブメントテスト … 8
池田 寛
　→異文化理解 ……………… 17
　→同和教育 ………………… 254
池田 幹男　→学校施設の複合化 …… 61
池田 泰昭　→児童虐待の防止等に関する法律 ……………………… 162
池田 行伸　→不登校 ………………… 283
池永 真義　→国語教科書差別表現問題 130
池野 正晴　→新学力調査 …………… 193
池坊 保子　→児童虐待の防止等に関する法律 ………………………… 162
池場 望　→キャリア開発 …………… 81
池村 勉　→CAI ……………………… 328
池本 薫
　→学習塾・予備校 ………… 43
　→教育基本法 ……………… 90
池谷 奉文　→学校ビオトープ ……… 64
生駒 俊明　→科学技術基本法 ……… 39
伊崎 一夫　→チームティーチング … 238
井崎 邦為　→低学力 ………………… 246
石井 昭広　→情報基礎 ……………… 187
石井 郁子　→児童虐待の防止等に関する法律 ……………………… 162

石井 智　→定時制高校 ……………… 247
石井 小夜子　→少年犯罪 …………… 185
石井 志昂　→東京シューレ ………… 251
石井 威望
　→インテリジェントスクール …… 21
　→独立大学院 ……………… 259
　→プリント倶楽部 ………… 285
石井 建夫　→複線型学校制度 ……… 282
石井 久夫
　→教員養成大学 …………… 102
　→教授会 …………………… 110
石井 苗子　→援助交際 ……………… 27
石井 宗雄　→司書教諭・学校司書 … 157
石井 洋平　→ダブルスクール族 …… 231
石井 利香　→統合教育 ……………… 251
石岡 富貴子　→教育実習 …………… 92
石川 愛子　→インクルージョン …… 18
石川 健三　→AO入試 ………………… 327
石川 到覚　→リカレント教育 ……… 319
石川 憲彦　→ADHD …………………… 326
石川 正明　→予備校 ………………… 316
石川 路子　→NPO法 …………………… 332
石川 実　→父親の不在化 …………… 235
石川 六郎　→教育における平等主義 … 96
石隈 利紀　→スクール・カウンセリング ………………………………… 197
石崎 貴士　→オーラルコミュニケーション ……………………………… 33
石塚 伸一　→少年非行 ……………… 186
石塚 忠男　→ボランティア教育 …… 297
石角 完爾　→エリート教育 ………… 24
石田 勢津子　→バズ学習 …………… 269
石田 智之　→遠隔教育 ……………… 25
石田 泰照　→野外教育 ……………… 309
石出 法太　→自虐史観・自由主義史観 ……………………………… 155
石橋 昭良　→少年非行 ……………… 186
石原 英一　→帰国子女教育 ………… 76
石原 一彦　→インターネットと教育 … 19
石原 多賀子　→「今後の地方教育行政のあり方について」……… 146
石原 辰男　→オペラント学習 ……… 32
石原 敏秀　→LOGO …………………… 331
石丸 昭二　→司書 ………………… 157
いじめ問題研究班　→いじめ ……… 13
井尻 千男　→父親の不在化 ………… 235
井筒 次郎　→安全教育 ……………… 10

伊津野 朋弘 →中学校卒業程度認定試験 … 240	出射 幸子 →学校給食 … 55
泉 麻人 →先割れスプーン … 149	糸井 清 →校内暴力 … 126
磯田 和昭 →日本教職員組合 … 265	伊藤 嘉一 →ミニマムエッセンシャルズ … 302
磯田 一雄 →コアカリキュラム … 122	伊藤 格夫 →企業内教育 … 75
磯野 昌子 →識字教育 … 154	伊藤 一雄 →職業教育 … 189
磯辺 武雄 →放送教育 … 292	伊藤 加寿子 →アンドラゴジー … 10
磯部 作 →環境教育 … 72	伊藤 公一
井田 江利子 →アレルギー … 9	→教科書裁判 … 104
板垣 文彦 →情報リテラシー … 188	→指導要録の開示 … 167
板木 郁郎 →夜間学部 … 310	伊藤 きょうこ →問題教員 … 308
板倉 聖宣 →仮説実験授業 … 50	伊藤 功一 →教師教育 … 106
板倉 大治	伊藤 悟 →子ども時代の喪失 … 139
→一般教育 … 16	伊藤 駿二郎 →学校行事 … 57
→大学設置基準の大綱化 … 224	伊藤 純郎 →地域学習 … 233
市岡小学校(大阪市立) →人権教育 … 194	伊藤 斉子 →指導困難校・困難児 … 163
市川 克美 →メディアリテラシー … 304	伊藤 輝子 →家庭教育学級 … 69
市川 昭午	伊藤 俊夫 →学社融合 … 41
→学校教育法 … 57	伊藤 虎丸 →大学設置基準の大綱化 … 224
→高等教育のユニバーサル化 … 125	伊東 治己 →バイリンガル教育 … 268
→社会教育 … 168	伊藤 文雄 →昼夜開講制 … 243
→年齢主義 … 266	伊藤 正則 →学校五日制 … 52
→臨時教育審議会 … 322	伊藤 正徳 →マルチメディア教育 … 300
市川 伸一	伊藤 美奈子
→ちびくろさんぼ … 237	→教師の燃えつき症候群 … 108
→自ら学び、自ら考える力 … 301	→フリースクール … 284
→CBI … 328	伊藤 稔 →通信簿 … 245
市川 須美子	伊藤 靖幸 →子どもの権利条約 … 140
→学校教育法 … 57	伊藤 雄一郎 →お受験 … 29
→教育情報の公開 … 93	伊藤 由美子 →からだ教育 … 71
→教育法 … 100	伊藤 良子 →学校給食とO-157 … 56
市川 千秋 →バズ学習 … 269	位頭 義仁 →統合教育 … 251
市川 博 →内申書 … 261	伊藤 隆二
市川 道和 →情報教育 … 188	→学校五日制 … 52
市川 洋子	→家庭教育 … 68
→アクションリサーチ … 5	→心の教育 … 136
→ポートフォリオ … 295	→ホリスティック教育 … 298
市川 陽子 →からだ教育 … 71	井戸垣 直美 →子どものプライバシー … 144
市瀬 智紀 →バイリンガル教育 … 268	伊奈 正人 →若者文化 … 325
市橋 克哉 →国立大学の独立行政法人化 … 134	井内 慶次郎 →社会教育法 … 169
一番ケ瀬 康子 →子どもの人権 … 141	稲垣 成哲 →クロス・カリキュラム … 116
一宮 俊一 →養護学校 … 315	稲垣 武 →教科書裁判 … 104
市村 聖治 →いじめ … 13	稲垣 忠彦 →教員文化 … 101
市村 尚久 →養護審答申 … 111	稲川 英嗣 →国際バカロレア … 132
市村 洋子 →生涯学習振興法 … 179	稲積 宏誠 →教育白書 … 97
井出 薫 →姉妹校 … 167	稲葉 宏雄

内野 正幸
　→教科書裁判 …………………… 104
　→「地方教育行政の組織及び運営に関する法律」 ………………………… 237
内海 俊行　→職員会議 ……………… 189
内村 竹志　→インターネットと教育 ‥ 19
内山 源　→性教育 ………………… 203
内山 美樹子　→演劇教育 …………… 26
内山 宗昭　→大学開放 ……………… 220
内山 元夫　→児童福祉施設 ………… 165
鵜沼 伸太郎　→SD法 ………………… 335
釆女 博史　→いじめ訴訟 …………… 15
宇野 定吉　→自己教育力 …………… 156
宇野 玲子　→カルチャーセンター … 72
鵜浦 裕　→チャータースクール …… 239
卯ノ里小学校(愛知県東浦町立)　→チームティーチング ………………… 238
宇原 郁世　→司書教諭・学校司書 … 157
馬居 政幸　→ピーターパンシンドローム ……………………………… 275
梅垣 弘　→遊び ……………………… 6
梅沢 重雄　→教育勅語 ……………… 95
梅津 清二　→仮説実験授業 ………… 50
梅田 修
　→研究指定校 …………………… 120
　→人権教育 ……………………… 194
　→同和教育 ……………………… 254
梅田 武男　→通信制高校 …………… 245
梅田 守彦　→教育改革提言 ………… 85
梅埜 国夫　→ミニマムエッセンシャルズ ………………………………… 302
梅原 猛　→ものつくり大学 ………… 306
梅原 利夫
　→教育課程 ……………………… 86
　→教科書裁判 …………………… 104
　→新学習指導要領 ……………… 191
　→新学力観 ……………………… 192
　→低学力 ………………………… 246
梅原 恵　→青少年の飲酒 …………… 204
梅村 晃由　→技術科学大学 ………… 77
浦 環　→寄付講座・寄付研究部門 … 79
浦田 賢治　→在日韓国・朝鮮人教育 ‥ 149
浦田 良一　→日本人学校・補習授業校 ………………………………… 265
浦野 東洋一
　→学校評議員制度 ……………… 65
　→教育法 ………………………… 100
　→教員養成大学 ………………… 102
　→中高一貫教育校 ……………… 242
浦辺 茂雄　→ホームステイ ……… 296
占部 慎一
　→少女文化・少年文化 ………… 183
　→プチ家出 ……………………… 283
閏間 征憲　→インターンシップ …… 20
海野 千細　→学校ぎらい …………… 58
海野 力　→大学教授 ………………… 221

【 エ 】

エイエフエス日本協会　→海外留学 … 35
江川 紹子
　→ちびくろさんぽ ……………… 237
　→山形県明倫中学マット死事件 … 312
江川 玟成
　→遊び …………………………… 6
　→生徒指導 ……………………… 206
江種 敏彦　→大学設置基準の大綱化 ‥ 224
江沢 洋　→算数離れ・理科離れ …… 151
枝川 公一　→エイズ教育 …………… 22
枝元 一三　→NIE …………………… 332
エデュケーションアザワイズ　→ホームスクーリング …………………… 296
江藤 哲郎　→メディアリテラシー … 304
榎本 邦雄　→自己教育力 …………… 156
榎本 博明
　→子どもの自殺 ………………… 141
　→発達課題 ……………………… 270
江原 武一　→大学教授 ……………… 221
衣斐 哲臣　→問題行動 ……………… 308
蛯名 邦禎　→学校外教育 …………… 53
愛媛県生涯学習地域人材育成研究会
　→生涯学習 ……………………… 178
愛媛県総合教育センター
　→体験学習 ……………………… 228
　→開かれた学校 ………………… 279
江淵 一公
　→異文化間教育 ………………… 17
　→CERI ………………………… 329
エムオーエー沖縄事業団　→心の教育 136
江里 晃　→自虐史観・自由主義史観 ‥ 155
苑 文英　→遊び ……………………… 6
遠藤 明子　→就学免除・猶予 ……… 171

エントウ　　　　　　　　　　348

遠藤 純代　→アイデンティティ ……… 3
遠藤 孝夫　→シュタイナー学校 …… 176
遠藤 忠
　→総合的な学習の時間 …………… 217
　→特別活動 ………………………… 257
遠藤 知恵子
　→公民館 …………………………… 127
　→社会教育 ………………………… 168
遠藤 巴子
　→CBI ……………………………… 328
　→CMI ……………………………… 329
遠藤 直哉　→法科大学院 …………… 291
遠藤 啓　→科学研究費補助金 ……… 39
遠藤 満雄　→オートバイ規制 ……… 30
遠藤 譲　→奉仕活動義務化 ……… 291

【オ】

及川 和江
　→学齢期シンドローム …………… 49
　→小児心身症 ……………………… 184
王 彩香　→中国帰国者教育 ……… 242
大麻 南　→絶対評価・相対評価 … 208
大井 みさほ　→連合大学院 ……… 324
大石 勝男
　→勤務評定 ………………………… 114
　→個性化教育 ……………………… 138
　→職員会議 ………………………… 189
　→問題行動 ………………………… 308
　→6・3・3制 …………………… 324
大石 幸二　→学校不適応 …………… 66
大石 暢子　→児童館 ………………… 160
大石 英史　→キレる ………………… 112
大分南高等学校(大分県立)　→チームティーチング …………………… 238
大岩 元　→情報科 ……………… 187
大内 万平　→養護学校 …………… 315
大江 甚三郎　→同和教育 ………… 254
大江 平治　→コミュニティセンター … 146
大木 薫　→個性化教育 …………… 138
大木 節子　→キャリアアップ …… 81
大木 みわ　→発達課題 …………… 270
大木 桃代　→問題行動 …………… 308
大串 隆吉　→社会教育法 ………… 169
大国 真彦
　→子どもの生活習慣病 …………… 143
　→小児心身症 ……………………… 184
大久保 静人　→日本人学校・補習授業校 ……………………………… 265
大久保 幸夫　→就職協定 ………… 174
大熊 光治　→学校ビオトープ …… 64
大隈 義和　→教科書無償制度 …… 106
大蔵省印刷局
　→各省大学 ………………………… 46
　→教育白書 ………………………… 97
　→新学習指導要領 ………………… 191
　→青少年白書 ……………………… 204
大河内 祥晴　→愛知県西尾東部中いじめ自殺事件 ……………………… 3
大越 武　→姉妹校 ………………… 167
大阪家庭裁判所　→暴走族 ……… 292
大阪教育文化センター　→教師の燃えつき症候群 ……………………… 108
大阪の教育を正す府民の会　→卒業式 218
大阪府教育委員会
　→大阪教育大学付属池田小学校児童殺傷事件 ……………………… 28
　→学校間連携 ……………………… 54
大阪府高槻市　→指導要録の開示 … 167
大阪府立大型児童館ビッグバン　→児童館 ……………………………… 160
大崎 明子　→産学協同 …………… 150
大崎 勤成　→学校評議員制度 …… 65
大崎 仁
　→大学改革 ………………………… 219
　→大学自治 ………………………… 222
大崎 広行　→学童保育 …………… 46
大里 治泰　→情報教育 …………… 188
大沢 堯　→オウム真理教の児童就学問題 ……………………………… 28
大島 聡　→情報教育 ……………… 188
大嶋 恭二　→児童福祉施設 ……… 165
大島 剛　→家庭内暴力 …………… 70
大島 寛　→エコスクール ………… 23
大島 真　→心の教育 …………… 136
大島 まり　→理工系離れ ………… 319
大城 善盛　→司書 ………………… 157
大杉 昭英　→開発教育 …………… 38
大隅 紀和　→インターネットと教育 … 19
太田 進一　→昼夜開講制 ………… 243
太田 誠一　→児童虐待の防止等に関する法律 ……………………… 162

大田 堯
　→環境教育 …………………… 72
　→教科書裁判 ………………… 104
　→子どもの権利条約 ………… 140
大田 直子　→CERI ……………… 329
太田 晴雄　→外国人子女教育 ……… 36
太田 政男
　→総合学科 …………………… 215
　→複線型学校制度 …………… 282
太田 裕子　→交流教育 …………… 129
太田 裕造　→教師の燃えつき症候群・ 108
太田 佳光　→校内暴力 …………… 126
太田垣 紀子　→阪神大震災と学校… 272
大滝 仁志　→総合研究大学院大学… 215
大竹 弘和　→部活動 ……………… 281
大谷 尚　→フリースクール ……… 284
大谷 猛夫
　→業者テスト ………………… 109
　→従軍慰安婦問題 …………… 173
大谷 直史　→環境教育 ……………… 72
大谷 善博　→社会教育 …………… 168
大津 悦郎　→大学倒産の時代……… 225
大津 和子　→グローバル教育……… 117
大塚 英志
　→おたく族 …………………… 30
　→少女文化・少年文化 ……… 183
　→マンガ文化 ………………… 300
大塚 笑子　→朝の読書運動 ………… 5
大塚 和弘
　→教員文化 …………………… 101
　→日本教職員組合 …………… 265
大塚 茂　→指導要録 ……………… 166
大塚 忠広　→単位制高校…………… 232
大束 貢生　→大学通信教育………… 225
大塚 義孝　→スクール・カウンセラ
　ー ……………………………… 197
大月 隆昌　→カウンセリングマイン
　ド ……………………………… 38
大友 賢二　→項目反応理論 ……… 128
大南 正瑛　→18歳人口の減少 …… 175
大西 珠枝　→教育長 ……………… 95
大西 頼子　→発達課題 …………… 270
大沼 安史　→チャータースクール… 239
大野 淳　→理工系離れ …………… 319
大野 晋　→低学力 ……………… 246
大庭 茂美
　→単位互換制度 ……………… 232
　→道徳教育 …………………… 253
大場 伸一　→修学旅行 …………… 171
大庭 宣尊　→社会教育 …………… 168
大橋 敏子　→留学生 ……………… 320
大橋 直人　→図書館 …………… 259
大橋 洋一　→オープンキャンパス… 31
大原 健士郎　→教師ストレス …… 107
大原 康男　→教育勅語 …………… 95
大日向 雅美　→父親の不在化 …… 235
大平 健　→オヤジ狩り …………… 32
大平 佐知子　→退職準備教育 …… 229
大平 滋
　→開かれた学校 ……………… 279
　→部活動 ……………………… 281
大堀 真
　→指導困難校・困難児 ……… 163
　→メディアリテラシー ……… 304
大前 泰彦　→性格検査 …………… 201
大見 広規　→禁煙教育 …………… 113
大南 英明　→交流教育 …………… 129
大宮 和子　→摂食障害 …………… 208
大宮 知信
　→オウム真理教の児童就学問題 … 28
　→教科書採択制度 …………… 103
　→AO入試 …………………… 327
大村 祐子　→シュタイナー学校 … 176
大室 律子　→編入学 ……………… 290
大森 修　→習熟度別指導 ………… 174
大森 正　→介護等体験特例法……… 37
大森 哲夫
　→実験学校 …………………… 160
　→放送教育 …………………… 292
大森 不二雄　→ゆとりある学校教育・ 313
大森 陽子　→ホームステイ ……… 296
大矢 京子　→日本語学級 ………… 265
大八木 賢治　→教科書検定制度 … 103
大屋中学校(兵庫県大屋町立)　→個性
化教育 ………………………… 138
大山 薫　→教員組合活動 ………… 100
大山 正博　→スクール・カウンセリン
　グ ……………………………… 197
大和田 守　→黒磯市中学校教師殺害事
　件 ……………………………… 116
岡 篤　→ミニマムエッセンシャルズ・ 302
岡 嵩　→OJT・Off-JT …………… 333
岡 秀夫
　→オーラルコミュニケーション …… 33

オカ

→ バイリンガル教育 268
岡 益巳　→ 留学生 320
小笠 俊樹　→ 学校ビオトープ 64
岡坂 慎二　→ 教育改革プログラム 85
岡崎 友典　→ 特別活動 257
岡崎 裕　→ 人権教育 194
岡沢 和世　→ 大学開放 220
小笠原 正明
　→ コアカリキュラム 122
　→ AO入試 327
岡田 永治　→ キレる 112
緒方 邦彦　→ 早期教育 214
尾形 健　→ 女子校の共学化 190
尾形 憲
　→ 学歴社会 49
　→ ピースボート 274
岡田 健悟　→ 同和教育 254
緒方 佐代子　→ インターネットと教育 19
岡田 忠男
　→ 学校五日制 52
　→ 教育実習 92
岡田 知雄　→ 子どもの生活習慣病 ... 143
岡田 知弘　→ 国立大学の独立行政法人化 134
岡田 典子　→ 40人学級 317
岡田 正彦　→ アンドラゴジー 10
岡田 光世　→ 海外子女教育 34
岡田 安正　→ COE 329
岡田 裕　→ CBI 328
岡田 隆介　→ 児童相談所 164
岡堂 哲雄　→ スクール・カウンセリング 197
岡東 寿隆　→ 教師ストレス 107
岡野 雅子　→ 介護等体験特例法 37
岡野 道明　→ 教育機器 89
岡林 秀樹　→ 教育環境 88
岡部 俊一　→ アレルギー 9
岡部 恒治
　→ 算数離れ・理科離れ 151
　→ 低学力 246
岡村 穰　→ 学校公園 59
岡村 一博　→ 暴走族 292
岡村 公司　→ 技術移転機関 77
岡村 達也　→ 心の居場所 135
岡村 遼司　→ 大学教員の任期制 220
岡本 栄一　→ 奉仕活動義務化 291

岡本 薫
　→ エルネット 25
　→ 放送教育 292
岡本 包治
　→ 家庭教育学級 69
　→ 公民館 127
　→ 高齢者教育 129
岡本 きよみ　→ 家庭崩壊 71
岡本 奎六　→ 知能検査 236
岡本 茂樹　→ 思春期危機症候群 156
岡本 修一　→ 特色ある学校づくり ... 255
岡本 隆夫　→ 丸刈り訴訟 299
岡本 敏雄
　→ インターネットと教育 19
　→ 教育工学 92
　→ 教育情報科学・工学 93
　→ メディアリテラシー 304
岡本 実　→ 教育機器 89
岡山大学教育学部附属小学校　→ 自ら学び、自ら考える力 301
小川 一郎　→ 生徒指導 206
小川 圭子　→ 緘黙児 74
小川 貴士　→ 秋季入学制 172
小川 哲男　→ 総合的な学習の時間 ... 217
小川 輝之　→ 総合学科 215
小川 俊夫　→ 進路指導 195
小川 利夫　→ 公民館 127
小川 富二　→ TOEFL 335
小川 博久　→ 問題解決学習 307
小川 正人　→ 文教予算 287
小川 正光　→ 教室環境 107
小川 真知子　→ ジェンダー・フリー教育 152
小川 洋　→ 公立校離れ 128
小川 嘉憲　→ 阪神大震災と学校 272
緒川小学校(愛知県東浦町立)　→ 個性化教育 138
尾木 和英
　→ いきなり型非行 11
　→ 学校評議員制度 65
　→ クロス・カリキュラム 116
　→ 部活動 281
沖 清豪　→ PTA 334
隠岐 忠彦　→ 生徒指導 206
尾木 直樹
　→ 新しい「荒れ」 7
　→ 学級崩壊 51

→校内暴力 …………………… 126
　　→名古屋5000万円恐喝事件 …… 262
　　→プリント倶楽部 ……………… 285
小木 美代子　→学童保育 ………… 46
小木曽 宏　→児童福祉施設 ……… 165
沖田 寛子　→フリースクール …… 284
沖縄県立教育センター　→適応指導教
　育 ………………………………… 248
荻野 忠則　→放送教育 …………… 292
沖原 豊　→留学生 ………………… 320
沖森 卓也　→TA制度 …………… 335
沖吉 和祐　→社会教育 …………… 168
荻原 克巳　→バズ学習 …………… 269
荻原 弘子　→プチ家出 …………… 283
奥井 礼喜　→退職準備教育 ……… 229
奥島 孝康
　　→生涯学習 ……………………… 178
　　→大学改革 ……………………… 219
奥瀬 哲　→小児心身症 …………… 184
奥田 かんな　→現職教育 ………… 121
奥田 真丈　→国際理解教育 ……… 132
奥田 敏行　→PTA ……………… 334
奥田 泰彦　→教養審答申 ………… 111
奥谷 優　→トライやる・ウィーク … 260
奥地 圭子　→東京シューレ ……… 251
小口 忠彦　→発達課題 …………… 270
奥野 アオイ　→外国人子女教育 …… 36
奥野 修司
　　→いじめ訴訟 …………………… 15
　　→教育情報の公開 ……………… 93
奥野 久雄　→いじめ訴訟 ………… 15
小熊 伸一　→生徒の懲戒 ………… 207
奥村 哲夫　→内申書 ……………… 261
奥山 明良　→キャンパス・セクシュア
　ル・ハラスメント ……………… 82
小倉 清　→発達課題 ……………… 270
小倉 由紀子　→アレルギー ……… 9
桶川市歴史民俗資料館　→博物館 … 269
生越 詔二　→基礎・基本 ………… 78
尾崎 公子　→地域の教育力 ……… 235
尾崎 教弘　→大学入学資格検定 … 225
尾崎 正治　→コミュニティセンター 146
尾崎 勝　→カウンセリングマインド 38
尾崎 米厚
　　→エイズ教育 …………………… 22
　　→青少年の飲酒 ………………… 204
小篠 弘志　→学習塾・予備校 …… 43

小沢 晶子　→性格検査 …………… 201
小沢 修　→生活科 ………………… 201
小沢 弘明　→国立大学の独立行政法人
　化 ………………………………… 134
小沢 真　→児童・生徒理解 ……… 163
小沢 美代子　→家庭内暴力 ……… 70
小沢 康宏　→OJT・Off-JT …… 333
小沢 有作　→識字教育 …………… 154
押谷 由夫
　　→心の教育 ……………………… 136
　　→道徳教育 ……………………… 253
小島 弘道
　　→教育環境 ……………………… 88
　　→研究開発学校 ………………… 119
　　→コミュニティスクール ……… 145
　　→指導主事 ……………………… 163
　　→職員会議 ……………………… 189
　　→通学区域の自由化 …………… 244
　　→6・3・3制 ………………… 324
小関 一也
　　→グローバル教育 ……………… 117
　　→生活指導 ……………………… 202
小田 勝己
　　→テレビ社会 …………………… 249
　　→ポートフォリオ ……………… 295
小田 公美子　→大学倒産の時代 … 225
小田 敏之　→理工系離れ ………… 319
小田 迪夫　→NIE ……………… 332
尾田 幸雄
　　→心の教育 ……………………… 136
　　→道徳教育 ……………………… 253
小田嶋 隆
　　→おたく族 ……………………… 30
　　→学歴社会 ……………………… 49
落合 俊郎　→インクルージョン …… 18
お茶の水女子大学附属中学校教育研究
　会　→帰国子女教育 …………… 76
音 弘志　→訪問教育 ……………… 293
男沢 一　→生徒指導 ……………… 206
鬼柳 勝一　→宗教と教育 ………… 172
小野 和子　→キャンパス・セクシュア
　ル・ハラスメント ……………… 82
小野 興子　→教師ストレス ……… 107
小野 博　→AO入試 …………… 327
小野 元之　→大学公開講座 ……… 221
尾上 進勇　→歴史教科書問題 …… 323
小野瀬 雅人　→指導要録 ………… 166

小野田 正利　→CERI ………………… 329
小野寺 智　→定時制高校 …………… 247
小野寺 淑行　→問題解決学習 ……… 307
小原 健　→補習授業 ………………… 294
小淵 港　→国立大学の独立行政法人
　化 ……………………………………… 134
親業訓練協会　→親業 ………………… 32
尾山 真之助　→COE ………………… 329
小山田 勢津子　→学習塾・予備校 … 43
折田 一人　→海外子女教育 ………… 34
織田 博子　→学校事故・事件 ……… 59
折出 健二　→愛知県西尾東部中いじめ
　自殺事件 ……………………………… 3
オールソン,リン　→インターンシッ
　プ ……………………………………… 20
尾張 豊　→教育バウチャー ………… 97

【カ】

何 敏学　→ひとりっ子 ……………… 276
海外子女教育振興財団　→海外子女教
　育 ……………………………………… 34
改正 充　→臨時教育審議会 ………… 322
貝塚 茂樹
　→教育勅語 …………………………… 95
　→道徳教育 ………………………… 253
戒能 民江　→キャンパス・セクシュア
　ル・ハラスメント …………………… 82
戒能 通厚　→日本学術会議 ………… 264
開発教育推進セミナー　→開発教育 … 38
海保 理子　→産学協同 ……………… 150
カイリー,ダン　→ピーターパンシンド
　ローム ……………………………… 275
科学技術庁　→科学技術基本法 ……… 39
嘉数 朝子
　→子どものストレス ……………… 142
　→低体温児 ………………………… 247
加川 英一　→自然教室 ……………… 158
香川 邦生　→障害児教育 …………… 181
香川 徹　→エルネット ……………… 25
香川 正弘
　→生涯学習 ………………………… 178
　→大学公開講座 …………………… 221
鹿川 雅弘　→中野富士見中事件 …… 262
香川 豊　→アイデンティティ ……… 3

香川県小学校道徳教育研究会　→生き
　る力 …………………………………… 11
香川大学教育学部附属坂出中学校
　→合科学習 ………………………… 122
　→チームティーチング …………… 238
柿沼 昌芳
　→新しい「荒れ」 …………………… 7
　→援助交際 …………………………… 27
　→親の教育権 ………………………… 33
　→管理主義教育 ……………………… 74
　→教育委員会 ………………………… 83
　→校内暴力 ………………………… 126
　→子どものプライバシー ………… 144
　→宗教と教育 ……………………… 172
　→出席停止 ………………………… 177
　→対教師暴力 ……………………… 228
　→部活動 …………………………… 281
学習研究社　→フリースクール …… 284
角田 礼三　→ボランティア教育 …… 297
角本 尚紀　→生徒の懲戒 …………… 207
鹿毛 雅治
　→動機づけ ………………………… 250
　→到達度評価 ……………………… 252
家計経済研究所　→ひとり親家庭 … 275
掛川 久　→東京都立国際高校 ……… 251
掛水 通子　→ゼロ免課程・コース … 209
影山 任佐
　→アイデンティティ ………………… 3
　→家庭崩壊 …………………………… 71
影山 清四郎　→問題解決学習 ……… 307
影山 昇
　→家庭科男女共修 …………………… 67
　→教育法 …………………………… 100
陰山 英男　→ミニマムエッセンシャル
　ズ ……………………………………… 302
陰山 義郎　→進路指導 ……………… 195
加古 陽治　→文部科学省 …………… 309
鹿児島県教育委員会　→推薦入試 … 196
笠木 恵司
　→インターネットと大学 …………… 20
　→遠隔教育 …………………………… 25
笠原 良郎
　→学校図書館 ………………………… 62
　→国際子ども図書館 ……………… 131
加沢 恒雄
　→アンドラゴジー …………………… 10
　→教育実習 …………………………… 92

加地 伸行　→大阪教育大学付属池田小学校児童殺傷事件 …………… 28
嘉治 元郎　→放送大学 …………………… 293
樫尾 由美子　→勤労生産・奉仕的行事 …………………………………… 114
梶川 裕司　→中高一貫教育校 ………… 242
梶田 叡一
　→基礎・基本 ……………………… 78
　→教育情報の公開 ………………… 93
　→教育評価 ………………………… 99
　→形成的評価 …………………… 118
　→心の教育 ……………………… 136
　→個性化教育 …………………… 138
　→総括的な評価 ………………… 213
　→総合的な学習の時間 ………… 217
　→卒業式 ………………………… 218
　→通信簿 ………………………… 245
梶原 康史
　→心の居場所 …………………… 135
　→不登校 ………………………… 283
　→偏差値 ………………………… 289
鹿嶋 研之助
　→インターンシップ ……………… 20
　→キャリア教育 …………………… 82
　→進路指導 ……………………… 195
　→総合学科 ……………………… 215
　→特別活動 ……………………… 257
梶間 みどり　→中高一貫教育校 …… 242
梶村 太一郎　→新しい歴史教科書をつくる会 …………………………………… 7
梶本 正典　→安全教育 ……………… 10
梶山 公勇　→学校給食 ……………… 55
嘉祥寺 光雄　→留学生十万人計画 … 321
柏崎小学校(柏崎市立)　→学社融合 … 41
柏女 霊峰　→児童福祉施設 ………… 165
梶原 宣俊　→専修学校 ……………… 211
梶原 豊　→企業内教育 ……………… 75
梶原 優美　→学校ビオトープ ………… 64
梶原 洋一　→教育改革国民会議 …… 84
粕谷 賢次　→ひとりっ子 …………… 276
粕谷 貴志　→学校不適応 …………… 66
糟谷 正彦　→教育情報の公開 ……… 93
仮説実験授業研究会　→仮説実験授業・ 50
片岡 徳雄　→個性化教育 …………… 138
片岡 輝　→マンガ文化 ……………… 300
片岡 弘勝　→開かれた学校 ………… 280

片岡 洋子　→少女文化・少年文化 … 183
片上 邦子　→訪問教育 ……………… 293
片上 宗二　→学級崩壊 ……………… 51
片桐 正敏　→学習障害児 …………… 44
堅田 悦子　→特色ある学校づくり … 255
片山 円　→基礎・基本 ……………… 78
片山 かおる　→お受験 ……………… 29
片山 尊文　→大学開放 ……………… 220
片山 利明　→体験学習 ……………… 228
勝浦 敏行　→次代を担う青少年について考える有識者会議 ………… 159
勝岡 寛次　→教育改革国民会議 …… 84
勝方 信一
　→学校の安全管理 ………………… 63
　→学校評議員制度 ………………… 65
学校給食と子どもの健康を考える会
　→米飯給食 ……………………… 287
学校教育子どもの荒れ研究会　→キレる ………………………………… 112
学校建築研究会　→学校建築 ……… 58
割崎 正義　→偏差値 ……………… 289
勝野 尚行
　→親の教育権 …………………… 33
　→子どもの権利条約 …………… 140
　→「今後の地方教育行政のあり方について」 ……………………… 146
勝野 正章　→教育課程 …………… 86
勝野 充行　→開かれた学校 ……… 279
勝野 頼彦　→中高一貫教育校 …… 242
勝野 尚子　→スクール・セクシャル・ハラスメント ……………………… 198
勝部 真長　→教員組合活動 ……… 100
桂 正孝　→阪神大震災と学校 …… 272
家庭科教育研究者連盟　→家庭科男女共修 ……………………………… 67
家庭科の男女共修をすすめる会　→家庭科男女共修 ………………… 67
門 真一郎　→不登校 ……………… 283
加藤 明
　→形成的評価 …………………… 118
　→こどもエコ・クラブ ………… 139
　→総合的な学習の時間 ………… 217
加藤 恵子　→アイデンティティ ……… 3
加藤 孝一　→OJT・Off‐JT ……… 333
加藤 繁美　→早期教育 …………… 214
加藤 秀一　→キャンパス・セクシュアル・ハラスメント ……………… 82

加藤 十八	→チャータースクール		239
加藤 潤	→マルチメディア教育		300
加藤 仁			
	→キャリアアップ		81
	→父親の不在化		235
加藤 大地	→共学・別学		102
加藤 尚裕	→学校ビオトープ		64
加藤 忠雄	→訪問教育		293
加藤 登喜男	→学社融合		41
加藤 八郎	→教室環境		107
加藤 久雄	→大阪教育大学付属池田小学校児童殺傷事件		28
加藤 博和			
	→教養部改革		112
	→中央教育審議会		240
加藤 万里子	→バリアフリー		271
加藤 やすこ	→シックスクール症候群		159
加藤 幸男	→大学公開講座		221
加藤 幸次			
	→個性化教育		138
	→総合学習		214
	→チームティーチング		238
	→ポートフォリオ		295
	→ミドルスクール		302
加藤 好男	→教育工学		92
門田 美恵子	→保健室登校		294
ガードナー,リチャード・A.	→ひとり親家庭		275
角屋 重樹	→教育機器		89
門脇 厚司	→少女文化・少年文化		183
金井 景子	→ジェンダー・フリー教育		152
金井 英樹	→在日韓国・朝鮮人教育		149
金井 未奈子	→適性検査		248
金岡 祐一	→日本学術会議		264
金川 めぐみ	→児童手当制度改革		165
神奈川県教育庁	→オートバイ規制		30
神奈川横浜「男女の自立と共生をめざす教育」推進委員会	→男女混合名簿		232
金口 恭久	→能力別学級編成		267
金沢 善智	→バリアフリー		271
金住 典子	→援助交際		27
金谷 憲	→教育機器		89
金盛 浦子	→ひとりっ子		276
金森 順子	→家庭科男女共修		67
蟹沢 宏剛	→ものつくり大学		306
金海 京	→環境教育		72
金子 郁容	→コミュニティスクール		145
金子 修己	→禁煙教育		113
金子 隆芳	→バリアフリー		271
金子 照基			
	→生涯学習振興法		179
	→40人学級		317
金子 晴恵	→ゆとりある学校教育		313
金子 博美	→教育実習		92
金子 真紀子	→センター給食		211
兼子 仁	→教育情報の公開		93
金﨑 芙美子	→ジェンダー・フリー教育		152
金築 明夫	→内申書		261
兼松 左知子	→援助交際		27
金光 義彦	→先端科学技術大学大学院		212
桃島 有三			
	→教育基本法		90
	→教育権		91
鎌田 慧	→ピースボート		274
鎌田 とし子	→家庭崩壊		71
鎌田 浩子	→消費者教育		186
鎌塚 正良	→大学設置基準の大綱化		224
上条 晴夫	→学級崩壊		51
上辻 由貴子	→クロス・カリキュラム		116
上寺 久雄	→チームティーチング		238
神永 典郎	→土曜日課		260
上甫木 昭春	→学校ビオトープ		64
上村 喜一	→遠隔教育		25
上村 浩郎	→算数離れ・理科離れ		151
神谷 信行	→チャイルドライン		239
神谷 真起子	→憲法教育		121
神谷 育司	→学習障害児		44
亀井 修	→インフォーマルエデュケーション		22
亀井 浩明			
	→受け皿		22
	→学校五日制		52
	→教育課程審議会答申		87
	→教師の力量		108
	→中教審答申		240
	→中高一貫教育		241
亀岡 雄	→CERI		329

亀田 温子	→ジェンダー・フリー教育	152
亀田 邦夫	→国際子ども図書館	131
亀田 徹	→外国人教員	36
亀田 徳一郎	→鹿児島県知覧中学いじめ自殺事件	49
亀山 剛生	→帰国子女教育	76
加茂 英司	→社会人大学院	170

鴨川 美智子
- →異文化間教育 … 17
- →海外子女教育 … 34

加茂川 幸夫	→教科書採択制度	103
賀谷 恵美子	→ジェンダー・フリー教育	152
萱野 志朗	→人権教育	194
唐沢 勇	→特別活動	257
カリー,ウィリアム	→セメスター制	208

苅谷 剛彦
- →学歴社会 … 49
- →教育内容の厳選 … 96
- →教育における平等主義 … 96
- →大学全入時代 … 224
- →低学力 … 246
- →能力主義 … 267

苅宿 俊文	→インターネットと教育	19
川合 章	→教育基本法	90
川合 あさ子	→ジェンダー・フリー教育	152
河井 英子	→緘黙児	74
川井 栄治	→いじめ	13
川合 英治	→ものづくり	306
河合 弘一	→不登校	283

河合 隼雄
- →アイデンティティ … 3
- →学術審議会 … 45
- →不登校 … 283

河合 洋	→いじめ	13
河井 正隆	→TA制度	335

河合 美喜夫
- →教育改革国民会議 … 84
- →修学旅行 … 171

河相 善雄	→特別なニーズ教育	258
河井 芳文	→緘黙児	74
河合塾	→キャリアアップ	81

河内 徳子
- →観点別学習状況 … 74
- →グローバル教育 … 117

河上 亮一
- →学級崩壊 … 51
- →教育改革国民会議 … 84
- →能力主義 … 267

川喜田 二郎	→KJ法	331
川口 邦男	→ポートフォリオ	295
川口 徹	→バリアフリー	271

川口 博它
- →特色ある学校づくり … 255
- →野外教育 … 309

川越 秋広	→情報教育	188
川崎 千里	→指導困難校・困難児	163
川崎 二三彦	→児童虐待	161

川崎 雅和
- →オープンスクール … 31
- →学校建築 … 58

川崎 依邦	→企業内教育	75
川島 一夫	→体罰	230
川島 啓二	→学校間連携	54
川嶋 四郎	→法科大学院	291
川住 隆一	→訪問教育	293

川瀬 良美
- →達成動機 … 231
- →動機づけ … 250

川瀬 俊治	→夜間中学	311
河田 史宝	→バリアフリー	271

川田 文子
- →思春期危機症候群 … 156
- →従軍慰安婦問題 … 173

川谷 勝幸	→指導困難校・困難児	163
川中 達治	→宗教と教育	172
川成 洋	→大学教授	221
川西市子どもの人権オンブズパーソン事務局	→子どもの人権	141
河野 貴美子	→早期教育	214
川野 卓二	→大学開放	220
川野 理夫	→教員組合活動	100
川野 美由紀	→センター給食	211
川野辺 敏	→生涯学習	178
川畑 愛義	→発達加速現象	270
川畑 賢一	→共学・別学	102
河端 真一	→学歴社会	49

川畑 徹朗
- →禁煙教育 … 113
- →ひとりっ子 … 276

川畑 洋昭	→コンピュータリテラシー	147

川畑 由美　→社会人大学院 ………… 170
川前 あゆみ　→山村留学 …………… 152
河村 好市　→NIE ……………………… 332
河村 茂雄
　→学校不適応 …………………… 66
　→教員文化 …………………… 101
　→研究指定校 ………………… 120
河村 壮一郎　→遠隔教育 …………… 25
河村 智洋　→プリント倶楽部 ……… 285
河村 正彦　→道徳教育 ……………… 253
川本 三郎　→オヤジ狩り ……………… 32
関 志雄　→留学生十万人計画 ……… 321
韓 民　→専修学校 …………………… 211
環境庁環境保全活動推進室　→こども
　エコ・クラブ …………………… 139
関西大学法学研究所　→教育権 …… 91
関西学院　→阪神大震災と学校 …… 272
神田 信彦　→問題行動 ……………… 308
神田 基史　→養護学校 ……………… 315
漢那 憲治　→司書教諭・学校司書 … 157
菅野 明人　→僻地教育 ……………… 288
菅野 建二　→日本人学校・補習授業
　校 ……………………………… 265
上林 靖子　→ADHD ………………… 326

【 キ 】

木内 知通　→教師の力量 …………… 108
木川 達爾　→心の教育 ……………… 136
企業メセナ協議会　→メセナ ……… 303
菊入 三樹夫
　→学校給食 ……………………… 55
　→マイノリティ教育 ………… 298
菊島 和子　→ノーマライゼーション · 267
菊田 薫　→専修学校 ………………… 211
菊田 幸一　→少年犯罪 ……………… 185
菊地 栄治　→教師の力量 …………… 108
菊池 久一
　→識字教育 …………………… 154
　→情報リテラシー …………… 188
菊地 賢一　→項目反応理論 ………… 128
菊地 定則　→日高教 ………………… 264
菊池 幸子　→地域の教育力 ………… 235
菊池 武剋
　→児童・生徒理解 …………… 163
　→進路指導 …………………… 195
菊池 尚美　→学童保育 ……………… 46
菊地 宏義　→日の丸・君が代問題 … 277
菊地 政幸　→幼保一元化 …………… 316
菊地 麻奈美　→アイデンティティ …… 3
菊地 まり　→単位制高校 …………… 232
菊地 良輔
　→高校入試改革 ……………… 124
　→進路指導 …………………… 195
菊池 礼司　→いじめ ………………… 13
岸 朝子　→個食・孤食 ……………… 137
貴志 泉　→性教育 …………………… 203
岸 道郎　→シラバス ………………… 190
岸 光城　→教育実習 ………………… 92
岸 裕司
　→学社融合 …………………… 41
　→コミュニティセンター …… 146
　→まちづくりの核としての学校 … 299
岸尾 祐二　→NIE ……………………… 332
岸田 弘　→OJT・Off‐JT ………… 333
岸浪 建史　→ファカルティ・ディベロッ
　プメント ……………………… 280
岸本 加世子　→個食・孤食 ………… 137
岸本 賢一　→自ら学び、自ら考える
　力 ……………………………… 301
岸本 裕史　→ミニマムエッセンシャル
　ズ ……………………………… 302
気象大学校校友会　→各省大学 …… 46
喜多 明人　→教科書無償制度 ……… 106
北 俊夫
　→開発教育 …………………… 38
　→基礎・基本 ………………… 78
木田 宏　→学習社会 ………………… 42
北浦 かほる　→児童館 ……………… 160
北尾 倫彦
　→新学習指導要領 …………… 191
　→新学力観 …………………… 192
北川 邦一　→中央教育審議会 ……… 240
北川 清一　→児童福祉施設 ………… 165
北川 典子　→性教育 ………………… 203
北角 栄子　→継続教育 ……………… 118
北田 耕也
　→社会教育 …………………… 168
　→発達課題 …………………… 270
北出 亮　→オーラルコミュニケーショ
　ン ……………………………… 33
北野 秋男　→脱学校論 ……………… 231

北林 正　→学校不適応	66
北原 みのり　→教育女性学	94
北見 耕一　→リフレッシュ教育	320
北村 新　→米飯給食	287
北村 栄一　→内申書	261
喜多村 和之	
→学費	48
→高等教育のユニバーサル化	125
→国立大学の独立行政法人化	134
→大学自己評価	222
北村 圭子　→アトピー性皮膚炎	8
北村 健二　→理工系離れ	319
北村 世都　→WAIS‐R	336
北村 孝子　→大阪「先生の制服」騒動	29
北村 まゆみ　→オーラルコミュニケーション	33
北村 侑子	
→一般教育	16
→コアカリキュラム	122
北山 秋雄　→児童虐待	161
吉川 和利　→低体温児	247
絹川 正吉　→シラバス	190
木下 勇　→学校統廃合	62
木下 征四郎　→大学入学資格検定	225
木原 孝博	
→学校文化	66
→生徒指導	206
木原 俊行　→教育工学	92
岐阜県総務部　→青少年保護条例	205
岐阜県多治見市養正公民館　→公民館	127
木舩 憲幸　→訪問教育	293
君島 和彦　→教科書裁判	104
君和田 和一　→子どもの自殺	141
君和田 容子　→中教審答申	240
木村 克美	
→先端科学技術大学大学院	212
→独立大学院	259
木村 憲太郎　→OECD教育大臣会議	333
木村 真悟　→全教	209
木村 貴志　→大阪教育大学付属池田小学校児童殺傷事件	28
木村 高志　→埼玉県立所沢高校	148
木村 剛　→アイヌ問題教育	4
木村 太郎　→愛知県西尾東部中いじめ自殺事件	3
木村 孟　→インターンシップ	20
木村 純　→オープンユニバーシティ	31
木村 正治　→性教育	203
木村 淑武美　→学級崩壊	51
木村 涼子	
→学校文化	66
→ジェンダー・フリー教育	152
木本 忠昭　→技術移転機関	77
木本 由季　→オートバイ規制	30
九州産学官協力会議　→産学協同	150
九州大学　→入学者受け入れ方針	266
九州大学文学部　→コアカリキュラム	122
久徳 重盛	
→父親の不在化	235
→母原病	294
教育改革国民会議　→教育改革国民会議	84
教育科学研究会	
→いじめ	13
→教科書裁判	104
→総合選択制高校	216
→日の丸・君が代問題	277
教育課程審議会　→教育課程審議会答申	87
教育技術研究会　→教育実習	92
教育職員養成審議会　→教養審答申	111
教育法令研究会　→教育基本法	90
教育理学研究会　→情報教育	188
教員免許制度研究会　→教職免許法改正	111
教科書検定訴訟を支援する全国連絡会　→教科書裁判	104
教科書検定訴訟を支援する東京都連絡会　→教科書裁判	104
教科書に真実と自由を連絡会　→自虐史観・自由主義史観	155
教職員人事問題研究会　→教職員人事	110
京藤 哲久　→キャンパス・セクシュアル・ハラスメント	82
共同研究グループ　→生活指導	202
京都大学高等教育教授システム開発センター　→開かれた大学	280
境分 万純　→援助交際	27
清国 祐二　→生涯学習センター	179
巨大情報システムを考える会　→インターネットと大学	20
清永 賢二	
→少女文化・少年文化	183

キリノキ

　→少年非行 …………………… 186
桐木 逸朗　→大学公開講座 ………… 221
桐藤 直人　→阪神大震災と学校 … 272
桐山 吾朗　→勤労体験学習総合推進事業 …………………………………… 115
桐山 信一　→総合学習 ……………… 214
桐山 秀樹　→国連大学 ……………… 135
木脇 奈智子　→単身赴任家庭 ……… 233
金 泰泳　→在日韓国・朝鮮人教育 … 149
禁煙教育をすすめる会　→禁煙教育 … 113
金城 啓一　→飛び級・飛び入学 …… 260
銀林 浩　→新学力観 ………………… 192

【ク】

久々宮 久　→育英奨学制度 ………… 12
日下 翠　→マンガ文化 ……………… 300
草野 厚　→自虐史観・自由主義史観 … 155
櫛田 孝司　→先端科学技術大学大学院 …………………………………… 212
鯨井 俊彦　→特別活動 ……………… 257
鯨岡 峻　→養護学校 ………………… 315
葛岡 雄治　→卒業式 ………………… 218
楠 裕子　→問題行動 ………………… 308
工藤 市兵衛　→教育法 ……………… 100
工藤 信司　→日本人学校・補習授業校 …………………………………… 265
工藤 毅　→全教 …………………… 209
工藤 日出夫　→公民館 ……………… 127
工藤 文三　→教育課程 ……………… 86
工藤 正弘　→性教育 ………………… 203
工藤 律子　→ストリート・チルドレン 200
九冨 真理子　→フリースクール …… 284
久富 善之
　→いじめ ………………………… 13
　→学区制 ………………………… 52
　→学校選択制 …………………… 61
　→教員文化 ……………………… 101
　→教師の燃えつき症候群 ……… 108
　→受験戦争 ……………………… 175
国井 和郎　→大学院改革 …………… 218
国枝 マリ　→小学校での英語教育導入 …………………………………… 182
国木 良輝　→情報基礎 ……………… 187

国重 誠之　→100校プロジェクト … 278
国富 健治　→東大解体 ……………… 252
久野 一恵　→センター給食 ………… 211
久野 泰可　→お受験 ………………… 29
久芳 美恵子　→スクール・セクシャル・ハラスメント …………………… 198
久保 謙一　→大学入試センター …… 227
久保 建二　→高等専門学校 ………… 125
久保 隆志　→ビデオ規制 …………… 275
久保 千恵子　→高校中退 …………… 123
久保 輝巳　→司書 …………………… 157
久保 真季
　→海外子女教育 ………………… 34
　→帰国子女教育 ………………… 76
久保 淑子　→ホームスクーリング … 296
窪島 務
　→通級制度 ……………………… 244
　→特別なニーズ教育 …………… 258
久保田 賢一
　→教育工学 ……………………… 92
　→視聴覚教育 …………………… 159
窪田 真二
　→親の教育権 …………………… 33
　→地方分権一括法 ……………… 237
久保田 真弓　→アクションリサーチ … 5
熊谷 恵子　→介護等体験特例法 …… 37
熊沢 誠　→能力主義 ………………… 267
熊野 太郎　→予備校 ………………… 316
久米原 宏之　→理工系離れ ………… 319
公文 公　→早期教育 ………………… 214
久山 純弘　→国連大学 ……………… 135
クラーク,グレゴリー　→飛び級・飛び入学 …………………………………… 260
倉田 孝明　→国際理解教育 ………… 132
倉地 暁美　→異文化間教育 ………… 17
倉戸 ツギオ　→自己教育力 ………… 156
倉八 順子　→コミュニカティブアプローチ …………………………………… 144
蔵原 三雪　→北海道・北星学園余市高校 …………………………………… 295
倉淵 泰佑　→適応指導教育 ………… 248
倉本 哲男　→マグネットスクール … 299
倉本 英彦　→家庭内暴力 …………… 70
繰井 潔　→生活指導 ………………… 202
栗栖 英雄　→LL …………………… 331
栗田 宣義　→プリント倶楽部 ……… 285
栗原 敦雄　→KJ法 ………………… 331

栗原 幸正 →カリキュラム開発 ……… 71
栗本 慎一郎
　→アメリカ大学日本分校 ……… 9
　→偏差値 ………………………… 289
厨 義弘 →社会教育 ………………… 168
栗山 文男 →CAI ……………………… 328
栗山 喜浩 →文教予算 ………………… 287
グループディダクティカ →教育課程 86
車谷 真弓 →交流教育 ………………… 129
グレース,キャシー →ポートフォリ
　オ ……………………………………… 295
黒岩 道子 →司書 ……………………… 157
黒上 晴夫 →情報基礎 ………………… 187
黒川 和美 →私学助成金 ……………… 154
黒川 祥子 →引きこもり ……………… 273
黒木 比呂史
　→国立大学の連合 …………… 135
　→大学全入時代 ……………… 224
黒葛原 寛 →メディアリテラシー … 304
黒崎 勲
　→教育改革プログラム ……… 85
　→チャータースクール ……… 239
　→能力主義 …………………… 267
　→臨時教育審議会 …………… 322
黒崎 達 →夜間学部 …………………… 310
黒沢 恵美 →からだ教育 ……………… 71
黒沢 惟昭
　→学区制 ……………………… 52
　→学校選択制 ………………… 61
　→生涯学習 …………………… 178
　→総合選択制高校 …………… 216
　→単位制高校 ………………… 232
黒沢 英典 →教職免許法改正 ………… 111
黒沢 浩 →学校図書館 ……………… 62
黒瀬 能耶 →情報科 …………………… 187
黒田 卓 →視聴覚教育 ……………… 159
黒田 利英 →PTA …………………… 334
黒田 洋一郎 →学習障害児 …………… 44
黒田 ジャーナル →識字教育 ………… 154
黒沼 克史
　→援助交際 …………………… 27
　→習熟度別指導 ……………… 174
　→少年犯罪 …………………… 185
　→適正規模 …………………… 248
グロワート,エスメ →ポートフォリ
　オ ……………………………………… 295
桑田 昭三 →偏差値 …………………… 289

桑の会 →インクルージョン ………… 18
桑原 昭徳 →心の教育 ………………… 136
桑原 敬一 →ユニバーシアード …… 314
桑原 聡 →戸塚ヨットスクール事件 259
桑原 知子 →カウンセリングマイン
　ド ……………………………………… 38
桑原 広治 →生活体験学習 …………… 202
桑原 真人 →アイヌ問題教育 ………… 4
桑原 靖夫 →就職協定 ……………… 174
桑山 昭子 →ファミリーサポートセン
　ター …………………………………… 281
軍司 貞則 →指導困難校・困難児 … 163
群馬大学教育学部附属中学校教育研究
　会 →基礎・基本 ……………………… 78

【ケ】

経済企画庁経済研究所 →教育改革提
　言 ……………………………………… 85
経済協力開発機構
　→現職教育 …………………… 121
　→低学力 ……………………… 246
　→統合教育 …………………… 251
　→OECD教育大臣会議 ……… 333
　→PTA ………………………… 334
経済同友会 →「合校」構想 ………… 59
警視庁生活安全局 →子ども110番の
　家 ……………………………………… 144
慶野 義雄 →教科書検定制度 ……… 103
月刊高校教育編集部
　→中高一貫教育 ……………… 241
　→中高一貫教育校 …………… 242
月刊社会教育編集部 →外国人子女教
　育 ……………………………………… 36
研究産業協会 →産学協同 …………… 150
見城 武秀 →メディアリテラシー … 304
現代学校事務研究会 →学校建築 …… 58
現代学校事務研究所 →義務教育費国
　庫負担制度 …………………………… 80
現代教師養成研究会 →介護等体験特
　例法 …………………………………… 37
建築思潮研究所 →コミュニティセン
　ター …………………………………… 146
剣持 勉
　→生活指導 …………………… 202

→チームティーチング ……………… 238

【コ】

呉　萍　→バズ学習 …………………… 269
小池 生夫　→異文化間教育 …………　17
小池 和男　→企業内教育 ……………　75
小池 紘司　→遊び ………………………　6
小池 妙子　→介護等体験特例法 ……　37
小池 瑞穂　→東京シューレ …………… 251
小池 稔　→暴走族 …………………… 292
小石原 昭　→教育技術の法則化運動 ……　89
小泉 俊三　→ファカルティ・ディベロップメント ……………………………… 280
小泉 武宣　→被虐待児症候群 ……… 274
小泉 幸伸　→地域学習 ……………… 233
小出 忠孝　→大学進学率 …………… 223
黄 順姫　→学歴社会 ………………… 49
高 為重　→大学院改革 ……………… 218
高 賛侑　→在日韓国・朝鮮人教育 … 149
合格レーダー編集部　→高校入試改革 … 124
鴻上 尚史　→メセナ ………………… 303
香西 武　→体験学習 ………………… 228
糀谷 陽子　→管理主義教育 …………　74
神津 忠彦　→ファカルティ・ディベロップメント ……………………………… 280
上月 正博　→日本人学校・補習授業校 ……………………………………… 265
厚生省　→児童手当制度改革 ……… 165
厚生労働省　→児童虐待 …………… 161
厚生労働省雇用均等児童家庭局
　　→ひとり親家庭 ………………… 275
　　→ファミリーサポートセンター … 281
合田 隆史　→専門大学院 …………… 213
合田 千里　→幼保一元化 …………… 316
合田 哲雄　→大学改革 ……………… 219
神足 裕司　→出席停止 ……………… 177
高等教育研究会
　　→大学審議会 …………………… 223
　　→大学入試改革 ………………… 226
高等教育3研究所　→大学教員の任期制 ……………………………………… 220
高等教育情報センター　→AO入試 … 327
高等教育費の軽減を求める懇談会　→育英奨学制度 ………………………… 12

河野 公子　→理科教育及び産業教育審議会 ………………………………… 318
河野 清尊　→全国高校総合体育大会 … 209
河野 啓　→北海道・北星学園余市高校 ……………………………………… 295
河野 重男
　　→生きる力 ……………………… 11
　　→「今後の地方教育行政のあり方について」 ……………………………… 146
　　→中高一貫教育校 ……………… 242
河野 比呂　→ホームステイ ………… 296
河野 浩
　　→学校文化 ……………………… 66
　　→生徒文化 ……………………… 207
高文研編集部　→朝の読書運動 ………　5
神戸市教育委員会　→阪神大震災と学校 ……………………………………… 272
神戸大学　→COE …………………… 329
神山 典士　→ホームステイ ………… 296
郡 洋　→学校給食 ……………………　55
古閑 博美　→インターンシップ ……　20
古賀 正義　→開かれた学校 ………… 279
小金沢 孝昭　→学校給食 ……………　55
湖上 晨一　→一般教育 ………………　16
国学院大学日本文化研究所　→宗教と教育 …………………………………… 172
国際教育到達度評価学会　→コンピュータ教育 ……………………………… 147
国際交流委員会　→海外留学 ………　35
国際子ども図書館準備室　→国際子ども図書館 …………………………… 131
国際識字年推進大阪連絡会
　　→識字教育 ……………………… 154
　　→日本語学級 …………………… 265
国際文化教育センター　→TOEFL … 335
国生 寿　→地方分権一括法 ………… 237
国分 康孝
　　→教師ストレス ………………… 107
　　→児童・生徒理解 ……………… 163
　　→進路指導 ……………………… 195
　　→スクール・カウンセリング … 197
　　→保健室登校 …………………… 294
小久保 義直　→社会教育主事 ……… 169
国立オリンピック記念青少年総合センター　→学校外教育 …………………　53
国立教育研究所
　　→コンピュータ教育 …………… 147

→数学教育の国際比較	197	→子どもの人権	141
→IEA国際教育調査	330	→生徒会	206

国立信州高遠少年自然の家　→自然教室 ……… 158

国立特殊教育総合研究所
　→障害児学級 ……………………… 180
　→養護学校 ………………………… 315

小崎 佳奈子　→阪神大震災と学校 …… 272

腰越 滋
　→18歳人口の減少 ………………… 175
　→適性検査 ………………………… 248

越田 幸洋　→学社融合 ……………… 41

越田 豊　→国際バカロレア ………… 132

小島 一郎　→国際理解教育 ………… 132

児島 邦宏
　→生きる力 ………………………… 11
　→指導要録 ………………………… 166
　→総合的な学習の時間 …………… 217
　→モジュール授業方式 …………… 305

小島 健一　→暴走族 ………………… 292

小嶋 秀夫　→発達課題 ……………… 270

小島 宏
　→生きる力 ………………………… 11
　→形成的評価 ……………………… 118
　→指導要録 ………………………… 166
　→開かれた学校 …………………… 279
　→問題解決学習 …………………… 307

小島 昌夫
　→教員組合活動 …………………… 100
　→高校全入時代 …………………… 123

小島 勝　→日本人学校・補習授業校 … 265

小島 喜孝
　→学校五日制 ……………………… 52
　→僻地教育 ………………………… 288

狐塚 健一　→子どもの人権 ………… 141

小杉 隆　→心の教育 ………………… 136

小杉 礼子　→キャリア教育 ………… 82

子育て経済特捜班　→教育費 ……… 98

小竹 信太郎　→教育長 ……………… 95

小谷 正樹　→早期教育 ……………… 214

児玉 厚子　→ひとり親家庭 ………… 275

児玉 憲典　→発達課題 ……………… 270

児玉 昭平　→山形県明倫中学マット死事件 ……………………………………… 312

小玉 正博　→不登校 ………………… 283

児玉 弥生　→親の教育権 …………… 33

児玉 勇二

児玉 洋介　→高校入試改革 ………… 124

小寺 隆幸　→教育課程審議会 ……… 87

小寺 正一　→道徳教育 ……………… 253

小寺 光雄　→ホームステイ ………… 296

後藤 和夫　→金属バット殺人事件 … 113

後藤 邦夫　→一般教育 ……………… 16

後藤 圭司　→技術科学大学 ………… 77

後藤 忠彦
　→教育機器 ………………………… 89
　→マルチメディア教育 …………… 300

後藤 暢　→学校図書館 ……………… 62

後藤 淑子　→引きこもり …………… 273

後藤 ひとみ　→安全教育 …………… 10

後藤 弘子　→少年非行 ……………… 186

五島 淑子　→育児・介護休業法 …… 12

こども心身医療研究所　→小児心身症 … 184

子どもと教科書全国ネット21　→歴史教科書問題 ……………………………… 323

子どもの虐待防止ネットワークあいち
　→児童虐待 ………………………… 161

子どもの健康を考える会　→スクール・カウンセリング ……………………… 197

子どもの権利条件市民・NGO報告書をつくる会　→子ども時代の喪失 …… 139

子どもの権利条約の趣旨を徹底する研究会　→統合教育 ………………… 251

子どもの権利条約フォーラム実行委員会　→子どもの権利条約 ……………… 140

子どものしあわせ編集部
　→いじめ …………………………… 13
　→小学校での英語教育導入 ……… 182

子どもの食事研究所　→子どもの生活習慣病 …………………………………… 143

子どもの人権保障をすすめる各界連絡協議会　→いじめ ………………… 13

小西 正恵　→遠隔教育 ……………… 25

小貫 悟　→学習障害児 ……………… 44

こねっと・プラン実践研究会
　→インターネットと教育 ………… 19
　→遠隔教育 ………………………… 25

木幡 寛　→フリースクール ………… 284

小林 晶子　→ひとりっ子 …………… 276

小林 篤　→鹿児島県知覧中学いじめ自殺事件 ……………………………… 49

小林 悦夫　→中国帰国者教育 ……… 242

小林 勝法　→シラバス ……………… 190
小林 恵　→総合的な学習の時間 …… 217
小林 けんじ　→チャイルドライン…… 239
小林 賢二　→禁煙教育 ……………… 113
小林 重雄
　→オペラント学習 ………………… 32
　→WAIS‐R ……………………… 336
小林 繁　→学習権 …………………… 42
小林 信一　→先端科学技術大学大学
　院 ………………………………… 212
小林 剛
　→いじめ …………………………… 13
　→思春期危機症候群 …………… 156
小林 千枝子　→教育科学研究会 …… 86
小林 哲夫
　→国語審議会 …………………… 130
　→飛び級・飛び入学 …………… 260
小林 哲也　→教育の国際化 ………… 97
小林 俊郎　→技術科学大学 ………… 77
小林 洋子　→チームティーチング…… 238
小林 文人
　→公民館 ………………………… 127
　→社会教育 ……………………… 168
小林 正幸　→インターネットと教育 ‥ 19
小林 三智雄　→進路指導 …………… 195
小林 道雄
　→少年犯罪・事件の実名報道 …… 185
　→山形県明倫中学マット死事件 …… 312
小林 美千代　→介護等体験特例法 …… 37
小林 雄一　→学校給食用食器 ……… 56
小林 よしのり　→新しい歴史教科書を
　つくる会 ……………………………… 7
小林 芳文　→ムーブメント教育 …… 303
小林 竜一　→出席認定の弾力化 …… 177
小原 友行　→自ら学び、自ら考える
　力 ………………………………… 301
小保方 稔子　→レディネス ………… 324
小牧 薫
　→高校入試改革 ………………… 124
　→歴史教科書問題 ……………… 323
小松 正武　→情報基礎 ……………… 187
小松原 かおり　→問題行動 ………… 308
駒林 邦男　→新学力観 ……………… 192
小峯 裕己　→エコスクール ………… 23
小宮山 要　→薬物乱用 ……………… 311
小宮山 博仁
　→学習塾・予備校 ………………… 43

　→学歴社会 ………………………… 49
　→学校のスリム化 ………………… 64
　→低学力 ………………………… 246
小此木 啓吾
　→学校ぎらい ……………………… 58
　→ピーターパンシンドローム …… 275
小森 陽一　→新しい歴史教科書をつく
　る会 ………………………………… 7
子安 ふみ　→シュタイナー学校 …… 176
子安 増生　→テレビ社会 …………… 249
子安 美知子　→シュタイナー学校… 176
小柳 晴生　→ステューデント・アパシ
　ー ………………………………… 199
小柳 和喜雄
　→コンピュータリテラシー …… 147
　→情報科 ………………………… 187
小山 芳キ　→学童保育 ……………… 46
小山 俊　→OJT・Off‐JT ………… 333
小山 道夫　→ストリート・チルドレ
　ン ………………………………… 200
是枝 喜代治　→ムーブメント教育 …… 303
木幡 洋子　→宗教と教育 …………… 172
近藤 明彦　→新潟県上越市立春日中い
　じめ自殺事件 …………………… 262
近藤 喜美夫　→学術・学内情報ネット
　ワーク …………………………… 45
近藤 邦夫　→教師ストレス ………… 107
近藤 千恵　→親業 …………………… 32
近藤 千春　→薬物乱用 ……………… 311
近藤 博之　→大学進学率 …………… 223
近藤 真　→憲法教育 ………………… 121
紺野 昇　→CAI …………………… 328
今野 雅裕
　→社会教育法 …………………… 169
　→地域に根ざした学校 ………… 234
紺屋 ちづる　→外国人子女教育 …… 36

【サ】

サイエンス・クリエイト21構想研究会
　→技術科学大学 ………………… 77
斎尾 直子　→学校施設の複合化 …… 61
材木 定　→保健室登校 ……………… 294
佐伯 俊彦　→開かれた学校 ………… 279
西郷 泰之　→児童館 ………………… 160

最首 和雄　→遠隔教育	25
ザ イーストパブリケイション　→外国人子女教育	36
斎田 俊行　→オープンスクール	31
埼玉県　→児童館	160
埼玉県県民活動総合センター	
→カルチャーセンター	72
→公民館	127
→生涯学習センター	179
埼玉県立南教育センター	
→外国人子女教育	36
→高齢者教育	129
→少子化時代	182
斎藤 昭　→訪問教育	293
斎藤 和雄　→子どものストレス	142
斎藤 万比古　→不登校	283
斉藤 克明　→海外留学	35
斎藤 寛治郎　→育英奨学制度	12
斉藤 きみ子　→思春期危機症候群	156
斎藤 建作　→放送教育	292
斉藤 浩一　→適正規模	248
斎藤 学　→摂食障害	208
斉藤 正三郎　→高等専門学校	125
斎藤 次郎　→学校文化	66
斎藤 進　→国立大学の独立行政法人化	134
斎藤 清三　→生涯学習	178
斎藤 貴男　→学童保育	46
斎藤 孝　→キレる	112
斎藤 勉　→道徳教育	253
斎藤 歳子　→保健室登校	294
斉藤 寿　→教育権	91
斉藤 弘子　→家庭科男女共修	67
斎藤 文昭　→公民館	127
斎藤 文男　→平和教育	288
斉藤 文夫　→いきなり型非行	11
斎藤 満喜　→教員文化	101
斎藤 民部　→新学力観	192
斎藤 安弘　→読書指導	256
斎藤 吉広　→大学非常勤講師問題	227
在日韓国朝鮮人教師を実現する会　→外国人教員	36
財務省印刷局　→教育白書	97
才村 純　→児童相談所	164
佐伯 胖　→教育工学	92
三枝 恵子　→教科書検定制度	103
坂 起世　→国際バカロレア	132
酒井 徹　→いじめ	13
坂井 知志	
→エルネット	25
→学社融合	41
→総合的な学習の時間	217
→博物館	269
酒井 亮爾　→いじめ	13
酒井 玲子　→教育権	91
酒井 朗　→教員文化	101
境野 健児　→学校統廃合	62
栄 陽子　→海外留学	35
榊 達雄　→国立大学の独立行政法人化	134
榊原 英資　→能力主義	267
榊原 洋一　→基本的生活習慣	80
坂口 緑　→コミュニティスクール	145
坂田 周一　→児童虐待	161
坂田 仰　→いじめ訴訟	15
坂田 紀行　→放送教育	292
坂手 康志　→遠隔教育	25
坂野 慎二　→ゲザムトシューレ	119
坂元 章　→適性検査	248
坂本 昭　→進路指導	195
坂本 周大　→義務教育費国庫負担制度	80
坂本 昇一	
→いじめ	13
→教育環境	88
→スクール・カウンセリング	197
坂本 真一　→青少年白書	204
坂元〔タカシ〕　→適性検査	248
坂本 孝徳　→教師の力量	108
坂元 忠芳	
→新学力観	192
→フレネ学校	286
坂本 登　→余裕教室	317
坂本 秀夫	
→教育情報の公開	93
→生徒会	206
→体罰	230
→PTA	334
坂本 光男　→PTA	334
坂本 洋子　→アレルギー	9
相良 憲昭	
→国連大学	135
→生涯学習	178
作田 勉　→ADHD	326

作田 良三 →学歴社会	49
佐久間 茂和 →インテリジェントスクール	21
佐久間 哲夫	
→大学レジャーランド論	228
→中野富士見中事件	262
→留学生	320
桜井 淳司 →マイノリティ教育	298
桜井 映子 →環境問題と学校	73
桜井 修	
→「合校」構想	59
→学校のスリム化	64
桜井 茂男	
→子どものストレス	142
→ステューデント・アパシー	199
→問題行動	308
桜井 常矢 →NPO法	332
桜井 智恵子 →児童養護施設	166
桜井 哲夫 →少年非行	186
桜井 輝之 →トライやる・ウィーク	260
桜井 秀勲 →共学・別学	102
桜井 康宏 →コミュニティセンター	146
桜井 よしこ →私学助成金	154
桜井 慈和 →教育基本法	90
桜河内 正明 →体罰	230
桜庭 隆浩 →援助交際	27
佐古 順彦 →総合選択制高校	216
酒匂 一雄 →少年犯罪	185
佐合 妙子 →緘黙児	74
佐々井 利夫 →道徳教育	253
笹岡 優光 →体罰	230
笹鹿 岳志 →演劇教育	26
笹川 清喜 →S‐P表	334
笹川 宏樹 →学業不振児	40
佐々木 昭 →生活科	201
佐々木 賢	
→学習塾・予備校	43
→教員文化	101
佐々木 宏 →学校給食	55
佐々木 宰 →僻地教育	288
佐々木 典彰 →ポートフォリオ	295
佐々木 浩 →地方分権一括法	237
佐々木 美恵 →青少年保護条例	205
佐々木 光明 →青少年保護条例	205
佐々木 光郎 →少年非行	186
佐々木 洋平 →フリースクール	284
佐々木 玲子 →活字離れ	67

笹嶋 由美 →アトピー性皮膚炎	8
笹竹 英穂 →対教師暴力	228
笹谷 孝 →大学全入時代	224
佐瀬 稔	
→学校給食とO‐157	56
→公立校離れ	128
薩日内 信一 →指導主事	163
薩摩 耕太 →テレビ社会	249
佐藤 光 →連合大学院	324
佐藤 全	
→教師の力量	108
→初任者研修制度	190
佐藤 いづみ →大学非常勤講師問題	227
佐藤 悦子 →SD法	335
佐藤 修 →遠隔教育	25
佐藤 和代 →通級制度	244
佐藤 一子	
→社会教育	168
→奉仕活動義務化	291
佐藤 喜久雄 →初任者研修制度	190
佐藤 清公 →大学通信教育	225
佐藤 郡衛	
→海外子女教育	34
→外国人子女教育	36
→帰国子女教育	76
→国際理解教育	132
佐藤 勲平 →BBS運動	327
佐藤 弘毅 →「地方教育行政の組織及び運営に関する法律」	237
佐藤 孝治 →キャリア開発	81
佐藤 三郎 →教育内容の厳選	96
佐藤 修一朗 →学童保育	46
佐藤 修策 →生徒指導	206
佐藤 修司 →人材確保法	195
佐藤 順一 →いじめ	13
佐藤 俊巳 →コンピュータ教育	147
佐藤 真 →カリキュラム開発	71
佐藤 進 →学童保育	46
佐藤 千矢子 →児童手当制度改革	165
佐藤 隆 →中央教育審議会	240
佐藤 隆博	
→CBI	328
→S‐P表	334
佐藤 司 →教育情報の公開	93
佐藤 哲夫 →マンガ文化	300
佐藤 允彦 →特別活動	257
佐藤 昇 →薬物乱用	311

| 佐藤 登　→生活科 | 201 |
| 佐藤 初雄　→野外教育 | 309 |

佐藤 晴雄
　→コミュニティスクール　145
　→社会教育主事　169

佐藤 春吉　→大学自治	222
佐藤 英夫　→国連大学	135
佐藤 仁志　→学校公園	59
佐藤 広和　→フレネ学校	286

佐藤 広美
　→「合校」構想　59
　→教育科学研究会　86

| 佐藤 政男　→エイズ教育 | 22 |
| 佐藤 真子　→ひとりっ子 | 276 |

佐藤 学
　→学校文化　66
　→教育改革国民会議　84
　→教育内容の厳選　96

佐藤 真理子　→業者テスト	109
佐藤 美智代　→読書のアニマシオン	255
佐藤 光雄　→国際理解教育	132
佐藤 めいこ　→国語教科書差別表現問題	130
佐藤 泰正　→障害児教育	181
佐藤 祐造　→子どもの生活習慣病	143
サドカー, デイヴィッド　→ジェンダー・フリー教育	152
サドカー, マイラ　→ジェンダー・フリー教育	152
里見 実　→学校給食とO-157	56
真田 祐　→学童保育	46
讃岐 和家　→セメスター制	208
讃岐 幸治　→学習社会	42
佐貫 浩　→自虐史観・自由主義史観	155

佐沼高等学校(宮城県立)
　→高校中退　123
　→転入学　250

佐野 金吾
　→教育課程審議会答申　87
　→選択教科制　212
　→地域に根ざした学校　234

佐野 達紀　→大学入試改革	226
佐野 正之　→異文化理解	17
佐野 安仁　→道徳教育	253
佐野 良五郎　→学業不振児	40
佐原 浩晴　→統合教育	251
佐保 美恵子　→スクール・ソーシャルワーカー	199
寒川 伊佐男　→CAI	328
サリバン, ベティー・L　→NIE	332
沢井 昭男　→教職員人事	110
沢井 繁男　→予備校	316
沢木 勝茂　→海外留学	35
沢口 安雄　→転入学	250
沢田 寛徳　→援助交際	27

沢田 淳
　→企業内教育　75
　→OJT・Off-JT　333

沢根 文利　→ホームステイ	296
沢野 由紀子　→OECD教育大臣会議	333
沢宮 容子　→スクール・カウンセリング	197
沢谷 隆文　→家庭崩壊	71
産業経済新聞社　→理工系離れ	319
三羽 光彦　→6・3・3制	324

三本松 正敏
　→社会教育　168
　→ユニバーシアード　314

【シ】

椎名 篤子　→被虐待児症候群	274
椎名 久美子　→TOEFL	335
椎名 茂　→外国人教員	36
椎名 仁　→小学校での英語教育導入	182
椎名 慎太郎　→社会人大学院	170
シェパード, サムエル　→フルブライト留学	286

シェリルゴールド
　→エルダーホステル　24
　→高齢者教育　129

シェルボーン, ベロニカ　→ムーブメント教育	303
ジェンキンス, ジョン A.　→コアカリキュラム	122
塩井 里香　→サマーヒル学園	150
塩倉 裕　→引きこもり	273
塩崎 勤　→学校事故・事件	59
塩沢 正　→ホームステイ	296
ジオス国際交流協会　→ホームステイ	296
塩田 芳久　→バズ学習	269

塩谷 修 →学芸員	40
塩原 俊平 →子ども会	139
塩見 邦雄 →視聴覚教育	159
汐見 稔幸	
→習熟度別指導	174
→早期教育	214
塩見 昇	
→学校図書館	62
→司書	157
→司書教諭・学校司書	157
→図書館	259
志賀 政男	
→教師教育	106
→情報教育	188
滋賀県教育委員会 →学習社会	42
滋賀県山東町中央公民館 →公民館	127
滋賀大学教育学部附属中学校 →総合学習	214
鹿間 孝一 →大阪教育大学付属池田小学校児童殺傷事件	28
飾磨工業高等学校(兵庫県立) →研究指定校	120
軸丸 勇士 →理工系離れ	319
ジグラー,エドワード →ヘッドスタート計画	289
重 和前 →40人学級	317
重松 敬一	
→数学教育の国際比較	197
→IEA国際教育調査	330
重見 之雄 →野外調査	310
時事通信社 →教職免許法改正	111
静岡授業研究会 →観点別学習状況	74
次代を担う青少年について考える有識者会議 →次代を担う青少年について考える有識者会議	159
七戸高等学校(青森県立) →総合学科	215
指定都市教育研究所連盟 →教育環境	88
志藤 依子 →性教育	203
地頭薗 健司 →CERI	329
児童館学童保育21世紀委員会 →学童保育	46
児童虐待防止制度研究会 →児童虐待	161
児童生徒の問題行動等に関する調査研究協力者会議 →いじめ	13
児童相談業務研究会 →児童相談所	164
児童相談所を考える会 →児童相談所	164

児童手当制度研究会 →児童手当制度改革	165
児童養護研究会 →児童養護施設	166
品田 毅 →特別活動	257
志濃原 亜美 →学童保育	46
篠崎 恵昭 →障害児教育	181
篠塚 脩 →学校施設整備指針	60
篠田 有史 →ストリート・チルドレン	200
篠原 克幸 →SD法	335
篠原 聡 →遠隔教育	25
篠原 重則 →野外調査	310
篠原 久枝 →育児・介護休業法	12
篠原 弘章 →基本的生活習慣	80
篠原 吉徳 →サラマンカ声明	150
芝 勝徳 →司書	157
芝木 美沙子 →アトピー性皮膚炎	8
柴崎 律	
→障害児教育	181
→統合教育	251
柴田 徳思 →日本学術会議	264
柴田 義松	
→学習権	42
→学校文化	66
→基礎・基本	78
→教育課程	86
→新学習指導要領	191
柴原 宜幸 →シラバス	190
渋谷 秀樹 →キャンパス・セクシュアル・ハラスメント	82
渋谷 勝己 →国語審議会	130
渋谷 恭子 →コミュニティスクール	145
渋谷 憲一 →教育評価	99
渋谷 宏	
→教育における平等主義	96
→コンピュータ教育	147
渋谷 真樹 →帰国子女教育	76
渋谷 昌史 →スクール・ソーシャルワーカー	199
渋谷公共職業安定所 →職業教育	189
嶋崎 政男	
→子どものプライバシー	144
→児童・生徒理解	163
島津 忍 →教育内容の厳選	96
島田 修一 →生涯学習	178
島田 俊朗 →CAI	328
島田 伸夫 →S‐P表	334

島田 博司　→若者文化 ……………… 325
嶋田 洋徳　→子どものストレス …… 142
嶋根 繁　→カルチャーセンター … 72
島宗 理　→個別化教育 …………… 144
島村 ありか　→援助交際 ………… 27
嶋崎 仁志　→羽根木プレーパーク … 271
児美川 孝一郎
　→アイデンティティ …………… 3
　→業者テスト …………………… 109
清水 明佳　→JETプログラム ……… 330
清水 明　→視聴覚教育 …………… 159
清水 和秋　→WAIS‑R ……………… 336
清水 和夫　→いきなり型非行 …… 11
清水 一彦　→大学教員の任期制 … 220
清水 克彦　→IEA国際教育到達度評価
　　　学会 …………………………… 330
清水 希益　→職業教育 ………… 189
清水 馨八郎　→教育勅語 ……… 95
清水 賢二　→少年犯罪 ………… 185
志水 宏吉
　→エスノグラフィー …………… 24
　→学校文化 ……………………… 66
清水 貞夫
　→インクルージョン …………… 18
　→メインストリーミング ……… 303
清水 静海　→基礎・基本 ……… 78
清水 修二　→学校統廃合 ……… 62
清水 純子　→達成動機 ………… 231
清水 勉　→教育情報の公開 …… 93
清水 敏行　→アイヌ問題教育 … 4
清水 英典　→遠隔教育 ………… 25
清水 寛　→ノーマライゼーション … 267
清水 雅之　→教育機器 ………… 89
清水 将之
　→大阪教育大学付属池田小学校児童
　　　殺傷事件 ……………………… 28
　→スクール・カウンセリング … 197
清水 睦
　→青少年保護条例 ……………… 205
　→有害図書 ……………………… 313
清水 義範
　→学校選択制 …………………… 61
　→教育実習 ……………………… 92
　→埼玉県立所沢高校 ………… 148
清水谷 恵　→専修学校 ………… 211
示村 悦二郎
　→先端科学技術大学大学院 …… 212

　→大学院改革 …………………… 218
　→大学改革 ……………………… 219
下夷 美幸　→ひとり親家庭 …… 275
下嶋 哲朗　→埼玉県立所沢高校 … 148
下田 博次　→東京シューレ …… 251
下平 真介　→子どもの権利条約 … 140
下野 住人　→LOGO ……………… 331
下間 康行　→キャンパス・セクシュア
　　　ル・ハラスメント …………… 82
下村 善量　→全国子どもプラン … 210
下村 哲夫
　→新しい「荒れ」 ……………… 7
　→受け皿 ………………………… 22
　→大阪教育大学付属池田小学校児童
　　　殺傷事件 ……………………… 28
　→大阪「先生の制服」騒動 …… 29
　→学習塾・予備校 ……………… 43
　→風の子学園 …………………… 50
　→学校五日制 …………………… 52
　→学校開放 ……………………… 54
　→学校事故・事件 ……………… 59
　→学校の安全管理 ……………… 63
　→教育改革国民会議 …………… 84
　→教育情報の公開 ……………… 93
　→教育法 ………………………… 100
　→原級留置 ……………………… 120
　→神戸連続児童殺傷事件 ……… 126
　→個性化教育 …………………… 138
　→子どもの権利条約 …………… 140
　→在日韓国・朝鮮人教育 ……… 149
　→宗教と教育 …………………… 172
　→主任制 ………………………… 177
　→少子化時代 …………………… 182
　→新学力観 ……………………… 192
　→生活指導 ……………………… 202
　→総合選抜制 …………………… 216
　→卒業式 ………………………… 218
　→体罰 …………………………… 230
　→チームティーチング ………… 238
　→バタフライナイフ …………… 270
　→日の丸・君が代問題 ………… 277
　→偏差値 ………………………… 289
　→民間人校長 …………………… 302
　→40人学級 ……………………… 317
下村 義夫　→アレルギー ……… 9
下山 晴彦　→ステューデント・アパシ
　　　ー …………………………… 199

社会安全研究財団　→薬物乱用	311	荘司 泰弘　→オープンスクール	31
社会科の初志をつらぬく会　→阪神大震災と学校	272	生島 浩	
		→家庭崩壊	71
社会教育推進全国協議会常任委員会		→思春期危機症候群	156
→公民館	127	庄倉 克彦　→企業内教育	75
社会経済生産性本部		庄内町福祉の里づくり推進協議会　→生活体験学習	202
→企業内教育	75		
→教育改革提言	85	少年Aの父母　→神戸連続児童殺傷事件	126
社会理論学会　→少年非行	186		
釈 鋼二　→学校五日制	52	情報教養研究会　→情報教育	188
十二 雅子　→援助交際	27	情報コミュニケーション教育研究会	
シュタイナー,ルドルフ　→シュタイナー学校	176	→情報科	187
		情報文化教育研究会　→Ｓ・Ｐ表	334
出相 泰裕　→リカレント教育	319	職業訓練大学校　→職業教育	189
首都圏大学非常勤講師組合　→大学非常勤講師問題	227	職業能力開発局能力開発課　→キャリアアップ	81
シュミットライン,フランク・A.　→研究大学	120	ジョンソン,フランシス・C.　→コミュニカティブアプローチ	144
徐 竜達　→外国人教員	36	白井 克彦　→大学入試センター試験	227
ショアー,エリザベス・F.　→ポートフォリオ	295	白井 弘一　→高校中退	123
		白井 聡　→修学旅行	171
城 英介　→ジェンダー・フリー教育	152	白井 俊一　→人権教育	194
城 仁士　→キャリア教育	82	白井 利明	
上入 来尚　→夜間中学	311	→生活指導	202
上越いじめをなくする会　→新潟県上越市立春日中いじめ自殺事件	262	→第二反抗期の喪失	230
		白井 靖敏　→教育環境	88
生涯学習審議会		白井 由香　→緘黙児	74
→社会教育	168	白石 克己　→遠隔教育	25
→生涯学習審議会	179	白石 裕一　→教育内容の厳選	96
生涯学習ゆめ・みらい研究所　→公民館	127	白石 裕　→文教予算	287
		白河 健一　→学童保育	46
障害児を普通学校へ全国連絡会　→障害児教育	181	白木 まさ子　→肥満児	278
		白佐 俊憲　→ひとり親家庭	275
情況出版株式会社　→学生運動	46	私立大学通信教育協会　→大学通信教育	225
庄子 晶子　→援助交際	27		
庄司 一子　→スクール・カウンセリング	197	白松 賢　→生徒文化	207
		城丸 章夫	
荘司 和子　→新しい「荒れ」	7	→自虐史観・自由主義史観	155
正司 和彦　→情報科	187	→平和教育	288
庄司 一幸　→朝の読書運動	5	新海 英行　→学習権	42
庄司 和代　→山村留学	152	「新学力問題」検討委員会　→新学力調査	193
庄司 邦昭　→日本学術会議	264		
庄司 順一　→児童虐待	161	陳川 桂三	
昌子 武司　→スクール・カウンセラー	197	→基礎・基本	78
		→教育評価	99
荘司 英夫　→学校図書館	62	しんぐるまざあずふぉーらむ　→ひとり親家庭	275
庄司 正実　→問題行動	308		

震源地発防災教育研究会　→学校における防災対策 ………………………… 63
秦泉寺 尚　→部活動 ………………… 281
新谷 隆　→インターネットと教育 … 19
新谷 政徳　→グローバル教育 ……… 117
新谷 庸介　→進路変更 ……………… 196
新藤 宗幸　→法科大学院 …………… 291
新聞教育文化財団　→NIE ………… 332
新保 幸一　→エコスクール ………… 23
新堀 通也
　→生きる力 ………………………… 11
　→社会人大学院 ………………… 170
　→大学自己評価 ………………… 222
榛村 純一　→教育長 …………………… 95
新村 洋史
　→教職員人事 …………………… 110
　→子どもの人権 ………………… 141
　→サッチャー・ベイカー教育改革 · 149
　→大学全入時代 ………………… 224

【ス】

数学教育研究会　→算数離れ・理科離れ ……………………………………… 151
須恵 淳　→幼保一元化 ……………… 316
末永 清　→非行の第4の波 ………… 274
末益 恵子　→援助交際 ……………… 27
末本 誠
　→学習権 …………………………… 42
　→学習社会 ………………………… 42
　→社会教育 ……………………… 168
末吉 節子　→外国人子女教育 ……… 36
〔スガ〕秀実　→オヤジ狩り ………… 32
菅田 洋一郎　→知能検査 …………… 236
菅沼 美子　→環境教育 ……………… 72
菅野 卓雄　→秋季入学制 ………… 172
菅原 充子　→家庭科男女共修 ……… 67
菅谷 明子　→メディアリテラシー … 304
菅原 伸宏　→宗教と教育 ………… 172
菅原 春雄　→司書教諭・学校司書 … 157
菅原 正和　→学校不適応 …………… 66
杉浦 圭一　→インターネットと教育 ·· 19
杉浦 重剛　→教育勅語 ………………… 95
杉浦 正健　→少年非行 ……………… 186
杉浦 舞　→コミュニティ・カレッジ · 145

杉江 修治
　→児童・生徒理解 ……………… 163
　→バズ学習 ……………………… 269
杉田 儀作　→生徒会 ……………… 206
杉谷 祐美子　→一般教育 …………… 16
杉並区青少年委員協議会　→地域の教育力 ……………………………… 235
杉野 健太郎　→視聴覚教育 ……… 159
杉野 陽子　→ジェンダー・フリー教育 ……………………………… 152
杉原 一昭
　→心の教育 ……………………… 136
　→知能検査 ……………………… 236
杉原 保史　→アイデンティティ ……… 3
杉村 省吾　→小児心身症 ………… 184
杉村 健　→大学自己評価 ………… 222
杉山 久三郎　→土曜日課 ………… 260
椙山 喜代子　→児童・生徒理解 … 163
杉山 恵一　→学校ビオトープ ……… 64
杉山 多恵　→こどもエコ・クラブ … 139
杉山 尚子　→国際理解教育 ……… 132
杉山 春
　→児童虐待 ……………………… 161
　→引きこもり …………………… 273
椙山 正弘　→チャータースクール … 239
杉山 由美子
　→早期教育 ……………………… 214
　→父親の不在化 ………………… 235
村主 千賀　→大学開放 …………… 220
菅野 盾樹　→いじめ ………………… 13
須甲 英樹　→ポートフォリオ …… 295
鈴木 愛造　→40人学級 …………… 317
鈴木 明　→シラバス ……………… 190
鈴木 勲
　→アイデンティティ ……………… 3
　→学校教育法 …………………… 57
鈴木 英一　→教育基本法 …………… 90
鈴木 薫　→アレルギー ………………… 9
鈴木 和夫
　→ギャングエイジ ………………… 82
　→日本学術会議 ………………… 264
鈴木 克夫　→遠隔教育 ……………… 25
鈴木 暁　→東京シューレ ………… 251
鈴木 邦治　→教師ストレス ……… 107
鈴木 久美子　→教育委員準公選制 … 84
鈴木 賢一　→学校建築 ……………… 58
鈴木 健二　→青少年の飲酒 ……… 204

鈴木 康平
　→いじめ …………………………… 13
　→ALT ……………………………… 326
鈴木 浩平　→編入学 ………………… 290
鈴木 茂　→部活動 …………………… 281
鈴木 祥蔵
　→子どもの権利条約 ……………… 140
　→少子化時代 ……………………… 182
鈴木 伸一　→企業内教育 …………… 75
鈴木 慎一
　→教師教育 ………………………… 106
　→サッチャー・ベイカー教育改革 … 149
鈴木 斉　→生涯学習 ………………… 178
鈴木 勢津子　→LOGO ……………… 331
鈴木 隆浩　→遠隔教育 ……………… 25
鈴木 敏正　→社会教育 ……………… 168
鈴木 智子　→心の居場所 …………… 135
鈴木 なおみ　→児童館 ……………… 160
鈴木 伸男　→活字離れ ……………… 67
鈴木 規夫　→低学力 ………………… 246
鈴木 秀人　→教育技術の法則化運動 … 89
鈴木 秀幸　→ポートフォリオ ……… 295
鈴木 宏明　→アクションリサーチ …… 5
鈴木 寛　→コミュニティスクール … 145
鈴木 真澄　→国立大学の独立行政法人
　化 …………………………………… 134
鈴木 真理　→社会教育法 …………… 169
鈴木 充夫　→セメスター制 ………… 208
鈴木 みどり　→メディアリテラシー … 304
鈴木 庸裕
　→生活指導 ………………………… 202
　→ホリスティック教育 …………… 298
鈴木 陽子　→ADHD ………………… 326
須田 保之　→JETプログラム ……… 330
スタイナー,ミリアム　→グローバル教
　育 …………………………………… 117
スティフコ,サリー　→ヘッドスタート
　計画 ………………………………… 289
スティペック,デボラ・J.　→動機づ
　け …………………………………… 250
須長 孝夫　→学級崩壊 ……………… 51
住岡 英毅　→学習社会 ……………… 42
住田 正樹　→ギャングエイジ ……… 82
墨田区子ども会活性化検討委員会　→子
　ども会 ……………………………… 139
炭谷 昇　→日の丸・君が代問題 …… 277
住友 剛　→心の居場所 ……………… 135
住谷 圭造　→高校入試改革 ………… 124
住吉 俊彦　→教職員の懲戒 ………… 111
陶山 岩見　→ヘッドスタート計画 … 289
諏訪 哲二
　→新しい「荒れ」 ……………………… 7
　→学校文化 ………………………… 66
　→管理主義教育 ……………………… 74
　→教育における平等主義 ………… 96
諏訪 康雄　→インターンシップ …… 20
洲脇 史朗　→数学教育の国際比較 … 197

【 セ 】

生活科教育研究協議会　→生活科 … 201
成城学園初等学校　→ホームステイ … 296
青少年育成国民会議　→学校外教育 … 53
生徒の心を考える教師の会　→不登校 283
性の権利フォーラム　→援助交際 …… 27
瀬川 晃　→非行の第4の波 ………… 274
瀬川 栄志　→新学力観 ……………… 192
瀬川 武美　→S‐P表 ……………… 334
関 明夫　→子ども会 ………………… 139
関 曠野　→教育基本法 ……………… 90
関 正夫　→大学自己評価 …………… 222
関川 悦雄
　→脱学校論 ………………………… 231
　→特別活動 ………………………… 257
関口 賢一　→定時制高校 …………… 247
関口 純一　→学校行事 ……………… 57
関口 美佐子　→ムーブメント教育 … 303
関沢 正躬　→算数嫌い・理科離れ … 151
関根 徳男　→大学通信教育 ………… 225
関根 正明　→高校入試改革 ………… 124
関本 保孝　→夜間中学 ……………… 311
瀬古 竹子　→遊び ……………………… 6
瀬戸内 寂聴　→教育における平等主
　義 …………………………………… 96
瀬戸口 裕二　→養護学校 …………… 315
瀬沼 花子
　→数学教育の国際比較 …………… 197
　→IEA国際教育調査 ……………… 330
瀬沼 克彰
　→学習社会 ………………………… 42
　→カルチャーセンター …………… 72
　→生涯学習 ………………………… 178

→ 文部科学省 ……………………… 309
　→ 余暇学習 ………………………… 316
芹沢 俊介
　→ 学級崩壊 ………………………… 51
　→ 金属バット殺人事件 …………… 113
　→ 校則 ……………………………… 124
　→ 丸刈り訴訟 …………………… 299
芹沢 美保
　→ 校則 ……………………………… 124
　→ 丸刈り訴訟 …………………… 299
セルビー,ディヴィッド　→ グローバル
　教育 ………………………………… 117
全教神戸市教職員組合　→ 学校における防災対策 ………………………… 63
全教千葉教職員組合　→ 全教 ……… 209
全共闘白書編集委員会　→ 学生運動 … 46
『戦後教育の総合評価』刊行委員会
　→ 憲法教育 ……………………… 121
千石 保
　→ いじめ …………………………… 13
　→ 少女文化・少年文化 ………… 183
全国海外子女教育国際理解教育研究協議会
　→ 国際理解教育 ………………… 132
　→ 日本人学校・補習授業校 …… 265
全国学習障害LD児者親の会連絡会
　→ 学習障害児 …………………… 44
全国学童保育連絡協議会　→ 学童保育 … 46
全国学校図書館協議会
　→ 学校図書館 …………………… 62
　→ 司書教諭・学校司書 ………… 157
全国教育問題協議会　→ 教育基本法 … 90
全国高校生活指導研究協議会　→ 総合学習 ……………………………… 214
全国高等学校通信制教育研究会　→ 通信制高校 ……………………… 245
全国修学旅行研究協議会　→ 修学旅行 … 171
全国小学校道徳教育研究会　→ 道徳教育 …………………………………… 253
全国少年補導員協会　→ 薬物乱用 …… 311
全国私立学校教職員組合連合　→ 教員組合活動 …………………………… 100
全国私立保育園連盟　→ 学童保育 …… 46
全国生活指導研究協議会　→ 問題行動 … 308
全国青年の家協議会　→ 学校外教育 … 53
全国専修学校各種学校総連合会　→ 専修学校 ………………………… 211

全国特殊学校長会　→ 介護等体験特例法 ……………………………………… 37
全国バズ学習研究会　→ バズ学習 …… 269
全国訪問教育研究会　→ 訪問教育 …… 293
全国養護教諭サークル協議会　→ 小児心身症 ……………………………… 184
仙崎 武
　→ インターンシップ ……………… 20
　→ キャリア開発 …………………… 81
　→ キャリア教育 …………………… 82
　→ 職業教育 ……………………… 189
専修大学　→ LL ……………………… 331
先進学習基盤協議会　→ 遠隔教育 …… 25
全日本教職員連盟　→ 全日教連 ……… 212
仙波 克也　→ 総合選抜制 …………… 216
全米ソーシャルワーカー協会　→ スクール・ソーシャルワーカー ……… 199

【ソ】

総合学科研究会　→ 総合学科 ………… 215
総合初等教育研究所　→ 新学習指導要領 ………………………………… 191
宗田 孝之　→ クリスマス・レクチャー ………………………………… 115
相馬 誠一　→ 適応指導教育 ………… 248
総務庁行政監察局
　→ 外国人子女教育 ……………… 36
　→ 学習社会 ……………………… 42
　→ 留学生十万人計画 …………… 321
総務庁青少年対策室　→ テレビ社会 … 249
総務庁青少年対策本部　→ 青少年白書 … 204
添田 晴雄
　→ 現職教育 ……………………… 121
　→ 社会人大学院 ………………… 170
副田 義也　→ 教育勅語 ……………… 95
曽我 祥子　→ 性格検査 ……………… 201
曽我部 和広　→ 生活科 ……………… 201
十河 喜代　→ 部活動 ………………… 281
育てる会　→ 山村留学 ………………… 152
袖井 孝子
　→ 介護等体験特例法 …………… 37
　→ 奉仕活動義務化 ……………… 291
袖山 啓子　→ 統合教育 ……………… 251
園田 順一　→ 父親の不在化 ………… 235

ソノタ

園田 雅代　→家庭崩壊 ……………… 71
染川 香澄　→博物館 ………………… 269
曽和 信一　→同和教育 ……………… 254

【タ】

田井 啓子　→ムーブメント教育 …… 303
第一高等学院　→通信制高校 ……… 245
大学審議会
　→大学運営の円滑化について …… 219
　→大学教員の任期制 …………… 220
　→大学審議会 …………………… 223
大学セミナーハウス　→ファカルティ・ディベロップメント ……………… 280
大学入試研究会　→推薦入試 ……… 196
大学の研究教育を考える会　→産学協同 ……………………………… 150
大学の理工系分野における創造的人材の育成のための産学懇談会　→理工系離れ ……………………………… 319
大学非常勤講師問題会議　→大学非常勤講師問題 ……………………… 227
体験活動に関する調査研究会　→体験学習 ……………………………… 228
田結庄 順子　→家庭科男女共修 …… 67
大門 寛　→先端科学技術大学大学院 ……………………………… 212
ダイヤモンドビッグ社　→ワーキングホリデー ……………………… 325
大六 一志
　→知能検査 …………………… 236
　→WAIS-R …………………… 336
埜田 和史　→教師ストレス ……… 107
多賀 太　→アイデンティティ ……… 3
高浦 勝義　→チームティーチング … 238
高岡 健　→不登校 ………………… 283
高岡 信也　→生涯学習 …………… 178
高木 宗一　→教育実習 …………… 92
高木 英明　→大学自治 …………… 222
高木 要志男　→個性化教育 ……… 138
高久 清吉　→総合的な学習の時間 … 217
高口 明久　→児童養護施設 ……… 166
高倉 翔
　→安全教育 …………………… 10
　→学区制 ……………………… 52
　→教育における平等主義 ……… 96
　→指導要録の開示 …………… 167
高倉 嗣昌　→学校五日制 ……… 52
高桑 康雄　→メディア教育 ……… 304
高沢 秀次　→新しい歴史教科書をつくる会 ……………………………… 7
高階 玲治
　→学校五日制 ………………… 52
　→学校不適応 ………………… 66
　→クロス・カリキュラム ……… 116
　→特色ある学校づくり ……… 255
高嶋 哲夫　→学習塾・予備校 …… 43
高嶋 伸欣
　→教科書裁判 ………………… 104
　→歴史教科書問題 …………… 323
高島 英幸　→オーラルコミュニケーション ……………………………… 33
高島 秀之
　→インターネットと教育 ……… 19
　→遠隔教育 …………………… 25
　→マルチメディア教育 ……… 300
　→CBI ………………………… 328
髙島 博　→ミュージアム・マネジメント ……………………………… 302
高嶋 幸男　→アイヌ問題教育 ……… 4
髙田 一宏　→ヘッドスタート計画 … 289
髙田 喜久司　→教育内容の厳選 …… 96
髙田 公子　→教師ストレス ……… 107
髙田 滋　→学校外教育 ………… 53
髙田 建夫　→編入学 …………… 290
髙田 理恵　→ユニバーシティ・アイデンティティ ……………………… 315
高千穂高等学校(宮崎県立)　→オートバイ規制 ……………………… 30
髙塚 究　→育児・介護休業法 …… 12
髙月 佳子　→アレルギー ………… 9
髙辻 みさ子　→学校図書館 ……… 62
髙徳 忍　→いじめ ……………… 13
髙野 陽　→薬物乱用 …………… 311
髙野 綾　→スクール・ソーシャルワーカー ……………………………… 199
髙野 清純
　→指導要録 …………………… 166
　→ひとりっ子 ………………… 276
髙野 哲郎　→臨時教育審議会 …… 322
髙野 利雄　→ボランティア教育 …… 297
髙野 文彦　→国際バカロレア ……… 132
髙野 雅夫　→夜間中学 ………… 311

高橋 徹　→フリースクール ………… 284
高橋 一夫　→ダブルスクール族 …… 231
高橋 巌　→シュタイナー学校 ……… 176
高橋 磐　→OJT・Off-JT ………… 333
高橋 喜久江　→援助交際 ………… 27
高橋 邦夫　→100校プロジェクト … 278
高橋 邦彦
　→一般教育 ……………………… 16
　→コアカリキュラム …………… 122
高橋 恵子　→小児心身症 ………… 184
高橋 智子　→フリースクール …… 284
高橋 悟　→暴走族 ………………… 292
高橋 参吉　→情報基礎 …………… 187
高橋 重治　→指導困難校・困難児 … 163
高橋 重宏
　→児童虐待 ……………………… 161
　→児童福祉施設 ………………… 165
高橋 史朗
　→新しい歴史教科書をつくる会 … 7
　→基礎・基本 …………………… 78
　→キレる ………………………… 112
　→性教育 ………………………… 203
　→平和教育 ……………………… 288
　→ホリスティック教育 ………… 298
高橋 哲夫　→心の居場所 ………… 135
高橋 哲郎　→環境教育 …………… 72
高橋 利一　→ひとり親家庭 ……… 275
高橋 敏道　→グローバル教育 …… 117
高橋 信彦　→オウム真理教の児童就学
　問題 ……………………………… 28
高橋 治道　→携帯電話と学校 …… 118
高橋 秀美　→戸塚ヨットスクール事
　件 ………………………………… 259
高橋 寛人
　→勤務評定 ……………………… 114
　→指導主事 ……………………… 163
高橋 正明　→ものつくり大学 …… 306
高橋 実　→ノーマライゼーション … 267
高橋 幸春　→きのくに子どもの村学
　園 ………………………………… 79
高橋 良臣
　→家庭内暴力 …………………… 70
　→父親の不在化 ………………… 235
　→不登校 ………………………… 283
高橋 良平　→大学入試センター試験 … 227
高旗 浩志　→潜在的カリキュラム … 210
高原 光子　→コアカリキュラム … 122

高松 和彦　→勤労生産・奉仕的行事 · 114
高見 茂　→義務教育費国庫負担制度 ·· 80
田上 時子
　→親業 …………………………… 32
　→メディアリテラシー ………… 304
高宮 洋一　→コンピュータリテラシ
　ー ………………………………… 147
高柳 美知子　→エイズ教育 ……… 22
高柳 泰世　→バリアフリー ……… 271
高山 英男　→少女文化・少年文化 … 183
高山 佳子　→特別なニーズ教育 … 258
高良 聖　→早期教育 ……………… 214
宝島編集部　→テレクラ ………… 249
滝 紀子　→予備校 ………………… 316
滝 充　→子どものストレス ……… 142
滝井 繁男　→法科大学院 ………… 291
滝井 なみき　→公民館 …………… 127
滝石 裕二　→安全教育 …………… 10
滝川 一廣　→不登校 ……………… 283
滝沢 潤　→総合選抜制 …………… 216
滝沢 武信　→ソシオメトリー …… 217
田北 俊昭　→遠隔教育 …………… 25
田口 恵子　→ALT ……………… 326
田口 敏行　→産学協同 …………… 150
田口 広明　→ALT ……………… 326
田口 正敏　→フリースクール …… 284
田口 真奈　→遠隔教育 …………… 25
侘美 靖　→肥満児 ………………… 278
竹石 聖子　→エスノグラフィー … 24
竹内 英二　→メセナ ……………… 303
竹内 オサム　→マンガ文化 ……… 300
竹内 克好
　→業者テスト …………………… 109
　→総合選抜制高校 ……………… 216
　→偏差値 ………………………… 289
武内 清　→学校文化 ……………… 66
竹内 健児　→教師ストレス ……… 107
竹内 順一　→学芸員 ……………… 40
竹内 常一
　→教育権 ………………………… 91
　→子ども時代の喪失 …………… 139
　→総合学習 ……………………… 214
　→偏差値 ………………………… 289
竹内 登規夫　→進路指導 ………… 195
竹内 政雄　→オーラルコミュニケーシ
　ョン ……………………………… 33
竹内 洋

タケエ

- →一般教育 ……………………… 16
- →エリート教育 …………………… 24
- →能力主義 ………………………… 267

竹江 孝　→テレクラ ………………… 249
武川 公　→肥満児 …………………… 278
竹川 訓由　→特別活動 ……………… 257
武川 正明　→JETプログラム ……… 330
竹熊 真波　→体験学習 ………………… 228
竹下 輝和　→余裕教室 ………………… 317
竹下 登志成　→学校給食 ……………… 55
武田 泉　→独立大学院 ………………… 259
武田 公夫　→特色ある学校づくり …… 255
武田 公孝　→不登校 …………………… 283
武田 京子　→潜在的カリキュラム …… 210
竹田 清夫　→心の教育 ………………… 136
武田 忠　→低学力 ……………………… 246
武田 敏　→エイズ教育 ………………… 22
武田 昌之　→セメスター制 …………… 208
武田 泰彦
- →内申書 …………………………… 261
- →偏差値 …………………………… 289

竹中 暉雄　→体罰 ……………………… 230
竹林 隆　→問題教員 …………………… 308
建部 謙治　→阪神大震災と学校 ……… 272
竹村 健一　→頭脳流出 ………………… 200
武村 重和　→環境教育 ………………… 72
竹村 之宏　→企業内教育 ……………… 75
竹森 富士子　→交流教育 ……………… 129
竹森 真紀　→日の丸・君が代問題 …… 277
竹森 元彦　→心の居場所 ……………… 135
武脇 義　→連合大学院 ………………… 324
田崎 正人　→アメリカ大学日本分校 … 9
田崎 未知　→キレる …………………… 112
田沢 利弘　→学童保育 ………………… 46
田島 俊雄　→埼玉方式 ………………… 148
田島 信元　→発達課題 ………………… 270
田嶋 一　→教育科学研究会 …………… 86
田島 泰彦　→少年犯罪・事件の実名報道 …………………………………… 185
田尻 敦子　→インフォーマルエデュケーション ……………………… 22
田代 元弥　→公民館 …………………… 127
多田 孝志　→グローバル教育 ………… 117
多田 元樹　→マルチメディア教育 …… 300
忠井 俊明　→問題行動 ………………… 308
只野 文哉　→理工系離れ ……………… 319
多々納 道子　→環境教育 ……………… 72

鑪 幹八郎　→ひとり親家庭 …………… 275
舘 昭
- →遠隔教育 ………………………… 25
- →研究大学 ………………………… 120
- →大学改革 ………………………… 219
- →大学設置基準の大綱化 ………… 224
- →入学者受け入れ方針 …………… 266

舘 かおる　→ジェンダー・フリー教育 …………………………………… 152
立花 隆　→一般教育 …………………… 16
立花 典枝　→いじめ …………………… 13
辰野 千寿
- →アイデンティティ ……………… 3
- →新学力観 ………………………… 192
- →知能検査 ………………………… 236

立身 政信
- →CBI ……………………………… 328
- →CMI ……………………………… 329

伊達 正起　→ホームステイ …………… 296
舘野 健三
- →特色ある学校づくり …………… 255
- →開かれた学校 …………………… 279

館山 紘毅　→大学自治 ………………… 222
田中 明　→クロス・カリキュラム …… 116
田中 一男　→日の丸・君が代問題 …… 277
田中 かず子　→キャンパス・セクシュアル・ハラスメント ……………… 82
田中 万年　→職業教育 ………………… 189
田中 久美子　→しつけ ………………… 160
田中 啓二郎　→教育基本法 …………… 57
田中 堅一郎　→大学通信教育 ………… 225
田中 甲　→児童虐待の防止等に関する法律 ………………………………… 162
田中 公一　→指導要録 ………………… 166
田中 耕治
- →教育評価 ………………………… 99
- →指導要録 ………………………… 166

田中 早苗　→スクール・セクシャル・ハラスメント ……………………… 198
田中 成明　→法科大学院 ……………… 291
田中 信市　→家庭内暴力 ……………… 70
田中 仁一郎　→フレネ学校 …………… 286
田中 清　→遠隔教育 …………………… 25
田中 節雄　→個性化教育 ……………… 138
田中 泰二　→シュタイナー学校 ……… 176
田中 孝彦　→教育科学研究会 ………… 86
田中 正　→アイデンティティ ………… 3

田中 辰吉	→総合選択制高校	216
田中 千穂子		
	→受験戦争	175
	→引きこもり	273
田中 統治		
	→学校文化	66
	→カリキュラム開発	71
	→教育課程	86
	→選択教科制	212
田中 敏隆	→心の教育	136
田中 俊也	→CBI	328
田中 範克	→生活科	201
田中 治彦	→生涯学習	178
田中 春彦		
	→環境教育	72
	→40人学級	317
田中 英登	→低体温児	247
田中 宏	→留学生十万人計画	321
田中 敏文		
	→教育費	98
	→NPO法	332
田中 裕巳		
	→中高一貫教育校	242
	→複線型学校制度	282
田中 博之	→情報教育	188
田中 正朗	→海外子女教育	34
田中 征男	→大学審議会	223
田中 雅文		
	→カルチャーセンター	72
	→公民館	127
	→社会教育主事	169
	→成人教育	205
田中 瑞穂	→司書教諭・学校司書	157
田中 道治	→ヘッドスタート計画	289
田中 美奈子	→学童保育	46
田中 実	→教員養成大学	102
田中 美穂	→学習障害児	44
田中 寧	→女子の大学進学	190
田中 祐次	→ソシオメトリー	217
田中 譲	→修学旅行	171
田中 葉	→総合選択制高校	216
田中 洋子	→全教	209
田中 美子	→社会人入学制	170
田中 勝博	→いじめ	13
田中 喜美		
	→情報教育	188
	→ものづくり	306

田中 義郎	→インターネットと教育	19
田中 良三	→学習権	42
田中教育研究所	→知能検査	236
田辺 勝二	→教育権	91
田辺 正彦	→教育文化産業	99
谷川 彰英		
	→教育環境	88
	→教室環境	107
	→問題解決学習	307
谷川 千雪	→援助交際	27
谷川 裕稔	→コミュニティ・カレッジ	145
谷口 伸二	→西鉄高速バスジャック事件	263
谷口 泰三	→活字離れ	67
谷口 汎邦	→学校施設の複合化	61
谷口 正和	→若者文化	325
谷口 幸夫	→教育機器	89
谷口 佳昭	→薬物乱用	311
谷村 勝彦	→埼玉県立所沢高校	148
谷村 載美	→学校ビオトープ	64
谷村 志穂	→インターネットと教育	19
谷村 雅子		
	→児童虐待	161
	→被虐待児症候群	274
田場 あゆみ	→低体温児	247
田畑 香澄	→バリアフリー	271
田端 博邦	→大学教員の任期制	220
田端 宏	→アイヌ問題教育	4
田原 総一朗	→援助交際	27
田原 宏人	→学費	48
田原迫 竜磨	→教育法	100
田淵 優	→障害児教育	181
田部井 潤	→シラバス	190
玉井 邦夫	→児童虐待	161
玉井 美知子	→家庭教育	68
玉井 康之		
	→山村留学	152
	→生活体験学習	202
	→体験学習	228
	→地域学習	233
玉木 研二	→学習塾・予備校	43
多摩社会教育会館（東京都立）		
	→学社融合	41
	→NPO法	332
玉村 公二彦	→知能検査	236
たまやJAPAN	→コギャル	130

玉利　まさる　→偏差値 ………………289
溜　昭代　→オープンスクール ……… 31
田丸　敏高　→子どものプライバシー・144
田村　文　→保健室登校 ………………294
田村　和子　→科学技術基本法 ……… 39
田村　次朗　→法科大学院 ……………291
田村　髙広　→ポートフォリオ ………295
田村　哲夫　→入学者受け入れ方針 …266
田村　羊子　→育児・介護休業法 …… 12
田村　好美　→教育環境 ……………… 88
田矢　一夫　→教育実習 ……………… 92
俵　義文
　→新しい歴史教科書をつくる会 …… 7
　→教科書検定制度 …………………103
　→教科書採択制度 …………………103
俵木　浩太郎　→教育基本法 ………… 90
段木　一行　→学芸員 ………………… 40
男女平等教育をすすめる会
　→ジェンダー・フリー教育 ………152
　→男女混合名簿 ……………………232
反田　邦子　→エイズ教育 …………… 22
淡野　明彦　→シラバス ………………190

【チ】

地域科学研究会　→AO入試 …………327
千北　充範　→ジェンダー・フリー教育 ……………………………………152
地球市民教育センター　→開かれた学校 ………………………………………279
池際　博行　→ものづくり ……………306
千々布　敏弥　→教育長 ……………… 95
千野　司　→モジュール授業方式 ……305
千野　信浩　→大学設置基準の大綱化 …224
千葉　聡子　→モラトリアム …………307
千葉　保夫　→からだ教育 …………… 71
千葉商業高等学校（千葉県立）　→定時制高校 ………………………………247
千葉たんぽぽの会　→学齢期シンドローム ……………………………………… 49
千原　孝司　→観点別学習状況 ……… 74
チャイルズ,ギルバート　→シュタイナー大学 ………………………………176
中央教育審議会　→中教審答申 ………240

中央職業能力開発協会　→キャリアアップ …………………………………… 81
「中学校社会科教科書問題」特別委員会　→従軍慰安婦問題 ……………173
中国四国農政局　→体験学習 ……………228
中日新聞社
　→愛知県西尾東部中いじめ自殺事件 … 3
　→名古屋5000万円恐喝事件 ………262
張　鏡　→大学レジャーランド論 ……228
張　国[ロ]　→教授会 ………………110
張　芝美　→環境教育 ………………… 72
長　正晴　→訪問教育 …………………293
長南　博昭　→開かれた学校 …………279
調布市立第二小学校　→自ら学び、自ら考える力 ………………………301

【ツ】

通商産業省　→インターンシップ …… 20
塚口　博　→児童・生徒理解 …………163
塚田　守　→受験浪人 …………………176
塚野　征　→道徳教育 …………………253
塚原　雅裕　→総合的な学習の時間 …217
塚本　有美　→体罰 ……………………230
月岡　英人　→新学習指導要領 ………191
築島　明　→自然保護教育 ……………158
次山　信男　→自ら学び、自ら考える力 ……………………………………301
月山　みね子　→LL …………………331
佃　和朋　→OECD教育大臣会議 …333
筑波大学附属坂戸高等学校　→総合学科 ……………………………………215
辻　平治郎　→性格検査 ………………201
辻　由美　→読書のアニマシオン ……255
辻村　哲夫　→中教審答申 ……………240
都築　久義　→女子校の共学化 ………190
津田　彰子　→グループダイナミックス ……………………………………116
津田　玄児　→子どもの人権 …………141
津田　道夫
　→インクルージョン ……………… 18
　→教育勅語 ………………………… 95
津田　充幸　→養護学校 ………………315
土田　博美　→介護等体験特例法 …… 37
土田　玲子　→指導困難校・困難児 …163

土本 俊一	→学校施設の複合化	61
土屋 文明	→管理主義教育	74
土屋 守	→いじめ	13
土屋 基規	→教育基本法	90
筒井 勝美	→算数離れ・理科離れ	151
筒井 清忠	→一般教育	16
筒井 健雄	→教員養成大学	102
筒井 博美	→異文化間教育	17
綱島 理友		
→共学・別学		102
→高校三原則		122
恒松 制治	→教授会	110
角田 由紀子		
→援助交際		27
→キャンパス・セクシュアル・ハラスメント		82
椿原 泰夫		
→高校三原則		122
→総合選抜制		216
津端 亮子	→シックスクール症候群	159
坪井 節子	→少年犯罪	185
壺内 明		
→生活指導		202
→チームティーチング		238
坪野 良子	→家庭教育学級	69
津曲 裕次	→障害児学級	180
津村 俊充	→体験学習	228
津山 千恵	→学習社会	42
鶴岡 靖彦	→セメスター制	208
鶴田 敦子	→ジェンダー・フリー教育	152
鶴田 和美	→留年	322
鶴長 文正	→体験学習	228
鶴蒔 靖夫	→学習塾・予備校	43

【テ】

出口 俊一	→教員組合活動	100
手島 純	→通信制高校	245
手塚 郁恵	→ホリスティック教育	298
手塚 健郎	→少子化時代	182
寺岡 英男	→教師教育	106
寺崎 千秋		
→クロス・カリキュラム		116
→特色ある学校づくり		255

→問題解決学習		307
寺崎 昌男	→大学自治	222
寺沢 亮一		
→国際識字年		131
→同和教育		254
寺下 一	→アイヌ問題教育	4
寺嶋 浩介	→診断的評価	195
寺田 完	→アメリカ大学日本分校	9
寺田 盛紀	→総合学科	215
寺中 誠	→BBS運動	327
寺西 和子	→ポートフォリオ	295
寺本 潔	→遊び	6
寺脇 研		
→低学力		246
→不登校		283
暉峻 淑子	→教科書裁判	104
田頭 裕	→情報教育	188

【ト】

土井 俊次	→夜間中学	311
土井 捷三	→教育工学	92
土居 真一郎	→養護学校	315
土井 孝俊	→大学院改革	218
土井 隆義		
→対教師暴力		228
→非行の第4の波		274
ドイツ環境自然保護連盟	→環境問題と学校	73
東海高等教育研究所	→大学自己評価	222
東京外国語大学留学生日本語教育センター	→留学生	320
東京学芸大学教育評価研究会	→新学力観	192
東京家庭裁判所	→オヤジ狩り	32
東京基督教女子青年会	→中国帰国者教育	242
東京工業高等専門学校リフレッシュ教育研究会	→リフレッシュ教育	320
東京市政調査会	→修身教育	174
東京シューレ		
→フリースクール		284
→ホームスクーリング		296
東京商工会議所企画調査部	→地域の教育力	235

トウキヨ

東京大学教育学部附属高等学校　→中高一貫教育 …………………………… 241
東京大学教育学部附属中学校　→中高一貫教育 …………………………… 241
東京大学大学院総合文化研究科アジア地域研究会　→留学生 ………… 320
東京都
　→学費 ………………………………… 48
　→キレる …………………………… 112
東京都板橋区青少年問題協議会　→家庭教育 ……………………………… 68
東京都教育委員会
　→教育費 …………………………… 98
　→公立校離れ ……………………… 128
　→人権教育 ………………………… 194
東京都健康推進財団　→禁煙教育 ……… 113
東京都社会教育委員の会議　→社会教育主事 ……………………………… 169
東京図書株式会社　→社会人大学院 …… 170
東京都生活文化局
　→教育費 …………………………… 98
　→教育文化産業 …………………… 99
東京都中央区立教育センター　→学校における防災対策 ……………… 63
東京都中野区　→教育委員準公選制 … 84
東京都福祉局　→ひとり親家庭 ……… 275
東京都目黒区教育委員会　→ホームステイ ………………………………… 296
東京都立教育研究所　→地域の教育力 235
東京理科大学理事長室　→夜間学部 … 310
東京YMCA野外教育研究所　→野外教育 ……………………………… 309
東京YWCA中国帰国者日本語教室委員会　→中国帰国者教育 …………… 242
東上 高志　→同和教育 ……………… 254
東条 光雅　→児童虐待 ……………… 161
東大算数研究会　→国際数学オリンピック ………………………………… 132
堂山 真一　→遠隔教育 ……………… 25
東洋大学留学生調査研究会　→留学生 320
同和行政・同和教育を考える会　→同和教育 ……………………………… 254
十枝 修　→教育権 ………………… 91
遠西 昭寿　→習熟度別指導 ………… 174
唐木 宏　→算数離れ・理科離れ …… 151
遠山 宜哉　→留年 …………………… 322
遠山 敏　→発達課題 ……………… 270

時野谷 滋　→教科書検定制度 ……… 103
時本 久美子　→羽根木プレーパーク ・ 271
常盤 文克　→産学協同 ……………… 150
常盤中学校(札幌市立)　→観点別学習状況 ………………………………… 74
徳島大学大学開放実践センター
　→大学開放 ………………………… 220
　→リカレント教育 ………………… 319
特殊教育研究会(文部省内)　→通級制度 ………………………………… 244
徳武 靖
　→学級崩壊 ………………………… 51
　→学校評議員制度 ………………… 65
　→教育改革提言 …………………… 85
　→教育職員養成審議会 …………… 94
　→業者テスト ……………………… 109
　→日の丸・君が代問題 …………… 277
渡口 行雄　→大阪「先生の制服」騒動 ………………………………… 29
徳留 祐悟　→フリースクール ……… 284
徳永 豊　→統合教育 ……………… 251
徳増 有治　→学芸員 ………………… 40
都高教女性部有志強制「従軍慰安婦」問題を考えるネットワーク　→従軍慰安婦問題 …………………………… 173
所沢高校卒業生有志　→埼玉県立所沢高校 ……………………………… 148
戸瀬 信之
　→算数離れ・理科離れ …………… 151
　→新学習指導要領 ………………… 191
　→低学力 …………………………… 246
戸田 須恵子　→僻地教育 …………… 288
戸田 典子　→阪神大震災と学校 …… 272
戸田 康　→総合選抜制 …………… 216
戸田 芳雄　→安全教育 ……………… 10
栃木県弁護士会　→校則 …………… 124
とちぎボランティアネットワーク　→ボランティア教育 ……………… 297
栃内 良　→少女文化・少年文化 … 183
戸塚 宏　→戸塚ヨットスクール事件 ・ 259
トック,トーマス　→研究大学 ……… 120
土橋 美歩　→PTA ………………… 334
飛岡 健　→学歴社会 ……………… 49
とびた 貞子　→学級崩壊 …………… 51
ドブソン,リンダ　→ホームスクーリング ………………………………… 296
戸部 秀之　→安全教育 ……………… 10

富岡 辰先 →自然保護教育 ………… 158
富田 和巳
　→家庭教育 …………………… 68
　→小児心身症 ………………… 184
富田 富士也
　→小児心身症 ………………… 184
　→父親の不在化 ……………… 235
冨永 祐一 →不登校 ……………… 283
富山 芙美子 →子どものストレス · 142
友沢 昭江 →バイリンガル教育 … 268
友永 健三 →人権教育 …………… 194
友久 久雄 →学校不適応 ………… 66
戸谷 誠之 →子どもの生活習慣病 … 143
豊泉 周治 →アイデンティティ …… 3
豊倉 厚 →児童館 ………………… 160
豊嶋 秋彦 →留年 …………………… 322
豊島 継男 →オープンキャンパス … 31
豊島 律 →ノーマライゼーション … 267
豊田 章一郎 →ものづくり ……… 306
豊田 直巳 →在日韓国・朝鮮人教育 · 149
豊田 充
　→愛知県西尾東部中いじめ自殺事件 ·· 3
　→国立大学の独立行政法人化 … 134
　→中野富士見中事件 ………… 262
鳥居 徹夫 →大学入試改革 ……… 226
鳥居 泰彦 →教育費 ……………… 98
鳥居坂 衡 →お受験 ……………… 29
鳥越 俊太郎 →金属バット殺人事件 · 113
烏山 敏子 →家庭崩壊 …………… 71
烏山 平三 →不本意入学・就学 … 284
トロウ,M. →高等教育のユニバーサル化 ……………………………… 125

【ナ】

内藤 誉三郎 →学校教育法 ……… 57
内藤 哲雄 →グループダイナミックス ……………………………… 116
内藤 紀男 →児童館 ……………… 160
内藤 勇次 →生きる力 …………… 11
直井 一博 →教育機器 …………… 89
中 一夫 →仮説実験授業 ………… 50
仲 律子 →学校統廃合 …………… 62
永井 理 →文部科学省 …………… 309
永井 憲一
　→学校のスリム化 ……………… 64
　→教育法 ……………………… 100
　→教科書裁判 ………………… 104
永井 聖二 →教師教育 …………… 106
永井 多恵子 →カウンセリングマインド ……………………………… 38
永井 隆 →資格社会 ……………… 154
中井 達郎 →自然保護教育 ……… 158
永井 智香子 →留学生 …………… 320
永井 成美 →肥満児 ……………… 278
中井 久夫 →いじめ ……………… 13
仲井 豊 →教員養成大学 ………… 102
永井 洋子 →学校ぎらい ………… 58
中井 良輿 →オープンスクール … 31
中井 良宏 →大学開放 …………… 220
中内 敏夫 →教育科学研究会 …… 86
永江 誠司
　→ピーターパンシンドローム … 275
　→モラトリアム ……………… 307
　→レディネス ………………… 324
長江 啓泰 →オートバイ規制 …… 30
長尾 彰夫
　→学校五日制 ………………… 52
　→学校文化 …………………… 66
　→教育評価 …………………… 99
　→人権教育 …………………… 194
　→総合学習 …………………… 214
　→同和教育 …………………… 254
長尾 十三二 →教師教育 ………… 106
長尾 博 →スクール・カウンセリング ……………………………… 197
長尾 誠夫
　→コギャル …………………… 130
　→低学力 ……………………… 246
永岡 順 →生活科 ………………… 201
長岡 義幸 →ちびくろさんぼ …… 237
長岡市立南中学校 →学校文化 …… 66
中川 喜代子
　→グローバル教育 …………… 117
　→人権教育 …………………… 194
長川 正江 →勤労生産・奉仕的行事 · 114
中川 靖枝 →学校給食用食器 …… 56
中川 吉晴 →ホリスティック教育 · 298
中切 正人 →シミュレーション教材 · 168
長倉 三郎 →COE …………………… 329
長倉 康彦
　→オープンスクール ………… 31

- →学校建築 ………………………… 58
- →余裕教室 ………………………… 317
- 長崎 栄三 →IEA国際教育調査 …… 330
- 長崎 政浩 →アクションリサーチ …… 5
- 長沢 邦彦 →昼夜開講制 …………… 243
- 長沢 悟 →オープンスクール ……… 31
- 長沢 成次
  - →学習権 …………………………… 42
  - →生涯学習振興法 ………………… 179
  - →地方分権一括法 ………………… 237
  - →奉仕活動義務化 ………………… 291
- 中沢 智恵 →教科書検定制度 ……… 103
- 仲沢 富枝 →教師ストレス ………… 107
- 長沢 憲保 →教育実習 ……………… 92
- 長沢 法隆 →親業 ……………………… 32
- 中沢 渉 →推薦入試 ………………… 196
- 長成 一郎 →学校建築 ………………… 58
- 中島 和子 →バイリンガル教育 …… 268
- 中島 一憲 →教師ストレス ………… 107
- 中嶋 里子 →100校プロジェクト …… 278
- 中嶋 哲彦 →子どものプライバシー・ 144
- 中嶋 公喜
  - →教室環境 ………………………… 107
  - →しつけ …………………………… 160
- 中嶋 博
  - →OECD教育大臣会議 …………… 333
  - →PTA ……………………………… 334
- 中島 美惠子 →環境教育 …………… 72
- 中嶋 みさき →家庭教育 …………… 68
- 中嶋 美知子 →学級崩壊 …………… 51
- 中島 良夫 →新しい歴史教科書をつくる会 …………………………… 7
- 中島 るみ子 →ひとりっ子 ………… 276
- 中条 厚 →父親の不在化 …………… 235
- 中洌 正堯 →記号科 ………………… 75
- 永瀬 昭幸 →予備校 ………………… 316
- 長瀬 荘一
  - →習熟度別指導 …………………… 174
  - →小学校での英語教育導入 ……… 182
  - →阪神大震災と学校 ……………… 272
  - →ひとりっ子 ……………………… 276
- 中曽根 康弘 →教育勅語 …………… 95
- 永田 一恵 →センター給食 ………… 211
- 永田 繁雄 →体験学習 ……………… 228
- 長田 秀一 →情報リテラシー ……… 188
- 仲田 直 →同和教育 ………………… 254
- 中田 つかお →カウンセリングマインド ………………………………… 38
- 中田 照子
  - →ひとり親家庭 …………………… 275
  - →幼保一元化 ……………………… 316
- 永田 元康 →情報基礎 ……………… 187
- 永田 元義 →TOEFL ………………… 335
- 中田 康彦 →教育改革国民会議 …… 84
- 永田 佳之 →サマーヒル学園 ……… 150
- 中谷 巌 →大学教授 ………………… 221
- 中谷 彪 →教育基本法 ……………… 90
- 中谷 茂一
  - →児童虐待 ………………………… 161
  - →児童相談所 ……………………… 164
- 中塚 明 →日本学術会議 …………… 264
- 中司 光紀 →児童虐待の防止等に関する法律 ………………………… 162
- 中辻 透 →特色ある学校づくり …… 255
- 中妻 雅彦 →開かれた学校 ………… 279
- 中留 武昭
  - →現職教育 ………………………… 121
  - →主任制 …………………………… 177
  - →開かれた大学 …………………… 280
- 長友 正 →マイノリティ教育 ……… 298
- 中西 晃
  - →外国人子女教育 ………………… 36
  - →国際理解教育 …………………… 132
- 中西 茂
  - →新しい「荒れ」 …………………… 7
  - →金属バット殺人事件 …………… 113
- 中西 新太郎
  - →思春期危機症候群 ……………… 156
  - →少女文化・少年文化 …………… 183
  - →若者文化 ………………………… 325
- 長沼 豊
  - →初任者研修制度 ………………… 190
  - →ボランティア教育 ……………… 297
- 中根 千枝 →科学研究費補助金 …… 39
- 中野 光 →生活科 …………………… 201
- 中野 明 →心の居場所 ……………… 135
- 中野 収 →就職協定 ………………… 174
- 永野 和男 →情報教育 ……………… 188
- 中野 和巳 →高等教育のユニバーサル化 ………………………………… 125
- 中野 和光
  - →教育工学 ………………………… 92
  - →総合学習 ………………………… 214

長野 督　→コミュニカティブアプローチ	144
中野 五海　→教職員の懲戒	111
中野 重人	
→基礎・基本	78
→新学力調査	193
→生活科	201
→総合的な学習の時間	217
→低学力	246
永野 恒雄	
→新しい「荒れ」	7
→教育委員会	83
→校内暴力	126
→丸刈り訴訟	299
中野 哲治　→生徒会	206
中野 照海	
→放送教育	292
→メディア教育	304
永野 英身　→脱学校論	231
仲野 寛　→大学公開講座	221
中野 弘伸　→各省大学	46
長野 藤夫　→基礎・基本	78
中野 正夫　→海外留学	35
中野 真志　→カリキュラム開発	71
中野 芳樹　→予備校	316
長野県教職員組合　→学校不適応	66
中野目 直明	
→カウンセリングマインド	38
→生徒指導	206
中野渡 強志　→高校入試改革	124
長畑 実　→ミュージアム・マネジメント	302
長畠 綾子　→サラマンカ声明	150
長浜 功　→社会教育	168
永原 慶二　→自虐史観・自由主義史観	155
中原 妙子　→CBI	328
中原 秀樹　→消費者教育	186
中道 保和　→親の教育権	33
中道 義之　→マルチメディア教育	300
長嶺 恵子　→内申書	261
中村 攻　→学校統廃合	62
中村 修	
→学校給食	55
→偏差値	289
中村 一夫　→情報科	187
中村 一美　→学校開放	54
中村 清　→道徳教育	253
中村 邦子　→海外留学	35
中村 恵三　→学校建築	58
中村 拡三　→同和教育	254
中村 修二　→頭脳流出	200
中村 淳子　→知能検査	236
中村 伸一　→思春期危機症候群	156
中村 寿美子　→プチ家出	283
中村 尚子　→教育権	91
中村 享史　→基礎・基本	78
中村 高康　→推薦入試	196
中村 忠一	
→大学改革	219
→大学倒産の時代	225
中村 知靖　→個別化教育	144
中村 直人　→情報科	187
中村 晴信　→遊び	6
中村 秀樹　→OJT・Off‐JT	333
仲村 秀樹　→異文化理解	17
中村 ひろ子　→学芸員	40
中村 文夫　→まちづくりの核としての学校	299
中村 護光　→チャータースクール	239
中村 満州男　→生活科	201
中村 希明	
→五月病	129
→ステューデント・アパシー	199
中村 三緒子　→リカレント教育	319
中村 睦男　→宗教と教育	172
中村 祐治	
→情報教育	188
→ものづくり	306
中村 幸雄　→大学開放	220
中本 克美　→現職教育	121
中本 新一　→指導困難校・困難児	163
中森 晶三　→ダブルスクール族	231
中森 孜郎　→ゆとりある学校教育	313
中山 玄三	
→環境教育	72
→リテラシー	320
永山 利和　→全教	209
中山 敏泰　→リカレント教育	319
中山 正root　→児童虐待の防止等に関する法律	162
名古屋市　→コミュニティセンター	146
名古屋大学教育学部附属高等学校　→カリキュラム開発	71

名古屋大学教育学部附属中学校 →カリキュラム開発 ……………… 71
梨本 雄太郎 →NPO法 ………… 332
那須 光章 →キャリア教育 ……… 82
那須 孝悌 →学芸員 ……………… 40
奈須 正裕 →達成動機 …………… 231
名田 隆司 →在日韓国・朝鮮人教育 149
灘本 昌久 →ちびくろさんぼ …… 237
難波 豊 →薬物乱用 …………… 311
鍋田 恭孝 →学校不適応 ………… 66
濤川 栄太
　→教育勅語 ………………………… 95
　→父親の不在化 ………………… 235
浪川 幸彦 →飛び級・飛び入学 … 260
浪本 勝年
　→教育改革国民会議 …………… 84
　→教育基本法 …………………… 90
　→教科書採択制度 ……………… 103
　→教科書裁判 …………………… 104
奈良 雅之 →シラバス …………… 190
奈良教育大学
　→教育課程 ……………………… 86
　→教員養成大学 ………………… 102
奈良先端科学技術大学院大学 →産学協同 ……………………………… 150
奈良歴史研究会 →自虐史観・自由主義史観 ……………………………… 155
成川 道守 →メセナ ……………… 303
成田 滋 →ホームスクーリング … 296
成松 美枝 →マグネットスクール 299
成沢 栄寿 →心の教育 …………… 136
成嶋 隆 →教科書裁判 ………… 104
成瀬 喜則 →CAI ………………… 328
鳴滝 恭也 →肥満児 ……………… 278
南紀高等学校(和歌山県立) →学校間連携 …………………………… 54
難波 幸男 →インフォーマルエデュケーション ………………………… 22
南部 昌敏 →情報科 ……………… 187
南里 悦史 →生活体験学習 ……… 202

【 ニ 】

新潟県立教育センター →LOGO …… 331

新潟県立生涯学習推進センター →家庭教育 ……………………………… 68
新川 達郎 →まちづくりの核としての学校 ………………………………… 299
新里 真男 →アクションリサーチ … 5
新島 洋 →大学非常勤講師問題 … 227
新津 金弥 →就職協定 ……………… 174
新原 晧一 →学術国際交流 ………… 45
新山 雄次 →偏差値 ………………… 289
西 君子 →カウンセリングマインド 38
西 穣司 →個性化教育 …………… 138
西 正 →テレビ社会 ……………… 249
西 博孝 →インフォーマルエデュケーション ……………………………… 22
西 博義 →中高一貫教育 ………… 241
西尾 幹二
　→新しい歴史教科書をつくる会 …… 7
　→自虐史観・自由主義史観 …… 155
　→奉仕活動義務化 ……………… 291
西尾 茂文 →大学自治 …………… 222
西岡 正子 →アンドラゴジー …… 10
西岡 伸紀 →禁煙教育 …………… 113
西岡 有香 →学習障害児 ………… 44
西尾中学校(西尾市立) →生徒文化 207
西垣戸 勝 →性教育 ……………… 203
西形 公一 →青少年保護条例 …… 205
西方 毅 →子ども会 …………… 139
西川 圭三 →少子化時代 ………… 182
西川 栄紀 →ALT ………………… 326
西川 隆範 →シュタイナー学校 … 176
西口 敏治 →フレネ学校 ………… 286
西阪 昇
　→インターンシップ ……………… 20
　→学校文化 ……………………… 66
　→リフレッシュ教育 …………… 320
西沢 清
　→学校図書館 …………………… 62
　→内申書 ………………………… 261
　→日本教職員組合 ……………… 265
　→ゆとりある学校教育 ………… 313
西沢 哲 →被虐待児症候群 …… 274
西沢 潤一 →教育基本法 ………… 90
西園 昌久 →アイデンティティ … 3
西田 拓郎 →ゆとりある学校教育 313
西田 芳正 →指導困難校・困難児 163
西谷 厚子 →交流教育 …………… 129
西之園 晴夫 →教育工学 ………… 92

西浜 優子　→学童保育	46
西原 明史　→異文化間教育	17
西原 正　→各省大学	46
西原 由記子　→子どもの自殺	141
西平 直喜　→モラトリアム	307
西部 邁　→教育勅語	95
西堀 ゆり　→異文化間教育	17
西松 秀樹　→観点別学習状況	74
西村 一郎　→NPO法	332
西村 和雄	
→算数離れ・理科離れ	151
→低学力	246
→ゆとりある学校教育	313
西村 和子　→ソシオメトリー	217
西村 公子　→単身赴任家庭	233
西村 倭子　→家庭教育学級	69
西村 志信　→出席認定の弾力化	177
西村 章次　→ノーマライゼーション	267
西村 佐二	
→指導主事	163
→特色ある学校づくり	255
西村 隆男　→消費者教育	186
西村 裕行　→大阪「先生の制服」騒動	29
西村 昌志　→JETプログラム	330
西村 正登　→道徳教育	253
西村 元秀　→自然教室	158
西村 禎盛　→企業内教育	75
西村 良平　→ふるさと交流学習	286
西本 憲弘　→総合選択制高校	216
西本 裕輝　→学歴社会	49
西森 章子　→チームティーチング	238
西森 敏之　→コアカリキュラム	122
西森 豊　→ちびくろさんぼ	237
西山 昭彦　→キャリアアップ	81
西山 健児　→通信制高校	245
西山 理行　→自然保護教育	158
21世紀カリキュラム委員会　→グローバル教育	117
21世紀教育研究所　→フリースクール	284
日弁連法務研究財団　→法科大学院	291
二挺木 秀雄　→OJT・Off-JT	333
日刊工業新聞社　→専修学校	211
日韓歴史教科書研究会　→歴史教科書問題	323
日教組教育改革推進本部　→いじめ	13
日経広告研究所　→ユニバーシティ・アイデンティティ	315
日経産業消費研究所　→若者文化	325
新田 彩子　→幼保一元化	316
新田 良英　→高校入試改革	124
二宮 皓　→総合選抜制	216
二宮 厚美	
→国立大学の独立行政法人化	134
→複線型学校制度	282
二宮 克美　→しつけ	160
二宮 信一　→学習障害児	44
二宮 博行　→学校図書館	62
日本BBS連盟　→BBS運動	327
日本BBS連盟OB会　→BBS運動	327
日本育英会　→育英奨学制度	12
日本LD学会　→学習障害児	44
日本海技協会　→高等専門学校	125
日本科学者会議　→国立大学の独立行政法人化	134
日本学術協力財団	
→教育課程	86
→教師教育	106
→ものづくり	306
日本学術振興会　→学術国際交流	45
日本学校家庭地域教育研究会　→学社融合	41
日本学校図書館教育協議会　→学校図書館	62
日本学校保健会	
→エイズ教育	22
→薬物乱用	311
日本教育行政学会	
→教育自由化論	93
→教育情報の公開	93
→教育の国際化	97
日本教育研究連合会	
→教育課程	86
→新学力観	192
日本教育工学会	
→インターネットと教育	19
→教育工学	92
日本教材文化研究財団　→インターネットと教育	19
日本教職員組合	
→いじめ	13
→学校五日制	52
→高校入試改革	124

ニホンケ   384

　→大学入試改革 ………………… 226
　→日本教職員組合 ……………… 265
　→平和教育 ……………………… 288
日本建築学会　→学校建築 ………… 58
日本工学会　→理工系離れ ………… 319
日本自然保護協会　→環境教育 …… 72
日本視聴覚教育協会　→視聴覚教育‥ 159
日本社会教育学会　→公民館 ……… 127
日本女子大学女子教育研究所　→女子
　校の共学化 ……………………… 190
日本女子大学附属家庭福祉センター
　→学童保育 ……………………… 46
日本私立大学連盟　→ファカルティ・デ
　ィベロップメント ……………… 280
日本私立短期大学協会　→編入学 … 290
日本新聞教育文化財団　→NIE …… 332
日本進路指導学会　→進路指導 …… 195
日本スクールソーシャルワーク協会
　→スクール・ソーシャルワーカー‥ 199
日本生態系協会　→学校ビオトープ ‥ 64
日本青年館　→学校外教育 ………… 53
日本体育大学　→野外教育 ………… 309
日本点字委員会　→ノーマライゼーシ
　ョン ……………………………… 267
日本ネパール国際交流実行委員会　→
　インターネットと教育 ………… 19
日本能率協会マネジメントセンター
　→キャリア開発 ………………… 81
日本の前途と歴史教育を考える若手議
　員の会　→歴史教科書問題 …… 323
日本フランチャイズチェーン協会　→OJT
　・Off-JT ………………………… 333
日本ボランティア学習協会　→ボラン
　ティア教育 ……………………… 297
日本労働研究機構　→留学生 ……… 320
日本ワーキングホリデー協会　→ワー
　キングホリデー ………………… 325
荷宮 和子
　→おたく族 ……………………… 30
　→少女文化・少年文化 ………… 183
二村 直美　→グループダイナミック
　ス ………………………………… 116
韮塚 光信　→体験学習 …………… 228
楡木 満生　→進路変更 …………… 196
丹羽 健夫　→偏差値 ……………… 289
丹羽 徹　→人権教育 ……………… 194
丹羽 洋子　→動機づけ …………… 250

人間教育研究協議会　→総合的な学習
　の時間 …………………………… 217
人間と性教育研究所　→性教育 …… 203

【 ヌ 】

貫井 正納　→ポートフォリオ …… 295
沼崎 一郎　→キャンパス・セクシュア
　ル・ハラスメント ……………… 82

【 ネ 】

ネイサン,ジョー　→チャータースクー
　ル ………………………………… 239
根上 優　→部活動 ………………… 281
根岸 久子　→学校給食 …………… 55
根津 朋実　→総括的評価 ………… 213
ネッチャー,ミヒャエル　→環境問題と
　学校 ……………………………… 73
根本 俊雄　→児童手当制度改革 …… 165
年少者犯罪研究会　→少年犯罪 …… 185

【 ノ 】

能重 真作　→いじめ ……………… 13
能田 伸彦　→自ら学び、自ら考える
　力 ………………………………… 301
納富 恵子　→学習障害児 ………… 44
能村 藤一　→交流教育 …………… 129
野垣 義行　→公民館 ……………… 127
野方新井地域中野の教育をつくる会
　→教育委員準公選制 …………… 84
野上 修市
　→学校五日制 …………………… 52
　→法科大学院 …………………… 291
野上 智行
　→環境教育 ……………………… 72
　→クロス・カリキュラム ……… 116
野川 忍　→いじめ ………………… 13

野口 伐名　→修身教育 ……………… 174
野口 克海　→指導要録の開示 ……… 167
野口 悠紀雄
　→教育における平等主義 ………… 96
　→ゆとりある学校教育 …………… 313
野崎 薫　→学校建築 ………………… 58
野沢 綾子　→ホリスティック教育 … 298
野津 麻美　→環境教育 …………… 72
野津 有司　→エイズ教育 …………… 22
野津 良夫　→視聴覚教育 ………… 159
野田 健司　→ポートフォリオ ……… 295
野田 照彦　→学校行事 …………… 57
野中 陽一　→地域学習 …………… 233
野原 明　→学校外教育 …………… 53
野原 玲子　→小児心身症 ………… 184
野村 武司　→有害図書 …………… 313
野村 正博　→性教育 ……………… 203
野村 真理子　→ALT ……………… 326
野本 智子　→被虐待児症候群 …… 274
野元 弘幸　→学習権 ……………… 42

【ハ】

パイク,グラハム　→グローバル教育 · 117
バイゲイト,マーティン　→オーラルコミュニケーション ……………… 33
灰谷 健次郎　→父親の不在化 …… 235
ハヴィガースト,ロバート・J.　→発達課題 ……………………… 270
萩尾 健太　→東大駒場寮 ………… 252
萩原 恵三　→少年非行 …………… 186
萩原 玉味
　→キャンパス・セクシュアル・ハラスメント ……………………… 82
　→児童虐待 ……………………… 161
萩原 英敏　→子どものストレス …… 142
萩原 美智子　→児童館 …………… 160
朴 三石　→在日韓国・朝鮮人教育 … 149
伯野 元彦　→秋季入学制 ………… 172
博物館と学校をむすぶ研究会　→博物館 ………………………… 269
箱田 敦只　→自然保護教育 ……… 158
架谷 真知子　→グループダイナミックス ……………………………… 116
橘口 幽美　→40人学級 …………… 317

橋迫 和幸　→いじめ ……………… 13
橋詰 淳子　→読書指導 …………… 256
橋本 公雄　→低体温児 …………… 247
橋本 鉱市　→学位制度改革 ……… 40
橋本 重治　→到達度評価 ………… 252
橋本 誠司　→特色ある学校づくり … 255
橋本 紀子　→教育科学研究会 …… 86
橋本 秀美　→スクール・カウンセリング ………………………………… 197
橋本 幸雄　→開かれた学校 ……… 279
羽豆 成二　→課題学習 …………… 50
荷見 武敬　→学校給食 …………… 55
長谷 徹　→生徒指導 ……………… 206
長谷 裕之　→生涯学習フェスティバル ………………………………… 180
土師 守　→神戸連続児童殺傷事件 … 126
長谷川 浩　→教育環境 …………… 88
長谷川 栄
　→基礎・基本 ……………………… 78
　→系統学習 ……………………… 119
　→心の教育 ……………………… 136
　→自己教育力 …………………… 156
長谷川 充麻　→生活指導 ………… 202
長谷川 新一　→海外留学 ………… 35
長谷川 徹　→ものづくり …………… 306
長谷川 智子　→子どもの生活習慣病 143
長谷川 英俊　→教育基本法 ……… 90
長谷川 博之　→臨時教育審議会 … 322
長谷川 正明　→放送大学 ………… 293
長谷川 真人　→児童養護施設 …… 166
秦 明夫
　→いじめ問題国際シンポジウム … 16
　→ホームスクーリング …………… 296
羽田 功　→大学公開講座 ……… 221
羽田 貴史
　→育英奨学制度 ………………… 12
　→教員養成大学 ………………… 102
　→中央教育審議会 ……………… 240
秦 政春　→教師ストレス ………… 107
畠山 歌子　→育児・介護休業法 … 12
畠山 剛　→僻地教育 …………… 288
畠山 義士　→教師ストレス ……… 107
畑田 国男　→ひとりっ子 …………… 276
畑中 勝守　→セメスター制 ……… 208
幡野 憲正　→単線型学校制度 …… 233
八覚 正大　→定時制高校 ………… 247
服部 英二　→国連大学 …………… 135

服部 修	→体験学習	228
服部 桂	→メディアリテラシー	304
服部 憲児	→育英奨学制度	12
服部 栄	→コミュニティセンター	146
服部 祥子	→心の教育	136
服部 範子		
	→緘黙児	74
	→ひとり親家庭	275
服部 泰秀	→中高一貫教育	241
波戸岡 ゆり	→環境教育	72
鳩貝 太郎		
	→学校ビオトープ	64
	→環境教育	72
花井 浩司	→子どもの権利条約	140
花井 正樹	→適応指導教育	248
花岡 恵理	→児童・生徒理解	163
花沢 健一	→推薦入試	196
葉梨 康弘	→少年非行	186
玻名城 英介	→問題教員	308
花田 修一	→基礎・基本	78
花田 礼子	→ワーキングホリデー	325
花野 典子	→児童虐待	161
花原 節子	→基本的生活習慣	80
バナマン,ヘレン	→ちびくろさんぼ	237
花村 春樹	→児童福祉施設	165
花輪 兵庫	→新しい「荒れ」	7
羽生田 千草	→障害児教育	181
羽根木プレーパークの会	→羽根木プレーパーク	271
馬場 章	→フリースクール	284
馬場 一博	→地域学習	233
馬場 久志	→絶対評価・相対評価	208
馬場 道夫	→動機づけ	250
馬場 実		
	→アレルギー	9
	→学校給食	55
馬場 ゆかり	→修身教育	174
羽原 貞夫	→教育実習	92
羽深 希代子	→学校図書館	62
羽淵 強一		
	→異文化理解	17
	→トライやる・ウィーク	260
浜崎 隆司	→しつけ	160
浜嶋 聡	→バイリンガル教育	268
浜田 寿美男		
	→教育評価	99
	→低学力	246
浜田 隆士		
	→落ちこぼれ	30
	→放送大学	293
浜野 純一	→仮説実験授業	50
浜野 保樹	→インターネットと大学	20
浜林 正夫	→大学入試改革	226
浜松市医師会	→学校給食	55
早川 東作	→受験浪人	176
早川 博	→養護学校	315
早川 昌秀		
	→アカウンタビリティー	5
	→学校事故・事件	59
	→教育情報の公開	93
	→指導主事	163
早坂 五郎	→総合的な学習の時間	217
林 明男	→情報科	187
林 量俶		
	→子どもの権利条約	140
	→子どもの人権	141
林 煥	→生徒指導	206
林 邦雄	→学習障害児	44
林 慶一	→環境教育	72
林 健太郎	→アイデンティティ	3
林 公		
	→朝の読書運動	5
	→読書指導	256
林 潤一郎	→大学全入時代	224
林 慎一郎	→アトピー性皮膚炎	8
林 孝	→地域の教育力	235
林 巧	→公立校離れ	128
林 寿夫		
	→特色ある学校づくり	255
	→野外教育	309
林 宜嗣	→社会人大学院	170
はやし 浩司	→テレビ社会	249
林 裕子	→育児・介護休業法	12
林 幸範		
	→子どものストレス	142
	→問題行動	308
林田 英樹	→COE	329
早田 幸政	→大学自己評価	222
速水 敏彦		
	→達成動機	231
	→動機づけ	250
速水 由紀子	→援助交際	27
葉養 正明		
	→親の教育権	33

→学校選択制	61
→学校統廃合	62
→学校のスリム化	64
→学校評議員制度	65
→教育人口	95
→教育バウチャー	97
→少子化時代	182
→地域に根ざした学校	234
→通学区域の自由化	244
原 彰彦　→シラバス	190
原 一雄　→大学設置基準の大綱化	224
原 克彦　→博物館	269
原 清治	
→コミュニティ・カレッジ	145
→専修学校	211
→ダブルスクール族	231
原 輝史　→生涯学習	178
原 登久子　→学校給食とO-157	56
原 光彦　→子どもの生活習慣病	143
原口 治　→ホームステイ	296
原田 智明　→就職協定	174
原田 智代　→こどもエコ・クラブ	139
原田 正文　→スクール・カウンセリング	197
原田 義也　→飛び級・飛び入学	260
悠編集部	
→生きる力	11
→少子化時代	182
→特色ある学校づくり	255
春名 秀彦　→トライやる・ウィーク	260
伴 茂樹　→家庭崩壊	71
坂西 友秀	
→ギャングエイジ	82
→教室環境	107
→高校中退	123
反差別国際運動日本委員会　→人権教育	194
半田 志郎　→遠隔教育	25
半田 進	
→数学教育の国際比較	197
→IEA国際教育調査	330
繁多 進　→しつけ	160
半田 暢彦　→学術国際交流	45
坂内 幸子　→学校給食	55

【ヒ】

日枝小学校（横浜市立）　→問題解決学習	307
日沖 隆　→ものづくり	306
日垣 正典　→体験学習	228
東村 高良　→遠隔教育	25
樋口 清之　→父親の不在化	235
樋口 広太郎　→開かれた大学	280
樋口 修資　→文部科学省	309
樋口 信也　→国際理解教育	132
樋口 雅子　→生活科	201
樋口 裕一　→予備校	316
引馬 孝子　→消費者教育	186
樋熊 憲子　→ジェンダー・フリー教育	152
久田 健吉　→愛知県西尾東部中いじめ自殺事件	3
久田 恵　→子どものストレス	142
ビジネス協議会　→大学改革	219
菱村 幸彦	
→教育課程	86
→教育法	100
→子どものプライバシー	144
ピースボート　→ピースボート	274
樋田 大二郎　→学級崩壊	51
肥田 美代子　→子どもの権利条約	140
ピーターソンズ　→遠隔教育	25
ヒックス,デイヴィッド　→グローバル教育	117
人見 一彦　→阪神大震災と学校	272
日野林 俊彦　→発達加速現象	270
日原 高志　→シミュレーション教材	168
日比野 勝　→教育文化産業	99
兵庫教育大学附属小学校　→記号科	75
兵庫県教育委員会　→阪神大震災と学校	272
兵庫県教職員組合　→阪神大震災と学校	272
兵庫県氷上郡氷上情報教育研究会　→情報教育	188
兵庫県立人と自然の博物館　→博物館	269
平 直樹　→国際バカロレア	132

平 弥悠紀　→補習授業	294
平井 明　→偏差値	289
平井 妙子　→インクルージョン	18
平出 善男　→生徒文化	207
平岡 英樹　→肥満児	278
平賀 一紘　→学校のスリム化	64
平賀 元晃　→教育評価	99
平木 陽一　→環境問題と学校	73
平紗 多賀男　→理工系離れ	319
平沢 郁夫　→教育課程	86
平沢 勝栄　→歴史教科書問題	323
平嶋 雅雄　→資格社会	154
平田 為代子　→コミュニカティブアプローチ	144
平田 克紀　→暴力団関係少年	294
平田 哲男　→大学自治	222
平田 昌也　→僻地教育	288
平田 佳子　→児童虐待	161
平野 貴司　→マルチメディア教育	300
平野 裕二　→子どもの権利条約	140
平林 宣和　→CAI	328
平原 春好	
→教育課程	86
→教育基本法	90
平本 幸一　→「合校」構想	59
平山 栄治　→スクール・カウンセリング	197
平山 英生　→学級崩壊	51
平山 満義	
→エスノグラフィー	24
→教育評価	99
平山 由美子　→ホームスクーリング	296
平山 欣孝　→教育環境	88
平湯 真人	
→家庭崩壊	71
→児童虐待の防止等に関する法律	162
→少年犯罪	185
蛭田 政弘　→指導主事	163
蛭田 道春	
→社会教育主事	169
→余裕教室	317
広岡 憲造　→禁煙教育	113
広沢 明　→子どもの権利条約	140
広島県沼隈町中央公民館　→公民館	127
広島大学大学教育研究センター	
→アカウンタビリティー	5
→大学教授	221
広瀬 信　→総合学科	215
広瀬 恒子　→活字離れ	67
広瀬 俊雄　→シュタイナー学校	176
広瀬 敏夫　→図書館	259
広瀬 敏雄　→問題解決学習	307
広瀬 裕一　→宗教と教育	172
広瀬 義徳　→教育権	91
広田 栄治　→総合研究大学院大学	215
広田 和子　→大阪教育大学付属池田小学校児童殺傷事件	28
広田 健　→学校選択制	61
広田 照幸　→しつけ	160
広田 康生　→外国人子女教育	36

【フ】

ファン チュン　→留学生	320
フィフナー,リンダ・J.　→ADHD	326
深草 正博　→グローバル教育	117
深沢 周　→メル友	305
深田 博己　→留学生	320
深谷 和子	
→いじめ	13
→教科書検定制度	103
深谷 哲夫　→メセナ	303
深谷 奈穂美　→肥満児	278
深谷 昌志	
→子ども時代の喪失	139
→社会教育	168
福井 康雄　→放送教育	292
福井市教育委員会　→適応指導教育	248
福岡 哲朗　→インターンシップ	20
福岡 真理子　→僻地教育	288
福岡県教育委員会　→インターネットと教育	19
福岡県教組糸島支部　→受け皿	22
福岡県行橋市中央公民館　→家庭教育学級	69
福岡市教育センター　→適応指導教育	248
福祉心理研究会　→介護等体験特例法	37
福島 脩美　→スクール・カウンセリング	197
福島 達夫　→環境教育	72
福島大学教育学部　→教師教育	106
福田 昭昌　→心の教育	136

福田 和也	→ブルセラ	286
福田 啓子	→生活科	201
福田 信一	→特認校制度	256
福田 真也	→ステューデント・アパシー	199
福田 泰	→特別活動	257
福田 隆真	→生活科	201
福田 雅章	→子ども時代の喪失	139
福田 芳則	→自然教室	158
福地 守作	→キャリア教育	82
福富 護	→援助交際	27
福永 博文	→家庭教育	68
福原 義春	→メセナ	303
福家 成子	→海外留学	35
藤井 幸司	→地域学習	233

藤井 誠二
　→援助交際 ……… 27
　→青少年保護条例 ……… 205
　→体罰 ……… 230
　→問題教員 ……… 308
　→有害図書 ……… 313

藤井 千春	→問題解決学習	307
藤井 一	→ダイヤルQ²	231
藤井 弘也	→理工系離れ	319
藤井 啓之	→アイデンティティ	3
藤井 康生	→演劇教育	26

藤井 良樹
　→家庭崩壊 ……… 71
　→ブルセラ ……… 286

| 藤枝 静正 | →教育実習 | 92 |
| 藤枝 博 | →ジェンダー・フリー教育 | 152 |

藤岡 完治
　→教師の力量 ……… 108
　→情報教育 ……… 188

藤岡 信勝
　→教科書検定制度 ……… 103
　→教科書採択制度 ……… 103
　→自虐史観・自由主義史観 ……… 155
　→平和教育 ……… 288

藤岡 正勝	→義務教育費国庫負担制度	80
藤川 伸治	→従軍慰安婦問題	173
藤木 和巳	→教師教育	106

藤沢 皖
　→海外子女教育 ……… 34
　→帰国子女教育 ……… 76

| 藤沢 良知 | →子どもの生活習慣病 | 143 |

藤沢市教育文化センター	→CBI	328
藤島 和孝	→低体温児	247
富士ゼロックス総合教育研究所	→キャリア開発	81
藤修	→統合教育	251
藤田 和弘	→WAIS-R	336
藤田 和也	→学校不適応	66
藤田 正	→学業不振児	40
藤田 晃之	→勤労体験学習総合推進事業	115
藤田 敏明	→単位制高校	232
藤田 秀雄	→平和教育	288

藤田 英典
　→教育改革国民会議 ……… 84
　→教員文化 ……… 101

| 藤田 博司 | →寄付講座・寄付研究部門 | 79 |
| 藤田 博康 | →プチ家出 | 283 |

藤田 翠
　→子どもの権利条約 ……… 140
　→不登校 ……… 283

藤田 佳久	→学級崩壊	51
藤土 圭三	→不本意入学・就学	284
藤永 芳純	→道徳教育	253
藤野 京子	→暴走族	292
藤野 豊	→自虐史観・自由主義史観	155
藤林 春夫	→緘黙児	74
藤本 哲也	→BBS運動	327
藤本 由香里	→マンガ文化	300
藤森 修一	→受験戦争	175
藤森 喜子	→選択教科制	212
藤森 善正	→障害児学級	180
藤原 邦達	→学校給食とO-157	56
藤原 史朗	→在日韓国・朝鮮人教育	149

藤原 孝章
　→外国人子女教育 ……… 36
　→グローバル教育 ……… 117
　→シミュレーション教材 ……… 168

| 藤原 秀 | →学校給食とO-157 | 56 |

藤原 幸男
　→観点別学習状況 ……… 74
　→通信簿 ……… 245

藤原 義隆	→絶対評価・相対評価	208
藤原書店	→大学改革	219
二上 光子	→障害児学級	180
二杉 孝司	→教育評価	99
二木 章夫	→トライやる・ウィーク	260

フチカミ

淵上 克義　→児童・生徒理解……… 163
船木 暢夫　→アイヌ問題教育………… 4
船越 勝　→地域学習……………… 233
舟杉 真一　→CAI　328
舟田 敏雄　→マルチメディア教育…… 300
舟橋 睦美　→ひとりっ子……………… 276
船橋学園読書教育研究会　→朝の読書運動……………………………………… 5
舟見 久子　→学齢期シンドローム… 49
舩山 謙次　→問題解決学習………… 307
冬木 春子　→ファミリーサポートセンター………………………………… 281
部落問題研究所　→自虐史観・自由主義史観……………………………… 155
フランクル, ピーター　→部活動……… 281
フリードマン, レオナード　→開かれた大学………………………………… 280
古岡 俊之　→帰国子女教育………… 76
古川 治
　→教育評価……………………… 99
　→通信簿………………………… 245
古川 孝順　→子どものプライバシー… 144
古田 道子　→受験浪人……………… 176
古野 庸一　→キャリア教育………… 82
古畑 和孝　→心の教育……………… 136
ブルーム, B.S.
　→形成的評価………………… 118
　→総括的評価………………… 213
古屋 繁　→ユニバーシティ・アイデンティティ……………………………… 315
古山 真樹　→生徒会………………… 206
文化庁　→国語審議会………………… 130
文化服装学院　→専修学校…………… 211
文教予算事務研究会　→文教予算…… 287
豊後 レイコ　→エルダーホステル… 24

【ヘ】

平安女学院大学　→女子の大学進学… 190
ペイル, S.J.　→特別なニーズ教育…… 258
平和歴史教育委員会　→新しい歴史教科書をつくる会…………………………… 7
ベーカー, コリン　→バイリンガル教育…………………………………… 268
ヘガティ, S.　→特別なニーズ教育… 258

逸見 敏郎　→スクール・カウンセリング………………………………… 197

【ホ】

保育法令研究会　→幼保一元化…… 316
ボイックス株式会社　→生涯学習センター……………………………… 179
方 淳　→留学生………………… 320
北条小学校(館山市立)　→総合学習・ 214
法則化学校づくり研究会　→特色ある学校づくり………………………… 255
法務省矯正局　→少年非行…………… 186
法務省保護局　→BBS運動…………… 327
朴 贊雄　→歴史教科書問題………… 323
北星学園余市高等学校　→北海道・北星学園余市高校…………………… 295
北陸先端科学技術大学院大学　→先端科学技術大学大学院……………… 212
保坂 亨　→不登校……………… 283
保坂 展人
　→お受験………………………… 29
　→児童虐待の防止等に関する法律 162
　→早期教育…………………… 214
　→父親の不在化……………… 235
　→チャイルドライン………… 239
保坂 雅子　→中央教育審議会……… 240
保坂 渉　→児童虐待………………… 161
星 鉄太郎　→技術科学大学………… 77
保科 清　→子どものこころ相談医… 141
星名 由美　→モラトリアム………… 307
星野 常夫　→障害児教育…………… 181
星野 敏男　→野外教育……………… 309
星野 洋美　→国際理解教育………… 132
星野 昌季　→義務教育費国庫負担制度…………………………………… 80
星野 弥生
　→チャイルドライン………… 239
　→ベンポスタ共和国………… 290
星野 昌治　→形成的評価…………… 118
星村 平和
　→コアカリキュラム………… 122
　→自虐史観・自由主義史観…… 155
細井 克彦
　→大学自己評価……………… 222

水井 正明	→ 企業内教育	75
水内 秀次	→ アレルギー	9
水川 隆夫	→ 到達度評価	252
水木 楊		
	→ 中央教育審議会	240
	→ 中高一貫教育校	242
水口 礼治	→ 生活指導	202
水越 伸	→ メディアリテラシー	304
水越 敏行		
	→ 教育工学	92
	→ 情報基礎	187
	→ 診断的評価	195
	→ メディアリテラシー	304
水沢 明男	→ 不本意入学・就学	284
水田 聖一	→ 子どものストレス	142
水田 宗子	→ グローバル教育	117
水谷 修	→ 薬物乱用	311
水谷 君子	→ カウンセリングマインド	38
水野 益継		
	→ 学問の自由	48
	→ 教授会	110
水野 光晴	→ オーラルコミュニケーション	33
水野 行範	→ きのくに子どもの村学園	79
水野 圭郎	→ 個別化教育	144
水間 英城	→ 科学技術基本法	39
水山 泰郎	→ モジュール授業方式	305
「未成年者の飲酒行動に関する実態調査」研究班	→ 青少年の飲酒	204
溝上 慎一	→ 遠隔教育	25
三田 誠広	→ 父親の不在化	235
三石 由起子	→ お受験	29
三橋 謙一郎	→ CAI	328
三菱総合研究所	→ 産学協同	150
水戸桜ノ牧高等学校(茨城県立)	→ 姉妹校	167
薬袋 秀樹	→ 司書	157
皆川 興栄	→ 禁煙教育	113
湊 博昭	→ 留年	322
南 悟	→ 定時制高校	247
南 学		
	→ 継続教育	118
	→ 大学開放	220
	→ 大学倒産の時代	225
南 保輔	→ 帰国子女教育	76
峰 敏朗	→ 日本人学校・補習授業校	265
嶺井 明子		
	→ 在日韓国・朝鮮人教育	149
	→ 編入学	290
嶺井 正也		
	→ サラマンカ声明	150
	→ 障害児教育	181
	→ 低学力	246
峰島 厚	→ 児童福祉施設	165
箕浦 康子	→ グローバル教育	117
箕輪 多津男	→ 学校ビオトープ	64
箕輪 真澄	→ 青少年の飲酒	204
三原 典子	→ オープンスクール	31
三原詰 章夫	→ 産学協同	150
三平 三郎	→ 産学協同	150
三又 裕生	→ 技術移転機関	77
耳塚 寛明		
	→ 受験戦争	175
	→ 少子化時代	182
三村 隆男	→ インターンシップ	20
雅 孝司	→ 国際数学オリンピック	132
宮 淑子	→ 援助交際	27
宮尾 竜蔵	→ TA制度	335
宮上 多加子	→ 高齢者教育	129
宮川 俊彦		
	→ いじめ	13
	→ 子どもの自殺	141
	→ 少年犯罪	185
	→ テレビ社会	249
宮城 まり子	→ キャリア教育	82
宮木 由貴子	→ 携帯電話と学校	118
三宅 隆史	→ 開発教育	38
三宅 俊彦	→ ひとり親家庭	275
三宅 征夫	→ 算数離れ・理科離れ	151
宮腰 英一	→ 国際バカロレア	132
宮腰 孝	→ スクール・カウンセリング	197
宮坂 広作		
	→ 生涯学習	178
	→ 消費者教育	186
宮坂 靖子	→ 家庭科男女共修	67
宮崎 昭	→ 養護学校	315
宮崎 和夫		
	→ 学校不適応	66
	→ 特別活動	257
宮崎 和敏	→ しつけ	160
宮崎 健太郎	→ 司書教諭・学校司書	157

松下 文夫	→遠隔教育	25	まほろば 薫	→こどもエコ・クラ	
松島 栄一	→自虐史観・自由主義史		間宮 陽介	→教育改革国民会議	
	観	155	森 昌也	→TOEFL	
松島 恭子	→摂食障害	208	円尾 豊子	→家庭科男女共修	
松嶋 緑	→中国帰国者教育	242	丸木 政臣	→実験学校	
松田 聡子	→キャンパス・セクシュア		丸子 王児	→ちびくろさんぼ	
	ル・ハラスメント	82	丸本 百合子	→援助交際	
松田 重広	→まちづくりの核としての		丸山 修	→生涯学習センター	
	学校	299	丸山 義王	→勤務評定	
松田 昇一	→CBI	328	丸山 信男	→カリキュラム開発	
松田 稔樹	→情報科	187	丸山 博通	→生徒会	
松田 惺	→発達課題	270	丸山 正樹	→大学入試センター試験	227
松田 洋子	→指導主事	163	丸山 実子	→国立大学の独立行政法人	
松友 了	→インクルージョン	18		化	134
松原 達哉			丸山 美和子		
	→カウンセリングマインド	38		→発達課題	270
	→進路指導	195		→レディネス	324
	→スクール・カウンセリング	197	丸山 基	→教育費	98
松原 徳子	→介護等体験特例法	37	万戸 克憲	→TOEFL	335
松原 信継	→部活動	281			
松原 康雄	→児童福祉施設	165			
松原 隆一郎	→ビデオ規制	275		【 ミ 】	
松房 正浩	→地域学習	233			
松藤 司	→新しい「荒れ」	7	三池 輝久	→子どものストレス	142
松美 里枝子	→ベンポスタ共和国	290	三浦 展	→若者文化	325
松村 茂治			三浦 香苗	→学業不振児	40
	→緘黙児	74	三浦 健治		
	→体罰	230		→インテリジェントスクール	21
松村 髙夫	→教科書裁判	104		→国際理解教育	132
松村 忠臣	→教員組合活動	100	三浦 幸樹	→大学入学資格検定	225
松村 俊哉	→日本語学級	265	三浦 孝啓	→日本教職員組合	265
松村 泰子	→学齢期シンドローム	49	三浦 務	→不登校	283
松室 哲生	→大学設置基準の大綱化	224	三笠市幌内中分会 →校則		124
松本 勝信	→放送教育	292	三上 昭彦		
松本 久美子	→留学生	320		→教育委員準公選制	84
松本 健一	→教育勅語	95		→教育基本法	90
松本 肇	→学位制度改革	40	三上 和夫	→学区制	52
松本 浩之	→高等専門学校	125	三上 周治	→学級崩壊	51
松本 幸夫	→業者テスト	109	三上 哲徳	→補習授業	294
松本 陽子	→訪問教育	293	右田 雅子	→環境教育	72
松本 良夫	→大学進学率	223	三国 千秋	→平和教育	288
松森 靖夫	→算数離れ・理科離れ	151	三沢 昌子		
松矢 勝宏	→障害児教育	181		→家庭教育学級	69
松山 裕二	→技術移転機関	77		→大学公開講座	221
学びを行動にうつす女たちの会 →ジ			三島 敏男	→40人学級	317
	ェンダー・フリー教育	152	三島 令子	→ひとり親家庭	275
真仁田 昭	→学校ぎらい	58			

→大学設置基準の大綱化 ………… 224
細川 幹夫　→私学助成金 …………… 154
細村 迪夫
　　→交流教育 ………………………… 129
　　→障害児教育 ……………………… 181
ポーター,リンネット　→遠隔教育 …… 25
北海道教育委員会　→生涯学習センター ……………………………………… 179
北海道教育大学
　　→一般教育 ………………………… 16
　　→総合的な学習の時間 …………… 217
北海道教育大学教育学部附属札幌中学校　→特色ある学校づくり ……… 255
北海道苫小牧工業高等学校　→部活動 281
堀田 浩一　→予備校 ………………… 316
堀田 竜也　→メディアリテラシー … 304
堀田 力　→父親の不在化 …………… 235
発地 康夫　→オープンキャンパス … 31
ボーラ,H.S.　→成人教育 …………… 205
堀 和郎　→指導要録の開示 ………… 167
堀 和世　→親業 ……………………… 32
堀 薫夫
　　→高齢者教育 ……………………… 129
　　→成人教育 ………………………… 205
堀 真一郎
　　→きのくに子どもの村学園 ……… 79
　　→サマーヒル学園 ………………… 150
堀 智晴　→ノーマライゼーション … 267
堀 正嗣　→ノーマライゼーション … 267
堀 みゆき　→性格検査 ……………… 201
堀井 啓幸
　　→学校建築 ………………………… 58
　　→教科書検定制度 ………………… 103
　　→全国子どもプラン ……………… 210
　　→体罰 ……………………………… 230
　　→特別活動 ………………………… 257
堀内 かおる　→ジェンダー・フリー教育 ………………………………………… 152
堀内 一男
　　→国際理解教育 …………………… 132
　　→選択教科制 ……………………… 212
　　→特色ある学校づくり …………… 255
堀江 固功
　　→視聴覚教育 ……………………… 159
　　→放送教育 ………………………… 292
　　→メディア教育 …………………… 304
堀尾 輝久　→教育改革国民会議 …… 84

堀川 照代　→読書指導 ……………… 256
堀口 広司　→学習障害児 …………… 44
ホリスティック教育研究会　→ホリスティック教育 …………………………… 298
ホール,アイヴァン　→外国人教員 … 36
本多 修　→摂食障害 ………………… 208
本多 利子　→フリースクール ……… 284
本田 利子　→スクール・セクシャル・ハラスメント …………………………… 198
本多 波雄　→技術科学大学 ………… 77
本田 和子　→遊び …………………… 6
本田 靖春　→学級崩壊 ……………… 51
本田 優子　→性格検査 ……………… 201
本保 恭子　→ムーブメント教育 …… 303
本間 啓二　→特別活動 ……………… 257
本間 哲　→子どもの生活習慣病 …… 143
本間 勇人　→中高一貫教育 ………… 241

【マ】

舞田 敏彦　→大学進学率 …………… 223
毎日コミュニケーションズ　→海外留学 ………………………………………… 35
毎日新聞社
　　→風の子学園 ……………………… 50
　　→神戸連続児童殺傷事件 ………… 126
　　→大学改革 ………………………… 219
前川 朝文　→心の居場所 …………… 135
前川 恭一　→単位互換制度 ………… 232
前川 久男　→WAIS‐R …………… 336
前迫 ゆり　→環境教育 ……………… 72
前田 恒久　→管理主義教育 ………… 74
前田 功　→いじめ訴訟 ……………… 15
前田 克彦
　　→学校不適応対策調査研究協力者会議 …………………………………… 66
　　→高校中退 ………………………… 123
前田 賢次　→合科学習 ……………… 122
前田 耕司　→大学開放 ……………… 220
前田 剛夫　→金属バット殺人事件 … 113
前田 千恵子　→いじめ訴訟 ………… 15
前田 尚子　→異文化理解 …………… 17
前田 博夫　→携帯電話と学校 ……… 118
前田 雅子　→丸刈り訴訟 …………… 299
前田 雅英　→少年犯罪 ……………… 185

前田 基成
　→スクール・カウンセリング …… 197
　→生活体験学習 …………………… 202
前田 竜一
　→教育機器 ………………………… 89
　→視聴覚教育 ……………………… 159
前原 健二　→勤務評定 …………… 114
鉤 治雄
　→カウンセリングマインド ……… 38
　→教育環境 ………………………… 88
曲 浩史　→心の居場所 …………… 135
牧 教司　→余裕教室 ……………… 317
牧 柾名
　→教育権 …………………………… 91
　→子どもの人権 …………………… 141
　→中野富士見中事件 ……………… 262
牧 昌見
　→学校不適応 ……………………… 66
　→教師ストレス …………………… 107
　→初任者研修制度 ………………… 190
　→転入学 …………………………… 250
　→特色ある学校づくり …………… 255
槇田 健　→教育における平等主義 …… 96
牧野 禎夫　→偏差値 ……………… 289
牧野 剛　→予備校 ………………… 316
牧野 暢男　→コミュニティ・カレッジ …………………………………… 145
牧村 健一郎　→メセナ …………… 303
幕内 秀夫　→米飯給食 …………… 287
マクナマラ,B.E.　→通級制度 …… 244
正木 進　→学校における防災対策 … 63
正高 信男　→いじめ ……………… 13
増山 均
　→学校五日制 ……………………… 52
　→体験学習 ………………………… 228
　→読書のアニマシオン …………… 255
益井 邦夫　→学校給食用食器 …… 56
益田 悦子　→野外教育 …………… 309
増田 信一
　→司書教諭・学校司書 …………… 157
　→読書指導 ………………………… 256
増田 孝雄　→教育法 ……………… 100
増田 洋　→学芸員 ………………… 40
増田 実　→スクール・カウンセリング …………………………………… 197
増田 ユリヤ
　→外国人子女教育 ………………… 36
　→フリースクール ………………… 284
増田 吉史　→開かれた学校 ……… 279
町井 輝久　→単位制高校 ………… 232
町沢 静夫
　→神戸連続児童殺傷事件 ………… 126
　→西鉄高速バスジャック事件 …… 263
　→ピーターパンシンドローム …… 275
町田 正　→バタフライナイフ …… 270
町田市教育委員会　→環境教育 …… 72
町田市教育研究所
　→環境教育 ………………………… 72
　→しつけ …………………………… 160
町田市立学校適正規模適正配置等審議会　→適正規模 ………………… 248
松井 一麿　→教育委員会 ………… 83
松井 一郎　→被虐待児症候群 …… 274
松井 石根　→「今後の地方教育行政のあり方について」 ……………… 146
松井 孝典　→教育勅語 …………… 95
松井 豊　→援助交際 ……………… 27
松浦 光修　→日本教職員組合 …… 265
松浦 宏　→教師の力量 …………… 108
松浦 義満　→不登校 ……………… 283
松浦 善満　→地域学習 …………… 233
松江農林高等学校(島根県立)　→特別非常勤講師制度 ………………… 258
松尾 正子　→部活動 ……………… 281
松尾 裕子　→低体温児 …………… 247
松岡 勲　→日の丸・君が代問題 … 277
松岡 弘　→性教育 ………………… 203
松岡 靖　→アイヌ問題教育 ……… 4
松岡 豊　→偏差値 ………………… 289
松川 利広　→現職教育 …………… 121
松川 礼子　→小学校での英語教育導入 ………………………………… 182
松木 健一　→教師教育 …………… 106
松木 正子　→生活科 ……………… 201
松木 優子
　→学齢期シンドローム …………… 49
　→小児心身症 ……………………… 184
松坂 規生　→バタフライナイフ … 270
松沢 成文　→公立校離れ ………… 128
松沢政経学生会　→公立校離れ … 128
松下 加奈　→日の丸・君が代問題 … 277
松下 武志　→学校不適応 ………… 66
松下 倶子　→グローバル教育 …… 117
松下 淑　→通級制度 ……………… 244

宮崎 冴子　→キャリア開発 ……… 81
宮崎 秀一　→学習権 ……………… 42
宮崎 哲弥　→推薦入試 …………… 196
宮崎 直男　→交流教育 …………… 129
宮崎 充治　→ベンポスタ共和国 … 290
宮地 功　→数学教育の国際比較 … 197
宮地 孝宜　→公民館 ……………… 127
宮地 裕子　→教育における平等主義 ‥ 96
宮下 治　→環境教育 ……………… 72
宮下 和己　→学校間連携 ………… 54
宮下 国生　→リフレッシュ教育 … 320
宮下 聡　→新しい「荒れ」……… 7
宮下 洋二　→オウム真理教の児童就学問題 ……………………… 28
宮田 加久子　→キャンパス・セクシュアル・ハラスメント ……… 82
宮田 圭三　→シュタイナー学校 … 176
宮田 仁　→インターネットと教育 … 19
宮田 昌子　→消費者教育………… 186
宮台 真司
　→援助交際 …………………… 27
　→神戸連続児童殺傷事件 …… 126
　→子どものストレス ………… 142
　→少女文化・少年文化 ……… 183
　→ブルセラ …………………… 286
宮寺 晃夫　→心の教育 …………… 136
宮永 潔　→インクルージョン…… 18
宮原 朋子　→開発教育 …………… 38
宮原 英種　→教育環境 …………… 88
宮部 由紀　→アイデンティティ … 3
宮本 京子　→インターンシップ … 20
宮本 健市郎　→年齢主義 ………… 266
宮本 健太郎　→演劇教育 ………… 26
宮本 茂雄　→家庭教育 …………… 68
宮本 誠貴
　→生活指導 …………………… 202
　→能力主義 …………………… 267
宮本 雅之
　→系統学習 …………………… 119
　→問題解決学習 ……………… 307
宮良 敦子　→埼玉県立所沢高校 … 148
三好 邦雄
　→遊び ………………………… 6
　→子どものストレス ………… 142
三好 ヒロ子　→阪神大震災と学校 … 272
ミラー,ジョン・P.　→ホリスティック教育 ……………………… 298

ミルズ,ユージン・S　→エルダーホステル ……………………… 24
三輪 建二　→成人教育 …………… 205
三輪 定宣
　→学校統廃合 ………………… 62
　→義務教育費国庫負担制度 … 80
　→教科書無償制度 …………… 106
　→教職免許法改正 …………… 111
　→高校全入時代 ……………… 123
　→大学教員の任期制 ………… 220
民間教育史料研究会　→教育科学研究会 ……………………… 86

【ム】

向井 克典
　→障害児学級 ………………… 180
　→統合教育 …………………… 251
向井 哲夫　→高校三原則 ………… 122
向井 俊彦　→一般教育 …………… 16
向山 玉雄　→シラバス …………… 190
椋本 洋　→生徒の懲戒 …………… 207
向山 洋一
　→新しい「荒れ」…………… 7
　→学級崩壊 …………………… 51
　→教育技術の法則化運動 …… 89
向山洋一教育実践原理原則研究会　→教育技術の法則化運動 ……… 89
武者 一弘
　→学校事故・事件 …………… 59
　→体罰 ………………………… 230
　→通学区域の自由化 ………… 244
牟田 悦子　→学習障害児 ………… 44
牟田 武生　→引きこもり ………… 273
牟田 悌三　→チャイルドライン … 239
武藤 啓司　→フリースクール…… 284
無藤 隆
　→新学習指導要領 …………… 191
　→生活科 ……………………… 201
　→早期教育 …………………… 214
　→ゆとりある学校教育 ……… 313
宗沢 忠雄　→ノーマライゼーション ‥ 267
棟居 快行　→内申書………………… 261
村尾 建吉　→援助交際 …………… 27
村上 享子　→大学通信教育 ……… 225

ムラカミ 396

村上 純一 →新学力観	192
村上 千恵子 →性格検査	201
村上 雅盈 →歴史教科書問題	323
村上 正行 →遠隔教育	25
村上 由佳 →父親の不在化	235
村上 義雄 →いじめ	13
村上 義彦 →博物館	269
村上 宣寛 →性格検査	201
村川 栄 →学校ビオトープ	64
村川 雅弘	
→総合学習	214
→特色ある学校づくり	255
→KJ法	331
村越 晃 →子ども会	139
村越 正則 →特色ある学校づくり	255
村沢 昌崇 →学歴社会	49
村沢 和多里 →モラトリアム	307
村瀬 孝雄 →思春期危機症候群	156
村瀬 ひろみ →性教育	203
村瀬 学 →ピーターパンシンドローム	275
村瀬 幸浩 →援助交際	27
村田 育也 →学校外教育	53
村沢 栄一 →フレネ学校	286
村田 治 →生涯学習	178
村田 元史 →演劇教育	26
村田 俊明 →18歳人口の減少	175
村田 豊久 →日本人学校・補習授業校	265
村田 直樹	
→私学助成金	154
→大学審議会	223
村田 昇	
→社会教育	168
→体験学習	228
村田 博文 →教育費	98
村田 弘美 →コミュニティ・カレッジ	145
村田 昌俊 →不登校	283
村田 昌弥 →学校統廃合	62
村田 光範 →子どもの生活習慣病	143
村田 泰彦 →家庭科男女共修	67
村野井 均 →メディアリテラシー	304
村端 五郎 →インターネットと教育	19
村松 常司 →禁煙教育	113
村松 園江 →禁煙教育	113
村松 浩幸 →情報教育	188
村本 邦子 →児童虐待	161
村山 正治 →スクール・カウンセラー	197
村山 士郎	
→新しい「荒れ」	7
→いじめ	13
→学童保育	46
村山 隆志 →小児心身症	184
村山 満明 →少年犯罪	185
群 ようこ →プチ家出	283
室井 修	
→教育法	100
→教職員の懲戒	111
→臨時教育審議会	322
室井 力 →教育基本法	90
室田 洋子	
→個食・孤食	137
→しつけ	160
室長 大応 →環境教育	72
室山 晴美 →適性検査	248
ムンチョウ,スーザン →ヘッドスタート計画	289

【 メ 】

明治学院大学法学部 →児童虐待	161
明治学院大学立法研究会 →キャンパス・セクシュアル・ハラスメント	82
メイベリー,マラリー →ホームスクーリング	296
メイヤー,C. →特別なニーズ教育	258
目賀田 八郎 →総合的な学習の時間	217

【 モ 】

茂木 喬 →心の教育	136
茂木 俊彦	
→統合教育	251
→ノーマライゼーション	267
藻谷 ようこ →マイノリティ教育	298
望月 重信	
→遊び	6

→ジェンダー・フリー教育	152	→スクール・セクシャル・ハラスメント	198
望月 吉勝　→禁煙教育	113	森信 茂樹　→大学教授	221
望月 由孝　→日の丸・君が代問題	277	森部 英生	
茂木 弘道　→小学校での英語教育導入	182	→学校教育法	57
元永 拓郎　→受験浪人	176	→教育法	100
本野 純　→学校施設の複合化	61	→生涯学習振興法	179
本橋 成一　→ベンポスタ共和国	290	森正 義彦　→オペラント学習	32
籾井 秀一　→大学院改革	218	森村 誠一　→教科書検定制度	103
森 薫　→教育改革提言	85	森本 馨　→緘黙児	74
森 一夫　→教育機器	89	森本 加奈子　→帰国子女教育	76
森 和彦　→ポートフォリオ	295	森本 精造　→学社融合	41
茂里 一紘　→継続教育	118	守屋 慶子　→アイデンティティ	3
森 源三郎　→障害児教育	181	守山 恵子　→留学生	320
森 省三　→指導要録の開示	167	森山 潤　→LOGO	331
森 隆夫		森山 雅彦　→学級崩壊	51
→学校の安全管理	63	森脇 健夫　→自虐史観・自由主義史観	155
→ゆとりある学校教育	313	茂呂 文彦　→従軍慰安婦問題	173
森 毅　→国立大学の独立行政法人化	134	諸岡 博熊　→ミュージアム・マネジメント	302
森 透		師岡 文男　→ファカルティ・ディベロップメント	280
→きのくに子どもの村学園	79	諸富 祥彦	
→教師教育	106	→カウンセリングマインド	38
森 敏昭　→自己教育力	156	→心の教育	136
森 英之　→ユニバーシアード	314	→生徒指導	206
母里 啓子　→エイズ教育	22	門田 秀夫	
森 宏之　→キャリアアップ	81	→人権教育	194
森 博俊　→障害児教育	181	→同和教育	254
森 学　→PTA	334	文部科学省	
森 まりも　→ちびくろさんぼ	237	→インターンシップ	20
森 三鈴　→体験学習	228	→エルネット	25
森 実		→研究指定校	120
→人権教育	194	→小学校での英語教育導入	182
→同和教育	254	→21世紀教育新生プラン	263
森 裕子　→卒業式	218	→文部科学省	309
森 陽子　→ジェンダー・フリー教育	152	文部科学省初等中等教育局	
森川 鉄雄　→学童保育	46	→エコスクール	23
森川 英正　→大学レジャーランド論	228	→大学院修学休業制度	219
森口 朗　→偏差値	289	→「地方教育行政の組織及び運営に関する法律」	237
森下 恭光　→道徳教育	253	→日の丸・君が代問題	277
森嶋 昭伸　→特別活動	257	文部省	
森田 明　→教育情報の公開	93	→安全教育	10
森田 明美　→幼保一元化	316	→生きる力	11
森田 英嗣　→メディアリテラシー	304	→インターンシップ	20
森田 直樹　→道徳教育	253		
森田 勇造　→野外教育	309		
森田 ゆり			
→児童虐待	161		

モンフシ　398

→エコスクール …………………… 23
→外国人子女教育 ………………… 36
→学費 ……………………………… 48
→学校外教育 ……………………… 53
→学校開放 ………………………… 54
→学校建築 ………………………… 58
→家庭教育手帳・家庭教育ノート ‥ 70
→教育改革プログラム …………… 85
→教育白書 ………………………… 97
→交流教育 ………………………… 129
→児童・生徒理解 ………………… 163
→出席停止 ………………………… 177
→少子化時代 ……………………… 182
→新学習指導要領 ………………… 191
→進路指導 ………………………… 195
→性教育 …………………………… 203
→全国子どもプラン ……………… 210
→地域教育活性化センター ……… 234
→父親の不在化 …………………… 235
→中央教育審議会 ………………… 240
→通学区域の自由化 ……………… 244
→特別非常勤講師制度 …………… 258
→部活動 …………………………… 281
→マルチメディア教育 …………… 300
→ゆとりある学校教育 …………… 313
→余裕教室 ………………………… 317
→理科教育及び産業教育審議会 … 318
→リフレッシュ教育 ……………… 320
→ALT ……………………………… 326
文部省学術国際局
　→学術国際交流 ………………… 45
　→学術審議会 …………………… 45
文部省教育助成局
　→学校事故・事件 ……………… 59
　→教職員の懲戒 ………………… 111
　→職員会議 ……………………… 189
　→大学院修学休業制度 ………… 219
　→「地方教育行政の組織及び運営に
　　関する法律」………………… 237
　→余裕教室 ……………………… 317
文部省高等教育局
　→学位制度改革 ………………… 40
　→大学審議会 …………………… 223
　→大学入試改革 ………………… 226
文部省生涯学習局
　→エルネット …………………… 25
　→家庭教育手帳・家庭教育ノート ‥ 70

→生涯学習審議会 ………………… 179
→生涯学習政策局 ………………… 179
→生涯学習センター ……………… 179
→生涯学習フェスティバル ……… 180
→全国子どもプラン ……………… 210
→大学入学資格検定 ……………… 225
→放送大学 ………………………… 293
文部省生涯学習政策局　→21世紀教育
　新生プラン ……………………… 263
文部省小学校課　→教育課程審議会答
　申 ………………………………… 87
文部省初等中等教育局
　→いじめ ………………………… 13
　→学習障害児 …………………… 44
　→高校中退 ……………………… 123
　→交流教育 ……………………… 129
文部省体育局
　→安全教育 ……………………… 10
　→学校給食とO-157 …………… 56
　→部活動 ………………………… 281
文部省大学審議室　→マルチメディ
　ア教育 …………………………… 300
文部省大臣官房政策課
　→中央教育審議会 ……………… 240
　→中教審答申 …………………… 240
文部省大臣官房調査統計企画課　→教
　育白書 …………………………… 97

【ヤ】

弥栄西高等学校(神奈川県立)　→海外
　留学 ……………………………… 35
八尾坂 修
　→学校評議員制度 ……………… 65
　→生徒の懲戒 …………………… 207
　→40人学級 ……………………… 317
八木 晃介　→同和教育 …………… 254
八木 英二
　→教育権 ………………………… 91
　→人権教育 ……………………… 194
八木 秀次　→NIE ………………… 332
柳下 換　→通信制高校 …………… 245
柳沼 麻木　→ムーブメント教育 …… 303
屋敷 和佳
　→学校施設の複合化 …………… 61

→教育人口 ………………………	95
谷島 弘仁　→動機づけ ……………	250
矢島 正見	
→少年非行 ………………………	186
→有害図書 ………………………	313
八代 信義　→小児心身症…………	184
谷津 憲司　→まちづくりの核としての学校	299
安井 美鈴　→社会人入学制 ………	170
安枝 英伸　→開かれた大学 ………	280
安川 寿之輔　→教養部改革 ………	112
安田 佳秀　→暴走族 ………………	292
安永 弘　→教育文化産業 …………	99
安原 一樹　→生涯学習 ……………	178
安原 昇　→公民館 …………………	127
安光 裕子	
→青少年保護条例 ………………	205
→有害図書 ………………………	313
安村 通晃　→コンピュータリテラシー	147
谷田貝 公昭	
→基本的生活習慣 ………………	80
→子ども会 ………………………	139
八ツ塚 実　→心の教育 ……………	136
楊井 一滋	
→朝の読書運動 …………………	5
→教師ストレス …………………	107
柳井 晴夫	
→大学入試センター ……………	227
→低学力 …………………………	246
柳井 道夫　→寄付講座・寄付研究部門	79
箭内 美智子　→SD法 ……………	335
谷中 央　→学習塾・予備校 ………	43
柳ケ瀬 孝三　→大学倒産の時代 …	225
柳川 圭子　→コギャル ………………	130
柳 淑子　→平和教育 ………………	288
柳沢 要　→学校建築 ………………	58
柳沢 淳　→育英奨学制度 …………	12
柳田 雅明　→養護学校 ……………	315
簗瀬 竜太　→子ども時代の喪失 …	139
矢野 泉　→長寿学園 ………………	244
矢野 秀利　→就職協定 ……………	174
矢野 宏　→全国高校総合体育大会 …	209
矢野 裕俊　→中高一貫教育 ………	241
矢野 真和	
→育英奨学制度 …………………	12

→高等教育のユニバーサル化 ……	125
矢野 正広　→ボランティア教育 ……	297
矢ノ浦 勝之	
→研究指定校 ……………………	120
→特認校制度 ……………………	256
矢萩 正芳　→教師ストレス ………	107
矢原 徹一　→大学教員の任期制 ……	220
八尋 紀代子　→交流教育…………	129
矢吹 芳洋　→校則 …………………	124
矢部 正之　→学術・学内情報ネットワーク	45
山内 直人　→NPO法 ……………	332
山内 祐平	
→100校プロジェクト …………	278
→メディアリテラシー …………	304
山内 亮史　→学校五日制 …………	52
山岡 俊介　→単独選抜制 …………	233
山岡 俊比古　→バイリンガル教育 …	268
山県 文治　→児童相談所 …………	164
山形県生涯学習人材育成機構　→地域学習	233
山形県長寿社会推進機構　→長寿学園	244
山川 静夫　→国語審議会 …………	130
山川 剛　→平和教育 ………………	288
山岸 堅磐　→いじめ ………………	13
山岸 駿介	
→系統学習 ………………………	119
→大学改革 ………………………	219
山崖 俊子	
→キレる …………………………	112
→思春期危機症候群 ……………	156
山極 隆	
→基礎・基本 ……………………	78
→職業教育 ………………………	189
山口 明子　→指導要録の開示………	167
山口 悦司　→クロス・カリキュラム ·	116
山口 和孝	
→教育職員養成審議会 …………	94
→宗教と教育 ……………………	172
→道徳教育 ………………………	253
山口 勝巳　→学校施設の複合化 …	61
山口 賢次　→子どもの生活習慣病 …	143
山口 源治郎　→図書館 ……………	259
山口 康助　→家庭教育手帳・家庭教育ノート	70
山口 幸男	
→コアカリキュラム ……………	122

→シミュレーション教材	168	山田 武士　→特色ある学校づくり	255
山口 聡　→生活指導	202	山田 達雄　→ホームスクーリング	296
山口 隆　→内申書	261	山田 辰美　→学校ビオトープ	64
山口 晴久　→情報基礎	187	矢満田 篤二　→児童相談所	164
山口 宏　→開かれた学校	279	山田 晴義　→まちづくりの核としての	
山口 文憲　→ちびくろさんぼ	237	学校	299
山口 道昭　→地方分権一括法	237	山田 富美雄　→テレビ社会	249
山口 光昭　→全教	209	山田 真　→低体温児	247
山口 満　→総合学習	214	山田 昌弘　→少子化時代	182
山口 由美子　→子どもの生活習慣病	143	山田 要一　→自虐史観・自由主義史	
山口 遼子　→児童虐待	161	観	155
山口県教育委員会　→生涯学習センタ		山田 亮　→ひとり親家庭	275
ー	179	山田 礼子　→開かれた大学	280
山崎 清男		山登 敬之	
→学校開放	54	→摂食障害	208
→主任制	177	→不登校	283
山崎 剛　→児童虐待	161	山中 克夫　→WAIS - R	336
山崎 哲　→少年犯罪	185	山中 俊治　→寄付講座・寄付研究部	
山崎 徹　→遠隔教育	25	門	79
山崎 晴美　→大学通信教育	225	山中 正和　→学校文化	66
山崎 秀夫　→安全教育	10	山西 優二	
山崎 英則　→道徳教育	253	→インクルージョン	18
山崎 博敏		→成人教育	205
→教員採用制度	101	→PTA	334
→40人学級	317	山内 乾史　→エリート教育	24
山崎 真秀　→教育権	91	山村 達夫　→道徳教育	253
山崎 正吉　→教育工学	92	山村 基毅　→活字離れ	67
山崎 雪子　→社会教育	168	山本 明広　→こどもエコ・クラブ	139
山崎 洋子　→サマーヒル学園	150	山本 功　→有害図書	313
山沢 清人　→学術・学内情報ネットワ		山本 伊津子　→CAI	328
ーク	45	山本 和郎　→スクール・カウンセラ	
山地 純　→博物館	269	ー	197
山地 弘起　→ファカルティ・ディベロッ		山本 和代　→社会教育主事	169
プメント	280	山本 勝美　→児童虐待	161
山下 英三郎　→スクール・ソーシャル		山本 佳世子　→技術移転機関	77
ワーカー	199	山本 恵信　→姉妹校	167
山下 澄子　→障害児教育	181	山本 思外里　→カルチャーセンター	72
山下 元　→ソシオメトリー	217	山本 恒夫	
山下 征紀　→OJT・Off - JT	333	→社会教育法	169
山下 綾子　→いじめ	13	→総合的な学習の時間	217
山添 仰　→18歳人口の減少	175	山本 哲生　→図書館	259
山添 正　→しつけ	160	山本 徹美　→山形県明倫中学マット死	
山田 朗　→新しい歴史教科書をつく		事件	312
る会	7	山本 直英	
山田 圭佑　→受験戦争	175	→エイズ教育	22
山田 謙一　→教科書採択制度	103	→援助交際	27
山田 隆夫　→自己教育力	156	→性教育	203

山本 夏彦　→国語審議会	130
山本 信良　→学校行事	57
山本 晴彦　→メインストリーミング	303
山本 昌邦　→障害児教育	181
山元 有一　→大学開放	220
山本 慶裕　→成人教育	205
矢守 克也　→グループダイナミックス	116
八幡 和郎　→父親の不在化	235
ヤングライフ調査班　→コギャル	130

【ユ】

湯浅 俊彦
　→青少年保護条例 ………… 205
　→有害図書 ………………… 313
結城 忠
　→学校外教育 ……………… 53
　→学校教育法 ……………… 57
　→教育権 …………………… 91
　→子どもの人権 …………… 141
　→子どものプライバシー … 144
結城 光夫
　→学社融合 ………………… 41
　→社会教育 ………………… 168
郵政国際協会電気通信政策総合研究所
　→情報リテラシー ………… 188
夕凪 葵　→日の丸・君が代問題 … 277
湯川 哲之　→総合研究大学院大学 … 215
雪野 智世　→ブルセラ ………… 286
行吉 哉女　→心の教育 ………… 136
湯沢 直美　→ひとり親家庭 …… 275
湯藤 定宗　→チャータースクール … 239
柚木 学　→寄付講座・寄付研究部門 … 79
油布 佐和子
　→教員文化 ………………… 101
　→教師ストレス …………… 107
弓岡 静夫　→大学公開講座 …… 221
湯本 浩之　→開発教育 ………… 38

【ヨ】

葉 映蘭　→中国帰国者教育	242
横尾 和博　→国語教科書差別表現問題	130
横尾 浩一　→単位制高校	232
横島 章　→黒磯市中学校教師殺害事件	116
横田 耕三　→有害図書	313
横田 修一郎　→単位互換制度	232
横田 守弘　→教授会	110
横浜市教育委員会　→コミュニティスクール	145
横堀 正一　→能力主義	267
横家 純一　→若者文化	325
横矢 真理　→マルチメディア教育	300
横山 和子　→消費者教育	186
横山 恭子　→ひとり親家庭	275
横山 潔　→いじめ対策緊急会議	15
横山 茂　→専修学校	211

横山 晋一郎
　→新学習指導要領 ………… 191
　→特色ある学校づくり …… 255
横山 澄雄　→暴力団関係少年 … 294
横山 卓　→金属バット殺人事件 … 113
横山 宏　→公民館 …………… 127
横山 雅之　→オートバイ規制 … 30

横山 正幸
　→子ども会 ………………… 139
　→生活体験学習 …………… 202
横山 百合子　→教育女性学 …… 94

横湯 園子
　→インターネットと教育 … 19
　→教師の燃えつき症候群 … 108
　→不登校 …………………… 283

吉井 清一　→新潟県上越市立春日中いじめ自殺事件	262
吉岡 忍　→子どものストレス	142
吉岡 直子　→体罰	230
吉川 京　→性格検査	201
吉川 成夫　→ゆとりある学校教育	313
吉川 杉生　→教員文化	101
吉川 成司　→モラトリアム	307

吉川 昌範　→ものつくり大学	306
吉川 欣也　→メディアリテラシー	304
芳川 玲子　→SD法	335
吉識 伸　→自然教室	158
吉崎 静夫　→合科学習	122
吉崎 正弘　→マルチメディア教育	300
吉沢 之栄　→自己教育力	156
吉沢 龍彦　→教科書採択制度	103
吉沢 良保　→絶対評価・相対評価	208
吉塚 憲博　→総合学習	214
吉田 敦彦　→ホリスティック教育	298
吉田 文　→一般教育	16
吉田 瑩一郎　→安全教育	10
吉田 英子　→ジェンダー・フリー教育	152
吉田 香奈	
→グループ合同選抜制	116
→総合選抜制	216
吉田 国子	
→教育機器	89
→LL	331
吉田 圭吾　→ひとりっ子	276
吉田 健三　→オーラルコミュニケーション	33
吉田 脩二　→不登校	283
吉田 順　→新しい「荒れ」	7
吉田 俊六　→エンジェル係数	27
吉田 伸弥　→NIE	332
吉田 卓司　→体罰	230
吉田 武男　→シュタイナー学校	176
吉田 武輝　→エリート教育	24
吉田 辰雄	
→介護等体験特例法	37
→学区制	52
→編入学	290
吉田 恒雄　→児童虐待	161
吉田 徹　→図書館	259
吉田 正生　→アイヌ問題教育	4
吉田 雅巳　→ポートフォリオ	295
吉田 昌義　→交流教育	129
吉田 美南子　→お受験	29
吉田 豊　→憲法教育	121
吉田 吉文　→僻地教育	288
吉武 恵美子　→生涯学習センター	179
吉武 哲宏　→カリキュラム開発	71
吉富 芳正　→自己教育力	156
吉仲 ミチ子　→学校のスリム化	64
吉長 裕司　→コンピュータリテラシー	147
吉野 博信　→校則	124
吉弘 幸介　→マンガ文化	300
吉見 義明　→従軍慰安婦問題	173
吉宮 仁美　→エイズ教育	22
吉村 彰　→学校建築	58
吉村 薫　→ひとりっ子	276
吉村 和真　→マンガ文化	300
吉村 克己　→メディアリテラシー	304
吉村 敏之　→合科学習	122
吉村 尚　→教師ストレス	107
吉村 峰子　→小学校での英語教育導入	182
吉本 逸子　→基本的生活習慣	80
吉本 圭一　→インターンシップ	20
芳屋 富　→資格社会	154
代居 真知子　→学習障害児	44
依田 明	
→家庭教育	68
→少子化時代	182
→ひとりっ子	276
世取山 洋介	
→子ども時代の喪失	139
→子どもの権利条約	140
→指導要録の開示	167
米川 五郎　→消費者教育	186
米沢 広一　→子どもの人権	141
米田 伸次　→国際理解教育	132
米田 隆　→ALT	326
米橋 修　→夜間中学	311
米本 和広　→お受験	29
米谷 茂則　→読書指導	256
米山 光儀　→成人教育	205
四方田 犬彦　→年齢主義	266

【リ】

李 元淳　→歴史教科書問題	323
李 志民　→余裕教室	317
理数系学会教育問題連絡会　→算数離れ・理科離れ	151
リチャーズ, ジャック・C.　→アクションリサーチ	5

立命館大学教育科学研究所 →ファカルティ・ディベロップメント ……… 280
劉 年 →留学生 ………………………… 320
竜城 正明
　→インターネットと大学 ………… 20
　→AO入試 …………………………… 327
梁 忠銘 →専修学校 ………………… 211
了安 峻 →民間人校長 ……………… 302
臨時教育審議会 →秋季入学制 …… 172
リンデマン,エデュアード →成人教育 ………………………………… 205

【ル】

ルッツ,エーリッヒ →環境問題と学校 …………………………………… 73

【レ】

歴史教育者協議会 →日の丸・君が代問題 …………………………………… 277
連合総合生活開発研究所 →社会教育 168
連尺小学校(岡崎市立) →体験学習・ 228

【ロ】

労働省
　→インターンシップ ……………… 20
　→有給教育訓練休暇 ……………… 313
労働省勤労青少年室 →ワーキングホリデー ……………………………… 325
労働問題リサーチセンター →社会人大学院 ……………………………… 170
麓 聡一郎 →適性検査 ……………… 248
ロス,キャロル →ジェンダー・フリー教育 ……………………………… 152
ロスト,ゴットフリート →司書 …… 157
ロスブラット,S. →一般教育 ……… 16

ロックハート,チャールズ →アクションリサーチ ……………………………… 5
ロートン,デニス →教育課程 ……… 86

【ワ】

若井 弥一
　→アレルギー ……………………… 9
　→学習指導要領 …………………… 42
　→日の丸・君が代問題 …………… 277
若狭 蔵之助 →フレネ学校 ………… 286
我妻 秀範 →全教 …………………… 209
若留 明 →歴史教科書問題 ………… 323
若林 敬子 →学校統廃合 …………… 62
若林 茂樹 →科学研究費補助金 …… 39
若林 ひろみ →学校事故・事件 …… 59
若林 勝 →学校事故・事件 ………… 59
若原 直樹 →仮説実験授業 ………… 50
若原 尚 →インターンシップ ……… 20
若穂 井透 →いじめ訴訟 …………… 15
若松 高明 →自ら学び、自ら考える力 …………………………………… 301
若山 定雄 →心の教育 ……………… 136
脇田 滋 →大学非常勤講師問題 …… 227
和久田 修 →指導要録 ……………… 166
和光学園 →体験学習 ……………… 228
和光高等学校 →体験学習 ………… 228
和光中学校 →体験学習 …………… 228
ワシントン,ロバートO. →スクール・ソーシャルワーカー ……………… 199
早稲田大学人間総合研究センター →総合学習 …………………………… 214
和田 英太郎 →野外調査 …………… 310
和田 典子 →家庭科男女共修 ……… 67
和田 秀樹
　→アイデンティティ ……………… 3
　→算数離れ・理科離れ …………… 151
　→新学習指導要領 ………………… 191
　→低学力 …………………………… 246
　→ゆとりある学校教育 …………… 313
和田 浩明 →安全教育 ……………… 10
和田 稔 →チームティーチング …… 238
和田 芳隆 →教育訓練給付制度 …… 91
渡戸 一郎 →外国人子女教育 ……… 36

渡部 昭男
　→障害児学級 ………………… 180
　→障害児教育 ………………… 181
　→養護学校 …………………… 315
渡辺 治
　→教育における平等主義 ……… 96
　→教員組合活動 ……………… 100
渡辺 一夫　→シュタイナー学校 … 176
渡辺 和子　→キャンパス・セクシュアル・ハラスメント ……………… 82
渡辺 規矩郎　→学級崩壊 ………… 51
渡辺 恵子　→アイデンティティ …… 3
渡辺 健治
　→通級制度 …………………… 244
　→特別なニーズ教育 ………… 258
渡辺 聡　→教育バウチャー ……… 97
渡辺 悒之　→アメリカ大学日本分校 … 9
渡辺 重夫　→司書教諭・学校司書 … 157
渡辺 重宣　→センター給食 ……… 211
渡辺 重範　→心の教育 …………… 136
渡辺 穣司　→シュタイナー学校 … 176
渡辺 武達　→メディアリテラシー … 304
渡辺 千歳　→児童・生徒理解 …… 163
渡辺 富美子　→図書館 …………… 259
渡辺 朋子
　→学齢期シンドローム ……… 49
　→小児心身症 ………………… 184
渡辺 直子　→摂食障害 …………… 208
渡辺 信子　→家庭科男女共修 …… 67
渡辺 久子　→摂食障害 …………… 208
渡辺 裕　→キャリアアップ ……… 81
渡部 真　→少女文化・少年文化 … 183
渡辺 正樹　→安全教育 …………… 10
渡辺 益男　→特別なニーズ教育 … 258
渡辺 三枝子　→インターンシップ … 20
渡部 康夫　→読書のアニマシオン … 255
渡部 靖之　→エルネット ………… 25
渡辺 雄二　→シックスクール症候群 … 159
渡辺 喜男　→学習塾・予備校 …… 43
綿貫 公平　→高校全入時代 …… 123
渡部 邦雄
　→特色ある学校づくり ……… 255
　→偏差値 ……………………… 289
渡部 俊也　→産学協同 …………… 150
渡部 容子　→中教審答申 ……… 240
綿巻 徹　→遊び ……………………… 6
和仁 廉夫
　→留学生 ……………………… 320
　→歴史教科書問題 …………… 323

【 ABC 】

Althaus,Mary　→ALT …………… 326
BBS運動発足50周年記念誌編集委員会
　→BBS運動 …………………… 327
Berndt,Jaqueline　→マンガ文化 … 300
Chapman,Paul Davis　→知能検査 … 236
Clifford S,Dooman　→キャリアアップ ………………………………… 81
DeMarco,George M.Jr.　→キャリアアップ ………………………………… 81
Dorji,C.T.　→マイノリティ教育 … 298
ETIC.インターンシップサポートセンター　→インターンシップ …… 20
Helm,Ann　→海外留学 ………… 35
Hoffman,Daniel　→ストリート・チルドレン ………………………… 200
ICS国際文化教育センター　→海外留学 ………………………………… 35
JKYB研究会　→禁煙教育 ……… 113
JLA学校図書館問題プロジェクトチーム　→司書教諭・学校司書 … 157
Katz,Joseph　→アンドラゴジー … 10
Mildred,Henry　→アンドラゴジー … 10
Neill,A.S.　→サマーヒル学園 … 150
Ng,Kit Yoong　→退職準備教育 … 229
OECD
　→現職教育 …………………… 121
　→低学力 ……………………… 246
　→統合教育 …………………… 251
　→OECD教育大臣会議 ……… 333
　→PTA ………………………… 334
Scheper-Hughes,Nancy　→ストリート・チルドレン ……………… 200
Spies,Alwyn　→マンガ文化 …… 300
TEES研究会　→教員養成大学 … 102
Titlebaum,Peter J.　→キャリアアップ ………………………………… 81
TNC政策研究グループ　→グローバル教育 ……………………………… 117
WSOセンター　→海外留学 ……… 35

事項索引

【ア】

愛知県西尾東部中いじめ自殺事件　→愛
　知県西尾東部中いじめ自殺事件 …… 3
アイデンティティ
　　→アイデンティティ ………… 3
　　→大学レジャーランド論 ……… 228
アイヌ文化教育　→アイヌ問題教育 …… 4
アイヌ問題教育　→アイヌ問題教育 …… 4
アカウンタビリティー
　　→アカウンタビリティー ……… 5
　　→学校選択制 ………………… 61
空き教室　→余裕教室 …………… 317
アクションリサーチ
　　→アクションリサーチ ………… 5
　　→グループダイナミックス …… 116
アクティングアウト　→家庭内暴力 … 70
朝の読書運動　→朝の読書運動 …… 5
遊び　→遊び ……………………… 6
遊び型非行
　　→遊び型非行 ………………… 6
　　→いきなり型非行 …………… 11
　　→少年非行 ………………… 186
　　→非行の第4の波 …………… 274
遊び場　→羽根木プレーパーク …… 271
新しい「荒れ」
　　→新しい「荒れ」 ……………… 7
　　→学級崩壊 ………………… 51
　　→校内暴力 ………………… 126
新しい歴史教科書をつくる会
　　→新しい歴史教科書をつくる会 … 7
　　→教科書検定制度 ………… 103
　　→歴史教科書問題 ………… 323
アチーブメントテスト　→アチーブメ
　ントテスト ………………………… 8
充て指導主事　→指導主事 ……… 163
アトピー性皮膚炎
　　→アトピー性皮膚炎 …………… 8
　　→アレルギー …………………… 9
　　→学校病 …………………… 65
アドミッション・オフィス　→AO入
　試 ………………………………… 327

アドミッションオフィス入試　→AO入
　試 ………………………………… 327
アドミッション・ポリシー　→入学者
　受け入れ方針 …………………… 266
アニマシオン　→読書のアニマシオン 255
アパシー　→ステューデント・アパ
　シー ……………………………… 199
アビューズドチャイルド　→被虐待児
　症候群 …………………………… 274
アメリカ大学日本分校　→アメリカ大
　学日本分校 ……………………… 9
アリエス　→子ども時代の喪失 …… 139
アレルギー
　　→アトピー性皮膚炎 …………… 8
　　→アレルギー …………………… 9
　　→学校給食 ………………… 55
　　→学校病 …………………… 65
　　→シックスクール症候群 …… 159
アレルギー疾患　→アトピー性皮膚炎 … 8
安全学習　→安全教育 …………… 10
安全教育
　　→安全教育 ………………… 10
　　→学校の安全管理 …………… 63
安全指導　→安全教育 …………… 10
アンドラゴジー　→アンドラゴジー … 10

【イ】

家永裁判　→教科書裁判 ………… 104
家永三郎　→教科書裁判 ………… 104
胃かいよう　→小児心身症 ……… 184
いきなり型非行
　　→いきなり型非行 …………… 11
　　→非行の第4の波 …………… 274
生きる力
　　→生きる力 ………………… 11
　　→勤労体験学習 …………… 115
　　→中教審答申 ……………… 240
　　→自ら学び、自ら考える力 … 301
育英奨学制度　→育英奨学制度 …… 12
育児・介護休業法　→育児・介護休業
　法 ………………………………… 12
育児休業　→育児・介護休業法 …… 12
育児休業制度　→少子化時代 …… 182
育児ノイローゼ　→親準備制 ……… 33

イクシフ

育児不安　→ 親準備制 ……………… 33
池田小学校　→ 大阪教育大学付属池田小学校児童殺傷事件 …………… 28
いじめ
　→ 愛知県西尾東部中いじめ自殺事件 ‥ 3
　→ いじめ ……………………………… 13
　→ いじめ訴訟 ………………………… 15
　→ いじめ対策緊急会議 ……………… 15
　→ いじめ問題国際シンポジウム …… 16
　→ 鹿児島県知覧中学いじめ自殺事件 49
　→ 学校事故・事件 …………………… 59
　→ 子どもの人権 …………………… 141
　→ 子どものストレス ……………… 142
　→ 埼玉県東松山市いじめ報復殺人事件 ………………………………… 148
　→ 生徒指導 ………………………… 206
　→ 中野富士見中事件 ……………… 262
　→ 新潟県上越市立春日中いじめ自殺事件 …………………………… 262
　→ 引きこもり ……………………… 273
　→ 非行の第4の波 ………………… 274
　→ 山形県明倫中学マット死事件 … 312
いじめ自殺事件
　→ いじめ訴訟 ………………………… 15
　→ いじめ対策緊急会議 ……………… 15
いじめ訴訟　→ いじめ訴訟 ………… 15
いじめ対策緊急会議　→ いじめ対策緊急会議 ………………………………… 15
いじめ問題国際シンポジウム　→ いじめ問題国際シンポジウム …………… 16
いじめ問題集中審議　→ いじめ …… 13
いじめ問題対策緊急会議　→ いじめ … 13
Eスクエア・プロジェクト
　→ Eスクエア・プロジェクト ……… 16
　→ 100校プロジェクト ……………… 278
板倉聖宣　→ 仮説実験授業 ………… 50
一芸型入試　→ 一芸型入試 ………… 16
一条校　→ 外国人子女教育 ………… 36
一貫教育　→ 中高一貫教育校 ……… 242
一斉教授　→ 課題学習 ……………… 50
一斉指導　→ 個別化教育 …………… 144
一般教育
　→ 一般教育 ………………………… 16
　→ 教養部改革 ……………………… 112
　→ 大学設置基準の大綱化 ………… 224
伊奈学園総合高等学校　→ 総合選択制高校 ………………………………… 216

居場所　→ 学習塾・予備校 ………… 43
居場所探し　→ 少女文化・少年文化 ‥ 183
異文化間教育
　→ 異文化間教育 …………………… 17
　→ グローバル教育 ………………… 117
異文化間教育学会　→ 異文化間教育 … 17
異文化体験　→ 帰国子女教育 ……… 76
異文化理解　→ 異文化理解 ………… 17
意味差判別法　→ SD法 …………… 335
意味微分法　→ SD法 ……………… 335
イリッチ　→ 脱学校論 ……………… 231
インクルージョン　→ インクルージョン ……………………………………… 18
淫行処罰規定
　→ 援助交際 ………………………… 27
　→ 青少年保護条例 ………………… 205
印刷教材　→ 大学通信教育 ………… 225
飲酒　→ 青少年の飲酒 ……………… 204
インターナショナルスクール
　→ 外国人子女教育 ………………… 36
　→ 受験資格の弾力化 ……………… 175
　→ 中学校卒業程度認定試験 ……… 240
インターナショナルバカロレア　→ 国際バカロレア ……………………… 132
インターネット
　→ 遠隔教育 ………………………… 25
　→ コンピュータ教育 ……………… 147
インターネットと教育
　→ インターネットと教育 ………… 19
　→ 100校プロジェクト ……………… 278
インターネットと大学　→ インターネットと大学 ………………………… 20
インターネット利用教育
　→ Eスクエア・プロジェクト ……… 16
　→ 100校プロジェクト ……………… 278
インターハイ　→ 全国高校総合体育大会 ……………………………………… 209
インターンシップ
　→ インターンシップ ……………… 20
　→ ものづくり ……………………… 306
インテグレーション　→ 統合教育 … 251
インテリジェントスクール
　→ インテリジェントスクール …… 21
　→ 学校公園 ………………………… 59
インフォーマルエデュケーション
　→ インフォーマルエデュケーション 22
　→ ノンフォーマルエデュケーション 268

【ウ】

ウェクスラー式知能検査　→WAIS
　- R ………………………………… 336
受け皿　→受け皿 ………………… 22
運動会　→学校行事 ……………… 57

【エ】

英語教育　→オーラルコミュニケーション ………………………………… 33
英国科学実験講座　→クリスマス・レクチャー ………………………… 115
英国教育改革　→サッチャー・ベイカー教育改革 ……………………… 149
英才教育　→早期教育 …………… 214
エイズ教育
　→エイズ教育 …………………… 22
　→性教育 ………………………… 203
衛星放送　→放送大学 …………… 293
映像リテラシー　→情報リテラシー … 188
エコスクール　→エコスクール …… 23
エコロジー教育　→環境教育 …… 72
エージェンシー制度　→国立大学の独立行政法人化 ……………………… 134
エスノグラフィー　→エスノグラフィー ………………………………… 24
エポック授業　→シュタイナー学校 … 176
エホバの証人　→宗教と教育 …… 172
エリクソン　→アイデンティティ … 3
エリート教育　→エリート教育 … 24
エルダーホステル
　→エルダーホステル …………… 24
　→高齢者教育 …………………… 129
エルダーホステル協会　→エルダーホステル ………………………………… 24
エルネット　→エルネット ……… 25
遠隔教育　→遠隔教育 …………… 25
遠隔講義　→学術・学内情報ネットワーク ………………………………… 45
遠隔授業　→インターネットと大学 … 20

遠隔大学　→オープンユニバーシティ
演劇教育　→演劇教育
エンジェル係数　→エンジェル係数
援助交際
　→援助交際 ……………………
　→青少年保護条例 ……………
　→中国道少女死亡事件 ………
エンゼルプラン
　→少子化時代 …………………… 1
　→ファミリーサポートセンター … 2

【オ】

オイリュトミー　→シュタイナー学校 176
オウム真理教の児童就学問題　→オウム真理教の児童就学問題 ………… 28
大阪教育大学付属池田小学校児童殺傷事件　→大阪教育大学付属池田小学校児童殺傷事件 ………………… 28
大阪「先生の制服」騒動　→大阪「先生の制服」騒動 ………………… 29
大阪通り魔事件　→少年犯罪・事件の実名報道 ……………………… 185
大阪府堺市　→学校給食とO‐157 … 56
お受験 ……………………………… 29
オタク学　→おたく族 …………… 30
おたく族　→おたく族 …………… 30
落ちこぼれ　→落ちこぼれ ……… 30
大人になりたくない症候群　→ピーターパンシンドローム …………… 275
オートバイ規制　→オートバイ規制 … 30
オーバーアチーバー　→学業不振児 … 40
オープンカレッジ　→エルネット … 25
オープンキャンパス　→オープンキャンパス ……………………………… 31
オープン教育　→個別化教育 …… 144
オープンスクール　→オープンスクール ………………………………… 31
オープンスペース
　→学校建築 ……………………… 58
　→学校施設整備指針 …………… 60
　→教室環境 ……………………… 107
オープンユニバーシティ
　→オープンユニバーシティ …… 31
　→放送大学 ……………………… 293

オペラント学習　→オペラント学習 … 32
親業　→親業 ……………………………… 32
親業訓練協会　→親業 …………………… 32
オヤジ狩り　→オヤジ狩り ……………… 32
親準備制　→親準備制 …………………… 33
親の教育権　→親の教育権 ……………… 33
オーラルコミュニケーション　→オーラルコミュニケーション …………… 33
オルタナティブスクール
　→オルタナティブスクール …………… 34
　→チャータースクール ………………… 239
　→フリースクール ……………………… 284
オンラインデータベース　→学術・学内情報ネットワーク ………………… 45

【カ】

海外帰国子女教育　→帰国子女教育 …… 76
海外帰国児童生徒　→帰国子女教育 …… 76
海外在留邦人　→海外日本人学校 ……… 35
海外在留邦人子女教育
　→日本人学校・補習授業校 …………… 265
　→補習授業校 …………………………… 295
海外子女教育
　→海外子女教育 ………………………… 34
　→教育の国際化 ………………………… 97
海外修学旅行　→修学旅行 ……………… 171
海外日本人学校
　→海外日本人学校 ……………………… 35
　→日本人学校・補習授業校 …………… 265
海外留学　→海外留学 …………………… 35
回帰教育　→リカレント教育 …………… 319
戒告　→教職員の懲戒 …………………… 111
外国語教育
　→小学校での英語教育導入 …………… 182
　→JETプログラム ……………………… 330
　→LL ……………………………………… 331
外国語教育法　→コミュニカティブアプローチ ………………………………… 144
外国語指導助手
　→ALT …………………………………… 326
　→JETプログラム ……………………… 330
外国人学校
　→外国人子女教育 ……………………… 36
　→受験資格の弾力化 …………………… 175
　→大学入学資格検定 …………………… 225
　→中学校卒業程度認定試験 …………… 240
外国人教員　→外国人教員 ……………… 36
外国人教員任用特別措置法　→外国人教員 ………………………………………… 36
外国人子女教育
　→外国人子女教育 ……………………… 36
　→在日韓国・朝鮮人教育 ……………… 149
外国人児童生徒　→日本語学級 ………… 265
外国人就学生　→外国人就学生 ………… 37
外国人補助教員　→ALT ………………… 326
外国人留学生
　→学位制度改革 ………………………… 40
　→留学生 ………………………………… 320
介護体験　→介護等体験特例法 ………… 37
介護等体験特例法　→介護等体験特例法 …………………………………………… 37
海上保安大学校　→各省大学 …………… 46
階層別教育　→企業内教育 ……………… 75
開発学校　→特色ある学校づくり ……… 255
開発教育　→開発教育 …………………… 38
外発的動機付け　→動機づけ …………… 250
解放教育　→同和教育 …………………… 254
外務省文化交流部　→学術国際交流 …… 45
カウンセリング体制　→不登校 ………… 283
カウンセリングマインド　→カウンセリングマインド ……………………………… 38
科学技術・学術審議会　→学術審議会 … 45
科学技術基本計画　→科学技術基本法 … 39
科学技術基本法　→科学技術基本法 …… 39
科学技術振興　→科学技術基本法 ……… 39
科学技術庁　→文部科学省 ……………… 309
科学研究費補助金
　→科学研究費補助金 …………………… 39
　→国公私トップ30 ……………………… 138
　→特別研究員制度 ……………………… 257
科学者憲章　→学問の自由 ……………… 48
学位授与機構　→大学評価・学位授与機構 …………………………………………… 228
学位制度改革　→学位制度改革 ………… 40
画一化教育　→個性化教育 ……………… 138
学院構想　→学院構想 …………………… 40
核家族　→親準備制 ……………………… 33
核家族化
　→教育環境 ……………………………… 88
　→しつけ ………………………………… 160
学業不振

カクリヨ

- →落ちこぼれ ………………… 30
- →高校中退 ………………… 123
- →指導困難校・困難児 ……… 163

学業不振児　→学業不振児 ………… 40
学芸員　→学芸員 ………………… 40
学芸大学　→教員養成大学 ………… 102
学芸的行事　→学校行事 ………… 57
隠されたカリキュラム　→潜在的カリキュラム ……………………… 210
学士　→学位制度改革 ………… 40
学社融合　→学社融合 ………… 41
学社連携　→学社融合 ………… 41
学習意欲
- →学業不振児 ……………… 40
- →自己教育力 ……………… 156

学習権
- →学習権 …………………… 42
- →教育法 …………………… 100
- →出席停止 ………………… 177
- →問題教員 ………………… 308

学習困難　→特別なニーズ教育 …… 258
学習指導
- →教育実習 ………………… 92
- →指導困難校・困難児 ……… 163
- →指導主事 ………………… 163
- →診断的評価 ……………… 195
- →生徒指導 ………………… 206

学習指導要領
- →学習指導要領 …………… 42
- →家庭科男女共修 ………… 67
- →カリキュラム開発 ……… 71
- →環境教育 ………………… 72
- →記号科 …………………… 75
- →基礎・基本 ……………… 78
- →教育課程審議会答申 …… 87
- →勤労生産・奉仕的行事 … 114
- →研究開発学校 …………… 119
- →国際理解教育 …………… 132
- →個性化教育 ……………… 138
- →自己教育力 ……………… 156
- →習熟度別指導 …………… 174
- →情報基礎 ………………… 187
- →新学習指導要領 ………… 191
- →新学力観 ………………… 192
- →進路指導 ………………… 195
- →生活科 …………………… 201
- →選択教科制 ……………… 212

- →総合学習 ………………… 214
- →到達度評価 ……………… 252
- →ミニマムエッセンシャルズ … 302

学習社会
- →学習社会 ………………… 42
- →学校図書館 ……………… 62
- →自己教育力 ……………… 156

学習塾
- →遠隔教育 ………………… 25
- →生涯学習審議会 ………… 179

学習塾・予備校
- →学習塾・予備校 ………… 43
- →予備校 …………………… 316

学習障害児　→学習障害児 ………… 44
学習成果　→ポートフォリオ ……… 295
学習文化活動　→学校外教育 ……… 53
各種学校
- →各種学校 ………………… 45
- →専修学校 ………………… 211

学術・学内情報ネットワーク　→学術・学内情報ネットワーク ………… 45
学術国際交流　→学術国際交流 …… 45
学術審議会
- →科学研究費補助金 ……… 39
- →学術審議会 ……………… 45

各省大学　→各省大学 ……………… 46
学生運動　→学生運動 ……………… 46
覚醒剤　→薬物乱用 ………………… 311
学生新聞　→活字離れ ……………… 67
学生の国民年金加入　→教育費 …… 98
学テ闘争　→教員組合活動 ……… 100
学童微症状シンドローム
- →学童微症状シンドローム … 46
- →低体温児 ………………… 247

学童保育　→学童保育 ……………… 46
「学働遊合」のすすめ　→「学働遊合」のすすめ ……………………… 48
学年制　→原級留置 ……………… 120
学費　→学費 ………………………… 48
学問の自由
- →学問の自由 ……………… 48
- →教育権 …………………… 91
- →大学教員の任期制 ……… 220
- →開かれた大学 …………… 280

学力検査
- →新学力調査 ……………… 193
- →偏差値 …………………… 289

カクリヨ　　　　　　　　　　　　　412

学力調査
　→新学力調査 ………… 193
　→低学力 ………… 246
学力低下
　→教育内容の厳選 ………… 96
　→新学習指導要領 ………… 191
　→低学力 ………… 246
　→IEA国際教育調査 ………… 330
学力テスト　→アチーブメントテスト… 8
学力保障　→アカウンタビリティー … 5
学齢期シンドローム
　→アトピー性皮膚炎 ………… 8
　→アレルギー ………… 9
　→学齢期シンドローム ………… 49
　→子どものストレス ………… 142
　→小児心身症 ………… 184
　→摂食障害 ………… 208
学歴　→学校文化 ………… 66
学歴社会　→学歴社会 ………… 49
隠れたカリキュラム
　→ジェンダ・ーフリー教育 ……… 152
　→男女混合名簿 ………… 232
科研費　→科学研究費補助金 ………… 39
鹿児島県知覧中学いじめ自殺事件　→鹿
　児島県知覧中学いじめ自殺事件 ………… 49
過食症　→摂食障害 ………… 208
仮説実験授業　→仮説実験授業 ……… 50
風の子学園
　→風の子学園 ………… 50
　→体罰 ………… 230
過疎化　→北海道・北星学園余市高校 295
家族関係　→家庭崩壊 ………… 71
家族崩壊　→家庭崩壊 ………… 71
課題学習　→課題学習 ………… 50
過大規模学校　→適正規模 ………… 248
課題選択学習　→個別化教育 ………… 144
学級規模　→40人学級 ………… 317
学級経営研究会　→学級崩壊 ………… 51
学級新聞　→NIE ………… 332
学級崩壊　→学級崩壊 ………… 51
学区　→指導困難校・困難児 ………… 163
学区制
　→学区制 ………… 52
　→通学区域の自由化 ………… 244
学校五日制
　→受け皿 ………… 22
　→学校五日制 ………… 52

　→教育改革プログラム ………… 85
　→全国子どもプラン ………… 210
　→博物館 ………… 269
学校外活動　→生涯学習審議会 …… 179
学校外教育
　→学校外教育 ………… 53
　→学校不適応対策調査研究協力者会
　議 ………… 66
　→児童館 ………… 160
学校改善
　→教育バウチャー ………… 97
　→CERI ………… 329
学校開放　→学校開放 ………… 54
学校カウンセリング　→スクール・カ
　ウンセリング ………… 197
学校間格差　→学区制 ………… 52
学校間ネットワーク　→教育情報科学・
　工学 ………… 93
学校管理　→「地方教育行政の組織及
　び運営に関する法律」 ………… 237
学校間連携　→学校間連携 ………… 54
学校規模
　→学区制 ………… 52
　→適正規模 ………… 248
　→ふるさと交流学習 ………… 286
学校基本調査　→学校ぎらい ………… 58
学校給食
　→学校給食 ………… 55
　→学校給食とO-157 ………… 56
　→学校給食用食器 ………… 56
　→先割れスプーン ………… 149
　→センター給食 ………… 211
　→米飯給食 ………… 287
学校給食とO-157　→学校給食とO-
　157 ………… 56
学校給食用食器
　→学校給食用食器 ………… 56
　→先割れスプーン ………… 149
学校給食費　→教育費 ………… 98
学校教育　→学社融合 ………… 41
学校教育費　→教育費 ………… 98
学校教育法
　→外国人子女教育 ………… 36
　→学校教育法 ………… 57
　→学校統廃合 ………… 62
　→教育法 ………… 100
　→出席停止 ………… 177

カツコウ

```
    → 職員会議 ……………………  189
    → 大学改革 ……………………  219
    → 体罰 …………………………  230
    → 単線型学校制度 ……………  233
    → 中高一貫教育校 ……………  242
    → 通学区域の自由化 …………  244
    → 適正規模 ……………………  248
    → 年齢主義 ……………………  266
    → 民間人校長 …………………  302
学校行事
    → 学校五日制 …………………   52
    → 学校行事 ……………………   57
    → 勤労生産・奉仕的行事 ……  114
    → 特別活動 ……………………  257
学校恐怖症
    → 学校恐怖症 …………………   57
    → 不登校 ………………………  283
学校ぎらい
    → 学校ぎらい …………………   58
    → 不登校 ………………………  283
学校群制度
    → 学校群制度 …………………   58
    → グループ合同選抜制 ………  116
    → 総合選抜制 …………………  216
学校建築
    → オープンスクール …………   31
    → 学校建築 ……………………   58
    → まちづくりの核としての学校  299
学校公園  → 学校公園 ………………   59
「合校」構想  →「合校」構想 ………   59
学校事故・事件  → 学校事故・事件 …   59
学校司書
    → 学校司書 ……………………   60
    → 学校図書館 …………………   62
    → 司書教諭・学校司書 ………  157
学校施設  → エコスクール …………   23
学校施設整備指針  → 学校施設整備指
    針 ………………………………   60
学校施設のインテリジェント化
    → インテリジェントスクール   21
    → 開かれた学校 ………………  279
学校施設の整備  → 学校における防災
    対策 ……………………………   63
学校施設の地域解放  → 開かれた学校  279
学校施設の複合化
    → 学校施設の複合化 …………   61
    → 余裕教室 ……………………  317

学校施設利用  → 社会教育法 ………  169
学校事務処理  → CBI ………………  328
学校新聞  → 活字離れ ……………   67
学校生活・学業不適応  → 高校中退 ‥ 123
学校制度  → 学校教育法 …………   57
学校セクハラ  → スクール・セクシャ
    ル・ハラスメント ……………  198
学校設置単位  → 学区制 ……………   52
学校説明会  → オープンキャンパス …   31
学校選択  → 公立校離れ ……………  128
学校選択権
    → アカウンタビリティー ……    5
    → 教育自由化論 ………………   93
学校選択制
    → 学校選択制 …………………   61
    → 通学区域の自由化 …………  244
学校選択の自由  → 親の教育権 ……   33
学校選択の自由化  → 通学区域の自由
    化 ………………………………  244
学校統廃合
    → 学校統廃合 …………………   62
    → 適正規模 ……………………  248
学校図書館
    → 学校公園 ……………………   59
    → 学校図書館 …………………   62
    → 司書教諭・学校司書 ………  157
学校図書館法
    → 学校図書館 …………………   62
    → 司書教諭・学校司書 ………  157
学校における防災対策  → 学校におけ
    る防災対策 ……………………   63
学校ネット  → インターネットと教育  19
学校の安全管理
    → 大阪教育大学付属池田小学校児童
    殺傷事件 ………………………   28
    → 学校の安全管理 ……………   63
学校納付金  → 学費 …………………   48
学校のスリム化
    → 学校のスリム化 ……………   64
    → 中教審答申 …………………  240
学校の人間化  → ゆとりある学校教育  313
学校ビオトープ  → 学校ビオトープ …   64
学校病
    → アトピー性皮膚炎 …………    8
    → 学校病 ………………………   65
学校評議員制度
    → 学校評議員制度 ……………   65
```

カツコウ

学校不適応
　→学校不適応 ………………… 66
　→スクール・カウンセリング …… 197
　→保健室登校 ………………… 294
学校不適応対策調査研究協力者会議
　→学校不適応対策調査研究協力者会議 ……………………………… 66
学校文化
　→学校文化 …………………… 66
　→教員文化 …………………… 101
　→生徒文化 …………………… 207
　→潜在的カリキュラム ………… 210
学校放送　→放送教育 …………… 292
学校保健法　→学校病 ……………… 65
学校ボランティア　→地域の教育力 ‥ 235
学校歴　→学歴社会 ………………… 49
活字離れ
　→活字離れ …………………… 67
　→NIE ………………………… 332
家庭科男女共修
　→家庭科男女共修 …………… 67
　→ジェンダー・フリー教育 …… 152
家庭環境　→教育環境 ……………… 88
家庭教育
　→家庭教育 …………………… 68
　→家庭教育カウンセラー ……… 69
　→家庭教育学級 ……………… 69
　→家庭教育手帳・家庭教育ノート ‥ 70
　→基本的生活習慣 …………… 80
　→全国子どもプラン …………… 210
　→単身赴任家庭 ……………… 233
　→中教審答申 ………………… 240
家庭教育カウンセラー　→家庭教育カウンセラー ……………………… 69
家庭教育学級　→家庭教育学級 …… 69
家庭教育手帳・家庭教育ノート　→家庭教育手帳・家庭教育ノート …… 70
家庭教育の自由　→親の教育権 …… 33
家庭教育費　→教育費 ……………… 98
家庭教師派遣業　→教育文化産業 …… 99
家庭謹慎　→生徒の懲戒 …………… 207
課程主義　→年齢主義 ……………… 266
家庭内暴力
　→家庭内暴力 ………………… 70
　→金属バット殺人事件 ………… 113

　→思春期危機症候群 ………… 156
　→戸塚ヨットスクール事件 …… 259
　→母原病 ……………………… 294
課程博士　→学位制度改革 ………… 40
家庭崩壊　→家庭崩壊 ……………… 71
花粉症　→アレルギー ……………… 9
壁のない学校　→インフォーマルエデュケーション ……………………… 22
壁のない大学　→オープンユニバーシティ …………………………… 31
髪型の規制　→丸刈り訴訟 ………… 299
仮面浪人　→受験浪人 ……………… 176
科目履修制度
　→大学改革 …………………… 219
　→大学設置基準の大綱化 …… 224
からだ教育　→からだ教育 ………… 71
ガリオア・エロア基金　→フルブライト留学 …………………………… 286
カリキュラム
　→一般教育 …………………… 16
　→学校文化 …………………… 66
　→教育課程 …………………… 86
　→教育評価 …………………… 99
　→教養部改革 ………………… 112
　→国際理解教育 ……………… 132
　→中高一貫教育 ……………… 241
カリキュラム開発
　→カリキュラム開発 …………… 71
　→教育工学 …………………… 92
カリキュラム選択　→セメスター制 ‥ 208
カリキュラムの改善　→教養審答申 ‥ 111
カルチャーセンター　→カルチャーセンター ……………………………… 72
川喜田二郎　→KJ法 ……………… 331
環境活動　→こどもエコ・クラブ …… 139
環境教育
　→学校ビオトープ …………… 64
　→環境教育 …………………… 72
　→こどもエコ・クラブ ………… 139
環境ホルモン　→学校給食用食器 …… 56
環境問題と学校　→環境問題と学校 … 73
冠講座　→寄付講座・寄付研究部門 … 79
韓国学園　→在日韓国・朝鮮人教育 ‥ 149
勧奨退学　→生徒の懲戒 …………… 207
完全給食　→学校給食 ……………… 55
観点別学習状況
　→観点別学習状況 …………… 74

→指導要録 …………………… 166
　　→絶対評価・相対評価 ………… 208
　　→到達度評価 ………………… 252
カントリースクール　→自然教室 … 158
冠講座　→寄付講座・寄付研究部門 … 79
緘黙児　→緘黙児 ………………… 74
管理主義教育
　　→管理主義教育 ………………… 74
　　→生活指導 …………………… 202

【キ】

機会の平等
　　→機会の平等 …………………… 75
　　→教育における平等主義 ……… 96
気管支喘息　→アレルギー ………… 9
企業内教育
　　→企業内教育 …………………… 75
　　→現職教育 …………………… 121
　　→退職準備教育 ……………… 229
　　→OJT・Off-JT ……………… 333
企業内セミナー　→教育文化産業 … 99
記号科　→記号科 ………………… 75
帰国子女
　　→就学免除・猶予 …………… 171
　　→セメスター制 ……………… 208
　　→東京都立国際高校 ………… 251
　　→編入学 ……………………… 290
帰国子女教育
　　→帰国子女教育 ………………… 76
　　→教育の国際化 ………………… 97
　　→秋季入学制 ………………… 172
儀式的行事　→学校行事 ………… 57
技術移転機関
　　→技術移転機関 ………………… 77
　　→産学協同 …………………… 150
技術科学大学　→技術科学大学 … 77
気象大学校　→各省大学 ………… 46
規制緩和小委員会　→教育改革提言 … 85
基礎学力
　　→アカウンタビリティー ……… 5
　　→学業不振児 ………………… 40
　　→基礎・基本 ………………… 78
　　→個性化教育 ………………… 138
　　→3R'S ……………………… 200

基礎・基本
　　→基礎・基本 ………………… 78
　　→教育内容の厳選 ……………… 96
　　→新学習指導要領 …………… 191
　　→ミニマムエッセンシャルズ … 302
　　→理科教育及び産業教育審議会 … 318
帰属意識　→アイデンティティ …… 3
喫煙防止教育　→禁煙教育 ……… 113
きのくに子どもの村学園
　　→きのくに子どもの村学園 …… 79
　　→実験学校 …………………… 160
木下竹次　→合科学習 …………… 122
寄付講座　→臨教審答申 ………… 322
寄付講座・寄付研究部門　→寄付講座・
　寄付研究部門 …………………… 79
基本的生活習慣
　　→基本的生活習慣 ……………… 80
　　→生活科 ……………………… 201
君が代　→卒業式 ………………… 218
君が代問題　→日の丸・君が代問題 … 277
義務教育
　　→学校教育法 …………………… 57
　　→教育基本法 …………………… 90
　　→中学校卒業程度認定試験 …… 240
　　→年齢主義 …………………… 266
義務教育費国庫負担制度　→義務教育
　費国庫負担制度 ………………… 80
義務教育費国庫負担法　→義務教育費
　国庫負担制度 …………………… 80
義務教育無償の原則
　　→義務教育費国庫負担制度 …… 80
　　→教科書無償制度 …………… 106
虐待
　　→親準備制 …………………… 33
　　→引きこもり ………………… 273
キャラクターグッズ　→少女文化・少
　年文化 ………………………… 183
キャリアアップ
　　→キャリアアップ ……………… 81
　　→資格社会 …………………… 154
キャリア・エデュケーション　→キャリ
　ア教育 …………………………… 82
キャリア開発　→キャリア開発 …… 81
キャリア教育　→キャリア教育 …… 82
キャリアダウン　→キャリアアップ … 81
ギャングエイジ　→ギャングエイジ … 82
ギャング集団　→ギャングエイジ …… 82

キャンパス・セクシュアル・ハラスメント → キャンパス・セクシュアル・ハラスメント …………………………… 82
キャンパス・セクシュアル・ハラスメント・全国ネットワーク → キャンパス・セクシュアル・ハラスメント …… 82
キャンパスLAN → 学術・学内情報ネットワーク …………………………………… 45
休暇旅行制度 → ワーキングホリデー 325
給食
　→ 学校給食 ………………………… 55
　→ 学校給食とO‐157 ……………… 56
　→ 学校給食用食器 ………………… 56
　→ 先割れスプーン ………………… 149
　→ センター給食 …………………… 211
　→ 米飯給食 ………………………… 287
給食センター → センター給食 …… 211
給食とO‐157 → 学校給食とO‐157 ・ 56
「教育」 → 教育科学研究会 ………… 86
教育委員会
　→ 教育委員会 ……………………… 83
　→ 教育委員準公選制 ……………… 84
　→ 教育長 …………………………… 95
　→ 教科書採択制度 ………………… 103
　→ 「今後の地方教育行政のあり方について」 ……………………………… 146
　→ 指導主事 ………………………… 163
　→ 就学免除・猶予 ………………… 171
　→ 地域教育連絡協議会 …………… 234
　→ 地域の教育力 …………………… 235
　→ 「地方教育行政の組織及び運営に関する法律」 ………………………… 237
　→ 日の丸・君が代問題 …………… 277
教育委員準公選制 → 教育委員準公選制 ……………………………………… 84
教育を受ける権利
　→ 学習権 …………………………… 42
　→ 教育権 …………………………… 91
教育をする権利 → 教育権 ………… 91
教育改革国民会議
　→ 家庭教育 ………………………… 68
　→ 教育改革国民会議 ……………… 84
　→ 教育基本法 ……………………… 90
　→ コミュニティスクール ………… 145
　→ 出席停止 ………………………… 177
　→ 道徳教育 ………………………… 253
　→ 21世紀教育新生プラン ………… 263

　→ 奉仕活動義務化 ………………… 291
　→ レインボープラン ……………… 323
教育改革提言
　→ 「学働遊合」のすすめ ………… 48
　→ 「合校」構想 …………………… 59
　→ 教育改革提言 …………………… 85
教育改革プログラム
　→ 教育改革プログラム …………… 85
　→ 心の教育 ………………………… 136
教育科学 → 教育科学研究会 ……… 86
教育科学研究会 → 教育科学研究会 … 86
教育課程
　→ 学習指導要領 …………………… 42
　→ 教育課程 ………………………… 86
　→ コアカリキュラム ……………… 122
　→ 指導主事 ………………………… 163
　→ 大学改革 ………………………… 219
教育課程実施状況に関する総合調査研究 → 新学力調査 …………………… 193
教育課程審議会
　→ 教育課程審議会 ………………… 87
　→ 教育課程審議会答申 …………… 87
　→ ゆとりある学校教育 …………… 313
教育課程審議会答申 → 教育課程審議会答申 ……………………………… 87
教育環境
　→ 教育環境 ………………………… 88
　→ 教育評価 ………………………… 99
教育機器
　→ 学校図書館 ……………………… 62
　→ 教育機器 ………………………… 89
　→ 教室環境 ………………………… 107
　→ 視聴覚教育 ……………………… 159
教育技術の法則化運動 → 教育技術の法則化運動 ………………………… 89
教育基本法
　→ 学校教育法 ……………………… 57
　→ 教育改革国民会議 ……………… 84
　→ 教育基本法 ……………………… 90
　→ 教育法 …………………………… 100
　→ 共学・別学 ……………………… 102
　→ 平和教育 ………………………… 288
教育訓練 → 有給教育訓練休暇 …… 313
教育訓練給付制度 → 教育訓練給付制度 ……………………………………… 91
教育経営 → 教育工学 ……………… 92
教育権

→親の教育権 ……………………… 33	教育における平等主義　→教育における平等主義 ……………………… 96
→学校選択制 ……………………… 61	教育に関する勅語　→教育勅語 ……… 95
→教育権 …………………………… 91	教育に新聞を　→NIE ……………… 332
→教育法 ………………………… 100	教育の機会均等
教育公園　→学校公園 ………………… 59	→育英奨学制度 …………………… 12
教育工学	→教育基本法 ……………………… 90
→教育工学 ………………………… 92	→教育における平等主義 ………… 96
→視聴覚教育 …………………… 159	→ゲザムトシューレ …………… 119
教育公務員特例法	→単線型学校制度 ……………… 233
→教育法 ………………………… 100	→幼保一元化 …………………… 316
→初任者研修制度 ……………… 190	教育の国際化
教育産業　→教育文化産業 …………… 99	→異文化間教育 …………………… 17
教育ジェロントロジー　→高齢者教育 129	→教育の国際化 …………………… 97
教育実習	→秋季入学制 …………………… 172
→教育実習 ………………………… 92	→東京都立国際高校 …………… 251
→教職免許法改正 ……………… 111	教育の自由　→学問の自由 …………… 48
教育自由化論　→教育自由化論 ……… 93	教育バウチャー
教育情報衛星通信ネットワーク　→エルネット ……………………………… 25	→アカウンタビリティー ………… 5
	→教育バウチャー ………………… 97
教育情報科学・工学　→教育情報科学・工学 ……………………………………… 93	教育白書
	→教育白書 ………………………… 97
教育情報の公開　→教育情報の公開 … 93	→マンガ文化 …………………… 300
教育職員免許法	教育費
→介護等体験特例法 ……………… 37	→学費 ……………………………… 48
→教職免許法改正 ……………… 111	→教育費 …………………………… 98
教育職員養成審議会	→少子化時代 …………………… 182
→教育職員養成審議会 …………… 94	教育評価
→教養審答申 …………………… 111	→アカウンタビリティー ………… 5
教育女性学　→教育女性学 …………… 94	→教育評価 ………………………… 99
教育人口　→教育人口 ………………… 95	→形成的評価 …………………… 118
教育税　→アカウンタビリティー …… 5	→診断的評価 …………………… 195
教育制度分科会　→中央教育審議会 ‥ 240	→絶対評価・相対評価 ………… 208
教育相談活動　→スクール・カウンセリング ………………………………… 197	→総括的評価 …………………… 213
	→到達度評価 …………………… 252
教育測定　→教育評価 ………………… 99	教育文化産業　→教育文化産業 ……… 99
教育大学　→教員養成大学 ………… 102	教育法
教育長	→学習権 …………………………… 42
→教育委員会 ……………………… 83	→学校教育法 ……………………… 57
→教育長 …………………………… 95	→教育基本法 ……………………… 90
→中教審答申 …………………… 240	→教育権 …………………………… 91
教育勅語	→教育法 ………………………… 100
→教育勅語 ………………………… 95	→社会教育法 …………………… 169
→修身教育 ……………………… 174	→生涯学習振興法 ……………… 179
教育的ニーズ　→特別なニーズ教育 ‥ 258	教育法規　→教育法 ………………… 100
教育内容の厳選	教育民営化　→教育自由化論 ………… 93
→教育内容の厳選 ………………… 96	教育メディア　→教育機器 …………… 89
→新学習指導要領 ……………… 191	

キョウイ　418

教育有給休暇　→企業内教育 ………… 75
教育要求権
　→親の教育権 ………………… 33
　→教育権 ………………… 91
教育臨調　→臨時教育審議会 ……… 322
教育老年学　→高齢者教育 ………… 129
教員加配　→チームティーチング …… 238
教員組合活動
　→教員組合活動 ………………… 100
　→全教 ………………… 209
　→全日教連 ………………… 212
　→日高教 ………………… 264
　→日本教職員組合 ………………… 265
教員研修　→教師教育 ………… 106
教員採用試験　→教員採用制度 …… 101
教員採用制度　→教員採用制度 …… 101
教員タイプ　→教員文化 ………… 101
教員配置　→LL ………………… 331
教員文化
　→教育女性学 ………………… 94
　→教員文化 ………………… 101
教員免許状　→民間人校長 ……… 302
教員免許制度　→教職免許法改正 …… 111
教員養成　→教師教育 ………… 106
教員養成大学　→教員養成大学 …… 102
境界パーソナリティ　→摂食障害 …… 208
教科外活動　→生徒会 ………… 206
教科カリキュラム　→教育課程 …… 86
共学・別学　→共学・別学 ……… 102
教科研　→教育科学研究会 ……… 86
教科書　→指導主事 ………… 163
教科書検定制度　→教科書検定制度 … 103
教科書採択制度　→教科書採択制度 … 103
教科書裁判
　→学問の自由 ………………… 48
　→教科書裁判 ………………… 104
教科書訴訟　→歴史教科書問題 …… 323
教科書無償給与　→海外子女教育 …… 34
教科書無償制度　→教科書無償制度 …… 106
教科書問題
　→国語教科書差別表現問題 ……… 130
　→歴史教科書問題 ………………… 323
教課審　→教育課程審議会 …………… 87
教課審答申
　→教育課程審議会答申 ………… 87
　→教育内容の厳選 ………………… 96
　→勤労生産・奉仕的の行事 ……… 114

　→個性化教育 ………………… 138
　→情報基礎 ………………… 187
　→情報教育 ………………… 188
　→新学習指導要領 ………………… 191
　→総合的な学習の時間 ………… 217
　→体験学習 ………………… 228
教科用図書検定規則　→教科書検定制度 ………………… 103
教護院　→就学免除・猶予 ……… 171
教材費
　→学費 ………………… 48
　→義務教育費国庫負担制度 ……… 80
教師教育
　→教育情報科学・工学 ………… 93
　→教師教育 ………………… 106
教師作成テスト　→アチーブメントテスト ………………… 8
教師集団　→教員文化 ………… 101
教師主導型　→系統学習 ………… 119
教師ストレス
　→教師ストレス ………………… 107
　→教師の燃えつき症候群 ………… 108
京滋地区私立大学非常勤講師組合　→大学非常勤講師問題 ………… 227
教室環境　→教室環境 ………… 107
教師の体罰　→体罰 ………… 230
教師のメンタルケア　→教師ストレス 107
教師の燃えつき症候群　→教師の燃えつき症候群 ………………… 108
教師の力量　→教師の力量 ……… 108
教師文化
　→学校文化 ………………… 66
　→教員文化 ………………… 101
業者テスト
　→業者テスト ………………… 109
　→埼玉方式 ………………… 148
　→受験戦争 ………………… 175
　→偏差値 ………………… 289
教授会
　→教授会 ………………… 110
　→教職員の懲戒 ………………… 111
　→大学自治 ………………… 222
教職員給与費　→義務教育費国庫負担制度 ………………… 80
教職員組合　→教員組合活動 ……… 100
教職員研修　→指導主事 ………… 163
教職員人事

国旗・国歌法
　→卒業式 ……………………… 218
　→日の丸・君が代問題 ………… 277
国公私トップ30　→国公私トップ30‥ 138
子どもインターンシップ　→全国子どもプラン ………………………… 210
こどもエコ・クラブ　→こどもエコ・クラブ ……………………………… 139
子ども会
　→学校外教育 …………………… 53
　→子ども会 ……………………… 139
子ども共和国　→ベンポスタ共和国‥ 290
子どもサミット　→子どものための世界サミット …………………… 143
子ども時代の喪失　→子ども時代の喪失 ……………………………… 139
子どもセンター　→全国子どもプラン 210
子どもの虐待
　→子どもの人権 ………………… 141
　→児童虐待 ……………………… 161
子どもの虐待110番　→児童虐待 …… 161
子どもの権利条約
　→子どもの権利条約 …………… 140
　→子どものプライバシー ……… 144
子どものこころ相談医　→子どものこころ相談医 ……………………… 141
子どもの自殺　→子どもの自殺 …… 141
子どもの人権
　→子どもの人権 ………………… 141
　→丸刈り訴訟 …………………… 299
子どもの人権オンブズパーソン　→子どもの人権 ……………………… 141
子どもの人権専門委員　→子どもの人権 ………………………………… 141
子どもの心身
　→学齢期シンドローム ………… 49
　→小児心身症 …………………… 184
子どものストレス
　→子どものストレス …………… 142
　→小児心身症 …………………… 184
子どもの生活習慣病　→子どもの生活習慣病 ……………………… 143
子どもの成人病　→子どもの生活習慣病 ………………………………… 143
子どものための世界サミット　→子どものための世界サミット ……… 143

子どものプライバシー　→子どものプライバシー …………………… 144
子ども110番の家　→子ども110番の家 ……………………………… 144
子ども放送局
　→エルネット …………………… 25
　→全国子どもプラン …………… 210
子どもらしさ　→子ども時代の喪失‥ 139
個に応じた指導　→学習障害児 …… 44
個別化学習　→学校図書館 ………… 62
個別化教育　→個別化教育 ………… 144
個別学習　→インフォーマルエデュケーション ……………………… 22
個別学習プログラム　→オープンスクール ……………………………… 31
個別指導
　→個別化教育 …………………… 144
　→CMI …………………………… 329
ゴミ焼却炉　→環境問題と学校 …… 73
コミック本　→有害図書 …………… 313
コミュニカティブアプローチ　→コミュニカティブアプローチ ……… 144
コミュニケーション能力　→コミュニカティブアプローチ ……… 144
コミュニティ・カレッジ
　→コミュニティ・カレッジ …… 145
　→大学入試改革 ………………… 226
コミュニティスクール　→コミュニティスクール ………………… 145
コミュニティセンター　→コミュニティセンター ………………… 146
「今後の地方教育行政のあり方について」　→「今後の地方教育行政のあり方について」………………… 146
コンピュータ教育
　→コンピュータ教育 …………… 147
　→メディア教育 ………………… 304
コンピュータゲーム　→活字離れ …… 67
コンピュータ言語　→LOGO ……… 331
コンピュータ支援教育システム　→CAI ……………………………… 328
コンピュータネットワーク　→学術・学内情報ネットワーク ……… 45
コンピュータの学校利用　→CBI …… 328
コンピュータリテラシー
　→コンピュータリテラシー …… 147
　→情報リテラシー ……………… 188

【サ】

在外教育施設　→国際交流ディレクター ………………………………… 131
在外子女教育　→海外子女教育 ……… 34
在学費用　→学費 ……………………… 48
採択　→新しい歴史教科書をつくる会 … 7
在宅学習支援　→インターネットと教育 …………………………………… 19
埼玉県入間市リンチ殺人事件　→埼玉県入間市リンチ殺人事件 ………… 148
埼玉県東松山市いじめ報復殺人事件　→埼玉県東松山市いじめ報復殺人事件 …………………………………… 148
埼玉県立所沢高校　→埼玉県立所沢高校 …………………………………… 148
埼玉方式　→埼玉方式 ………………… 148
財団法人コンピュータ教育開発センター
　　→Eスクエア・プロジェクト ……… 16
　　→100校プロジェクト …………… 278
在日外国人子女　→東京都立国際高校 251
在日韓国・朝鮮人教育　→在日韓国・朝鮮人教育 ……………………… 149
才能開発教育　→早期教育 …………… 214
酒鬼薔薇聖斗　→神戸連続児童殺傷事件 …………………………………… 126
先割れスプーン
　　→学校給食用食器 ………………… 56
　　→先割れスプーン ………………… 149
サッチャー・ベイカー教育改革　→サッチャー・ベイカー教育改革 ……… 149
差別　→国語教科書差別表現問題 …… 130
サマーヒル学園　→サマーヒル学園 … 150
サラマンカ声明
　　→インクルージョン ……………… 18
　　→サラマンカ声明 ………………… 150
　　→特別なニーズ教育 ……………… 258
産学協同
　　→技術移転機関 …………………… 77
　　→産学協同 ………………………… 150
3学期制　→秋季入学制 ……………… 172
産官学共同　→寄付講座・寄付研究部門 …………………………………… 79
残酷ビデオ　→ビデオ規制 …………… 275
35人学級　→40人学級 ……………… 317
算数離れ・理科離れ
　　→算数離れ・理科離れ …………… 151
　　→理工系離れ ……………………… 319
山村留学　→山村留学 ………………… 152
三ない運動　→オートバイ規制 ……… 30

【シ】

ジェンダー・フリー教育
　　→ジェンダー・フリー教育 ……… 152
　　→男女混合名簿 …………………… 232
仕送り　→教育費 ……………………… 98
資格社会　→資格社会 ………………… 154
資格取得　→ダブルスクール族 ……… 231
私学助成金　→私学助成金 …………… 154
自我同一性　→アイデンティティ …… 3
時間割　→モジュール授業方式 ……… 305
識字教育　→識字教育 ………………… 154
識字信託基金　→子どものための世界サミット ……………………………… 143
自虐史観・自由主義史観　→自虐史観・自由主義史観 ……………… 155
私教育費
　　→学費 ……………………………… 48
　　→教育費 …………………………… 98
自己教育力　→自己教育力 …………… 156
自己啓発　→OJT・Off-JT ………… 333
自己啓発助成給付金制度　→有給教育訓練休暇 ……………………………… 313
自己推薦　→AO入試 ………………… 327
自己推薦入試
　　→一芸型入試 ……………………… 16
　　→自己推薦入試 …………………… 156
　　→推薦入試 ………………………… 196
　　→AO入試 ………………………… 327
自己同一性　→アイデンティティ …… 3
自殺
　　→愛知県西尾東部中いじめ自殺事件 … 3
　　→鹿児島県知覧中学いじめ自殺事件 49
　　→思春期危機症候群 ……………… 156
　　→中野富士見中事件 ……………… 262

→新潟県上越市立春日中いじめ自殺
　　　事件 ……………………………… 262
　　→問題行動 ……………………… 308
自殺のサイン　→子どもの自殺 …… 141
指示的カウンセリング　→指示的カウ
　ンセリング ……………………………… 156
自習システム　→CBI ……………… 328
思春期　→第二反抗期の喪失 ………… 230
思春期危機症候群　→思春期危機症候
　群 …………………………………… 156
思春期痩せ症　→摂食障害 ………… 208
司書　→司書 …………………………… 157
自傷行為　→思春期危機症候群 …… 156
司書教諭　→学校図書館 ……………… 62
司書教諭・学校司書
　　→学校図書館 …………………… 62
　　→司書教諭・学校司書 ………… 157
システム研究　→教育工学 …………… 92
施設設備指針　→まちづくりの核とし
　ての学校 ………………………………… 299
自然教室　→自然教室 ………………… 158
自然体験
　　→山村留学 …………………… 152
　　→自然保護教育 ……………… 158
慈善的寄付行為　→メセナ ………… 303
自然保護教育　→自然保護教育 …… 158
次代を担う青少年について考える有識
　者会議　→次代を担う青少年につい
　て考える有識者会議 …………………… 159
視聴覚機器　→教育機器 ……………… 89
視聴覚教育
　　→教育工学 ……………………… 92
　　→視聴覚教育 ………………… 159
　　→メディア教育 ……………… 304
視聴覚メディア　→学校図書館 ……… 62
シックスクール症候群　→シックスク
　ール症候群 …………………………… 159
しつけ
　　→親業 ………………………… 32
　　→家庭教育手帳・家庭教育ノート ‥ 70
　　→教育女性学 …………………… 94
　　→しつけ ……………………… 160
実験学校
　　→きのくに子どもの村学園 …… 79
　　→研究開発学校 ……………… 119
　　→研究指定校 ………………… 120
　　→国際理解教育 ……………… 132

　　→実験学校 ……………………… 160
湿疹　→アレルギー …………………… 9
実務的専門大学院　→専門大学院 …… 213
児童会
　　→生徒会 ……………………… 206
　　→特別活動 …………………… 257
児童館　→児童館 …………………… 160
児童虐待
　　→児童虐待 …………………… 161
　　→児童虐待の防止等に関する法律 ‥ 162
児童虐待の防止等に関する法律　→児
　童虐待の防止等に関する法律 ……… 162
児童虐待防止法　→児童相談所 …… 164
自動教授システム　→CBI ………… 328
児童厚生員　→児童館 ……………… 160
指導困難校・困難児　→指導困難校・困
　難児 …………………………………… 163
指導主事
　　→教育委員会 …………………… 83
　　→指導主事 …………………… 163
児童・生徒理解　→児童・生徒理解 ‥ 163
児童相談所
　　→児童虐待の防止等に関する法律 ‥ 162
　　→児童相談所 ………………… 164
児童手当制度改革　→児童手当制度改
　革 …………………………………… 165
児童の権利条約　→子どもの権利条約 140
児童の権利に関する条約　→子どもの
　権利条約 …………………………… 140
児童売春・少女売春　→援助交際 …… 27
児童福祉施設
　　→児童福祉施設 ……………… 165
　　→児童養護施設 ……………… 166
　　→幼保一元化 ………………… 316
児童福祉法
　　→学童保育 …………………… 46
　　→児童館 ……………………… 160
　　→児童相談所 ………………… 164
　　→児童養護施設 ……………… 166
児童養護施設
　　→児童福祉施設 ……………… 165
　　→児童養護施設 ……………… 166
指導要領　→内申書 ………………… 261
指導要録
　　→観点別学習状況 ……………… 74
　　→教育課程審議会答申 ………… 87
　　→教育情報の公開 ……………… 93

シトウヨ

- →子どものプライバシー ………… 144
- →指導要録 ………………………… 166
- →内申書 …………………………… 261

指導要録の開示　→指導要録の開示‥ 167
児童理解　→子ども時代の喪失 …… 139
姉妹校
- →国際理解教育 …………………… 132
- →姉妹校 …………………………… 167
- →ふるさと交流学習 ……………… 286

シミュレーション教材　→シミュレーション教材 ……………………… 168
社会科　→問題解決学習…………… 307
社会環境　→教育環境 ……………… 88
社会教育
- →インテリジェントスクール …… 21
- →学社融合 ………………………… 41
- →学校外教育 ……………………… 53
- →学校開放 ………………………… 54
- →学校公園 ………………………… 59
- →社会教育 ………………………… 168
- →NPO法 …………………………… 332

社会教育委員　→社会教育法 ……… 169
社会教育行政専門職員　→社会教育主事 …………………………………… 169
社会教育施設
- →学社融合 ………………………… 41
- →公民館 …………………………… 127
- →生涯学習センター ……………… 179

社会教育主事
- →教育委員会 ……………………… 83
- →社会教育主事 …………………… 169

社会教育審議会　→ボランティア教育 297
社会教育センター　→コミュニティセンター ……………………………… 146
社会教育法
- →教育法 …………………………… 100
- →公民館 …………………………… 127
- →社会教育 ………………………… 168
- →社会教育法 ……………………… 169

社会経済生産性本部　→教育改革提言‥ 85
社会人大学院　→社会人大学院 …… 170
社会人特別選抜　→社会人入学制 … 170
社会人入学　→開かれた大学 ……… 280
社会人入学制
- →社会人入学制 …………………… 170
- →大学開放 ………………………… 220

社会心理学　→アクションリサーチ ‥   5

社会体験研修
- →教養審答申 ……………………… 111
- →社会体験研修 …………………… 171

社会的逸脱行為　→問題行動……… 308
社会的少数者　→マイノリティ教育‥ 298
社会的不適応　→問題行動 ……… 308
社会福祉施設　→余裕教室 ……… 317
社会文化アニマシオン　→読書のアニマシオン …………………………… 255
自由ヴァルドルフ学校　→シュタイナー学校 ………………………………… 176
就学義務
- →就学免除・猶予 ………………… 171
- →中学校卒業程度認定試験 ……… 240

就学義務免除　→中学校卒業程度認定試験 …………………………………… 240
就学義務猶予　→中学校卒業程度認定試験 …………………………………… 240
就学拒否判断　→オウム真理教の児童就学問題 ……………………………… 28
就学校の変更
- →就学校の変更 …………………… 171
- →通学区域の自由化 ……………… 244

就学前教育　→幼保一元化 ……… 316
就学免除・猶予　→就学免除・猶予‥ 171
修学旅行　→修学旅行 …………… 171
自由学校　→サマーヒル学園 …… 150
秋季入学　→セメスター制 ……… 208
秋季入学制　→秋季入学制 ……… 172
週休2日制
- →学校五日制 ……………………… 52
- →余暇学習 ………………………… 316

自由教育　→オルタナティブスクール‥ 34
宗教教育　→宗教と教育 ………… 172
宗教と教育　→宗教と教育 ……… 172
従軍慰安婦
- →新しい歴史教科書をつくる会 ……   7
- →教科書検定制度 ………………… 103

従軍慰安婦問題
- →従軍慰安婦問題 ………………… 173
- →歴史教科書問題 ………………… 323

修士　→学位制度改革 …………… 40
自由時間　→余暇学習 …………… 316
自由主義史観
- →自虐史観・自由主義史観 ……… 155
- →自由主義史観 …………………… 174

習熟度別学習　→個別化教育……… 144

習熟度別指導　→習熟度別指導 …… 174
就職活動　→就職協定 …… 174
就職協定　→就職協定 …… 174
就職前教育　→教師教育 …… 106
修身教育　→修身教育 …… 174
集団基準準拠評価　→相対評価 …… 217
集団宿泊訓練　→自然教室 …… 158
集団宿泊的行事　→学校行事 …… 57
集団心理学　→アクションリサーチ …… 5
集団力学　→グループダイナミックス 116
18歳人口
　→一芸型入試 …… 16
　→大学倒産の時代 …… 225
18歳人口の減少
　→高等教育のユニバーサル化 …… 125
　→18歳人口の減少 …… 175
　→大学全入時代 …… 224
　→大学倒産の時代 …… 225
授業運営支援システム
　→CBI …… 328
　→CMI …… 329
授業学習支援機器　→教育機器 …… 89
授業料　→学費 …… 48
塾
　→学習塾・予備校 …… 43
　→教育文化産業 …… 99
　→業者テスト …… 109
塾通い
　→遊び …… 6
　→お受験 …… 29
受験競争
　→業者テスト …… 109
　→単線型学校制度 …… 233
受験産業　→偏差値 …… 289
受験資格
　→受験資格の弾力化 …… 175
　→大学入学資格検定 …… 225
　→中学校卒業程度認定試験 …… 240
受験資格の弾力化
　→受験資格の弾力化 …… 175
　→大学入学資格検定 …… 225
受験戦争
　→学歴社会 …… 49
　→公立校離れ …… 128
　→受験戦争 …… 175
　→進路指導 …… 195
受験浪人　→受験浪人 …… 176

主題学習　→課題学習 …… 50
シュタイナー　→フリースクール …… 284
シュタイナー学校　→シュタイナー学校 …… 176
シュタイナー,ルドルフ　→シュタイナー学校 …… 176
出欠認定　→不登校 …… 283
出産準備教育　→親準備制 …… 33
出席停止　→出席停止 …… 177
出席認定の弾力化　→出席認定の弾力化 …… 177
首都圏大学非常勤講師組合　→大学非常勤講師問題 …… 227
ジュニアハイスクール　→ミドルスクール …… 302
主任制　→主任制 …… 177
主任手当拠出運動　→主任制 …… 177
準学士　→学位制度改革 …… 40
準公選制　→教育委員準公選制 …… 84
準備性　→レディネス …… 324
準要保護世帯　→学校病 …… 65
省エネルギー　→エコスクール …… 23
生涯学習
　→学校開放 …… 54
　→公民館 …… 127
　→社会教育 …… 168
　→社会人大学院 …… 170
　→生涯学習 …… 178
　→大学開放 …… 220
　→大学公開講座 …… 221
　→大学通信教育 …… 225
　→退職準備教育 …… 229
　→図書館 …… 259
　→博物館 …… 269
　→ミュージアム・マネジメント …… 302
　→余暇学習 …… 316
　→臨教審答申 …… 322
生涯学習関連施設　→コミュニティセンター …… 146
生涯学習機関　→放送大学 …… 293
生涯学習局
　→生涯学習政策局 …… 179
　→臨教審答申 …… 322
生涯学習社会　→学習社会 …… 42
生涯学習審議会
　→生涯学習審議会 …… 179
　→生涯学習振興法 …… 179

シヨウカ　　　　　　　　　428

　　→ボランティア教育 ………… 297
生涯学習審議会答申
　　→学社融合 ………………… 41
　　→学習塾・予備校 ………… 43
生涯学習振興法
　　→社会教育法 ……………… 169
　　→生涯学習審議会 ………… 179
　　→生涯学習振興法 ………… 179
生涯学習推進センター　→生涯学習振興法 ……………………………… 179
生涯学習政策局　→生涯学習政策局 ‥ 179
生涯学習センター　→生涯学習センター …………………………………… 179
生涯学習体系　→地域の教育力 …… 235
生涯学習都市　→インテリジェントスクール ……………………………… 21
生涯学習フェスティバル　→生涯学習フェスティバル ………………… 180
生涯学習分科会　→中央教育審議会 ‥ 240
生涯教育
　　→コミュニティ・カレッジ … 145
　　→社会教育 ………………… 168
　　→生涯学習 ………………… 178
　　→メセナ …………………… 303
障害児　→養護学校 ………………… 315
障害児学級
　　→障害児学級 ……………… 180
　　→通級制度 ………………… 244
障害児教育
　　→インクルージョン ……… 18
　　→オペラント学習 ………… 32
　　→交流教育 ………………… 129
　　→障害児学級 ……………… 180
　　→障害児教育 ……………… 181
　　→通級制度 ………………… 244
　　→統合教育 ………………… 251
　　→特別なニーズ教育 ……… 258
　　→メインストリーミング … 303
障害者　→マイノリティ教育 ……… 298
奨学寄付金　→寄付講座・寄付研究部門 ……………………………… 79
奨学金　→理工系離れ ……………… 319
奨学制度　→育英奨学制度 ………… 12
小学区制
　　→学区制 …………………… 52
　　→高校三原則 ……………… 122
　　→総合選抜制 ……………… 216

小学校児童殺傷事件　→学校の安全管理 ……………………………… 63
小学校受験　→お受験 ……………… 29
小学校・中学校施設整備指針　→学校建築 ……………………………… 58
小学校での英語教育導入　→小学校での英語教育導入 ……………… 182
少子化
　　→学習塾・予備校 ………… 43
　　→ひとりっ子 ……………… 276
　　→部活動 …………………… 281
　　→北海道・北星学園余市高校 …… 295
少子化時代　→少子化時代 ………… 182
省資源化　→エコスクール ………… 23
少子社会　→少子化時代 …………… 182
情緒不安定　→子どものストレス … 142
少女文化・少年文化　→少女文化・少年文化 ……………………………… 183
少数民族　→マイノリティ教育 …… 298
商船高専　→高等専門学校 ………… 125
情緒障害児　→戸塚ヨットスクール事件 ……………………………… 259
小児心身症　→小児心身症 ………… 184
小児生活習慣病　→子どもの生活習慣病 ……………………………… 143
少人数学級
　　→教職員定数改善計画 …… 110
　　→少人数学級 ……………… 184
　　→40人学級 ………………… 317
少人数授業　→教職員定数改善計画 ‥ 110
少年院　→就学免除・猶予 ………… 171
少年自然の家
　　→自然教室 ………………… 158
　　→野外教育 ………………… 309
少年犯罪
　　→オヤジ狩り ……………… 32
　　→キレる …………………… 112
　　→黒磯市中学校教師殺害事件 …… 116
　　→神戸連続児童殺傷事件 … 126
　　→少年犯罪 ………………… 185
　　→少年犯罪・事件の実名報道 …… 185
　　→名古屋5000万円恐喝事件 …… 262
　　→西鉄高速バスジャック事件 …… 263
　　→暴力団関係少年 ………… 294
　　→山形県明倫中学マット死事件 …… 312
少年犯罪・事件の実名報道　→少年犯罪・事件の実名報道 ………… 185

少年非行
　→遊び型非行 ･････････････････････ 6
　→いきなり型非行 ･････････････････ 11
　→少年非行 ･･･････････････････････ 186
　→非行の第4の波 ･････････････････ 274
少年法
　→少年犯罪 ･･･････････････････････ 185
　→少年犯罪・事件の実名報道 ･････ 185
　→少年非行 ･･･････････････････････ 186
少年マンガ　→マンガ文化 ････････････ 300
消費者教育　→消費者教育 ･････････････ 186
情報化　→教育環境 ･･･････････････････ 88
情報科　→情報科 ･････････････････････ 187
情報基礎
　→情報基礎 ･･･････････････････････ 187
　→情報教育 ･･･････････････････････ 188
情報教育
　→情報科 ･････････････････････････ 187
　→情報基礎 ･･･････････････････････ 187
　→情報教育 ･･･････････････････････ 188
　→メディアリテラシー ･･･････････ 304
情報公開
　→学校事故・事件 ･････････････････ 59
　→指導要録の開示 ･･･････････････ 167
情報公開条例　→内申書 ･･･････････････ 261
情報処理教育　→CBI ･････････････････ 328
情報処理振興事業協会
　→Eスクエア・プロジェクト ････ 16
　→100校プロジェクト ････････････ 278
情報とコンピュータ
　→情報基礎 ･･･････････････････････ 187
　→情報教育 ･･･････････････････････ 188
情報リテラシー
　→学校図書館 ･････････････････････ 62
　→情報リテラシー ･･･････････････ 188
　→メディアリテラシー ･･･････････ 304
職員会議　→職員会議 ･････････････････ 189
職員定数　→教職員定数改善計画 ･････ 110
職業科
　→職業教育 ･･･････････････････････ 189
　→総合選択制高校 ･･･････････････ 216
職業観　→キャリア教育 ･･･････････････ 82
職業教育
　→高等専門学校 ･････････････････ 125
　→職業教育 ･･･････････････････････ 189
職業体験　→インターンシップ ････････ 20
職業適性検査　→適性検査 ････････････ 248

職業能力開発総合大学校　→各省大学 46
食行動異常　→摂食障害 ･･････････････ 208
職能教育　→企業内教育 ･･････････････ 75
職場体験
　→勤労生産・奉仕的行事 ･････････ 114
　→トライやる・ウィーク ･････････ 260
職場内教育　→OJT・Off-JT ･･････ 333
触法少年　→少年非行 ････････････････ 186
所見
　→指導要録 ･･････････････････････ 166
　→指導要録の開示 ･･････････････ 167
女子高生　→コギャル ････････････････ 130
女子校の共学化　→女子校の共学化 ･･ 190
女子差別撤廃条約　→家庭科男女共修･ 67
女子大学　→女子校の共学化 ････････ 190
女子の大学進学　→女子の大学進学 ･･ 190
所持品検査
　→黒磯市中学校教師殺害事件 ････ 116
　→バタフライナイフ ････････････ 270
初等教育　→6・3・3制 ･･････････････ 324
初等中等教育分科会　→中央教育審議
　会 ･･････････････････････････････ 240
初任者研修制度　→初任者研修制度 ･･ 190
ホルト,ジョン　→ホームスクーリン
　グ ･･････････････････････････････ 296
シラバス　→シラバス ････････････････ 190
私立学校　→中高一貫教育 ････････････ 241
自律神経失調　→子どものストレス ･･ 142
私立大学　→推薦入試 ････････････････ 196
私立大学経常費補助金　→私学助成金 154
シルバー聴講生制度　→長寿学園 ････ 244
新学習指導要領
　→勤労生産・奉仕的行事 ･････････ 114
　→クラブ活動 ･･･････････････････ 115
　→個性化教育 ･･･････････････････ 138
　→小学校での英語教育導入 ･･････ 182
　→情報科 ････････････････････････ 187
　→情報教育 ･････････････････････ 188
　→新学習指導要領 ･･････････････ 191
　→性教育 ････････････････････････ 203
　→選択教科制 ･･･････････････････ 212
　→道徳教育 ･････････････････････ 253
　→ボランティア教育 ････････････ 297
　→モジュール授業方式 ･････････ 305
　→薬物乱用 ･････････････････････ 311
　→ゆとりある学校教育 ････････ 313
進学適性検査　→適性検査 ･･･････････ 248

シンカク　　　　　　　　　　430

人確法　→人材確保法 ……………… 195
新学力観
　　→生きる力 ……………………… 11
　　→新学力観 ……………………… 192
　　→自ら学び、自ら考える力 ……… 301
新学力調査　→新学力調査 ………… 193
審議会
　　→教育課程審議会 ……………… 87
　　→教育職員養成審議会 ………… 94
　　→生涯学習審議会 ……………… 179
　　→審議会 ………………………… 193
　　→大学審議会 …………………… 223
　　→中央教育審議会 ……………… 240
　　→理科教育及び産業教育審議会 … 318
新教科構想　→記号科 ……………… 75
信教の自由　→宗教と教育 ………… 172
シングルファーザー　→ひとり親家庭 275
シングルペアレントファミリー　→ひ
　とり親家庭 ………………………… 275
シングルマザー　→ひとり親家庭 …… 275
親権　→親の教育権 ………………… 33
人権教育　→人権教育 ……………… 194
人権教育及び人権啓発の推進に関する
　法律
　　→人権教育 ……………………… 194
　　→同和教育 ……………………… 254
人権教育のための国連10年　→人権教
　育 …………………………………… 194
人権擁護委員　→子どもの人権 …… 141
新構想大学　→技術科学大学 ……… 77
新国際学校　→臨教審答申 ………… 322
人材確保法　→人材確保法 ………… 195
人事管理　→勤務評定 ……………… 114
人種差別　→ちびくろさんぼ ……… 237
心身症
　　→教師の燃えつき症候群 ……… 108
　　→五月病 ………………………… 129
　　→子どものストレス …………… 142
心臓病　→子どもの生活習慣病 …… 143
新タイプの高校　→単位制高校 …… 232
診断的評価
　　→教育評価 ……………………… 99
　　→診断的評価 …………………… 195
　　→到達度評価 …………………… 252
新テスト　→大学入試センター試験 … 227
新100校プロジェクト
　　→インターネットと教育 ……… 19
　　→100校プロジェクト ………… 278
新評価観　→数学教育の国際比較 … 197
新聞教育　→NIE …………………… 332
新編日本史　→歴史教科書問題 …… 323
新幼児教育施設　→幼保一元化 …… 316
心理検査　→適性検査 ……………… 248
進路指導
　　→教育情報科学・工学 ………… 93
　　→進路指導 ……………………… 195
進路変更
　　→高校中退 ……………………… 123
　　→進路変更 ……………………… 196
　　→不本意入学・就学 …………… 284

【ス】

水産大学校　→各省大学 …………… 46
推薦制　→高校入試改革 …………… 124
推薦入試
　　→一芸型入試 …………………… 16
　　→埼玉方式 ……………………… 148
　　→推薦入試 ……………………… 196
　　→AO入試 ……………………… 327
数学オリンピック　→国際数学オリン
　ピック ……………………………… 132
数学教育の国際比較　→数学教育の国
　際比較 ……………………………… 197
スキナー　→オペラント学習 ……… 32
スクリバン　→形成的評価 ………… 118
スクーリング
　　→大学通信教育 ………………… 225
　　→通信制高校 …………………… 245
スクールアイデンティティ　→ユニバ
　ーシティ・アイデンティティ …… 315
スクール・カウンセラー
　　→スクール・カウンセラー …… 197
　　→スクール・カウンセリング … 197
スクール・カウンセリング
　　→スクール・カウンセラー …… 197
　　→スクール・カウンセリング … 197
スクール・セクシャル・ハラスメント
　　→スクール・セクシャル・ハラスメ
　ント ………………………………… 198
スクール・ソーシャルワーカー　→ス
　クール・ソーシャルワーカー …… 199

スクール・プロテクション →スクール・プロテクション ………… 199
健やか親子21 →親準備制 ………… 33
ステューデント・アパシー
　→五月病 ……………………… 129
　→ステューデント・アパシー …… 199
　→第二反抗期の喪失 ………… 230
ストリート・チルドレン
　→子どもの人権 ……………… 141
　→ストリート・チルドレン …… 200
　→特別なニーズ教育 ………… 258
ストレス →小児心身症 ………… 184
頭脳流出 →頭脳流出 …………… 200
スポーツ国際交流員 →JETプログラム ……………………………… 330
スポーツ振興法 →社会教育 …… 168
スポーツ・青少年分科会 →中央教育審議会 ……………………………… 240
スポーツセンター →インテリジェントスクール …………………………… 21
スランプ →教師の燃えつき症候群 … 108
3R'S →3R'S …………………… 200

【セ】

性格検査
　→子どものプライバシー …… 144
　→性格検査 …………………… 201
生活科
　→生活科 ……………………… 201
　→生活体験学習 ……………… 202
生活環境 →教育環境 …………… 88
生活指導
　→教育情報科学・工学 ……… 93
　→指導困難校・困難児 ……… 163
　→生活指導 …………………… 202
生活体験学習
　→生活体験学習 ……………… 202
　→問題解決学習 ……………… 307
生活単元学習 →体験学習 ……… 228
生活綴方 →生活指導 …………… 202
生活とコンピュータ →情報教育 … 188
生活保護家庭 →学校病 ………… 65
性教育
　→エイズ教育 ………………… 22
　→性教育 ……………………… 203
星座グラフ →項目反応理論 …… 128
成熟拒否症 →ピーターパンシンドローム ……………………………… 275
青少年健全育成条例 →援助交際 … 27
青少年条例 →青少年保護条例 … 205
青少年の飲酒 →青少年の飲酒 … 204
青少年の自殺 →子どもの自殺 … 141
青少年白書
　→活字離れ …………………… 67
　→青少年白書 ………………… 204
　→ピーターパンシンドローム … 275
青少年非行 →少年非行 ………… 186
青少年保護条例
　→青少年保護条例 …………… 205
　→有害図書 …………………… 313
青少年問題 →青少年白書 ……… 204
精神科医 →家庭教育カウンセラー … 69
成人教育
　→学習権 ……………………… 42
　→家庭教育学級 ……………… 69
　→キャリア教育 ……………… 82
　→成人教育 …………………… 205
成人教育学 →アンドラゴジー … 10
成人継続教育 →継続教育 ……… 118
精神疾患 →教師の燃えつき症候群 … 108
性的嫌がらせ
　→キャンパス・セクシュアル・ハラスメント ……………………… 82
　→スクール・セクシャル・ハラスメント ……………………………… 198
性的虐待 →児童虐待 …………… 161
性的搾取 →子どもの人権 ……… 141
生徒会
　→生徒会 ……………………… 206
　→特別活動 …………………… 257
生徒心得 →校則 ………………… 124
生徒指導
　→カウンセリングマインド … 38
　→教育実習 …………………… 92
　→指導主事 …………………… 163
　→生徒指導 …………………… 206
生徒の懲戒 →生徒の懲戒 ……… 207
生徒文化
　→教育女性学 ………………… 94
　→生徒文化 …………………… 207
生徒理解

セイネン

→カウンセリングマインド ……… 38
　→児童・生徒理解 ………………… 163
青年海外協力隊　→開発教育 ……… 38
成年コミック　→有害図書 ………… 313
青年の家　→自然教室 ………………… 158
性の自己決定　→援助交際 ………… 27
性の商品化　→ブルセラ …………… 286
性非行　→テレクラ ………………… 249
性描写
　→テレビ社会 …………………… 249
　→有害図書 ……………………… 313
　→Vチップ ……………………… 336
制服　→学校文化 …………………… 66
性役割　→家庭科男女共修 ………… 67
セカンドスクール　→自然教室 …… 158
セクシュアル・ハラスメント
　→キャンパス・セクシュアル・ハラ
　　スメント ………………………… 82
　→スクール・セクシャル・ハラスメ
　　ント ……………………………… 198
せたがやチャイルドライン　→チャイ
　ルドライン ………………………… 239
セックスコミック　→有害図書 …… 313
摂食障害　→摂食障害 ……………… 208
絶対評価
　→指導要録 ……………………… 166
　→到達度評価 …………………… 252
絶対評価・相対評価
　→教育評価 ……………………… 99
　→絶対評価・相対評価 ………… 208
説明責任　→アカウンタビリティー …… 5
セメスター制
　→セメスター制 ………………… 208
　→大学改革 ……………………… 219
セリ　→CERI ……………………… 329
ゼロ次試験　→推薦入試 …………… 196
ゼロ免課程・コース　→ゼロ免課程・
　コース ……………………………… 209
前期中等教育　→6・3・3制 ……… 324
全教　→全教 ………………………… 209
全国高校総合体育大会　→全国高校総
　合体育大会 ………………………… 209
全国高校PTA連合会　→オートバイ規
　制 …………………………………… 30
全国高等学校体育連盟　→全国高校総
　合体育大会 ………………………… 209

全国子どもプラン　→全国子どもプラ
　ン …………………………………… 210
戦後補償　→歴史教科書問題 ……… 323
潜在的カリキュラム　→潜在的カリキ
　ュラム ……………………………… 210
専修・各種学校　→ダブルスクール族 231
専修学校
　→学校間連携 …………………… 54
　→専修学校 ……………………… 211
専修免許状
　→現職教育 ……………………… 121
　→大学院修学休業制度 ………… 219
全人教育　→シュタイナー学校 …… 176
先進的教育用ネットワークモデル地域
　事業　→インターネットと教育 … 19
ぜんそく　→小児心身症 …………… 184
センター・オブ・エクセレンス　→
　COE ……………………………… 329
センター給食　→センター給食 …… 211
選択学習
　→学校間連携 …………………… 54
　→選択教科制 …………………… 212
選択科目　→総合選択制高校 ……… 216
選択教科制　→選択教科制 ………… 212
選択性緘黙症　→緘黙児 …………… 74
選択制の公立学校　→チャータースク
　ール ………………………………… 239
センター試験
　→教育情報の公開 ……………… 93
　→大学入試改革 ………………… 226
先端科学技術大学大学院
　→先端科学技術大学大学院 …… 212
　→総合研究大学院大学 ………… 215
全日教連　→全日教連 ……………… 212
全日本教職員組合　→全教 ………… 209
全日本教職員組合協議会　→全教 … 209
全日本教職員連盟　→全日教連 …… 212
専門学校
　→専修学校 ……………………… 211
　→専門学校 ……………………… 213
専門課程　→専門学校 ……………… 213
専門教育
　→一般教育 ……………………… 16
　→学院構想 ……………………… 40
　→高等専門学校 ………………… 125
　→専門教育 ……………………… 213
　→大学設置基準の大綱化 ……… 224

→法科大学院 …………………… 291
　　→ミドルスクール ……………… 302
専門高校　→理科教育及び産業教育審
　議会 ………………………………… 318
専門大学院
　　→専門大学院 …………………… 213
　　→法科大学院 …………………… 291

【ソ】

総括的評価
　　→教育評価 ……………………… 99
　　→総括的評価 …………………… 213
　　→到達度評価 …………………… 252
早期教育　→早期教育 ……………… 214
早期療育　→早期教育 ……………… 214
総合科　→職業教育 ………………… 189
総合学習
　　→課題学習 ……………………… 50
　　→総合学習 ……………………… 214
　　→ポートフォリオ ……………… 295
　　→NIE …………………………… 332
総合学科　→総合学科 ……………… 215
総合研究大学院大学
　　→総合研究大学院大学 ………… 215
　　→独立大学院 …………………… 259
総合職　→単身赴任家庭 …………… 233
総合制高校　→総合選択制高校 …… 216
総合選択制高校　→総合選択制高校 … 216
総合選抜制
　　→公立校離れ …………………… 128
　　→総合選抜制 …………………… 216
総合大学院　→総合大学院 ………… 216
総合的な学習の時間
　　→演劇教育 ……………………… 26
　　→教育課程審議会答申 ………… 87
　　→小学校での英語教育導入 …… 182
　　→新学習指導要領 ……………… 191
　　→総合的な学習の時間 ………… 217
　　→体験学習 ……………………… 228
　　→博物館 ………………………… 269
　　→バリアフリー ………………… 271
相対評価
　　→教育評価 ……………………… 99
　　→指導要録 ……………………… 166

　　→絶対評価・相対評価 ………… 208
　　→総括的評価 …………………… 213
　　→相対評価 ……………………… 217
　　→到達度評価 …………………… 252
双方向遠隔教育　→マルチメディア教
　育 …………………………………… 300
ソシオメトリー　→ソシオメトリー … 217
ソーシャルワーク　→スクール・ソー
　シャルワーカー …………………… 199
卒業式
　　→学校行事 ……………………… 57
　　→卒業式 ………………………… 218
　　→日の丸・君が代問題 ………… 277

【タ】

体育館　→学校公園 ………………… 59
第1次ベビーブーム　→高校全入時代 · 123
ダイオキシン　→環境問題と学校 …… 73
退学　→生徒の懲戒 ………………… 207
大学院改革
　　→学院構想 ……………………… 40
　　→大学院改革 …………………… 218
大学院修学休業制度
　　→現職教育 ……………………… 121
　　→大学院修学休業制度 ………… 219
大学院設置基準　→大学院改革 …… 218
大学院大学　→独立大学院 ………… 259
大学運営の円滑化について　→大学運
　営の円滑化について ……………… 219
大学改革
　　→シラバス ……………………… 190
　　→大学改革 ……………………… 219
大学開放
　　→コミュニティ・カレッジ …… 145
　　→大学開放 ……………………… 220
　　→大学公開講座 ………………… 221
大学拡張　→大学開放 ……………… 220
大学教員定年制　→大学教員の任期制 220
大学教員の任期制　→大学教員の任期
　制 …………………………………… 220
大学教授
　　→大学教員の任期制 …………… 220
　　→大学教授 ……………………… 221
　　→大学非常勤講師問題 ………… 227

タイカク

大学公開講座
　→高齢者教育 ………………… 129
　→大学開放 …………………… 220
　→大学公開講座 ……………… 221
大学自己評価　→大学自己評価 …… 222
大学自治
　→教授会 ……………………… 110
　→大学自治 …………………… 222
　→開かれた大学 ……………… 280
大学受験
　→学習塾・予備校 …………… 43
　→予備校 ……………………… 316
大学進学率
　→学歴社会 …………………… 49
　→公立校離れ ………………… 128
　→大学進学率 ………………… 223
大学審議会
　→一般教育 …………………… 16
　→学位制度改革 ……………… 40
　→就職協定 …………………… 174
　→大学運営の円滑化について … 219
　→大学自治会 ………………… 222
　→大学審議会 ………………… 223
　→大学全入時代 ……………… 224
　→臨教審答申 ………………… 322
大学審議会答申
　→インターネットと大学 …… 20
　→遠隔教育 …………………… 25
　→教養部改革 ………………… 112
　→大学改革 …………………… 219
　→大学教員の任期制 ………… 220
　→大学設置基準の大綱化 …… 224
大学生登校拒否　→ステューデント・アパシー ………………………… 199
大学設置基準
　→社会人大学院 ……………… 170
　→専門教育 …………………… 213
　→大学自己評価 ……………… 222
　→臨教審答申 ………………… 322
大学設置基準の大綱化
　→一般教育 …………………… 16
　→大学改革 …………………… 219
　→大学設置基準の大綱化 …… 224
大学全入時代
　→高等教育のユニバーサル化 … 125
　→受験浪人 …………………… 176
　→大学全入時代 ……………… 224

　→大学倒産の時代 …………… 225
　→予備校 ……………………… 316
大学通信教育
　→大学開放 …………………… 220
　→大学通信教育 ……………… 225
　→開かれた大学 ……………… 280
大学等技術移転促進法
　→技術移転機関 ……………… 77
　→産学協同 …………………… 150
大学倒産の時代　→大学倒産の時代 …… 225
大学入学資格検定　→大学入学資格検定 ………………………… 225
大学入学資格　→放送大学 ………… 293
大学入試改革
　→一芸型入試 ………………… 16
　→推薦入試 …………………… 196
　→大学入試改革 ……………… 226
　→大学入試センター試験 …… 227
　→AO入試 …………………… 327
大学入試センター　→大学入試センター ………………………………… 227
大学入試センター試験
　→大学入試センター ………… 227
　→大学入試センター試験 …… 227
大学入試問題　→予備校 …………… 316
大学のレジャー・ランド化　→五月病 … 129
大学非常勤講師問題　→大学非常勤講師問題 ……………………………… 227
大学評価　→国公私トップ30 ……… 138
大学評価・学位授与機構
　→大学自己評価 ……………… 222
　→大学評価・学位授与機構 … 228
大学分科会　→中央教育審議会 …… 240
大学レジャーランド論　→大学レジャーランド論 ………………………… 228
対教師暴力
　→新しい「荒れ」 …………… 7
　→校内暴力 …………………… 126
　→対教師暴力 ………………… 228
大検
　→外国人子女教育 …………… 36
　→受験資格の弾力化 ………… 175
　→大学入学資格検定 ………… 225
体験学習
　→きのくに子どもの村学園 … 79
　→勤労生産・奉仕的行事 …… 114
　→体験学習 …………………… 228

→トライやる・ウィーク ………… 260
　　→ものづくり ……………………… 306
体験学習プログラム　→修学旅行 …… 171
体験活動　→心の教育 ………………… 136
体験活動ボランティア支援センター
　　→奉仕活動義務化 ……………… 291
体験教室　→理工系離れ ……………… 319
体験交流事業　→ふるさと交流学習 … 286
体験参加型学習　→シミュレーション
　教材 …………………………………… 168
第三世界　→開発教育 ………………… 38
大衆化
　　→高等教育のユニバーサル化 …… 125
　　→五月病 ………………………… 129
退職準備教育
　　→企業内教育 …………………… 75
　　→退職準備教育 ………………… 229
耐性のない子ども　→キレる ………… 112
第2次性徴
　　→性教育 ………………………… 203
　　→発達加速現象 ………………… 270
第2次ベビーブーム
　　→少子化時代 …………………… 182
　　→40人学級 …………………… 317
第2次臨調　→教科書無償制度 ……… 106
第二反抗期の喪失　→第二反抗期の喪
　失 ……………………………………… 230
体罰
　　→風の子学園 …………………… 50
　　→学校事故・事件 ……………… 59
　　→管理主義教育 ………………… 74
　　→教職員の懲戒 ………………… 111
　　→子どもの人権 ………………… 141
　　→体罰 …………………………… 230
　　→戸塚ヨットスクール事件 …… 259
　　→引きこもり …………………… 273
ダイヤルQ^2　→ダイヤルQ^2 ………… 231
高倉台公園　→学校公園 ……………… 59
高嶋伸欣　→教科書裁判 ……………… 104
多元的尺度　→偏差値 ………………… 289
脱学校論
　　→脱学校論 ……………………… 231
　　→ホームスクーリング ………… 296
達成動機　→達成動機 ………………… 231
ダブルスクール族　→ダブルスクール
　族 ……………………………………… 231
多文化教育　→異文化間教育 ………… 17

多文化主義教育　→帰国子女教育 …… 76
多民族教育　→異文化間教育 ………… 17
ダルトン・プラン　→フリースクール 284
単位互換制度
　　→インターネットと大学 ……… 20
　　→大学改革 ……………………… 219
　　→単位互換制度 ………………… 232
単位制
　　→原級留置 ……………………… 120
　　→留年 …………………………… 322
単位制高校
　　→単位制高校 …………………… 232
　　→臨教審答申 …………………… 322
単願
　　→埼玉方式 ……………………… 148
　　→単願 …………………………… 232
単元学習
　　→課題学習 ……………………… 50
　　→総合学習 ……………………… 214
男女共学
　　→教育基本法 …………………… 90
　　→共学・別学 …………………… 102
男女共学制　→高校三原則 …………… 122
男女混合名簿
　　→教育女性学 …………………… 94
　　→ジェンダー・フリー教育 …… 152
　　→男女混合名簿 ………………… 232
男女平等教育　→ジェンダー・フリー
　教育 …………………………………… 152
単親家庭　→ひとり親家庭 …………… 275
単身赴任　→父親の不在化 …………… 235
単身赴任家庭　→単身赴任家庭 ……… 233
単線型学校制度
　　→学校教育法 …………………… 57
　　→単線型学校制度 ……………… 233
　　→複線型学校制度 ……………… 282
　　→6・3・3制 ………………… 324
短大　→女子校の共学化 ……………… 190
短大通信教育　→大学通信教育 ……… 225
単独校調理方式　→学校給食 ………… 55
単独選抜制
　　→グループ合同選抜制 ………… 116
　　→単独選抜制 …………………… 233
単独調理方式　→センター給食 ……… 211
ダンマリッ子　→緘黙児 ……………… 74

【 チ 】

地域安全活動　→子ども110番の家 … 144
地域学習　→地域学習 ……………… 233
地域教育　→地域学習 ……………… 233
地域教育活性化センター
　→地域教育活性化センター ……… 234
　→地域教育連絡協議会 …………… 234
地域教育連絡協議会
　→地域教育活性化センター ……… 234
　→地域教育連絡協議会 …………… 234
地域交流教育　→自然教室 ………… 158
地域施設　→学校施設の複合化 …… 61
地域社会学校　→コミュニティスクール ……………………………………… 145
地域人材の活用　→開かれた学校 … 279
地域徒党集団　→ギャングエイジ … 82
地域に根ざした学校
　→地域に根ざした学校 …………… 234
　→開かれた学校 …………………… 279
地域の教育機能　→「今後の地方教育行政のあり方について」………… 146
地域の教育力
　→学校外教育 ……………………… 53
　→児童館 …………………………… 160
　→地域の教育力 …………………… 235
地域の人材
　→地域に根ざした学校 …………… 234
　→地域の教育力 …………………… 235
　→特別非常勤講師制度 …………… 258
　→特別免許状 ……………………… 258
　→開かれた学校 …………………… 279
地域博物館　→博物館 ……………… 269
地球サミット　→環境教育 ………… 72
地球市民教育　→グローバル教育 … 117
地教行法　→「地方教育行政の組織及び運営に関する法律」…………… 237
父親の不在化
　→しつけ …………………………… 160
　→単身赴任家庭 …………………… 233
　→父親の不在化 …………………… 235
　→母原病 …………………………… 294
チック　→小児心身症 ……………… 184

知能検査　→知能検査 ……………… 236
知能偏差値　→学業不振児 ………… 40
ちびくろさんぼ　→ちびくろさんぼ … 237
地方教育委員会　→教育委員会 …… 83
「地方教育行政の組織及び運営に関する法律」→「地方教育行政の組織及び運営に関する法律」………… 237
地方教育行政の組織及び運営に関する法律
　→地方分権一括法 ………………… 237
　→問題教員 ………………………… 308
地方教育行政法　→教育法 ………… 100
地方分権一括法
　→教育委員会 ……………………… 83
　→教育長 …………………………… 95
　→地方分権一括法 ………………… 237
地方分権の推進を図るための関係法律の整備等に関する法律　→地方分権一括法 ………………………………… 237
チーム・ティーチング
　→インフォーマルエデュケーション 22
　→チームティーチング …………… 238
　→ミドルスクール ………………… 302
チャイルドアビューズ　→児童虐待 … 161
チャイルドライン　→チャイルドライン ……………………………………… 239
チャータースクール　→チャータースクール ……………………………………… 239
注意欠陥・多動性障害　→ADHD … 326
中央教育審議会
　→異文化理解 ……………………… 17
　→教育改革提言 …………………… 85
　→教育内容の厳選 ………………… 96
　→教養部改革 ……………………… 112
　→心の教育 ………………………… 136
　→自己教育力 ……………………… 156
　→生涯学習審議会 ………………… 179
　→中央教育審議会 ………………… 240
　→理科教育及び産業教育審議会 … 318
中央省庁の再編　→文部科学省 …… 309
中学卒業認定の弾力化　→不登校 … 283
中核的研究拠点育成制度　→COE … 329
中学校卒業程度認定試験　→中学校卒業程度認定試験 ……………………… 240
昼間部　→夜間学部 ………………… 310
中教審答申
　→生きる力 ………………………… 11

→学校開放	54
→学校のスリム化	64
→学校評議員制度	65
→家庭教育カウンセラー	69
→基本的生活習慣	80
→教育委員会	83
→教育課程審議会	87
→高校入試改革	124
→「今後の地方教育行政のあり方について」	146
→生涯学習振興法	179
→小学校での英語教育導入	182
→職員会議	189
→新学力観	192
→進路指導	195
→単身赴任家庭	233
→地域教育活性化センター	234
→地域教育連絡協議会	234
→中教審答申	240
→飛び級・飛び入学	260
→入学者受け入れ方針	266
→自ら学び、自ら考える力	301
→ゆとりある学校教育	313
LL	331

中高一貫教育
→中高一貫教育	241
→中高一貫教育校	242
→中等教育学校	243
→併設型中高一貫教育校	287

中高一貫教育校
→学校教育法	57
→中高一貫教育校	242
→複線型学校制度	282
→単線型学校制度	233

中国帰国者教育　→中国帰国者教育　242
中国道少女死亡事件　→中国道少女死亡事件 243
中退　→不本意入学・就学　284

中等教育学校
→学校教育法	57
→中高一貫教育	241
→中高一貫教育校	242
→中等教育学校	243
→6・3・3制	324

昼夜開講制
→大学改革	219
→大学設置基準の大綱化	224
→昼夜開講制	243

懲戒
→教職員人事	110
→教職員の懲戒	111
→生徒の懲戒	207

懲戒処分
→教職員の懲戒	111
→体罰	230

懲戒退学　→生徒の懲戒　207
調査書　→内申書　261

長寿学園
→高齢者教育	129
→長寿学園	244

朝鮮学校　→受験資格の弾力化　175
朝鮮高級学校　→全国高校総合体育大会　209
朝鮮人学校　→在日韓国・朝鮮人教育　149
町内会　→地域の教育力　235

【ツ】

通学区域
→学区制	52
→特認校制度	256

通学区域弾力化
→教育改革プログラム	85
→通学区域の自由化	244

通学区域の自由化　→通学区域の自由化　244
通学区域のブロック別自由化　→通学区域の自由化　244

通級制度
→障害児学級	180
→通級制度	244
→統合教育	251
→養護学校	315

通塾率　→学習塾・予備校　43
通信衛星　→遠隔教育　25

通信教育
→遠隔教育	25
→海外子女教育	34
→教育文化産業	99
→社会教育法	169

通信制高校　→通信制高校　245
通信制大学　→インターネットと大学　20

ツウシン　　　　　　　　　　　438

通信制大学院　→教育訓練給付制度… 91
通信簿　→通信簿 ………………… 245
通信メディア　→オープンユニバーシティ ……………………………… 31
通知表
　→通信簿 ……………………… 245
　→到達度評価 ………………… 252
ツーショットダイアル　→テレクラ… 249
筒井康隆　国語教科書差別表現問題 130
詰め込み教育　→数学教育の国際比較 197

【テ】

低開発諸国　→開発教育……………… 38
停学　→生徒の懲戒………………… 207
低学力
　→落ちこぼれ ………………… 30
　→新学力調査 ………………… 193
　→低学力 ……………………… 246
定時制高校　→定時制高校 ………… 247
停職　→教職員の懲戒 ……………… 111
ディスクーリング論　→脱学校論… 231
低体温児　→低体温児 ……………… 247
ティームティーチング
　→オーラルコミュニケーション … 33
　→習熟度別指導 ……………… 174
　→チームティーチング ……… 238
　→ALT ………………………… 326
適応教育
　→帰国子女教育 ……………… 76
　→中国帰国者教育 …………… 242
適応指導教育　→適応指導教育 …… 248
適応指導教室　→出席認定の弾力化… 177
適温給食　→センター給食 ………… 211
適正規模
　→学校統廃合 ………………… 62
　→適正規模 …………………… 248
適性検査
　→子どものプライバシー …… 144
　→適性検査 …………………… 248
適性テスト　→アチーブメントテスト… 8
出口論争　→教育技術の法則化運動… 89
デジタルコミュニティスクール　→コミュニティスクール ……………… 145
出前講座　→理工系離れ …………… 319

テレクラ　→テレクラ ……………… 249
テレビ
　→遠隔教育 …………………… 25
　→活字離れ …………………… 67
テレビ社会　→テレビ社会 ………… 249
田園生活学校　→自然教室 ………… 158
添削指導　→通信制高校…………… 245
電子技術総合研究所　→COE……… 329
転入学
　→転入学 ……………………… 250
　→編入学 ……………………… 290
電波高専　→高等専門学校 ………… 125
テンプル大学　→アメリカ大学日本分校 ……………………………… 9
電話相談　→チャイルドライン …… 239

【ト】

トイフル　→TOEFL ………………… 335
動機づけ
　→コミュニカティブアプローチ … 144
　→動機づけ …………………… 250
　→不本意入学・就学 ………… 284
東京シューレ　→東京シューレ …… 251
東京都立国際高校　→東京都立国際高校 ……………………………… 251
統合カリキュラム　→インフォーマルエデュケーション ……………… 22
統合教育
　→インクルージョン ………… 18
　→通級制度 …………………… 244
　→統合教育 …………………… 251
　→特別なニーズ教育 ………… 258
　→メインストリーミング …… 303
登校拒否
　→生徒指導 …………………… 206
　→戸塚ヨットスクール事件 … 259
　→不登校 ……………………… 283
　→不本意入学・就学 ………… 284
登校拒否を考える会　→東京シューレ 251
東大解体　→東大解体 ……………… 252
東大駒場寮　→東大駒場寮 ………… 252
到達度　→ポートフォリオ ………… 295
到達度評価
　→教育評価 …………………… 99

→形成的評価 ･･･････････････････ 118
　　→絶対評価・相対評価 ･････････ 208
　　→到達度評価 ･･････････････････ 252
道徳教育
　　→心の教育 ････････････････････ 136
　　→修身教育 ････････････････････ 174
　　→道徳教育 ････････････････････ 253
糖尿病　→子どもの生活習慣病 ･･････ 143
動脈硬化　→子どもの生活習慣病 ････ 143
同和教育　→同和教育 ･･････････････ 254
特殊学級
　　→障害児学級 ･･････････････････ 180
　　→養護学校 ････････････････････ 315
特殊教育
　　→障害児教育 ･･････････････････ 181
　　→ノーマライゼーション ･･･････ 267
読書
　　→朝の読書運動 ･････････････････ 5
　　→読書指導 ････････････････････ 256
読書のアニマシオン　→読書のアニマ
　　シオン ･･･････････････････････ 255
特色ある学校づくり　→特色ある学校
　　づくり ･･･････････････････････ 255
読書指導
　　→読書のアニマシオン ･････････ 255
　　→読書指導 ････････････････････ 256
特設道徳　→道徳教育 ･･････････････ 253
特定非営利活動促進法　→NPO法 ･･･ 332
特定非営利活動法人　→東京シューレ 251
得点処理法　→S‐P表 ･････････････ 334
特認校制度　→特認校制度 ･･････････ 256
特別活動
　　→学校行事 ･････････････････････ 57
　　→クラブ活動 ･･････････････････ 115
　　→小学校での英語教育導入 ･････ 182
　　→生徒会 ･･････････････････････ 206
　　→特別活動 ････････････････････ 257
　　→部活動 ･･････････････････････ 281
特別教室　→余裕教室 ･･････････････ 317
特別研究員制度　→特別研究員制度 ･･ 257
特別指導室方式　→統合教育 ････････ 251
特別なニーズ教育
　　→インクルージョン ････････････ 18
　　→統合教育 ････････････････････ 251
　　→特別なニーズ教育 ･･･････････ 258
特別非常勤講師制度　→特別非常勤講
　　師制度 ･･･････････････････････ 258

特別免許状　→特別免許状 ･･････････ 258
独立研究科　→教養部改革 ･･････････ 112
独立大学院
　　→先端科学技術大学大学院 ･････ 212
　　→総合研究大学院大学 ･････････ 215
　　→総合大学院 ･･････････････････ 216
　　→大学院改革 ･･････････････････ 218
　　→独立大学院 ･･････････････････ 259
図書館
　　→インテリジェントスクール ･･･ 21
　　→図書館 ･･････････････････････ 259
戸塚ヨットスクール事件
　　→体罰 ････････････････････････ 230
　　→戸塚ヨットスクール事件 ･････ 259
特許　→技術移転機関 ･･･････････････ 77
突発型暴力　→キレる ･･････････････ 112
ドーナツ化現象　→学校統廃合 ･･････ 62
飛び級・飛び入学　→飛び級・飛び入
　　学 ････････････････････････････ 260
トピック学習　→課題学習 ･･･････････ 50
飛び入学制度　→教育改革プログラム 85
トーフル　→TOEFL ･･････････････ 335
土曜日課　→土曜日課 ･･････････････ 260
豊橋技術科学大学　→技術科学大学 ･･ 77
トライやる・ウィーク　→トライやる・
　　ウィーク ･････････････････････ 260
都立高入試　→単独選抜制 ･･････････ 233
トリプルスクール　→ダブルスクール
　　族 ････････････････････････････ 231
トロウ　→高等教育のユニバーサル化 125
ドロップアウト　→五月病 ･･････････ 129
ドロップアウト現象　→高校中退者12
　　万人時代 ･････････････････････ 124

【ナ】

内申書
　　→教育情報の公開 ･･･････････････ 93
　　→子どものプライバシー ･･･････ 144
　　→内申書 ･･････････････････････ 261
内定動機づけ　→動機づけ ･･････････ 250
長岡技術科学大学　→技術科学大学 ･･･ 77
中野富士見中事件　→中野富士見中事
　　件 ････････････････････････････ 262
中森明夫　→おたく族 ･･･････････････ 30

ナコヤコ

名古屋5000万円恐喝事件　→名古屋5000万円恐喝事件	262
七三一部隊　→教科書裁判	104
鳴門教育大学　→教育情報科学・工学	93
南京大虐殺　→歴史教科書問題	323

【ニ】

新潟県上越市立春日中いじめ自殺事件　→新潟県上越市立春日中いじめ自殺事件	262
二言語教育　→バイリンガル教育	268
西鉄高速バスジャック事件　→西鉄高速バスジャック事件	263
21世紀を展望した我が国の教育の在り方について　→生きる力	11
21世紀教育新生プラン　→21世紀教育新生プラン	263
21世紀の特殊教育の在り方に関する調査研究協力者会議　→ノーマライゼーション	267
20人授業　→教職員定数改善計画	110
日常的しつけ　→学校のスリム化	64
日米教育委員会　→フルブライト留学	286
日教連　→全日教連	212
日高教　→日高教	264
日本育英会　→育英奨学制度	12
日本インターンシップ学会　→インターンシップ	20
日本演劇教育連盟　→演劇教育	26
日本を守る国民会議　→歴史教科書問題	323
日本学術会議	
→学問の自由	48
→日本学術会議	264
日本学術振興会　→学術国際交流	45
日本教育法学会　→教育法	100
日本教職員組合	
→教育自由化論	93
→高校全入時代	123
→日本教職員組合	265
日本教職員連盟　→全日教連	212
日本高等学校教職員組合　→日高教	264
日本語学級	
→日本語学級	265
→夜間中学	311
日本語学校　→外国人就学生	37
日本語教育　→教育の国際化	97
日本語教室　→中国帰国者教育	242
日本国際交流センター　→学術国際交流	45
日本国際理解教育学会　→国際理解教育	132
日本語指導	
→外国人子女教育	36
→日本語学級	265
日本私学振興・共済事業団　→私学助成金	154
日本識字教育信託基金　→国際識字年	131
日本小児科医会　→子どものこころ相談医	141
日本人学校・補習授業校　→日本人学校・補習授業校	265
日本新教職員組合連合　→全日教連	212
日本人校	
→海外子女教育	34
→在日韓国・朝鮮人教育	149
日本新聞教育文化財団　→NIE	332
日本新聞協会	
→少年犯罪・事件の実名報道	185
→NIE	332
日本スクールソーシャルワーク協会　→スクール・ソーシャルワーカー	199
日本生活指導学会　→生活指導	202
日本生活体験学習学会　→生活体験学習	202
日本BBS連盟　→BBS運動	327
入学金　→学費	48
入学資格	
→高等専修学校	125
→受験資格の弾力化	175
→専門学校	213
入学式　→学校行事	57
入学者受け入れ方針　→入学者受け入れ方針	266
入学者選抜	
→高校全入時代	123
→大学入試改革	226
入試の多様化　→推薦入試	196
ニューハンプシャー大学　→エルダーホステル	24
二輪車　→オートバイ規制	30

ニール →フリースクール............ 284
ニールスクール →サマーヒル学園‥ 150

【ネ】

ネグレクト →児童虐待............... 161
ネットワーク利用環境提供事業 →100
  校プロジェクト................... 278
年功主義 →能力主義................ 267
年数主義 →年齢主義................ 266
年齢主義 →年齢主義................ 266

【ノ】

能力主義
  →エリート教育 24
  →大学入試改革 226
  →能力主義 267
能力別学級編成
  →習熟度別指導 174
  →能力別学級編成 267
ノーマライゼーション
  →統合教育 251
  →ノーマライゼーション 267
ノールズ →アンドラゴジー......... 10
ノンフォーマルエデュケーション
  →インフォーマルエデュケーション 22
  →成人教育 205
  →ノンフォーマルエデュケーション 268

【ハ】

バイク →オートバイ規制 30
売春行為 →援助交際 27
買春等処罰規定 →援助交際......... 27
バイリンガル教育 →バイリンガル教
  育 268
バウチャー →教育バウチャー 97
博士 →学位制度改革 40

博物館
  →学芸員 40
  →博物館 269
パークボランティア →自然保護教育 158
派遣社会教育主事 →社会教育主事‥ 169
梯子型学校制度 →単線型学校制度‥ 233
箸の使用 →先割れスプーン......... 149
バズ学習 →バズ学習 269
パソコン教室 →コンピュータ教育‥ 147
パソコン通信
  →遠隔教育 25
  →コンピュータ教育 147
パソコン用ゲームソフト →有害図書 313
パーソナリティー →アイデンティテ
  ィ 3
パーソンズ →若者文化............. 325
バタードチャイルド症候群 →被虐待
  児症候群 274
バタフライナイフ
  →黒磯市中学校教師殺害事件 116
  →バタフライナイフ 270
発見学習 →問題解決学習 307
発達加速現象 →発達加速現象....... 270
発達課題 →発達課題 270
発達段階
  →キャリア教育 82
  →ミドルスクール 302
ハートシステム →大学入試センター 227
羽根木プレーパーク →羽根木プレー
  パーク 271
パブリックアカウンタビリティー →ア
  カウンタビリティー 5
場面緘黙症 →緘黙児............... 74
バリアフリー →バリアフリー....... 271
バーンアウト症候群
  →教師ストレス 107
  →教師の燃えつき症候群 108
犯罪少年 →少年非行............... 186
反社会的行為 →ギャングエイジ...... 82
反社会的問題行動
  →遊び型非行 6
  →問題行動 308
阪神・淡路大震災 →阪神大震災と学
  校 272
阪神大震災 →学校における防災対策・ 63
阪神大震災と学校 →阪神大震災と学
  校 272

ハンニン　　　　　　　　　　　442

万人のための生涯学習の実現　→OECD
　教育大臣会議 ………………………… 333
反応分析機　→反応分析機 ………… 273
反応分析装置
　→教育機器 …………………………… 89
　→反応分析機 ……………………… 273

【ヒ】

非営利活動　→NPO法 ……………… 332
ビオトープ　→学校ビオトープ ……… 64
光ファイバ　→遠隔教育 ……………… 25
光ファイバー通信　→マルチメディア
　教育 ………………………………… 300
引きこもり
　→家庭内暴力 ………………………… 70
　→引きこもり ……………………… 273
被虐待児症候群
　→児童虐待 ………………………… 161
　→被虐待児症候群 ………………… 274
樋口恵子　→家庭科男女共修 ………… 67
非行
　→アカウンタビリティー …………… 5
　→遊び型非行 ………………………… 6
　→指導困難校・困難児 …………… 163
　→父親の不在化 …………………… 235
非行の第4の波
　→少年非行 ………………………… 186
　→非行の第4の波 ………………… 274
非指示的カウンセリング　→指示的カ
　ウンセリング ……………………… 156
ビジネス・スクール
　→キャリアアップ …………………… 81
　→専門大学院 ……………………… 213
非社会的問題行動
　→ステューデント・アパシー …… 199
　→問題行動 ………………………… 308
非常勤講師　→大学非常勤講師問題 ‥ 227
ピースボート　→ピースボート …… 274
ピーターパンシンドローム　→ピータ
　ーパンシンドローム ……………… 275
ビデオ　→青少年保護条例 ………… 205
ビデオ規制　→ビデオ規制 ………… 275
ビデオ利用　→放送教育 …………… 292
等しく教育を受ける権利　→補習授業 294

ひとり親家庭　→ひとり親家庭 …… 275
ひとりっ子　→ひとりっ子 ………… 276
ビネー　→知能検査 ………………… 236
ビネー式知能検査　→WAIS‐R …… 336
日の丸　→卒業式 …………………… 218
日の丸・君が代
　→埼玉県立所沢高校 ……………… 148
　→日の丸・君が代問題 …………… 277
　→臨教審答申 ……………………… 322
肥満　→子どもの生活習慣病 ……… 143
肥満児　→肥満児 …………………… 278
100校プロジェクト
　→インターネットと教育 ………… 19
　→100校プロジェクト …………… 278
評価　→教育課程審議会答申 ………… 87
病原性大腸菌　→学校給食とO‐157‥ 56
標準学力テスト　→アチーブメントテ
　スト …………………………………… 8
標準偏差　→偏差値 ………………… 289
評定項目　→観点別学習状況 ………… 74
平等主義　→教育における平等主義 ‥ 96
開かれた学校
　→大阪教育大学付属池田小学校児童
　　殺傷事件 …………………………… 28
　→学校評議員制度 …………………… 65
　→開かれた学校 …………………… 279
開かれた大学　→開かれた大学 …… 280

【フ】

ファカルティ・ディベロップメント　→フ
　ァカルティ・ディベロップメント 280
ファクシミリ　→遠隔教育 …………… 25
ファミリーサポートセンター　→ファ
　ミリーサポートセンター ………… 281
ファラデー　→クリスマス・レクチャ
　ー …………………………………… 115
フィランソロピー　→メセナ ……… 303
フィールドワーク
　→エスノグラフィー ………………… 24
　→野外調査 ………………………… 310
　→KJ法 …………………………… 331
フォーマルエデュケーション　→ノン
　フォーマルエデュケーション …… 268
フォール報告　→学習社会 …………… 42

部活動
　　→学校のスリム化 ････････････････ 64
　　→学校文化 ･･･････････････････････ 66
　　→子どものストレス ････････････ 142
　　→部活動 ･･･････････････････････ 281
複合施設化　→開かれた学校 ････････ 279
複合選抜制　→複合選抜制 ･･････････ 282
複式学級　→僻地教育 ････････････････ 288
複線型学校制度
　　→単線型学校制度 ････････････････ 233
　　→複線型学校制度 ････････････････ 282
父原病　→母原病 ････････････････････ 294
藤岡信勝
　　→自虐史観・自由主義史観 ･･････ 155
　　→自由主義史観 ････････････････ 174
父子家庭　→ひとり親家庭 ････････････ 275
父性
　　→父親の不在化 ････････････････ 235
　　→父性 ･･･････････････････････ 283
父性の不在　→キレる ････････････････ 112
プチ家出　→プチ家出 ････････････････ 283
不定愁訴　→低体温児 ････････････････ 247
不適格教員　→問題教員 ････････････ 308
不登校
　　→インターネットと教育 ･･･････ 19
　　→学校ぎらい ････････････････ 58
　　→学校不適応対策調査研究協力者会
　　議 ･････････････････････････ 66
　　→家庭内暴力 ･･････････････････ 70
　　→受験資格の弾力化 ････････････ 175
　　→出席認定の弾力化 ････････････ 177
　　→中学校卒業程度認定試験 ･･････ 240
　　→特別なニーズ教育 ････････････ 258
　　→不登校 ･････････････････････ 283
　　→フリースクール ････････････ 284
　　→問題行動 ･･･････････････････ 308
不登校児童
　　→適応指導教育 ･･････････････ 248
　　→保健室登校 ･････････････････ 294
不登校児民間委託　→学校不適応対策
　調査研究協力者会議 ･･････････････ 66
不登校生徒　→高校入試改革 ･･･････ 124
不本意入学
　　→学校群制度 ･･･････････････ 58
　　→単独選抜制 ･･･････････････ 233
不本意入学・就学　→不本意入学・就
　学 ･･････････････････････････ 284

プライバシー権　→内申書 ･･･････ 261
プライバシー情報保護　→子どものプ
　ライバシー ･･････････････････ 144
プライバシー保護　→コンピュータ教
　育 ･･･････････････････････ 147
プリクラ
　　→少女文化・少年文化 ･･･････ 183
　　→プリント倶楽部 ･･･････････ 285
フリースクール
　　→オルタナティブスクール ･･ 34
　　→サマーヒル学園 ･････････ 150
　　→東京シューレ ････････････ 251
　　→フリースクール ･･･････････ 284
フリースペース　→学習塾・予備校 ･･ 43
フリーター　→モラトリアム ･･･････ 307
フリードマン　→教育バウチャー ･･ 97
プリント倶楽部　→プリント倶楽部 ･･ 285
ふるさと交流学習　→ふるさと交流学
　習 ････････････････････････ 286
ブルセラ　→ブルセラ ････････････ 286
フルブライト留学　→フルブライト留
　学 ････････････････････････ 286
フレキシブルスケジューリング　→モ
　ジュール授業方式 ･･･････････ 305
フレネ学校　→フレネ学校 ･･･････ 286
プログラム学習
　　→オペラント学習 ･････････ 32
　　→個別化教育 ･････････････ 144
　　→CAI ････････････････････ 328
ブロック別自由化　→学区制 ･･･････ 52
プロフェッショナル・スクール　→専門
　大学院 ････････････････････ 213
文化教室　→公民館 ･･･････････ 127
文化教室産業　→カルチャーセンター ･ 72
文化交流プログラム基金　→フルブラ
　イト留学 ･･･････････････････ 286
文化的生涯学習施設　→カルチャーセ
　ンター ･････････････････････ 72
分岐型学校制度　→複線型学校制度 ･･ 282
文教施設のインテリジェント化　→臨
　教審答申 ･･･････････････････ 322
文教予算
　　→義務教育費国庫負担制度 ･･････ 80
　　→私学助成金 ････････････････ 154
　　→文教予算 ･･･････････････ 287
分離・分割方式　→A・Bグループ型入
　試 ･････････････････････････ 326

【 ヘ 】

ペアレンタル・ロック　→テレビ社会 249
米国広報文化交流庁　→フルブライト
　留学 286
米国大学誘致　→アメリカ大学日本
　分校 9
併設型中高一貫教育校
　→中高一貫教育校 242
　→併設型中高一貫教育校 287
米飯給食
　→先割れスプーン 149
　→米飯給食 287
平和学習　→ピースボート 274
平和教育　→平和教育 288
僻地教育　→僻地教育 288
僻地教育振興法　→僻地教育 288
ペダゴジー　→アンドラゴジー 10
別学　→共学・別学 102
ヘッドスタート計画　→ヘッドスタート計画 289
ベビーブーム世代
　→高校中退者12万人時代 124
　→18歳人口の減少 175
　→大学進学率 223
ベル友　→メル友 305
変化への対応　→臨教審答申 322
偏差値
　→学業不振児 40
　→業者テスト 109
　→埼玉方式 148
　→受験戦争 175
　→偏差値 289
辺地教育　→僻地教育 288
編入学
　→帰国子女教育 76
　→大学開放 220
　→転入学 250
　→編入学 290
ベンポスタ共和国　→ベンポスタ共和
　国 290

【 ホ 】

保育一元化　→幼保一元化 316
保育所　→幼保一元化 316
防衛大学校　→各省大学 46
放課後児童健全育成事業　→学童保育 46
法科大学院
　→専門大学院 213
　→法科大学院 291
防災教育　→学校における防災対策 63
防災拠点　→まちづくりの核としての
　学校 299
奉仕活動　→トライやる・ウィーク 260
奉仕活動義務化　→奉仕活動義務化 291
放送学習　→放送大学 293
放送教育
　→放送教育 292
　→メディア教育 304
放送教材　→大学通信教育 225
暴走族　→暴走族 292
放送大学
　→遠隔教育 25
　→オープンユニバーシティ 31
　→大学通信教育 225
　→大学入試改革 226
　→放送大学 293
法則化　→教育技術の法則化運動 89
防犯設備　→学校の安全管理 63
訪問教育　→訪問教育 293
訪問教師　→訪問教育 293
暴力団関係少年　→暴力団関係少年 294
暴力団　→暴走族 292
暴力描写
　→テレビ社会 249
　→有害図書 313
　→Vチップ 336
北星余市高校　→北海道・北星学園余
　市高校 295
北陸先端科学技術大学大学院
　→先端科学技術大学大学院 212
　→独立大学院 259
ポケベル
　→携帯電話と学校 118

→少女文化・少年文化 ………… 183
保健室　→出席認定の弾力化 ……… 177
保健室登校
　→出席認定の弾力化 ………… 177
　→適応指導教育 ……………… 248
　→保健室登校 ………………… 294
保健体育　→薬物乱用 …………… 311
保健体育審議会　→部活動 ……… 281
母原病　→母原病 ………………… 294
保護者負担教育費　→教育費 …… 98
母子家庭　→ひとり親家庭 ……… 275
母子保健プラン　→親準備制 …… 33
補習授業　→補習授業 …………… 294
補習授業校
　→海外子女教育 ……………… 34
　→日本人学校・補習授業校 … 265
　→補習授業校 ………………… 295
母子癒着
　→父親の不在化 ……………… 235
　→母原病 ……………………… 294
補償教育　→ヘッドスタート計画 … 289
ポスト臨教審　→臨教審答申 …… 322
北海道・北星学園余市高校　→北海道・北星学園余市高校 ……………… 295
ポートフォリオ　→ポートフォリオ … 295
ホームスクーリング　→ホームスクーリング ……………………… 296
ホームステイ　→ホームステイ …… 296
ホームルーム　→特別活動 ……… 257
ホームレス　→ストリート・チルドレン ……………………………… 200
ボランティア
　→体験学習 …………………… 228
　→羽根木プレーパーク ……… 271
ボランティア活動
　→勤労生産・奉仕的行事 …… 114
　→生涯学習審議会 …………… 179
　→ボランティア教育 ………… 297
ボランティア教育　→ボランティア教育 ……………………………… 297
ポリカーボネート製食器　→学校給食用食器 ………………………… 56
ホリスティック教育　→ホリスティック教育 ……………………… 298
ポルノコミック　→有害図書 …… 313

【 マ 】

マイコン利用　→コンピュータ教育 … 147
マイノリティー　→ヘッドスタート計画 ……………………………… 289
マイノリティ教育
　→アイヌ問題教育 …………… 4
　→マイノリティ教育 ………… 298
マグネットスクール　→マグネットスクール ……………………… 299
マスタリーラーニング　→個別化教育 144
まちづくりの核としての学校
　→学校建築 …………………… 58
　→まちづくりの核としての学校 … 299
丸刈り訴訟
　→校則 ………………………… 124
　→丸刈り訴訟 ………………… 299
マルチメディア教育　→マルチメディア教育 ……………………… 300
マンガ　→活字離れ ……………… 67
マンガ学科　→マンガ文化 ……… 300
マンガ学会　→マンガ文化 ……… 300
マンガ文化　→マンガ文化 ……… 300
マンモス校　→適正規模 ………… 248

【 ミ 】

自ら学び、自ら考える教育
　→教育内容の厳選 …………… 96
　→中教審答申 ………………… 240
自ら学び、自ら考える力
　→生きる力 …………………… 11
　→基礎・基本 ………………… 78
　→総合的な学習の時間 ……… 217
　→自ら学び、自ら考える力 … 301
未成年者飲酒防止法　→青少年の飲酒 204
ミドルスクール　→ミドルスクール … 302
ミニマムエッセンシャルズ　→ミニマムエッセンシャルズ ……………… 302
ミュージアム・マネジメント
　→博物館 ……………………… 269

ミラ　　　　　　　　　　　　　446

　→ミュージアム・マネジメント　…・　302
ミラー,J.P.　→ホリスティック教育…　298
民間活力　→臨教審答申……………　322
民間教育運動　→教育技術の法則化運
　　動……………………………………　89
民間教育機関　→教育訓練給付制度…　91
民間人校長　→民間人校長…………　302
民間統一テスト　→業者テスト……　109
民族教育　→在日韓国・朝鮮人教育…　149

【ム】

無学年制
　→インフォーマルエデュケーション　22
　→単位制高校……………………　232
無気力教師　→問題教員……………　308
無気力症　→ステューデント・アパシ
　ー………………………………………　199
無気力症候群　→ステューデント・ア
　パシー………………………………　199
向山洋一　→教育技術の法則化運動…　89
無人警察　→国語教科書差別表現問題　130
ムーブメント教育　→ムーブメント教
　育………………………………………　303

【メ】

メインストリーミング
　→統合教育……………………………　251
　→メインストリーミング　………　303
メセナ　→メセナ……………………　303
メディア教育
　→メディア教育………………………　304
　→LOGO……………………………　331
メディアセンター　→学校図書館……　62
メディアリテラシー
　→視聴覚教育…………………………　159
　→メディアリテラシー　……………　304
メラミン製食器　→学校給食用食器…　56
メリトクラシー　→能力主義…………　267
メール
　→携帯電話と学校……………………　118

　→メル友………………………………　305
メル友　→メル友……………………　305
免職　→教職員の懲戒…………………　111

【モ】

模擬講義　→オープンキャンパス……　31
モジュラースケジューリング　→モジ
　ュール授業方式……………………　305
モジュール授業方式　→モジュール授
　業方式………………………………　305
求める学生像　→入学者受け入れ方針　266
ものづくり　→ものづくり…………　306
ものづくり基盤技術振興基本法　→も
　のづくり……………………………　306
ものつくり大学　→ものつくり大学…　306
モラトリアム
　→アイデンティティ……………………　3
　→モラトリアム………………………　307
モラトリアム人間　→第二反抗期の喪
　失……………………………………　230
モルヒネ　→薬物乱用…………………　311
問題解決　→KJ法……………………　331
問題解決学習
　→系統学習……………………………　119
　→問題解決学習………………………　307
問題教員
　→「地方教育行政の組織及び運営に
　　関する法律」……………………　237
　→問題教員……………………………　308
問題教師　→問題教員…………………　308
問題行動
　→落ちこぼれ……………………………　30
　→家庭内暴力……………………………　70
　→問題行動……………………………　308
文部科学省　→文部科学省……………　309
文部科学省ニュース　→エルネット…　25
文部行政　→教育白書…………………　97
文部省　→文部科学省…………………　309
文部省学校不適応対策調査研究協力者
　会議　→心の居場所………………　135
文部省所管予算　→文教予算…………　287
文部省メディア教育開発センター　→メ
　ディア教育…………………………　304

【ヤ】

野外科学　→KJ法 331
野外活動
　　→学校行事 57
　　→子ども会 139
野外教育
　　→学校公園 59
　　→野外教育 309
野外調査　→野外調査 310
夜間学部　→夜間学部 310
夜間授業　→社会人大学院 170
夜間大学院
　　→教育訓練給付制度 91
　　→社会人大学院 170
　　→大学院改革 218
夜間中学　→夜間中学 311
夜間部　→昼夜開講制 243
薬物乱用　→薬物乱用 311
薬物乱用防止五か年計画　→薬物乱用 311
夜尿症　→小児心身症 184
山形県明倫中学マット死事件　→山形県明倫中学マット死事件 312
山形大学　→国立大学入試判定ミス事件 133

【ユ】

有害コミック　→有害図書 313
有害情報　→コンピュータ教育 147
有害図書
　　→青少年保護条例 205
　　→ビデオ規制 275
　　→有害図書 313
有害図書指定　→ビデオ規制 275
有給教育訓練休暇　→有給教育訓練休暇 313
友好・交流制度　→姉妹校 167
ゆとり
　　→学校施設整備指針 60
　　→新学習指導要領 191
　　→中教審答申 240
ゆとりある学校教育　→ゆとりある学校教育 313
ゆとりの時間　→ゆとりある学校教育 313
ユニーク入試　→一芸型入試 16
ユニバーサル化　→高等教育のユニバーサル化 125
ユニバーシアード　→ユニバーシアード 314
ユニバーシティ・アイデンティティ　→ユニバーシティ・アイデンティティ ... 315
ユニバーシティ・カウンシル　→大学審議会 223
ユネスコ
　　→学習権 42
　　→学習社会 42
　　→学術国際交流 45
　　→国際識字年 131
　　→国際バカロレア 132
　　→国際理解教育 132
　　→サラマンカ声明 150
　　→生涯学習 178
　　→特別なニーズ教育 258
　　→平和教育 288

【ヨ】

養育費　→エンジェル係数 27
養護学校
　　→訪問教育 293
　　→養護学校 315
養護施設
　　→児童福祉施設 165
　　→児童養護施設 166
幼児虐待　→児童虐待 161
幼女連続誘拐殺人事件　→ビデオ規制 275
幼稚園　→幼保一元化 316
幼稚園教育要領　→学習指導要領 42
幼保一元化　→幼保一元化 316
余暇学習　→余暇学習 316
横浜教科書裁判　→教科書裁判 104
四年制大学　→女子校の共学化 190
予備校
　　→教育文化産業 99
　　→予備校 316

ヨユウキ　　　　　　　　　　　　　　448

余裕教室
　→学校施設の複合化 ………… 61
　→適応指導教育 ………… 248
　→余裕教室 ………… 317
40人学級
　→教職員定数改善計画 ………… 110
　→40人学級 ………… 317
四大学連合　→国立大学の連合 ……… 135

【ラ】

落第　→原級留置 ………… 120
ランゲージラボラトリー　→LL …… 331
ランチルーム　→学校給食 ………… 55

【リ】

理科教育　→仮説実験授業 ………… 50
理科教育及び産業教育審議会　→理科教育及び産業教育審議会 ………… 318
理科教育及び産業審議委員会答申　→職業教育 ………… 189
リカレント教育
　→生涯学習審議会 ………… 179
　→リカレント教育 ………… 319
　→リフレッシュ教育 ………… 320
理工系離れ
　→算数離れ・理科離れ ………… 151
　→理工系離れ ………… 319
リストカット　→思春期危機症候群 ‥ 156
リソースセンター　→学校図書館 …… 62
リソースルーム方式
　→通級制度 ………… 244
　→統合教育 ………… 251
リテラシー
　→コンピュータリテラシー ……… 147
　→情報リテラシー ………… 188
　→メディアリテラシー ………… 304
　→リテラシー ………… 320
リフレッシュ教育
　→リカレント教育 ………… 319
　→リフレッシュ教育 ………… 320

留学
　→海外留学 ………… 35
　→セメスター制 ………… 208
　→ホームステイ ………… 296
　→TOEFL ………… 335
留学生
　→教育の国際化 ………… 97
　→秋季入学制 ………… 172
　→留学生 ………… 320
　→留学生十万人計画 ………… 321
留学生十万人計画　→留学生十万人計画 ………… 321
留年
　→不本意入学・就学 ………… 284
　→留年 ………… 322
臨教審答申
　→個性化教育 ………… 138
　→修学旅行 ………… 171
　→進路指導 ………… 195
　→大学審議会 ………… 223
　→単位制高校 ………… 232
　→開かれた学校 ………… 279
　→臨教審答申 ………… 322
　→臨時教育審議会 ………… 322
臨時教育改革推進会議　→臨教審答申　322
臨時教育審議会
　→教育自由化論 ………… 93
　→教科書無償制度 ………… 106
　→秋季入学制 ………… 172
　→生涯学習 ………… 178
　→ボランティア教育 ………… 297
　→幼保一元化 ………… 316
　→臨教審答申 ………… 322
　→臨時教育審議会 ………… 322
臨時教育審議会答申　→臨教審答申 ‥ 322
臨床心理士　→家庭教育カウンセラー. 69

【レ】

レインボープラン
　→21世紀教育新生プラン ………… 263
　→レインボープラン ………… 323
レインボープラン―7つの重点対策
　→21世紀教育新生プラン ………… 263
レヴィン

→アクションリサーチ …………… 5
　　→グループダイナミックス ……… 116
歴史教育　→新しい歴史教科書をつく
　る会 …………………………………… 7
歴史教科書問題
　　→従軍慰安婦問題 ………………… 173
　　→歴史教科書問題 ………………… 323
レディネス　→レディネス ………… 324
連合大学院
　　→大学院改革 ……………………… 218
　　→独立大学院 ……………………… 259
　　→連合大学院 ……………………… 324
レンジャー　→自然保護教育 ……… 158
連続方式　→A・Bグループ型入試 … 326

【 ロ 】

老人大学　→長寿学園 ……………… 244
浪人
　　→グループ合同選抜制 …………… 116
　　→予備校 …………………………… 316
6・3・3制
　　→単線型学校制度 ………………… 233
　　→6・3・3制 ………………………… 324
六大改革　→教育改革プログラム …… 85
六年制中等学校
　　→単位制高校 ……………………… 232
　　→中高一貫教育校 ………………… 242
　　→臨教審答申 ……………………… 322
ロゴ　→LOGO …………………… 331
ロー・スクール
　　→専門大学院 ……………………… 213
　　→法科大学院 ……………………… 291
論文博士　→学位制度改革 …………… 40

【 ワ 】

わいせつ行為　→教職員の懲戒 …… 111
我が国の文教施策　→教育白書 …… 97
若者の保守化　→第二反抗期の喪失 … 230
若者文化
　　→少女文化・少年文化 …………… 183
　　→若者文化 ………………………… 325
輪切り教育
　　→落ちこぼれ ……………………… 30
　　→偏差値 …………………………… 289
　　→北海道・北星学園余市高校 …… 295
ワーキングホリデー　→ワーキングホ
　リデー ………………………………… 325

【 ABC 】

A・Bグループ型入試　→A・Bグルー
　プ型入試 ……………………………… 326
ADHD　→ADHD …………………… 326
AET
　　→AET …………………………… 326
　　→ALT …………………………… 326
ALT
　　→オーラルコミュニケーション …… 33
　　→ALT …………………………… 326
　　→JETプログラム ………………… 330
AO入試　→AO入試 ………………… 327
BBS運動　→BBS運動 ……………… 327
CAI
　　→CAI …………………………… 328
　　→CBI …………………………… 328
CATV　→遠隔教育 ………………… 25
CBE　→CBI ………………………… 328
CBI　→CBI …………………………… 328
CERI
　　→リカレント教育 ………………… 319
　　→CERI ………………………… 329
　　→OECD教育大臣会議 ………… 333
CFL　→CBI ………………………… 328
CIR　→JETプログラム ……………… 330
CMI
　　→CBI …………………………… 328
　　→CMI …………………………… 329
COE　→COE ………………………… 329
ETS　→TOEFL …………………… 335
Eスクエア・プロジェクト　→100校プ
　ロジェクト …………………………… 278
Eメール　→メル友 …………………… 305
FD　→ファカルティ・ディベロップメ
　ント …………………………………… 280
GWS　→ホームスクーリング ……… 296

IB

項目	参照	ページ
IB	→国際バカロレア	132
IEA	→数学教育の国際比較	197
	→低学力	246
	→IEA国際教育調査	330
IEA国際教育調査	→IEA国際教育調査	330
	→IEA国際教育到達度評価学会	330
IEA国際教育到達度評価学会	→IEA国際教育調査	330
	→IEA国際教育到達度評価学会	330
IMO	→国際数学オリンピック	132
IPA	→Eスクエア・プロジェクト	16
	→100校プロジェクト	278
IRT	→項目反応理論	128
ISIP	→CERI	329
JETプログラム	→ALT	326
	→JETプログラム	330
KJ法	→KJ法	331
LD児	→学習障害児	44
LETS	→勤労体験学習総合推進事業	115
LL	→LL	331
LOGO	→LOGO	331
MBA	→キャリアアップ	81
NGO	→開発教育	38
NIE	→NIE	332
NIE委員会	→NIE	332
NPO	→NPO法	332
NPO法	→NPO法	332
NPO法人	→東京シューレ	251
O‐157	→学校給食とO‐157	56
OECD	→リカレント教育	319
	→CERI	329
	→OECD教育大臣会議	333
OECD教育大臣会議	→CERI	329
	→OECD教育大臣会議	333
Off‐JT	→OJT・Off‐JT	333
OJT・Off‐JT	→企業内教育	75
	→OJT・Off‐JT	333
PDF制度	→特別研究員制度	257
PET	→親業	32
PHS	→携帯電話と学校	118
PREP	→退職準備教育	229
PTA	→子ども会	139
	→地域教育連絡協議会	234
	→地域の教育力	235
	→PTA	334
SD法	→SD法	335
SEA	→JETプログラム	330
SI	→ユニバーシティ・アイデンティティ	315
SPSSX	→CBI	328
S‐P表	→項目反応理論	128
	→S‐P表	334
SSW	→スクール・ソーシャルワーカー	199
TAT方式	→達成動機	231
TA制度	→TA制度	335
TOEFL	→TOEFL	335
UI	→ユニバーシティ・アイデンティティ	315
UNESCO	→インクルージョン	18
UP表	→項目反応理論	128
USIA	→フルブライト留学	286
Vチップ	→テレビ社会	249
	→Vチップ	336
WAIS‐R	→WAIS‐R	336

教育問題情報事典 第2版

2002年2月25日　第1刷発行

発　行　者／大高利夫
編集・発行／日外アソシエーツ株式会社
　　　　　〒143-8550 東京都大田区大森北1-23-8 第3下川ビル
　　　　　電話(03)3763-5241(代表)　FAX(03)3764-0845
　　　　　URL http://www.nichigai.co.jp/
発　売　元／株式会社紀伊國屋書店
　　　　　〒163-8636 東京都新宿区新宿3-17-7
　　　　　電話(03)3354-0131(代表)
　　　　　ホールセール部(営業)　電話(03)5469-5918

電算漢字処理／日外アソシエーツ株式会社
印刷・製本／株式会社平河工業社

不許複製・禁無断転載　　　　　　《中性紙三菱クリームエレガ使用》
〈落丁・乱丁本はお取り替えいたします〉
ISBN4-8169-1706-3　　　　　　Printed in Japan, 2002

本書はディジタルデータでご利用いただくことができます。詳細はお問い合わせください。

日外アソシエーツ　出版物のご案内

〈哲学・歴史・社会科学〉

思想哲学書全情報 1945-2000
入門書から学術書まで 70,000 冊を集大成

① **哲学概論・各論**
A5・380頁　定価(本体21,000円＋税)　2001.11刊

② **思想・哲学史**
A5・870頁　定価(本体28,000円＋税)　2001.5刊

③ **倫理・道徳・心の哲学**
A5・560頁　定価(本体26,000円＋税)　2001.7刊

④ **社会科学の思想**
A5・1,090頁　定価(本体36,000円＋税)　2001.12刊

⑤ **科学・芸術・宗教の思想**
A5・570頁　定価(本体28,000円＋税)　2001.8刊

現代史図書目録 45/99
戦後史関連図書を通覧＜シリーズ完結＞

① **総合・国内政治**
A5・770頁　定価(本体28,000円＋税)　2000.7刊

② **国際問題・外交**
A5・950頁　定価(本体30,000円＋税)　2000.10刊

③ **経済・社会**
A5・1,020頁　定価(本体30,000円＋税)　2001.1刊

④ **学術・文化**
A5・720頁　定価(本体27,000円＋税)　2001.4刊

〈芸術・言語・文学〉

最新海外作家事典　新訂第3版
世界各国2,300人のプロフィールと作品目録
A5・900頁　定価(本体19,500円＋税)　2002.1刊

音楽家人名事典　新訂第3版
4,323人を専門分野・楽器パート別に収録
A5・780頁　定価(本体14,200円＋税)　2001.11刊

日本美術作品レファレンス事典

陶磁器篇
陶磁器調査に便利な美術全集の図版索引

Ⅰ **日本の陶磁**
B5・840頁　定価(本体72,000円＋税)　2001.1刊

Ⅱ **中国・朝鮮の陶磁**
B5・530頁　定価(本体47,000円＋税)　2001.4刊

Ⅲ **現代日本陶芸**
B5・460頁　定価(本体38,000円＋税)　2001.6刊

書跡篇
書跡作品の調査に便利な美術全集の図版索引

Ⅰ **日本の書**
B5・1,030頁　定価(本体78,000円＋税)　2001.7刊

Ⅱ **中国の書**
B5・620頁　定価(本体66,000円＋税)　2001.10刊

好評既刊 **個人著作集内容総覧** ＜全5巻＞

1945～1996年に刊行された個人著作集類の内容細目集

Ⅰ **総記**	A5・390頁	定価(本体17,000円＋税)	1998.9刊
Ⅱ **哲学・宗教**	A5・2分冊	セット定価(本体46,000円＋税)	1997.7刊
Ⅲ **歴史・地理**	A5・610頁	定価(本体20,000円＋税)	1997.10刊
Ⅳ **社会**	A5・1,180頁	定価(本体38,000円＋税)	1998.3刊
Ⅴ **科学・芸術・文学**	A5・860頁	定価(本体25,000円＋税)	1998.6刊

●お問い合わせ・資料請求は……　**データベースカンパニー 日外アソシエーツ**

〒143-8550　東京都大田区大森北1-23-8
TEL.(03)3763-5241　FAX.(03)3764-0845
ホームページ　http://www.nichigai.co.jp/